Souveränitätskonzepte im geltenden Völkerrecht

STUDIEN UND MATERIALIEN ZUM ÖFFENTLICHEN RECHT

Herausgegeben von Herbert Bethge

Band 19

PETER LANG
Frankfurt am Main · Berlin · Bern · Bruxelles · New York · Oxford · Wien

Artur Müller-Wewel

Souveränitätskonzepte im geltenden Völkerrecht

PETER LANG
Europäischer Verlag der Wissenschaften

Bibliografische Information Der Deutschen Bibliothek
Die Deutsche Bibliothek verzeichnet diese Publikation in der Deutschen Nationalbibliografie; detaillierte bibliografische Daten sind im Internet über <http://dnb.ddb.de> abrufbar.

Zugl.: Bayreuth, Univ., Diss., 2003

D 703
ISSN 1433-1500
ISBN 3-631-51110-8

www.peterlang.de

Meinen Großeltern

Vorwort

Die vorliegende Arbeit wurde im Wintersemester 2002/2003 von der Rechts- und Wirtschaftswissenschaftlichen Fakultät der Universität Bayreuth als Dissertation angenommen.

Einige neuere Entwicklungen konnten nur noch angesprochen werden. Dies gilt insbesondere für die jüngste kriegerische Auseinandersetzung am Persischen Golf im Frühjahr 2003. Welche Bedeutung und welche längerfristigen Auswirkungen diese haben wird, läßt sich noch nicht beurteilen. Feststehen dürfte aber, daß auch der Dritte Golfkrieg nicht das "Ende des Völkerrechts" bedeuten wird.

Herzlicher Dank gilt meinem Doktorvater Professor Dr. Rudolf Streinz, der mir während des gesamten Promotionsvorhabens immer wieder hilfreich zur Seite stand, sowie dem Zweitgutachter, Herrn Privatdozent Dr. Wolfgang Weiß. Weiterhin danke ich Herrn Professor Dr. Herbert Bethge für seine Bereitschaft, die Arbeit in dieser Schriftenreihe zu publizieren.

Darüber hinaus möchte ich mich bei vielen Menschen bedanken, die mir auf verschiedene Weise geholfen haben und dies auch ohne namentliche Nennung wissen. Hergehoben sei an dieser Stelle nur die Unterstützung von Dr. Christoph Ohler LL.M. und Uta C. Wewel.

Mainz, im Mai 2003 Artur Müller-Wewel

Inhaltsübersicht

Inhaltsverzeichnis

Abkürzungsverzeichnis

A.A.	Anderer Ansicht
a.a.O.	am angegebenen Ort
ABlEG	Amtsblatt der Europäischen Gemeinschaften
Abs.	Absatz
AJIL	American Journal of International Law
AK	Alternativkommentar (zum Grundgesetz)
allg.	allgemein(e)
Anm.	Anmerkung
AöR	Archiv des öffentlichen Rechts
APSR	The American Political Science Review
ARSP	Archiv für Rechts- und Sozialphilosophie
Art.	Artikel
Aufl.	Auflage
AVR	Archiv des Völkerrechts
Bd.	Band
BGB	Bürgerliches Gesetzbuch
BGBl.	Bundesgesetzblatt
bspw.	beispielsweise
BVerfGE	Entscheidungen des Bundesverfassungsgerichts
BYIL	The British Year Book of International Law
bzw.	beziehungsweise
c.	caput, Kapitel
ca.	circa
CLP	Current Legal Problems (Zeitschrift)
d.h.	das heißt
d.i.	das ist

Dig.	Digesten
Diss. Op.	Dissenting Opinion
DÖV	Die öffentliche Verwaltung
DSU	Dispute Settlement Understanding
DVBl.	Deutsches Verwaltungsblatt
EA	Europa-Archiv
EAGV	Vertrag zur Gründung der Europäischen Atomgemeinschaft
EGKSV	Vertrag zur Gründung der Europäischen Gemeinschaft für Kohle und Stahl
Egr.	Erwägungsgrund
EGV	Vertrag zur Gründung der Europäischen Gemeinschaft
EJIL	European Journal of International Law
EMRK	Europäische Menschenrechtskonvention
EPIL	Encyclopedia of Public International Law (hrsg. von Bernhard, s. Literaturverzeichnis)
et al.	et alii
etc.	et cetera
EU	Europäische Union
EuGH	Europäischer Gerichtshof
EuGRZ	Europäische Grundrechte-Zeitschrift
EUV	Vertrag über die Europäische Union
EuZW	Europäische Zeitschrift für Wirtschaftsrecht
EvStL	Evangelisches Staatslexikon (hrsg. von Kunst et al., s. Literaturverzeichnis)
EWG	Europäische Wirtschaftsgemeinschaft
EWR	Europäischer Wirtschaftsraum
f., ff.	folgende
FAZ	Frankfurter Allgemeine Zeitung

FG	Festgabe
FHIG	Fontes Historiae Iuris Gentium, hrsg. von Wilhelm G. Grewe, Berlin/New York 1988 ff.
Fn.	Fußnote
FS	Festschrift
GATT	General Agreement on Tariffs and Trade
gest.	gestorben
GG	Grundgesetz
ggü.	gegenüber
H.L.	Herrschende Lehre
H.M.	Herrschende Meinung
HdSW	Handwörterbuch der Sozialwissenschaften (hrsg. von von Beckerath et al., s. Literaturverzeichnis)
HRG	Handwörterbuch zur deutschen Rechtsgeschichte
Hrsg.	Herausgeber
hrsg.	herausgegeben
HStR	Handbuch des Staatsrechts (hrsg. von Isensee/Kirchhof, s. Literaturverzeichnis)
i.e.S.	im engeren Sinne
i.S.d.	im Sinne des
ICJ	International Court of Justice
ICJ Reports	Reports of Judgements, Advisory Opinions and Orders of the ICJ
IGH	Internationaler Gerichtshof
IKRK	Internationales Komitee vom Roten Kreuz
ILC	International Law Commission
ILM	International Legal Materials
ILO	International Labour Organization
Ind. Op.	Individual Opinion

JIR	Jahrbuch für Internationales Recht
JuS	Juristische Schulung
JZ	Juristenzeitung
KJ	Kritische Justiz
LdR	Ergänzbares Lexikon des Rechts (redigiert von Winkler/Mühlbauer, s. Literaturverzeichnis)
lib.	liber
lit.	litera
m.N.	mit Nachweisen
m.w.N.	mit weiteren Nachweisen
n. Chr.	nach Christus
N.F.	Neue Folge
NATO	North Atlantic Treaty Organization
NILR	Netherlands International Law Review
NJ	Neue Justiz (Zeitschrift)
No./Nr.	Nummer
NWWO	Neue Weltwirtschaftsordnung
ÖHbVR	Österreichisches Handbuch des Völkerrechts (hrsg. von Neuhold et al., s. Literaturverzeichnis)
ÖZöffR	Österreichische Zeitschrift für öffentliches Recht
ÖZöRV	Österreichische Zeitschrift für öffentliches Recht und Völkerrecht
PCIJ	Permanent Court of International Justice (Rechtsprechungssammlung)
q.	questio
RdC	Recueil des Cours de l'Académie de droit international
Rdnr.	Randnummer
Res.	Resolution
RGBl.	Reichsgesetzblatt

RGDIP	Revue Général de Droit International Public
RIAA	Reports of International Arbitral Awards
Rs.	Rechtssache
s.	siehe
s.v.	sub voce
SchweizJIR	Schweizerisches Jahrbuch für internationales Recht
Sec.	Section
Sep. Op.	Separate Opinion
Ser.	Series
Slg.	Rechtsprechungssammlung des EuGH
Sp.	Spalte
SRÜ	Seerechtsübereinkommen der Vereinten Nationen
StIGH	Ständiger Internationaler Gerichtshof
SVN	Satzung der Vereinten Nationen
Tz.	Teilziffer
u.a.	unter anderem; und andere
UdSSR	Union der Sozialistischen Sowjetrepubliken
UNESCO	United Nations Educational, Scientific and Cultural Organization
UNTS	United Nations Treaty Series
UPLR	University of Pennsylvania Law Review
USA	United States of America
v. Chr.	vor Christus
VBS	Satzung des Völkerbundes
vgl.	vergleiche
VN	Vereinte Nationen (Organisation) bzw. Vereinte Nationen (Zeitschrift)
VVDStRL	Veröffentlichungen der Vereinigung der Deutschen Staatsrechtslehrer

WVR	Wörterbuch des Völkerrechts (hrsg. von Strupp/Schlochauer, s. Literaturverzeichnis)
WVRK	Wiener Konvention über das Recht der Verträge
Z.B.	Zum Beispiel
ZaöRV	Zeitschrift für ausländisches öffentliches Recht und Völkerrecht
Ziff.	Ziffer
zit.	zitiert
ZRP	Zeitschrift für Rechtspolitik

A. EINFÜHRUNG

Die Souveränität der Staaten ist für das Völkerrecht von zentraler Bedeutung. Die Satzung der Vereinten Nationen rezipiert diesen in einem jahrhundertelangen Prozeß entstandenen Begriff und betont an herausgehobener Stelle die souveräne Gleichheit der Mitglieder der durch sie begründeten Organisation (Art. 2 Ziff. 1 SVN). Sie bestätigt damit, daß auch im heutigen Völkerrecht die souveränen Staaten zwar nicht die einzigen, aber doch die wichtigsten Subjekte des Völkerrechts sind.[1]

Der Souveränitätsbegriff bezeichnet einerseits die Voraussetzungen, unter denen ein Verband dem Kreis dieser Hauptsubjekte der Völkerrechtsordnung zuzurechnen ist. Andererseits werden in ihm auch rechtliche Konsequenzen der damit erlangten Stellung zusammengefaßt. In dieser Funktion dient das Souveränitätsprinzip in der außenpolitischen und völkerrechtlichen Debatte als Schlagwort beziehungsweise Kurzformel[2] und erfüllt damit einen wichtigen systematisierenden und Übersichtlichkeit herstellenden Zweck.[3] Freilich bietet sich dabei auch die Möglichkeit der mißbräuchlichen Heranziehung des Souveränitätsprinzips zur Verfolgung eigener (rechts-)politischer Ziele.[4]

Obwohl oder gerade weil die Souveränität den Kristallisationspunkt des völkerrechtlichen Systems und gleichzeitig ein wichtiges Argument in der internationalen Politik darstellt, ist der Inhalt dieses Begriffs bis heute nicht geklärt.[5] Es gibt keine allgemein anerkannte Definition der internationalen Souveränität. In Literatur und Rechtsprechung besteht jedoch eine gewisse Übereinstimmung über einen Kerngehalt des Begriffs. Diese letztlich auf hergebrachten Vorstellungen aus der Zeit vor dem Ersten Weltkrieg beruhende Auffassung, die hier im Sinne eines vorläufigen Begriffsverständnisses vorangestellt wird, wird freilich in einzelnen Aspekten oder grundlegend von jenen Ansichten bestritten, die behaupten, daß das Souveränitätsprinzip im heutigen Völkerrecht seinen Inhalt wesentlich verändert habe oder gar obsolet geworden sei.

---

1 Zur Stellung der Staaten als Hauptsubjekte des Völkerrechts z.B. *Oppenheim/Lauterpacht*, International Law I (8. Aufl.), § 13; *Seidel*, AVR 38 (2000), 23 (39). Die bisweilen in der älteren Literatur aufgestellte Behauptung, das Völkerrecht sei eine ausschließlich zwischenstaatliche Ordnung und betreffe "states only and exclusively" (so *Oppenheim*, AJIL 2 (1908), 313 (340)), stellt eine Übertreibung dar, die schon zu ihrer Entstehungszeit unzutreffend war. So war etwa der Heilige Stuhl ebenso wie der souveräne Malteserorden seit jeher anerkanntes nichtstaatliches Mitglied der Völkerrechtsgemeinschaft, später kamen internationale Organisationen, das Internationale Komitee vom Roten Kreuz und auch Einzelmenschen hinzu (vgl. zu den nichtstaatlichen Völkerrechtssubjekten z.B. *Verdross/Simma*, Universelles Völkerrecht, §§ 412 ff.).

2 Vgl. *Hillgruber*, JZ 2002, 1072 (1073).

3 Vgl. allgemein zu dieser ordnenden Funktion von Prinzipien *Schwarzenberger*, RdC 87 (1955 I), 195 (200 f.).

4 Vgl. zum Mißbrauch etwa *von Simson*, Souveränität, 30; *Doehring*, FG Forsthoff, 105 (108).

5 Die Unklarheit des Begriffs beklagt z.B. *Berber*, Lehrbuch I, 121.

Herkömmlicherweise versteht man unter "Souveränität" die Unabhängigkeit eines Staates von fremden Mächten,[6] das heißt seine Freiheit vom Willen (einzelner) anderer Völkerrechtssubjekte (insbesondere fremder Staaten), oder einer über allen Staaten stehenden Macht.[7] Dieser allen dem Normal-Typus des Völkerrechts entsprechenden Staaten gleichermaßen zukommende Status wird zwar - jedenfalls im Grundsatz - durch völkerrechtliche Bindungen nicht beeinträchtigt,[8] schließt aber eine Fremdbestimmung "bei Setzung, Anwendung und Durchsetzung des Rechts" aus.[9] Die souveränen Staaten unterstehen also keiner ihnen übergeordneten Institution, sondern lediglich dem Völkerrecht.[10] Dieses wiederum wird - jedenfalls nach der im spät-klassischen Völkerrecht des 19. Jahrhunderts favorisierten Sichtweise - vom zwischenstaatlichen Konsens getragen.[11] Die völkerrechtlichen Bindungen sind danach vom Willen der Staaten abhängig, die Rechtsetzung erfolgt im Wege freiwilliger Selbstbindung.[12] Wichtigster Ausfluß der Souveränität ist die Territorialhoheit, das heißt die grundsätzlich ausschließliche Zuständigkeit eines Staates für die Vornahme legislativer, exekutiver und judikativer Hoheitsakte auf seinem Gebiet.[13]

Die Frage nach dem Inhalt des Souveränitätsprinzips im modernen Völkerrecht ist nur vor dem Hintergrund der bereits angesprochenen langen Entwicklungsgeschichte des Begriffs, die im nachfolgenden Teil B zusammengefaßt wird, zu beantworten. In ihrem Verlauf wurde der Begriff der Souveränität zur Lösung verschiedener Problemlagen herangezogen und weist demzufolge in verschiedenen Kontexten unterschiedliche Bedeutungen auf. Dabei war die Begriffsverwendung oft von politischen Motiven geprägt. Dies hat dazu geführt, daß der Begriff der Souveränität mit Attributen wie mythisch[14], polemisch[15], ideologiegefährdet[16] oder berüchtigt[17] versehen worden ist.

---

6 Die nähere Umschreibung der Unabhängigkeit variiert nur in Nuancen. Sie wird bspw. als Weisungsunabhängigkeit (*Randelzhofer*, Staatsgewalt und Souveränität, HStR I, § 15 Rdnr. 25) oder Befehlsunabhängigkeit (so im Anschluß an *Verdross Graf Vitzthum*, in: Graf Vitzthum (Hrsg.), Völkerrecht (2. Aufl.), 1. Abschnitt, Rdnr. 73) beschrieben.

7 Vgl. *Berber*, Lehrbuch I, 124; *Seidl-Hohenveldern/Stein*, Völkerrecht, Rdnr. 2.

8 Heute allg. Meinung, z.B. *Berber*, Lehrbuch I, 126; *Graf Vitzthum*, in: Graf Vitzthum (Hrsg.), Völkerrecht (2. Aufl.), 1. Abschnitt, Rdnr. 46.

9 *Graf Vitzthum*, in: Graf Vitzthum (Hrsg.), Völkerrecht (2. Aufl.), 1. Abschnitt, Rdnr. 46.

10 Vgl. *Verdross/Simma*, Universelles Völkerrecht, § 35; *Anzilotti*, Ind. Op. zu *Austro-German Customs Régime*, PCIJ Ser. A/B No. 41, 22 (24); *Graf Vitzthum*, in: Graf Vitzthum (Hrsg.), Völkerrecht (2. Aufl.), 1. Abschnitt, Rdnr. 46.

11 *Verdross/Simma*, Universelles Völkerrecht, § 35.

12 Vgl. StIGH, Urteil vom 7.9.1927 in *The Case of the S.S. "Lotus"*, PCIJ Ser. A No. 10, 18; *Randelzhofer*, Staatsgewalt und Souveränität, HStR I, § 15 Rdnr. 27.

13 Vgl. *Randelzhofer*, Staatsgewalt und Souveränität, HStR I, § 15 Rdnr. 28.

14 Vgl. *Henkin*, RdC 216 (1989 IV), 19 (24 ff.) ("Mythology of 'Sovereignty'").

15 *Jellinek*, Allgemeine Staatslehre, 441.

16 *Hollerbach*, Ideologie und Verfassung (unveröffentlichtes Vortragsmanuskript, 1966), zit. nach *Häberle*, AöR 92 (1967), 259 (262).

17 *Triepel*, Völkerrecht und Landesrecht, 76/Fn. 2.

Im Laufe der Entwicklung des Völkerrechts und seiner Theorie, in die die Geschichte des Souveränitätsbegriffs eingebettet ist, haben sich mit der naturrechtlichen und der positivistischen Schule zwei grundlegende Konzeptionen des Völkerrechts entwickelt. Sie unterscheiden sich durch ihre Sicht des Rechts und der zu seiner Erkenntnis einzusetzenden Methoden, und enthalten damit auch sich widersprechende Vorgaben für das Verständnis von Souveränität. Die daher erforderliche Festlegung auf eine dieser Völkerrechtskonzeptionen und die zur Auffüllung des abstrakten, ausfüllungsbedürftigen Rechtsbegriffs der Souveränität heranzuziehenden Methoden erfolgt in Teil C.

Soweit der Souveränitätsbegriff gebraucht wird, um das Verhältnis der Staaten untereinander und ihre Stellung in der Völkerrechtsordnung zu kennzeichnen, spricht man von äußerer oder (seltener) internationaler Souveränität.[18] Die Abgrenzung dieses Begriffsaspekts von anderen Facetten des Souveränitätsbegriffs steht im Mittelpunkt des sich anschließenden Teils D, in dem die dogmatischen Ausprägungen des Souveränitätskonzepts betrachtet werden.

Schließlich wird in Teil E gefragt, inwiefern sich in der Geschichte des Völkerrechts seit dem Ende seiner mit dem Ersten Weltkrieg endenden klassischen Periode ein Wandel des Souveränitätskonzepts feststellen läßt. Zu diesem Zweck werden einige Reformentwürfe erörtert, die eine fundamentale Abweichung von dem soeben skizzierten, letztlich noch auf dem klassischen Völkerrecht beruhenden, Souveränitätsbegriff behaupten. Abschließend werden die Ergebnisse der Analyse in Teil F zusammengeführt und ein Ausblick auf die mögliche Weiterentwicklung des Völkerrechts und damit der Souveränität gegeben. Der abschließende Teil G enthält eine Zusammenfassung der Untersuchung.

---

18 Vgl. *Verdross/Simma*, Universelles Völkerrecht, § 35 m.N.

B. GESCHICHTLICHE ENTWICKLUNG DES SOUVERÄNITÄTSBEGRIFFS IN DER VÖLKERRECHTSLEHRE UND VÖLKERRECHTSPRAXIS

I. Vorbemerkung

Im folgenden Abschnitt soll die historische Entwicklung des Souveränitätskonzepts nachgezeichnet werden. Dabei wird in der Darstellung, die sich im Hinblick auf die Epocheneinteilung wesentlich an *Grewe* und *Preiser* orientiert,[19] auf zwei Perspektiven abgestellt, nämlich einerseits die praktische völkerrechtliche Entwicklung und andererseits die theoretische Befassung mit den völkerrechtlichen Beziehungen. Damit wird von der der Bedeutung der Praxis nicht gerecht werdenden Tendenz in früheren Darstellungen abgewichen, die sowohl die Entwicklung des Völkerrechts als auch den in dieser Rechtsordnung zentralen Begriff der Souveränität einseitig als Produkt der theoretischen Arbeit der "Völkerrechtsklassiker" darstellten.[20]

In der älteren Literatur wird vielfach der Ursprung der heutigen Völkerrechtsordnung und damit auch der Beginn der relevanten Völkerrechtsgeschichte im späteren Mittelalter gesehen.[21] Demgegenüber setzt die Darstellung hier erheblich früher an. Dies entspricht den Ergebnissen neuerer völkerrechtsgeschichtlicher Arbeiten. Nach der heute überwiegenden Meinung ist es zwar zutreffend, daß die heutige Völkerrechtsordnung eine Schöpfung des christlichen Mittelalters ist und mit früheren europäischen und außereuropäischen Völkerrechtsordnungen nicht identisch ist.[22] Dennoch ist die Geschichte eines Teils dieser anderen Völkerrechtsordnungen für das Verständnis des Souveränitätsprinzips relevant. Denn entgegen früheren Behauptungen läßt sich eine ideengeschichtliche Kontinuität bis in die vorklassische Antike aufzeigen,[23] wenngleich die Zusammenhänge zum Teil unklar sind und die Wirkungspfade nicht immer eindeutig nachgewiesen werden können.

Wenn hier auch für vormittelalterliche internationale Rechtsordnungen der Begriff des Völkerrechts[24] verwendet wird, liegt dem ein im Vergleich zur in der früheren

---

19 *Preiser*, Völkerrechtsgeschichte, EvStL (2. Aufl.), Sp. 2823 ff.; *Grewe*, Epochen der Völkerrechtsgeschichte. Der von diesen Autoren geprägten Periodisierung folgt bspw. auch *Ziegler*, Völkerrechtsgeschichte, § 1 II 5.

20 Vgl. zur Rolle der Praxis für die Entwicklung des Völkerrechts und des Konzepts der Souveränität *van Kleffens*, RdC 82 (1953 I), 5 (6 f.). Allgemein zur Überbewertung der Theorie in früheren völkerrechtshistorischen Arbeiten auch *Ziegler*, Völkerrechtsgeschichte, § 1 II 4.

21 So z.B. *Verdross*, Völkerrecht (1937), 5, der sich dabei sowohl gegen die Leugnung früherer Völkerrechtsordnungen als auch gegen die noch in den 1920er Jahren verbreitete Ansicht wendet, das moderne Völkerrecht sei erst mit dem Westfälischen Frieden entstanden.

22 Vgl. zur Nichtanknüpfung des im Mittelalter entstandenen Völkerrechts an Institutionen und Praxis früherer Völkerrechtsordnungen *Grewe*, Epochen, 28 f. m.N.; *Verdross*, Völkerrecht (1937), 5; *Kunz*, Völkerrecht, allgemein, WVR III, 611 (611).

23 Vgl. *Grewe*, Epochen, 29 f.; auch *Preiser*, Frühe völkerrechtliche Ordnungen, 10.

24 Allgemein zum nicht abschließend geklärten Begriff des Völkerrechts z.B. *Graf Vitzthum*, in: Graf Vitzthum (Hrsg.), Völkerrecht (2. Aufl.), 1. Abschnitt, Rdnr. 2 ff.; *Verdross/Simma*, Universelles Völkerrecht, §§ 1 ff.

Literatur vorherrschenden Auffassung[25] weiter Begriff des Völkerrechts zugrunde, der die Bezeichnung nicht von vornherein auf Ordnungen beschränkt, die im Hinblick auf ihre Subjekte[26] ("Staaten" im modernen Sinne) und ihre Ausgestaltung dem späteren Völkerrecht entsprechen. Vielmehr wird mit der an *Preiser* anschließenden h.L. ein auf strukturelle Wesensmerkmale abstellender Begriff des Völkerrechts verwendet.[27]

Nach der Definition *Preisers*[28] liegt eine völkerrechtliche Ordnung (im Gegensatz zu bloßen isolierten völkerrechtlichen Erscheinungen) immer dann vor, "wenn unabhängige, in kulturellen, wirtschaftlichen und politischen Beziehungen stehende Staaten sich gegenseitig als autonome Rechtssubjekte gleichen Ranges anerkennen und bei Abschluß und Ausführung ihrer zwischenstaatlichen Abreden wie auch bei der Befolgung des im Staatenverkehr Üblichen von der Vorstellung bestimmt sind, sie seien zur Einhaltung des Vereinbarten oder stillschweigend Geltenden auch rechtlich verpflichtet[29] und diese Verpflichtung sei unabänderlich." *Grewe*[30] hat zutreffend darauf hingewiesen, daß die Unabhängigkeit der "Staaten"[31] stets nur eine relative ist und daß das Maß an zu fordernder gegenseitiger Unabhängigkeit nicht eindeutig bestimmt werden kann. Weiterhin bezieht er auch solche Beziehungen ein, in denen keine Gleichrangigkeit besteht, sondern einzelne Rechtssubjekte oder sogar alle Einzelgewalten einer "übergeordneten zentralen Autorität - soweit ihre legislative, richterliche und exekutive Gewalt" nicht umfassend ist, untergeordnet sind.[32]

---

25 Bspw. gab es nach *Oppenheim/Lauterpacht*, International Law I (8. Aufl.), § 1 in der Antike und im ersten Teil des Mittelalters kein Völkerrecht "in the meaning of the term as used in modern times".

26 Unter dem Begriff des Völkerrechtssubjekts werden im folgenden alle Personen verstanden, denen völkerrechtliche Rechte und Pflichten zukommen. Teilweise wird der Begriff auch in dem engeren Sinne verwendet, daß ihm nur solche Personen unterfallen, die an der Setzung von Völkerrechtsnormen beteiligt sein können. Vgl. zum Begriff *Verdross*, Verfassung, 156.

27 Vgl. *Preiser*, JZ 1956, 737 (737). Ebenso *Grewe*, Epochen, 26; Ziegler, Völkerrechtsgeschichte, § 1 II 3.; *Graf Vitzthum*, in: Graf Vitzthum (Hrsg.), Völkerrecht (2. Aufl.), 1. Abschnitt, Rdnr. 88. - Die terminologische Frage, ab wann und in welchen Regionen von einer völkerrechtlichen Ordnung gesprochen werden kann, ist im Zusammenhang dieser Untersuchung letztlich nicht entscheidend und soll daher hier nicht weiter vertieft werden. Auch wenn man vor-moderne Ordnungen zwischen nicht (vollständig) dem modernen Staatsbegriff entsprechenden Entitäten nur als völkerrechtsähnlich auffaßt, bleiben die hier nachzuvollziehenden theoretischen Überlegungen, die sich vor dem Hintergrund dieser Ordnungen bildeten, doch die gleichen und hier insofern relevant, als sie die Entwicklung des neuzeitlichen Souveränitätsbegriffs beeinflußten.

28 *Preiser*, JZ 1956, 737 (737). Ihm folgend *Ziegler*, Völkerrechtsgeschichte, § 1 II 3. Ähnlich *Graf Vitzthum*, in: Graf Vitzthum (Hrsg.), Völkerrecht (2. Aufl.), 1. Abschnitt, Rdnr. 88.

29 Als mögliche Grundlagen des gemeinsamen Rechtsbewußtseins führt *Grewe*, Epochen, 26 religiöse und kulturelle Motivationen an, läßt aber jedwede Grundlage genügen.

30 *Grewe*, Epochen, 26.

31 Um auch terminologisch zum Ausdruck zu bringen, daß die Subjekte dieser Rechtsordnungen nicht dem Bild des modernen Staates entsprechen müssen, kann man mit *Graf Vitzthum*, in: Graf Vitzthum (Hrsg.), Völkerrecht (2. Aufl.), 1. Abschnitt, Rdnr. 88 von "Wirkungseinheiten" oder "Entitäten" sprechen, "die eine gewisse Art von Staatlichkeit aufweisen". Vgl. zu den an diese Verbände zu stellenden Anforderungen näher *Preiser*, Frühe völkerrechtliche Ordnungen, 9 f.

32 Vgl. *Grewe*, Epochen, 27.

Mit der zweiten Erweiterung wird der Begriff ausdrücklich auch auf solche Ordnungen ausgedehnt, die nicht vom Souveränitätsprinzip wie es heute verstanden wird, geprägt sind.[33] Für diese Ausdehnung lassen sich durchaus plausible Gründe anführen, auf die *Grewe* hinweist. Wie bei der Unabhängigkeit sind auch die Abstufungen im Hinblick auf den Rang und die Selbständigkeit hinsichtlich der Ausübung von Akten der legislativen, judikativen und exekutiven Gewalt fließend. Die Beschränkung des Gegenstandes einer historischen Betrachtung durch notwendig subjektive Grenzziehungen erscheint nicht sinnvoll. Im Zusammenhang dieser Untersuchung freilich liegt das Hauptaugenmerk auf den Aspekten der praktischen und ideengeschichtlichen Entwicklung, die das Souveränitätsdogma geprägt haben.

Ebenso wie eine an dem modernen Verständnis der Begriffe Staat und Völkerrecht anknüpfende Betrachtung der Geschichte Gefahr liefe, wichtige Entwicklungen zu übergehen, könnte eine am modernen Souveränitätsbegriff - so sich dieser überhaupt unwidersprochen definieren ließe - orientierte Betrachtung der historischen Entwicklung dieses Begriffs in Theorie und Praxis zu eng sein. Auf der anderen Seite ist die Nachzeichnung der Entwicklung eines Begriffs nur möglich, wenn ein bestimmtes Vorverständnis zugrunde gelegt wird. Als wesentliche Begriffselemente, über die jedenfalls im Grundsatz Einigkeit besteht, können die (relative) Unabhängigkeit[34] sowohl der einzelnen Akteure voneinander als auch aller Akteure von einer ihnen gemeinsam übergeordneten Einheit[35] und ihre (relative) Gleichheit[36] genannt werden.

---

33 *Grewe*, Epochen, 27 hält das zwischen gleichberechtigten und souveränen Staaten bestehende Recht für "nur eine unter vielen anderen Gestaltungsmöglichkeiten völkerrechtlicher Ordnung."

34 Im Anschluß an das Urteil des StIGH vom 7.9.1927 in *The Case of the S.S. "Lotus"*, PCIJ Ser. A No. 10, 18) sowie an den Schiedsspruch *Max Hubers* im *Islands of Palmas Case* vom 4.4. 1928, in dem er ausführte, daß Souveränität in den Beziehungen zwischen Staaten Unabhängigkeit bedeute (RIAA Bd. II, 829 ff. (838)), ist der Begriff der Unabhängigkeit als entscheidendes Kriterium oder sogar Synonym für die Souveränität im Verhältnis zwischen mehreren Entitäten vorherrschend geworden (vgl. hier nur *Berber*, Lehrbuch I, 123 ff. m.w.N. und *Verdross/Simma*, Universelles Völkerrecht, § 35). Dabei ist an dieser Stelle nicht zu entscheiden, welches Ausmaß an Unabhängigkeit erforderlich ist, und wie die tatsächliche Unabhängigkeit dogmatisch erfaßt werden kann.

35 Das Bestehen einer über den Staaten stehenden Macht schließt Souveränität als höchste Gewalt begrifflich aus. In diesem Sinne wird die Unterordnung unter eine gemeinsame Autorität für mit der Souveränität unvereinbar gehalten, diese lasse nur die Unterordnung unter das Völkerrecht zu (vgl. z.B. *Berber*, Lehrbuch I, 124; *Graf Vitzthum*, in: Graf Vitzthum (Hrsg.), Völkerrecht (2. Aufl.), 1. Abschnitt, Rdnr. 46; *Anzilotti*, Ind. Op. zu *Austro-German Customs Régime*, PCIJ Ser. A/B No. 41, 22 (24)). - Freilich stellt die Frage, ob die Staaten einer solchen gemeinsamen Autorität unterliegen, ein zentrales Element der Debatte um die Stellung der Staaten sowohl in der Vergangenheit als auch in der Gegenwart dar, so daß auf die hierzu vertretenen Ansichten einzugehen sein wird. Bereits an dieser Stelle kann dazu festgehalten werden, daß nach modernem Verständnis einzelne subordinative Beziehungen mit dem souveränen Status eines Staates jedenfalls dann nicht unvereinbar sind, wenn sie konsensual begründet wurden. Deshalb wird die Unterwerfung unter die Rechtsprechung internationaler Gerichte heute nicht mehr als Beschränkung der Souveränität gesehen. Selbst die Eingliederung in sog. supranationale Gemeinschaften, für die die europäische Integration das bisher einzige effektive Beispiel darstellt, d.h. die Begründung von legislativen, judikativen und exekutiven Befugnissen zugunsten einer mit den Mitgliedstaaten nicht identischen Hoheitsgewalt, wird von der überwiegenden Ansicht als mit deren Souveränität vereinbar gehalten.

Souveränität als "höchste" Gewalt in einem weiten Sinne ist danach stets gegeben, wenn mindestens zwei geschlossene soziale Großgruppen aufeinandertreffen. Derartige unabhängige politische Gruppierungen lassen sich bis zu den Anfängen der Menschheitsgeschichte nachweisen.[37] Das Phänomen (zunächst tatsächlich) unabhängiger, "souveräner" Verbände ist somit wesentlich älter als der Begriff, der jedenfalls in seiner politisch-juristischen Dimension ein Produkt des Zeitalters des Feudalismus ist.[38] Reagieren die Entitäten auf diese Begegnung derart, daß sie gegenseitig ihre Existenzberechtigung anerkennen und in einen regelgebundenen, von Rechtsbewußtsein getragenen Verkehr miteinander treten, so kann man, sofern die Beziehungen mehr oder weniger von gleich zu gleich erfolgen, in einem weiten Sinne von einer völkerrechtlichen Ordnung zwischen souveränen Gemeinwesen sprechen. "Souveränität" beschreibt dann nicht mehr nur ein tatsächliches, sondern auch ein rechtliches Phänomen.

Derartige Ordnungen hat es in verschiedenen Weltregionen und zu verschiedenen Zeiten immer wieder gegeben. Dabei wird hier auf Völkerrechtsordnungen, die mit der heutigen nicht identisch sind, nur eingegangen, sofern es zumindest Anhaltspunkte für eine ideengeschichtliche Verbindung von in ihnen entwickelten praktischen oder theoretischen Vorstellungen mit dem heutigen Souveränitätsbegriff gibt. Danach bleiben einige zum Teil sehr entwickelte frühe außereuropäische Völkerrechtsordnungen unberücksichtigt. Die Regelungen des zwischenstaatlichen Verkehrs, die unter anderem China und das vorkoloniale Indien hervorbrachten,[39] hatten auf die Entwicklung des europäischen Völkerrechts, aus dem später das universale hervorging, keinen erheblichen Einfluß.[40] In der Regel gingen die in der außereuropäischen Welt entwickelten völkerrechtlichen Traditionen im Zuge der Kolonialisierung unter.[41] Die Darstellung beschränkt sich deshalb zunächst weitestgehend auf die europäische Geschichte.

---

36 Die Gleichheit der Akteure ist ein Korrelat ihrer Unabhängigkeit voneinander. Die Verbindung von Unabhängigkeit und Gleichheit kommt in Art. 2 Ziff. 1 der Satzung der Vereinten Nationen zum Ausdruck, wonach die Organisation auf dem Grundsatz der souveränen Gleichheit beruht. Auch die genaue Ausprägung dieser Gleichheit ist an dieser Stelle nicht näher zu erörtern. So kann hier offen bleiben, ob bzw. inwiefern es sich um eine bloß rechtliche Gleichheit handelt oder ob auch tatsächliche Gleichheit erforderlich ist sowie wie beide Aspekte ggf. miteinander korrelieren. Festgehalten sei lediglich, daß die souveräne Gleichheit nicht unbedingt eine absolute sein muß. Offensichtlich nimmt das Völkerrecht jedenfalls innerhalb bestimmter Grenzen eine tatsächliche Ungleichheit der Staaten (etwa hinsichtlich ihrer wirtschaftlichen oder militärischen Leistungsfähigkeit) hin. Auch in rechtlicher Hinsicht sind einige Staaten unabhängiger und "gleicher" als andere. Gerade die Satzung der Vereinten Nationen hat rechtliche Ungleichheiten zwischen den dennoch gleichermaßen als souverän bezeichneten Staaten begründet (vgl. *Oppenheim/Lauterpacht*, International Law I (8. Aufl.), § 168e).

37 *van Kleffens*, RdC 82 (1953 I), 5 (11).

38 *van Kleffens*, RdC 82 (1953 I), 5 (11 f.). Dort S. 8 ff. auch zur Etymologie des Begriffs mit Nachweisen früherer Verwendungen.

39 Vgl. zu diesen und weiteren außereuropäischen Völkerrechtsordnungen ausführlich *Preiser*, Frühe völkerrechtliche Ordnungen (1976).

40 Vgl. *Seidl-Hohenveldern/Stein*, Völkerrecht, Rdnr. 54 f.

41 Vgl. zur Durchsetzung des europäischen Völkerrechts mit der kolonialen Ausdehnung europäischer Mächte *Preiser*, Frühe völkerrechtliche Ordnungen, 7 f.

II. Vorgeschichtliche Zeit und Frühgeschichte

In der vorgeschichtlichen Epoche, bis zur Entstehung der ersten Hochkulturen in Mesopotamien, erfüllten die menschlichen Gruppen nicht jene Anforderungen an eine gesellschaftliche Organisation, die einen sinnvollen Vergleich mit heutigen Staaten ermöglicht. Erst die Ausbildung höherer sozialer Organisationsformen schuf die Voraussetzung für die Aufnahme organisierter und geregelter Beziehungen zu anderen Gruppen.

Tatsächlich wurde in verschiedenen Weltregionen von dieser Interaktionsmöglichkeit Gebrauch gemacht, insbesondere auch auf ökonomischem Gebiet. Nach der Gründung der ersten Stadtstaaten und Großreiche kann von einer Art Außenhandel im Sinne eines Warenaustausches zwischen (wirtschafts-)politisch abgegrenzten Gebieten gesprochen werden.[42] So standen zum Beispiel die mesopotamischen Reiche in (auch) wirtschaftlichem Kontakt nicht nur mit den weniger fortschrittlichen Völkern ihrer Umgebung, sondern auch untereinander.[43]

Ob und bejahendenfalls für welche Zeiträume und Regionen vom Bestehen einer frühgeschichtlichen Völkerrechtsordnung ausgegangen werden kann, ist umstritten und kann hier nicht im einzelnen erörtert werden. Festzuhalten ist jedenfalls, daß es schon in der vorklassischen Antike Instrumente mit Inhalten gab, die später auch für das Völkerrecht typisch waren. So gab es etwa zwischen den Entitäten vertragliche Abmachungen wie Handels-, Friedens- und Bündnisabkommen sowie diplomatischen Austausch.[44] Als erster bekannter Vertrag wird überwiegend ein zwischen den mesopotamischen Stadtstaaten Lagasch und Umma geschlossenes Abkommen aus dem Jahr 3100 v. Chr. genannt.[45] Zumindest phasenweise kann auch eine entsprechende Rechtsgesinnung nachgewiesen werden,[46] so daß von der Existenz eines die Beziehungen zwischen den verschiedenen Reichen regelnden Völkerrechts ausgegangen werden kann.[47]

Über eine Theorie des vorklassischen Völkerrechts ist so gut wie nichts bekannt. Obwohl es mehr oder weniger unabhängige Entitäten gab, die sich auch in völker-

---

42 Der Handel von Waren auch über weite Entfernungen selbst ist ein wesentlich älteres Phänomen, vgl. *van Scharpenberg*, Welthandel, Prinzipien des, WVR III, 820 (821).

43 Vgl. *Cameron*, Weltwirtschaft I, 50 f.; *Preiser*, Völkerrechtsgeschichte I, WVR III, 680 (681). Zu den Handelsexpeditionen der Ägypter vgl. *van Scharpenberg*, Welthandel, Prinzipien des, WVR III, 820 (821 f.).

44 Vgl. *Ziegler*, Völkerrechtsgeschichte, § 2 II, § 3 II; *Preiser*, Völkerrechtsgeschichte I, WVR III, 680 (681).

45 Vgl. *Graf Vitzthum*, in: Graf Vitzthum (Hrsg.), Völkerrecht (2. Aufl.), 1. Abschnitt, Rdnr. 88 und *Ziegler*, Völkerrechtsgeschichte, § 2 II 1. In der Bewertung abweichend *Preiser*, JZ 1956, 737 (738 f.), der in dieser Epoche das Rechtsbewußtsein noch nicht ausreichend ausgeprägt sieht und deshalb das Vorliegen einer echten völkerrechtlichen Ordnung verneint. Eine solche habe erstmals in der Zeit von etwa 1450 bis 1200 v. Chr. im vorderen Orient bestanden.

46 Dies gilt etwa jedenfalls für den alten Orient im Zeitraum zwischen etwa 1450-1200 v. Chr., *Ziegler*, Völkerrechtsgeschichte, § 3 III; *Preiser*, JZ 1956, 737 (738 ff.).

47 Dahingehend z.B. *Verdross*, Völkerrecht (1937), 5; *Graf Vitzthum*, in: Graf Vitzthum (Hrsg.), Völkerrecht (2. Aufl.), 1. Abschnitt, Rdnr. 88; *Grewe*, Epochen, 30.

rechtlichen Formen begegneten, wurden - von wenigen Ausnahmen in China und Indien, deren Einfluß auf die Praxis allerdings zweifelhaft ist, abgesehen - keine rechtlichen Theorien über den Staat, seine Beziehungen zu anderen Staaten und das Phänomen der Souveränität aufgestellt.[48] Immerhin lassen die Formen des zwischen den Reichen bzw. ihren Herrschern bestehenden Verkehrs bereits deutlich Elemente erkennen, die später auch in der Souveränitätstheorie enthalten waren. So brachte etwa die wechselseitige Anrede oder Bezeichnung als "Bruder" den Gedanken der Gleichrangigkeit zum Ausdruck.[49]

III. Klassische Antike

1. Altgriechische Welt

Schon in mykenischer Zeit (14. bis 12. Jahrhundert v. Chr.) trieben die Griechen einen regen Seehandel im östlichen Mittelmeer.[50] Nach den "dunklen Jahrhunderten" (1200 bis 800 v. Chr.)[51] belebten sich Kultur und - durch die Einführung von Münzgeld zusätzlich beflügelt - Handel ab dem 8. Jahrhundert v. Chr. erneut[52]; dieser Handel umfaßte Güter aus der gesamten damals bekannten Welt.[53]

Die Kontakte zwischen den verschiedenen organisatorischen Einheiten erstreckten sich neben dem wirtschaftlichen Bereich auch auf die Politik, wobei sich auch Formen der rechtlichen Ausgestaltung dieser Beziehungen entwickelten. Spätestens seit der Wende zum 6. Jahrhundert kann von einem zwischenstaatlichen Rechtssystem zwischen den selbständigen ("souveränen") Poleis gesprochen werden, das sich auch auf außergriechische Mächte (namentlich Persien und Karthago) erstreckte.[54] In dieser Ordnung waren wesentliche Elemente des heutigen Völkerrechts bereits vorhanden (zum Beispiel Bündnisse, Friedensverträge, Gesandtschaftsrecht, Schiedsgerichtsbarkeit), insbesondere auch handelsrelevante völkerrechtliche Institutionen wie Handels- und Schiffahrtsabkommen sowie Münzab-

---

48 Vgl. *van Kleffens*, RdC 82 (1953 I), 5 (13).

49 Vgl. *Ziegler*, Völkerrechtsgeschichte, § 3 I 2. Die Vorstellung von der Bruderschaft der Herrscher, die sich bis in die Neuzeit im zwischenstaatlichen Zeremoniell wiederfand, ist zugleich ein wichtiger Beleg für die ideengeschichtliche Verbindung des vorklassischen Völkerrechts mit der heutigen Völkerrechtsordnung (vgl. zur Kontinuität *Ziegler*, Völkerrechtsgeschichte, § 5 II 2; *Preiser*, Völkerrechtsgeschichte I, WVR III, 680 (687)). Allgemein zur Beeinflussung des späteren europäischen Völkerrechts durch altorientalische Vorstellungen über die rechtlichen Beziehungen zwischen Staaten *Ziegler*, Völkerrechtsgeschichte, § 5.

50 Vgl. *Cameron*, Weltwirtschaft I, 59.

51 Die frühgriechische bzw. mykenische Kultur fand um 1200 v. Chr. durch den Einbruch der sog. Seevölker ein Ende. Vgl. zu diesem Abschnitt der griechischen Geschichte *Schuller*, Griechische Geschichte, 6 ff.

52 *Cameron*, Weltwirtschaft I, 59 f.

53 Vgl. *Cameron*, Weltwirtschaft I, 62.

54 Vgl. *Preiser*, Völkerrechtsgeschichte I, WVR III, 680 (682 f.); *Ziegler*, Völkerrechtsgeschichte, § 7 I; *van Kleffens*, RdC 82 (1953 I), 5 (13 f.) m.N. auch zur Gegenmeinung (S. 26 f.), die erst die Renaissance für die Geburtsstunde des souveränen Staates sieht.

kommen.[55] Dieses altgriechische Völkerrecht lebte in der hellenistischen Staatenwelt nur unwesentlich modifiziert fort.[56]

Obwohl die Griechen sich eingehend mit der Idee des Staates befaßten, haben sie sich mit dem, was man heute im Völkerrecht unter Souveränität versteht, nicht auseinandergesetzt.[57] Allerdings kannten sie bereits das Konzept einer obersten Gewalt.[58] Sie beschränkten sich dabei aber darauf, deren Existenz festzustellen und beschäftigten sich nur mit der Frage, wer diese oberste Gewalt innerhalb einer Gemeinschaft innehaben sollte.[59] Wenngleich sie damit die Außenbeziehungen theoretisch nicht erfaßten und keine Völkerrechtswissenschaft entwickelten[60], haben sie mit der Idee des Naturrechts doch ein Konzept entwickelt, das die spätere Völkerrechtsdogmatik wesentlich prägen sollte[61].

2. Römisch-hellenistische Periode

Entgegen einer früher weit verbreiteten Ansicht[62] gilt es heute überwiegend als verfehlt, die Existenz völkerrechtlicher Institute während der gesamten Römerzeit völlig zu verneinen. So kann man spätestens ab der Mitte des 4. Jahrhunderts v. Chr. von einem völkerrechtlichen System sprechen.[63] Es umfaßte insbesondere die Elemente des Vertragsschlusses, des Gesandtschafts- und des Kriegsrechts.[64] Allerdings nutzte das Römische Reich seine Stärke auch aus, um sich rechtlichen Bindungen durch Vertragsbruch zu entziehen.[65]

Nach der herkömmlichen Sichtweise endete diese Periode völkerrechtlicher Beziehungen mit der Beseitigung des makedonischen Königtums nach der Schlacht von Pydna (22.6.168 v. Chr.).[66] Nach der Etablierung der römischen Weltherrschaft standen als Kontrahenten, denen man äußerlich durchaus in den alten Formen des völkerrechtlichen Verkehrs begegnete, nur noch "Barbaren" zur Verfügung, die Rom aber nicht als unabhängige Rechtssubjekte gleichen Ranges ("Rechtsgenossen")

---

55 *Preiser*, Völkerrechtsgeschichte I, WVR III, 680 (682 f.); *Ziegler*, Völkerrechtsgeschichte, § 7 II.

56 *Ziegler*, Völkerrechtsgeschichte, § 8 II.

57 Vgl. *van Kleffens*, RdC 82 (1953 I), 5 (14).

58 *van Kleffens*, RdC 82 (1953 I), 5 (14).

59 Vgl. *van Kleffens*, RdC 82 (1953 I), 5 (14); *Steinberger*, Sovereignty, EPIL Bd. IV, 500 (503).

60 *Ziegler*, Völkerrechtsgeschichte, § 7 III.

61 *Ziegler*, Völkerrechtsgeschichte, § 7 III.

62 Eine generelle Verwerfung nicht nur eines römischen, sondern überhaupt eines antiken Völkerrechts findet sich etwa bei von *Liszt/Fleischmann*, Das Völkerrecht, 20; ähnlich für die römische Epoche noch heute *Kimminich/Hobe*, Völkerrecht, 32 f. Vgl. zur Auseinandersetzung m.w.N. *Preiser*, AVR 4 (1953/1954), 257 (257 ff.).

63 Vgl. *Preiser*, Völkerrechtsgeschichte I, WVR III, 680 (684); *Ziegler*, Völkerrechtsgeschichte, § 9 I; *Graf Vitzthum*, in: Graf Vitzthum (Hrsg.), Völkerrecht (2. Aufl.), 1. Abschnitt, Rdnr. 90.

64 Vgl. *Graf Vitzthum*, in: Graf Vitzthum (Hrsg.), Völkerrecht (2. Aufl.), 1. Abschnitt, Rdnr. 90; *Ziegler*, Völkerrechtsgeschichte, § 9 II.

65 *Graf Vitzthum*, in: Graf Vitzthum (Hrsg.), Völkerrecht (2. Aufl.), 1. Abschnitt, Rdnr. 90 m.N.

66 Vgl. *Preiser*, Völkerrechtsgeschichte I, WVR III, 680 (684); *Ziegler*, Völkerrechtsgeschichte, § 9 I.

anerkannte.[67] Dies galt selbst für das faktisch unabhängige Partherreich.[68] Das Völkerrecht sank zu einem römischen äußeren Staatsrecht herab.[69]

Diese Sichtweise ist allerdings nicht unbestritten (und auch innerhalb der h.M. gibt es Abstufungen im Hinblick auf die Frage, ab wann jedenfalls graduell wieder von völkerrechtlicher Substanz der Beziehungen Roms gesprochen werden kann[70]). *Van Kleffens* meint, es habe außerhalb des Reiches stets *liberi populi externi* (als Beispiel nennt er Persien) gegeben, mit denen Rom Beziehungen unterhalten habe, die durchaus als völkerrechtlich charakterisiert werden könnten; allerdings habe es nur wenige solcher Staaten gegeben und sie seien nur gelegentlich mit Rom in Kontakt getreten.[71] Ob es sich bei diesen Beziehungen nur um ein "Spiel mit den überkommenen völkerrechtlichen Formen" handelte[72] oder doch um mehr oder weniger ernst gemeinte Rechtsbeziehungen auf der Basis von Gleichheit, kann hier nicht geklärt werden. Von Bedeutung für die weitere (Ideen-)Geschichte ist aber der Begriff des *liber populus*, der von den klassischen Autoren - ebenso wie andere Einrichtungen des früheren Völkerrechts - auch in dem hier in Frage stehenden Zeitraum bewahrt wurde.[73] Es kann danach festgehalten werden, daß es stets faktisch von Rom unabhängige Staaten gab und daß zumindest die Theorie diesen Umstand auch erfaßt hat[74].

Zwar haben auch die Römer kein wissenschaftliches System des Völkerrechts hervorgebracht.[75] Nach 168 v. Chr. (Schlacht von Pydna) bestand dafür auch kein Bedürfnis mehr, weil man andere Gruppen entweder überhaupt nicht als gleichrangig

---

67 Vgl. *Preiser*, Völkerrechtsgeschichte I, WVR III, 680 (684, 686); *Ziegler*, Völkerrechtsgeschichte, § 10 I 1.

68 *Preiser*, Völkerrechtsgeschichte I, WVR III, 680 (684); *Ziegler*, Völkerrechtsgeschichte, § 10 I 1.

69 Vgl. *Schwarzenberger*, Civitas Maxima?, 17.

70 *Preiser*, Völkerrechtsgeschichte I, WVR III, 680 (684) meint, daß Rom nach Pydna überhaupt nicht mehr bereit gewesen sei, andere Mächte als gleichstehende Souveräne anzuerkennen und läßt diesen Zeitraum jedenfalls bis zum Ende der Arsatikenherrschaft in Persien reichen. Erst im Verhältnis zu dem an die Stelle des parthischen getretenen nationaliranischen Reich der Sassaniden hätten sich die völkerrechtlichen Formen wieder mit adäquatem Inhalt zu füllen begonnen. Demgegenüber geht *Ziegler*, Völkerrechtsgeschichte, § 10 I 2, zwar davon aus, daß erst zu Beginn des 3. nachchristlichen Jahrhunderts die uneingeschränkte Anerkennung des Partherreichs erfolgt sei, sieht aber schon seit *Augustus* Tendenzen in Richtung eines echten Völkerrechts. Einigkeit besteht darin, daß spätestens seit der im Jahre 389 n. Chr. zwischen Rom und dem sassanidischen Perserreich einvernehmlich und auf der Basis gegenseitiger Anerkennung als gleichberechtigt vorgenommenen Teilung Armeniens sicher von einer neuen völkerrechtlichen Ordnung gesprochen werden kann (so übereinstimmend *Preiser*, Völkerrechtsgeschichte I, WVR III, 680 (686) und *Ziegler*, Völkerrechtsgeschichte, § 10 I 3).

71 *van Kleffens*, RdC 82 (1953 I), 5 (16).

72 So *Preiser*, Völkerrechtsgeschichte I, WVR III, 680 (684); ähnlich *Jellinek*, Allgemeine Staatslehre, 439, wonach die Römer anderen Völkern "gern den Schein staatlicher Selbständigkeit" ließen - ganz ähnlich wie spätere Kolonialmächte auch (vgl. etwa zum verschleiernden Einsatz des Begriffs des Protektorats im 19. Jahrhundert unten Fn. 418).

73 Vgl. *Ziegler*, Völkerrechtsgeschichte, § 10 III 3.

74 So schrieb *Proculus* im 1. Jahrhundert n. Chr.: *"Non dubito, quin foederati et liberi nobis externis sint"* (= Dig. 49.15.7, hier zitiert nach Kunkel, Wolfgang (Hrsg.), Corpus Iuris Civilis, Bd. I, 22. Aufl., Zürich 1973).

75 *Ziegler*, Völkerrechtsgeschichte, § 9 III 3.

anerkannte (so die h.M.), oder die Beziehungen zu ihnen für Rom keine große Bedeutung hatten (so *van Kleffens*).[76] Dennoch hat *Proculus*[77] im ersten nachchristlichen Jahrhundert eben unter Verwendung des Begriffs des *liber populus* die erste Definition dessen, was später als souveräner Staat bezeichnet wurde, formuliert.[78] Sie lautet: *"liber ... populus est is, qui nullius alterius populi potestati est subiectus"*.[79]

IV. Übergangszeit zwischen Antike und Mittelalter (400 bis 800 n. Chr.)

Die Übergangsphase zwischen klassischer Antike und dem Mittelalter, die von etwa 400 bis 800 n. Chr. dauerte,[80] ist geprägt von tiefgreifenden Veränderungen der politischen Ordnung der damals bekannten Welt. Die wichtigsten Entwicklungen können hier nur mit den Stichwörtern Teilung des römischen Imperiums und Zusammenbruch der westlichen Reichshälfte,[81] Völkerwanderung[82] sowie Aufstieg des islamischen Reiches[83] angesprochen werden. Am Ende dieser Epoche hatten sich mit dem fränkischen Reich, Byzanz und dem islamischen Reich jene drei Hauptmächte etabliert,[84] die die nachfolgende Entwicklung im Mittelalter prägten.

Ob und inwiefern in dieser Periode völkerrechtliche Beziehungen bestanden, wird uneinheitlich beurteilt. In der älteren Literatur wird die Möglichkeit von Völkerrecht vielfach unter Hinweis auf den mangelnden Zivilisations- und Organisationsgrad der germanischen "Barbaren" verneint[85] oder der Zeitraum zwischen Antike und Mittelalter ganz übergangen[86]. Demgegenüber überwiegt heute die Ansicht, daß es auch in der hier behandelten Phase völkerrechtliche Beziehungen gab, wenngleich es nicht zur Ausbildung einer dauerhaften und umfassenden völkerrechtlichen Ordnung

76 Vgl. *van Kleffens*, RdC 82 (1953 I), 5 (16); *Jellinek*, Allgemeine Staatslehre, 439.

77 Die Quellenlage zur Person des *Proculus* ist dürftig, vgl. *Krampe*, Proculi Epistulae, 1 ff., wonach *Proculus* zwischen 12 und 2 v. Chr. geboren und nach 66 n. Chr. gestorben ist.

78 Vgl. *van Kleffens*, RdC 82 (1953 I), 5 (16) und *Ziegler*, Völkerrechtsgeschichte, § 10 III 3. Wohl irrtümlich (vgl. Datierung) schreibt *Steinberger*, Sovereignty, EPIL Bd. IV, 500 (503) diese Formulierung dem griechischen Geschichtsschreiber *Polybius* (ca. 200 - ca. 120 v. Chr.) zu.

79 Dig. 49.15.7, hier zitiert nach Kunkel, Wolfgang (Hrsg.), Corpus Iuris Civilis, Bd. I, 22. Aufl., Zürich 1973. Zum Kontext und der umstrittenen Interpretation dieser von einer Textstörung betroffenen Stelle vgl. *Krampe*, Proculi Epistulae, 88 ff. (90 ff.) m.N. Es geht dabei um die Frage, ob *Proculus* eine allgemeine Definition des *liber populus* geben wollte oder lediglich feststellen wollte, daß auch die *foederati*, insbes. auch die in einem ungleichen Bündnis föderierten Völker, eine Art der *populi liberi* seien.

80 Vgl. zur Epochenabgrenzung *Ziegler*, Völkerrechtsgeschichte, § 12 I; *Preiser*, Völkerrechtsgeschichte I, WVR III, 680 (686).

81 Vgl. dazu *Ziegler*, Völkerrechtsgeschichte, § 12 II; *Preiser*, Völkerrechtsgeschichte I, WVR III, 680 (686 f.); *Oppenheim/Lauterpacht*, International Law I (8. Aufl.), § 41.

82 Vgl. dazu *Verdross*, Völkerrecht (5. Aufl.), 44 ff.; *Ziegler*, Völkerrechtsgeschichte, § 12 II.

83 Vgl. dazu *Ziegler*, Völkerrechtsgeschichte, § 14 I.

84 Zum Abschluß der Übergangsphase durch die Herausbildung dieser Mächtekonstellation *Preiser*, Völkerrechtsgeschichte I, WVR III, 680 (687).

85 Vgl. *Oppenheim/Lauterpacht*, International Law I (8. Aufl.), § 41.

86 So in *Nussbaums* Geschichte des Völkerrechts von 1960.

gekommen sei.[87] Diese Sichtweise erscheint namentlich dann berechtigt, wenn man die Betrachtung nicht einseitig auf Westeuropa beschränkt.

So bestanden spätestens seit dem Friedensvertrag von 422 n. Chr. völkerrechtliche Beziehungen zwischen Ostrom und dem von den Sassaniden beherrschten Persien auf der Grundlage formell anerkannter rechtlicher Gleichheit.[88] Nach dem Überrennen des Perserreichs durch die Araber nahm das Kalifat trotz seines religiös begründeten Weltherrschaftsanspruchs[89] mit dem oströmischen Reich völkerrechtliche Beziehungen auf der Basis der Gleichheit auf.[90]

Weniger eindeutig ist die Beurteilung des (völker-)rechtlichen Gehalts der Beziehungen zwischen den auf dem Gebiet des Westreichs agierenden Akteuren. Insofern überwiegt heute die Ansicht, daß die Möglichkeit von Völkerrecht nicht von vornherein am Organisationsgrad der von den germanischen Stämmen begründeten Entitäten scheiterte.[91] Soweit man die rechtlichen Beziehungen zwischen den Germanen und Rom betrachtet, kann bis auf wenige Ausnahmen jedenfalls von Völkerrecht im Sinne einer Zwischensouveränitätenordnung nicht gesprochen werden, weil selbst de facto vom römischen Kaiser unabhängige Germanenherrscher als *foederati* die rechtliche Oberhoheit des Kaisers anerkannten.[92] Die Beurteilung der rechtlichen Beziehungen der germanischen Könige und Fürsten untereinander ist umstritten. Während sie teilweise als völkerrechtliche charakterisiert werden,[93] werden sie von anderen als bloß "persönliche Rechtsbeziehungen"[94] interpretiert.[95]

---

87 So *Preiser*, Völkerrechtsgeschichte I, WVR III, 680 (687), an den die nachfolgende Literatur auch insofern anschließt (z.B. *Grewe*, Epochen, 30).

88 Das Verhältnis Roms zu Persien unterschied sich deutlich von dem zu den das Römische Reich umgebenden Klientelstaaten. Während die letzteren sowohl tatsächlich als auch rechtlich von Rom abhängig waren, so daß die mit ihnen geschlossenen Verträge jedenfalls nicht als völkerrechtliche Abkommen auf der Grundlage der Gleichheit angesehen werden können (vgl. hierzu *Verdross*, Völkerrecht (5. Aufl.), 42), hatte das Perserreich schon Ende des 4. Jahrhunderts jedenfalls eine faktische Gleichrangigkeit erlangt (vgl. *Preiser*, Völkerrechtsgeschichte I, WVR III, 680 (686)). In den nachfolgenden Jahrhunderten kam es zu umfangreichen völkerrechtlichen Kontakten (vgl. zu den abgeschlossenen Verträgen sowie den diplomatischen Kontakten *Verdross*, Völkerrecht (5. Aufl.), 43; *Preiser*, Völkerrechtsgeschichte I, WVR III, 680 (687 f.); *Ziegler*, Völkerrechtsgeschichte, § 13 I 1). Um die gegenseitige Anerkennung als gleichrangig auszudrücken, bediente man sich dabei der bereits aus der altorientalischen Völkerrechtsordnung bekannten Anrede als "Bruder" (*Preiser*, Völkerrechtsgeschichte I, WVR III, 680 (687)).

89 Zur völkerrechtlichen Theorie des Islam, die schon früh Wege fand, trotz des Prinzips der dauerhaften Feindschaft mit Nicht-Muslimen rechtliche Beziehungen mit nicht-islamischen Staaten aufnehmen zu können, vgl. *Preiser*, Völkerrechtsgeschichte I, WVR III, 680 (688); *Ziegler*, Völkerrechtsgeschichte, § 14 II.

90 Vgl. zu dieser völkerrechtlichen Koexistenz *Verdross*, Völkerrecht (5. Aufl.), 61.

91 *Ziegler*, Völkerrechtsgeschichte, § 13 I spricht von "regelrechten Staatsgründungen" etwa durch die Burgunder (413 n. Chr.) und die Vandalen (429 n. Chr.); auch *Preiser*, Völkerrechtsgeschichte I, WVR III, 680 (687) bezeichnet die auf dem Boden des Westreichs entstandenen Stammesfürstentümer als Staaten.

92 Vgl. hierzu *Preiser*, Völkerrechtsgeschichte I, WVR III, 680 (688 f.); *Ziegler*, Völkerrechtsgeschichte, § 13 I 2.

93 So z.B. *Verdross*, Völkerrecht (5. Aufl.), 46. Soweit die Oberhoheit des römischen Kaisers anerkannt wurde ist eine solche Charakterisierung nur möglich, wenn man entweder auf die fak-

Für die nachfolgende Entwicklung des Völkerrechts waren die Entwicklungen im Westen am bedeutendsten[96], wenngleich nicht von einer Identität zwischen dem Rechtssystem der Übergangszeit und der späteren Völkerrechtsordnung gesprochen werden kann,[97] und die Relevanz der Praxis der Übergangszeit für die nachfolgende Entwicklung selten näher betrachtet und bewertet wird.[98] Besser belegt und auch unumstritten ist demgegenüber die große Bedeutung der im lateinischen Westen herausgebildeten wissenschaftlichen Überlieferung für das später entstehende Völkerrecht. Die wichtigsten Leistungen der wesentlich von der katholischen Kirche getragenen[99] Theorie dieser Epoche liegen in der Tradierung und spezifisch völkerrechtlichen Weiterentwicklung der antiken Rechtstradition.

Die Römer haben auch in der Spätantike keine systematische Lehre des Völkerrechts entwickelt.[100] Sie haben jedoch in den Digesten wichtige Elemente des klassischen römischen Rechts gesammelt und geordnet.[101] Tradiert von der kirchlichen Wissenschaft, bildete dieses Material eine wichtige Grundlage für die spätere Völkerrechtslehre.

Bereits vor der Abfassung der Digesten war eine spezifisch christliche Völkerrechtslehre entstanden, die auf die nachfolgende mittelalterliche und neuzeitliche Völkerrechtslehre erheblichen Einfluß hatte.[102] Dabei knüpften die lateinischen Kirchen-

---

tische Unabhängigkeit abstellt oder wie *Grewe* (oben B.I., S. 6) auch Beziehungen zwischen Entitäten, die einer gemeinsamen übergeordneten Autorität unterstehen, als völkerrechtlich qualifiziert.

94 So *Graf Vitzthum*, in: Graf Vitzthum (Hrsg.), Völkerrecht (2. Aufl.), 1. Abschnitt, Rdnr. 93.

95 Ob man mit dem Hinweis auf die Zuordnung der Rechte und Pflichten an Personen den völkerrechtlichen Charakter der hier in Frage stehenden Rechtssätze verneinen sollte, erscheint zweifelhaft. Selbstverständlich gab es in der hier besprochenen Epoche (in Europa) noch keine Staaten in auch nur annähernd modernem Sinne. Darüberhinaus war die Abstraktion des "Staates" von der Person des Herrschers nicht vollzogen. Der Übergang von an den Herrschern anknüpfenden Bindungen zu solchen, die sich auf Staaten beziehen, hat lange gedauert und war auch in der frühen Neuzeit noch nicht abgeschlossen (s.u. B.VI., S. 24). Sogar noch viel später wurden - unstreitig völkerrechtliche - Bindungen von den nunmehr Souveränen genannten Herrschern begründet. So kehrten die Briten 1927 zu der Praxis früherer Zeiten zurück und erwähnten als vertragschließende Partei ihr Staatsoberhaupt (vgl. *Grewe*, History of the Law of Nations: World War I to World War II, EPIL Bd. II, 839 (844 f.).

96 Auch die Völkerrechtspraxis des oströmischen Reiches hatte, ebenso wie die bereits oben unter B.I., S. 8, angesprochenen außereuropäischen Völkerrechtsordnungen, auf das spätere Völkerrecht nur geringen Einfluß, vgl. *Seidl-Hohenveldern/Stein*, Völkerrecht, Rdnr. 54.

97 Nach heute allg. Ansicht kann der Ursprung der heutigen Völkerrechtsordnung erst im Mittelalter gesehen werden, so z.B. *Grewe*, Epochen, 29 m.N.

98 Besonders hoch wird die Bedeutung der "politische[n] und rechtliche[n] Gestaltung des weströmischen Gebietes" von *Verdross*, Völkerrecht (5. Aufl.), 47 eingeschätzt, wonach bereits "in der Epoche zwischen 450 und 800 ... die katholische Res Publica Christiana ... grundgelegt worden" ist.

99 Vgl. *Ziegler*, Völkerrechtsgeschichte, § 15 III 3.

100 *Ziegler*, Völkerrechtsgeschichte, § 13 III 2.

101 *Ziegler*, Völkerrechtsgeschichte, § 13 III 2.

102 Vgl. *Preiser*, Völkerrechtsgeschichte I, WVR III, 680 (689).

väter[103] an die antiken Rechtsvorstellungen an und formten diese im Geiste des Christentums um.[104] Insbesondere bildeten sie ein christliches Naturrecht aus[105] und entwickelten die römische Lehre vom "bellum iustum" weiter[106].

V. Mittelalter

Das Mittelalter, womit in etwa der Zeitraum von 800 bis 1500 bezeichnet werden soll, ist nicht nur zeitlich, sondern auch im Hinblick auf Ereignisse und hervorgebrachte Ideen zu umfassend, um hier nur annähernd erschöpfend dargestellt werden zu können. Entgegen der früher häufig vertretenen Ansicht, das Mittelalter habe zu Entwicklung des Völkerrechts[107] und insbesondere des Konzepts der Souveränität[108] nichts oder nur wenig beigetragen, gibt es eher zu viel als zu wenig aus dieser Periode zu berichten. In dem Bestreben, die für die weitere Entwicklung wichtigsten Aspekte zu erwähnen, beschränkt sich die folgende Darstellung im wesentlichen auf das westliche Hochmittelalter.[109]

1. Einige Aspekte der tatsächlichen Entwicklung des Völkerrechts

Während des gesamten Mittelalters gab es voneinander unabhängige politische Entitäten. Dies gilt zunächst offensichtlich für die bereits angesprochenen islamischen Reiche. Der von den christlichen Mächten mit diesen getätigte Handel[110]

---

103 Der bedeutendste Autor (auch) im Hinblick auf das Völkerrecht war *Aurelius Augustinus* (354-430). Daneben ist *Isidor von Sevilla* (ca. 570-636) hervorzuheben. Vgl. zu diesen *Ziegler*, Völkerrechtsgeschichte, § 13 III 3; *Preiser*, Völkerrechtsgeschichte I, WVR III, 680 (689).

104 *Preiser*, Völkerrechtsgeschichte I, WVR III, 680 (689).

105 Dieser Vorgang fand bereits mit *Augustinus* seinen Abschluß, dessen Leistung sich insofern im wesentlichen auf die systematische Ordnung von bereits bei *Paulus* und *Origines* vorhandenen Gedanken beschränkte (*Preiser*, Völkerrechtsgeschichte I, WVR III, 680 (689)).

106 Die an *Cicero* anknüpfende Ausformung einer Lehre vom gerechten Krieg wurde im wesentlichen von *Augustinus* geprägt, vgl. hierzu *Ziegler*, Völkerrechtsgeschichte, § 13 III 3; *Preiser*, Völkerrechtsgeschichte I, WVR III, 680 (689).

107 Frühere Autoren hatten die Möglichkeit eines mittelalterlichen Völkerrechts unter Hinweis auf die von den sog. Universalgewalten Papst und Kaiser geltend gemachten Herrschaftsansprüche sowie unter Zugrundelegung eines zu sehr an modernen Verhältnissen orientierten Staatsbildes verneint. Mittlerweile herrscht aber Einigkeit darüber, daß diese Position jedenfalls in dieser Allgemeinheit nicht zutreffend ist. Vgl. dazu m.N. *Grewe*, Epochen, 31; *Ziegler*, Völkerrechtsgeschichte, § 17 I 1.

108 Vgl. ablehnend zu dahingehenden Ansichten z.B. *van Kleffens*, RdC 82 (1953 I), 5 (26 f.) m.N.

109 Einen guten Gesamtüberblick auch über Früh- und Spät-Mittelalter sowie die Entwicklungen in Byzanz und der islamischen Welt gibt *Ziegler*, Völkerrechtsgeschichte, §§ 16 ff.; vgl. auch die recht umfassende Darstellung bei *Nussbaum*, Geschichte, 19 ff. sowie *Verdross*, Völkerrecht (5. Aufl.), 47 ff.

110 Seit dem hohen Mittelalter gab es einen regen Handel christlicher Mächte mit verschiedenen islamischen Staaten, vgl. *Ziegler*, Völkerrechtsgeschichte, § 27 II 1 a); *van Scherpenberg*, Welthandel, Prinzipien des, WVR III, 820 (822). - Auch darüberhinaus entwickelte sich - schon vor den Kreuzzügen - ein ausgesprochener Fernhandel (vgl. *Cameron*, Weltwirtschaft I, 93, 98 ff.), der weit über die Grenzen des Heiligen Römischen Reichs Deutscher Nation hinaus-

wurde dabei auf der Grundlage völkerrechtlicher Beziehungen abgewickelt[111], wobei die - trotz auf beiden Seiten bestehender religiöser Verbote - abgeschlossenen Verträge über rein handelsbezogene Fragen hinausgingen.[112] Aber auch in Europa standen wichtige Länder außerhalb des Reiches.[113] Zumindest in faktischer Hinsicht emanzipierten sich zunehmend auch innerhalb des Reiches politische Einheiten von päpstlichen und kaiserlichen Herrschaftsansprüchen und standen sich sonach unabhängig gegenüber, wobei insbesondere die oberitalienischen Städte eine herausragende Rolle spielten.

Die Entwicklung der einzelnen Staaten[114] kann hier ebensowenig detailliert nachvollzogen werden wie auf die Fragen eingegangen werden kann, zu welchem Zeitpunkt und in welcher Intensität Papst und Kaiser eine Oberhoheit tatsächlich beansprucht haben[115]. In einer generalisierenden Betrachtung kann aber festgehalten werden, daß die Ansprüche in deutlichem Mißverhältnis zur tatsächlichen Machtsituation standen.[116]

In der Praxis erfolgte die Rechtsbildung durch sehr unterschiedliche Akteure, die sich - ein Prozeß, der bis weit in die Neuzeit reichte - sowohl im Hinblick auf ihre

ging. Außer zu den islamischen Staaten existierten auch Handelsbeziehungen mit Ostasien und Indien (*van Scherpenberg*, Welthandel, Prinzipien des, WVR III, 820 (822)).

111 Im frühen Mittelalter waren zwischen christlicher und islamischer Welt zunächst keine völkerrechtlichen Beziehungen möglich, weil kein entsprechender Wille vorhanden war, vgl. *van Kleffens*, RdC 82 (1953 I), 5 (17 f.).

112 Vgl. *Preiser*, Völkerrechtsgeschichte I, WVR III, 680 (698); *Ziegler*, Völkerrechtsgeschichte, § 17 I 3; *Graf Vitzthum*, in: Graf Vitzthum (Hrsg.), Völkerrecht (2. Aufl.), 1. Abschnitt, Rdnr. 94.

113 Dies gilt z.B. (mit einer kurzen, eher formalen Ausnahme zwischen 1173 und 1366) für England, was bis auf wenige Ausnahmen auch anerkannt wurde, vgl. *van Kleffens*, RdC 82 (1953 I), 5 (22 f. mit 28). Weitere Beispiele sind Schottland und Norwegen, vgl. *Schwarzenberger*, RdC 87 (1955 I), 195 (221).

114 Ausführlich zur Entwicklung Englands, Frankreichs, Spaniens, der italienischen Stadtstaaten und der Schweizer Kantone *van Kleffens*, RdC 82 (1953 I), 5 (17 ff.). Zusammenfassend auch *Graf Vitzthum*, in: Graf Vitzthum (Hrsg.), Völkerrecht (2. Aufl.), 1. Abschnitt, Rdnr. 95 m.N.

115 Nach *Ziegler*, Völkerrechtsgeschichte, § 17 I 2, wurden erst im Rahmen des Investiturstreits extreme Ansprüche geltend gemacht. Das Papsttum beanspruchte, gestützt auf den Stufenbau der Rechtsordnung (ius divinum/lex aeterna - lex naturalis - lex humana/ius positivum) und die beherrschende Stellung des ius divinum, eine höchste Rechtsetzungsbefugnis (vgl. *Grewe*, Epochen, 113 ff.; *Ziegler*, Völkerrechtsgeschichte, § 17 I 2, unter Bezugnahme auf das *Dictatus papae* von *Gregor VII.*; ausführlich zu Vertretern und Argumenten für die Annahme einer päpstlichen höchsten Gewalt *Suárez*, Defensio fidei, lib. 3 c. 5 n. 4 ff., der diese Ansicht ablehnt). Im Hinblick auf den Kaiser meint *Grewe*, Epochen, 115, eine oberste Rechtsetzungsmacht sei "nur in den Theorien spätmittelalterlicher Legisten" beansprucht worden. Dagegen spricht jedoch die bei *van Kleffens*, RdC 82 (1953 I), 5 (22) wiedergegebene Aussage *Heinrich IV.* von Hohenstaufen (1190-1197), wonach "Teutonici orbem imperii non est transeundem".

116 *van Kleffens*, RdC 82 (1953 I), 5 (22); *Grewe*, Epochen, 31. Der Kaiser hatte in der Praxis keine Rechtsetzungsmacht über andere Könige und Völker (*Grewe*, Epochen, 115). Auch der Papst konnte sich insgesamt nicht als Organ der Völkerrechtsbildung durchsetzen (vgl. *Grewe*, Epochen, 115, gegen die Ansicht *Zimmermanns*) Der Machtverfall der Päpste war spätestens seit der Gefangennahme von *Bonifaz VIII.* durch die Franzosen nicht mehr zu übersehen (vgl. *Ziegler*, Völkerrechtsgeschichte, § 17 I 4). Die Schwäche des Papsttums zeigte sich im übrigen auch in der oben (Fn. 110) angesprochenen Mißachtung des Verbotes der Begründung völkerrechtlicher Verbindungen mit islamischen Staaten.

Außenbeziehungen wie auch im Innern tendenziell in Richtung des modernen Staates entwickelten. Dabei traten nicht nur die mehr oder weniger unabhängigen Herrscher größerer Staaten (z.B. England, Frankreich) auf, sondern auch Gewalthaber minderen Ranges.[117] Dies war möglich, weil die Innehabung eines höchsten Ranges, von "Souveränität", nach mittelalterlicher Ansicht[118] nicht Voraussetzung für die wirksame Vornahme völkerrechtlich relevanter Akte, wie z.B. Kriegsführung oder Vertragsschluß, war.[119] So konnten auch kleinere Herrschaftsträger, die von anderen Mächten abhängig waren, sowohl mit den erstrangigen, d.h. jedenfalls de facto unabhängigen Herrschern, als auch miteinander in völkerrechtlichen Formen verkehren. Dabei wurde den kleineren Herrschaftsträgern grundsätzlich nur eine beschränkte völkerrechtliche Handlungsfähigkeit zugestanden, sofern sie nicht zu machtvollen Einheiten wie etwa der Hanse zusammengeschlossen waren.[120]

Als Rechtserzeugungsmechanismen waren Verträge und Gewohnheitsrecht bekannt,[121] wobei gerade Verträge inhaltlich bereits ein sehr breites Spektrum abdeckten.[122] Insbesondere wurden zahlreiche Aspekte des Handelsverkehrs zwischen den verschiedenen Organisationseinheiten geregelt,[123] wenngleich gerade

---

117 *Grewe*, Epochen, 116; *Ziegler*, Völkerrechtsgeschichte, § 17 II 1.

118 Die langjährige Ignorierung der von den kleineren Herrschaftsverbänden geschlossenen Verträge ist ein typisches Beispiel dafür, wie die Anlegung von später entwickelten Ansichten und Theorien der sachgerechten Erfassung historischer Gegebenheiten im Wege stehen kann. Das "dogmatische Vorurteil", das nur souveräne Staaten, d.h. solche, die nach außen keine weltliche Macht über sich akzeptieren und nach innen gegenüber ihren Bürgern die Fülle der Macht repräsentieren, als Subjekte völker(-vertrags-) rechtlicher Beziehungen in Betracht kommen könnten, hat die Erforschung der politischen Verträge des Mittelalters lange Zeit behindert (vgl. *Mitteis*, in: Die Rechtsidee in der Geschichte, 567 (568 f.)). Die Behauptung, daß Souveränität Voraussetzung der Vertragsfähigkeit sei, wird jedoch der mittelalterlichen Rechtssituation nicht gerecht (ebensowenig wie der heutigen, in der etwa gem. Art. 32 Abs. 3 GG die vom Bund abhängigen und nur über beschränkte Machtbefugnisse nach innen verfügenden deutschen Bundesländer als partielle Völkerrechtssubjekte völkerrechtliche Verträge abschließen können).

119 Vgl. *Grewe*, Epochen, 116; *Graf Vitzthum*, in: Graf Vitzthum (Hrsg.), Völkerrecht (2. Aufl.), 1. Abschnitt, Rdnr. 95; *Ziegler*, Völkerrechtsgeschichte, § 17 II 2 und § 23 I 2 (zum Spätmittelalter). Beispielsweise war die Innehabung von "Souveränität" in dem in Fn. 118 angesprochenen Sinne nicht Voraussetzung der Vertragsfähigkeit. Diese setze nur ein Mindestmaß an politischer Handlungsfähigkeit voraus (vgl. *Mitteis*, in: Die Rechtsidee in der Geschichte, 567 (571)).

120 Vgl. *Preiser*, Völkerrechtsgeschichte, EvStL (2. Aufl.), Sp. 2823 (2824).

121 *Grewe*, Epochen, 115 (mit Beispielen).

122 Vgl. *Grewe*, Epochen, 117; *Ziegler*, Völkerrechtsgeschichte, § 18 I; *Nussbaum*, Geschichte, 26 ff.

123 Insofern waren von hervorragender Bedeutung Regelungen, die die Sicherheit des Handels, d.h. der beteiligten Kaufleute und ihrer Waren betrafen. Am Ende der in mehreren Schritten verlaufenden Entwicklung (vgl. dazu *Nussbaum*, Geschichte, 30 f.) standen zu Gunsten auswärtiger Kaufleute ausgestellte Freibriefe und Handelsprivilegien, die im 13. und 14. Jahrhundert die Grundlage der Hanse (zu deren Geschichte vgl. *Ziegler*, Völkerrechtsgeschichte, § 23 II 2; *Nussbaum*, Geschichte, 37 ff.) und anderer Städtebünde darstellten (*von Keller*, Handelsverträge, WVR I, 765 (766)). Neben den Handels- und Niederlassungsverträgen gab es solche währungsrechtlicher Natur, die die Schaffung gemeinsamer Münzsysteme oder die gegenseitige Anerkennung von gesetzlichen Zahlungsmitteln betrafen (*Grewe*, Epochen der Völkerrechtsgeschichte, 117 m.N.; *Nussbaum*, Geschichte, 36 f.). Von großer Bedeutung für die Abwicklung des Handels war schließlich auch die Entwicklung eines Seerechts (vgl. dazu *Nussbaum*, Geschichte, 33 ff.). Auch in regelungstechnischer Hinsicht finden sich im Mittelalter die Ursprünge des modernen Handelsrechts. So gab es bereits Formen der Meistbe-

auf diesem Gebiet eine trennscharfe Abgrenzung zwischen völkerrechtlichen Instrumenten und autonomen Regelungen nicht immer vorgenommen werden kann.[124]

Auch wenn man im Hinblick auf die Beteiligung von Entitäten niederen Ranges aus einer modernen Perspektive durchaus von einem Gemisch von staats- und völkerrechtlichen Elementen sprechen kann[125], so ist doch festzuhalten, daß es - gleichsam nach Abzug der Gewalten niederen Ranges - bereits zum Ende des Hochmittelalters in Europa innerhalb und außerhalb des Reiches eine Anzahl gleichrangiger "Nationalstaaten" als Träger einer völkerrechtlichen Ordnung gab, die die Grundlage auch des heutigen Völkerrechts darstellt.[126] Schon im 13. Jahrhundert[127] "war der entscheidende Schritt zur Ausbildung des modernen Staates, die Entwicklung der Vorstellung von der Souveränität, in der Theorie[128] wie in der Praxis", vollzogen.[129]

2. Völkerrechtsrelevante Aussagen der mittelalterlichen Theorie

a) Übersicht

Vor dem Hintergrund des angesprochenen Kampfes der entstehenden Territorialstaaten nach außen gegen kaiserliche und päpstliche Herrschaftsansprüche, sowie nach innen gegen die hierarchische Lehensordnung, die Stände und sonstige intermediäre Gewalten, entwickelte bereits die mittelalterliche Theorie die wesentlichen

günstigungsklausel, die sich allerdings inhaltlich weniger auf Zölle, sondern primär auf die persönlichen Rechte der Kaufleute bezogen. Auch Gleichberechtigungsklauseln gab es bereits. Vgl. *Nussbaum*, Geschichte, 37.

124 Die die Außenwirtschaft betreffenden Regelungen des Mittelalters waren nicht immer wirklich völkerrechtlicher Natur. Vielmehr lag vielfach auch lokales, d.h. autonom vom jeweiligen Herrscher gesetztes Recht vor. Daneben gab es jedoch auch eine Vielzahl gegenseitiger Verpflichtungen, insbesondere auch schon umfassende Verträge zu handelsrechtlichen Fragen. Vgl. hierzu einerseits *Nussbaum*, Geschichte, 35 f., der insgesamt von einem Vorherrschen unilateraler Handlungsformen ausgeht, andererseits *von Keller*, Handelsverträge, WVR I, 765 (766) der (nur bezogen auf Handelsgarantien) von einem Vorherrschen vertraglicher Formen ausgeht.

125 Vgl. *Ziegler*, Völkerrechtsgeschichte, § 17 II 1 - Verträge von abhängigen Staaten untereinander oder mit dem ihnen übergeordneten Staat werden heute staatsrechtlich qualifiziert (s. etwa zu den von den deutschen Bundesländern untereinander oder mit dem Bund abgeschlossenen Verträgen *Rojahn*, in: von Münch/Kunig (Hrsg.), Grundgesetz-Kommentar (5. Aufl.), Art. 32, Rdnr. 33).

126 *Preiser*, Völkerrechtsgeschichte I, WVR III, 680 (690); *Ziegler*, Völkerrechtsgeschichte, § 16 I.

127 Im Hinblick auf die Datierung der Entstehung souveräner Staaten im modernen Sinne herrscht Uneinigkeit, die Meinungen schwanken zwischen dem 10. und dem 16. Jahrhundert (vgl. *Randelzhofer*, Staatsgewalt und Souveränität, HStR I, § 15 Rdnr. 13 m.N.). Die Unterschiede scheinen auch in der jeweiligen Perspektive begründet zu sein. Stellt man wie hier primär auf das Außenverhältnis ab, so kann man schon relativ früh von souveränen, unabhängig nebeneinander stehenden Staaten sprechen. Demgegenüber weicht das Bild im Innern noch stärker von dem des "modernen" Staates ab, weil sich innerhalb der Territorien noch keine Gewalt als höchste durchgesetzt hat, die Staaten waren auch im Spätmittelalter noch "im Innern unfertig" (*Graf Vitzthum*, in: Graf Vitzthum (Hrsg.), Völkerrecht (2. Aufl.), 1. Abschnitt, Rdnr. 97).

128 Vgl. insofern auch *Koskenniemi*, From Apology to Utopia, 57.

Grundlegungen für jenes Konzept, das später mit dem Begriff der Souveränität verbunden wurde.[130] Auf der anderen Seite wäre es übertrieben, dem Mittelalter bereits auch die Urheberschaft für die Souveränitätstheorie im Sinne eines umfassenden, in sich geschlossenen theoretischen Systems zuzuschreiben. Auch wenn es durchaus Versuche in diese Richtung gab, konnte insgesamt die Idee der Souveränität im Spannungsfeld der entgegengesetzten Herrschaftsansprüche von Kaisern und Päpsten nur schwer gedeihen.[131]

Dabei kann in mehrfacher Hinsicht nicht von einer, "der" mittelalterlichen Theorie gesprochen werden. Dies gilt einerseits in inhaltlicher Hinsicht. Während einige - wie zum Beispiel der Glossator *Azo*[132] oder Papst *Innozenz III* - bereits um 1200 theoretisch begründet hatten, daß neben dem Kaiser weitere souveräne Gewalten auch innerhalb des Reiches vorhanden waren[133], hielten andere, wie etwa *Bartolus*, noch im 14. Jahrhundert "[m]it einer großartigen Ignorierung des wirklichen Lebens ... an dem Gedanken der Superiorität des Kaisertums über alle anderen weltlichen Gewalten ... fest ...".[134] Zum anderen unterschieden sich die mittelalterlichen Autoren auch im Hinblick auf ihren Grundansatz. Insofern können hier mit *van Kleffens*[135] zwei Hauptströmungen unterschieden werden. Die eine ist die in der Rechtsschule von Bologna wiederbegründete Rechtswissenschaft, die primär "weltlich" orientiert war und auf dem Studium des Corpus Iuris Civilis *Justinians* beruhte.[136] Neben diesen Ansätzen existierten die Lehren aus dem kirchlichen Raum, bei denen nicht römisches Recht, sondern theologische Erwägungen im Vordergrund standen.

b) Zentrale Aussagen der beiden Hauptströmungen mittelalterlicher Theorie

Beide der zuletzt angesprochenen Hauptströmungen haben wichtige "völkerrechtliche"[137] Aussagen mit Bezug zu dem Komplex, der später unter dem Stichwort

---

129 *Preiser*, Völkerrechtsgeschichte I, WVR III, 680 (691).

130 Vgl. *Verdross/Simma*, Universelles Völkerrecht, § 31; *Dahm*, Völkerrecht I, 153; *Randelzhofer*, Staatsgewalt und Souveränität, HStR I, § 15 Rdnr. 14; *Garner*, APSR 19 (1925), 1 (3 f.); *Jellinek*, Allgemeine Staatslehre, 440 ff.

131 Vgl. *van Kleffens*, RdC 82 (1953 I), 5 (32); *Jellinek*, Allgemeine Staatslehre, 445.

132 Vgl. zu *Azo* und seiner Stellung in der Glossatorenschule *Dilcher*, Glossatoren, in: Erler/Stammler (Hrsg.), HRG I, Sp. 1708 ff.; *Wieacker*, Privatrechtsgeschichte, 60 ff. (63).

133 Vgl. *Ziegler*, Völkerrechtsgeschichte, § 17 II 3.

134 *Jellinek*, Allgemeine Staatslehre, 442. - *Bartolus* (1314-1357) stempelte zwar jeden, der die Vorherrschaft des römischen Kaisers bezweifelte, zum Ketzer, fügte dieser de iure Betrachtungsweise aber eine zweite de facto hinzu, um mit dieser Kategorie die Realität einer Vielzahl von souveränen Gewalten neben dem Kaiser zu erfassen. Vgl. zu *Bartolus Grewe*, Epochen, 31; *Jellinek*, Allgemeine Staatslehre, 442/Fn. 3; *Ziegler*, Völkerrechtsgeschichte, § 25 III 1; *Verdross*, Völkerrecht (5. Aufl.), 96. Gegen *Bartolus* später deutlich *Suárez*, Defensio fidei, lib. 3 c. 5 n. 7.

135 *van Kleffens*, RdC 82 (1953 I), 5 (34).

136 Vgl. hierzu *Ziegler*, Völkerrechtsgeschichte, §§ 16 III und 19 II.

137 An dieser Stelle ist darauf hinzuweisen, daß die mittelalterliche Theorie noch keine strikte Trennung verschiedener Wissenschaftszweige aufwies und außerdem die Theologie allgemein als wichtigste Disziplin angesehen wurde (vgl. *van Kleffens*, RdC 82 (1953 I), 5 (35 f.)). Daher

Souveränität gefaßt wurde, getroffen. Die Überlegungen beider Strömungen mündeten im 13. Jahrhundert jeweils in einen durchaus umfassenden Versuch einer geschlossenen Doktrin ein.[138] Im Falle der am römischen Recht orientierten Juristen war dies das Werk des *Marino da Caramanico*[139], im Falle der kirchlichen Linie das des *Thomas von Aquin*[140].

aa) Die "weltlich-juristischen" Ansätze

Im Rahmen der Rezeption des Corpus Iuris wurde auch die Definition des *liber populus* von *Proculus*[141] von zahlreichen Autoren bewußt wieder aufgegriffen.[142] Wie die Digesten-Stelle hatten auch diese mittelalterlichen Juristen bei ihren unterschiedlichen Formulierungen zunächst die Unabhängigkeit im Außenverhältnis im Blick[143], wobei im Anschluß an Papst *Innozenz III.* und in Abweichung von *Proculus* auch eine subjektiv formulierte Version Verbreitung fand.[144]

Nur wenig später aber wurde ein nach innen gerichteter Aspekt hinzugefügt. Juristen wie *Stephanus Tornacensis* und *Azo* ergänzten das bisher nach außen gerichtete und negative Konzept um einen positives Element, das sich auf die Innehabung der Macht zur Regelung der eigenen Angelegenheiten innerhalb des eigenen Herrschaftsbereichs bezieht.[145] In dieser "Entdeckung" des inneren Aspekts, d.h. der vollen Hoheit in Bezug auf Legislative, Exekutive und Judikative, liegt eine originär mittelalterliche Leistung.[146]

bb) Theologisch-kirchliche Doktrin

Die theologisch-kirchlich geprägte Doktrin steuerte vor allem zwei für die weitere Entwicklung des Völkerrechts[147] wichtige Gedanken bei. Dies war zum einen die

---

sind die hier vorgenommenen Einteilungen und Kategorisierungen als Schwerpunktbestimmungen anhand später entwickelter Maßstäbe aufzufassen.

138 Vgl. *van Kleffens*, RdC 82 (1953 I), 5 (32 f.).

139 Zu dem sizilianischen Juristen *Marino da Caramanico* (gest. vor 1228) siehe *Angermann et al.* (Hrsg.), Lexikon des Mittelalters Bd. VI, s.v. *Marinus*; *van Kleffens*, RdC 82 (1953 I), 5 (27 f., 32 f.); *Calasso*, I glossatori, 24, 29 f., 43, 125 ff., 110, 128, 135, 149 ff., 158 ff.

140 Allgemein zu *Thomas von Aquin* (1224-1274) *Heinzmann*, Thomas von Aquin, Staatslexikon Bd. 5, Sp. 465 ff.; zu seiner Rechtsphilosophie *Verdross*, Rechtsphilosophie, 71 ff.; ausführlich *Schilling*, Die Staats- und Soziallehre des Heiligen Thomas von Aquin (1930).

141 S.o. B.III.2, S. 13.

142 *Ziegler*, Völkerrechtsgeschichte, § 19 III 2; *van Kleffens*, RdC 82 (1953 I), 5 (27 f.) mit Beispielen.

143 Vgl. *van Kleffens*, RdC 82 (1953 I), 5 (29 f.) mit Beispielen.

144 Vgl. *van Kleffens*, RdC 82 (1953 I), 5 (30 ff.) mit Beispielen.

145 Vgl. hierzu *van Kleffens*, RdC 82 (1953 I), 5 (29 f.) m.N.

146 *van Kleffens*, RdC 82 (1953 I), 5 (32).

147 Dabei war - ebenso wie bei den Juristen - das Völkerrecht im heutigen Sinne dogmatisch noch nicht als eigene Materie abgegrenzt. In dem vorherrschenden scholastischen Naturrechtssystem knüpfte man an den römisch-rechtlichen Begriff des ius gentium an, der auch nichtvölkerrechtliche Normen umfaßt (vgl. *Grewe*, Epochen, 108 f. m.N.; zum Begriff des ius

Umformung und Integration der bereits von den Kirchenvätern aufgegriffenen antiken Naturrechtsidee in das christliche Weltbild[148] und zum anderen die Wiederbelebung der ursprünglich römischen Idee vom gerechten Krieg[149]. Dabei kann hier nur auf den ersten Aspekt, der für die weitere Entwicklung des Verständnisses der Stellung der Staaten im völkerrechtlichen System, darüber hinaus aber auch in methodischer Hinsicht von wesentlicher Bedeutung war, eingegangen werden, wobei sich die Betrachtungen auf das Werk des *Thomas von Aquin* beschränken, in dem die mittelalterliche Doktrin dieser Richtung ihren Höhepunkt fand[150].

Thomas unterscheidet sich von den soeben angesprochenen Juristen in zwei Punkten fundamental, nämlich im logischen Ausgangspunkt seines Systems und in der Methode. Er ging nicht von einem bestimmten gegebenen Rechtssystem - namentlich nicht vom römischen Recht, das bei ihm nur eine untergeordnete Rolle spielt - aus, sondern leitete seine Aussagen von allgemeinen, von Ort und Zeit unabhängigen Überlegungen ab,[151] wobei er bereits die Möglichkeit des Irrtums bei der Vornahme der erforderlichen Schlußfolgerungen sah[152]. Die wichtigsten Quellen für die von ihm zugrunde gelegten Prämissen fand er dabei in der Bibel, der christlichen Theologie sowie in den Schriften des *Aristoteles*.[153] In Anknüpfung an diesen nahm er - abweichend von seinen Zeitgenossen und auch vielen, die ihm nachfolgten - als Ausgangspunkt seines Systems nicht den Papst oder den Kaiser, sondern den einzelnen (vernunftbegabten) Menschen, den er mit Aristoteles als *zoon politikon* begriff.[154] Aus der Bestimmung des Menschen, mit anderen in Gesellschaft zu leben, folgt das Erfordernis einer Herrschaft, die verhindert, daß die Gesellschaft

gentium auch *Soder*, in: de Vries (Hrsg.), Francisco Suárez, Ausgewählte Texte zum Völkerrecht, 1 (12 f.)).

148 Vgl. allg. zur Übernahme des Naturrechts und seiner Umformung im christlichen Geiste *Nussbaum*, Geschichte, 42 ff.

149 Vgl. dazu *Nussbaum*, Geschichte, 39 ff. Dabei war das Konzept des bellum iustum systematisch noch von der Erörterung des Naturrechts getrennt, obwohl ein sachlicher Zusammenhang besteht, vgl. *Nussbaum*, Geschichte, 43. Vgl. zusammenfassend zur Entwicklung der Idee vom gerechten Krieg *Ziegler*, Gerechter Krieg, in: Erler/Stammler (Hrsg.), HRG I, Sp. 1532 ff.

150 Vgl. *Ziegler*, Völkerrechtsgeschichte, § 19 II 1.

151 Vgl. *van Kleffens*, RdC 82 (1953 I), 5 (34 f.). Näher zum Inhalt des sittlichen Naturgesetzes, aus dem die sekundären Vorschriften abzuleiten sind, *Schilling*, Staats- und Soziallehre, 36 ff.

152 Vgl. *Heinzmann*, Thomas von Aquin, Staatslexikon Bd. 5, Sp. 465 (469), unter Hinweis auf *Aquin*, Summa theologica, I/II q. 94 Art. 6. Danach sieht *Thomas* im Hinblick auf die erste Kategorie des Naturrechts, die gewisse unmittelbar einsehbare allgemeinste Gebote umfaßt, zunächst die Möglichkeit, daß die Begehrlichkeit bei der Anwendung dieser Sätze zu Behinderungen der Vernunft führt. Hinsichtlich der zweitstelligen Gebote, die im Wege der Schlußfolgerung zu ermitteln sind, erörtert er als eine Fehlerquelle ausdrücklich die Möglichkeit von Irrtümern.

153 Vgl. *van Kleffens*, RdC 82 (1953 I), 5 (35).

154 *Aquin*, De regimine principum, I 1. *Thomas* begründet seine Auffassung zunächst mit der Überlegung, daß der Mensch von der Natur her nicht so ausgestattet sei, daß er als einzelner auf sich allein gestellt imstande wäre, sein Leben so zu führen, daß es seinen Zweck erreiche. Zur Stützung seiner Argumentation zieht er u.a. Prediger 4, 9 heran. - Vgl. hierzu *van Kleffens*, RdC 82 (1953 I), 5 (36 f.), der auf die revolutionäre Bedeutung dieses Ansatzes hinweist.

nach verschiedenen Richtungen auseinandergerät und die für das Wohl der Gesellschaft Sorge trägt.[155]

Bei *Thomas von Aquin* findet sich bereits eine durchaus umfassende Theorie der Souveränität, wofür er den Begriff *principatus* verwendet.[156] Er sieht die Staaten als Teil der großen universellen Gemeinschaft der Menschheit mit einem gemeinsamen göttlichen und einem gemeinsamen natürlichen Recht,[157] wobei zu gewärtigen ist, daß Naturrecht im thomistischen System sowohl rechtliche als auch nicht-rechtliche Normen umfaßt.[158] Mit diesem Naturrecht muß das von den Staaten gesetzte Recht vereinbar sein.[159] Von dieser Beschränkung abgesehen ist jede civitas eine *communitas perfecta*[160], die volle Gewalt hat und deren Zweck es ist, dem Gemeinwohl[161] zu dienen. Im Hinblick auf die internen Aspekte nennt *Thomas* als wichtigste Attribute des souveränen Staates die Befugnis zur Rechtsetzung, zur Erhebung von Abgaben zum Zweck der Förderung des bonum commune, zur Bestrafung von Kriminellen und zur Kriegserklärung.[162] Nach außen haben die Staaten Anspruch auf Schutz ihrer natürlichen Rechte;[163] sie sind untereinander gleich und unab-

---

Ausführlicher zum thomasischen Menschenbild *Heinzmann*, Thomas von Aquin, Staatslexikon Bd. 5, Sp. 465 (467 ff.).

155 *Aquin*, De regimine principum, I 1. In dieser Schrift behandelt *Thomas* ausführlich die Frage, welche Regierungsform am besten geeignet sei, die richtige Lenkung der Gesellschaft zu übernehmen. Er kommt dabei zu dem Ergebnis, daß die Herrschaft eines einzelnen schlechthin die beste sei (*Aquin*, De regimine principum, insbes. I 6).

156 *van Kleffens*, RdC 82 (1953 I), 5 (36). Z.B. *Aquin*, expositio in 12 libros metaphysicorum Aristotelis 5, 1 a: "dicuntur principatus in civitatibus illi, qui obtinent potestates et imperia vel etiam tyrannides in ipsis" (zit. nach *Schütz*, Thomas-Lexikon, s.v. principatus).

157 *van Kleffens*, RdC 82 (1953 I), 5 (36). Nach *Thomas* sind alle Völker und Menschen zusammengeschlossen zu einer respublica sub deo, in der die 10 Gebote das Grundgesetz bilden, vgl. *Schilling*, Staats- und Soziallehre, 209 m.N.

158 *Thomas* definiert das Gesetz als "quaedam regula ... et mensura actuum, secundum quam inducitur aliquis ad agendum vel ab agendo retrahitur" (*Aquin*, Summa theologica, I/II q. 90 Art. 1). Vgl. zum Einschluß idealer Prinzipien in den Gesetzesbegriff z.B. *Nussbaum*, Geschichte, 43.

159 Zum Erfordernis der Vereinbarkeit menschlicher Gesetze mit dem Naturrecht *Aquin*, Summa theologica, I/II q. 95 Art. 2.

160 *Heinzmann*, Thomas von Aquin, Staatslexikon Bd. 5, Sp. 465 (469), unter Hinweis auf *Aquin*, Summa theologica, I/II q. 90 Art. 3 ad 3, wonach "civitas autem est communitas perfecta". Vgl. zur vollendeten Gemeinschaft auch *Aquin*, Summa theologica, I/II q. 90 Art. 2 sowie *Aquin*, De regimine principum, I 1 a.E.

161 Zum Zweck weltlicher Herrschaft, für das gemeinsame Wohl der Gesellschaft Sorge zu tragen s. *Aquin*, De regimine principum, I 1. Dementsprechend müssen die vom Gesetzgeber zu erlassenden Gesetze auf das Gemeingut hingeordnet sein (vgl. *Aquin*, Summa theologica, I/II q. 90 Art. 3: "Dicendum quod lex proprie primo et pricipaliter repicit ordinem ad bonum commune").

162 Vgl. *van Kleffens*, RdC 82 (1953 I), 5 (36). Diese Befugnisse werden von *Aquin* in De regimine principum, I 15 als Herrscheraufgaben dargestellt, die dieser zur Begründung und Erhaltung des allgemeinen Wohles erfüllen muß.

163 Vgl. *Schilling*, Staats- und Soziallehre, 209.

hängig, wobei diese Unabhängigkeit sich praktisch in der Verfolgung einer am aristotelischen Ideal der *autarkia* orientierten Politik äußert.[164]

In diesen Ausführungen finden sich wichtige Grundlegungen für spätere Naturrechtsysteme sowie für von der Idee einer universalen Gemeinschaft ausgehende Rechtsphilosophien. Es gab aber, namentlich von franziskanischer Seite, auch entgegengesetzte Konzeptionen. So ging *Wilhelm von Ockham*[165] davon aus, daß die Menschen sowohl gegenüber Gott als auch gegenüber ihren Mitmenschen frei seien.[166] Dementsprechend lehrte er, daß sie ihre politischen Institutionen ohne kirchliche oder andere Bevormundung frei gestalten könnten,[167] und befürwortete eine weitestgehende Autonomie der einzelnen Staaten.[168] Mit diesen Aussagen widersprach er nicht nur fundamental den theologischen und philosophischen Ansichten des Aquinaten, sondern kann als ein Vorläufer des späteren Rechtspositivismus angesehen werden.[169]

VI. Frühe Neuzeit

1. Überblick über die Entwicklung der Völkerrechtspraxis

Die wegen der (macht-)politischen und insbesondere in der Anfangsphase auch geistigen Vorherrschaft Spaniens[170] im Anschluß an *Grewe* auch als spanisches Zeitalter bezeichnete frühneuzeitliche Periode der Völkerrechtsgeschichte (etwa 1500-1648) ist für die spätere Entwicklung des Völkerrechts und namentlich des Souveränitätsbegriffs vor allem wegen ihrer Leistungen auf theoretischem Gebiet bedeutsam[171]. Bevor auf die wichtigsten Völkerrechtslehrer dieser Zeit eingegangen wird, soll ein kurzer Überblick über die Praxis dieser Epoche erfolgen, die mit dem Westfälischen Frieden von Münster und Osnabrück im Jahr 1648 endete.

---

164 *van Kleffens*, RdC 82 (1953 I), 5 (36 f.). Zum Autarkiegedanken im Rahmen der thomasischen Lehre vom Zweck des Staates ausführlich *Schilling*, Staats- und Soziallehre, 55 ff.

165 Vgl. zu *Wilhelm von Ockham* (wahrscheinlich 1286-1349) allg. *Vossenkuhl*, Wilhelm von Ockham, Staatslexikon Bd. 5, Sp. 997 ff.; zu seinem Rechtsdenken *Verdross*, Rechtsphilosophie, 84 f.; ausführlich *Aicher*, Wilhelm von Ockham (1986); *Pleuger*, Die Staatslehre Wilhelms von Ockham (1966).

166 *Vossenkuhl*, Wilhelm von Ockham, Staatslexikon Bd. 5, 997 (999).

167 *Vossenkuhl*, Wilhelm von Ockham, Staatslexikon Bd. 5, 997 (999). Vgl. zur von Gott stammenden Freiheit, die menschliche Ordnung durch Übereinkunft zu bestimmen, z.B. *Ockham*, Breviloquium IV 10.

168 *van Kleffens*, RdC 82 (1953 I), 5 (38), auch zu anderen in diese Richtung weisenden Lehren.

169 Vgl. dazu m.N. *Grewe*, Epochen, 111 f.; *Verdross*, Rechtsphilosophie, 85. Gegen eine solche Deutung *Pleuger*, Die Staatslehre Wilhelms von Ockham, 135.

170 Vgl. zur Vormachtstellung Spaniens *Grewe*, Epochen, 165 ff.; *Preiser*, Völkerrechtsgeschichte I, WVR III, 680 (696).

171 Zur wegen ihrer praktischen Auswirkungen besonderen Bedeutung der Theorie dieser Epoche vgl. *Preiser*, Völkerrechtsgeschichte I, WVR III, 680 (696).

Im Gegensatz zum Abschluß des spanischen Zeitalters ist der Übergang zwischen Mittelalter und Neuzeit in der Völkerrechtsgeschichte nicht eindeutig zu datieren. Denn entgegen früheren Vorstellungen haben sich weder die Subjekte der internationalen Beziehungen noch der Gehalt der sie regelnden Normen schlagartig geändert.[172]

Die Akteure des frühneuzeitlichen Völkerrechtssystems entsprachen im wesentlichen denen des Mittelalters.[173] Bereits im 13. Jahrhundert hatte sich die in der Neuzeit weiterbestehende und fortentwickelnde, von unabhängigen Staaten getragene Ordnung herausgebildet.[174] Wie schon im Mittelalter umfaßte das Staatensystem grundsätzlich alle christlichen Nationen des Abendlandes.[175] Die Staaten setzten dabei die bereits im Mittelalter begonnene Entwicklung zum modernen Staat fort, von dessen Erscheinungsbild sie sich noch in mehrfacher Hinsicht unterschieden. So war die Verselbständigung des Staates als Rechtsperson zu diesem Zeitpunkt noch nicht erfolgt beziehungsweise noch nicht abgeschlossen.[176] Dementsprechend sind in dieser Epoche die völkerrechtlichen Verpflichtungen regelmäßig noch eng an die Person des Herrschers (des "Souveräns") gebunden.[177] Weiterhin wiesen diese Staaten noch nicht die Geschlossenheit und Impermeabilität des späteren modernen Staates auf.[178]

In der Neuzeit änderten sich wichtige politische Rahmenbedingungen für das Völkerrecht. Von besonderer Bedeutung erscheint zunächst die nun in großem Umfang einsetzende Kolonisierung, die mit der Bildung des spanisch-habsburgischen Weltreiches eine neue Dimension erlangte.[179] Außerdem verminderte die durch die Reformation begründete Glaubensspaltung die politische und religiöse Einheitlichkeit der Staatenwelt.[180] Sie führte zu zahlreichen Konflikten und Kriegen und warf

172 Vgl. *Preiser*, Völkerrechtsgeschichte I, WVR III, 680 (695). Die Abgrenzung der Epochen Mittelalter und Neuzeit ist in der Völkerrechtsgeschichte umstritten. Über die zentrale Frage, wann moderne Staaten und ein modernes Staatensystem entstanden, herrscht u.a. auch deshalb Uneinigkeit, weil verschiedene Kriterien als maßgeblich erachtet werden. Als gesichert kann gelten, daß es keinen plötzlichen Umbruch gegeben hat und daß bereits deutlich vor 1494 - dem Jahr des französischen Einfalls in Italien - Entitäten mit faktischer Unabhängigkeit und Gleichberechtigung vorhanden waren, vgl. hierzu *Grewe*, FG Preiser, 111 (117 ff.). Letzterer Aspekt ist für eine Untersuchung, die sich mit Fragen der Souveränität beschäftigt, wichtiger als das Entstehen eines politischen Gleichgewichts, das z.B. *Grewe*, FG Preiser, 111 (129 f.) als Kriterium der Epochenabgrenzung favorisiert.

173 Vgl. *Ziegler*, Völkerrechtsgeschichte, § 29 II 1.

174 Vgl. *Preiser*, Völkerrechtsgeschichte I, WVR III, 680 (695) sowie oben B.V.1., S. 19.

175 *Preiser*, Völkerrechtsgeschichte I, WVR III, 680 (698).

176 Vgl. hierzu *Preiser*, Völkerrechtsgeschichte I, WVR III, 680 (698 f.); *Grewe*, Epochen, 233.

177 Dieser, nicht der Staat, tritt als Vertragspartner auf. Die vertragliche Bindung endet im Zweifel mit seinem Ableben (*Preiser*, Völkerrechtsgeschichte I, WVR III, 680 (699)). Allerdings wurden vielfach Nachlaufzeiten vereinbart (vgl. *Grewe*, Epochen, 233), die ein abruptes Enden der vertraglichen Bindungen verhindern und damit eine ähnliche Funktion haben wie die Kündigungs- bzw. Rücktrittsklauseln in modernen Verträgen.

178 *Grewe*, Epochen, 233; *Preiser*, Völkerrechtsgeschichte I, WVR III, 680 (698 f.).

179 Vgl. *Preiser*, Völkerrechtsgeschichte I, WVR III, 680 (695).

180 Vgl. *Preiser*, Völkerrechtsgeschichte I, WVR III, 680 (698); *Verdross*, Völkerrecht (5. Aufl.), 64. Trotz der Schwächung des christlichen Gemeinschaftsgedankens und der zum Teil brutal ge-

die generelle Frage nach der völkerrechtlichen Stellung der nicht-katholischen Staaten auf.[181]

Die Bekämpfung der Vormachtstellung Spaniens war zugleich der erste Anwendungsfall des Konzepts des Gleichgewichts der Mächte auf gesamteuropäischer Ebene[182], das in der frühen Neuzeit zur politischen Leitmaxime in den internationalen Beziehungen wurde.[183] Im Rahmen ihrer Gleichgewichtspolitik setzten sich die Staaten dabei auch über die Glaubensspaltung hinweg,[184] die erst mit der Festschreibung der gleichberechtigten Koexistenz protestantischer Staaten in völkerrechtlicher Hinsicht durch den Westfälischen Frieden überwunden wurde. Die Stärke des Gleichgewichtsgedankens wird dabei nicht zuletzt dadurch deutlich, daß auch das Osmanische Reich durch die sog. Kapitulation von 1535 durch Frankreich in die Bemühungen zum Ausgleich des habsburgischen Übergewichts einbezogen wurde.[185]

Wichtige völkerrechtliche Institute wurden in der frühen Neuzeit ausgebildet. Die koloniale Expansion führte dazu, daß die aus dem Mittelalter stammenden Regeln über den Gebietserwerb modifiziert und verfestigt wurden.[186] Ebenfalls mit der überseeischen Kolonisation stand das auch schon aus dem Mittelalter bekannte Problem

führten Auseinandersetzungen um den richtigen Glauben blieb jedoch die mittelalterliche Vorstellung von der Gemeinschaft der christlichen Länder Europas durchaus lebendig (vgl. *Ziegler*, Völkerrechtsgeschichte, § 29 I).

181 Vgl. *Preiser*, Völkerrechtsgeschichte I, WVR III, 680 (695).

182 Der Gleichgewichtsgedanke, d.h. der Ausgleich der Dominanz eines Landes durch den Zusammenschluß der Schwächeren, war bereits im 15. Jahrhundert in der italienischen Diplomatie aufgetreten, *Preiser*, Völkerrechtsgeschichte I, WVR III, 680 (695).

183 Vgl. *Preiser*, Völkerrechtsgeschichte I, WVR III, 680 (695); *Verdross*, Völkerrecht (5. Aufl.), 65 f.

184 Vgl. *Verdross*, Völkerrecht (5. Aufl.), 65 f.

185 Vgl. *Verdross*, Völkerrecht (5. Aufl.), 66; *Preiser*, Völkerrechtsgeschichte I, WVR III, 680 (698). Die Bedeutung des zwischen dem französischen König *Franz I.* und Sultan *Suleiman II.* geschlossenen Vertrages von 1535, der übrigens lediglich ein Entwurf blieb, der jedoch von den Parteien beachtet wurde (vgl. FHIG II, 71 ff.), geht über den rein machtpolitischen Aspekt, d.h. die Stärkung von Ansehen und Einfluß Frankreichs (*Preiser*, Völkerrechtsgeschichte I, WVR III, 680 (698)), hinaus. Die Kapitulation hatte auch eine herausragende Bedeutung für die Entwicklung handelsvertraglicher Instrumente. Die in ihr enthaltene Einräumung der Inländergleichbehandlung in bezug auf die Abgaben veranlaßte andere europäische Staaten, sich vertraglich vom Ottomanischen Reich die gleiche Behandlung wie Frankreich einräumen zu lassen (vgl. *von Keller*, Handelsverträge, WVR I, 765 (766)). Hinzuweisen ist noch darauf, daß der Vertrag von 1535 nicht, wie bisweilen behauptet wurde, der erste völkerrechtliche Kontakt zwischen einem christlichen Staat und einer islamischen Macht war. Völkerrechtliche Verbindungen über diese Glaubensgrenze hinweg hatte es schon immer gegeben, selbst "impia foedera" sind allen religiösen Verboten beider Seiten zum Trotz immer wieder abgeschlossen worden (*Preiser*, Völkerrechtsgeschichte I, WVR III, 680 (698)).

186 Vgl. hierzu *Preiser*, Völkerrechtsgeschichte I, WVR III, 680 (695). - Der Erwerb überseeischer Besitzungen warf auch die Frage nach der Behandlung der eingeborenen Bevölkerung auf, die Ausgangspunkt einer der wichtigsten völkerrechtlichen Abhandlungen dieses Zeitalters war (vgl. *Preiser*, Völkerrechtsgeschichte I, WVR III, 680 (695 f.)). In *De Indis recenter inventis* und *De iure belli Hispanorum in barbaros* erörtert *Vitoria* praktisch das gesamte Völkerrecht (zur Lehre *Vitorias* siehe sogleich B.VI.2.a), S. 28).

der Meeresfreiheit in Zusammenhang, das nun nach einer langen Debatte[187] im Sinne der Freiheit der Hohen See gelöst wurde.[188] Bedeutsam war ferner die anhand des Falls der Niederlande erfolgte Herausbildung von Regeln über die Anerkennung neuer Völkerrechtssubjekte.[189]

Als Instrument der Rechtsetzung spielten Staatsverträge eine hervorragende, gegenüber dem Mittelalter deutlich gesteigerte Rolle,[190] wobei - wie schon im Mittelalter[191] - auch partikulare Gewalten an der Setzung von Völkerrecht durch Verträge beteiligt waren.[192]

Im Bereich der Rechtsdurchsetzung ist der drastische Rückgang der Streitbeilegung durch Schiedsgerichte auffällig. Während es im Mittelalter ein ausgebildetes Schiedsgerichtswesen gegeben hatte, waren Schiedsvereinbarungen und Schiedssprüche in der frühen Neuzeit seltene Ausnahmen, die sich zudem auf vergleichsweise unwichtige Fälle bezogen.[193] Dieser fast zur Bedeutungslosigkeit des Schiedswesens führende Niedergang wird auf die veränderte Haltung der Staaten zurückgeführt. Das neue Leitbild des absoluten Staates[194] implizierte eine Abneigung, sich einer übergeordneten Gewalt zu unterwerfen.[195] Neben diesem später unter dem Begriff der Souveränität gehandelten Vorbehalt hat auch die religiöse Zersplitterung zu dieser Entwicklung beigetragen.[196] In krassem Gegensatz zur Praxis standen die Friedensprojekte von *Sully* und *Crucé*, die übereinstimmend die Einsetzung von Schiedshöfen mit obligatorischer Zuständigkeit vorsahen.[197]

---

187 Vgl. dazu, insbes. auch zu den Stellungnahmen *Hugo Grotius'* (Mare liberum) und *John Seldens* (Mare clausum) *Grewe*, Epochen, 300 ff.

188 Vgl. *Ziegler*, Völkerrechtsgeschichte, § 29 V; *Preiser*, Völkerrechtsgeschichte I, WVR III, 680 (699).

189 Vgl. dazu *Preiser*, Völkerrechtsgeschichte I, WVR III, 680 (699); *Ziegler*, Völkerrechtsgeschichte, § 29 III.

190 *Ziegler*, Völkerrechtsgeschichte, § 30 I 1 a).

191 S.o. B.V.1., S. 18.

192 *Grewe*, Epochen, 233 f., der als Beispiel u.a. einen Bündnisvertrag zwischen der Stadt La Rochelle und dem englischen König von 1628 nennt.

193 Vgl. *Grewe*, Epochen, 235.

194 Vgl. etwa die bei *Wildhaber*, in: Macdonald/Johnston (Hrsg.), The Structure and Process of International Law, 425 (427) wiedergegebene Beschreibung der monarchischen Souveränität durch *Charles L'Oyseau.*

195 Vgl. *Preiser*, Völkerrechtsgeschichte I, WVR III, 680 (700); *Ziegler*, Völkerrechtsgeschichte, § 30 III 1.

196 *Ziegler*, Völkerrechtsgeschichte, § 30 III 1.

197 *Preiser*, Völkerrechtsgeschichte I, WVR III, 680 (700). Siehe zu den Entwürfen des *Herzogs von Sully* (1560-1641) und *Eméric Crucés* (1590-1648) auch *Grewe*, Epochen, 236; *Ziegler*, Völkerrechtsgeschichte, § 30 III 2.

2. Aufstieg der Völkerrechtsdoktrin und Entstehung der Souveränitätstheorie

Generell bemerkenswert ist das gegenüber früheren Zeiten ab Beginn des 16. Jahrhunderts gestiegene Gewicht der Theorie, das insbesondere auf die für Humanismus und Renaissance charakteristische Hochschätzung von Wissenschaftlichkeit und gelehrter Bildung zurückzuführen ist.[198] Erstmals entstand eine ausgeführte Theorie des Völkerrechts,[199] die erhebliche Auswirkungen auf die praktischen internationalen Beziehungen hatte.[200] Bei der Begründung der Völkerrechtstheorie kam spanischen Denkern eine besondere Bedeutung zu; vor allem *Vitoria* und *Suárez* prägten mit ihren divergierenden Naturrechtsystemen die Lehren nicht nur wichtiger Autoren ihres Zeitalters[201], sondern beeinflußten die Theorie weit über ihre Zeit hinaus bis heute[202]. Neben den beiden spanischen Spätscholastikern waren die wichtigsten Theoretiker dieser Zeit *Machiavelli, Bodin* und *Grotius*.

a) Vitoria[203]

Vitoria vertrat aufbauend auf der aristotelisch-augustinisch-thomasischen Naturrechtslehre ein ontologisches Naturrecht.[204] Er ging davon aus, daß die Staaten naturrechtlich begründet und auch untereinander durch das Naturrecht verbunden seien, da die Natur eine Verwandtschaft zwischen allen Menschen gestiftet habe;[205] das zwischen den Staaten geltende Naturrecht, das *Vitoria* als ius inter gentes bezeichnet,[206] gilt als solches unmittelbar, kann aber durch Übung und Verträge aus-

---

198 Vgl. *Ziegler*, Völkerrechtsgeschichte, § 28 III 1; *Preiser*, Völkerrechtsgeschichte I, WVR III, 680 (695).

199 *Grewe*, Epochen, 224.

200 *Preiser*, Völkerrechtsgeschichte I, WVR III, 680 (695 f.); *Ziegler*, Völkerrechtsgeschichte, § 28 III 4.

201 Vgl. *Grewe*, Epochen, 222. Neben *Hugo Grotius* ist in diesem Zusammenhang noch *Alberico Gentili* (1552-1608) erwähnenswert (zu ihm s. *Ziegler*, Völkerrechtsgeschichte, § 31 IV 2; *Nussbaum*, Geschichte, 104 ff.)

202 Beispielhaft sei hier die sogleich kurz darzustellende Position *Vitorias* genannt, der aus dem Gedanken einer ursprünglichen Völkerrechtsgemeinschaft die Gültigkeit des Mehrheitsprinzips für die Bildung neuen Völkerrechts ableitete. Ähnliche Gedanken wurden bspw. im Rahmen der Debatte um den *consensus* in den *South West Africa* Cases vorgebracht (vgl. hier nur *Verdross/Simma*, Universelles Völkerrecht, § 520). Auf die Frage, ob es nach geltendem Völkerrecht eine derartige "internationale Demokratie" gibt, wird im weiteren Verlauf der Untersuchung noch einzugehen sein, s. insbes. E.II.1.b)dd)(4)(a), S. 271.

203 Zu *Francisco de Vitoria* (ca. 1483-1546) *Ziegler*, Völkerrechtsgeschichte, § 31 II 2; *Verdross*, Rechtsphilosophie, 92 ff.; *Grewe*, Epochen, 224 ff.; *Preiser*, Völkerrechtsgeschichte I, WVR III, 680 (697 f.); *Verdross*, Naturrecht, WVR II, 572 (573 f.); *van Kleffens*, RdC 82 (1953 I), 5 (47 ff.); *Schaumann*, Gleichheit, 35 ff.

204 Vgl. *Verdross*, Rechtsphilosophie, 95; *Grewe*, Epochen, 224.

205 *Vitoria*, De Indis, III 3.

206 Z.B. *Vitoria*, De Indis, III 2.

gestaltet werden.[207] Die Völkergemeinschaft ist auf ein oberstes Ziel, nämlich das *bonum commune totius orbis* ausgerichtet.[208] Die hieraus abgeleiteten einzelnen Rechtssätze sind - entsprechend der Vorgegebenheit der gesamten Ordnung - in ihrer Verbindlichkeit nicht vom Willen der Glieder (= Staaten) abhängig.[209]

Wichtige dieser einzelnen Rechtssätze lauten zum Beispiel[210]: Da die Staaten eine natürliche Verkehrs- und Handelsgemeinschaft bilden, widerspricht es dem natürlichen Völkerrecht, Ausländer vom Handelsverkehr auszuschließen und ihnen das Betreten eines Staates ohne besondere Gründe zu verbieten.[211] Es gibt Güter, die allen Völkern naturrechtlich gemeinsam sind, wie das Meer, die Flüsse und die Häfen.[212] Infolge der naturrechtlich begründeten Solidarität aller Menschen sind die Staaten berechtigt, gegen einen Staat einzuschreiten, der die Menschenrechte verletzt.[213]

Neben den aus dem Naturrecht herleitbaren Regeln anerkennt *Vitoria* auch noch ein ius humanum, das aber gegenüber dem Naturrecht eindeutig nachrangig ist.[214] Bei dessen Begründung gilt das Mehrheitsprinzip: *Vitoria* folgert aus dem Gedanken der ursprünglichen Völkerrechts-Gemeinschaft, daß der Konsens - in Form der Gewohnheit oder des Vertrages - der Mehrheit der Menschen (nicht: der Staaten)[215] zu seiner Setzung genüge, insbesondere wenn sie das Gemeinwohl im Auge habe.[216] Damit ist also auch außerhalb des Naturrechts die Begründung einer Rechtsbindung gegen den Willen des Betroffenen möglich.

b) Suárez[217]

Der Arbeitsschwerpunkt *Suárez'* lag auf theologischem Gebiet, er hat jedoch auch zum Völkerrecht wichtige Aussagen getroffen.[218] Die Interpretation der Auffassung *Suárez'* ist allerdings besonders uneinheitlich. Während einige in ihm einen Vor-

---

207 Vgl. *Verdross*, Rechtsphilosophie, 94. Bspw. führt *Vitoria* in De jure Belli 9 aus, daß das Gewohnheitsrecht auch den Prinzen oder Fürsten, die nicht einen vollendeten Staat leiten, das Kriegsführungsrecht zubillige.

208 Vgl. *Grewe*, Epochen, 225.

209 Vgl. *Grewe*, Epochen, 225.

210 Übersicht bei *Verdross*, Rechtsphilosophie, 94.

211 *Vitoria*, De Indis, III 1-3.

212 *Vitoria*, De Indis, III 1-2.

213 *Vitoria*, De Indis, III 12.

214 Vgl. *Grewe*, Epochen, 225 f. unter Hinweis auf *Vitoria*, De Indis, III 2.

215 *Vitoria* stellt in De Indis, III 4 ab auf den "consensus maioris partis totius orbis".

216 *Grewe*, Epochen, 225.

217 Vgl. zu Francisco *Suárez* (1548-1617) *Ziegler*, Völkerrechtsgeschichte, § 31 II 4; *Verdross*, Rechtsphilosophie, 96 ff.; *Nussbaum*, Geschichte, 93 ff.; *Grewe*, Epochen, 225 ff.; *Preiser*, Völkerrechtsgeschichte I, WVR III, 680 (698); *Verdross*, Naturrecht, WVR II, 572 (574); *Soder*, in: de Vries (Hrsg.), Francisco Suárez, Ausgewählte Texte zum Völkerrecht, 1 (24 ff.).

218 Vgl. *Ziegler*, Völkerrechtsgeschichte, § 31 II 4.

läufer positivistischer Theorien erkennen wollen,[219] sehen ihn andere, gestützt auf De legibus lib. 2, c. 19, n. 5 bzw. 9 (je nach Ausgabe), als in der Tradition *Vitorias* stehend.[220] Eine dritte Ansicht betrachtet ihn als Begründer einer von dem Ansatz *Vitorias* grundverschiedenen Naturrechtskonzeption; zwischen der Position der Dominikaner und dem *Ockham*'schen Nominalismus vermittelnd sei *Suárez* zu einem formell voluntaristischen Naturrecht, das jedoch einer ontologischen Grundlage nicht vollkommen beraubt war, gelangt, wobei die Rolle des Naturrechts einerseits in der Lieferung des Geltungsgrundes des positiven Völkerrechts liege und anderseits als inhaltliche Schranke gedient habe.[221]

c) Machiavelli[222]

Machiavelli war kein Theoretiker des Völkerrechts, er hat jedoch mit seiner politischen Theorie erheblichen Einfluß auf die Völkerrechtswissenschaft gehabt.[223] Zwar hat *Machiavelli* die allgemeine Geltung des Völkerrechts (ebenso wie die moralischer oder religiöser Normen) nicht geleugnet, er beschreibt jedoch einen Fürsten, der sich im Falle der "necessità" über Recht und Gerechtigkeit hinweggesetzt.[224] Er wird ganz überwiegend als "Verächter des Völkerrechts"[225] interpretiert, der ein ausschließlich an der Staatsraison orientiertes, an Recht, Ethik und Moral nicht gebundenes Verhalten der Staaten "gerechtfertigt und geradezu vorgeschrieben" habe.[226] Nur vereinzelt wird Machiavelli als Theoretiker dargestellt, der lediglich die politischen Realitäten der Renaissance geschildert habe.[227]

---

219 Z.B. *Ritterband*, Menschenrechtsschutz, 225.

220 Z.B. *van Kleffens*, RdC 82 (1953 I), 5 (50 f.).

221 Vgl. *Grewe*, Epochen, 224 ff.

222 Zu *Niccolò Machiavelli* (1469-1527) vgl. *Preiser*, Völkerrechtsgeschichte I, WVR III, 680 (696); *Wehberg*, FS Verdross (1960), 307 (308); *Preiser*, Machiavelli, HdSW Bd. 7, 76 f.; *Münkler*, Machiavelli, Staatslexikon Bd. 3, Sp. 977 f.; *Truyol y Serra*, FS Verdross (1960), 273 (273 ff.); *Ziegler*, Völkerrechtsgeschichte, § 31 III 1; *Verdross*, Rechtsphilosophie, 102 ff.; *Nussbaum*, Geschichte, 84; ausführlich *Reibstein*, Völkerrecht, Bd. I, 241 ff.

223 *Ziegler*, Völkerrechtsgeschichte, § 31 III 1.

224 Vgl. *Wehberg*, FS Verdross (1960), 307 (308); *Preiser*, Machiavelli, HdSW Bd. 7, 76 (76).

225 *Berber*, Lehrbuch I, 9.

226 *Preiser*, Völkerrechtsgeschichte I, WVR III, 680 (696); auch *Truyol y Serra*, FS Verdross (1960), 273 (273); *Verdross*, Rechtsphilosophie, 102 ff.

227 *Schwarzenberger*, Machtpolitik, 7.

d) Bodin[228]

Am Anfang der Theorie von der Souveränität steht *Bodin*. Er hat zwar weder das mit dem Begriff der Souveränität erfaßte Phänomen entdeckt, noch ist er Urheber dieses Begriffs[229]. Die Doktrin hat ihre Wurzeln - spätestens - im europäischen Mittelalter.[230] Als Verfasser von "Les six livres de la République", worin er den Begriff der "souveraineté"[231] definierte und einer systematischen Lehre vom Staat zugrunde legte, hat er jedoch als Ausgangspunkt der *Lehre* von der Souveränität zu gelten.[232]

Bodin verfaßte seine allgemein gehaltene Theorie des Staates mit der konkreten Zielsetzung, die Regierung seines Landes, das hieß für ihn den König[233], in einer durch religiöse und soziale Konflikte bedingten Schwächephase nach innen insbesondere gegenüber religiösen Gruppen und nach außen gegenüber Herrschaftsansprüchen von Papst und Kaiser zu stärken.[234]

Bodin ging dabei insgesamt nicht besonders methodisch vor.[235] Vor allem begründete er die Souveränität der Staatsgewalt nicht näher, sondern nahm sie als Tatsache hin.[236] *Bodin* definierte die Souveränität als "puissance absolue et perpétuelle d'une République"[237] und sah in ihr ein wesentliches Merkmal des

228 Zu *Jean Bodin* (1530-1596) vgl. *van Kleffens*, RdC 82 (1953 I), 5 (54 ff.); *Jellinek*, Allgemeine Staatslehre, 454 ff.; *Dicke*, Intervention, 63 ff.; *Nussbaum*, Geschichte, 85; *Preiser*, Völkerrechtsgeschichte I, WVR III, 680 (696); *Steinberger*, Sovereignty, EPIL Bd. IV, 500 (505 f.); *Schmitt*, Politische Theologie, 13 ff.; *Schnur*, Bodin, Staatslexikon Bd. 1, Sp. 861 ff.; *Dagtoglou*, Souveränität, EvStL (3. Aufl.), Sp. 3155 (3156 f.); *Bockslaff*, Interventionsverbot, 100 f.; *Wehberg*, FS Verdross (1960), 307 (309 f.); *Ziegler*, Völkerrechtsgeschichte, § 31 III 2; *Oppenheim/Lauterpacht*, International Law I (8. Aufl.), § 67.

229 Insofern herrscht Einigkeit, nicht jedoch darüber, wer als erster den Begriff prägte. Vgl. dazu *Randelzhofer*, Staatsgewalt und Souveränität, HStR I, § 15 Rdnr. 15.

230 S.o. B.V.2.a), S. 19.

231 In der lateinischen Fassung (De Republica Libri Sex) tritt im Rahmen der (inhaltlich von der französischen Fassung divergierenden) Definition zu Beginn des mit "De iure maiestatis" überschriebenen 8. Kapitels des ersten Buches an die Stelle des Begriffs der "souveraineté" der Terminus "maiestas". Dementsprechend werden die in De Republica I 10 behandelten Souveränitätsrechte als "iura maiestatis" bezeichnet. Dagegen verwendet *Bodin* bei der sein Werk einleitenden Definition des Staates (De Republica, I 1) den Begriff "summa potestas". Zu weiteren in der lateinischen Fassung verwendeten Termini vgl. *van Kleffens*, RdC 82 (1953 I), 5 (54).

232 Vgl. *Randelzhofer*, Staatsgewalt und Souveränität, HStR I, § 15 Rdnr. 16; *Ziegler*, Völkerrechtsgeschichte, § 17 II 4 i.V.m. § 31 III 2; *Steinberger*, Sovereignty, EPIL Bd. IV, 500 (505).

233 Die Fixierung auf den König war dabei eine politisch-praktische, an der Zweckmäßigkeit ausgerichtete Entscheidung. Theoretisch sah *Bodin*, De Republica, II 1, durchaus die Möglichkeit, daß das Volk Subjekt der Souveränität sein könne. Vgl. *Randelzhofer*, Staatsgewalt und Souveränität, HStR I, § 15 Rdnr. 17, insbes. Fn. 43; *Quaritsch*, Staat und Souveränität, 445/Fn. 193.

234 Vgl. *Nussbaum*, Geschichte, 85; *Steinberger*, Sovereignty, EPIL Bd. IV, 500 (505); *Oppenheim/Lauterpacht*, International Law I (8. Aufl.), § 67.

235 Vgl. *van Kleffens*, RdC 82 (1953 I), 5 (57).

236 *Jellinek*, Allgemeine Staatslehre, 458. Vgl. zu *Bodins* Sicht der Staatsentstehung und der dabei offen gelassenen "juristische[n] Lücke" *Quaritsch*, Staat und Souveränität, 274 ff. (276) m.N.

237 *Bodin*, Six Livres de la République, I 8.

Staates.[238] Die in der Definition enthaltene Absolutheit bedeutet aber nicht rechtliche Schrankenlosigkeit, denn *Bodin* anerkennt die Bindung des Herrschers insbesondere an das "loy de Dieu et de nature"[239]. Die summa potestas bedeutet nach *Bodin* zwar die Freiheit von der *lex* anderer Herrscher, schließt aber eine Bindung an das Recht (*ius*) nicht aus.[240] Dies bedeutet nicht nur eine Relativierung der Souveränität im Innenverhältnis,[241] sondern auch im Verhältnis zu anderen Staaten. Wenngleich die Ausführungen *Bodins* zum ius gentium einer Gebundenheit an das Völkerrecht zu widersprechen scheinen,[242] geht die heutige Literatur im Ergebnis übereinstimmend davon aus, daß sich aus *Bodins* Gesamtwerk, insbesondere aus

238 *Randelzhofer*, Staatsgewalt und Souveränität, HStR I, § 15 Rdnr. 16 unter Hinweis auf *Bodin*, Six Livres de la République, I 1. Obwohl *Bodin* in dieser Definition eindeutig die Souveränität des Staates fokussiert, wird im Gesamtwerk die Unterscheidung zur Souveränität im Staat, d.h. zur Frage nach dem Träger der Souveränität, nicht deutlich. Dies läßt sich aus seiner Motivation zur Stärkung der königlichen Gewalt erklären. Der Umstand, daß *Bodin* zwischen der Frage der Souveränität des Staates und der Souveränität im Staate nicht klar unterscheidet, hat dazu geführt, daß *Bodin* als Vertreter der Fürstensouveränität verstanden wurde. In der Konsequenz verlagerte sich die Diskussion um die Souveränität auf die Frage nach dem Träger der Souveränität. Dabei wurden aber weiterhin beide Ebenen nicht hinreichend voneinander getrennt. Vgl. zum Ganzen *Randelzhofer*, Staatsgewalt und Souveränität, HStR I, § 15 Rdnr. 17 f.

239 *Bodin*, Six Livres de la République, I 8. Vgl. hierzu *Quaritsch*, Staat und Souveränität, 383; *Steinberger*, Sovereignty, EPIL Bd. IV, 500 (505); *Koskenniemi*, From Apology to Utopia, 58, 69.

240 *Steinberger*, Sovereignty, EPIL Bd. IV, 500 (505); *Bockslaff*, Interventionsverbot, 100 f.; *Dagtoglou*, Souveränität, EvStL (3. Aufl.), Sp. 3155 (3156).

241 Vgl. dazu *Preiser*, Völkerrechtsgeschichte I, WVR III, 680 (696) sowie *Dahm/Delbrück/Wolfrum*, Völkerrecht I/1, 215, die darauf hinweisen, daß im System *Bodins* sogar ein Widerstandsrecht vorgesehen ist. Besonders wichtige Grenzen der Regelungsfreiheit des Souveräns zieht *Bodin* im Bereich des Eigentumsschutzes. Souveränität berechtigt nicht zur freien Verfügung über das Eigentum Privater - Eingriffe in das Eigentumsrecht (insbes. durch die Erhebung von Steuern) bedürfen der Zustimmung der Betroffenen (*Schnur*, Bodin, Staatslexikon Bd. 1, Sp. 861 (862)). Ausführlich zur Bindung an das göttliche und das natürliche Recht in Bezug auf den staatsinternen Bereich *Quaritsch*, Staat und Souveränität, 383 ff.

242 Die Unklarheiten liegen v.a. darin begründet, daß *Bodin* unter dem ius gentium/droit des gens nicht nur das Völkerrecht im heutigen Sinne (zwischen den Staaten geltendes Recht), sondern auch die Gesamtheit der Rechtsnormen versteht, die allgemein oder überwiegend in den Staaten anerkannt und ausgeübt werden (den Staaten gemeinsames Recht). Bezüglich des so verstandenen ius gentium erkennt Bodin nun dem Souverän die Befugnis zu, dieses abzuändern oder zu beseitigen. Aus dem Zusammenhang des Gesamtwerkes folgt aber, daß diese Derogationsbefugnis sich nicht auf die Wirksamkeit des zwischenstaatlichen Rechts im Außenverhältnis bezieht. Vgl. zu dieser "früh-dualistischen" Deutung *Dicke*, Intervention, 64 f.; *Preiser*, Völkerrechtsgeschichte I, WVR III, 680 (696); ausführlich *Quaritsch*, Staat und Souveränität, 368 ff. m.w.N.

seinen Aussagen zum Völkervertragsrecht[243], die Anerkennung der Geltung jenes Normenkomplexes ergibt, der heute als Völkerrecht bezeichnet wird.[244]

Der Souveränitätsgedanke, wie ihn *Bodin* mit der Formulierung der "puissance absolue" umrissen hat, ist im Kern ein negatives, prohibitives Konzept.[245] Es zielte auf die "Verneinung alles dessen, was sich als selbständige Macht über, neben und im Staate behaupten will".[246] Die durch diesen Ansatz ermöglichte bloße Abwehr konkurrierender Hoheits-Ansprüche genügte aber nicht, um die Zielsetzung *Bodins* zu fördern. Mit *Bodin* geht das Souveränitätskonzept in die Offensive.[247] Dazu wird das Konzept mit positiven Inhalten aufgeladen, indem ein Kennzeichen oder Kriterium der Souveränität darin gesehen wird, daß der Herrscher über bestimmte Vorrechte verfügt.[248] Dabei steht die Innehabung der höchsten, von irdischen Instanzen ungehemmten, legislativen Kompetenz im Mittelpunkt[249]. Aus dieser zentralen Kompetenz, die *Bodin* im 8. und 10. Kapitel des ersten Buches immer wieder als wichtigstes Souveränitätszeichen hervorhebt,[250] werden alle anderen als Souveränitätsrechte bezeichneten Befugnisse, die "Vrayes marques de Souveraineté"[251], abgeleitet.[252] Die Funktion dieser Konstruktion lag dabei darin, daß sie die Be-

---

243 *Bodin* betont mehrfach die Verbindlichkeit von Verträgen mit auswärtigen Mächten, vgl. *Randelzhofer*, Staatsgewalt und Souveränität, HStR I, § 15 Rdnr. 16; *Ziegler*, Völkerrechtsgeschichte, § 31 III 2. Er geht insofern sogar recht weit und bejaht - entgegen der im Spätmittelalter vorherrschenden Auffassung - eine Bindung an unter Zwang abgeschlossene Verträge (zwischen Siegern und Besiegten) sowie die Bindung an Verträge mit Ungläubigen (*Quaritsch*, Staat und Souveränität, 374 f. m.N.). Weiterhin verlangt er die Einhaltung vertraglicher Verpflichtungen selbst dann, wenn dadurch der Bestand des eigenen Staates gefährdet wird (*Wehberg*, FS Verdross (1960), 307 (310)).

244 Die ganz überwiegende Meinung leitet die Bindung an das Völkerrecht dabei nicht aus den Ausführungen über das ius gentium, das nach dem *Bodin*'schen Begriffsverständnis etwas anderes bezeichnete (vgl. dazu soeben Fn. 242) ab, sondern aus der Gebundenheit an das Naturrecht, das nach damaliger Auffassung auch das Völkerrecht im heutigen Sinne umfaßt habe. So z.B. *Randelzhofer*, Staatsgewalt und Souveränität, HStR I, § 15 Rdnr. 16; *Graf Vitzthum*, in: Graf Vitzthum (Hrsg.), Völkerrecht (2. Aufl.), 1. Abschnitt, Rdnr. 100/Fn. 245; *Steinberger*, Sovereignty, EPIL Bd. IV, 500 (505).

245 Vgl. *Jellinek*, Allgemeine Staatslehre, 453.

246 *Jellinek*, Allgemeine Staatslehre, 453.

247 Vgl. *Jellinek*, Allgemeine Staatslehre, 454.

248 *Nussbaum*, Geschichte, 85.

249 *Bodin* behandelt in Six Livres de la République, I 10 die "puissance de donner loy à tous en general et a chacun en particulier" als "premiere marque de la souveraineté". Vgl. zur systematischen Bedeutung der donner loy-Kompetenz in *Bodins* System *Dahm/Delbrück/Wolfrum*, Völkerrecht I/1, 215; *Quaritsch*, Staat und Souveränität, 41 und 255 f.

250 Vgl. *Quaritsch*, Staat und Souveränität, 255.

251 Die in *Bodin*, Six Livres de la République, I 10 behandelten "vrayes marques de Souveraineté" sind neben dem Gesetzgebungsrecht das Recht der Entscheidung über Krieg und Frieden, das Recht der Ernennung der obersten Beamten, das Recht der höchsten Gerichtsbarkeit, das Recht auf Treue und Gehorsam, das Begnadigungsrecht, das Münzrecht und das Besteuerungsrecht. Vgl. hierzu *Jellinek*, Allgemeine Staatslehre, 462.

252 Die weiteren Souveränitätsrechte, die er in Anlehnung an die lateinische Fassung zum Teil auch als "marques de majesté" bezeichnet, stellen lediglich Präzisierungen der donner loy-Kompetenz dar. So führt *Bodin*, Six Livres de la République, I 10 bei der Erläuterung der "seconde marque de majesté", dem Recht zur Entscheidung über Krieg und Frieden, aus: "Mais d'autant que le mot de loy est trop general, le plus expedient est de specifier les droits

hauptung stützte, die souveräne Gewalt könne diese Rechte jederzeit an sich ziehen, auch wenn sie sich tatsächlich im Besitz anderer Gewalten befinden.[253]

Das Problem, daß sich "aus der abstrakten Vorstellung einer aller ihr entgegenstehenden Ansprüche nicht-staatlicher Mächte negierenden Gewalt keine wie immer geartete positive Folgerung auf ihren Inhalt herleiten" läßt, löst *Bodin*, indem er sich dem konkreten Staatsleben (Frankreichs) zuwendet[254] und als die acht "vrayes marques de souveraineté" schlicht "die vom französischen König in Anspruch genommenen Herrschaftsrechte" nennt, "um sie sodann als wesentliche, begriffsnotwendige Elemente der souveränen Gewalt zu behaupten".[255] Ein Versuch, diese Behauptung zu beweisen, insbesondere sie aus dem Wesen der Souveränität abzuleiten, erfolgt nicht.[256]

e) Grotius[257]

Das Werk *Grotius*' war das erste umfassende System des Völkerrechts auf naturrechtlicher Grundlage, das sich nicht nur auf Grundprinzipien beschränkte, sondern bis in die Einzelheiten durchgeführt war; es stellte eine Bündelung bzw. Zusammenfassung und einen Abschluß der vorangegangenen antik-christlichen Naturrechtslehre dar.[258] Wie diese Leistung zu bewerten ist, ist freilich in den vergangenen Jahren in die Diskussion geraten.[259]

Grotius kennt zwei Quellen des Völkerrechts, nämlich das natürliche Recht und das positive Recht (ius voluntarium). Das Naturrecht hat seine Grundlage unmittelbar in

---

de souveraineté compris." Vgl. zu dieser Deduktion *Schmitt*, Politische Theologie, 15; *Quaritsch*, Staat und Souveränität, 256.

253 Vgl. *Jellinek*, Allgemeine Staatslehre, 462 f. m.N.

254 *Jellinek*, Allgemeine Staatslehre, 461.

255 *Jellinek*, Allgemeine Staatslehre, 461 f. Mit diesem Vorgehen *Bodins* "bahnt sich die Identifizierung von Staatsgewalt und Souveränität an" (vgl. *Randelzhofer*, Staatsgewalt und Souveränität, HStR I, § 15 Rdnr. 19).

256 *Jellinek*, Allgemeine Staatslehre, 461 f.

257 Zu *Hugo Grotius* (1583-1645) vgl. *Ziegler*, Völkerrechtsgeschichte, § 31 V; *Grewe*, Epochen, 222 ff.; *Link*, Hugo Grotius, 1 ff.; *Verdross*, Naturrecht, WVR II, 572 (574); *Preiser*, Völkerrechtsgeschichte I, WVR III, 680 (700 f.); *Nussbaum*, Geschichte, 113 ff.; *Verdross*, Rechtsphilosophie, 112 f.; *Verdross*, Verfassung, 27 f.; *van Kleffens*, RdC 82 (1953 I), 5 (65 f.); *Oppenheim/Lauterpacht*, International Law I (8. Aufl.), § 53.

258 Vgl. *Verdross*, Naturrecht, WVR II, 572 (574); *Grewe*, Epochen, 231; *Ziegler*, Völkerrechtsgeschichte, § 31 V 1; *Preiser*, Völkerrechtsgeschichte I, WVR III, 680 (700).

259 Die u.a. bei *Grewe*, Epochen, 222, 227 ff. angesprochene Debatte, ob nicht den spanischen Naturrechtslehrern die vielfach *Grotius* zuerkannte Rolle als geistiger Vater des modernen Völkerrechts zugeschrieben werden sollte, kann auch an dieser Stelle nicht erschöpfend beantwortet werden. Festzuhalten ist jedenfalls, daß zentrale Gedanken in *Grotius*' Lehrgebäude von den spanischen Spätscholastikern (*Grewe*, Epochen, 222), aber auch von *Gentili* (vgl. *Preiser*, Völkerrechtsgeschichte I, WVR III, 680 (701); *Nussbaum*, Geschichte, 120; *Ziegler*, Völkerrechtsgeschichte, § 31 V 4) stammen. Unbestritten haben *Grotius*' Werke - ob geistesgeschichtlich "gerecht" oder nicht -, die weitere Entwicklung der Völkerrechtslehre maßgeblich geprägt (vgl. zur Wirkgeschichte *Reibstein*, Völkerrechtsgeschichte II, WVR III, 703 (708); *Nussbaum*, Geschichte, 126 f.; *Preiser*, Völkerrechtsgeschichte I, WVR III, 680 (701)).

der geselligen Natur des Menschen, mittelbar in Gott.[260] Dementsprechend ist das Sozialitätsprinzip in seinem Lehrgebäude das primum principium iuris naturae et gentium.[261] *Grotius* geht dabei davon aus, daß der Inhalt des natürlichen Völkerrechts evident eingesehen werden könne, ermittelt ihn allerdings nicht aus eigenen vernunftgemäßen Überlegungen, sondern aus Zitaten griechischer und römischer Klassiker, die er als ratio scripta betrachtet.[262] Bereits in seiner Schrift über das *Mare liberum* (1609) hatte er beispielsweise das Recht auf freien Handel und ungehinderten Zugang zu den Weltmeeren als naturrechtliche Regeln entwickelt.[263]

Das positive Recht findet die Grundlage seiner Geltung in dem naturrechtlichen Satz pacta sunt servanda.[264] Sein Inhalt hat seinen Ursprung im freien Willen der Menschen.[265] Wie *Grotius* das Rangverhältnis von Naturrecht und positivem Völkerrecht im Kollisionsfalle sah, ist nicht geklärt. Ein Teil der Literatur deutet *Grotius* Werk im Sinne eine Vorrangs des positiven ius gentium[266] und sieht in ihm daher einen Wegbereiter des Positivismus.[267]

Zum Souveränitätsprinzip finden sich bei *Grotius* einige für die weitere Entwicklung wichtige Aussagen[268], von denen die gegen *Bodin* vorgenommenen Unterscheidung zwischen Innehabung und Ausübung der Staatsgewalt[269] besonders hervorzuheben ist.

VII. Das "französische Zeitalter"

In der allgemeinen Geschichte Europas wie in der des Völkerrechts markiert das Jahr 1648 einen deutlichen Einschnitt. Mit ihm beginnt das durch die Dominanz Frankreichs geprägte sogenannte französische Zeitalter, das bis zum Wiener Kongreß (1815) andauerte.[270]

---

260 Vgl. *Verdross*, Naturrecht, WVR II, 572 (574); *Nussbaum*, Geschichte, 120 f.

261 *Reibstein*, Völkerrechtsgeschichte II, WVR III, 703 (708).

262 *Grewe*, Epochen, 232.; *Verdross*, Verfassung, 27. Außerdem stützt *Grotius* seine Argumentation durch "willkürlich" ausgewählte historische Belege, vgl. *Koskenniemi,* From Apology to Utopia, 74.

263 Vgl. *Link*, Hugo Grotius, 6.

264 *Verdross*, Verfassung, 27 f.

265 Vgl. *Grotius*, De Jure Belli ac Pacis, Prol. 40 a.E.

266 Vgl. zu dahingehenden Interpretationen *Le Fur*, RdC 18 (1927 III), 263 (319).

267 Vgl. *Grewe*, Epochen, 229.

268 Die maßgeblichen Passagen finden sich in De Jure Belli ac Pacis I 3, 1 ff. Er definiert den Begriff in De Jure Belli ac Pacis I 3, 7.

269 De Jure Belli ac Pacis I 3, 24. Diese Unterscheidung zielt zunächst auf den innerstaatlichen Bereich und ermöglicht eine Verfassungsbindung der Herrschaftsgewalt. Vgl. hierzu *Link*, Hugo Grotius, 26 f. Nach *Quaritsch*, Staat und Souveränität, 308 ff., war die Unterscheidung bei *Bodin* allerdings zwar nicht ausdrücklich formuliert, wohl aber zugrundegelegt; auch *Wagner*, Beschlußrecht, 61 sieht die Aufspaltung des Souveränitätsbegriffs bereits bei Bodin angelegt.

270 Vgl. zur Epochenabgrenzung sowie zur herausgehobenen Stellung Frankreichs *Grewe*, Epochen, 325 ff.; *Ziegler*, Völkerrechtsgeschichte, § 34 I.

1. Grundzüge der völkerrechtspraktischen Entwicklung

Obwohl der Westfälische Friede auf die Festschreibung des status quo angelegt war,[271] entwickelte sich schon sehr bald nach seinem Abschluß ein machtpolitischer Wettstreit, der das Bild der gesamten Epoche prägte.[272] In ständig wechselnden Koalitionen - an denen neben den Staaten, deren Status souveräner Gleichheit in Münster/Osnabrück anerkannt worden waren, auch die größeren Fürstentümer innerhalb des Reiches, die nur eine "praktische Souveränität"[273] genossen, maßgeblich beteiligt waren - versuchten die Großmächte, eine Vorrangstellung zu erlangen. Die zu diesem Zweck geführten zahlreichen Kriege[274], die überwiegend als sogenannte Kabinettskriege[275] ausgetragen wurden, ergaben immer neue Machtkonstellationen.

In grober Einteilung lassen sich drei Phasen unterscheiden. Während zunächst bis zu den Friedensschlüssen von Utrecht (1713) und Nystad (1721) eine relative Vormachtstellung Frankreichs und Schwedens bestand, war die zweite, bis zum amerikanischen Unabhängigkeitskrieg (1775-1783) währende Phase von der Vorherrschaft Großbritanniens und dem Erstarken Preußens und Rußlands geprägt, schließlich kam es zur Krise des europäischen Ancien Régime.[276] Es gelang jedoch keiner Macht, eine effektive Hegemonialstellung zu erreichen. Dies lag wesentlich darin begründet, daß alle Staaten sich an der politischen Leitidee des Gleichgewichts der Mächte orientierten[277] und sich immer wieder gegen diejenigen Mächte zusammenschlossen, die ein zu starkes Gewicht zu erlangen drohten. Das Prinzip des Gleichgewichts der Mächte wurde bereits im Frieden von Utrecht erwähnt, wobei strittig ist, ob es dadurch eine Regel des positiven Völkerrechts wurde.[278]

---

271 Vgl. *Verosta*, History of the Law of Nations: 1648 to 1815, EPIL Bd. IV, 749 (751).

272 Vgl. *Verdross*, Völkerrecht (1937), 9.

273 Der Status der Reichsglieder wurde mit dem Begriff der "Landeshoheit" beschrieben (vgl. *Hobe*, Der offene Verfassungsstaat, 44 m.N.) und war dadurch beeinträchtigt, daß sie zwar Bündnisse schließen und Kriege führen durften, sich ihr Verhalten aber nicht gegen Kaiser, Reich oder gegen die Bestimmungen des Westfälischen Friedens richten durfte. Da diese Einschränkungen kaum zu kontrollieren waren, kam ihr Status in praxi dem der Souveränität nahe (*Nussbaum*, Geschichte, 129; *Ziegler*, Völkerrechtsgeschichte, § 34 I 1 b)).

274 Vgl. Übersicht bei *Grewe*, Epochen, 326 ff.

275 Vgl. *Grewe*, Epochen, 428 f. Dabei war ggü. der vorangegangenen Epoche ein Trend zu einer Humanisierung der Kriegspraxis zu beobachten, wofür gerade die Form des Kabinettskrieges die politischen Voraussetzungen bot (vgl. *Ziegler*, Völkerrechtsgeschichte, § 36 IV 1).

276 Vgl. *Reibstein*, Völkerrechtsgeschichte II, WVR III, 703 (704); ähnlich die Unterteilung bei *Grewe*, Epochen, 325.

277 Vgl. *Verosta*, History of the Law of Nations: 1648 to 1815, EPIL Bd. II, 749 (751); *Ziegler*, Völkerrechtsgeschichte, § 34 II 2; *Verdross*, Völkerrecht (1937), 9.

278 Vgl. einerseits *Verosta*, History of the Law of Nations: 1648 to 1815, EPIL Bd. II, 749 (751), wonach das Gleichgewichtsprinzip nur Ausdruck der politischen und soziologischen Grundlagen des damaligen Völkerrechts gewesen sei, und andererseits *Grewe*, Epochen, 328, 393 m.w.N.

Im französischen Zeitalter wurden wichtige Institutionen des völkerrechtlichen Verkehrs zwischen den Staaten[279] weiterentwickelt. Die regen Kontakte auf bündnispolitischem und wirtschaftlichem Gebiet sowie die zahlreichen "abzuwickelnden" Kriege führten zu einer Fortentwicklung des Vertragswesens[280] sowie zu einer Intensivierung des diplomatischen Verkehrs.[281] Gleichzeitig wurden neue Staaten auch außerhalb Europas (insbesondere Rußland und die Vereinigten Staaten von Amerika) als Subjekte in das völkerrechtliche System einbezogen.[282] Das Gros der außereuropäischen Welt blieb (oder wurde) freilich als Kolonie bloßes Objekt des von Europa dominierten Weltgeschehens[283] und war so in die europäische Gleichgewichtspolitik einbezogen.[284] Allerdings gab es auch auf der Basis der Gleichheit eingegangene vertragliche Vereinbarungen mit asiatischen Staaten sowie mit amerikanischen und afrikanischen Stämmen.[285] Am Ende des französischen Zeitalters wurden mit Haiti und Dominica erstmals Kolonien mit nicht-europäischer Bevölkerung als unabhängige Staaten anerkannt.[286]

Das Völkerrecht war im französischen Zeitalter nicht Korrektiv, sondern in erster Linie Instrument der von einzelstaatlichen Egoismen geprägten Machtpolitik. Es wurde - allen gegenteiligen Bekenntnissen zum Trotz - beim Konflikt mit machtpolitischen Zielen regelmäßig übergangen.[287] Den Staaten diente es einerseits zur (immer nur vorübergehenden) Festschreibung der jeweiligen Machtverhältnisse. Andererseits wurden völker- und naturrechtliche Argumentationen eingesetzt, um die eigenen Ziele zu befördern. Insbesondere von der französischen Revolution wurde naturrechtliches Gedankengut in Anspruch genommen und verbreitet,[288] wobei freilich auch das revolutionäre Frankreich aus dem Naturrecht den eigenen Interessen entsprechende Rechtssätze zu deduzieren wußte.[289]

---

279 Zu deren weiter voranschreitender Entwicklung in Richtung des modernen Staatstypus vgl. *Ziegler*, Völkerrechtsgeschichte, § 35 I 3 a); *Grewe*, Epochen, 369 ff.

280 Vgl. zur gestiegenen Bedeutung und Perfektion insbesondere von Friedens-, Freundschafts- und Handelsverträgen *Ziegler*, Völkerrechtsgeschichte, § 36 I 1.

281 Vgl. *Nussbaum*, Geschichte, 139; *Ziegler*, Völkerrechtsgeschichte, § 36 II.

282 Vgl. *Ziegler*, Völkerrechtsgeschichte, § 34 II 3.

283 Vgl. *Neuhold*, Euro-atlantisches Völkerrecht: geschichtlicher Überblick, ÖHbVR Bd. 1 (3. Aufl.), Rdnr. 78.

284 Diese Einbeziehung bezog sich zum einen auf die wirtschaftliche Ebene, vgl. *Grewe*, Epochen, 341 ff. Zum anderen dienten die Kolonien auch als Kriegsschauplatz, vgl. *Reibstein*, Völkerrechtsgeschichte II, WVR III, 703 (705, 707).

285 Vgl. *Verosta*, History of the Law of Nations: 1648 to 1815, EPIL Bd. II, 749 (755); *Grewe*, Epochen, 340.

286 Vgl. *Verosta*, History of the Law of Nations: 1648 to 1815, EPIL Bd. II, 749 (754).

287 Vgl. *Reibstein*, Völkerrechtsgeschichte II, WVR III, 703 (704). Zur geringen Vertragstreue auch *Grewe*, Epochen, 422.

288 Vgl. *Nussbaum*, Geschichte, 132 ff.; *Reibstein*, Völkerrechtsgeschichte II, WVR III, 703 (707).

289 Vgl. beispielhaft zur angeblich naturrechtlich vorgegebenen Öffnung der Schelde nur zugunsten der Uferstaaten (d.h. nicht Englands) *Nussbaum*, Geschichte, 133.

2. Die Völkerrechtsdoktrin

Im französischen Zeitalter schwoll das völkerrechtliche Schrifttum erheblich an, wobei allerdings viele Werke aus heutiger Sicht substanzarm erscheinen.[290] Während die Völkerrechtslehre in einer ersten Phase noch sehr weitgehend vom Werk *Grotius*' geprägt war,[291] entstanden später divergierende Schulen, zwischen denen freilich "Querverbindungen" bestanden.[292] Im Hinblick auf die Systematisierung der verschiedenen Ansätze sind sowohl die zu bildenden Kategorien[293] als auch die im einzelnen getroffenen Zuordnungen umstritten. Die hier vorgenommene Einteilung versucht insbesondere die Varianz der sich auf "das Naturrecht" berufenden Theorien zu verdeutlichen.

a) Völkerrechtsleugnende Naturrechtler

Eine erste Gruppe von naturrechtlich argumentierenden Autoren gelangte erstmals in der Ideengeschichte zu einer theoretisch begründeten Leugnung des Völkerrechts. Die wichtigsten Vertreter dieser Linie sind *Thomas Hobbes* und *Baruch Spinoza*.[294]

aa) Hobbes[295]

Der englische Staatsphilosoph *Hobbes* wird von vielen Autoren als erster Leugner des Völkerrechts bezeichnet.[296] Dies beruht auf seiner Auffassung, daß die Staaten untereinander noch in einem vorsozialen Naturzustand leben, den er als Zustand des potentiellen oder aktuellen Krieges (bellum omnium contra omnes) umschreibt:[297] "... Persons of Soveraigne authority ... are in continuall jealousies, and in the state and posture of Gladiators; having their weapons pointing, and their eyes fixed on one another ... which is a posture of War."[298] Analog zur Situation zwischen

290 Vgl. *Ziegler*, Völkerrechtsgeschichte, § 37 I 1.

291 Vgl. *Ziegler*, Völkerrechtsgeschichte, § 37 II 1.

292 *Ziegler*, Völkerrechtsgeschichte, § 37 I 2.

293 Vgl. zu verschiedenen Einteilungsschemata *Ziegler*, Völkerrechtsgeschichte, § 37 I 2; *Grewe*, Epochen, 412.

294 Weiterhin kann hier *Christian Thomasius* (1655-1728) erwähnt werden, der von einem auf äußeren Zwang als wesentliches Begriffsmerkmal abstellenden Rechtsbegriff ausgeht und daher das Völkerrecht nicht als Recht anerkennt (*Verdross*, Völkerrecht (1937), 34).

295 Zu *Thomas Hobbes* (1588-1679) vgl. *Lipp*, Naturrecht, LdR 1/890, 6 f.; *Dagtoglou*, Souveränität, EvStL (3. Aufl.), Sp. 3155 (3157); *Steinberger*, Sovereignty, EPIL Bd. IV, 500 (506); *Grewe*, Epochen, 408 ff.; *Schaumann*, Gleichheit, 42 f.; *Reibstein*, Völkerrechtsgeschichte II, WVR III, 703 (709 f.); *Koskenniemi*, From Apology to Utopia, 59 ff.; *Schrader*, Hobbes, Staatslexikon Bd. 2, Sp. 1293 ff.; *Verdross*, Völkerrecht (5. Aufl.), 102 f.

296 Z.B. *Grewe*, Epochen, 409 f.; *Ziegler*, Völkerrechtsgeschichte, § 37 I 3.

297 Vgl. *Verdross/Simma*, Universelles Völkerrecht, § 18; *Grewe*, Epochen, 409.

298 *Hobbes*, Leviathan I, Kap. 13.

den Individuen vor Abschluß des Gesellschaftsvertrages gilt daher zwischen ihnen das Naturrecht.[299]

Insofern ist, was in der Literatur nur selten geschieht, zwischen den Begriffen des right of nature und des law of nature zu unterscheiden.[300] Das right of nature bezeichnet die "unbegrenzte Freiheit, zur eigenen Erhaltung alle Kräfte beliebig einzusetzen".[301] Dieses "Naturrecht" ist also "kein Recht im normativen Sinne, da es nicht aus Geboten und Verboten besteht".[302] Daneben besteht das law of nature. Dieser Begriff bezieht sich auf die Grundsätze der Vernunft, die den Menschen dazu leiten, von einem schrankenlosen Gebrauch seines right of nature abzusehen, weil dies zur Selbstvernichtung führe, und stattdessen im Sinne der Selbsterhaltung einen friedlichen Zustand anzustreben.[303]

Das letztgenannte natürliche Gesetz ist identisch mit dem Völkerrecht.[304] Dieses Vernunftgesetz empfiehlt, im internationalen Bereich soweit als möglich den Frieden anzustreben, und ansonsten Bündnis- und Schiedsverträge abzuschließen.[305] Wenngleich dieses law of nature nach *Hobbes* ein Tun oder Unterlassen gebietet,[306] so handelt es sich doch - wie die Bezugnahme auf das Gewissen bereits anzeigt - auch beim law of nature für *Hobbes* nicht um ein normatives Gesetz[307], sondern um eine Sammlung bloßer Vernunftmaximen.[308] Als "ius inutile" verpflichten die Normen nur vor dem forum internum.[309] Somit verneint Hobbes die Existenz zwischenstaatlichen Rechts: "For the Lawes of Nature, which consist in Equity, Justice, Gratitude, and other morall Vertues on these depending, in the condition of meer Nature ..., are not properly Lawes, but qualities that dispose man to peace, and to obedience. When a Common-wealth is once settled, then are they actually Lawes, and not before ... For it is the Soveraign Power that obliges men to obey them."[310]

An dieser Stelle wird zugleich deutlich, daß *Hobbes* von einem Rechtsbegriff ausging, der die Annahme einer Rechtsordnung im eigentlichen Sinne zwischen den Staaten von vornherein ausschließt. Denn Recht im eigentlichen Sinne gibt es seiner Ansicht nach nur, wo es einen wirksamen Befehlsmechanismus zur Durchsetzung des Rechts, das heißt eine staatliche Ordnung gibt.[311] Da es keinen über

299 Vgl. *Grewe*, Epochen, 409.

300 Vgl. *Verdross/Simma*, Universelles Völkerrecht, § 18/Fn. 26.

301 *Verdross/Simma*, Universelles Völkerrecht, § 18/Fn. 26.

302 *Verdross*, Rechtsphilosophie, 114.

303 Vgl. *Verdross*, Rechtsphilosophie, 115.

304 *Hobbes*, Leviathan II, Kap. 30 a.E.

305 *Verdross/Simma*, Universelles Völkerrecht, § 18.

306 *Verdross*, Rechtsphilosophie, 115.

307 Vgl. *Verdross*, Rechtsphilosophie, 115; *Steinberger*, Sovereignty, EPIL Bd. IV, 500 (506).

308 *Verdross*, Völkerrecht (5. Aufl.), 102.

309 *Grewe*, Epochen, 409.

310 *Hobbes*, Leviathan II, Kap. 26.

311 *Grewe*, Epochen, 409.

den Staaten stehenden Leviathan gibt, kann es keine rechtlichen Normen geben, die ihr Verhalten einschränken.[312]

bb) Spinoza[313]

Spinoza ging ebenso wie *Hobbes* davon aus, daß es subjektive Rechte nur auf einer Machtgrundlage geben könne.[314] Weiterhin lehrte auch er, daß die Staaten untereinander noch in einem vorsozialen Naturzustand lebten, in dem sie sich als Feinde gegenüberstünden und in dem jeder Staat so viel Recht habe, als er Macht habe.[315] Eine Pflicht zur Vertragstreue besteht nicht, *Spinoza* konstruiert ein unbeschränktes Rücktrittsrecht für den Fall, daß das ursprüngliche Motiv für den Abschluß eines Vertrages wegfällt.[316]

Der überwiegende Teil der Literatur kommt aufgrund der Abhängigkeit der Pflicht zur Vertragstreue von der Staatsraison und der Gleichsetzung von Recht und Macht, die das Völkerrecht als bloße dynamische "Funktion der jeweiligen internationalen Machtkonstellation" (*Grewe*) erscheinen lasse, zu der Bewertung, daß *Spinoza* ein die faktische Macht der Staaten limitierendes Völkerrecht verneine.[317] Demgegenüber betonen andere, daß nach *Spinoza* die Staaten "durch den Abschluß von Kollektivverträgen eine zusammengeballte, den einzelnen Staaten gegenüber überlegene Macht schaffen, und auf diese Weise unter ihnen echte völkerrechtliche Rechte und Pflichten begründen" könnten.[318] Richtig dürfte sein, daß nach *Spinoza* jedenfalls die zukünftige Schaffung einer verbindlichen Völkerrechtsordnung möglich ist.[319]

b) Völkerrechtsbejahende Naturrechtler

Eine zweite Gruppe von Naturrechtlern anerkannte die Geltung verbindlicher Rechtsnormen zwischen den Staaten.[320] Auch diese Gruppe war allerdings durchaus inhomogen. Während *Pufendorf* das positive Recht leugnete und folglich ausschließlich naturrechtliche Normen darstellen konnte, folgten die Vertreter der soge-

312 *Steinberger*, Sovereignty, EPIL Bd. IV, 500 (506).

313 Zu *Baruch Spinoza* (1632-1677) vgl. *Verdross/Simma*, Universelles Völkerrecht, § 19; *Grewe*, Epochen, 410; *Reibstein*, Völkerrechtsgeschichte II, WVR III, 703 (710 f.); *Ziegler*, Völkerrechtsgeschichte, § 37 I 3; *Steinberger*, Sovereignty, EPIL Bd. IV, 500 (506); *Verdross*, Rechtsphilosophie, 122; ausführlich *Menzel*, Beiträge, 264 ff.

314 *Verdross/Simma*, Universelles Völkerrecht, § 19.

315 Vgl. *Verdross/Simma*, Universelles Völkerrecht, § 19; *Grewe*, Epochen, 410.

316 Vgl. *Grewe*, Epochen, 410; *Reibstein*, Völkerrechtsgeschichte II, WVR III, 703 (710).

317 *Grewe*, Epochen, 410; *Steinberger*, Sovereignty, EPIL Bd. IV, 500 (506); *Ziegler*, Völkerrechtsgeschichte, § 37 I 3.

318 So *Verdross/Simma*, Universelles Völkerrecht, § 19.

319 Vgl. dazu ausführlich *Menzel*, Beiträge, 410 ff.; auch *Verdross*, Rechtsphilosophie, 122.

320 Außer den im folgenden näher behandelten Autoren werden zu dieser naturrechtlichen Schule u.a. noch *Johann Gottlieb Heineccius* (vgl. *Ziegler*, Völkerrechtsgeschichte, § 37 II 3 a)), *Jean-*

nannten synthetischen Völkerrechtslehre[321] der grotianischen Grundkonzeption und gingen von einem Nebeneinander von Naturrecht und positivem Völkerrecht aus.[322]

aa) Pufendorf[323]

Im Werk *Pufendorfs* wird bisweilen die Fortsetzung der Lehre *Hobbes*' gesehen.[324] Vor allem in der früheren Literatur wurde *Pufendorf* als Leugner des Völkerrechts bezeichnet.[325] Demgegenüber ist mit der h.M. davon auszugehen, daß er zwar die Geltung eines positiven Völkerrechts ablehnte, aber von der Existenz naturrechtlicher Normen im zwischenstaatlichen Bereich ausging.[326]

Die Geltung eines positiven Völkerrechts anerkannte *Pufendorf* nicht.[327] Da nach seiner Auffassung ein Gesetz die Anordnung eines Höheren an einen Untergebenen ist,[328] können Verträge und Gewohnheiten "keine Rechtsregel begründen, weil sie nicht Ausdruck eines den Völkerrechtssubjekten übergeordneten Willens sind".[329]

Ausdrücklich an *Hobbes* anknüpfend geht *Pufendorf* davon aus, daß die Staaten untereinander noch in einem Naturzustand leben.[330] Dabei unterscheidet sich *Pufendorfs* Ansicht über den Naturzustand dadurch von *Hobbes*, daß *Pufendorf*, wie

---

Jacques Burlamacqui (vgl. *Ziegler*, Völkerrechtsgeschichte, § 37 II 3 c)) und *Jean Barbeyrac* (vgl. *Nussbaum*, Geschichte, 182; *Grewe*, Epochen, 411) gezählt.

321 *Verdross*, Völkerrecht (1937), 33. Abweichend von dieser Begriffsverwendung bezeichnet *Schröder*, Pufendorf, Staatslexikon Bd. 4, Sp. 619 (620) die sogleich anzusprechende Methode *Pufendorfs* als "synthetisch".

322 Die Vertreter dieser Richtung werden auch als "Grotianer" bezeichnet, z.B. von *Oppenheim/Lauterpacht*, International Law I (8. Aufl.), § 57.

323 Zu *Samuel Pufendorf* (1632-1694) vgl. *Ziegler*, Völkerrechtsgeschichte, § 37 II 2; *Verdross*, Naturrecht, WVR II, 572 (575); *Grewe*, Epochen, 410 ff.; *Nussbaum*, Geschichte, 164 ff.; *Verdross*, Rechtsphilosophie, 128 ff.; *Reibstein*, ÖZöffR N.F. 7 (1956), 43 ff.; *Reibstein*, Völkerrechtsgeschichte II, WVR III, 703 (711 f.); *Oppenheim/Lauterpacht*, International Law I (8. Aufl.), § 67.

324 Vgl. *Grewe*, Epochen, 413.

325 Z.B. *Berber*, Lehrbuch I, 9.

326 Vgl. etwa *Nussbaum*, Geschichte, 166, und *Grewe*, Epochen der Völkerrechtsgeschichte, 413, nach denen das *Pufendorf*sche Naturrecht den Charakter einer Rechtsordnung habe, wenngleich es sich dabei um eine nicht klar von der Moral getrennte handele, die besondere Strukturen aufweise. Differenzierend *Reibstein*, wonach innerhalb der lex naturalis zu unterscheiden sei zwischen der lex necessaria, die unmittelbares Recht darstelle, und dem übrigen Naturrecht, das lediglich lex imperfecta sei (*Reibstein*, Völkerrechtsgeschichte II, WVR III, 703 (711); *Reibstein*, ÖZöffR N.F. 7 (1956), 43 (46)). Zwar könne auch den darin enthaltenen natürlichen Geboten durch Übernahme in Verträge echter Rechtscharakter zukommen, jedoch sei dieser durch ein praktisch unbegrenztes Vertragsbeendigungsrecht aus Gründen der Staatsraison entwertet (vgl. *Reibstein*, ÖZöffR N.F. 7 (1956), 43 (68 ff.)).

327 Gegen die Annahme eines "von Menschen erfunden[en]" Völkerrechts *Pufendorf*, Acht Bücher vom Natur- und Völkerrecht II. Buch, Kap. III, § 23. Vgl. zur Leugnung des positiven Völkerrechts bei *Pufendorf* z.B. *Verdross*, Verfassung, 24; *Nussbaum*, Geschichte, 166; *Reibstein*, Völkerrechtsgeschichte II, WVR III, 703 (711); *Ziegler*, Völkerrechtsgeschichte, § 37 II 2.

328 *Reibstein*, ÖZöffR N.F. 7 (1956), 43 (45).

329 *Grewe*, Epochen, 412; vgl. auch *Reibstein*, ÖZöffR N.F. 7 (1956), 43 (62 f.).

330 *Grewe*, Epochen, 412; *Verdross*, Rechtsphilosophie, 133.

Grotius, von der sozialen Natur des Menschen ausgeht.[331] Dieser Naturzustand ist im Verhältnis zwischen den Staaten ein "Zustand der natürlichen Freiheit ..., denn sie sind mit der Macht ausgestattet, um diese Freiheit ungestört genießen zu können".[332] *Pufendorf* übernimmt von *Hobbes* die Lehrmeinung, daß das Völkerrecht Teil des Naturrechts sei.[333] Die Staaten stehen als "societas particularis" unter dem gleichen Naturrecht wie die Menschheit als Ganzes.[334]

In methodischer Ansicht neu war der Anspruch *Pufendorfs*, den Inhalt des Naturrechts allein durch die Vernunft (ope solius rationis) im Wege der Deduktion aus einigen obersten Prinzipien zu ermitteln.[335] Anders als *Vitoria, Suárez* und auch *Grotius* ist er dabei nicht mehr mit der christlichen Naturrechtskonzeption des Mittelalters verbunden, sondern leitet das Naturrecht allein aus der Vorstellung einer universellen Rechtsgemeinschaft aller Menschen ab.[336] Aus dem obersten Grundsatz, daß "Jedermann ..., soviel es an ihm liegt, mit den anderen Menschen Gemeinschaft pflegen und erhalten" solle[337], leitet er verschiedene Gemeinschaftspflichten ab, nämlich ein Schädigungsverbot, das Gebot, den anderen als Menschen zu achten und zu behandeln, das Gebot zur Erfüllung übernommener Verpflichtungen sowie die positive Pflicht, anderen Fürsorge zuzuwenden.[338] Allerdings ist bezweifelt worden, ob *Pufendorf* seiner eigenen methodischen Konzeption gerecht wurde.[339]

(Auch) im Hinblick auf die Souveränität stehen die Aussagen *Pufendorfs*[340] in Widerspruch zu denen *Hobbes*', der eine omnipotente Staatsgewalt postuliert hatte[341]. Im Hinblick auf die Außenbeziehungen ergibt sich dies aus der von *Pufendorf* angenommenen Bindung an das Naturrecht. Bezogen auf die innerstaatlichen Verhältnisse widerspricht *Pufendorf* ausdrücklich der Gleichsetzung von höchster und unbeschränkter Herrschaft.[342]

---

331 *Verdross*, Rechtsphilosophie, 130.

332 *Reibstein*, ÖZöffR N.F. 7 (1956), 43 (48).

333 *Grewe*, Epochen, 412.

334 *Reibstein*, ÖZöffR N.F. 7 (1956), 43 (52); *Verdross*, Rechtsphilosophie, 134.

335 Vgl. *Schröder*, Pufendorf, Staatslexikon Bd. 4, Sp. 619 (620); *Verdross*, Völkerrecht (1937), 34.

336 Vgl. *Grewe*, Epochen, 332; *Schröder*, Pufendorf, Staatslexikon Bd. 4, Sp. 619 (620).

337 *Verdross*, Rechtsphilosophie, 131.

338 Vgl. im einzelnen *Verdross*, Rechtsphilosophie, 131 f.; *Reibstein*, ÖZöffR N.F. 7 (1956), 43 (61 f.).

339 Die Zweifel ergeben sich daraus, daß auch *Pufendorf*, wenn es um Stellungnahmen zu konkreten Problemen ging, inhaltlich auf die Praxis und damit auf das zurückgegriffen hat, was er als ius gentium voluntarium ablehnte (vgl. *Reibstein*, ÖZöffR N.F. 7 (1956), 43 (63 f.)). Wegen dieser Vorgehensweise ist er als "Krypto-Positivist" bezeichnet worden (*Reibstein*, ÖZöffR N.F. 7 (1956), 43 (66)).

340 Ausführungen zur "höchsten Obrigkeitlichen Gewalt" finden sich im 7. und 8. Buch der "Acht Bücher vom Natur- und Völkerrecht". Zusammenfassend zur Lehre *Pufendorfs* von der Souveränität *Schaumann*, Gleichheit, 43 ff.

341 S.o. B.VII.2.a)aa), S. 38.

342 *Pufendorf*, Acht Bücher vom Natur- und Völkerrecht, VII. Buch, Kap. VI, § 13.

bb) Die Vertreter der "synthetischen Völkerrechtslehre"

Zur sogenannten synthetischen Völkerrechtsschule[343] sind neben *Leibniz*[344] vor allem *Wolff* und *Vattel* zu rechnen.

(1) *Wolff*[345]

Die für das Völkerrecht bedeutsamste Schrift des Aufklärungsphilosophen *Christian Wolff* war das "Ius gentium methodo scientifica pertractatum, in quo ius gentium naturale ab eo, quod voluntarii, pactii et consuetudinarii est, accurate distinguitur". Im Gegensatz zur grotianischen Terminologie wird das "willentliche" Recht (ius gentium voluntarium) dabei aber nicht auf den Willen der beteiligten Staaten bezogen, sondern auf das von *Wolff* fingierte oberste Gemeinwesen der Völker, die civitas maxima.[346] Diese civitas maxima ist nach *Wolff* von der Natur selbst gestiftet.[347] Sie beruht in dem Sinne auf dem Konsens der Staaten, als diese - aufgrund ihrer natürlichen Verpflichtung zur Förderung der Vervollkommnung (perfectio)[348] - diesem Zusammenschluß zustimmen müssen, wie wenn sie einen Vertrag darüber geschlossen hätten.[349]

Aus dem Zweck dieser Staatengemeinschaft ergeben sich die Normen des sogenannten ius voluntarium,[350] über dem noch das natürliche Völkerrecht steht, das sich aus der Anwendung des Naturrechts auf die Völker ergibt.[351] Das natürliche Gesetz ist unveränderlich und allgemeingültig, zeigt den Menschen jedoch nur das Ziel ihrer Handlungen an.[352] Sein oberster Grundsatz, die Verpflichtung zur *perfectio* der anderen Menschen, gilt auch für die Staaten untereinander.[353] Allerdings sind einige der natürlichen Rechte, etwa das auf Handelsbeziehungen mit jedem Staat, "imperfekt" und können nur durch einen Vertrag "perfekt" gemacht werden.[354] Auch das willentliche Recht ist gewissermaßen eine weitere Form von Naturrecht, da es unabhängig vom tatsächlichen Willen der Staaten "aus der Natur einer hypothetischen Organisation der Staaten abgeleitet ist."[355]

---

343 Zum Begriff vgl. oben Fn. 321.

344 Zu *Gottfried Wilhelm Leibniz* (1646-1716) siehe *Verdross*, Völkerrecht (1937), 33.

345 Zu *Christian Wolff* (1679-1754) *Ziegler*, Völkerrechtsgeschichte, § 37 II 4; *Verdross*, Naturrecht, WVR II, 572 (575); *Grewe*, Epochen, 417 ff.; *Verdross*, Rechtsphilosophie, 138 ff.; *Nussbaum*, Geschichte, 167 ff.; *Reibstein*, Völkerrechtsgeschichte II, WVR III, 703 (712 f.).

346 Vgl. *Ziegler*, Völkerrechtsgeschichte, § 37 II 4; *Grewe*, Epochen, 418.

347 *Wolff*, Grundsätze des Natur- und Völkerrechts, § 1090.

348 Vgl. *Wolff*, Grundsätze des Natur- und Völkerrechts, § 1088.

349 Vgl. *Grewe*, Epochen, 418; *Nussbaum*, Geschichte, 170.

350 Vgl. *Nussbaum*, Geschichte, 170.

351 Vgl. *Grewe*, Epochen, 418.

352 *Verdross*, Rechtsphilosophie, 139 f.

353 *Wolff*, Grundsätze des Natur- und Völkerrechts, § 1090.

354 Vgl. *Nussbaum*, Geschichte, 169 f. Zum Recht auf Handel *Wolff*, Grundsätze des Natur- und Völkerrechts, § 1110.

355 *Nussbaum*, Geschichte, 171.

Wolffs eigene Aussagen über den Inhalt des ius voluntarium sind eher dürftig.[356] Noch weniger hat sich *Wolff* um Vertragsrecht und Völkergewohnheitsrecht gekümmert;[357] diese Instrumente spielen in seinem System sowohl konstruktiv als auch inhaltlich eine völlig untergeordnete Rolle. Sie stehen im Rang unter dem spekulativ ermittelten ius voluntarium.[358] Insgesamt hat die Überbetonung des Systemgedankens bei *Wolff* dazu geführt, daß er den Bezug zur völkerrechtlichen Wirklichkeit verlor; sowohl seine irrealen Konstruktionen als auch die Aussagen zu Rechtsinhalten sind praxisfern.[359]

(2) *Vattel*[360]

Vattel, der nach *Grotius* wirkungsmächtigste Völkerrechtsklassiker, verstand sich selbst als Schüler von *Christian Wolff*.[361] Er war bestrebt, eine allgemeinverständliche Darstellung der *Wolff*schen Lehren zu bieten.[362] Sein Werk geht aber darüber hinaus, insbesondere insofern, als es für den Gebrauch in der Praxis gedacht und geeignet ist.[363]

Vattel ersetzt das *Wolff*sche Konstrukt der civitas maxima durch die Vorstellung der société des nations, in der das Prinzip der souveränen Gleichheit der Mitglieder vorherrscht.[364] Von *Wolff* übernahm er die Einteilung des Völkerrechts in vier Teile (Naturrecht, "vermutetes" Völkerrecht, Vertrags- und Gewohnheitsrecht), dessen deduktive Methode, sowie die Konstruktion der "imperfekten" Rechte.[365]

Vattel liefert als erster eine erschöpfende Analyse der staatlichen Souveränität. Bereits in § 4 der Einleitung zu seinem "Droit des Gens" ist von den souveränen Staaten die Rede. Am Anfang des ersten Buches findet sich sodann eine klassisch gewordene Definition des souveränen Staates, in der er als entscheidende Merkmale der Souveränität die Unabhängigkeit und Selbstregierung herausarbeitet.[366]

---

356 *Nussbaum*, Geschichte, 171 f. spricht von "anspruchsvollen Trivialitäten und Tautologie[n]".

357 *Nussbaum*, Geschichte, 172; *Ziegler*, Völkerrechtsgeschichte, § 37 II 4.

358 Vgl. zur Stufenordnung in der *Wolff*schen Völkerrechtsordnung *Grewe*, Epochen, 418; *Nussbaum*, Geschichte, 171.

359 Vgl. zur Kritik z.B. *Ziegler*, Völkerrechtsgeschichte, § 37 II 4; *Verdross*, Rechtsphilosophie, 141; *Reibstein*, Völkerrechtsgeschichte II, WVR III, 703 (713).

360 Zu *Emer de Vattel* (1714-1767) vgl. *Ziegler*, Völkerrechtsgeschichte, § 37 II 5; *Verdross*, Naturrecht, WVR II, 572 (575); *Lapradelle*, in: Slatkine/Toman (Hrsg.), Vattel, Le Droit des Gens, Bd. 3, iii ff.; *Grewe*, Epochen, 332 f. und 390 f.; *Koskenniemi*, From Apology to Utopia, 85 ff.; *Nussbaum*, Geschichte, 173 ff.; *Reibstein*, Völkerrechtsgeschichte II, WVR III, 703 (713 f.).

361 *Ziegler*, Völkerrechtsgeschichte, § 37 II 5; *Reibstein*, Völkerrechtsgeschichte II, WVR III, 703 (713).

362 *Ziegler*, Völkerrechtsgeschichte, § 37 II 5; *Nussbaum*, Geschichte, 174.

363 Vgl. *Nussbaum*, Geschichte, 174 f.

364 *Ziegler*, Völkerrechtsgeschichte, § 37 II 5.

365 Vgl. *Nussbaum*, Geschichte des Völkerrechts, 176.

366 *Vattel* definiert den Begriff in Le Droit de Gens I, § 4 folgendermaßen: "Toute Nation qui se gouverne elle-même, sous quelque forme que ce soit, sans dépendance d'aucun étranger, est un Etat souverain." In den nachfolgenden Paragraphen wird festgestellt, daß auch ver-

Vattel war der erste Autor, der im Hinblick auf das Völkerrecht explizit auf die Souveränität des Staates (und nicht die des Herrschers) abstellte.[367] Er verwendet den Souveränitätsbegriff bei der Darstellung verschiedener völkerrechtlicher Probleme. Am berühmtesten ist in diesem Zusammenhang wohl die Erörterung des Interventionsverbotes in §§ 54 ff. des zweiten Buches. Ein anderes Beispiel ist die Herleitung der "Domaine général" und der "Jurisdiction" über das Staatsgebiet aus der Souveränität.[368]

Die Bewertung *Vattels* ist sehr uneinheitlich. *Nussbaum* kritisiert, bei ihm sei "*Wolffs* Neigung für leeren Syllogismus zu hohler Rhetorik" "entartet"[369] und wirft ihm "die Mehrdeutigkeit eines Orakels"[370] vor. Während hier also typische Mängel eines naturrechtlich-deduktiven Vorgehens angeprangert werden, halten ihn andere für (zu) positivistisch. So sieht *Verdross* ihn am "Übergang zwischen der naturrechtlichen Völkerrechtslehre und jener, die sich damit begnügt, die von der Staatenpraxis anerkannten Normen zu ermitteln".[371] Nach *van Kleffens* gelang *Vattel* die Synthese von Naturrechtssystematik und völkerrechtlicher Praxis[372] sogar so gut, daß er ihn gemeinsam mit *Zouch* und *Bynkershoek* in die Front der seiner Ansicht nach für die Rechtsidee besonders "schädlichen" Positivisten einordnet.[373]

c) Die Frühpositivisten

Als dritte Schule bildeten sich im Verlauf des französischen Zeitalters Theorien aus, die meist als (früh-)positivistisch bezeichnet werden. Den in dieser Kategorie zusammengefaßten Autoren ist gemeinsam, daß sie in den von den Staaten geschlossenen Verträgen und in den zwischen ihnen herrschenden Gewohnheiten die entscheidenden Elemente des zwischen den Staaten geltenden Rechts sahen. Zwar

schiedene Formen schwacher Staaten wie z.B. Protektorate diesen Anforderungen entsprechen.

367 *Lapradelle*, in: Slatkine/Toman (Hrsg.), Vattel, Le Droit des Gens, Bd. 3, S. x. Gleichwohl hat er sich auch recht ausführlich mit der Frage beschäftigt, wer als Souverän innerhalb eines Staates anzusehen ist, und welche Rechte und Pflichten diese Person hat (insbes. Droit de Gens I, Chap. IV).

368 *Vattel*, Le Droit de Gens II, §§ 83 f.

369 *Nussbaum*, Geschichte, 176.

370 *Nussbaum*, Geschichte, 179. - Der Erfolg des Werkes beruhte nicht zuletzt darauf, daß es den Praktikern für verschiedenste Verhaltensweisen Rechtfertigungen lieferte, vgl. *Koskenniemi,* From Apology to Utopia, 89.

371 *Verdross*, Naturrecht, WVR II, 572 (575); ähnlich *Ritterband*, Menschenrechtsschutz, 225. S. auch *Friedmann*, The Changing Structure, 76, der mit *Vattel* den "decisive break with the natural law philosophy" vollzogen sieht.

372 Vgl. *Ziegler*, Völkerrechtsgeschichte, § 37 II 5; *Reibstein*, Völkerrechtsgeschichte II, WVR III, 703 (713).

373 *van Kleffens*, RdC 82 (1953 I), 5 (68).

spielte das Naturrecht auch in diesen Lehren noch eine gewisse Rolle,[374] aber diese war völlig untergeordneter Natur.[375]

Als erster Vertreter dieser Linie, die einen wichtigen Vorläufer in *Gentili* hatte,[376] wird überwiegend *Zouche* genannt.[377] Er räumte dem vom Staatenkonsens getragenen Recht, wie es in Verträgen und Gewohnheit zum Ausdruck kommt, Vorrang vor dem Naturrecht ein,[378] verlangte dabei allerdings, daß die Gewohnheit "im Einklang mit der Vernunft" stehen müsse.[379] Besonders wirkungsmächtig war das Werk des Holländers *Bynkershoek*, der zwar die Vernunft als Quelle des Völkerrechts nannte, im Ergebnis aber das positive Völkerrecht darstellte.[380] Als weitere Autoren dieser Schule können *Rachel*[381], *Textor*[382], *Moser*[383] und *Martens*[384] genannt werden.

VIII. Das 19. Jahrhundert

Das 19. Jahrhundert läßt sich in der allgemein- und völkerrechtshistorischen Dimension vergleichsweise klar eingrenzen als die Periode zwischen dem Wiener Kongreß (1815) und dem Ersten Weltkrieg (1914/18).[385]

---

374 Vgl. *Grewe*, Epochen, 414, der sich deshalb gegen die auch hier verwendete Bezeichnung dieser Gruppe wendet; *Seidl-Hohenveldern/Stein*, Völkerrecht, Rdnr. 99.

375 Vgl. *Nussbaum*, Geschichte, 151.

376 Zur Vorläuferfunktion *Gentilis* (zu ihm siehe bereits oben Fn. 259) z.B. *Nussbaum*, Geschichte, 182; *Ziegler*, Völkerrechtsgeschichte, § 31 IV 2; *Verdross*, Völkerrecht (1937), 35. Abweichend davon zählen *Seidl-Hohenveldern/Stein*, Völkerrecht, Rdnr. 99 ihn bereits zu den Positivisten.

377 *Richard Zouche* (1590-1660) als ersten Positivisten bezeichnen z.B. *Nussbaum*, Geschichte, 183 ff.; *van Kleffens*, RdC 82 (1953 I), 5 (66); *Ziegler*, Völkerrechtsgeschichte, § 37 III 1. Abweichend hiervon sehen *Verdross/Simma*, Universelles Völkerrecht, § 34 erst in *J.J. Moser* den "Begründer des völkerrechtlichen Positivismus".

378 *van Kleffens*, RdC 82 (1953 I), 5 (67).

379 *Grewe*, Epochen, 415; *Nussbaum*, Geschichte, 185.

380 Zu *Cornelius van Bynkershoek* (1673-1743) siehe *Ziegler*, Völkerrechtsgeschichte, § 37 III 3; *van Kleffens*, RdC 82 (1953 I), 5 (67 f.); *Nussbaum*, Geschichte, 186 ff.

381 Die Einordnung *Samuel Rachels* (1628-1691) ist uneinheitlich. Nach *Ziegler*, Völkerrechtsgeschichte, § 37 III 2 a) hat er das Völkerrecht ausdrücklich auf die Übereinstimmung der Völker gestützt und damit als positives Recht aufgefaßt. Das Naturrecht hatte nur die Funktion eines moralischen Regulativs vor dem "forum internum" (*Grewe*, Epochen, 415 f.). Abweichend rechnet *Verdross*, Völkerrecht (1937), 33 *Rachel* der synthetischen Völkerrechtslehre zu.

382 Zu *Johann Wolfgang Textor* (1638-1701) siehe *Ziegler*, Völkerrechtsgeschichte, § 37 III 2 b).

383 Zu *Johann Jakob Moser* (1701-1785) siehe *Ziegler*, Völkerrechtsgeschichte, § 37 III 4; *Verdross*, Völkerrecht (1937), 35; *Nussbaum*, Geschichte, 193 ff.

384 Zu *Georg Friedrich Martens* (1756-1821) siehe *Nussbaum*, Geschichte, 198 ff.; *Ziegler*, Völkerrechtsgeschichte, § 37 III 5. Abweichend von den vorgenannten rechnet *Grewe*, Epochen, 417, *Martens* der synthetischen Schule zu. Auch *Oppenheim/Lauterpacht*, International Law I (8. Aufl.), § 56 sehen in ihm nicht einen "exclusive Positivist", weil er die Existenz des Naturrechts nicht geleugnet und es zur Füllung von Lücken im positiven Recht herangezogen habe. Ähnlich *Koskenniemi,* From Apology to Utopia, 111 ff.

385 Vgl. zur Abgrenzung dieser wegen der Vorherrschaft Englands - sowohl realpolitisch als auch geistig-politisch - auch als "englisches Zeitalter" bezeichneten Epoche der Völkerrechtsgeschichte *Ziegler*, Völkerrechtsgeschichte, § 40 I.

Im beginnenden 19. Jahrhundert gewinnt die Praxis gegenüber der Theorie erheblich an Bedeutung. Dabei wird eine veränderte Einstellung zum Völkerrecht deutlich. Unter anderem in Kodifikationsbestrebungen (etwa des Gesandtschaftsrechts) kommt zum Ausdruck, daß die Akteure des internationalen Systems ihre Beziehungen in stärkerem Ausmaß als zuvor als rechtlich geregelte auffassen.[386]

1. Die Entwicklung der Praxis

Auf dem Wiener Kongreß hatten die Hauptsiegermächte der Napoleonischen Kriege (Österreich, Rußland, Preußen und England) unter Einbeziehung Frankreichs[387] die territoriale und politische Ordnung in Europa weitgehend[388] restauriert. Auf dem Wiener Kongreß hatten die Großmächte erneut den Anspruch erhoben[389] und umgesetzt, gemeinsam die Staatengemeinschaft zu führen. Oberstes Prinzip war dabei die Verteidigung der in Wien geschaffenen Friedensordnung gegen alle Störungen, die sich aus zwischenstaatlichen Streitigkeiten oder revolutionären Veränderungen innerhalb der Staaten ergeben könnten.[390]

Dieser Führungsanspruch blieb charakteristisch für die erste Phase des 19. Jahrhunderts. In der durch den Pariser Vertrag vom 20.11.1815 begründeten sogenannten Quadrupelallianz vereinbarten die vier gegen Frankreich verbündeten Staaten periodische Kongresse zur Aufrechterhaltung des europäischen Friedens.[391] Auf dem ersten dieser Kongresse, der 1818 in Aachen stattfand, wurde Frankreich aufgenommen, es entstand die sogenannten Pentarchie.[392]

Neben diesem Bündnis[393] bestand die vom russischen Zaren *Alexander I.* initiierte Heilige Allianz[394], die der Bewahrung der restaurierten europäischen Staatenwelt dienen sollte[395]. Sie wurde durch die am 14. und 26.9.1815 in Paris von den Monarchen Österreichs, Preußens und Rußlands abgeschlossene und unter-

---

386 Vgl. *Scupin*, Völkerrechtsgeschichte III, WVR III, 721 (721). Zum Bewußtsein der Staatsmänner des 19. Jahrhunderts, sich in einer rechtlich geregelten Ordnung zu bewegen, auch *Waldock*, RdC 106 (1962 II), 5 (6).

387 Vgl. zu dieser maßgeblich auf das Geschick *Talleyrands* zurückzuführenden gleichberechtigten Beteiligung des besiegten Frankreichs an der Neuordnung Europas *Grewe*, Epochen, 502 f.

388 Ausnahmen stellten insbes. die Regelungen bezüglich Deutschlands und Polens dar, vgl. *Verdross*, Völkerrecht (5. Aufl.), 70.

389 Der Anspruch, als "Direktorium" die politischen Entscheidungen in und für Europa zu treffen, war bereits im Vertrag von Chaumont vom 1.3.1814 zum Ausdruck gekommen, vgl. *Grewe*, Epochen, 503 f.

390 Vgl. *Verdross*, Völkerrecht (1937), 11; *Scupin*, Völkerrechtsgeschichte III, WVR III, 721 (723).

391 *Grewe*, Epochen, 504; *Reibstein*, Völkerrechtsgeschichte II, WVR III, 703 (708).

392 *Grewe*, Epochen, 504.

393 Gegen die häufige Verwechslung der beiden Abmachungen z.B. *Reibstein*, Völkerrechtsgeschichte II, WVR III, 703 (708).

394 Vgl. zur Geschichte der Heiligen Allianz Übersicht bei *Rie*, Heilige Allianz, WVR I, 778 f.

395 Vgl. *Scupin*, Völkerrechtsgeschichte III, WVR III, 721 (723).

zeichnete Konvention[396] gegründet.[397] Diese drei konservativen Herrscher blieben Kern der Allianz,[398] der bald England (am 20.12.1815) und Frankreich (auf dem Kongreß von Aachen 1818) sowie nahezu alle europäischen Staatsoberhäupter beitraten[399]. Die Allianz, die sich auf die Idee einer einheitlichen christlichen Nation berief, zielte im Ergebnis darauf, die Herrschaft der legitimen monarchischen Herrscher zu verteidigen.[400] In diesem Sinne kam es zu zahlreichen, auch militärischen, Interventionen.[401]

Während die Heilige Allianz bald an dem Interessenkonflikt zwischen England einerseits und den kontinentalen Herrschern andererseits sowie am Widerspruch ihrer Zielsetzung mit den das 19. Jahrhundert bestimmenden Ideen des Nationalismus und Liberalismus zerbrach,[402] konnten die Großmächte als sogenanntes Europäisches Konzert, in dem England eine größere Rolle spielte,[403] noch eine gewisse Zeit das Geschehen politisch[404] steuern.[405] Leitgrundsatz der internationalen Politik blieb dabei das Gleichgewichtsprinzip.[406] Freilich handelten die Regierungen, nachdem die Ideologie der Heiligen Allianz überwunden war, offener in Befolgung der je-

---

396 Ob in diesem Übereinkommen (Text: FHIG III/1, 107 f.), das nicht von den Staaten, sondern von den Monarchen abgeschlossen wurde, ein völkerrechtlicher Vertrag zu sehen ist, ist unklar (*Nussbaum*, Geschichte, 208). Überwiegend wird es als politisches Instrument bzw. als bloße Prinzipienerklärung (so *Reibstein*, Völkerrechtsgeschichte II, WVR III, 703 (708)) dargestellt.

397 *Grewe*, Epochen, 505.

398 *Grewe*, Epochen, 508.

399 *Grewe*, Epochen, 505; *Rie*, Heilige Allianz, WVR I, 778 (778).

400 Vgl. *Grewe*, Epochen, 504 f.; *Nussbaum*, Geschichte, 208.

401 Vgl. *Verdross*, Völkerrecht (5. Aufl.), 71; *Rie*, Heilige Allianz, WVR I, 778 (778 f.).

402 Vgl. zum Scheitern der Heiligen Allianz *Grewe*, Epochen, 506 f.; *Rie*, Heilige Allianz, WVR I, 778 (779); *Cameron*, Weltwirtschaft I, 320. - Die inneren Widersprüche und realpolitischen Grenzen der Allianz wurden erstmals deutlich, als sich die USA - ermutigt von England - mit der am 2.12.1823 verkündeten sog. *Monroe*-Doktrin (dazu *Kruse*, *Monroe*-Doktrin, WVR II, 548 ff.) den gegen die Unabhängigkeitsbestrebungen in Süd- und Mittelamerika gerichteten Interventionsabsichten zugunsten Spaniens entgegenstellten (vgl. *Rie*, Heilige Allianz, WVR I, 778 (779)). Auch in Europa zeigte sich anläßlich diverser Krisen immer stärker der fehlende Zusammenhalt der die Heilige Allianz anführenden Großmächte. Ihr endgültiges Scheitern wird unterschiedlich datiert. Als maßgebliche Ereignisse hierfür werden die englische Unterstützung der griechischen Unabhängigkeit (*Nussbaum*, Geschichte, 208), die Sezession Belgiens von den Niederlanden im Jahr 1830 (*Rie*, Heilige Allianz, WVR I, 778 (779)) oder der Krimkrieg von 1853-1856 (*Scupin*, Völkerrechtsgeschichte III, WVR III, 721 (726)) angesehen.

403 Vgl. *Grewe*, Epochen, 507.

404 Inwiefern die Großmächte nicht nur eine politische Führung, sondern auch eine rechtliche Bindung der Klein- und Mittelmächte in Anspruch nahmen bzw. durchsetzen konnten, ist ungeklärt. Nach *Ziegler*, Völkerrechtsgeschichte, § 41 I 2, war der Großmachtstatus ein politischer, der die souveräne Gleichheit der Staaten nicht verletzt habe (in diese Richtung auch *Nussbaum*, Geschichte, 207). Anders *Grewe*, Epochen, 505 f., der meint, in den Jahren des Bestehens der Heiligen Allianz hätten die Großmächte auch den Anspruch gehabt und durchgesetzt, über Angelegenheiten anderer Staaten autoritativ zu entscheiden, während die kleinen Staaten später in Verhandlungen einbezogen worden seien (a.a.O., 508 f.).

405 *Grewe*, Epochen, 507. Vgl. zu den Aktivitäten des Europäischen Konzerts nach 1830 *Rie*, Europäisches Konzert, WVR I, 491 (492).

406 *Scupin*, Völkerrechtsgeschichte III, WVR III, 721 (734). Vgl. zum System des Europäischen Gleichgewichts auch *Neuhold*, Euro-atlantisches Völkerrecht: geschichtlicher Überblick, ÖHbVR Bd. 1 (3. Aufl.), Rdnr. 76 ff.

weiligen machtpolitischen Interessen.[407] Wichtigstes Instrument der Politik der Großmächte waren auch nach dem Ende der Heiligen Allianz die Kongresse und Konferenzen, an deren Abschluß oft bedeutsame Verträge standen.[408]

Zum Abschluß der Epoche kam es aber schließlich, zunächst in den überseeischen Gebieten, und dann zunehmend auch in Europa, zu schweren Konflikten zwischen den Großmächten.[409] Nach verschiedenen Zwischenbildungen standen sich schließlich seit dem Ablauf des deutsch-russischen Rückversicherungsvertrages (1890) jene zwei Mächtegruppen gegenüber, die sich dann auch im Ersten Weltkrieg bekämpften.[410]

Im 19. Jahrhundert erfuhr das Völkerrecht in mehrfacher Hinsicht Veränderungen. Die wohl augenscheinlichste war die Entwicklung von einem europäischen Völkerrecht in Richtung eines universalen Völkerrechts,[411] mit der der sich seit dem Ende des Mittelalters vollziehende Säkularisierungsprozeß zum Abschluß kam.[412] In großem Umfange wurden außereuropäische und nicht-christlich geprägte Staaten, insbesondere in Lateinamerika[413] und - hier erfolgte die Einbindung in das Weltstaatensystem teilweise unter Einsatz von Gewalt - Asiens,[414] souveräne Mitglieder der Völkerrechtsgemeinschaft. Bedeutsam war weiter die offizielle Aufnahme der Türkei in das *Concert européen* im Vertrag von Paris von 1856.[415] Der räumliche Geltungsbereich des Völkerrechts wurde auch durch die kolonial-imperiale Expansion[416] weiter ausgedehnt,[417] wenngleich die betroffenen Gebiete dadurch je

407 Vgl. *Grewe*, Epochen, 508.

408 *Grewe*, Epochen, 507; *Ziegler*, Völkerrechtsgeschichte, § 42 II.

409 Vgl. dazu *Scupin*, Völkerrechtsgeschichte III, WVR III, 721 (741 f.).

410 Vgl. *Verdross*, Völkerrecht (1937), 12.

411 Vgl. zur Universalisierung *Scupin*, Völkerrechtsgeschichte III, WVR III, 721 (726 ff.).

412 *Verdross*, Völkerrecht (1937), 13 ff.

413 Die neuen Staaten in Süd- und Mittelamerika gerieten in eine ausgeprägte v.a. ökonomische Abhängigkeit von den USA, die vielfach mit dem Begriff der "Dollar-Diplomatie" umrissen wird. Die USA stützen ihre hegemoniale Politik auch auf die bereits erwähnte (oben Fn. 402) *Monroe*-Doktrin. Vgl. hierzu *Cameron*, Weltwirtschaft I, 122; *Schwarzenberger*, Machtpolitik, 430; *Verdross*, Völkerrecht (1937), 13.

414 Vgl. zur gewaltsamen Öffnung Chinas (1842) und Japans (1854) *Scupin*, Völkerrechtsgeschichte III, WVR III, 721 (726 f.). Außer diesen beiden Ländern wurden noch weitere nah- und fernöstliche Staaten, darunter Persien (Iran) und Siam (Thailand), als unabhängige Staaten anerkannt, *Scupin*, Völkerrechtsgeschichte III, WVR III, 721 (727); *Graf Vitzthum*, in: Graf Vitzthum (Hrsg.), Völkerrecht (2. Aufl.), 1. Abschnitt, Rdnr. 103.

415 Die Bedeutung dieses Aufnahmeaktes ist umstritten (vgl. *Grewe*, Epochen, 541 f.). Die Türkei war, wie bereits mehrfach angesprochen, schon früher Subjekt völkerrechtlicher Bindungen gewesen (s.o. Fn. 185 und *Ziegler*, Völkerrechtsgeschichte, § 41 II 1). Neben der symbolischen Bedeutung hatte der Vertrag von Paris aber auch eine rechtliche Relevanz. Denn mit der Aufnahme in das Europäische Konzert wurde die Türkei über die bestehenden Einzelverträge hinaus an das allgemeine europäische Völkerrecht gebunden (*Verdross*, Völkerrecht (1937), 13).

416 Vgl. zur im Imperialismus gipfelnden neuerlichen Welle der Kolonisierung, die v.a. Afrika und Indochina betraf, *Verdross*, Völkerrecht (5. Aufl.), 74; *Ziegler*, Völkerrechtsgeschichte, § 41 III 1.

417 *Schieder*, Imperialismus, WVR II, 5 (8); *Scupin*, Völkerrechtsgeschichte III, WVR III, 721 (727).

nach rechtlicher Ausgestaltung[418] nur eine beschränkte völkerrechtliche Stellung erlangten oder gar nur als Objekte völkerrechtliche Relevanz bekamen.

Ein weiteres Phänomen war die erhebliche inhaltliche Ausdehnung des Völkerrechts.[419] Die Verbreiterung und Vertiefung des Völkerrechts fand dabei im Vertragswege statt,[420] während die Bedeutung des Völkergewohnheitsrechts zurückging.[421] Dabei kamen in viel größerem Umfang als zuvor multilaterale Verträge vor.[422] In zunehmendem Maße hatten diese "rechtsetzenden" Charakter.[423] Gänzlich neu war das Aufkommen von organisatorisch verfestigten Verträgen, durch die sogenannte Verwaltungsunionen[424] begründet wurden. Diese Entwicklung betraf insbesondere die Bereiche des (wirtschaftlichen) Verkehrsrechts[425], des Gesandtschaftsrechts[426],

418 Insofern lassen sich folgende Typen unterscheiden: In einem engeren, (staats-)rechtlichen Sinne wurde der Begriff der Kolonie verwendet, um ein Gebiet zu bezeichnen, das Teil des Mutterlandes ist, und damit über keinerlei Völkerrechtssubjektivität verfügt. Im Falle der Vasallität bestand ein an die jeweiligen Herrscher anknüpfendes Verhältnis der (Lehens-)Abhängigkeit; dementsprechend betrachtete man die Vasallenstaaten (z.B. auf dem Balkan und in Indien) als unter fremder Oberhoheit (Suzeränität) stehend. Sehr häufig wurde die hergebrachte, schon bei *Vattel* behandelte (s.o. Fn. 366) Form des Protektorates gewählt. Unter einem völkerrechtlichen Protektorat verstand man ein Verhältnis, bei dem der protegierte Staat als Völkerrechtssubjekt fortbestand. Die Verwendung des Protektoratsbegriffs im Kolonialbereich führte zur Ausbildung des neuen Typus des sog. kolonialen Protektorats, dessen völkerrechtlicher Charakter zweifelhaft war (ein echtes völkerrechtliches Protektorat bestand aber bspw. in den Fällen Tunesiens und Marokkos). Vielfach diente diese Form des Protektorates nur zu Verschleierungszwecken in Fällen, in denen in Wahrheit kein dem Völkerrecht zuzurechnendes Verhältnis vorlag. Während also die meisten "Protektorate" den gleichen Status wie offiziell als Kolonien bezeichnete Gebiete hatten, lag im Regime der Einfluß- und Interessensphären eine weniger intensive Form kolonialer Vorherrschaft vor. Vgl. zu den Rechtsformen der Kolonialverhältnisse *Grewe*, Epochen, 552 ff.; *Ziegler*, Völkerrechtsgeschichte, § 41 I 7 und III 2.

419 *Nussbaum*, Geschichte des Völkerrechts, 217 ff.; *Ziegler*, Völkerrechtsgeschichte, § 42 I 1.

420 *Nussbaum*, Geschichte, 217.

421 *Nussbaum*, Geschichte, 223.

422 *Scupin*, Völkerrechtsgeschichte III, WVR III, 721 (735 f.); *Nussbaum*, Geschichte, 219.

423 Vgl. *Nussbaum*, Geschichte, 219.

424 Unter dem Begriff Verwaltungsunion oder internationale Verwaltungsgemeinschaft wurden solche organisierte Staatenverbindungen auf der Grundlage der Gleichheit verstanden, die unpolitische Aufgaben wahrnehmen, vgl. *Verdross*, Völkerrecht (1937), 145; *Bülck*, Verwaltungsgemeinschaften, internationale, WVR III, 564 (564).

425 Die drastisch gestiegene wirtschaftliche Verflechtung der Staaten führte zum Abschluß einer großen Anzahl von Verträgen (vgl. *Verdross*, Völkerrecht (1937), 12). Beispiele sind der Welttelegraphenverein von 1865, die Internationale Union für den Eisenbahnfrachtverkehr von 1890 und das Madrider Abkommen von 1891, das den Schutz von Fabrik- und Handelsmarken regelte und gewisse gegenseitige Bindungen zur Unterdrückung falscher Herkunftsangaben vorsah. Hinzu kam eine große Zahl von bilateralen Handels-, Niederlassungs- und Freundschaftsverträgen, die üblicherweise Klauseln zur Meistbegünstigung und zur Inländergleichbehandlung enthielten (vgl. *Ziegler*, Völkerrechtsgeschichte, § 42 IV 2; *Nussbaum*, Geschichte, 226 ff.). Der Erleichterung des Verkehrs diente weiterhin die Internationalisierung von Flüssen wie des Rheins, der Schelde und der Donau (vgl. dazu *Scupin*, Völkerrechtsgeschichte III, WVR III, 721 (722); *Ziegler*, Völkerrechtsgeschichte, § 42 I 3).

426 Vgl. *Scupin*, Völkerrechtsgeschichte III, WVR III, 721 (722); *Ziegler*, Völkerrechtsgeschichte, § 42 V.

des humanitären Kriegsrechts[427] und der Kriegsverhütung. Letzterer diente insbesondere die Wiederbelebung der Schiedsgerichtsbarkeit,[428] die bereits mit dem zwischen Großbritannien und den USA abgeschlossenen Jay-Treaty von 1794 eingesetzt hatte.[429] Im Gegensatz zu diesen nichtpolitischen Verträgen nahm die Zahl der im engeren Sinne politische Verträge wie Friedensverträge oder Bündnisse nicht zu.[430]

Aus der Zusammenschau einiger der angesprochenen Entwicklungen ergibt sich eine erhebliche strukturelle Veränderung des völkerrechtlichen Systems,[431] das zunehmend organisiert wird. Die "Heilige Allianz" stellte einen ersten Ansatz zu einer politischen Organisation der Staaten dar.[432] Ebenso sind das Aufkommen von multilateralen und rechtsetzenden Verträgen sowie insbesondere der zahlreichen Verwaltungsunionen, die Vorläufer der heutigen internationalen Organisationen darstellen,[433] Ausprägungen eines Trends zur Organisierung der bisher unorganisierten

---

427 Einen wesentlichen Fortschritt in der Humanisierung der Kriegsführung stellten die Genfer Konventionen vom 22.8.1864 und 6.7.1906 dar, mit denen das Programm der Rotkreuzbewegung in das Völkerrecht übernommen wurde (vgl. *Ziegler*, Völkerrechtsgeschichte, § 42 III 3 und VII 4; *Nussbaum*, Geschichte, 249 ff.). Auch das sonstige ius in bello wurde erheblich weitergebildet. Zu erwähnen sind hier insbes. die Seerechtsdeklaration vom 16.4.1856 und die auf den Haager Friedenskonferenzen von 1899 und 1907 beschlossenen Verträge (vgl. *Verdross*, Völkerrecht (1937), 12; *Ziegler*, Völkerrechtsgeschichte, § 42 VII).

428 Vgl. *Nussbaum*, Geschichte, 249; *Verdross*, Völkerrecht (1937), 12.

429 Erstmals seit dem Mittelalter erlangte die Schiedsgerichtsbarkeit im 19. Jahrhundert wieder eine erhebliche Bedeutung. Vgl. dazu *Grewe, Epochen,* 606 ff.; *Verdross*, Völkerrecht (1937), 12; *Scupin*, Völkerrechtsgeschichte III, WVR III, 721 (740 f.); *Ziegler*, Völkerrechtsgeschichte, § 42 VI 3. Eine Darstellung der Einzelheiten der Ausgestaltung und eine Bewertung der Schiedsgerichtsbarkeit im 19. Jahrhundert ist hier nicht möglich. Im Hinblick speziell auf die Kriegsverhütung erwähnenswert erscheinen aber folgende Aspekte: Das Schiedswesen wurde auf Streitigkeiten erster Ordnung nicht angewandt (vgl. *Grewe*, Epochen, 607, 613 f.). Der Anwendung auf grundlegende Streitfragen standen v.a. die häufig unter dem Begriff "Ehrenklausel" zusammengefaßten üblichen Vorbehalte entgegen (vgl. dazu *Scupin*, Völkerrechtsgeschichte III, WVR III, 721 (741) sowie unten E.I.3.a)aa), S. 216). Schließlich gab es keine obligatorische Schiedsgerichtsbarkeit, d.h. neben dem Schiedsabkommen bedurfte es in jedem Einzelfall noch eines Schiedsvertrages, der die Streitfrage formulierte und die Modalitäten des Verfahrens regelte (*Ziegler*, Völkerrechtsgeschichte, § 42 VI 3; *Grewe*, Epochen, 613).

430 Vgl. *Nussbaum*, Geschichte, 217 f. (Nur) im Hinblick auf diese Verträge ist, wie in vorangegangenen Epochen auch, festzustellen, daß die Verletzung von Verträgen üblich war (vgl. *Nussbaum*, Geschichte, 225). Insgesamt betrachtet war das 19. Jahrhundert aber vom Prinzip der Vertragstreue geprägt (*Grewe*, Epochen, 604 f.).

431 Eine besonders große Bedeutung mißt diesen *Nussbaum* bei, der die 1860er Jahre "als Wendepunkt in der Völkerrechtsgeschichte" betrachtet (*Nussbaum*, Geschichte, 252). Er stützt diese Bewertung einerseits auf die hier angesprochenen strukturellen Veränderungen (a.a.O., 224), andererseits auf die Tendenzen zur Humanisierung der Kriegsführung (a.a.O., 252). Ähnlich sieht auch *Bleckmann,* Völkerrecht, 66, die Anfänge der von ihm beschriebenen Entwicklung vom Koexistenz- zum Kooperationsvölkerrecht in der zweiten Hälfte des 19. Jahrhunderts (vgl. zum Ansatz *Bleckmanns* auch Fn. 795).

432 *Verdross/Simma*, Universelles Völkerrecht, § 79; *Kimminich*, in: Kroker/Veiter (Hrsg.), Rechtspositivismus, Menschenrechte und Souveränitätslehre in verschiedenen Rechtskreisen, 97 (101).

433 Vgl. *Graf Vitzthum*, in: Graf Vitzthum (Hrsg.), Völkerrecht (2. Aufl.), 1. Abschnitt, Rdnr. 104

Staatengesellschaft.[434] Freilich stand die Vorstellung vom abgeschlossenen und keinen von fremdem Willen beeinflußten Bindungen unterliegenden, "souveränen" (National-)Staat der Eingliederung in internationale Organisationen tendenziell entgegen.[435] Dennoch kam es insbesondere im technischen Bereich sowie auf regionaler Ebene zu weitgehenden Regelungen, die viele Eigenschaften der heutigen internationalen Organisationen (einschließlich der sogenannten supranationalen Organisationen[436]) bereits enthielten.[437] Schließlich ist auch das Wiederaufkommen der internationalen Schiedsgerichtsbarkeit[438] ein Aspekt der (teilweisen) Organisierung der Staatengesellschaft im 19. Jahrhundert.[439]

Trotz dieser Fortschritte gelang es nicht, die sich gegen Ende der Epoche steigernde und durchaus erkannte[440] Gefahr eines allgemeinen Krieges abzuwenden. Das damalige Völkerrecht enthielt zunächst keine Mechanismen zur Kriegsverhinderung. Im Verlaufe dieser Epoche wurde vielmehr gerade das Konzept des *bellum iustum*, das freilich zuvor in Theorie[441] und Praxis[442] schon entmaterialisiert worden war, endgültig durch das sogenannte freie Kriegsführungsrecht[443] abgelöst.[444] Eine

---

434 Vgl. *Scupin*, Völkerrechtsgeschichte III, WVR III, 721 (734); *Schwarzenberger*, Civitas Maxima?, 10.

435 Vgl. dazu *Doehring*, FG Forsthoff, 105 (113 f.).

436 Wichtige der heute unter dem Begriff der Supranationalität zusammengefaßten Eigenschaften einer Staatenverbindung (vgl. zu diesem nicht ganz einheitlich verwendeten Begriff *Streinz*, Europarecht, Rdnr. 115 f.; *Schreuer*, Die Internationalen Organisationen, ÖHbVR Bd. 1 (3. Aufl.), Rdnr. 873) lassen sich bereits bei Organisationen aus dem 19. Jahrhundert nachweisen. Vgl. *Streinz*, Grundrechtsschutz, 102 ff. sowie im Hinblick auf die Anwendung des Majoritätsprinzips und die Fähigkeit zur Fassung von Beschlüssen, die in den Mitgliedstaaten unmittelbar gelten, unten E.I.3.a)bb), S. 217, bzw. E.I.3.c), S. 220.

437 Wenngleich die meisten dieser Organisationen keine i.e.S. rechtsetzende Tätigkeit ausübten, so trafen sie doch Entscheidungen bei Streitigkeiten zwischen ihren Mitgliedern (vgl. *Scupin*, Völkerrechtsgeschichte III, WVR III, 721 (733)).

438 S. dazu schon oben Fn. 429.

439 Vgl. *Schwarzenberger*, Civitas Maxima?, 10, der als Einflußfaktoren für die Organisierung den Einfluß liberalistischer, pazifistischer und internationalistischer Bewegungen nennt.

440 *Scupin*, Völkerrechtsgeschichte III, WVR III, 721 (742).

441 Bereits bei *Vattel* kulminierte die schon bei *Gentili* angelegte Tendenz, dem Konzept des gerechten Krieges jedwede Relevanz für die Rechtspraxis zu nehmen (vgl. *Ziegler*, Gerechter Krieg, in: Erler/Stammler (Hrsg.), HRG I, Sp. 1532 (1535); *Grewe*, Epochen, 623). Auch bei *Grotius* hatte die Frage, ob der Krieg gerecht war, für das Rechtsverhältnis zwischen den Kriegführenden keine Bedeutung (vgl. *Nussbaum*, Geschichte, 122 f.). Zur "Elastizität" der Lehren vom gerechten Krieg auch *Schwarzenberger*, RdC 87 (1955 I), 328. Vor diesem Hintergrund ist die Darstellung bei *Verdross/Simma*, Universelles Völkerrecht, § 80, nach denen die gesamte Naturrechtslehre bis in die Mitte des 19. Jahrhunderts die mittelalterlichen Vorstellungen vom bellum iustum aufrecht erhalten habe, bevor dann die Positivisten ein unbeschränktes ius ad bellum postuliert hätten, fragwürdig.

442 Z.T. wird bezweifelt, ob die bellum iustum-Doktrin überhaupt jemals Bestandteil des positiven Völkerrechts war, z.B. von *Kunz*, Kriegsrecht im Allgemeinen, WVR II, 354 (355). *Thürer*, AVR 38 (2000), 1 (10) meint, daß während der gesamten klassischen Epoche (1648-1919) das *ius ad bellum* anerkannt gewesen sei. Vgl. auch *Schwarzenberger*, RdC 87 (1955 I), 328, wonach seit dem Mittelalter "the doctrine of bellum iustum can hardly claim ever to have exercised a truly regulative function in the practice of states."

443 Die Umschreibung der damaligen Rechtslage mit dem Begriff Kriegsführungs*recht* ist irreführend. Denn das Völkerrecht enthielt kein Recht zum Krieg, es enthielt andererseits aber

grundsätzliche Ausnahme von diesem Prinzip galt lediglich für die neutralisierten Staaten. Die Neutralisierung hatte für die betroffenen Staaten (zum Beispiel Schweiz und Belgien) zur Folge, daß sie Kriege nur zum Zweck der Selbstverteidigung führen durften, während ihnen sowohl die Führung eines Angriffskrieges als auch die Beteiligung an Kriegen zwischen dritten Staaten verboten war.[445]

Der Etablierung eines weitergehenden, effizienten rechtlichen Instrumentariums zur Verhinderung von Kriegen standen auch auf den Haager Friedenskonferenzen von 1899 und 1907 überkommene Leitbilder vom souveränen Staat als eine auch im Außenverhältnis unbeschränkte Machteinheit entgegen. Die "Vorstellung, daß die Souveränität der Staaten unverletzt und aus Prestigegründen unbeeinträchtigt zu erhalten sei", führte dazu, daß die wichtigsten und konfliktträchtigsten Probleme der Zeit ausgeklammert oder nur oberflächlich behandelt wurden.[446] So blieb es im wesentlichen beim Ausbau des Schiedsgerichtswesens.[447] Die Einführung eines dem Griff zu den Waffen zwingend vorausgehenden obligatorischen Schiedsverfahrens scheiterte jedoch; wiederum stand ein souveränitätsorientiertes Denken im Wege.[448] Zu einer bedeutsamen allgemeinen Einschränkung des Kriegsführungsrechts kam es nicht. Lediglich für eine spezielle Fallkonstellation wurde mit der sogenannten *Drago-Porter*-Konvention[449] die kriegerische oder außerkriegerische Gewaltanwendung verboten, wenn der Schuldnerstaat sich auf ein schiedsgerichtliches Verfahren einläßt und den Schiedsspruch erfüllt. Der mit den sogenannten *Bryan*-

---

auch kein Verbot (vgl. zur sog. Lehre von der Indifferenz des Völkerrechts hinsichtlich des Rechts zum Kriege *Bothe*, in: Graf Vitzthum (Hrsg.), Völkerrecht (2. Aufl.), 8. Abschnitt, Rdnr. 3).

444 *Graf Vitzthum*, in: Graf Vitzthum (Hrsg.), Völkerrecht (2. Aufl.), 1. Abschnitt, Rdnr. 104. In der Literatur blieben v.a. angelsächsische Autoren - z.T. allerdings nur rhetorisch - dem naturrechtlichen Gedanken des gerechten Krieges verhaftet, vgl. *Grewe*, Epochen, 626 ff.; *Ziegler*, Völkerrechtsgeschichte, § 42 VII 1.

445 *Verdross*, Völkerrecht (1937), 56.

446 Vgl. *Scupin*, Völkerrechtsgeschichte III, WVR III, 721 (739 f.) der als Beispiele u.a. Streitpunkte auf seerechtlichem Gebiet wie das Prisenrecht, den aufkommenden britisch-deutschen Flottengegensatz, die Folgen der kolonialen Expansion sowie die Frage der Abrüstung nennt.

447 Siehe dazu bereits oben Fn. 429. Durch das Haager Schiedsabkommen zur friedlichen Erledigung internationaler Streitfälle von 1899 wurde der Haager Schiedsgerichtshof gegründet, der in einzelnen Fällen auch über wichtige Streitfälle zwischen Großmächten entscheiden konnte (*Verdross*, Völkerrecht (1937), 12). Allgemein bewirkte das Abkommen einen weiteren Auftrieb für das Schiedswesen (vgl. *Scupin*, Völkerrechtsgeschichte III, WVR III, 721 (741)).

448 Frankreich und England waren nicht bereit, die Letztentscheidung über die dem Schiedsverfahren unterliegenden Gegenstände aufzugeben (vgl. *Scupin*, Völkerrechtsgeschichte III, WVR III, 721 (740)). Sie hielten damit an den herkömmlichen, die Einschränkung der außenpolitischen Handlungsfreiheit bzw. "Souveränität" begrenzenden "Reserven" (siehe zu diesen bereits oben Fn. 429) fest (vgl. *Grewe*, Epochen der Völkerrechtsgeschichte, 612 f.).

449 Haager Abkommen betreffend die Beschränkung der Anwendung von Gewalt bei der Eintreibung von Vertragsschulden vom 18.10.1907. Vgl. dazu *Verdross*, Völkerrecht (1937), 195; *Hallier*, Drago-Porter-Konvention von 1907, WVR I, 399 ff.; *Nussbaum*, Geschichte, 240 f.

Verträgen[450] gemachte Versuch, das Kriegsführungsrecht wenigstens für eine Schlichtungsperiode zu suspendieren, blieb zunächst ohne praktisches Ergebnis.[451]

2. Die Entwicklung der Völkerrechtsdoktrin

Der gestiegenen praktischen Bedeutung des Völkerrechts entspricht eine Intensivierung der wissenschaftlichen Befassung mit dem Völkerrecht.[452] Dabei verliert die Naturrechtsidee im Laufe der Zeit immer mehr am Boden. Nach dem fast völligen Verschwinden naturrechtlicher Theorien gegen Mitte des 19. Jahrhunderts sind im wesentlichen nur noch zwei Schulen vorhanden. Dies sind einerseits die Völkerrechtsleugner und andererseits die sich auf die Darstellung der völkerrechtlichen Praxis beschränkenden Positivisten.

a) Völkerrechtsleugner

aa) Hegel[453]

Als wichtiger Leugner des Völkerrechts wird vielfach *Hegel* genannt,[454] dessen Theorie für die weitere Entwicklung der Völkerrechtsdoktrin und insbesondere die spätere Diskussion um den Souveränitätsbegriff von großer Bedeutung war. *Hegel* betrachtete alle Wirklichkeit als eine Selbstverwirklichung des sich dialektisch entfaltenden göttlichen Geistes.[455] Dementsprechend faßt er (auch) den Staat als göttliche Einheit auf.[456] *Hegel* betrachtet ihn als "die Wirklichkeit der sittlichen Idee".[457] Der "Weltgeist" nimmt in dem einzelnen Volksgeist Gestalt an und entfaltet sich durch das Medium des Staates.[458] Dabei ist in jeder Epoche nur ein Volk "Träger der

---

450 Vgl. dazu *Schlochauer*, Bryan-Verträge von 1913/1914, WVR I, 257 ff.; *Verdross*, Völkerrecht (1937), 269; *Nussbaum*, Geschichte, 248 f.; *Scupin*, Völkerrechtsgeschichte III, WVR III, 721 (742 f.).

451 Zwar schlossen die USA mit einigen Ländern Verträge ab, wonach alle nicht der Schiedsgerichtsbarkeit unterliegenden Streitigkeiten (d.h. insbes. auch jene, die wegen der Ehrenklausel nicht in ein Schiedsverfahren gelangten) einer Kommission unterbreitet werden mußten, vor deren Bericht die Feindseligkeiten nicht eröffnet werden durften. Zwischen den späteren Kriegsgegnern wurden solche Abkommen jedoch nicht wirksam. Die Ideen einer alle zwischenstaatlichen Streitigkeiten erfassenden obligatorischen Schlichtung sowie einer "cooling-off"-Phase wurden jedoch in späteren völkerrechtlichen Regelungen (insbes. Art. 12 VBS) übernommen.

452 Vgl. *Ziegler*, Völkerrechtsgeschichte, § 43 I 1 und 6; *Oppenheim/Lauterpacht*, International Law I (8. Aufl.), § 59.

453 Zu *Georg Wilhelm Friedrich Hegel* (1770-1831) siehe *Verdross*, Rechtsphilosophie, 158 ff.; *Nussbaum*, Geschichte, 262 ff.; *van Kleffens*, RdC 82 (1953 I), 5 (64 f.); *Hobe*, Der offene Verfassungsstaat, 54 f.; *Verdross/Simma*, Universelles Völkerrecht, § 20; *Freyer*, Hegel, HdSW Bd. 5, 94 ff.

454 Z.B. *Berber*, Lehrbuch I, 10.

455 *Verdross*, Rechtsphilosophie, 158.

456 *Nussbaum*, Geschichte, 262; *van Kleffens*, RdC 82 (1953 I), 5 (65).

457 *Hegel*, Rechtsphilosophie, § 257.

458 Vgl. *Verdross*, Rechtsphilosophie, 159; *Nussbaum*, Geschichte, 263.

gegenwärtigen Entwicklungsstufe des Weltgeistes", wobei diesem herrschenden Volk gegenüber "die Geister der anderen Völker rechtlos sind".[459]

Diese Lehre einer unbeschränkten (absoluten) Souveränität läßt Völkerrecht nur als "äußeres Staatsrecht"[460] zu. Ein über den Staaten stehendes Naturrecht kennt *Hegel* nicht, er betrachtet den Willen des Staates als die oberste Quelle des Rechts.[461] "Das Volk als Staat ist ... die absolute Macht auf Erden".[462] Aber auch ein positives Völkerrecht im Sinne einer zwischen den Staaten verbindlichen Rechtsordnung gibt es in seinem System nicht, da das äußere Staatsrecht nicht auf einem überstaatlichen Willen, sondern auf "unterschiedenen souveränen Willen beruht".[463] Die Staaten befinden sich daher untereinander noch im asozialen Naturzustand.[464] Zwischen ihnen geschlossene Verträge stehen unter dem Vorbehalt des Staatswohls.[465] Zwischenstaatliche Streitigkeiten können, "insofern die besonderen Willen keine Übereinkunft finden, nur durch Krieg entschieden werden".[466]

bb) Austin[467]

Unter den Rechtswissenschaftlern, die zu einer Völkerrechtsleugnung gelangten, ist *Austin* der am häufigsten erwähnte.[468] Er hat ausgehend von einer in der Tradition *Hobbes*' stehenden Definition von Recht als System der Über- und Unterordnung mit systematisch vorgesehener zwangsweiser Durchsetzung der Rechtsbefehle den Rechtscharakter des Völkerrechts verneint und die Beziehungen zwischen den Staaten dem Bereich der Moral zugeordnet.[469] Unter dem Einfluß *Austins* gelangten auch andere vor allem angelsächsische Autoren zu einer Leugnung rechtlicher Bindungen auf internationaler Ebene.[470]

---

459 *Hegel*, Rechtsphilosophie, § 347.

460 *Hegel*, Rechtsphilosophie, § 333.

461 *Verdross*, Rechtsphilosophie, 160.

462 *Hegel*, Rechtsphilosophie, § 331.

463 *Hegel*, Rechtsphilosophie § 330.

464 *Verdross*, Rechtsphilosophie, 160.

465 Vgl. *Verdross*, Rechtsphilosophie, 160.

466 *Hegel*, Rechtsphilosophie, § 334.

467 Siehe zu *John Austin* (1790-1859) *Ziegler*, Völkerrechtsgeschichte, § 43 I 3; *Berber*, Lehrbuch I, 10 f.; *Grewe*, Epochen, 595 f.; *Nussbaum*, Geschichte, 259 f.; *Koskenniemi*, From Apology to Utopia, 101 f.; *Scupin*, History of the Law of Nations: 1815 to World War I, EPIL Bd. II, 767 (785); *Verdross*, Völkerrecht (5. Aufl.), 108.

468 Z.B. *Berber*, Lehrbuch I, 10; *Ziegler*, Völkerrechtsgeschichte, § 43 I 3; *Seidl-Hohenveldern/Stein*, Völkerrecht, Rdnr. 98.

469 Vgl. *Grewe*, Epochen, 595; *Berber*, Lehrbuch I, 10 f.; *Ziegler*, Völkerrechtsgeschichte, § 43 I 3. Gegen die Klassifizierung *Austins* als Leugner des Völkerrechts wendet sich *Nussbaum*, Geschichte, 259, mit dem Hinweis, *Austin* habe die Geltung der mit diesem Begriff bezeichneten Normen nicht bestritten. Dies trifft zwar zu (*Ziegler*, Völkerrechtsgeschichte, § 43 I 3), doch schließt die Bejahung der (moralischen) Normativität eben die von *Austin* ausdrücklich vorgenommene Verneinung einer *rechtlichen* Bindung nicht aus.

470 Vgl. *Grewe*, Epochen, 596; *Verdross*, Völkerrecht (5. Aufl.), 108.

cc) Lasson[471]

Als besonders prägnanter Völkerrechtsleugner wird schließlich der *Hegel*-Schüler *Lasson* genannt.[472] Nach seiner Auffassung kann "[d]er Staat ... sich ... niemals einer Rechtsordnung, wie überhaupt keinem Willen außer ihm unterwerfen. Mithin ist der Zustand, der zwischen den Staaten obwaltet, ein vollkommen rechtloser."[473] Damit wird der Staat als denknotwendig höchste menschliche Organisation angesehen, was neben der Leugnung der Geltung des gegenwärtigen Völkerrechts auch die Unmöglichkeit der Schaffung einer internationalen Rechtsordnung in der Zukunft impliziert.[474]

b) Völkerrechtsbejahende Positivisten

Während sich rationalistisch-naturrechtliches Denken im anglo-amerikanischen Raum, vermittelt namentlich durch das Werk *Vattels*, noch halten konnte,[475] war die kontinentaleuropäische Völkerrechtswissenschaft ab Mitte des 19. Jahrhunderts ganz überwiegend positivistisch eingestellt.[476] Autoren wie *Kent*[477], *Heffter*[478], *Bergbohm*[479] und *Oppenheim*[480] ließen in ihren Systemen für spekulativ ermitteltes Naturrecht keinerlei Raum. Die Positivisten wollten das Völkerrecht ausschließlich als

---

471 Zu *Adolf Lasson* (1832-1917) siehe *Ziegler*, Völkerrechtsgeschichte, § 43 I 3; *Berber*, Lehrbuch I, 10; *Grewe*, Epochen, 592; *Verdross*, Völkerrecht (5. Aufl.), 108.

472 Z.B. *Ziegler*, Völkerrechtsgeschichte, § 43 I 3; *Berber*, Lehrbuch I, 10.

473 *Lasson*, Princip und Zukunft des Völkerrechts, 22.

474 Vgl. *Verdross*, Völkerrecht (5. Aufl.), 108, der als weitere Vertreter dieser Richtung *Binder* und *Hold-Ferneck* nennt.

475 *Ziegler*, Völkerrechtsgeschichte, § 43 I 2. Zu einzelnen Autoren *Grewe*, Epochen, 594 ff.; *Nussbaum*, Geschichte, 264 ff.

476 *Scupin*, History of the Law of Nations: 1815 to World War I, EPIL Bd. II, 767 (784); *Ziegler*, Völkerrechtsgeschichte, § 43 I 2; *Grewe*, Epochen, 591 f. Zu den politischen und wissenschaftskulturellen Hintergründen dieser Entwicklung *Nussbaum*, Geschichte, 258 f. Eine wichtige Ausnahme stellte der Schweitzer *Johann Caspar Bluntschli* (1808-1881) dar, der zwar in seinem "Rechtsbuch" (*Bluntschli*, Das moderne Völkerrecht der civilisierten Staaten als Rechtsbuch dargestellt) auch vom positiven Völkerrecht ausging, die sich ergebenden Lücken aber nach eigenem Ermessen unter Rückgriff u.a. auf moralische Grundsätze schloß. Vgl. zu ihm *Nussbaum*, Geschichte, 262; *Ziegler*, Völkerrechtsgeschichte, § 43 II 3 d). Neben *Bluntschli* nennen *Oppenheim/Lauterpacht*, International Law I (8. Aufl.), § 59 als weitere Autoren, die "in some form or other" ein natürliches Völkerrecht anerkannten u.a. *Klüber* (1762-1837), *Calvo* (1824-1906), *Maine* (1822-1888) und *Westlake* (1828-1913).

477 Vgl. zu *James Kent* (1763-1847) *Scupin*, History of the Law of Nations: 1815 to World War I, EPIL Bd. II, 767 (784); *Nussbaum*, Geschichte, 272.

478 Die Einstellung *August Wilhelm Heffters* (1796-1880) zum Naturrecht wird unterschiedlich eingeschätzt. Während er nach *Nussbaum*, Geschichte, 270, "das Naturrecht ohne viel Federlesens abtut", gehört *Heffter* nach anderer Ansicht zu den (wenigen) Autoren, die durchaus an naturrechtlichem Gedankengut festhielten (so *Oppenheim/Lauterpacht*, International Law I (8. Aufl.), § 59; *Verdross*, AJIL 60 (1966), 55 ff. (56)).

479 Vgl. zu *Karl M. Bergbohm* (1849-1927) *Verdross*, Rechtsphilosophie, 177 ff.; *Grewe*, Epochen, 591.

Ausdruck des Staatswillens, wie er sich in Verträgen und Gewohnheit manifestiert, erfassen.[481] Allerdings gelang es vielen Autoren nicht, den Anspruch der realistischen Darstellung des gesetzten Rechts zu erfüllen; insbesondere gegen Ende des Jahrhunderts führte die gesteigerte nationale Gesinnung dazu, daß die Völkerrechtswissenschaft in den einzelnen Staaten sich immer mehr einer einseitigen Förderung der Interessen des eigenen Landes verschrieb.[482]

Über die rechtstheoretischen Grundlegungen einer sich auf das positive Recht beschränkenden Völkerrechtskonzeption machte man sich zunächst wenig Gedanken.[483] Soweit der Rechtscharakter des Völkerrechts nicht wie bei *Austin* ausgehend von einem auf den imperativen Charakter des Rechts abstellenden Rechtsbegriff verneint wurde, begnügten sich die meisten Autoren mit "einer ziemlich rohen Form des Positivismus"[484] und unterstellten den Rechtscharakter des Völkerrechts, ohne sich vertieft mit der Frage auseinanderzusetzen, woraus sich die Normativität des positiven Rechts ergeben sollte. Erst gegen Ende der Epoche setzte sich die Literatur mit dieser Frage eingehend auseinander.[485]

Dabei war den zunächst vertretenen Theorien gemeinsam, daß sie die Rechtsgeltung des Völkerrechts aus dem Willen der Staaten herzuleiten suchten. Diese sogenannten Willenstheorien umfaßten zwei Richtungen, von denen die erste auf den Willen der einzelnen verpflichteten Staaten abstellte und das Völkerrecht damit als Ergebnis einer Selbstbindung beschrieb. Diese Ansätze unterfallen wiederum in zwei Untergruppen, die sich im Hinblick auf die nähere Umschreibung des Rechtscharakters des Völkerrechts unterscheiden. Die erste Variante, die z.B. von *Albert Zorn* vertreten wurde, verneinte die Existenz einer eigenständigen völkerrechtlichen Rechtsmasse und erfaßte wie *Hegel* das Völkerrecht nur als äußeres Staatsrecht.[486] Diese Konsequenz wollte die andere, namentlich von *Jellinek* vertretene Variante der Selbstbindungstheorie vermeiden, die das Völkerrecht als durch übereinstim-

---

480 *Lassa Francis Lawrence Oppenheim* (1858-1919) hielt die Zeit der Naturrechtstheorie für abgelaufen und meinte, sie gehöre "in the museums where ... scientific tools are preserved ..." Das Naturrecht sei nichts anderes als "a phantasm" (*Oppenheim*, AJIL 2 (1908), 313 (329 f.)).

481 Vgl. *Verdross*, Völkerrecht (1937), 34; *Grewe*, Epochen, 592.

482 Vgl. zu dieser Tendenz *Scupin*, Völkerrechtsgeschichte III, WVR III, 721 (737 f.). Zur Beeinflussung von Lehrmeinungen durch "patriotic prejudice" auch *Oppenheim*, AJIL 2 (1908), 313 (334 f., 340), der insbes. die Gleichsetzung der Praxis des eigenen Landes mit dem Völkergewohnheitsrecht kritisiert. - Die mangelnde Objektivität bei der Behandlung von Rechtsfragen, die das eigene Land betreffen, kann freilich nicht als notwendige Konsequenz nationalistischen und/oder positivistischen Denkens betrachtet werden. Wie oben unter B.VII.1., S. 37, angesprochen, hatten sich auch schon früher lebende Anhänger der Naturrechtslehre als Verteidiger der Interessen ihres Landes bzw. ihres Landesherren einspannen lassen.

483 *Nussbaum*, Geschichte, 305.

484 *Nussbaum*, Geschichte, 305.

485 *Nussbaum*, Geschichte, 305.

486 Nach *Zorn* haben völkerrechtliche Normen nur dann Rechtscharakter, soweit sie von der einzelstaatlichen Gesetzgebung in das staatliche Recht rezipiert wurden. Da diese Rezeption jederzeit autonom rückgängig gemacht werden kann, besteht ein Vorrang des Staatsrechts vor dem Völkerrecht, was dieses als effektive normative Schranke staatlichen Handelns aus-

mende Selbstbindung entstehendes gemeinsames Recht der Staaten auffaßte.[487] Auch die zweite Richtung der Willenstheorien, die von *Triepel* begründete sogenannte Vereinbarungslehre,[488] zielte auf die Begründung einer vom aktuellen einzelstaatlichen Willen unabhängigen und damit wahrhaften Verbindlichkeit des Völkerrechts. Sie leitete die Geltung nicht aus dem Willen der einzelnen Staaten, sondern aus deren "Gemeinwillen" her.[489] Kurz vor dem Ersten Weltkrieg beschritt *Anzilotti* einen grundlegend neuen Weg, indem er die Verbindlichkeit des Völkerrechts ausdrücklich auf das unbeweisbare Postulat der Geltung des Satzes *pacta sunt servanda* stützte.[490]

c) Insbesondere: Die Souveränitätslehre

Durch die Beseitigung naturrechtlicher Bindungen wurde eine neuerliche Auseinandersetzung mit dem Begriff der Souveränität erforderlich. Solange man das Natur- beziehungsweise Vernunftrecht als über den Staaten stehende Normengruppe mit Rechtscharakter anerkannt hatte, war die Handlungsfreiheit der Staaten nach außen stets beschränkt gewesen. Das Naturrecht gab zum einen bestimmte Regeln vor, die unabhängig vom Willen der Staaten Verbindlichkeit beanspruchten. Zum anderen wurde es, meist über den Satz pacta sunt servanda, als Quelle für die Normativität des positiven, von den Staaten willkürlich geschaffenen Rechts (Verträge und Gewohnheit) angesehen. Nachdem die positivistische Lehre das Naturrecht aus ihren Theorien verbannt hatte, stand es sowohl als unmittelbare Rechtsquelle als auch als Grundlage für die Normativität des positiven Rechts nicht länger zur Verfügung. Damit eröffnete sich ein Weg zur Konstruktion einer völligen rechtlichen Ungebundenheit des Staates.[491] Die soeben kurz zusammengefaßte Diskussion um die Verbindlichkeit des Völkerrechts zeigt, daß die Alternative zwischen rechtlicher Gebundenheit der Staaten und ihrer absoluten Aktionsfreiheit in der Literatur intensiv diskutiert wurde.

---

scheiden läßt, so daß diese Lehre letztlich einer Leugnung des Völkerrechts gleichkommt. Vgl. zur Lehre *Albert Zorns Grewe*, Epochen, 593; *Gunst*, Souveränität, 65.

487 Vgl. zur Selbstverpflichtungslehre *Georg Jellineks* (1851-1911) *Ipsen*, Völkerrecht, § 1, Rdnr. 21; *Grewe*, Epochen, 593.

488 Vgl. *Triepel*, Völkerrecht und Landesrecht, 27 ff.

489 Zum Ansatz *Heinrich Triepels* (1868-1946) siehe *Nussbaum*, Geschichte, 260 f.; *Grewe*, Epochen, 593 f.; *Ipsen*, Völkerrecht, § 1, Rdnr. 22; *Wehberg*, FS Verdross (1960), 307 (313).

490 Vgl. zur Theorie *Dionisio Anzilottis* (1867-1950) *Grewe*, Epochen, 594; *Wehberg*, FS Verdross (1960), 307 (314). *Anzilotti* wird vielfach als Anhänger der *Triepel*schen Lehre dargestellt (z.B. *Verdross*, Völkerrecht (1937), 35; *Nussbaum*, Geschichte, 261/Anm. 87). Das ist insofern berechtigt, als auch schon *Triepels* Ansatz auf einer Fiktion beruhte (vgl. *Grewe*, Epochen, 594; *Ipsen*, Völkerrecht, § 1, Rdnr. 22); bereits *Jellinek* 1880 hatte festgestellt, daß in der Selbstverpflichtung nicht der "letzte Grund" der Verbindlichkeit des Völkerrechts liegt (vgl. *Jellinek*, Staatenverträge, 16 f.). Während *Triepels* Lehre aber jedenfalls scheinbar noch auf einer streng voluntaristischen Konzeption beruhte, was erheblich zu ihrer Popularität beitrug, ging *Anzilotti* erklärtermaßen darüber hinaus (vgl. *Grewe*, Epochen, 594) und bereitete so die später wesentlich von *Kelsen* vorangetriebene Entfaltung der sog. normativistischen Theorie vor, die die Geltung des (Völker-)Rechts auf eine hypothetische Grundnorm stützt.

491 Vgl. *Ophüls*, FS Heymanns Verlag, 519 (527).

Insbesondere im Deutschland der zweiten Hälfte des 19. Jahrhunderts kamen dabei zahlreiche Autoren zu Ergebnissen, die von einer absoluten Souveränität der Staaten ausgehen, das heißt eine völlige rechtliche Ungebundenheit im internationalen Raum postulieren. Zu dieser Gruppe sind erstens alle Autoren zu zählen, die den Rechtscharakter des Völkerrechts ausdrücklich leugneten. Die zweite, zahlenmäßig größere Gruppe bildeten jene, die eine vom (aktuellen) Einzel-Staatswillen unabhängige Verbindlichkeit des Völkerrechts ablehnten und es nur als Außenstaatsrecht erfaßten.[492] Schließlich werden häufig auch solche Autoren als Vertreter absoluter Souveränitätstheorien genannt, die wie *Jellinek*[493] zwar ausdrücklich eine Verbindlichkeit des Völkerrechts bejahten und sich gegen ein absolutes Souveränitätsverständnis wandten, aber keine dieses Ergebnis tragende Konstruktion lieferten.[494]

Ein wichtiger Grund für das Aufkommen absoluter Souveränitätstheorien ist in dem während des Verlaufs des 19. Jahrhunderts zunehmenden Nationalismus zu sehen, der zu einer einseitigen Betonung des (eigenen) Staates und seiner aktuellen Interessen führte.[495] Weiterhin wird ein Zusammenhang zwischen Rechtspositivismus und der Lehre von der absoluten Souveränität gesehen.[496] Auf der anderen Seite ist festzustellen, daß sich zentrale Aussagen der Vertreter dieser Theorien weder aus dem positiven Recht ergeben noch sonst empirisch belegen lassen. Soweit sie etwa im Anschluß an *Hegel* den Staatszweck als Ausgangspunkt ihrer Überlegungen anführen, befinden sie sich schon damit im "Gebiet metaphysischer Spekulation".[497]

---

492 Außer dem oben unter B.VIII.2.b), S. 57, erwähnten *A. Zorn* werden dieser Gruppe, die im Völkerrecht keine die Staaten bindende Rechtsordnung sieht und es damit im Ergebnis ebenfalls leugnet, u.a. *Hatschek* und *Welzel* zugerechnet (*Seidl-Hohenveldern/Stein*, Völkerrecht, Rdnr. 26).

493 *Jellinek* bekämpfte ausdrücklich die "irreführende Vorstellung von der Schrankenlosigkeit" der Souveränität (z.B. Allgemeine Staatslehre, 481). Der Staat kann sich zwar jeder Schranke entledigen, aber nur in den Formen des Rechts (a.a.O. 482). Er verneint die Möglichkeit einer eigenmächtigen Lösung vom Völkerrecht (a.a.O., 483 f.). Ausführlich befaßte *Jellinek* sich mit der Problematik in seiner Schrift über "Die rechtliche Natur der Staatenverträge" (1880), mit der er gerade den Nachweis einer bindenden Selbstverpflichtung des Staates führen will (S. 7 ff.), was nur bei Ablehnung absolutistischer Ansätze, die die formelle Unbeschränkbarkeit der Staatsgewalt postulieren, möglich sei (S. 9 ff.). Er ist der Auffassung, daß der "letzte" Grund der Wirksamkeit der Selbstbindung für den Juristen offen bleiben könne (S. 16 f.) und weist zur Bestätigung seiner Ansicht u.a. darauf hin, daß kein Staat je die Verbindlichkeit der von ihm geschlossenen Verträge geleugnet habe (S. 58).

494 So nennt bspw. *van Kleffens*, RdC 82 (1953 I), 5 (72) *Jellinek* als Vertreter eines absoluten Souveränitätsverständnisses. Zur Untauglichkeit seiner Konstruktion (wie auch der *Triepels*) s. unten B.X.2.a)aa)(2), S. 76.

495 Vgl. *Seidl-Hohenveldern/Stein*, Völkerrecht, Rdnr. 106; *Garner*, APSR 19 (1925), 1 (5). - Allerdings führten die aus heutiger Sicht übertriebenen Souveränitätsvorstellungen nicht auf allen Gebieten zu einem aggressiven Verhalten. So sah sich etwa der deutsche Gesetzgeber bei der Regelung des Internationalen Privatrechts gehindert, allseitige Kollisionsnormen zu statuieren, da dies nach Ansicht des Auswärtigen Amtes einen unzulässigen Eingriff in die Souveränität der Staaten bedeutet hätte, deren Recht für anwendbar erklärt worden wäre (vgl. hierzu *von Hoffmann*, Internationales Privatrecht, § 4, Rdnr. 9).

496 Z.B. *Seidl-Hohenveldern/Stein*, Völkerrecht, Rdnr. 106.

497 *Jellinek*, Allgemeine Staatslehre, 231; vgl. auch *Koskenniemi,* From Apology to Utopia, 107.

Darüber hinaus wurden von Autoren, die sich selbst als Positivisten begriffen, logische Notwendigkeiten behauptet, die in Wahrheit nicht bestehen.[498]

IX. Zwischenkriegszeit

Durch den Ersten Weltkrieg und die mit ihm verbundene russische Revolution sind die politischen Grundlagen der internationalen Beziehungen erheblich geändert worden.[499] Das alte europäische Staatensystem war zusammengebrochen.[500] Die weltpolitische Dominanz Europas und insbesondere Großbritanniens war beendet,[501] an ihre Stelle trat eine gleichberechtigte britisch-amerikanische Vorherrschaft.[502] Dabei erhöhte sich die Zahl der Mitglieder der Völkerrechtsgemeinschaft im Zuge der beginnenden Entkolonisierung weiter.[503]

Die rechtliche Nachkriegsordnung wurde wesentlich durch das System der auf der Pariser Friedenskonferenz abgeschlossenen Friedensverträge[504] festgelegt. Mit dieser Neuordnung der zwischenstaatlichen Beziehungen ging die Phase des sogenannten klassischen Völkerrechts zu Ende[505] und es entstand das "neue", "moderne" oder "nach-klassische" Völkerrecht.[506]

Im folgenden wird dieses Völkerrecht kurz skizziert, wobei, wie in den vorangegangenen Abschnitten, sowohl die Entwicklung der Völkerrechtspraxis als auch wichtige Strömungen in der Theorie dargestellt werden sollen. Um das Bild zu vervollständigen wird abschließend kurz auf die Realität der internationalen Beziehungen eingegangen.

---

498 Vgl. *Ophüls*, FS Heymanns Verlag, 519 (527/Fn. 20).

499 *Cameron*, Weltwirtschaft II, 181.

500 *Verdross*, Völkerrecht (5. Aufl.), 84. Eine Übersicht über die wichtigsten innenpolitischen und territorialen Veränderungen, die sich in Europa als Folge des Krieges ergaben, findet sich bei *Ziegler*, Völkerrechtsgeschichte, § 44 II 2.

501 *Ziegler*, Völkerrechtsgeschichte, § 44 II 1.

502 Vgl. *Grewe*, History of the Law of Nations: World War I to World War II, EPIL Bd. II, 839 (840).

503 Vgl. *Ziegler*, Völkerrechtsgeschichte, § 45 II.

504 Friedensvertrag mit dem Deutschen Reich von Versailles vom 28.6.1919 (FHIG III 2, 683); Friedensvertrag mit Österreich von St. Germain vom 10.9.1919 (FHIG III 2, 701); Friedensvertrag mit Bulgarien von Neuilly vom 27.11.1919 (FHIG III 2, 707); Friedensvertrag mit Ungarn von Trianon vom 4.6.1920 (FHIG III 2, 708). Der Friedensvertrag mit der Türkei von Sèvres vom 10.8.1920 (FHIG III 2, 711) wurde von der Türkei nicht ratifiziert, so daß eine Friedensregelung erst im Vertrag von Lausanne vom 24.7.1923 (FHIG III 2, 719) getroffen wurde.

505 Die Abgrenzung der klassischen Periode wird in der Literatur sehr uneinheitlich vorgenommen (vgl. zu den verschiedenen Begriffsverwendungen *Grewe*, FG Preiser, 111 (112) m.N.): Während einige hierunter lediglich das 19. Jahrhundert fassen, beziehen andere auch das 17. und 18. Jahrhundert ein. Eine dritte Gruppe versteht unter dem Begriff wiederum das bis zum 19. Jahrhundert geltende Völkerrecht. Hier wird mit Grewe (a.a.O., 131) der gesamte Zeitraum vom Beginn der Neuzeit bis zum ersten Weltkrieg als "klassisch" bezeichnet.

506 Vgl. zu den unterschiedlichen Bezeichnungen für die nach dem Ersten Weltkrieg entstandene Völkerrechtsordnung *Grewe*, History of the Law of Nations: World War I to World War II, EPIL Bd. II, 839 (839).

1. Die Entwicklung des Völkerrechts in der Praxis

Eine wesentliche Neuerung, die von einigen Autoren als entscheidendes Kriterium für den Übergang vom klassischen zum modernen Völkerrecht betrachtet wird,[507] stellte die Gründung des Völkerbundes dar. Mit dem Völkerbund, für dessen Schaffung sich vor allem der amerikanische Präsident *Wilson* eingesetzt hatte,[508] war erstmals in der Geschichte eine auf Universalität zielende umfassende politische Organisation der Staaten geschaffen worden.[509]

Der Organisierungstrend manifestierte sich auch in einer Anzahl von neben dem Völkerbund entstandenen internationalen Organisationen wie zum Beispiel der Internationalen Arbeitsorganisation (ILO). Dabei kam es im Vergleich zur vorangegangenen Epoche tendenziell zu einer institutionellen Verdichtung, insbesondere gewann das Mehrheitsprinzip, das zuvor eine Ausnahme dargestellt hatte, in manchen Vereinigungen auch in bezug auf inhaltliche Fragen an Bedeutung.[510] Vereinzelt wurde internationalen Organisationen auch eine Rechtsetzungsbefugnis zuerkannt.[511] Insgesamt betrachtet wurden freilich die Grundlagen der Rechtsetzung, wie sie aus der klassischen Epoche bekannt waren, nicht substantiell verändert.[512]

Die wichtigste inhaltliche Veränderung lag in der gewandelten rechtlichen Behandlung des Krieges. Während es in der klassischen Periode als Ausfluß der Souveränität angesehen worden war, daß ein Staat zur Beseitigung internationaler Streitigkeiten zum Krieg schreiten durfte,[513] wurde nun die Berechtigung zur Kriegsführung in erheblich größerem Umfang als nach der *Drago-Porter*-Konvention beschränkt. Die Friedenssicherung stellte eine Hauptaufgabe des Völkerbundes dar.[514] Die Satzung des Völkerbundes enthielt zwar noch kein generelles Kriegsverbot. Sie verbot jedoch in bestimmten Situationen die Führung von Kriegen[515] und sah als Mittel zur Kriegsverhütung die Schlichtung von Streitigkeiten mit anschließender "Abküh-

---

507 Vgl. zu dieser namentlich von *Verdross* vertretenen Sicht *Grewe*, FG Preiser, 111 (112).

508 Vgl. zur Rolle *Wilsons Nussbaum*, Geschichte, 278. Unklar ist, inwiefern bei der Schaffung des Völkerbundes frühere Modellentwürfe für eine Organisation der Staatenwelt (vgl. zu den Entwürfen von *Sully* und *Crucé* oben B.VI.1., S. 27) wirksam geworden sind. Während *Verdross*, Völkerrecht (5. Aufl.), 85 meint, daß sich in der Satzung des Völkerbundes alte, bis ins Mittelalter zurückreichende Ideen verdichtet hätten, bestreitet *Nussbaum*, a.a.O., 278, die Beeinflussung durch frühere Autoren und geht davon aus, *Wilson* habe das Konzept des Völkerbundes als "original amerikanisch" betrachtet.

509 Vgl. *Grewe*, History of the Law of Nations: World War I to World War II, EPIL Bd. II, 839 (839 f.); *Verdross/Simma*, Universelles Völkerrecht, § 85.

510 Vgl. *Scheuner*, Völkerrechtsgeschichte IV, WVR III, 744 (756).

511 Vgl. *Scheuner*, Völkerrechtsgeschichte IV, WVR III, 744 (756).

512 Vgl. *Grewe*, History of the Law of Nations: World War I to World War II, EPIL Bd. II, 839 (844).

513 Vgl. *Kimminich*, History of the Law of Nations: Since World War II, EPIL Bd. II, 849 (849); *Thürer*, AVR 38 (2000), 1 (10).

514 Vgl. Präambel der Satzung des Völkerbundes.

515 Vgl. zu den in Art. 10, 12-15 VBS enthaltenen einzelnen Kriegsverboten die Übersicht bei *Verdross*, Völkerrecht (1937), 196.

lungsphase" (Art. 12 ff. VBS),[516] die Abrüstung und Rüstungskontrolle (Art. 8 f. VBS) sowie Sanktionen gegen Friedensbrecher (Art. 16 VBS) vor.[517] Erst durch den sogenannten *Briand-Kellogg*-Pakt von 1928[518] wurde ein umfassendes Verbot kriegerischer Gewalt verankert. Darüberhinausgehend wurden auch Verträge abgeschlossen, die auch nichtkriegerische Gewalt untersagten.[519]

In inhaltlicher Hinsicht lag im übrigen die wichtigste Neuerung im Minderheitenschutz.[520] Weiterhin wurde die Erweiterung des schriftlichen Völkerrechts in praktisch allen Bereichen der internationalen Beziehungen angegangen. Von den zahlreichen abgeschlossenen Verträgen wurden jedoch viele nicht wirksam; zahlreiche der durchaus ehrgeizigen Kodifikationsbemühungen scheiterten.[521]

2. Die Entwicklung in der Theorie

a) Überblick - Die gewandelte Völkerrechtsgesinnung

In der Literatur der Zeit zwischen den Weltkriegen ist eine deutliche Reform- und Aufbruchstimmung spürbar. Die dominierende Stimmung ist gekennzeichnet durch das Ziel "einer ideellen Umgestaltung der internationale Ordnung im Sinne einer Zurückdrängung des Krieges sowie einer Verstärkung des Friedens- und Rechtsgedankens"[522]. Bereits während des Krieges wurde die gerichtliche Austragung internationaler Streitigkeiten (obligatorische Schiedsgerichtsbarkeit), die Beschränkung der Staatensouveränität, eine stärkere Solidarität der Staaten, die Anerkennung individueller Rechtspositionen im Völkerrecht sowie die Errichtung einer universalen Staatenorganisation gefordert.[523]

---

516 Gleichzeitig Ausfluß der Organisierung der Staatengemeinschaft und Instrument der Kriegsverhütung war der auf Grund Art. 14 VBS errichtete StIGH. Die Effektivität dieser Einrichtung wurde allerdings durch die weit verbreiteten Vorbehalte bei der Unterwerfung unter seine Rechtsprechung beschränkt (vgl. dazu *Nussbaum*, Geschichte, 298 ff.).

517 Überwiegend werden diese Regelungen der Völkerbundsatzung als zwar noch nicht umfassender, aber durchaus signifikanter Schritt auf dem Weg vom sog. unbeschränkten *ius ad bellum*, wie es jedenfalls in der Endphase der klassischen Epoche galt (siehe oben B.VIII.1., S. 52), zum Gewaltverbot des Art. 2 Ziff. 4 SVN gesehen (vgl. z.B. *Kimminich*, History of the Law of Nations: Since World War II, EPIL Bd. II, 849 (849). Abweichend hiervon sieht *Seidel*, AVR 38 (2000), 23 (24) in den Bestimmungen der Völkerbundsatzung lediglich "eine kosmetische Veränderung der Rechtslage."

518 Kriegsächtungspakt vom 27.8.1928 (FHIG III 2, 959). Vgl. dazu *Ziegler*, Völkerrechtsgeschichte, § 46 VI 2; *Verdross*, Völkerrecht (1937), 30.

519 Vgl. hierzu mit Beispielen *Verdross*, Völkerrecht (1937), 30.

520 Vgl. *Verdross*, Völkerrecht (1937), 30. - Nur ausnahmsweise begründeten die Verträge zum Schutz von Minderheiten subjektive Rechte. Die rechtliche Position des Individuums unterschied sich daher in der Zwischenkriegszeit nicht wesentlich von der während der klassischen Völkerrechtsperiode, vgl. *Grewe*, History of the Law of Nations: World War I to World War II, EPIL Bd. II, 839 (843).

521 Erfolgreich war die Normsetzung aber vor allem im Bereich des Verkehrs. Vgl. zum Ganzen *Grewe*, History of the Law of Nations: World War I to World War II, EPIL Bd. II, 839 (844).

522 *Scheuner*, Völkerrechtsgeschichte IV, WVR III, 744 (745).

523 *Scheuner*, Völkerrechtsgeschichte IV, WVR III, 744 (745).

Im Zusammenhang dieser Untersuchung ist vor allem der seit den zwanziger Jahren "auf breiter Front ... [geführte] theoretische Angriff gegen die Souveränität"[524] von Interesse, dem freilich eine starke Abwehrfront entgegenstand. Wirkmächtigen Ausdruck haben die überkommenen Vorstellungen in dem "pointiert souveränitätsfreundliche[n]" Lotus-Urteil des StIGH[525] gefunden, das den mit einem unbeschränkten souveränen Willen ausgestatteten Staat als Ausgangspunkt jeder völkerrechtlichen Bindung sah[526] und damit in der Tradition der individualistischen Sichtweise des Völkerrechts[527] stand, wie sie in der Selbstverpflichtungslehre *Jellineks*[528] kulminiert war. Den souveränitätsfeindlichen Tendenzen der westlichen Doktrin stand weiterhin auch die neu entstandene sowjetische Lehre entgegen, in der sich erst nach einiger Zeit und auch dann zunächst nur für eine "Übergangszeit" überhaupt die Annahme einer gemeinsamen Rechtsgrundlage mit den nichtsozialistischen Staaten durchsetzen konnte, die dann aber die Souveränität des Staates stark betonte und völkerrechtliche Verpflichtungen nur auf der Grundlage einer Selbstbindung konstruierte.[529]

Die von der überwiegenden Doktrin angestrebten Reformprojekte waren mit dem in der vorangegangenen Periode verbreiteten absoluten Souveränitätsverständnis unvereinbar. Konsequenterweise setzte sich die Doktrin nun ausführlich mit den Fragen von Grundlegung und Wesen des Völkerrechts auseinander.[530] Dabei bekamen beide der hergebrachten Grundströmungen neue Impulse. Auf naturrechtlicher Seite ist hier unter anderem *Alfred Verdross* zu nennen.[531] Die positivistische Schule wurde durch die Lehre von der hypothetischen Grundnorm, wie sie u.a. von *Anzilotti* und *Kelsen* vertreten wurde[532], weiterentwickelt.[533]

---

524 *Scheuner*, Völkerrechtsgeschichte IV, WVR III, 744 (750); vgl. zu diesem zentralen Thema der Lehre nach dem Ersten Weltkrieg auch *Nussbaum*, Geschichte, 307. Die Intensität der literarischen Auseinandersetzung um den Souveränitätsbegriff wird z.B. dokumentiert durch die Nachweise zu der breiten monographischen Behandlung des Begriffs der Souveränität bei *Politis*, RdC 6 (1925 I), 5 (10/Fn. 1).

525 StIGH, Urteil vom 7.9.1927 in *The Case of the S.S. "Lotus"*, PCIJ Ser. A No. 10, 18.

526 Vgl. hier nur zusammenfassend *Graf Vitzthum*, in: Graf Vitzthum (Hrsg.), Völkerrecht (2. Aufl.), 1. Abschnitt, Rdnr. 49.

527 Vgl. dazu *Verdross/Simma*, Universelles Völkerrecht, § 14.

528 Vgl. dazu oben B.VIII.2.b), S. 57.

529 Vgl. zur Völkerrechtslehre in der Sowjetunion der Zwischenkriegszeit *Seidl-Hohenveldern/Stein*, Völkerrecht, Rdnr. 120 ff.; *Uibopuu*, Die Völkerrechtsauffassung der "sozialistischen" Staaten, ÖHbVR Bd. 1 (2. Aufl.), Rdnr. 115 ff.; *Ritterband*, Menschenrechtsschutz, 249 f.

530 Vgl. *Mosler*, ZaöRV 36 (1976), 6 (8 ff.); *Nussbaum*, Geschichte, 305, 307.

531 Vgl. *Mosler*, ZaöRV 36 (1976), 6 (9 f.). *Verdross* hatte zwar in seinem 1926 erschienen Werk "Die Verfassung der Völkerrechtsgemeinschaft" noch den Satz pacta sunt servanda als Grundnorm angenommen und damit eine durchaus positivistische Position eingenommen, korrigierte diese aber nur wenig später und lehnte eine Grundnorm, die jeden beliebigen Inhalt "mit der Gloriole der objektiven Geltung umkleidet", ausdrücklich ab (vgl. *Verosta*, FS Verdross (1960), 1 (21 ff.); *Grewe*, Epochen, 711). Im weiteren Zeitablauf füllte er, "mit zunehmender Entschiedenheit", materielle Wertgrundlagen in sein System ein (*Mosler*, ZaöRV 36 (1976), 6 (10)).

532 Zu *Anzilotti* siehe bereits oben B.VIII.2.b), S. 58. Nachweise zu weiteren Autoren, die die Geltung des Völkerrechts auf eine hypothetische Grundnorm stützten, bei *Wehberg*, FS Verdross (1960), 307 (314/Fn. 32).

b) Insbesondere: Die Rückkehr der Naturrechtsidee und neo-naturrechtliche Ansätze

Generell kann in der Lehre ein deutlicher Trend der Abkehr von positivistischen Ansätzen und ein Wiedererstarken von im weiteren Sinne naturrechtlichen Vorstellungen festgestellt werden.[534] Neben "klassischen" natur- bzw. vernunftrechtlichen Ansätzen, die mehr oder weniger ausdrücklich an Autoren wie *Vitoria, Suárez* und *Grotius* anknüpften (z.B. *James Brown Scott, Lauterpacht, Fischer Williams, Brierly*)[535] gab es dabei auch eine neue Richtung, die - jedenfalls in ihrem eigenen Verständnis - grundlegend neue Ansätze verfolgte.

Diese letztgenannte Gruppe, zu der unter anderem *Georges Scelles*[536] und *Nicolas-Socrate Politis*[537] gezählt werden können, knüpfte an die von *Leon Duguit*[538] entwickelte Lehre an, wonach die *"faits sociaux"* die eigentlichen Anknüpfungspunkte für jede Rechtsordnung darstellen.[539] Diese soziologischen Ansätze griffen zentrale naturrechtliche Gedankengänge auf, indem sie von einer universellen intersubjektiven Gesellschaft ausgehen[540] und den Geltungsgrund sowie Inhalte des Völkerrechts aus dem Zweck ableiten, "ein geordnetes Zusammenleben der Menschen der Erde zu ermöglichen (objektivistische Theorie)"[541]. Zutreffend sind diese Ansätze

---

533 Vor allem Vertreter der Wiener Rechtsschule und italienische Völkerrechtler führten zu einer neuen Begründung der Ansicht, daß nur positive, d.h. bewußt von Menschen gesetzte, Normen Bestandteil des (Völker-)Rechts sein können. Vgl. zu den verschiedenen Strömungen und Vertretern z.B. *Ago*, Positivism, EPIL Bd. III, 1072 (1075 f.). Der von ihm dort ebenfalls als Positivist kategorisierte *Verdross* hatte diese Meinung noch während der hier zu besprechenden Periode aufgegeben (vgl. oben Fn. 531).

534 Vgl. *Grewe*, History of the Law of Nations: World War I to World War II, EPIL Bd. II, 839 (843); *Nussbaum*, Geschichte, 305.

535 Vgl. *Grewe*, Epochen, 712 f. Zum Ansatz *Lauterpachts* s. auch *Paulus*, Die internationale Gemeinschaft im Völkerrecht, 167 ff.

536 Zu ihm *Berber*, Lehrbuch I, 6 f.; *Neuhold*, Euro-atlantisches Völkerrecht: geschichtlicher Überblick, ÖHbVR Bd. 1 (3. Aufl.), Rdnr. 122; *Paulus*, Die internationale Gemeinschaft im Völkerrecht, 173 f.; *Grewe*, Epochen, 712; ausführlich *Kelsen*, Auseinandersetzungen, 1 ff.

537 Zu ihm *Berber*, Lehrbuch I, 7; *Baldus*, Der Staat 36 (1997), 381 (385 f.).

538 Zu ihm *Nussbaum*, Geschichte, 309 f.; *Berber*, Lehrbuch I, 6 f.; *Baldus*, Der Staat 36 (1997), 381 (384 f.).

539 Vgl. *Grewe*, Epochen, 712.

540 Vgl. zusammenfassend zu früheren Vertretern (z.B. *Vitoria, Grotius, Wolff*) der letztlich auf die stoische Philosophie zurückgehenden universalistischen Völkerrechtskonzeption, wonach die gesamte Menschheit, wenn sie auch in Staaten gegliedert ist, eine durch das Naturrecht verbundene Gemeinschaft, die *societas humana*, darstellt, hier nur *Verdross/Simma*, Universelles Völkerrecht, §§ 15 ff. (dort auch zu der entgegenstehenden individualistischen Konzeption) sowie *Del Vecchio*, ARSP 48 (1962), 289 (293 f.). Zum Teil bekannten sich die besprochenen Autoren ausdrücklich zur Rezeption dieses Konzepts (*Politis*, RdC 6 (1925 I), 5 (7 f.)). Das Grundmuster der Annahmen einer "sozusagen natürliche[n]" internationalen Gesellschaft aller Menschen, von der angenommen wird, sie habe gleichsam automatisch den Charakter einer intersubjektiven *Rechts*gemeinschaft, ist allen Vertretern dieser Richtung gemeinsam (vgl. etwa zu *Scelle* kritisch *Kelsen*, Auseinandersetzungen, 27 ff.).

541 Vgl. *Seidl-Hohenveldern/Stein*, Völkerrecht, Rdnr. 169 f. Ein Unterschied zu früheren naturrechtlichen Ansätzen liegt in dem Versuch, deren eher spekulative Annahmen über die Natur

daher als säkularisiertes, rationalisiertes, auf soziologische Erkenntnisse gestütztes Naturrecht bezeichnet worden.[542]

aa) Duguit

Ähnlich wie zuvor schon *Krabbe*[543] leitet *Duguit* das Recht einschließlich des Völkerrechts aus psychologischen Gegebenheiten des Individuums ab.[544] Quelle allen Rechts ist nach ihm das soziale Faktum des Gefühls der interindividuellen Solidarität.[545] Die Individuen sind die wahren (und einzigen) Subjekte des Völkerrechts.[546] Der Staat wird als reine Abstraktion gesehen[547]; ihm kommt in diesem System keine rechtsetzende Funktion und, da er unter der höchsten Gewalt des Rechts steht, keine Souveränität zu.[548] - "L'État personnel et souverain ... est mort ou sur le point de mourir."[549]

bb) Scelle

Ebenso wie *Duguit* lehnte auch *Scelle* die Existenz der Souveränität rundweg ab.[550] Er sah ebenfalls in den Individuen die einzigen Subjekte des Völkerrechts, den Staat betrachtete er als "être fictif".[551] Wie *Duguit* begriff er das Recht als ein Produkt des *fait social*, worunter er die Notwendigkeit des menschlichen Zusammenlebens verstand.[552] Aus der Solidarität, aus der sich das Recht ergebe[553], leitet *Scelle* mit dem

des Menschen durch wissenschaftlich fundierte zu ersetzen (*Dahm/Delbrück/Wolfrum*, Völkerrecht I/1, 40).

542 *Seidl-Hohenveldern/Stein*, Völkerrecht, Rdnr. 169.

543 Zu *Krabbe* (1859-1936) siehe *Nussbaum*, Geschichte, 308 f.

544 *Nussbaum*, Geschichte, 309.

545 Das Gefühl der Solidarität führt laut *Duguit* zu sozialen Normen, denen man folgen muß, da sonst eine soziale Gruppe nicht existieren könnte. Diese Normen nehmen den Charakter von Recht an, wenn die Mitglieder der Gruppe einstimmig oder fast einstimmig das Gefühl haben, daß die Verletzung der Norm den Gebrauch von Gewalt rechtfertige, um der Norm Gehorsam zu sichern. Vgl. *Nussbaum*, Geschichte, 309.

546 Vgl. *Berber*, Lehrbuch I, 6.

547 *Berber*, Lehrbuch I, 6. m.N.

548 Vgl. *Nussbaum*, Geschichte, 309; *Baldus*, Der Staat 36 (1997), 381 (385).

549 *Duguit*, Le droit social, le droit individuel et la transformation de l'État, 150.

550 *van Kleffens*, RdC 82 (1953 I), 5 (76).

551 *Scelle*, Précis I, 42; vgl. dazu auch *Kelsen*, Auseinandersetzungen, 93 ff.

552 *Neuhold*, Euro-atlantisches Völkerrecht: geschichtlicher Überblick, ÖHbVR Bd. 1 (3. Aufl.), Rdnr. 122,

553 *Neuhold*, Euro-atlantisches Völkerrecht: geschichtlicher Überblick, ÖHbVR Bd. 1 (3. Aufl.), Rdnr. 122.

droit objectif[554] ein dynamisches Naturrecht her, das den Geltungsgrund des davon zu unterscheidenden *droit positif*[555] darstellt.

Die Lehre *Scelles* zeigt in den von ihm gezogenen Konsequenzen zugleich auch, daß es sich bei der Umstürzung der Grundannahmen über die Konstruktion des Völkerrechts nicht um theoretische Spielereien handelt. Seine Theorie gipfelte in der Konstruktion einer "quasi-föderative[n] Weltordnung ..., in der dem Völkerbund eine überragende Rolle eingeräumt wurde."[556] In dieser wird die Kompetenz, die es den Regierenden und Staatsorganen erlaubt, internationale Rechtssituationen zu schaffen, vom internationalen Recht zugeteilt.[557] Hierin liegt die wichtigste Funktion des *droit constitutionnel international*,[558] wobei die Existenz eines internationalen Verfassungsrechts als notwendige Folge des Bestehens einer Gesellschaft mit einem Minimum an Organisation - und damit auch des Bestehens der *société humaine* - betrachtet wird.[559] Die Funktionen dieser Verfassung werden bei Bestehen einer *société superétatique* (zum Beispiel Völkerbund) von "organes spécialisés" wahrgenommen.[560] Sofern sich die internationale Gesellschaft im *stade interétatique* befindet, ist die Wahrnehmung den bestehenden staatlichen Organen anvertraut, es kommt zu einem *dédoublement fonctionnel*.[561] Die Staaten - genauer: ihre Regierungen[562] - erscheinen also als Beauftragte der Weltgesellschaft.[563] Ihre inferiore Stellung bringt *Scelle* überdeutlich mit seiner Formulierung eines durch seinen Ansatz implizierten strengen Monismus mit Primat des Völkerrechts[564] zum Ausdruck: "Völkerrecht bricht Landesrecht"[565].

cc) Politis

Zu ähnlichen Ansichten gelangte schließlich der ebenfalls an *Duguit* anknüpfende[566] Grieche *Nicolas Politis*. *Politis* sah das Völkerrecht an einem Wendepunkt.[567] Nicht

---

554 Das droit objectif umfaßt die notwendigen Bedingungen für den Fortbestand des *fait social*. Es ist in seinem Inhalt und in seiner Geltung vom menschlichen Willen vollkommen unabhängig. Vgl. *Scelle*, RdC 46 (1933 IV), 331 (348 f.).

555 Das droit positif ist die normative Umsetzung des droit objectif. Es ist nur gültig, wenn es mit dem droit objectif übereinstimmt, wobei allerdings bis zum Nachweis des Gegenteils vermutet wird, daß diese Übereinstimmung gegeben ist. Vgl. *Scelle*, RdC 46 (1933 IV), 331 (349 f.).

556 *Grewe*, Epochen, 712.

557 *Scelle*, Précis I, 42.

558 Vgl. *Scelle*, RdC 46 (1933 IV), 331 (422). Neben dieser *fonction législative* umfaßt das internationale Verfassungsrecht noch die exekutive und die judikative Funktion, vgl. *Scelle*, RdC 46 (1933 IV), 331 (424 f.).

559 Vgl. *Scelle*, RdC 46 (1933 IV), 331 (421 f., 425 f.).

560 Vgl. *Scelle*, RdC 46 (1933 IV), 331 (426 i.V.m. 422).

561 Vgl. *Scelle*, RdC 46 (1933 IV), 331 (426 i.V.m. 422).

562 Vgl. *Scelle*, RdC 46 (1933 IV), 331 (422).

563 Vgl. *Arangio-Ruiz*, RdC 137 (1972 III), 431 (636).

564 Auch die meisten anderen Vertreter von "Antisouveränitätstheorien" gelangten zu monistischen Vorstellungen. Vgl. *Nussbaum*, Geschichte, 308.

565 *Scelle*, RdC 46 (1933 IV), 331 (351 ff., 352).

566 *Politis*, RdC 6 (1925 I), 5 (9).

länger sei es gerechtfertigt, die wissenschaftliche Konstruktion auf die zwei hergebrachten Grundideen zu stützen, wonach das Völkerrecht ein reines Recht der Staaten sei und diese nur dann verbindlichen Regeln unterworfen seien, wenn sie einen dahingehenden Willen zum Ausdruck gebracht hätten.[568]

Ausgangspunkt seiner Lehre war "le fait dominant de notre époque", den *Politis* in der Solidarität der in "Staaten" gruppierten Individuen sah.[569] Auch er hielt die einzelnen Staaten, ebenso wie die bisherige Sichtweise der internationalen Gemeinschaft als Vereinigung von Staaten, für eine reine Fiktion.[570] In Wahrheit habe das Völkerrecht wie alles Recht seine Grundlage in den wirtschaftlichen Bedürfnissen und in "la conscience du milieu sociale."[571] Von *Scelle* unterscheidet er sich zum einen dadurch, daß er nicht soweit ging, den Staaten jedwede Völkerrechtssubjektivität abzusprechen, sondern eine gemischte Theorie vertrat.[572] Zum anderen betont er, wie eingangs bereits angedeutet, deutlicher den Wandel, den er durchaus auch "positiv" zu belegen sucht.[573]

Politis gilt vielen als prominentester Bekämpfer des Souveränitätsbegriffs in der Zwischenkriegszeit.[574] *Politis* verband mit dem Souveränitätsbegriff "l'idée d'omnipotence et d'absolutisme".[575] Dieser Begriff habe nicht nur zu Verirrungen in der Theorie geführt, sondern sei in der Praxis von den Regierungen mißbraucht worden.[576] Er macht das Souveränitätsdogma mitverantwortlich für kriegerische Aus-

567 *Politis*, RdC 6 (1925 I), 5 (5).

568 *Politis*, RdC 6 (1925 I), 5 (5).

569 Vgl. *Politis*, RdC 6 (1925 I), 5 (6).

570 Vgl. *Politis*, RdC 6 (1925 I), 5 (6).

571 *Politis*, RdC 6 (1925 I), 5 (111).

572 Vgl. *Berber*, Lehrbuch I, 7 der als weitere Vertreter dieser Richtung, die neben den Staaten auch die Individuen als Völkerrechtssubjekte ansah, u.a. *Bluntschli* (vgl. *Bluntschli*, Rechtsbuch, 57 (§ 1)), *Lauterpacht, Kelsen, Jessup* und *Guggenheim* nennt.

573 *Scelle* argumentiert bei der Beschreibung des *fait social* eher theoretisch und zeitlos gültig. Die "phénomènes de la société humaine globale" könnten zwar vom Beobachter unbemerkt bleiben, seien aber notwendigerweise stets existent (vgl. *Scelle*, RdC 46 (1933 IV), 331 (341 f.)). Demgegenüber betont *Politis*, daß seine Konzeption des Völkerrechts, obwohl sie in der Tradition naturrechtlicher Theorien wie etwa der *Grotius'* stehe, einen "extrême caractère de modernité" habe (vgl. *Politis*, RdC 6 (1925 I), 5 (7)). Seine Behauptung des "véritable tournant" in der Geschichte des Völkerrechts (*Politis*, a.a.O., 5) stützt *Politis* nicht nur auf neue (bzw. alte, zwischenzeitlich verschüttete) Ideen oder wissenschaftliche Einsichten, sondern auch auf Fakten: "Déjà d'abondants et riches matériaux sont accumulés qui permettront la reconstruction du droit international sur des nouvelles bases" (*Politis*, a.a.O., 5). Er ist bemüht, Veränderungen in der sozialen Basis ebenso wie im Recht anhand praktischer Entwicklungen zu belegen. So führt er beispielsweise zur Untermauerung der Behauptung, daß die Staaten nicht mehr das Recht hätten, sich ökonomisch zu isolieren, die gewaltsamen Öffnungen Japans und Chinas an (*Politis*, a.a.O., 34) und prüft ausführlich, ob in der internationalen Praxis die Wirksamkeit der Figur des Rechtsmißbrauchs feststellbar ist (*Politis*, a.a.O., 93 ff.).

574 Vgl. zur hervorgehobenen Rolle *Politis' Baldus*, Der Staat 36 (1997), 381 (385); *Dagtoglou*, Souveränität, EvStL (3. Aufl.), Sp. 3155 (3165).

575 *Politis*, RdC 6 (1925 I), 5 (21).

576 Vgl. *Politis*, RdC 6 (1925 I), 5 (19 f.).

einandersetzungen einschließlich des Ersten Weltkriegs.[577] Er wollte das von ihm absolut verstandene Souveränitätsdogma, das die Beibehaltung internationaler Anarchie begünstige und die Entwicklung einer friedensfördernden und -sichernden internationalen Organisation verhindere, ersetzen durch die völkerrechtlich gebundene Freiheit der Staaten.[578]

Hinsichtlich der Konstruktion dieser Beschränkungen unterschied er zwischen zwei Bereichen. In der *domaine de la liberté limitée* ergäben sich die Beschränkungen aus Rechtsregeln, die "doivent leur origine aux nécessités de la vie ...".[579] "On peut dire, que toutes les fois qu'un intérêt a une réelle valeur pour la communauté internationale, la liberté des États sera tôt ou tard limitée en proportion de cette valeur."[580] Sofern es entsprechende Verträge oder gewohnheitsrechtliche Regelungen gebe, die den *besoins sociaux* entsprechen, habe es den Anschein, daß der Wille beziehungsweise der Konsens der Staaten das Recht begründeten.[581] Aber dabei handele es sich um eine bloße Fiktion; in Wahrheit seien "les règles de droit ... dues uniquement à la solidarité et à l'interdépendance économique de peuples ..."[582]. Sie [die Regeln] gelten unabhängig davon, ob sie bereits in Verträgen oder Gewohnheit "constatée" seien.[583] Für den Fall, daß entsprechendes von den Staaten gesetztes Recht nicht vorliege, d.h. diese ihre *destination sociale* verfehlten, greift *Politis* auf das *conscience juridique de la monde* zurück.[584] Als dogmatisches Instrument dienen ihm dabei die allgemeinen Rechtsgrundsätze i.S.d. Art. 38 des Statuts des StIGH. In seiner Interpretation liege ein anwendbarer Rechtsgrundsatz vor, wenn "un courant général d'opinion parmi les nations civilisées" die behauptete Regel befürworte.[585] Als Beispiel für eine neue solche Beschränkung nennt er u.a. das Verbot der wirtschaftlichen (Selbst-)Isolierung. Dies folge daraus, daß "la société internationale n'est pas une société volontaire; c'est une société nécessaire".[586] Im Hinblick auf die domaine non limitée bzw. domaine réservé, fordert er zur Abwehr der aus dem Fehlen beschränkender Regelungen herrührenden Gefahren eine Beschränkung der staatlichen Handlungsfreiheit durch Anwendung der Theorie vom Rechtsmißbrauch.[587]

---

577 *Baldus*, Der Staat 36 (1997), 381 (386).

578 *Baldus*, Der Staat 36 (1997), 381 (386).

579 *Politis*, RdC 6 (1925 I), 5 (29).

580 *Politis*, RdC 6 (1925 I), 5 (30) (unter Berufung auf *Krabbe*).

581 Vgl. *Politis*, RdC 6 (1925 I), 5 (30).

582 *Politis*, RdC 6 (1925 I), 5 (30).

583 *Politis*, RdC 6 (1925 I), 5 (31).

584 Vgl. *Politis*, RdC 6 (1925 I), 5 (30 f.).

585 Vgl. *Politis*, RdC 6 (1925 I), 5 (31 f.).

586 *Politis*, RdC 6 (1925 I), 5 (34).

587 *Politis*, RdC 6 (1925 I), 5 (23, 77 ff.).

3. Die Realität der internationalen Beziehungen

Die Realität der internationalen Beziehungen stand in der Zwischenkriegszeit in deutlichem Gegensatz zu den Inhalten des geltenden (modernen) Völkerrechts. Erst recht wurden die zum Teil sehr weitgehenden Forderungen und Hoffnungen der Reform-Literatur[588] enttäuscht. In der Rückschau erscheinen die Jahre zwischen den Weltkriegen als eine "Twenty Years crisis"[589]. Vor allem in der zweiten Hälfte der Epoche wurde zunehmend deutlich, daß es nicht gelungen war, eine stabile internationale Ordnung zu errichten.[590]

Das zentrale Projekt der Pariser Friedenskonferenz, die Friedenssicherung durch den Völkerbund, ist schon einige Jahre vor dem Ausbruch des die Epoche beendenden Zweiten Weltkriegs gescheitert.[591] Der Völkerbund war nicht nur mit seinen Abrüstungsinitiativen erfolglos,[592] sondern vor allem auch nicht in der Lage, das in Art. 16 VBS enthaltene Konzept kollektiver Sicherheit in der Praxis wirksam umzusetzen.[593] Hierfür waren nach heute überwiegender Ansicht weder Mängel der Satzung[594] noch die fehlende Universalität[595] der Organisation verantwortlich. Die wahren Ursachen[596] liegen vielmehr tiefer in der nicht hinreichenden Rechtsge-

588 Außer den unter B.IX.2.b), S. 64, exemplarisch behandelten Autoren sind hier u.a. noch *Bourquin* und *Quincy Wright* zu erwähnen. Vgl. zusammenfassend *Scheuner*, Völkerrechtsgeschichte IV, WVR III, 744 (745).

589 Vgl. *Grewe*, History of the Law of Nations: World War I to World War II, EPIL Bd. II, 839 (841).

590 *Grewe*, History of the Law of Nations: World War I to World War II, EPIL Bd. II, 839 (840).

591 Bei Ausbruch des zweiten Weltkrieges war der Völkerbund bereits aktionsunfähig; formell aufgelöst wurde er am 19.4.1946. Vgl. *Verdross/Simma*, Universelles Völkerrecht, § 87 m.N.

592 *Nussbaum*, Geschichte, 281; *Verdross*, Völkerrecht (1937), 21 f.

593 Der Völkerbund - bzw. die in ihm organisierten Staaten - konnte nur zur Lösung einiger kleiner Konflikte beitragen. Selbst im Chaco-Krieg zwischen Paraguay und Bolivien (1932-1935) konnte der Völkerbund keinen Frieden durchsetzen. Die Unfähigkeit der von Frankreich und England geführten Organisation, bei internationalen Konflikten von Gewicht mit effektiven Maßnahmen einzuschreiten, zeigte sich besonders deutlich anläßlich der japanischen Besetzung der Mandschurei (1931), der Annexion Abessiniens durch Italien (1936) sowie im spanischen Bürgerkrieg (1936-1939). Vgl. *Verdross*, Völkerrecht (5. Aufl.), 85; *Nussbaum*, Geschichte, 279 f.; *Ziegler*, Völkerrechtsgeschichte, § 46 VI 1.

594 Gegen Ansätze, die das Scheitern des Völkerbundes auf Defizite der Satzung des Völkerbundes, namentlich das Fehlen eines umfassenden Gewaltverbotes sowie von Exekutivbefugnissen und eigenen Machtmitteln des Bundes zurückführen, *Grewe*, History of the Law of Nations: World War I to World War II, EPIL Bd. II, 839 (845 f.).

595 Vgl. zum wechselnden Mitgliederbestand hier nur *Ziegler*, Völkerrechtsgeschichte, § 45 I 2. - Durchaus zutreffend ist, daß das Fernbleiben der USA die Mächtigkeit des Völkerbundes geschwächt hat (vgl. etwa *Ziegler*, Völkerrechtsgeschichte, § 44 II 5), aber darin ist nicht der entscheidende Grund für sein Versagen zu sehen, was sich daraus ergibt, daß auch die (quasi-)universalen Vereinten Nationen jedenfalls während des Kalten Krieges den Frieden nicht gewährleisten konnten, vgl. *Schwarzenberger*, Civitas Maxima?, 11.

596 Die Ursachen für das Scheitern der Pariser Friedensordnung sind bis heute nicht abschließend geklärt und können auch hier nicht detailliert betrachtet werden. Die hier getroffenen Feststellungen beziehen sich dabei nur auf die Frage, welche unmittelbaren Ursachen für das Scheitern des Völkerbundes angeführt werden können. Auf die grundliegende Frage danach, inwiefern das System der Pariser Vorortverträge überhaupt geeignet war, einen Friedenszustand herbeizuführen, kann nicht eingegangen werden. Insofern sei lediglich darauf hingewiesen, daß nicht nur die den Besiegten auferlegten materiellen und moralisch-psycho-

sinnung der vielen totalitären Regierungen[597] und der fehlenden Bereitschaft insbesondere der Großmächte, die zur Verteidigung des Friedens erforderlichen (militärischen[598]) Maßnahmen zu ergreifen[599].

X. Die Zeit nach 1945

Die Zeit nach dem Zweiten Weltkrieg stellt einerseits eine zweite Phase des nachklassischen Völkerrechts dar insofern, als sie geprägt ist von der Fortführung des nach 1919 einsetzenden Evolutionsprozesses.[600] Daneben sind aber auch völlig neue Entwicklungen vorhanden.[601] Auch in dieser Periode stellt sich wieder die Frage nach der Kohärenz von geltendem Recht, Doktrin und internationaler Realität.

1. Tatsächliche Völkerrechtsentwicklung

a) Gründung der Vereinten Nationen

Im Hinblick auf das allgemeine Völkerrecht ist die Gründung der Vereinten Nationen[602] von zentraler Bedeutung, die nach dem Scheitern des Völkerbundes den zweiten Versuch der Errichtung einer effektiven Weltorganisation darstellt. In inhaltlicher Hinsicht bestand die wesentliche Neuerung in der am 24.10.1945 in Kraft getretenen Satzung der Vereinten Nationen in dem Ausbau des Kriegsverbotes der Zwischenkriegszeit zu einem allgemeinen Gewaltverbot (Art. 2 Ziff. 4 SVN),[603] das auch von Nichtmitgliedern der Vereinten Nationen anerkannt wurde.[604]

---

logischen Lasten (insbes. Art. 231 ff. Versailler Vertrag) einer Befriedung entgegenstanden. Ein wichtiger Grund für den Zusammenbruch der internationalen Ordnung ist vielmehr auch darin zu sehen, daß auf der Pariser Friedenskonferenz keine Regelung zum Aufbau einer tragfähigen internationalen Wirtschaftsordnung getroffen wurde (vgl. hierzu *Schwarz*, in: Funke (Hrsg.), Entscheidung für den Westen, 9 (19 f.); *Cameron*, Weltwirtschaft II, 197).

597 Vgl. *Ziegler*, Völkerrechtsgeschichte, § 44 III 2.

598 Selbst die nach dem Wortlaut von Art. 16 Abs. 1 VBS im Falle eines satzungswidrigen Krieges automatisch zu verhängenden wirtschaftlichen Sanktionen, deren Wirkkraft man im übrigen erheblich überschätzte, sind nicht konsequent eingesetzt worden. Einzig in der Äthiopien-Krise wurden gegen Italien ökonomische Maßnahmen ergriffen und implementiert. Aber auch diese waren wenig effektiv. Vgl. zum (Nicht-)Einsatz von Wirtschaftssanktionen durch den Völkerbund *Doxey*, Sanctions, 42 ff.

599 Vgl. zum nicht ausreichenden Einsatz v.a. der Hauptmächte *Verdross*, Völkerrecht (5. Aufl.), 86. Zur halbherzigen Politik in der Äthiopien-Krise, in der England und Frankreich bereits frühzeitig in einer geheimen Abrede übereingekommen waren, keine militärischen Maßnahmen zu ergreifen, *Doxey*, Sanctions, 47 ff.

600 Vgl. *Kimminich*, History of the Law of Nations: Since World War II, EPIL Bd. II, 849 (849).

601 Vgl. *Kimminich*, History of the Law of Nations: Since World War II, EPIL Bd. II, 849 (849).

602 Vgl. zur Entstehungsgeschichte der Vereinten Nationen *Verdross/Simma*, Universelles Völkerrecht, § 89.

603 Vgl. *Kimminich*, History of the Law of Nations: Since World War II, EPIL Bd. II, 849 (849); *Weil*, RdC 237 (1992 VI), 25 (28).

604 *Kimminich*, History of the Law of Nations: Since World War II, EPIL Bd. II, 849 (850). - Das Gewaltverbot wird heute allgemein als Bestandteil des alle Staaten bindenden universellen

b) Expansion der Subjekte des Völkerrechts

Im Zuge der Dekolonisierung nahm die Zahl der staatlichen Völkerrechtssubjekte immens zu.[605] Erst mit dem Fortschreiten dieses Prozesses in den 1960er Jahren erlangte das "universelle" Völkerrecht wirklich einen globalen Charakter.[606] Nachdem sie teilweise die Geltung des Völkerrechts für sich gänzlich abgestritten hatten, fügten sich die neu entstandenen Staaten schließlich doch in die Völkerrechtsordnung ein, freilich nicht ohne zum Teil recht eigenwillige neue Akzente zu setzen beziehungsweise (gerade auch auf wirtschaftlichem Gebiet[607]) Forderungen zu erheben.[608]

Neben der Zahl der Staaten wuchs die der Internationalen Organisationen[609], die auch funktionell immer wichtiger wurden.[610]

Ob und inwieweit auch der Einzelne Völkerrechtssubjektivität erlangt hat, ist umstritten. Die Diskussion zusammenfassend ist festzuhalten, daß Einzelne - natürliche Personen wie sogenannte multinationale Unternehmen[611] - nur in begrenztem Umfang als Völkerrechtssubjekte anzusehen sind.[612] Zwar hat die Zuerkennung von Rechten (insbes. im Rahmen von EMRK und AMRK[613]) und Pflichten (Verantwortung für internationale Verbrechen) dazu geführt, daß man heute auch Individuen als

---

Gewohnheitsrechts betrachtet, IGH, Urteil vom 27.6.1986 zu *Military and Paramilitary Activities*, ICJ Reports 1986, 14 (98 ff.); *Bothe*, in: Graf Vitzthum (Hrsg.), Völkerrecht (2. Aufl.), 8. Abschnitt, Rdnr. 8 m.w.N., der freilich die gewohnheitsrechtliche Geltung in Ermangelung einer allgemeinen und ständigen Praxis ausschließlich auf eine entsprechende Rechtsüberzeugung stützen will und damit letztlich auf den bloßen, formlosen zwischenstaatlichen Konsens als Völkerrechtsquelle zurückgreift.

605 *Friedmann*, The Changing Structure, 5. Vgl. zur Entkolonisierung *Ziegler*, Völkerrechtsgeschichte, § 49 II.

606 *Kimminich*, History of the Law of Nations: Since World War II, EPIL Bd. II, 849 (854); *Wildhaber*, SchweizJIR 36 (1980), 75 (83).

607 Beispielsweise sei hier auf die Umgestaltung des Enteignungsrechts hingewiesen, vgl. hierzu und zu anderen relevanten Bereichen *Scheuner*, Völkerrechtsgeschichte IV, WVR III, 744 (755).

608 Vgl. zusammenfassend *Schweitzer*, New States and International Law, EPIL Bd. III, 582 ff.

609 Vgl. zur Entwicklung *Bindschedler*, Internationale Organisationen (Grundfragen), WVR II, 70 (71). Zum Recht der Internationalen Organisationen allgemein z.B. *Köck/Fischer*, Recht der internationalen Organisationen; *Seidl-Hohenveldern/Loibl*, Recht der Internationalen Organisationen.

610 Vgl. *Graf Vitzthum*, in: Graf Vitzthum (Hrsg.), Völkerrecht (2. Aufl.), 1. Abschnitt, Rdnr. 18.

611 Transnationale Unternehmen werden (nur) von den Staaten der "Dritten Welt" als Völkerrechtssubjekte angesehen, vgl. hierzu *Ginther*, Die "Dritte Welt" und das Völkerrecht, ÖHbVR Bd. 1 (3. Aufl.), Rdnr. 176; *Hailbronner*, in: Graf Vitzthum (Hrsg.), Völkerrecht (2. Aufl.), 3. Abschnitt, Rdnr. 45.

612 *Wildhaber*, SchweizJIR 36 (1980), 75 (83). Soweit man freilich das Recht der Europäischen Gemeinschaften als Völkerrecht ansieht (vgl. zur Diskussion um die Rechtsnatur des Gemeinschaftsrechts z.B. *Streinz*, Europarecht, Rdnr. 107 ff.), kommt auch den durch das Gemeinschaftsrecht berechtigten und verpflichteten Individuen und Unternehmen eine - sehr umfassende - Völkerrechtssubjektivität zu.

613 Vgl. zur Amerikanischen Menschenrechtskonvention vom 22.11.1969 z.B. *Hailbronner*, in: Graf Vitzthum (Hrsg.), Völkerrecht (2. Aufl.), 3. Abschnitt, Rdnr. 18.

Völkerrechtssubjekte anzusehen hat.[614] Dennoch bleibt es bei dem Grundsatz, daß Individuen bloß mediatisierte Völkerrechtsobjekte sind.[615] Neben der partiellen Anerkennung von Einzelpersonen war namentlich während der Dekolonialisierung von besonderer Bedeutung die - im einzelnen allerdings umstrittene - Anerkennung des "Volkes" als Träger eines völkerrechtlich gewährleisteten Rechts auf Selbstbestimmung gegen Fremdherrschaft mit besonderen Folgerechten.[616]

c) Inhaltsbezogene Aspekte

In inhaltlicher Hinsicht ist allgemein ein Trend zur Expansion der vom Völkerrecht geregelten Sachgebiete[617] und zu einer größeren Regelungstiefe sowie eine Änderung der Regelungstendenz festzustellen.

Es ist unmöglich, an dieser Stelle auch nur einen annähernd vollständigen Überblick über die Regelungsbereiche zu geben, in denen nach 1945 wesentliche Neuerungen eintraten.[618] Es gibt keine Materien mehr, die prinzipiell als Gegenstand rechtlicher Regelungen ausgeschlossen wären, so daß das Völkerrecht heute - freilich mit unterschiedlicher Regelungstiefe - praktisch alle Bereiche abdeckt, die auch innerstaatlich Gegenstand rechtlicher Regelung sind.[619] Neue Entwicklungen stellen beispielsweise das Völkerrecht zur Durchsetzung der Menschenrechte sowie das Internationale Umweltrecht[620] dar. Ein Gebiet, in dem hergebrachte völkerrechtliche Regeln fortentwickelt und wesentlich modifiziert wurden, stellt etwa das Seerecht dar. Diese tiefgreifende Veränderungen mit erheblichem wirtschaftlichem Bezug mündeten im Seerechtsübereinkommen der Vereinten Nationen vom 10. Dezember 1982[621], das am 16. November 1994 in Kraft trat[622].

Auch im Hinblick auf die Regelungstendenz waren Veränderungen festzustellen. Zusätzlich zum bisher vorherrschenden Recht zur Regelung der Koexistenz der

---

614 Vgl. z.B. *Hailbronner*, in: Graf Vitzthum (Hrsg.), Völkerrecht (2. Aufl.), 3. Abschnitt, Rdnr. 14 ff.

615 *Wildhaber*, SchweizJIR 36 (1980), 75 (83); *Verdross/Simma*, Universelles Völkerrecht, §§ 47 f.

616 Vgl. *Ginther*, Die "Dritte Welt" und das Völkerrecht, ÖHbVR Bd. 1 (3. Aufl.), Rdnr. 176.

617 Vgl. z.B. *Friedmann*, The Changing Structure, 152 ff.

618 Nicht in allen Regelungsgebieten entsprach dabei die Entwicklung dem generellen Trend zu einer Ausdehnung des völkerrechtlich normierten Bereichs. Teilweise sind auch Entwicklungen in die umgekehrte Richtung zu beobachten. Dies gilt etwa für das Recht der Minderheiten. In diesem Bereich ist die staatliche Hoheitsgewalt nach dem heutigen Völkerrecht weniger eingeschränkt, als dies nach dem Ersten Weltkrieg der Fall war (vgl. *Dahm/Delbrück/Wolfrum*, Völkerrecht I/1, 222).

619 Vgl. *Bleckmann*, Grundprobleme, 314; *Arangio-Ruiz*, RdC 137 (1972 III), 431 (648/Fn. 50).

620 Wenngleich es schon im 19. Jahrhundert erste vertragliche Schutzbestimmungen für Umweltgüter gab, hat sich der Normenkomplex, der heute als Umweltvölkerrecht bezeichnet wird, im wesentlichen erst seit den 1970er Jahren entwickelt, vgl. *Graf Vitzthum*, in: Graf Vitzthum (Hrsg.), Völkerrecht (2. Aufl.), 5. Abschnitt, Rdnr. 89, 97.

621 Seerechtsübereinkommen der Vereinten Nationen (BGBl. 1994 II, 1799). Dem Seerechtsübereinkommen von 1982 vorangegangen waren die vier Genfer Seerechtsübereinkommen von 1958, vgl. dazu und zu den inhaltlichen Veränderungen durch das SRÜ *Graf Vitzthum*, in: Graf Vitzthum (Hrsg.), Völkerrecht (2. Aufl.), 5. Abschnitt, Rdnr. 38/Fn. 94 f.

622 *Graf Vitzthum*, in: Graf Vitzthum (Hrsg.), Völkerrecht (2. Aufl.), 5. Abschnitt, Rdnr. 38.

Staaten, das sich auf wenige Bereiche, insbesondere die Abgrenzung der staatlichen Souveränitätsbereiche und der Regelung des zwischenstaatlichen Verkehrs beschränkt hatte, entfaltete sich ein Völkerrecht der Kooperation.[623] Der Gedanke der internationalen Zusammenarbeit findet sich etwa in den Bereichen der internationalen Wirtschafts- und Finanzbeziehungen, der Entwicklungshilfe und des Umweltschutzes.[624]

Dabei gehen völkerrechtliche Regelungen zunehmend über die überwiegend staaten-individualistische Konzeption des klassischen Völkerrechts hinaus und enthalten eine wirtschaftliche und soziale Komponente.[625] Das völkerrechtspolitische Ziel einer rechtlich organisierten Solidarität wurde insbesondere wirksam in der "Tönung"[626] zahlreicher Regelungen zugunsten der Entwicklungsländer, mit denen diesen nicht nur im engeren Bereich des Wirtschaftsrechts, sondern zum Beispiel auch im Umwelt- und Seerecht eine Sonderrechtsstellung im Sinne einer positiven Diskriminierung eingeräumt wurde.[627] Auf der anderen Seite stärkten gerade die neuen Staaten individualistische Tendenzen; insgesamt betrachtet hat die Dekolonisierung "im Zeichen des Nationalismus ... den Souveränitätsgedanken und den Staatenegoismus eher gestärkt."[628]

d) Formen des zwischenstaatlichen Rechts

Im Laufe der hier besprochenen Periode gewann das Völkervertragsrecht gegenüber dem Völkergewohnheitsrecht an Bedeutung.[629] In vielen Bereichen wurde der völkergewohnheitsrechtliche Normbestand kodifiziert und dabei auch weiterentwickelt.[630] Neue Materien wurden bevorzugt in Verträgen, insbesondere multilateralen (zu denen auch die Gründungsverträge der bereits erwähnten zahlreichen internationalen Organisationen zählen) geregelt.

---

623 Vgl. *Kimminich*, History of the Law of Nations: Since World War II, EPIL Bd. II, 849 (850 f.); *Verdross/Simma*, Universelles Völkerrecht, § 52 f.; *Wildhaber*, SchweizJIR 36 (1980), 75 (76 f.); grundlegend *Friedmann*, The Changing Structure, insbes. 10 f.

624 Vgl. mit zahlreichen Beispielen *Graf Vitzthum*, in: Graf Vitzthum (Hrsg.), Völkerrecht (2. Aufl.), 1. Abschnitt, Rdnr. 20. Rechtlich verankert ist der Gedanke der internationalen Zusammenarbeit insbesondere auch in der Präambel, in dem Ziel des Art. 1 Nr. 3 sowie in Art. 56 SVN. Diese Vorschriften werden als normative Grundlage zur Begründung zahlreicher Pflichten zur internationalen Zusammenarbeit u.a. auch im wirtschaftlichen Bereich herangezogen.

625 Vgl. *Wildhaber*, SchweizJIR 36 (1980), 75 (76).

626 *Graf Vitzthum*, EA 1978/1, 455 (455).

627 Vgl. *Ginther*, Die "Dritte Welt" und das Völkerrecht, ÖHbVR Bd. 1 (3. Aufl.), Rdnr. 176.

628 *Scheuner*, Völkerrechtsgeschichte IV, WVR III, 744 (747). Vgl. beispielsweise zur Manifestierung des "Souveränitätsbewußtsein[s] ... der jungen Staaten" in der Debatte um das Tiefseebodenregime *Graf Vitzthum*, EA 1978/1, 455 (463).

629 Vgl. *Friedmann*, The Changing Structure, 121 ff.

630 Vgl. zur Kodifikation des Völkergewohnheitsrechts z.B. *Verdross/Simma*, Universelles Völkerrecht, §§ 589 ff.

Neben die in Art. 38 Abs. 1 IGH-Statut genannten Rechtsquellen trat in zuvor unbekanntem Ausmaß[631] das sogenannte soft law[632]. Es spielte unter anderem im Bereich des Wirtschaftsvölkerrechts (einschließlich der völlig neuen Materie des Entwicklungsvölkerrechts) eine wichtige Rolle.[633] Die Debatte um die rechtliche Relevanz dieser Instrumente, die im Rahmen dieser Arbeit nicht im einzelnen nachvollzogen werden kann, hat ergeben, daß sie zwar als solche nicht rechtlich bindend, andererseits aber auch nicht rechtlich irrelevant sind.[634]

2. Die Völkerrechtswissenschaft in der zweiten Hälfte des 20. Jahrhunderts

a) Übersicht

aa) Hauptströmungen

Es lassen sich in der Doktrin der Nachkriegsepoche fünf Hauptströmungen unterscheiden, wobei allerdings zu beachten ist, daß sich die verschiedenen theoretischen Richtungen zum Teil überlagern.[635]

(1) *Naturrechtliche Ansätze*[636]

Auch in der Zeit nach dem Zweiten Weltkrieg spielten naturrechtliche Ansätze eine wichtige Rolle. Dabei wurden dem naturrechtlichen Gedankengut auch neue Gebiete erschlossen, insbesondere auch solche mit wirtschaftlichem Bezug.[637] Auf die Einzelheiten der hiermit angesprochenen Ansätze wird später noch einzugehen sein. An dieser Stelle sollen zunächst die Grundlinien aufgezeigt werden, die naturrechtliche Ansätze ausmachen.

Nach der naturrechtlichen Schule beruht das Völkerrecht auf einem dem positiven Recht vorgegebenen Gerechtigkeitsbegriff.[638] Das positive Völkerrecht muß auf dieses Gerechtigkeitsgebot ausgerichtet und der gesellschaftlichen Natur und der

---

631 Soft law ist als solches keine Innovation der Zeit nach 1945, vgl. *Kimminich*, History of the Law of Nations: Since World War II, EPIL Bd. II, 849 (855).

632 Vgl. dazu *Verdross/Simma*, Universelles Völkerrecht, §§ 654 ff.; *Graf Vitzthum*, in: Graf Vitzthum (Hrsg.), Völkerrecht (2. Aufl.), 1. Abschnitt, Rdnr. 68.

633 *Kimminich*, History of the Law of Nations: Since World War II, EPIL Bd. II, 849 (855).

634 *Ballreich*, Treaties, Effect on Third States, EPIL Bd. IV, 945 (949).

635 *Wildhaber*, SchweizJIR 36 (1980), 75 (86).

636 Einen allgemeinen Überblick über die Naturrechtsidee in rechtsgeschichtlicher und rechtsphilosophischer Perspektive liefern die Beiträge von *Lipp*, Naturrecht, LdR 1/890 und *Dreier*, Naturrecht, LdR 2/370. Stärker auf das Völkerrecht bezogen *Egido*, Natural Law, EPIL Bd. III, 515 ff.

637 Vgl. hier nur *Egido*, Natural Law, EPIL Bd. III, 515 (518).

638 *Wildhaber*, SchweizJIR 36 (1980), 75 (86).

moralischen Würde des Menschen angepaßt sein.[639] Diese objektive Ordnung ist also der Disposition der rechtserzeugenden Organe entzogen.[640] Naturrecht ist demzufolge gegenüber dem positiven Recht höherrangig[641], seiner Geltung nach autonom, und steht für einen inhaltlich vorgegebenen Normbestand.[642]

Hinsichtlich der Quelle, aus der dieses übergeordnete Recht fließt, lassen sich grob zwei Gruppen unterscheiden. Neben den auf den Willen Gottes, das heißt hier des christlichen Gottes, gestützten Theorien, die am Anfang der völkerrechtlich relevanten Naturrechtskonzeptionen standen, gibt es heutzutage verschiedene säkulare Ansätze, wonach sich die natürliche Ordnung aus Postulaten der Gerechtigkeit und Moral, aus der sozialen Eigenart der Menschen und ihrer Verbände oder aus der Vernunft (Vernunftrecht) ergibt.[643]

Nach der ursprünglichen Konzeption ist das Naturrecht statisch, also von Raum und Zeit unabhängig. Naturrecht ist danach die Gesamtheit der der Natur innewohnenden, zeitlos gültigen, vernunftnotwendigen Rechtssätze, die über den vom Menschen gesetzten Rechtssätzen (positives Recht) stehen.[644] Nach einer modifizierten Auffassung ist das Naturrecht dagegen wandelbar.[645]

Hinsichtlich des konkreten Inhalts des Naturrechts kann hier keine Aussage gemacht werden. Denn auch in ihren Aussagen über die Inhalte divergieren die Vertreter der Naturrechtslehre erheblich.[646] Auf diese schon von *Bentham* (1748-1832) pointiert angesprochene Problematik[647] wird im weiteren Verlauf noch näher einzugehen sein.

---

639 *Wildhaber*, SchweizJIR 36 (1980), 75 (86).

640 *Simma*, Geltungsgrund, LdR 4/350, 1.

641 Hinsichtlich des Verhältnisses des Naturrechts zum positiven Recht können insgesamt drei Strömungen innerhalb der naturrechtlichen Schule ausgemacht werden (vgl. hierzu *Verdross*, Verfassung, 24). Die erste, die das positive Völkerrecht leugnet und das Naturrecht an seine Stelle setzt, wird heute nicht mehr vertreten. Die andere Extremposition hält nur "wenige oberste Grundsätze [für] unmittelbar einsichtig, während der größte Teil der Normen auf positiver Satzung beruht, die jedoch in ihrer Geltung von jenen Grundsätzen abhängen". Zwischen diesen beiden Polen liegt die Mehrzahl naturrechtlicher Lehren.

642 *Lipp*, Naturrecht, LdR 1/890, 1.

643 *Simma*, Geltungsgrund, LdR 4/350, 1.

644 Definition nach *Tilch* (Hrsg.), Deutsches Rechtslexikon, s.v. Naturrecht.

645 Vgl. *Creifelds*, Rechtswörterbuch, s.v. Naturrecht. Als Beispiel für einen solchen Ansatz sei hier die Naturrechtslehre *Verdross*' kurz angerissen (siehe dazu zusammenfassend *Verosta*, FS Verdross (1960), 1 (25 ff.)). *Verdross* unterscheidet zwischen einem primären und einem sekundären Naturrecht. Das primäre Naturrecht umfaßt "die durch eine philosophische Reflexion zu ermittelnden Grundsätze, die jeder sittlich verbindlichen Rechtsordnung zugrundeliegen" (*Verdross*, Naturrecht, WVR II, 572 (573)). Dieses unwandelbare primäre Naturrecht wird durch Anwendung seiner Grundsätze auf bestimmte geschichtliche Verhältnisse durch das sekundäre, veränderliche, Naturrecht ausgestaltet (vgl. *Verdross*, Rechtsphilosophie, 274 ff. m.w.N.).

646 Ein berühmtes Beispiel hierfür stellen die sich diametral entgegenstehenden Werke von *John Selden* (Mare clausum, 1635) und *Hugo Grotius* (Mare Liberum, 1608) dar. Siehe hierzu und allgemein zur Problematik *Schwarzenberger*, Inductive Approach, 12/Fn. 14.

647 "A great multitude of people are continually talking of the Law of Nature; and then they go on giving you their sentiments about what is right and what is wrong: and these sentiments, you

(2) *Positivistische Ansätze*

Der Rechtspositivismus identifiziert den Begriff des "Rechts" mit dem des Gesetzes, das heißt der Setzung des Willens des kompetenten Rechtsetzers; das Naturrecht hat danach lediglich die Bedeutung eines bloßen Ratschlags.[648] Der Kern dieser Auffassung wird in der zentralen Aussage der Lotus-Entscheidung des StIGH zusammengefaßt: "The rules of law binding upon states ... emanate from their own free will as expressed in conventions or by usages generally accepted as expressing principles of law".[649]

In dieser Formulierung des StIGH klingt auch an, daß nicht nur der Inhalt der völkerrechtlichen Normen als durch den Willen der Staaten determiniert angesehen wird. Auch die Frage, weshalb die Willenserklärungen der kompetenten Rechtsetzer rechtlich verbindlich sind, also nach dem Geltungsgrund des Völkerrechts[650], beantworten viele Vertreter des Positivismus unter Rückgriff auf den Willen der Staaten (sog. Willenstheorien[651]). Diese ersten Ansätze zur Lösung der Frage nach dem Geltungsgrund im Rahmen einer positivistischen Grundkonzeption erfaßten das Völkerrecht also als Selbstbindungsrecht. So führten *Jellinek* und andere Autoren die Selbstverpflichtung des Staates als Quelle allen Rechts an.[652] Insofern wird eingewandt, daß eine solche autonome Selbstbindung rechtslogisch unmöglich sei, wobei als entscheidend der Einwand anzusehen ist, daß der (Bindungs-) Wille selbst nur eine Tatsache und keine Norm ist[653] - "Wollen ist kein Sollen"[654]. Deshalb führen

---

are to understand, are so many chapters and sections of the Law of Nature." (*Bentham*, The Principles of Morals and Legislation, 18 (Kap. II, 14, Anm. 1 (6)).

648 *Wildhaber*, SchweizJIR 36 (1980), 75 (86).

649 StIGH, Urteil vom 7.9.1927 in *The Case of the S.S. "Lotus"*, PCIJ Ser. A No. 10, 18.

650 Dazu allgemein *Simma*, Geltungsgrund, LdR 4/350.

651 Vgl. zu den verschiedenen Willenstheorien oben B.VIII.2.b), S. 57, sowie *Ipsen*, Völkerrecht, § 1, Rdnr. 20 ff.; *Dahm/Delbrück/Wolfrum*, Völkerrecht I/1, 35 f.; *Graf Vitzthum*, in: Graf Vitzthum (Hrsg.), Völkerrecht (2. Aufl.), 1. Abschnitt, Rdnr. 63. - Zum Teil werden diese Ansätze, wonach ein Staat nur an solche Regeln gebunden ist, denen er zugestimmt hat, auch als "voluntaristisch" bezeichnet (z.B. *Graf Vitzthum*, in: Graf Vitzthum (Hrsg.), Völkerrecht (2. Aufl.), 1. Abschnitt, Rdnr. 63). Dem wird hier nicht gefolgt, weil durch den häufig mit einer negativen Konotation verbundenen Begriff des Voluntarismus zahlreiche Unklarheiten erzeugt werden können. So unterscheiden einige Autoren zwischen willenstheoretischen Ansätzen und voluntaristischen und sehen das Verdienst der Willenstheorien gerade darin, "nicht in einen reinen Voluntarismus abzugleiten" (*Simma*, Geltungsgrund, LdR 4/350, 1; ähnlich unterscheidet *Ago*, Positivism, EPIL Bd. III, 1072 (1073) zwischen "legal positivism [and] mere State voluntarism). Schon im Ansatzpunkt völlig von der üblichen Verwendung des Begriffs abweichend, hat *Schwarzenberger* nicht den Willen der Staaten, sondern den der Völkerrechtler im Blick. Der Begriff des Voluntaristen wird hier pejorativ verwendet und bezeichnet einen Autor, der das geltende Recht - das ist bei *Schwarzenberger* das positive, induktiv zu ermittelnde - nicht richtig erfaßt, weil er seine eigenen Vorstellungen nicht ausblendet. Der Begriff des Voluntarismus ist in diesem Verständnis nicht zwingend mit einer der beiden prinzipiellen Grundansichten zum Völkerrecht verbunden: "Voluntarists in both camps decide with an air of infallibility what God an Reason ordain, and State practice is usually more honoured by neglect than systematic study" (*Schwarzenberger*, Inductive Approach, 13).

652 S. oben S. 57.

653 *Verdross*, Verfassung, 21; vgl. dazu, daß nur eine Norm und nicht die Tatsache eines Willensaktes Geltungsgrund einer Norm sein kann, auch *Kelsen*, FS Verdross (1960), 157 (164).

alle Selbstbindungslehren, konsequent zu Ende gedacht, zu dem Ergebnis, daß das Völkerrecht als äußeres Staatsrecht vom (aktuellen) Willen der einzelnen Staaten abhängig bleibt.[655] Dieses Problem läßt sich auch nicht durch den Rückgriff auf einen gemeinsamen Willen mehrerer Staaten lösen, wie es etwa die *Triepel*'sche Vereinbarungs-Theorie und verwandte Ansätze[656] versuchte.[657] Die Begründung der Normativität des Staatswillens setzt daher eine über den Staaten stehende (Grund-)Norm voraus, aus der sich die Verbindlichkeit des Selbstbindungs-Willens ergibt[658]. Deshalb entwickelte sich in der positivistischen Lehre mit dem Normativismus[659] (vertreten namentlich von *Kelsen* und *Anzilotti*) ein neuer Ansatz, der als letzten Grund die Geltung des (Völker-)Rechts auf eine hypothetische Grundnorm[660] beziehungsweise Fiktion stützt, die den Normen des Völkerrechts ihre Verbindlichkeit zuspricht.

(3) *Völkerrechtsleugner*

Auch nach dem Zweiten Weltkrieg wurde vor allem von Vertretern der analytischen Schule der Rechtsphilosophie der Rechtscharakter des Völkerrechts verneint. Wie schon bei *Austin*[661] wird dabei ein Rechtsbegriff vorausgesetzt, der nur solche Normensysteme als Recht bezeichnet, die mit Zwangssanktionen durchsetzbar sind. Da dies beim Völkerrecht weitgehend nicht der Fall ist, wird es von den dieser Linie zugehörigen Autoren bloß als Teil der positiven Moral aufgefaßt.[662]

In der gegenwärtigen Theorie haben diese Ansätze erheblich an Bedeutung verloren. Es ist heute ganz überwiegend anerkannt, daß sie auf einem zu engen, einseitig an einem idealisierten Typus des innerstaatlichen Rechts orientierten,[663] Rechtsbegriff beruhen. Die Ansicht, daß "Recht" begriffsnotwendig ein Befehls- und Subordinationssystem sei, ist mit der heute ganz herrschenden Meinung zurückzuweisen. Es hat sich die Ansicht durchgesetzt, daß es auch Recht zwischen Gleichgeordneten geben kann (sog. genossenschaftliches Recht) und daß auch andere

---

654 *Kaufmann*, in: Kaufmann/Hassemer (Hrsg.), Einführung in Rechtsphilosophie und Rechtstheorie der Gegenwart, 30 (148).

655 Vgl. zu dieser Konsequenz des *Jellinek*'schen Ansatzes *Verdross/Simma*, Universelles Völkerrecht, § 14.

656 Vgl. zu den auf einen Gemeinwillen abstellenden Ansätzen oben B.VIII.2.b), S. 58, sowie z.B. *Dahm*, Völkerrecht I, 9; *Ipsen*, Völkerrecht, § 1, Rdnr. 22 f.

657 Vgl. dazu, daß der Staatswille - weder der eines einzelnen Staates noch der gemeinsame mehrerer oder aller Staaten - die Normativität des Völkerrechts nicht zu begründen vermag *Dahm*, Völkerrecht I, 9; *Steinberger*, Sovereignty, EPIL Bd. IV, 500 (511); *Simma*, Geltungsgrund, LdR 4/350, 1.

658 *Dahm*, Völkerrecht I, 9 f.; *Wildhaber*, SchweizJIR 36 (1980), 75 (86).

659 Vgl. dazu *Ago*, Positivism, EPIL Bd. III, 1072 (1074); *Ipsen*, Völkerrecht, § 1, Rdnr. 25.

660 Grundlegend *Bindschedler*, FS Verdross (1960), 67 ff.

661 Vgl. zu ihm oben B.VIII.2.a)bb), S. 55.

662 Vgl. zu den Völkerrechtsleugnern *Wildhaber*, SchweizJIR 36 (1980), 75 (86).

663 Vgl. zu der am gewählten Ausgangspunkt des innerstaatlichen Rechts ansetzenden Kritik z.B. *Oppenheim*, AJIL 2 (1908), 313 (330 ff.).

Sanktionen als die Durchsetzung mit Zwang dem Rechtsbegriff genügen.[664] Wenngleich über den Begriff des Völkerrechts noch immer keine Einigkeit besteht, so kann doch als geklärt gelten, daß die Möglichkeit seiner zwangsweisen Durchsetzung nicht entscheidendes Merkmal sein kann. Zutreffend bemerkt *Kaufmann*, daß die Begründung von Recht aus dem Zwang es von bloßer Gewalt ununterscheidbar macht.[665] Auf völkerrechtsleugnende Theorien wird daher im folgenden nicht näher eingegangen.

(4) *Sozialwissenschaftliche Theorien*

Nach 1945 ist eine Vielzahl von sozialwissenschaftlichen (soziologischen, policy science-) Theorien entwickelt worden. Ihr gemeinsames Merkmal ist, daß sie das (Völker-)Recht nicht isoliert, sondern als einen von mehreren sozialen Faktoren betrachten, die für die Gestaltung der internationalen Beziehungen von Bedeutung sind.[666] Besonderes Augenmerk wird dabei auf die Analyse der Wechselwirkungen zwischen diesen unterschiedlichen Faktoren gelegt.[667] Das Recht wird also als Teil eines umfassenden sozialen Prozesses gesehen.[668]

Ausgangspunkt dieser Theorien ist das soziologische und politische Substrat des Rechts.[669] Soweit sie sich mit der Frage nach der normativen Geltung beschäftigen, leiten die Vertreter der sozialwissenschaftlichen Theorien den Geltungsgrund aus diesem Substrat, letztlich aus der sozialen Natur des Menschen, her.[670] Daneben werden die Voraussetzungen der faktischen Geltung von Völkerrechtssätzen (zum Beispiel Gegenseitigkeit, Machtpotentiale der beteiligten Rechtssubjekte) untersucht.[671]

Nur wenige soziologische Ansätze beschränken sich auf die Darstellung aller Regeln, die in der Staatenpraxis effektiv befolgt werden.[672] Überwiegend gehen sie darüber hinaus und sehen ihre Aufgabe (auch) darin, Aussagen darüber zu treffen, welche Rolle das Recht in den verschiedenen sozialen (Teil-)Prozessen spielen und welche Zielsetzungen es verfolgen soll.[673]

---

664 Vgl. hierzu etwa *Berber*, Lehrbuch I, 12 ff. Noch weitergehend, da auf die Möglichkeit von Sanktionen verzichtend, *van Kleffens*, RdC 82 (1953 I), 5 (82). Vgl. zur Diskussion auch *Friedmann*, The Changing Structure, 81 ff.

665 *Kaufmann*, Gerechtigkeit, 35.

666 *Simma*, Geltungsgrund, LdR 4/350, 2.

667 *Wildhaber*, SchweizJIR 36 (1980), 75 (86).

668 *Steiner*, International Law, Doctrine and Schools of Thought in the Twentieth Century, EPIL Bd. II, 1216 (1224).

669 *Simma*, Geltungsgrund, LdR 4/350, 2.

670 Vgl. *Simma*, Geltungsgrund, LdR 4/350, 2.

671 Vgl. *Simma*, Geltungsgrund, LdR 4/350, 2.

672 Vgl. *Wildhaber*, SchweizJIR 36 (1980), 75 (86).

673 Vgl. *Steiner*, International Law, Doctrine and Schools of Thought in the Twentieth Century, EPIL Bd. II, 1216 (1224).

Der einflußreichste Ansatz aus dieser Gruppe ist der sogenannte New Haven Approach,[674] der von *Myres S. McDougal* und *Harold D. Lasswell* an der Universität Yale entwickelt wurde.[675] Ein zentrales Merkmal dieser Schule ist ihre "policy orientation":[676] Es wird als Zweck des Rechts angesehen, bestimmte gute Werte zu verwirklichen. Diese sind offenzulegen - *Lasswell* und *McDougal* griffen weitgehend auf die liberalen westlichen Werte zurück - und sind die Grundlage für die kritische Bewertung des jeweils geltenden Rechts. Sie sind aber nicht nur im Hinblick auf die Anregung von Rechtsänderungen bedeutsam, sondern spielen darüber hinaus auch eine Rolle bei der Rechtsanwendung, indem sie als Maßstab für die dabei regelmäßig zu treffenden Wahlentscheidungen herangezogen werden.

(5) *Die realistische Schule*[677]

Eng mit den sozialwissenschaftlichen Ansätzen verwandt sind die Ansätze jener Autoren, die meist unter der Bezeichnung "Realisten" zusammengefaßt werden. Ebenso wie jene betrachten sie das Völkerrecht als dynamischen Teilprozeß der internationalen Beziehungen. Dabei liegt der Schwerpunkt ihres Interesses auf der Frage, inwiefern die Regeln des Völkerrechts tatsächlich das Verhalten der Akteure bestimmen. Ihre Vorgehensweise ist tendenziell deskriptiver als die der Anhänger der sozialwissenschaftlichen Ansätze. Im einzelnen unterscheiden sich die von den Anhängern dieser Richtung getroffenen Feststellungen und Bewertungen nicht unerheblich. Gemeinsam ist ihnen, daß sie überzogenen Vorstellungen über den Einfluß des Rechts auf die realen politischen Ereignisse entgegentreten. Sie betonen die Ambiguität und Dehnbarkeit grundlegender völkerrechtlicher Normen. Überwiegend gehen sie davon aus, daß weniger Rechtsvorschriften als nationale Interessen die Lösung zwischenstaatlicher Konflikte determinieren. Einige sehen in der Macht den entscheidenden Faktor in den internationalen Beziehungen und gehen davon aus, daß das Völkerrecht lediglich ein von den Inhabern der Macht gestaltetes Instrument zur Durchsetzung ihrer Interessen ist.[678]

---

674 Vgl. *Steiner*, International Law, Doctrine and Schools of Thought in the Twentieth Century, EPIL Bd. II, 1216 (1224). Für diesen rechtstheoretischen Ansatz sind auch die Bezeichnungen "Law science and policy" und "policy oriented jurisprudence" gebräuchlich, *Schreuer*, in: Schreuer (Hrsg.), Autorität und internationale Ordnung, 63 (63/Fn. 1).

675 Vgl. zum New Haven Approach *Neuhold*, Euro-atlantisches Völkerrecht: geschichtlicher Überblick, ÖHbVR Bd. 1 (3. Aufl.), Rdnr. 128; *Schreuer*, in: Schreuer (Hrsg.), Autorität und internationale Ordnung, 63 ff.; *Steiner*, International Law, Doctrine and Schools of Thought in the Twentieth Century, EPIL Bd. II, 1216 (1224 f.); *Paulus,* Die internationale Gemeinschaft im Völkerrecht, 194 ff.

676 Vgl. dazu *Neuhold*, Euro-atlantisches Völkerrecht: geschichtlicher Überblick, ÖHbVR Bd. 1 (3. Aufl.), Rdnr. 128; *Steiner*, International Law, Doctrine and Schools of Thought in the Twentieth Century, EPIL Bd. II, 1216 (1225); *Koskenniemi,* From Apology to Utopia,170 ff.

677 Vgl. dazu *Steiner*, International Law, Doctrine and Schools of Thought in the Twentieth Century, EPIL Bd. II, 1216 (1225); *Paulus,* Die internationale Gemeinschaft im Völkerrecht, 48 ff. i.V.m. 82 ff.

678 Ein wichtiger Vertreter dieser "extrem realistischen" Variante war *Georg Schwarzenberger*, der auch das nach-klassische Völkerrecht - schwerpunktmäßig - als "Recht der Macht" beschrieb, das "eine geschickte ideologische Verschleierung der mit jedem System internationaler Machtpolitik notwendigerweise verbundenen Ungerechtigkeiten" ermöglicht habe (*Schwarzenberger*,

bb) Völkerrechtsdoktrinen in den weltpolitischen Hauptlagern

Die die Nachkriegszeit beherrschenden Gegensätze des (schwerpunktmäßig sozioökonomischen) Nord-Süd-Konflikts und des (schwerpunktmäßig politisch-ideologischen) Ost-West-Konflikts haben auch die in den jeweiligen "Welten" vorherrschenden völkerrechtlichen Perspektiven geprägt. Im folgenden sollen die jeweiligen Grundkonzeptionen kurz zusammengefaßt werden.

(1) *Völkerrechtsverständnis im westeuropäisch-atlantischen Raum*

Entsprechend der gemeinsamen Einstellung zur Wissenschaftsfreiheit finden sich in der westlichen Völkerrechtswissenschaft alle der oben angesprochenen Hauptströmungen wieder. Im Hinblick auf die Grundlegungen favorisiert eine Mehrheit säkularisierte, auf soziologische Erkenntnisse gestützte naturrechtliche Ansätze. Die verschiedenen Grundorientierungen spielen in der wissenschaftlichen Debatte jedoch nur eine untergeordnete Rolle. Grundsatzfragen sowie vor allem Differenzen bei Theorie- und Methodenfragen wurden nur wenig diskutiert.[679] Vertreter von positivistischen und naturrechtlichen Grundansätzen arbeiten nebeneinander,[680] was freilich nicht bedeutet, daß die (oft unausgesprochenen) Grundeinstellungen sich nicht auf ihre Stellungnahmen zu bestimmten Fragen auswirken.

(2) *Sozialistische Völkerrechtslehre*

Auch nach dem Zweiten Weltkrieg war für das gesamte sozialistische Lager die sowjetische Theorie maßgeblich.[681] Diese entwickelte sich in mehreren Schritten[682], auf die hier nicht im einzelnen eingegangen werden kann.[683] Die sowjetische Völkerrechtswissenschaft diente der Durchsetzung der politischen Ziele der UdSSR und war deshalb betont parteiisch.[684]

Machtpolitik, 130 ff. (132)). Zu ihm s. zusammenfassend *Paulus,* Die internationale Gemeinschaft im Völkerrecht, 82 f.

679 *Neuhold*, Euro-atlantisches Völkerrecht: geschichtlicher Überblick, ÖHbVR Bd. 1 (3. Aufl.), Rdnr. 126.

680 *Neuhold*, Euro-atlantisches Völkerrecht: geschichtlicher Überblick, ÖHbVR Bd. 1 (3. Aufl.), Rdnr. 126.

681 Vgl. zur auch völkerrechtsdogmatischen Führungsrolle der Hegemonialmacht *Uibopuu*, Die Völkerrechtsauffassung der "sozialistischen" Staaten, ÖHbVR Bd. 1 (2. Aufl.), Rdnr. 113; *Ziegler*, Völkerrechtsgeschichte, § 48 III 2.

682 Vgl. zu den Entwicklungsstufen der sozialistischen Doktrin etwa die Übersicht bei *Uibopuu*, Die Völkerrechtsauffassung der "sozialistischen" Staaten, ÖHbVR Bd. 1 (2. Aufl.), Rdnr. 119 ff.; *Friedmann*, The Changing Structure, 327 ff.

683 Ebenfalls unerörtert bleibt hier das innerhalb des Hegemonialbereichs der UdSSR geltende sog. sozialistische Völkerrecht (vgl. dazu *Uibopuu*, Die Völkerrechtsauffassung der "sozialistischen" Staaten, ÖHbVR Bd. 1 (2. Aufl.), Rdnr. 123 ff.). Die Darstellung beschränkt sich auf das allgemeine bzw. universelle Völkerrecht.

684 Vgl. *Uibopuu*, Die Völkerrechtsauffassung der "sozialistischen" Staaten, ÖHbVR Bd. 1 (2. Aufl.), Rdnr. 141.

Diese Aufgabenstellung führte zu Widersprüchen in konzeptionellen Grundannahmen und - daraus resultierend - einem Methodeneklektizismus.[685] So enthielt das marxistische Weltbild mit dem Postulat vom Absterben des Kapitalismus einerseits ein quasi-naturrechtliches Element.[686] Andererseits wurde auf der operativen Ebene, auf der die Sowjetunion zuletzt in "friedlicher Koexistenz" langfristig mit den anderen Staaten verkehren wollte,[687] eine positivistische Auffassung befürwortet.[688] Die Staaten sollten nur im Rahmen ihres eigenen Willens an Völkerrecht gebunden sein, es wurde also eine Theorie der Selbstbindung vertreten.[689]

Nachdem dieser Ansatz in früheren Zeiten als Argument eingesetzt worden war, um die Verbindlichkeit von mit den eigenen politischen Zielsetzungen konfligierendem altem ("bourgeoisen") Recht zu verneinen,[690] wurde nach dem Zweiten Weltkrieg das traditionelle Völkerrecht grundsätzlich anerkannt,[691] wobei das Prinzip der staatlichen Souveränität stark betont wurde.[692] In dieser Zeit war die sowjetische Völkerrechtsauffassung insgesamt durchaus mit der des Westens vereinbar.[693]

(3) *Die Völkerrechtsauffassung in der Dritten Welt*

Erheblich größere Herausforderungen als die sowjetische Doktrin stellten im Hinblick auf Normgefüge und Struktur des Völkerrechts die in den überwiegend neu entstandenen Staaten der Dritten Welt vertretenen Auffassungen dar.[694] Obwohl zwischen diesen Ländern durchaus Unterschiede[695] bestehen, sind im Hinblick auf

---

685 Vgl. *Uibopuu*, Die Völkerrechtsauffassung der "sozialistischen" Staaten, ÖHbVR Bd. 1 (2. Aufl.), Rdnr. 142.

686 *Uibopuu*, Die Völkerrechtsauffassung der "sozialistischen" Staaten, ÖHbVR Bd. 1 (2. Aufl.), Rdnr. 142.

687 Vgl. zu dieser Periode der sowjetischen Doktrin z.B. *Uibopuu*, Die Völkerrechtsauffassung der "sozialistischen" Staaten, ÖHbVR Bd. 1 (2. Aufl.), Rdnr. 120 f.

688 *Uibopuu*, Die Völkerrechtsauffassung der "sozialistischen" Staaten, ÖHbVR Bd. 1 (2. Aufl.), Rdnr. 142; *Steiner*, International Law, Doctrine and Schools of Thought in the Twentieth Century, EPIL Bd. II, 1216 (1226).

689 *Steiner*, International Law, Doctrine and Schools of Thought in the Twentieth Century, EPIL Bd. II, 1216 (1226). Eine wichtige Konsequenz dieser Grundannahme war die Konstruktion des Völkergewohnheitsrechts als *pactum tacitum* (vgl. *Steiner*, International Law, Doctrine and Schools of Thought in the Twentieth Century, EPIL Bd. II, 1216 (1226); *Uibopuu*, Die Völkerrechtsauffassung der "sozialistischen" Staaten, ÖHbVR Bd. 1 (2. Aufl.), Rdnr. 130).

690 Vgl. *Steiner*, International Law, Doctrine and Schools of Thought in the Twentieth Century, EPIL Bd. II, 1216 (1226).

691 Dies geschah schon ab 1938 zunächst im Rahmen einer kurzfristig angelegten Kompromißpolitik, nach 1956 dann auf der Grundlage einer auf langfristige Koexistenz angelegten Konzeption, vgl. *Uibopuu*, Die Völkerrechtsauffassung der "sozialistischen" Staaten, ÖHbVR Bd. 1 (2. Aufl.), Rdnr. 119 f.

692 *Friedmann*, The Changing Structure, 329 f.

693 Vgl. *Steiner*, International Law, Doctrine and Schools of Thought in the Twentieth Century, EPIL Bd. II, 1216 (1225); *Friedmann*, The Changing Structure, 336 f.

694 *Steiner*, International Law, Doctrine and Schools of Thought in the Twentieth Century, EPIL Bd. II, 1216 (1225).

695 Die Staaten der Dritten Welt waren zu keinem Zeitpunkt eine homogene Gruppe. Sie unterscheiden sich nicht nur kulturell, sondern (tendenziell noch zunehmend) u.a. auch im Hinblick

ihre Einstellungen zum Völkerrecht zusammenfassende Aussagen möglich.[696] Gemeinsam ist diesen Staaten nicht nur, daß sie sich mehrheitlich für eine "blockfreie" Politik entschieden,[697] sondern auch, daß sich ihre Doktrin an den marxistisch-leninistischen Theorien über Imperialismus und Ausbeutung anlehnte.[698] Im Rahmen ihrer "oft sehr eigenwilligen Ansichten"[699] spielten wirtschaftliche bzw. entwicklungspolitische Forderungen eine zentrale Rolle.

Anders als die schon im 19. Jahrhundert in das ursprünglich europäische Völkerrechtssystem integrierten Staaten, lehnten die nach dem Zweiten Weltkrieg unabhängig gewordenen afrikanischen, asiatischen und karibischen Staaten das klassische Völkerrecht, das sie im Zeitpunkt ihrer Unabhängigkeit vorfanden, zunächst überwiegend ab.[700] Sie faßten es als europäisches und imperialistisches Recht auf, das dem Ausgleich der Interessen des "Klubs" der entwickelten Staaten und der Ausbeutung des Rests der Welt durch jene gemeinsam diene.[701]

Um dieses Recht zu ersetzen, wurde die Schaffung eines neuen Völkerrechts angestrebt, das den veränderten sozialen Gegebenheiten und insbesondere auch der Befriedigung der wirtschaftlichen Interessen der neuen Staaten, das heißt ihrer Entwicklung, dienen sollte. Die Staaten der Dritten Welt forderten eine Umverteilung von politischem Einfluß und wirtschaftlichen Ressourcen, bei der sie bevorzugt behandelt werden wollten.[702] Diese Forderungen wurden zum einen als eine Art Wiedergutmachungsanspruch für das durch Kolonisation und Sklaverei erlittene Unrecht dargestellt.[703] Neben dieser antikolonialistischen Argumentation berief man sich auch auf die Vorstellung einer Demokratisierung der internationalen Beziehungen sowie auf das Konzept eines positiven Friedens, das die Entwicklung der benachteiligten Länder erfordere.[704]

Die Dritte-Welt-Staaten forderten ein besonderes Entwicklungsvölkerrecht mit starken redistributiven Elementen[705], das ihnen unter anderem einen einseitigen An-

---

auf ihre wirtschaftliche Leistungsfähigkeit. Vgl. *Ginther*, Die "Dritte Welt" und das Völkerrecht, ÖHbVR Bd. 1 (3. Aufl.), Rdnr. 137, 140, 151.

696 Vgl. *Steiner*, International Law, Doctrine and Schools of Thought in the Twentieth Century, EPIL Bd. II, 1216 (1226).

697 Sie organisierten sich in der Blockfreienbewegung sowie innerhalb der Vereinten Nationen in der "Gruppe der 77". Vgl. *Seidl-Hohenveldern/Stein*, Völkerrecht, Rdnr. 147 f.; *Ginther*, Die "Dritte Welt" und das Völkerrecht, ÖHbVR Bd. 1 (3. Aufl.), Rdnr. 141 ff.

698 Vgl. *Steiner*, International Law, Doctrine and Schools of Thought in the Twentieth Century, EPIL Bd. II, 1216 (1226).

699 *Seidl-Hohenveldern/Stein*, Völkerrecht, Rdnr. 148.

700 *Seidl-Hohenveldern/Stein*, Völkerrecht, Rdnr. 56; *Wildhaber*, SchweizJIR 36 (1980), 75 (88).

701 Vgl. *Steiner*, International Law, Doctrine and Schools of Thought in the Twentieth Century, EPIL Bd. II, 1216 (1226); *Seidl-Hohenveldern/Stein*, Völkerrecht, Rdnr. 56.

702 Vgl. *Ginther*, Die "Dritte Welt" und das Völkerrecht, ÖHbVR Bd. 1 (3. Aufl.), Rdnr. 155; *Seidl-Hohenveldern/Stein*, Völkerrecht, Rdnr. 57.

703 *Seidl-Hohenveldern/Stein*, Völkerrecht, Rdnr. 57.

704 Vgl. *Ginther*, Die "Dritte Welt" und das Völkerrecht, ÖHbVR Bd. 1 (3. Aufl.), Rdnr. 155.

705 Vgl. *Steiner*, International Law, Doctrine and Schools of Thought in the Twentieth Century, EPIL Bd. II, 1216 (1226); *Graf Vitzthum*, EA 1978/1, 455 (456).

spruch auf Ressourcentransfer gewähren und das Prinzip der *inégalité compensatrice* in den internationalen Wirtschaftsbeziehungen verankern sollte.[706] Die überkommene, vom - oft durchbrochenen - Grundsatz des Freihandels geprägte wirtschaftsvölkerrechtliche Ordnung lehnten sie ab. Im bestehenden System sahen die meisten Entwicklungsländer für sich keine Entwicklungschance, sondern befürchteten, auf die Rolle eines billigen Rohstofflieferanten festgeschrieben zu werden.[707] Durchaus in der Tradition naturrechtlicher Konzepte[708] forderten sie eine auf Gleichheit und Gerechtigkeit zielende neue Ordnung.[709] Dabei beruhten ihre Einzelforderungen auf einer Entwicklungstheorie, die die freie unternehmerische Verfügung über Güter und das Spiel der Marktkräfte durch ein interventionistisches System korrigiert, in dem die Staaten als Träger wirtschaftlicher Rechte und Pflichten eine führende Rolle einnehmen.[710]

Diese Forderungen der Entwicklungsländer wurden in dem umfassenden Konzept einer "Neuen Weltwirtschaftsordnung (NWWO)" zusammengeführt, das zwei gegenläufige Grundtendenzen beinhaltete,[711] und sich wie folgt zusammenfassen läßt:[712] Auf der einen Seite stehen Forderungen nach einer Vorzugsbehandlung der Entwicklungsländer, um bestehende Entwicklungsunterschiede zu beseitigen. Zu diesem Zweck verlangten die Entwicklungsländer unter anderem ein integriertes Rohstoffprogramm, den Transfer von Kapital und Technologie, die Gewährung einseitiger tarifärer und nichttarifärer Vorzugsbedingungen im internationalen Handel sowie die gemeinsame Nutzung von außerhalb einzelstaatlicher Hoheitsbereiche gelegenen Ressourcen ("common heritage of mankind") und Verteilung der Erträge auf alle Staaten, unter besonderer Berücksichtigung der Entwicklungsländer. Auf der anderen Seite standen Forderungen, die die kollektive Eigenständigkeit der Entwicklungsländer stärken sollten. So postulierten diese insbesondere die Anerkennung einer permanenten Souveränität über Rohstoffe und die Wirtschaftstätigkeit auf dem Gebiet des jeweiligen Nationalstaates, das heißt einer (territorialen) wirtschaftlichen Souveränität, die namentlich das Recht auf eine erleichterte Enteignung oder Nationalisierung ausländischen Vermögens umfassen sollte.[713]

---

706 Vgl. *Seidl-Hohenveldern/Stein*, Völkerrecht, Rdnr. 149 ff.

707 *Graf Vitzthum*, EA 1978/1, 455 (457). - Dieser Sorge zugrunde lag die These *Raul Prebischs*, daß sich das reale Austauschverhältnis zwischen Rohstoffen und Industriegütern langfristig verschlechtere. Da die Entwicklungsländer für eine bestimmte Menge der von ihnen hergestellten Rohstoffe immer weniger Importgüter kaufen könnten, seien sie in ihren Entwicklungschancen gehemmt. Diese Behauptungen beruhen auf Vergleichen der sog. commodity terms of trade, gegen die jedoch methodische Einwände bestehen (vgl. zum Ganzen *Glismann et al.*, Weltwirtschaftslehre II, Rdnr. 363 ff.).

708 Vgl. *Egido*, Natural Law, EPIL Bd. III, 515 (518).

709 *Graf Vitzthum*, EA 1978/1, 455 (457).

710 Vgl. *Graf Vitzthum*, EA 1978/1, 455 (457); *Steiner*, International Law, Doctrine and Schools of Thought in the Twentieth Century, EPIL Bd. II, 1216 (1226); *Ginther*, Die "Dritte Welt" und das Völkerrecht, ÖHbVR Bd. 1 (2. Aufl.), Rdnr. 186.

711 Vgl. *Graf Vitzthum*, EA 1978/1, 455 (458).

712 Vgl. hierzu die Übersichten bei *Graf Vitzthum*, EA 1978/1, 455 (458 f.); *Verdross/Simma*, Universelles Völkerrecht, § 507.

713 Vgl. hierzu auch *Durner*, Common Goods, 43 ff.

In den 70er Jahren setzten die Entwicklungsländer auf eine Konfrontation mit den Industriestaaten, um diese Forderungen durchzusetzen.[714] Rechtliche Instrumente in der Auseinandersetzung mit den entwickelten Staaten, die insgesamt nicht Willens waren, sich zu den erhobenen Forderungen freiwillig zu verpflichten, waren dabei zum einen naturrechtliche Begründungen der erhobenen Ansprüche.[715] Zum anderen wurde versucht, die mit der Mehrheit der Entwicklungsländer verabschiedeten Beschlüsse verschiedener Gremien der Vereinten Nationen, insbesondere ihrer Generalversammlung,[716] als neuen Rechtserzeugungsmechanismus durchzusetzen.[717] Nachdem sich Mitte der 80er Jahre gezeigt hatte, daß sich die Entwicklungsländer mit ihren weitreichenden Forderungen nicht hatten durchsetzen können, änderten sich auch die Formen der Auseinandersetzung. Man ging zu einem Nord-Süd-Dialog über, "der die nun dominierende Position der Industrieländer nicht verleugnen konnte".[718]

Im Hinblick auf das Konzept der Souveränität weisen die hier dargestellten Auffassungen der Dritten Welt widersprüchliche Tendenzen auf.[719] Auf der einen Seite sollen, gestützt auf den Gedanken der Solidarität, staatliche Befugnisse namentlich der Industrieländer auch gegen den Willen der Betroffenen eingeschränkt werden,[720] was klassischen Souveränitätsvorstellungen, wie sie auch im Lotus-Urteil des StIGH[721] zum Ausdruck kamen, widerspricht. Auf der anderen Seite betonte die Dritte Welt ihre eigene Souveränität stark,[722] die sie umfassend als Recht auf Selbstbestimmung nicht nur im politischen, sondern auch im kulturellen und wirtschaftlichen Sinn deutete.[723] Ein bedeutsamer Ausdruck dieses nationalstaatlich-

---

714 Vgl. *Graf Vitzthum*, in: Graf Vitzthum (Hrsg.), Völkerrecht (1. Aufl.), 5. Abschnitt, Rdnr. 211.

715 Vgl. zur Ableitung eines ius necessarium zur Behebung der Folgen der Unterentwicklung *Ginther*, Die "Dritte Welt" und das Völkerrecht, ÖHbVR Bd. 1 (3. Aufl.), Rdnr. 177.

716 Die Forderungen nach einer NWWO sind in verschiedenen Beschlüssen der Generalversammlung enthalten. Zu nennen sind in diesem Zusammenhang insbes. folgende: Declaration on Permanent Sovereignty over Natural Resources vom 14.12.1962, Res. 1803 (XVII); Charter of Economic Rights and Duties of States vom 12.12.1974, Res. 3281 (XXIX).

717 Vgl. *Ginther*, Die "Dritte Welt" und das Völkerrecht, ÖHbVR Bd. 1 (3. Aufl.), Rdnr. 178; *Steiner*, International Law, Doctrine and Schools of Thought in the Twentieth Century, EPIL Bd. II, 1216 (1226). Neben die zum Teil sehr unkonventionellen Versuche, eine normative Kompetenz der Generalversammlung der Vereinten Nationen im geltenden positiven Recht nachzuweisen (s. dazu näher unten E.II.1.b)dd)(4)(c), S. 294) trat dabei die Forderung nach einer institutionellen Reform der Vereinten Nationen, die diese (ausdrücklich) zum Forum aller Fragen der internationalen wirtschaftlichen Zusammenarbeit machen sollte (vgl. *Verdross/Simma*, Universelles Völkerrecht, § 507).

718 Vgl. *Graf Vitzthum*, in: Graf Vitzthum (Hrsg.), Völkerrecht (1. Aufl.), 5. Abschnitt, Rdnr. 213.

719 Vgl. *Graf Vitzthum*, EA 1978/1, 455 (458).

720 *Graf Vitzthum*, EA 1978/1, 455 (458).

721 Siehe dazu oben B.X.2.a)aa)(2), S. 76.

722 *Kimminich*, in: Kroker/Veiter (Hrsg.), Rechtspositivismus, Menschenrechte und Souveränitätslehre in verschiedenen Rechtskreisen, 97 (100); *Graf Vitzthum*, EA 1978/1, 455 (458). Vgl. auch *Friedmann*, The Changing Structure, 31 f., der im Zusammenhang mit dem Auftreten vieler kleiner, kaum lebensfähiger Drittweltstaaten von einer "orgy of sovereignties" spricht (a.a.O., 32).

723 *Wildhaber*, SchweizJIR 36 (1980), 75 (88).

egoistischen, souveränitätsbetonten Denkens ist die angesprochene Beanspruchung der permanenten Souveränität über Naturschätze.[724]

b) Ansätze zu einem grundsätzlich neuen Verständnis des Völkerrechts

An Ideen der Reformbewegung aus der Zeit nach dem Ersten Weltkrieg anknüpfend[725], wurde auch nach dem Zweiten Weltkrieg eine grundlegende Wandlung der internationalen Ordnung erörtert. Ähnlich wie später wieder nach 1989 wurde von ganz verschiedenen Seiten behauptet, es sei ein "neues" Völkerrecht entstanden. Dabei sahen zwar alle Autoren, die derartige Behauptungen aufstellten, in dem jeweils von ihnen beschriebenen "modernen Völkerrecht" einen großen Fortschritt, aber ihre Auffassungen von diesem modernen Völkerrecht unterschieden sich in den (angeblichen) Inhalten ebenso wie in den Motiven, die die jeweiligen Autoren bewegten.[726]

So erlaubte es diese Evolution aus Sicht der sowjetischen Lehre, im Schutz der "friedlichen Koexistenz" den Sieg des Sozialismus im Wettbewerb der Systeme abzuwarten.[727] Aus der Sicht der Juristen aus der 3. Welt versprach das neue Völkerrecht Unabhängigkeit und Entwicklung ihrer Staaten.[728] Beide Gruppen wurden im vorangegangenen Abschnitt bereits angesprochen. Hier soll es nun noch um eine dritte Gruppe von "Neurechtlern" gehen, die keineswegs ausschließlich dem "westlichen" Bereich zugerechnet werden können. Gemeinsam ist ihnen die optimistische Interpretation der Veränderungen im Sinne des Heraufziehens "d'une ère de paix et de coopération."[729]

Im folgenden werden einige von diesen für die weitere Untersuchung besonders wichtige Ansätze angesprochen, die sich fundamental mit der Frage der Souveränität auseinandersetzten und zu dem Ergebnis ihrer Überwindung oder signifikanten Wesensänderung kamen. Wenngleich sich diese Ansätze überschneiden, so gibt es doch Unterschiede und andere Schwerpunktsetzungen, die eine gesonderte Erörterung angemessen erscheinen lassen.

---

724 Vgl. *Ginther*, Die "Dritte Welt" und das Völkerrecht, ÖHbVR Bd. 1 (3. Aufl.), Rdnr. 181; *Dahm/Delbrück/Wolfrum*, Völkerrecht I/1, 221; *Graf Vitzthum*, EA 1978/1, 455 (458 f.).

725 Vgl. dazu oben B.IX.2., S. 62, sowie zusammenfassend *Scheuner*, Völkerrechtsgeschichte IV, WVR III, 744 (745).

726 Vgl. *Weil*, RdC 237 (1992 VI), 25 (29).

727 Vgl. *Weil*, RdC 237 (1992 VI), 25 (29).

728 Vgl. *Weil*, RdC 237 (1992 VI), 25 (29).

729 Vgl. *Weil*, RdC 237 (1992 VI), 25 (29).

aa) Wandel der sozialen Basis der internationalen Beziehungen - Das "droit international nouveau" des Alejandro Alvarez als Beispiel für gemeinschaftliche Konzeptionen

Eine erste Gruppe von Autoren gründete ihre Ansichten über ein neues Völkerrecht in der Feststellung einer grundlegenden Veränderung des sozialen Substrats der internationalen Beziehungen. Um den fundamentalen Wandel zu beschreiben, griffen sie die von *Tönnies* in der ersten Auflage von "Gemeinschaft und Gesellschaft" (1887) entwickelten soziologischen Idealtypen menschlicher Gesellung von Gesellschaft (society; société) und Gemeinschaft (community; communauté) auf.[730]

Als Ausgangspunkt ihrer Überlegungen fokussierten die Vertreter dieser Richtung die zunehmende Interdependenz zwischen den Staaten, die sie durch den technischen Fortschritt bedingt sahen, und leiteten daraus neue Konzeptionen für das Völkerrecht ab: Das juristische Weltbild wandelte sich bei ihnen von dem einer Staaten-Gesellschaft, in der die einzelnen Staaten vorzugsweise in bilateralen Verhältnissen ihre egoistischen Ziele verfolgt hatten, in das einer internationalen Gemeinschaft, die sich von gemeinsamen Werten leiten läßt und gemeinschaftliche Zwecke verfolgt.[731] So sprach beispielsweise *Sir Robert Jennings* von einem Übergang von einem "state-minded" zu einem "community-minded" Völkerrecht.[732] Auch der Algerier *Bedjaoui* beschwor den Übergang von einem "droit oligarchique à un droit de communauté",[733] worin zugleich die typische Dritte-Welt-Perspektive zum Ausdruck kommt.

In der inhaltlichen Tendenz ähnlich, allerdings unter umgekehrtem Vorzeichen formulierte schon früh der hier näher zu betrachtende Chilene *Alejandro Alvarez*, der von 1946 bis 1955 Richter am IGH war[734], sein "droit international nouveau" ("New International Law").[735] In zahlreichen Sondervoten stellte er die Konsequenzen der seiner Ansicht nach vollzogenen Transformation der "l'ancienne *communauté* des nations ... en une véritable *société* international"[736] dar. Seine Thesen vom Recht dieser Gesellschaft waren nicht nur Bezugspunkt heftiger literarischer Auseinander-

730 Auf Einzelheiten des zwischen beiden Formen der Gesellung (= Oberbegriff) bestehenden Kontinuums wird später noch näher einzugehen sein. Vgl. zunächst nur *Miner*, Community-Society Continua, in: Sills (Hrsg.), Encyclopedia of the Social Sciences Bd. 3, 174 ff.

731 *Weil*, RdC 237 (1992 VI), 25 (29).

732 Vgl. zu *Jennings Weil*, RdC 237 (1992 VI), 25 (29).

733 Vgl. zu *Bedjaoui Weil*, RdC 237 (1992 VI), 25 (29).

734 Biographische Angaben zu ihm finden sich im Yearbook of the International Court of Justice 1946-1947, 43 ff. - Zu *Alvarez*' führender Rolle in der lateinamerikanischen Bewegung, die weitgehend folgenlos ein besonderes (latein-)amerikanisches Völkerrecht postuliert hatte, vgl. *Nussbaum*, Geschichte, 312 f.; *Kunz*, Völkerrecht, allgemein, WVR III, 611 (612); siehe auch *Oppenheim/Lauterpacht*, International Law I (8. Aufl.), § 29b m.N.

735 Vgl. zusammenfassend zur Konzeption *Alvarez´* sowie zu verwandten Ansätzen *Koskenniemi,* From Apology to Utopia, 181 ff.

736 *Alvarez*, Ind. Op. zu *Article 4 of the Charter of the United Nations*, ICJ Reports 1947-1948, 67 (68), Hervorhebungen im Original.

setzungen.[737] Sie haben darüber hinaus zwar weniger die Praxis des allgemeinen Völkerrechts, wohl aber die Ausgestaltung der Beziehungen zwischen den Mitgliedern internationaler Organisationen - und hier namentlich der Vereinten Nationen - beeinflußt.[738]

Alvarez meint, die überkommene juristisch und individualistisch geprägte Konzeption des Völkerrechts sei überholt und werde nach und nach durch eine neue Konzeption ersetzt, wonach das Völkerrecht "not strictly juridical" sei, sondern auch politisch, wirtschaftlich, sozial und psychologisch; dadurch würden alle grundlegenden Elemente des hergebrachten individualistischen Rechts tiefgreifend verändert, woraus die Notwendigkeit ihrer Rekonstruktion resultiere.[739]

Ausgangspunkt der Überlegungen *Alvarez'* ist die Feststellung eines grundlegenden Wandels der internationalen Beziehungen, durch den deren Natur und in der Konsequenz auch das Völkerrecht verändert worden sei. Von zentraler Bedeutung ist dabei auch bei *Alvarez* die Interdependenz: Sie sei durch die immer engeren Beziehungen zwischen den Staaten verursacht worden und habe die Transformation von der Gemeinschaft der Staaten in eine internationale Gesellschaft zur Folge gehabt.[740] Diese Gesellschaft habe zwar weder exekutive noch legislative oder judikative Befugnisse, dies seien jedoch zwar Charakteristika einer nationalen Gesellschaft, für das Vorliegen einer internationalen Gesellschaft jedoch nicht konstituierend.[741]

Die internationale Gesellschaft habe eigene Ziele und umfasse alle Staaten der Welt unabhängig von ihrer Zustimmung; die Staaten seien nicht absolut souverän, sondern "interdependent"; sie hätten nicht nur Rechte, sondern auch Pflichten gegenüber den anderen Staaten sowie gegenüber der Gesellschaft insgesamt; schließlich sei diese Gesellschaft organisiert.[742] Wie schon zuvor der Völkerbund dienten die Vereinten Nationen der Organisierung dieser Gesellschaft, wobei die Ziele dieser Organisation nicht auf bestimmte Staaten beschränkt, sondern weltweiter Natur seien.[743] Dabei komme der aktuellen Mitgliedschaft in der Organisation hinsichtlich der Rechte und Pflichten eines Staates keine wesentliche Rolle zu: Nichtmitglieder hätten zwar nicht die Rechte und Pflichten aus der Charta, aber

---

737 Sehr kritisch z.B. *Schwarzenberger*, CLP 4 (1951), 1 (5 ff.).

738 Vgl. *Schwarzenberger*, International Law I, 19 f.

739 Alvarez, Ind. Op. zu *Article 4 of the Charter of the United Nations*, ICJ Reports 1947-1948, 67 (69).

740 Vgl. *Alvarez*, Ind. Op. zu *Article 4 of the Charter of the United Nations*, ICJ Reports 1947-1948, 67 (68).

741 Vgl. *Alvarez*, Ind. Op. zu *Article 4 of the Charter of the United Nations*, ICJ Reports 1947-1948, 67 (68).

742 Vgl. *Alvarez*, Ind. Op. zu *Article 4 of the Charter of the United Nations*, ICJ Reports 1947-1948, 67 (68).

743 Vgl. dazu *Alvarez*, Ind. Op. zu *Article 4 of the Charter of the United Nations*, ICJ Reports 1947-1948, 67 (68).

diese seien ihnen als Mitglieder der universellen Gesellschaft der Staaten verliehen beziehungsweise auferlegt.[744]

Nach den "cataclysmes sociaux" des Zweiten Weltkrieges sei eine neue Ordnung entstanden und mit ihr ein neues internationales Recht.[745] Dieses *droit d'interdépendance sociale*[746] bedeute nicht nur eine Rekonstruktion der grundlegenden Prinzipien des Völkerrechts, sondern umfasse auch völlig neue Elemente.[747] Wichtige Charakteristika des neuen Völkerrechts sollen sein, daß es nicht nur die Abgrenzung, sondern auch den Ausgleich der Rechte der Staaten betrifft, stets das allgemeine Interesse voll berücksichtigt, den Gedanken der Pflichten der Staaten (s.o.) betont, den Rechtsmißbrauch verurteilt, sich selbst den sich wandelnden Erfordernissen des internationalen Lebens anpaßt und daher mit der Politik harmoniert, und schließlich, daß es zu den Rechten, die das "droit strictement juridique" den Staaten verleiht, jenes hinzufügt, wonach die Staaten Anspruch auf Mitgliedschaft in der "l'organisation international qui s'établit" haben.[748]

Ausdrücklich weist *Alvarez* den Einwand zurück, bei diesen Behauptungen handele es sich um Vorstellungen de lege ferenda.[749] Nach seiner Ansicht ist das neue Völkerrecht kein Konstrukt der Theorie (spéculation), sondern Produkt der Realitäten des internationalen Lebens und des gemeinsamen Rechtsbewußtseins der Nationen.[750]

Von besonderem Interesse ist im Zusammenhang dieser Untersuchung der (behauptete) Einfluß des "Neuen Völkerrechts" auf die staatliche Souveränität. Insoweit führt *Alvarez* unter Hinweis auf Art. 2 Nr. 1 SVN aus, daß die internationale Gesellschaft weder die Unabhängigkeit und Souveränität der Staaten noch ihre rechtliche Gleichheit abschaffe, die Souveränität und die aus ihr fließenden Rechte aber im Hinblick auf die allgemeinen Interessen dieser Gesellschaft beschränke (elle limite cette souveraineté).[751] Nach klassischem Völkerrecht seien die Souveränität der Staaten und die daraus fließenden Rechte absolut gewesen. Daher habe jeder Staat seine Rechte schrankenlos ausüben können, beziehungsweise die einzige Begrenzung staatlicher Rechte habe in den Rechten der anderen Staaten bestanden und nur selten im allgemeinen Interesse. Jeder Staat sei völlig frei gewesen, seine Rechte auszuüben, sogar sie zu mißbrauchen, ohne sich für sein Verhalten gegen-

---

744 Vgl. *Alvarez*, Ind. Op. zu *Article 4 of the Charter of the United Nations*, ICJ Reports 1947-1948, 67 (68).

745 *Alvarez*, Diss. Op. zu *Reservations to Genocide Convention*, ICJ Reports 1951, 49 (50 f.).

746 Alvarez, Ind. Op. zu *Article 4 of the Charter of the United Nations*, ICJ Reports 1947-1948, 67 (69).

747 Vgl. *Alvarez*, Ind. Op. zu *Article 4 of the Charter of the United Nations*, ICJ Reports 1947-1948, 67 (67).

748 Vgl. Zusammenfassung in *Alvarez*, Ind. Op. zu *Article 4 of the Charter of the United Nations*, ICJ Reports 1947-1948, 67 (69 f.).

749 *Alvarez*, Diss. Op. zu *Admission to the United Nations*, ICJ Reports 1950, 12 (13).

750 Alvarez, Ind. Op. zu *Article 4 of the Charter of the United Nations*, ICJ Reports 1947-1948, 67 (69).

751 *Alvarez*, Diss. Op. zu *Admission to the United Nations*, ICJ Reports 1950, 12 (13).

über irgend einer Instanz rechtfertigen zu müssen. Nunmehr habe sich die Situation geändert; der Begriff der absoluten Souveränität sei überwunden. Das allgemeine Interesse, das Interesse der internationalen Gesellschaft, müsse die Grenzen der Rechte der Staaten begründen und es möglich machen zu entscheiden, ob diese Rechte mißbraucht worden seien. Es wäre bedeutungslos, von Solidarität, Interdependenz, Kooperation, dem allgemeinen Interesse, menschlichem Glück etc. zu sprechen, wenn die Staaten weiterhin ihre Rechte frei und ohne Einschränkung ausüben dürften.[752]

Wichtig und mit der Souveränitätsfrage in engem Zusammenhang stehend sind die von *Alvarez* behaupteten Änderungen hinsichtlich der Rechtserzeugung. Im Vergleich zu den Zeiten des alten Völkerrechts vollziehe sich die Rechtsetzung nicht nur schneller, manchmal sogar plötzlich, sondern auch in anderen Formen.[753] Von zentraler Bedeutung ist, daß *Alvarez* den Staaten das Monopol auf die Rechtsetzung abspricht.[754] Der Doktrin wird eine überragende Rolle eingeräumt: "En effet, ... il y a ... surtout la doctrine des juristes ..."[755] Zukünftig werde es zuvörderst die Aufgabe der Generalversammlung, des IGH und der Juristen sein, für die Erzeugung (créer) des neuen Völkerrechts zu sorgen.[756] Aber auch soweit die Staaten selbst noch das Recht setzen, ergeben sich wichtige Änderungen, die sich besonders bei solchen multilateralen Verträgen zeigen, die bestimmte Kriterien erfüllen und deshalb als "Conventions" bezeichnet werden. Das Neue Völkerrecht verwerfe insofern das Konsensprinzip und die daraus folgende Einstimmigkeitsregel.[757] Nationale Souveränität habe sich vor dem Willen der Mehrheit, der das allgemeine Interesse repräsentiere, zu beugen.[758] Die von der Mehrheit unterzeichneten Konventionen seien verbindlich auch für diejenigen Staaten, die sie nicht ausdrücklich akzeptiert hätten.[759]

Außer "den Juristen" werden dadurch als neue rechtserzeugende Institutionen der IGH und die Generalversammlung[760] postuliert. Auf beide wird später noch näher einzugehen sein. Hier sei nur kurz auf die Begründung hinsichtlich des IGH eingegangen, deren Bedeutung weniger in den (kaum haltbaren) Einzelargumenten liegt, als in dem Grundansatz, der zu dem Schwerpunkt einer anderen Gruppe von Re-

---

752 *Alvarez*, Diss. Op. zu *Admission to the United Nations*, ICJ Reports 1950, 12 (14).

753 *Alvarez*, Diss. Op. zu *Admission to the United Nations*, ICJ Reports 1950, 12 (13).

754 *Alvarez*, Diss. Op. zu *Admission to the United Nations*, ICJ Reports 1950, 12 (13).

755 *Alvarez*, Diss. Op. zu *Admission to the United Nations*, ICJ Reports 1950, 12 (13).

756 *Alvarez*, Diss. Op. zu *Admission to the United Nations*, ICJ Reports 1950, 12 (13).

757 *Alvarez*, Diss. Op. zu *Reservations to Genocide Convention*, ICJ Reports 1951, 49 (51). Vgl. auch *Alvarez*, Diss. Op. zu *Admission to the United Nations*, ICJ Reports 1950, 12 (21), wonach es eine "Absurdität" wäre, wenn ein Staat durch Ausübung seines Vetorechts im Sicherheitsrat den Beitritt eines anderen Staates verhindern könnte.

758 *Alvarez*, Diss. Op. zu *Reservations to Genocide Convention*, ICJ Reports 1951, 49 (52).

759 *Alvarez*, Diss. Op. zu *Reservations to Genocide Convention*, ICJ Reports 1951, 49 (52).

760 Zur Generalversammlung vgl. insbes. *Alvarez*, Diss. Op. zu *Reservations to Genocide Convention*, ICJ Reports 1951, 49 (51 f.). Dort wird der Generalversammlung zwar nicht eine generelle Legislativgewalt zugeschrieben, sie soll aber eine solche Stellung einnehmen können, wenn die Regierungen und die öffentliche Meinung dies unterstützten.

formern, den "Konstitutionalisten" überleitet. Zur Begründung seiner Behauptung, der IGH habe das neue Völkerrecht bereits anzuwenden[761] beruft sich *Alvarez* außer auf die veränderten Umstände auch auf die Resolution Nummer 171 (II) der Generalversammlung der Vereinten Nationen[762], die dem Gerichtshof auch die Aufgabe der "création" von Völkerrecht zuweise.[763] Er bekennt sich dabei ausdrücklich dazu, methodisch wie im Bereich des nationalen Verfassungsrechts vorzugehen.[764]

bb) Der Übergang von der unorganisierten zur organisierten Staatengemeinschaft - "Verfassungsmodelle"

Im Schrifttum wird vielfach der wesentliche Unterschied zwischen klassischem und modernem Völkerrecht in dem Wechsel von der nichtorganisierten zur organisierten Staatengemeinschaft gesehen.[765] Mit der Etablierung der Vereinten Nationen fand die bereits im 19. Jahrhundert einsetzende Organisierung der Staatengesellschaft[766] ihren Höhepunkt. Aus diesem Umstand der Organisierung werden zum Teil sehr weitreichende Konsequenzen gezogen, die auf eine Neukonstruktion des Völkerrechts insgesamt hinauslaufen. (Auch) innerhalb dieser Gruppierung gibt es allerdings unterschiedliche Ausprägungen und Abstufungen.[767]

Von der soeben dargestellten Ansicht *Alvarez'* unterscheidet sich diese Gruppe, die man unter der Sammelbezeichnung "Konstitutionalisten"[768] zusammenfassen kann, durch eine andere Schwerpunktsetzung. Die Ansichten zu einzelnen Rechtsfragen werden nicht aus dem relativ unbestimmten Konzept eines gemeinschaftlichen Rechts hergeleitet, sondern es wird entscheidend auf den Umstand des Organisiertseins dieser Gemeinschaft abgestellt.

Die Idee einer organisierten Staatengemeinschaft ist keineswegs neu. Bereits seit den Anfängen der Völkerrechtsdoktrin gab es Vorstellungen von einer von den Staaten verschiedenen und über ihnen stehenden Gemeinschaft mit eigener

---

761 *Alvarez*, Ind. Op. zum *Corfu Channel Case (Merits)*, ICJ Reports 1949, 39 (40).

762 Need for greater use by the United Nations and its organs of the International Court of Justice vom 14.11.1947. Abgedruckt bei Djonovich, Dusan J. (Hrsg.), United Nations Resolutions, Ser. I, Bd. I (1946-1948), New York 1972, 294 f. Die Resolution wurde nur in dem hier nicht relevanten Teil B einstimmig akzeptiert, Teil A und C wurden jeweils mit 6 Gegenstimmen angenommen, vgl. Djonovich, a.a.O., S. xxix.

763 Alvarez, Diss. Op. zu Reservations to Genocide Convention, ICJ Reports 1951, 49 (50); Alvarez, Diss. Op. zu Admission to the United Nations, ICJ Reports 1950, 12 (12); Alvarez, Ind. Op. zu Article 4 of the Charter of the United Nations, ICJ Reports 1947-1948, 67 (67).

764 *Alvarez*, Diss. Op. zu *Reservations to Genocide Convention*, ICJ Reports 1951, 49 (50).

765 Z.B. *Verdross/Simma*, Universelles Völkerrecht, § 29.

766 Vgl. zu den Anfängen dieses Prozesses im 19. Jahrhundert oben B.VIII.1, S. 51.

767 Vgl. ausführlich zu den unterschiedlichen Varianten *Arangio-Ruiz*, RdC 137 (1972 III), 431 (460 ff., 629 ff.).

768 Als Vertreter dieser Richtung nennt *Arangio-Ruiz* u.a. *Humphrey Waldock* (*Arangio-Ruiz*, The Normative Role of the General Assembly of the United Nations and the Declaration of Friendly Relations, RdC 137 (1972 III), 637 m.N.) und *Wilfred Jenks* (*Arangio-Ruiz*, a.a.O., 699 m.N.). Zu weiteren Anhängern der Konstitutionalisierungsthese vgl. *Paulus,* Die internationale Gemeinschaft im Völkerrecht, 293 ff.

Rechtspersönlichkeit, die bestimmte Normen als allgemein und zwingend gültig annimmt beziehungsweise feststellt, der gegenüber die Staaten Verpflichtungen haben, und die bestimmte fundamentale Interessen hat, über deren Durchsetzung sie wacht.[769] Bereits 1305 schlug *Pierre Dubois* eine Allianz aller christlichen Mächte vor.[770] In der Folgezeit wurden verschiedene praktisch orientierte Vorschläge zur Errichtung einer organisierten Gemeinschaft aller christlichen Staaten oder sogar aller Staaten der Welt gemacht, die bis zur Schaffung eines Bundesstaates gingen.[771] Einen Höhepunkt erreichte dieser Ansatz mit der *Civitas Maxima* von *Christian Wolff*, die einen alle Staaten umfassenden Weltstaat darstellte.[772] Anders als vor 1914 hat das moderne Völkerrecht jedoch mit dem Völkerbund und den Vereinten Nationen erstmals in der Geschichte Organisationen hervorgebracht, die zu den vorher entwickelten theoretischen Entwürfen eine gewisse Ähnlichkeit haben und deshalb von verschiedenen Autoren als Organisation der Weltgemeinschaft beziehungsweise deren Verkörperung angesehen wurden.

Bereits im Ansatz lassen sich dabei wichtige Unterschiede ausmachen. Eine erste Gruppe sieht in der Entstehung einer organisierten Staatengemeinschaft etwas grundlegend Neues.[773] Demgegenüber steht die Argumentation der überwiegenden zweiten Gruppe auf dem Boden der überkommenen, naturrechtlichen, universalistischen Sichtweise, die ausgehend von der Annahme einer naturrechtlichen Verbundenheit der gesamten Menschheit die staatlich organisierten Völker als Glieder der einheitlichen Weltordnung sieht.[774] In der Konsequenz dieser Argumentation liegt es, in den Vereinten Nationen nicht "die" organisierte Staatengemeinschaft zu sehen, sondern nur eine von im Zeitablauf mehreren Verkörperungen der von dieser Organisation verschiedenen und von deren rechtlichen Bestand unabhängigen organisierten Weltgemeinschaft.[775]

---

769 Vgl. zu dieser Ausprägung des Gemeinschaftskonzepts *Weil*, RdC 237 (1992 VI), 25 (308).

770 Vgl. hierzu *Oppenheim/Lauterpacht*, International Law I (8. Aufl.), § 42 a.E.

771 Siehe zu den Entwürfen von *Marini, Sully* und *Crucé Oppenheim/Lauterpacht*, International Law I (8. Aufl.), § 42 a.E. Zu dem vordergründig als Verteidigungsbündnis erscheinenden Entwurf *Marinis*, der in Wahrheit eine französisch-böhmische Vorherrschaft in Europa begründen sollte, auch *Verdross*, Völkerrecht (1937), 8. Zu den Friedensprojekten *Crucés* und *Sullys*, dessen "*Grand Dessin*" von 1638 dem amerikanischen Präsidenten *Truman* bei seinen Überlegungen über die Gründung der Vereinten Nationen als Denkmodell diente (vgl. *Ziegler*, Völkerrechtsgeschichte, § 30 III 2) siehe bereits oben B.VI.1., S. 27.

772 Vgl. dazu oben B.VII.2.b)bb)(1), S. 43.

773 Vgl. z.B. *Waldock*, RdC 106 (1962 II), 5 (5 ff.).

774 Die Vertreter dieser Variante gehen davon aus, daß es stets ein Minimum an Organisation dieser auf der societas humana basierenden Weltordnung gegeben habe, so daß es heute nur um einen höheren Organisationsgrad gehen kann. Vgl. *Arangio-Ruiz*, RdC 137 (1972 III), 431 (639 f.), der wegen dieser Überschneidung die interindividuelle Konzeption des Völkerrechts (siehe dazu sogleich unten (4)) und die konstitutionalistische Interpretation als eine Doktrin auffaßt (*Arangio-Ruiz*, a.a.O., 630 ff., 634).

775 Diese Sichtweise spielte eine wesentliche Rolle in den *South West Africa Cases*. Um das Fortbestehen der von Südafrika ggü. dem Völkerbund übernommenen Verpflichtungen auch im Verhältnis zu den Vereinten Nationen zu belegen, berief sich Richter *Tanaka* (Diss. Op. zu *South West Africa*, ICJ Reports 1966, 248 (270)) u.a. darauf, daß der Völkerbund lediglich die eigentliche "organisierte Internationale Gemeinschaft" "repräsentiert" habe. Dabei verstand er

Diese Unterschiede sind jedoch nicht entscheidend im Hinblick auf den hier interessierenden Fragenkreis der Souveränität der Staaten. Denn gemeinsam ist den Vertretern der verschiedenen Varianten, daß sie von der Existenz einer internationalen Organisation ausgehen, deren Verfassung die völkerrechtliche Stellung der Staaten bestimmt. Dabei wird vielfach die Satzung der Vereinten Nationen als die Verfassung dieser organisierten Gemeinschaft angesehen.[776] Auf der anderen Seite ginge es aber zu weit, alle Autoren, die die Begriffe der organisierten Staatengemeinschaft beziehungsweise der Verfassung verwenden, dem hier zu erörternden Ansatz einer Neukonstruktion des Völkerrechts zuzurechnen.

Maßgeblich sind nicht die verwendeten Begriffe, sondern welcher Bedeutungsgehalt insbesondere dem Begriff der Verfassung[777] beigelegt wird.[778] Insofern zeichnen sich die hier als "Konstitutionalisten" bezeichneten Autoren dadurch aus, daß sie - sei es in der Satzung der Vereinten Nationen oder daneben - eine "Verfassung" sehen, deren Inhalte mehr oder weniger dem oben skizzierten Leitbild einer Weltgemeinschaft mit eigener Rechtspersönlichkeit ähneln. Der entscheidende Punkt dieser Sicht ist dabei die Unterordnung der einzelnen Staaten unter die organisierte

---

unter dieser Gemeinschaft ein reales soziologisches Gebilde, das bereits dem Völkerbund zugrunde gelegen habe. Nunmehr werde dieses Gebilde durch die Vereinten Nationen "repräsentiert", so daß "in the formal sense" nunmehr diesen ggü. die Verpflichtungen des Mandatars bestünden. Vgl. ablehnend zu diesem Ansatz, der eine inhärente Kontinuität zwischen dem Völkerbund und den Vereinten Nationen herstellt, indem er sie als lediglich unterschiedliche Ausprägungen der gleichen Idee konstruiert, *Fitzmaurice*, Diss. Op. zu *Namibia (S.W. Africa)*, ICJ Reports 1971, 208 (241 f.).

776 Vgl. *Kimminich*, History of the Law of Nations: Since World War II, EPIL Bd. II, 849 (851). Allerdings beschränken nicht alle Autoren den Bereich der Verfassung der Staatengemeinschaft so eng und präzise. So zählt bspw. *Alvarez* auch bestimmte als Konventionen bezeichnete multilaterale Verträge in sein "new international constitutional law" ein (s.o. B.X.2.b)aa), S. 89).

777 Mit *Verdross*, Verfassung, Vorwort, kann allgemein unterschieden werden zwischen einem formellen Verfassungsbegriff, der die in einer Verfassungsurkunde enthaltenen Normen bezeichnet, einem materiellen Verfassungsbegriff, der die Gesamtheit jener Normen bezeichnet, die die Grundordnung einer Gemeinschaft regeln, sowie der Verfassung im rechtssystematischen bzw. rechtslogischen Sinne, d. i. "die oberste Norm oder Normengruppe, die Grundnorm".

778 Nicht jeder, der von der Verfassung der organisierten Staatengemeinschaft spricht, behauptet damit notwendig zugleich eine grundlegende Neukonstruktion des Staates und seiner Souveränität. Bspw. ist der Ansatz von *Verdross/Simma* mit dem sog. Konsensprinzip, das eine zentrale Ausprägung des klassischen Souveränitätsverständnisses darstellt (vgl. zu dem im Urteil des StIGH im Falle der *Lotus* betonten Erfordernis der Zustimmung der Staaten zu sie bindenden Regeln des Völkerrechts oben B.X.2.a)aa)(2), S. 76), durchaus vereinbar. Denn sie stellen bei der Begründung ihrer Ansicht, die Satzung der Vereinten Nationen sei die Verfassung der Staatengemeinschaft, maßgeblich darauf ab, daß alle Staaten - namentlich auch die Nichtmitglieder - den in ihr enthaltenen Grundsätzen zugestimmt hätten (*Verdross/Simma*, Universelles Völkerrecht, § 91). Demgegenüber konstruiert *Alvarez*, wie unter B.X.2.b)aa), S. 86, gezeigt, gerade Verfassungsgrundsätze auch gegen den ausdrücklichen Willen der "Verfaßten". Bei *Alvarez* zeigt sich dabei zugleich die Überschneidung des hier besprochenen Ansatzes mit dem zuvor dargestellten allgemeinen Konzept der Gemeinschaft. *Alvarez* hat bisweilen maßgeblich die Organisiertheit seiner "société" betont und mit dieser Begründung Argumentationsmuster aus dem nationalen Verfassungsrecht auf das (universelle) Völkerrecht übertragen (vgl. *Alvarez*, Diss. Op. zu *Reservations to Genocide Convention*, ICJ Reports 1951, 49 (50)).

Gemeinschaft. Diese Unterordnung der Staaten unter die (personifizierte) Gemeinschaft wird als mit der Stellung von Teileinheiten innerhalb eines (Bundes-)Staates vergleichbar gesehen. Letztlich unterstellen diese Autoren damit, daß die völkerrechtliche Ordnung nur eine andere Form eines - stark dezentralisierten - Staates sei.[779] Auf der Ebene des Verfassungsbegriffs entspricht diesem Denken die Zugrundelegung eines spezifisch an staatsrechtlichen Vorstellungen angelehnten Verfassungsbegriffs.

Der gemeinsame Nenner der hier besprochenen Ansätze liegt also in der Annahme, daß die Völkerrechtsordnung der verfaßten Ordnung innerhalb eines Nationalstaates ähnelt, mit anderen Worten, daß internationale Organisationen keinen wesensmäßigen Unterschied zu konstitutionellen Strukturen nationaler Gemeinschaften aufweisen.[780] Dies impliziert die Übertragung von "organisationsrechtlichen" Mustern des nationalen Verfassungsrechts. Da auch die Konstitutionalisten anerkennen, daß bisher kein Weltstaat besteht[781], behilft man sich mit der Annahme einer staatsfinalen (Super-)Struktur, die schon jetzt die Übertragung innerstaatlicher Konzepte auf die internationale Ebene rechtfertige. Dabei wird nicht nur angenommen, daß die Menschheit in einer föderalen Struktur organisiert sein solle, sondern daß der Völkerbund beziehungsweise die Vereinten Nationen genau diese föderale Struktur in einem frühen Entwicklungsstadium seien.[782]

Im Hinblick auf die prinzipielle Sicht des Staates und seiner Souveränität entspricht es der Übertragung der Verhältnisse eines Bundesstaates, die Staaten als juristische Untergliederungen der universellen Gesamtordnung anzusehen.[783] Ebenso wie die Legitimation der einzelstaatlichen Verfassungen wird nach dieser Sicht auch die Souveränität vom Völkerrecht verliehen.[784] Mit der Souveränität würde die Verfassung der Staatengemeinschaft den einzelnen Staaten die Rolle von Organen des Völkerrechts zuweisen.[785]

Einzelne Schlußfolgerungen aus dem konstitutionalistischen Grundverständnis haben literarische Äußerungen zu praktisch allen Problemkreisen des Völkerrechts beeinflußt.[786] Herausgehoben seien hier nur die Frage, ob es zwischen Staaten und internationalen Organisationen zu einer Souveränitätsteilung kommt[787], inwiefern bei der Auslegung von multilateralen Verträgen, die die "Verfassung" einer internationalen Organisation darstellen, besondere Auslegungsregeln gelten, die sich an inner-

779 *Arangio-Ruiz*, RdC 137 (1972 III), 431 (636 f.).

780 *Arangio-Ruiz*, RdC 137 (1972 III), 431 (629); *Paulus*, Die internationale Gemeinschaft im Völkerrecht, 293.

781 *Arangio-Ruiz*, RdC 137 (1972 III), 431 (629).

782 *Arangio-Ruiz*, RdC 137 (1972 III), 431 (630).

783 Vgl. *Arangio-Ruiz*, RdC 137 (1972 III), 431 (635).

784 Vgl. *Arangio-Ruiz*, RdC 137 (1972 III), 431 (635).

785 *Arangio-Ruiz*, RdC 137 (1972 III), 431 (635).

786 Vgl. *Arangio-Ruiz*, RdC 137 (1972 III), 431 (462 f.), mit einer Übersicht.

787 Vgl. *Arangio-Ruiz*, RdC 137 (1972 III), 431 (700 ff.).

staatlichen Vorbildern orientieren (etwa die implied-powers Regel[788]), sowie die Debatte um die legislative Funktion der Generalversammlung der Vereinten Nationen[789], die namentlich im wirtschaftsvölkerrechtlichen Bereich große Relevanz hatte, zum Beispiel als Instrument im Rahmen der Bemühungen um die Durchsetzung einer "Neuen Weltwirtschaftsordnung".[790] Konstitutionalistische Argumentationen wurden auch von Beteiligten vor dem IGH eingesetzt[791] und haben dessen Rechtsprechung beeinflußt.[792]

cc) Der Übergang vom Recht der Koexistenz zum Kooperationsrecht

Anders als die soeben dargestellte Richtung stellen die nun anzusprechenden Ansätze nicht primär die Frage der Organisation der Staaten in den Vordergrund, sondern die Inhalte der zwischen ihnen bestehenden völkerrechtlichen Pflichten. Aus diesem Blickwinkel wurde der Wandel vom klassischen oder traditionellen Völkerrecht zum modernen Völkerrecht mit einem Übergang vom Recht der Koexistenz zum Kooperationsrecht umschrieben.[793] Grundlegend war insofern das Werk *Friedmanns*[794], an den zum Beispiel *Bleckmann*[795] anknüpfte.

---

788 Vgl. zum Einsatz dieser aus dem amerikanischen Verfassungsrecht stammenden Figur *Zuleeg*, International Organizations, Implied Powers, EPIL Bd. II, 1312 ff.; *Verdross/Simma*, Universelles Völkerrecht, §§ 270 f., 780 f. - Gerade bei den letztgenannten wird deutlich, daß die Annahme einer Verfassung nicht notwendig zu Schlußfolgerungen führen muß, die mit einem traditionellen Völkerrechtsverständnis unvereinbar wären. Nicht jede teleologische Auslegung bedeutet notwendig eine kritisch zu hinterfragende bundesstaatliche Analogie. *Verdross/Simma*, Universelles Völkerrecht, § 781, betonen ausdrücklich, daß die in Frage stehenden Auslegungsmethoden "keine eigenständige Bedeutung" hätten, und daß Ausgangspunkt stets der "im konkreten Vertragswerk zum Ausdruck gelangten Ziel und Zweck" zu sein habe.

789 Vgl. insofern *Arangio-Ruiz*, RdC 137 (1972 III), 431 (463); *Seidl-Hohenveldern/Stein*, Völkerrecht, Rdnr. 492.

790 S.o. B.X.2.a)bb)(3), S. 83.

791 Siehe *Arangio-Ruiz*, RdC 137 (1972 III), 431 (463) mit einer Aufzählung von betroffenen Verfahren.

792 Vgl. *Arangio-Ruiz*, RdC 137 (1972 III), 431 (463) mit Beispielen.

793 Z.B. *Kimminich*, History of the Law of Nations: Since World War II, EPIL Bd. II, 849 (850 f.); *Friedmann*, RdC 127 (1969 II), 47 (60 ff., 91 ff.), der einen engen Zusammenhang mit dem Aspekt der Organisierung herstellt (S. 62); einen "constitutional approach" weist er aber zurück (*Friedmann*, The Changing Structure, 275 f.).

794 *Friedmann* beschreibt in seinem grundlegenden Werk über *The Changing Structure of International Law* ein Nebeneinander des herkömmlichen Koexistenzrechts und des neu hinzugetretenen Rechts der Kooperation, die unterschiedlichen Prinzipien unterworfen seien (a.a.O., 297). Das neue (positive) Kooperationsrecht finde sich in multilateralen Verträgen und v.a. im Recht der zahlreichen internationalen Organisationen (a.a.O., 251). Ausgehend von der Annahme veränderter "social demands" (a.a.O., 118) erörtert *Friedmann* die Möglichkeiten eines "legal change" (a.a.O., 118) im Völkerrecht, d.h. einer Ausweitung des Kooperationsrechts. Dabei bewegt er sich im wesentlichen im Rahmen der herkömmlichen, konsensorientierten Lehre. Er betont die Bedeutung des Vertragsrechts (a.a.O., 123) und weist naturrechtliche Ansätze zurück (a.a.O., 77). Allerdings befürwortet er eine stärkere "law-creating activity" namentlich der internationalen Gerichte bei der Evolution des Völkerrechts (a.a.O., 141 ff. (144)), wobei insbes. auch das Potential der allgemeinen Rechtsgrundsätze fruchtbar gemacht werden könnte (a.a.O., 189). Als dritte Ebene neben den hier erörterten Formen des Völkerrechts behandelt *Friedmann* den Übergang von zunächst "closely-knit regional groupings" zu einem wirklichen Gemeinschaftsrecht mit supranationalen Strukturen, wobei er insofern die Europä-

Bei der Verwendung dieses zunächst rein deskriptiven[796] Begriffspaares treten gewisse Nuancen und unterschiedliche Schwerpunktsetzungen auf, die sich aber gegenseitig nicht ausschließen. Teilweise wird auf die abstrakte Art des von der Norm geforderten Verhaltens (Tun oder Unterlassen) abgestellt und der Unterschied darin gesehen, daß das neue Kooperationsrecht im Gegensatz zum früheren bloßen Recht der Koexistenz ein *facere* fordert.[797] Von anderen wird der materielle Gehalt und die Zielrichtung der Zusammenarbeitspflicht in den Vordergrund gestellt;[798] es wird betont, daß die moderne völkerrechtliche Ordnung erheblich mehr Sachgebiete, namentlich auch solche mit wirtschaftlichem Bezug einschließlich des völlig neuen Bereichs des Entwicklungsvölkerrechts regele[799] und daß die Tendenz dieser Regelungen in einer wirtschaftlichen und sozialen Orientierung[800] beziehungsweise der Schaffung einer "international social justice"[801] bestehe. Damit wird das Kooperationsrecht in soziologischen Kategorien als das Recht einer Gemeinschaft gesehen, während das traditionelle Koexistenzrecht dem einer Gesellschaft entspreche.[802]

Nicht alle Autoren beschränken sich auf die Beschreibung des Umstandes, daß das Völkerrecht immer mehr Sachgebiete erfaßt, und auf die soziologische Kategorisierung der in den neuen Regelungen enthaltenen Regelungstendenz. Einige ziehen aus der von ihnen festgestellten neuen Orientierung des Völkerrechts dogmatische Konsequenzen, die in den Ergebnissen den vorgenannten Ansätzen, insbesondere den "Verfassungsmodellen" ähneln. Danach wird das Souveränitätsdogma für überwunden erklärt und davon ausgegangen, daß das moderne Völkerrecht

ischen Gemeinschaften als Muster darstellt (a.a.O., 112 ff., 125, 370). Zur Lehre *Friedmanns* und verwandten Ansätzen vgl. auch *Paulus,* Die internationale Gemeinschaft im Völkerrecht, 181 ff.

795 *Bleckmann*, Völkerrecht, insbes. 60 ff. und 237 ff., sieht einen Wandel in den Strukturen des Völkerrechts, der bedingt durch Veränderungen der Strukturen des innerstaatlichen Rechtsraumes in der Mitte des 19. Jahrhunderts eingesetzt habe. Die Beteiligung breiter Bevölkerungsschichten, vor allem der Arbeiterschaft, an der innerstaatlichen Willensbildung sowie eine wachsende Interdependenz der Staaten und die Entwicklung der Technik (a.a.O., 68) hätten zu einer gewandelten Interessenlage der Staaten geführt. Nicht mehr der Schutz und die Entwicklung der Souveränität des jeweiligen Staates sei das letzte Ziel, sondern die Realisierung der Wohlfahrtsinteressen der breiten Bevölkerung, die nur durch Zusammenarbeit auf internationaler Ebene möglich sei. Dies führe zur Entwicklung echter Allgemeininteressen der Völkergemeinschaft (a.a.O., 67). Als wichtige Konsequenzen dieser Entwicklung nennt *Bleckmann* u.a. die Umwandlung der souveränen Berechtigungen "in echte Kompetenzen, die nur zur Durchsetzung bestimmter öffentlicher Interessen dienen und über die der Staat deshalb ... nur noch beschränkt verfügen darf" (a.a.O., 238) sowie die Entstehung von "Pflichten ... gegenüber der gesamten Völkerrechtsgemeinschaft" (a.a.O., 239 f.).

796 Vgl. zu den von dieser Begriffsverwendung zu unterscheidenden Prinzipien der "friedlichen Koexistenz", wie sie in der 3. Welt und von der sowjetischen Völkerrechtsdoktrin entwickelt wurden, *Verdross/Simma*, Universelles Völkerrecht, §§ 54 ff.

797 Z.B. *Verdross/Simma*, Universelles Völkerrecht, §§ 52 f.

798 Z.B. *Graf Vitzthum*, in: Graf Vitzthum (Hrsg.), Völkerrecht (2. Aufl.), 1. Abschnitt, Rdnr. 20.

799 Z.B. *Wildhaber*, SchweizJIR 36 (1980), 75 (76 f.); *Friedmann*, RdC 127 (1969 II), 47 (63 f., 105 ff.).

800 *Wildhaber*, SchweizJIR 36 (1980), 75 (76 f.).

801 *Kimminich*, History of the Law of Nations: Since World War II, EPIL Bd. II, 849 (850).

802 Vgl. *Friedmann*, RdC 127 (1969 II), 47 (100). Zu diesen Kategorien ausführlich unten C.II.1, S. 122.

seinen Subjekten nur noch beschränkte Kompetenzen für bestimmte Handlungsbereiche zuweise.[803] Damit wird also auch unter dieser Überschrift eine neue Sichtweise der Grundlagen des Völkerrechts postuliert, was sich unter anderem auf die Rechtserzeugung auswirkt.[804] Aus den gewandelten Rechtsinhalten wird auf einen gewandelten Rechtsentstehungsprozeß geschlossen und der koordinative Charakter des Völkerrechts in Frage gestellt.

dd) Die interindividuelle Konzeption des Völkerrechts

Auch nach dem Zweiten Weltkrieg setzte sich in der völkerrechtlichen Literatur der das gesamte 20. Jahrhundert durchziehende Trend[805] fort, die Grundlage des Völkerrechts in einer Gesellschaft beziehungsweise Gemeinschaft von Individuen zu sehen.[806] Mit dieser interindividuellen Konzeption des Völkerrechts stellte man sich bewußt gegen die klassische Sichtweise, indem man statt der Staaten (ob nun als Gesellschaft oder Gemeinschaft) die Individuen selbst als die Basis-Subjekte der Völkerrechtsordnung auffaßte. Dabei wurde teilweise ausdrücklich an die naturrechtliche Tradition dieser Ideen[807] angeknüpft.[808] Damit wird zugleich impliziert, die soziale Basis sei immer die gleiche gewesen, nur sei diese Erkenntnis zwischenzeitlich verdeckt gewesen. Freilich wäre theoretisch durchaus auch die Behauptung möglich, die "society of men" sei erst neu entstanden oder habe erst neuerdings den Charakter einer Rechtsgesellschaft angenommen.

In seinen Auswirkungen auf grundlegende völkerrechtskonstruktive Fragen ähnelt dieser Ansatz insbesondere dem konstitutionalistischen. Erklärtes Ziel der Vertreter der Theorie der Weltgesellschaft ist es, das "Dogma von der uneingeschränkten Souveränität" der Staaten zu überwinden und die Staaten unabhängig von ihrer Zustimmung an "gewisse Grundsätze" zu binden.[809] Die Staaten werden als zwischen der aus den Einzelmenschen bestehenden sozialen Basis und der universellen Rechtsordnung, als deren höchste Ebene das Völkerrecht erscheint, stehende Institutionen gesehen.[810] Sie werden als abhängige Beauftragte der internationalen

---

803 Vgl. *Kimminich*, History of the Law of Nations: Since World War II, EPIL Bd. II, 849 (851).

804 Vgl. *Kimminich*, History of the Law of Nations: Since World War II, EPIL Bd. II, 849 (851).

805 Vgl. zu wichtigen Vertretern interindividueller Ansätze in der Zeit nach dem Ersten Weltkrieg (*Duguit, Scelle, Politis*) oben B.IX.2.b), S. 64.

806 Vgl. zusammenfassend hierzu *Arangio-Ruiz*, RdC 137 (1972 III), 431 (632), dort auch zu Vertretern dieser Ansicht, zu denen *Arangio-Ruiz* u.a. *Jenks* zählt.

807 Auch die Naturrechtler waren bei der Konstruktion ihrer Systeme davon ausgegangen, daß alle rechtlichen Regeln sich letztlich an den einzelnen Menschen richten, vgl. z.B. *Egido*, Natural Law, EPIL Bd. III, 515 (518).

808 Z.B. *Del Vecchio*, ARSP 48 (1962), 289 (293 f.).

809 So z.B. *Del Vecchio*, ARSP 48 (1962), 289 (292), der die Staaten an "die von der Naturrechtslehre herausgearbeiteten Grundsätze" gebunden sieht.

810 *Arangio-Ruiz*, RdC 137 (1972 III), 431 (635).

Gemeinschaft begriffen[811] und nehmen darin lediglich die Stellung von Untergliederungen, von "provinciae totius orbis" ein.[812]

Ausgehend von der Rückführung des Völkerrechts auf die Menschen liegt es nahe, nach den Rechten dieser Basis-Subjekte zu fragen. Konsequenterweise spielen die Menschenrechte bei der Konstruktion der Beschränkungen der Handlungsfreiheit der Staaten eine zentrale Rolle.[813] Aber auch der Gesamtheit der Menschen werden Rechte zuerkannt, die Menschheit wird als Träger eines gemeinsamen Erbes gesehen.[814]

Wie bereits bei den Konstitutionalisten angesprochen, besteht ein enger Zusammenhang zwischen diesem und dem hier erörterten Ansatz. Denn an die Annahme einer universellen intersubjektiven Gesellschaft schließt sich stets die Frage nach deren Organisation an. In diesem Zusammenhang hatte schon *Scelle* mit dem Verfassungsbegriff und föderalen Parallelen gearbeitet.[815] Auch neuere Vertreter einer auf die Gesamtheit der Individuen gestützten Völkerrechtsordnung sehen die Staaten als Teileinheiten der auch rechtlich *einen* Weltgesellschaft, und sie sehen sie in der Konsequenz in einer Rolle, wie sie den Teilstaaten in einem Bundesstaat zukommt.[816] Beispielsweise fordert *Del Vecchio* ein "konstitutionell[es]" Verständnis der Souveränität.[817] Trotz der inhaltlichen Überschneidungen beider Ansätze und des Vorliegens von Theorien, die beide Elemente vereinen, erscheint es nicht gerechtfertigt, mit *Arangio-Ruiz* die beiden verwandten Ansätze in eins zu setzen. Denn die Annahme einer Verfassung setzt nicht notwendig auch die einer "society of men" als *Rechts*gesellschaft voraus, sondern es können auch die Staaten als Basissubjekte einer verfaßten Ordnung gesehen werden.[818]

3. Die Realität der internationalen Beziehungen zwischen 1945 und 1989

Die Realität der internationalen Beziehungen in der Epoche von 1945 bis 1989 kurz zusammenfassend,[819] läßt sich sagen, daß das positive Völkerrecht in vielen Be-

---

811 *Arangio-Ruiz*, RdC 137 (1972 III), 431 (636).

812 *Arangio-Ruiz*, RdC 137 (1972 III), 431 (634).

813 Vgl. z.B. *Del Vecchio*, ARSP 48 (1962), 289 (292).

814 Vgl. zum Konzept des gemeinsamen Menschheitserbes *Kewenig*, FS Schlochauer, 385 ff.; *Fitschen*, Common Heritage of Mankind, in: Wolfrum (Hrsg.), United Nations: Law, Policies and Practice, 149 ff.; *Odendahl*, Die Umweltpflichtigkeit der Souveränität, 251 ff.; *Durner*, Common Goods, 181 ff.

815 Vgl. oben B.IX.2.b)bb), S. 65.

816 Vgl. *Arangio-Ruiz*, RdC 137 (1972 III), 431 (636).

817 *Del Vecchio*, ARSP 48 (1962), 289 (292).

818 Vgl. z.B. *Verdross/Simma*, Universelles Völkerrecht, § 74, die zwar das Bestehen einer universellen zwischenmenschlichen Rechtsgemeinschaft verneinen, dennoch aber davon ausgehen, daß die Völkerrechtssubjekte "Glieder einer durch das universelle VR verknüpften Gemeinschaft [sind], welche ihrerseits die ganze Menschheit umfaßt."

819 Ausführlicher wird hierauf bei der Erörterung der soziologischen Grundlagen des Ansatzes *Alvarez'* unten unter E.II.1.b), S. 227, eingegangen.

reichen weiter war als die tatsächliche Entwicklung. Sowohl in klassischen völkerrechtlichen Regelungsbereichen als gerade auch in den der völkerrechtlichen Normierung neu erschlossenen Gebieten waren deutlich Tendenzen zur Nichtbefolgung zu beobachten. *Kimminich* bezeichnete es gerade als ein allgemeines Merkmal des "neuen" Völkerrechts, daß es einer abnehmenden Akzeptanz ausgesetzt war.[820]

Besonders deutlich war die Tendenz zur Nichtbefolgung im Hinblick auf einen zentralen Inhalt der Satzung der Vereinten Nationen. Anhand der verbreiteten Nichtbeachtung des in Art. 2 Ziff. 4 SVN verankerten Gewaltverbotes, dessen Statuierung von zahlreichen Autoren als Ausprägung eines qualitativen Wandels der Völkerrechtsordnung betrachtet wird,[821] offenbarte sich deutlich, daß die Vereinten Nationen nicht in der Lage waren, die in sie gesetzten Hoffnungen zu erfüllen. Es zeigte sich, daß die Satzung der Vereinten Nationen die tatsächlich zwischen den von den beiden Supermächten USA und UdSSR angeführten Blöcken nicht bestehende Einigkeit nicht ersetzen konnte.[822] Schon bald nach ihrer Gründung verhinderte der Ost-West-Gegensatz ein satzungsmäßiges Funktionieren der Organisation im Bereich der Friedenssicherung.[823] So konstatierte *Scheuner* Anfang der 60er Jahre: "[es] bietet die Wirklichkeit eher den Anblick einer Desorganisation der Staatengesellschaft."[824]

Das Ausbleiben eines großen Krieges zwischen den Blöcken beruhte nicht auf dem in der Satzung der Vereinten Nationen niedergelegten System der kollektiven Sicherheit, das im Kalten Krieg weitestgehend lahmgelegt war, sondern auf dem Gleichgewicht des Schreckens, und damit auf einem ähnlichen Mechanismus wie dem Gleichgewicht der Mächte im 19. Jahrhundert.[825] Wo dieser Mechanismus nicht griff, das heißt bei Maßnahmen innerhalb der gegenseitig anerkannten Einflußsphären sowie auf für unwesentlich gehaltenen "Nebenkriegsschauplätzen" in der

---

820 *Kimminich*, History of the Law of Nations: Since World War II, EPIL Bd. II, 849 (856). - Die Beobachtung der beschränkten faktischen Geltung selbst zentraler völkerrechtlicher Sätze hat zahlreiche Autoren zu der Feststellung geführt, daß das Völkerrecht in den internationalen Beziehungen nur eine untergeordnete Rolle spiele (vgl. zu den "Realisten" oben B.X.2.a)aa)(5), S. 79). Wenn *Kimminich* diese Autoren in die Nähe der Völkerrechtsleugner des 19. Jahrhunderts rückt (*Kimminich*, History of the Law of Nations: Since World War II, EPIL Bd. II, 849 (856)), so ist dies zumindest mißverständlich. Denn es geht ihnen darum, im Rahmen einer soziologischen Betrachtung zu fragen, welchen Einfluß das - als verbindlich vorausgesetzte - Völkerrecht für die Regelung der internationalen Beziehungen tatsächlich hat.

821 Z.B. *Seidel*, AVR 38 (2000), 23 (23 f.); *Verdross/Simma*, Universelles Völkerrecht, § 467; *Kimminich*, History of the Law of Nations: Since World War II, EPIL Bd. II, 849 (849 f.).

822 Vgl. zur Verschleierung der ideologischen Gegensätze bzw. Vortäuschung einer gemeinsamen Basis an Werten und Normen in der Satzung der Vereinten Nationen *Grewe*, Epochen, 757; *Ziegler*, Völkerrechtsgeschichte, § 48 II 5.

823 Vgl. zur gegenseitigen Blockierung der Arbeit des Sicherheitsrates durch die Ausübung des Vetorechts nach Art. 27 Abs. 3 SVN seitens der Supermächte z.B. *Ziegler*, Völkerrechtsgeschichte, § 48 II 5; *Bothe*, in: Graf Vitzthum (Hrsg.), Völkerrecht (2. Aufl.), 8. Abschnitt, Rdnr. 33 ff.

824 *Scheuner*, Völkerrechtsgeschichte IV, WVR III, 744 (747).

825 *Scheuner*, Völkerrechtsgeschichte IV, WVR III, 744 (748) spricht von einer "Rückkehr zum Gedanken des Gleichgewichts". Ähnlich *Friedmann*, The Changing Structure, 84 f.

Dritten Welt, kam es in einem Ausmaß zum Einsatz militärischer Gewalt in den zwischenstaatlichen Beziehungen[826], daß ernsthaft über eine *desuetudo*[827] von Art. 2 Ziff. 4 SVN nachgedacht wurde[828].

Die geringe Effektivität des Völkerrechts bezieht sich aber nicht nur auf neuere Normen wie das Gewaltverbot. Auch bei hergebrachten Regelungen des Koexistenzrechts, wie etwa dem Fremdenrecht und dem Recht des zwischenstaatlichen Verkehrs, insbesondere des Diplomatenrechts, gibt es Nichtbefolgungstendenzen.[829]

Auch auf dem neben dem Gewaltverbot wohl wichtigsten Feld des nach 1945 entstandenen neuen Völkerrechts, dem Schutz der Menschenrechte, blieben die Ergebnisse - nicht nur rechtlich, sondern gerade auch tatsächlich - deutlich hinter den in der fortschrittlichen Literatur ebenso wie in feierlichen Proklamationen staatlicher Organe geäußerten Erwartungen zurück. Neben den geringen Erfolgen bei der Bekämpfung "klassischer" Menschenrechtsverletzungen im innerstaatlichen Bereich ist in diesem Zusammenhang darauf hinzuweisen, daß es nicht gelungen ist, die massiven und systematischen Menschenrechtsverletzungen zu verhindern oder wenigstens einzudämmen, die mit den erst seit dem Ersten Weltkrieg üblichen Transfers ganzer Bevölkerungsgruppen[830] verbunden sind. Ein Recht auf Heimat wird in der Realität nicht akzeptiert. Und selbst bei der Abmilderung der Folgen von Flucht und Vertreibung kann von einem effizienten Schutz der betroffenen Menschen kaum gesprochen werden; in vielen Fällen ist es nicht einmal gelungen, Flüchtlingen das Recht auf Leben zu sichern.

XI. Die Zeit nach 1989

In der allgemeinen Publizistik wie in der juristischen Literatur wird ganz überwiegend angenommen, daß mit dem Jahr 1989 ein neuer Abschnitt der internationalen Bezie-

---

826 Vgl. zu Verletzungen des Gewaltverbotes *Bothe*, in: Graf Vitzthum (Hrsg.), Völkerrecht (2. Aufl.), 8. Abschnitt, Rdnr. 8; *Franck*, AJIL 64 (1970), 809 ff. An Bedeutung übertroffen wurden die zwischenstaatlichen kriegerischen Auseinandersetzungen noch durch die zahlreichen Bürgerkriege, in die vielfach in verdeckter Form auch ausländische Mächte verwickelt waren. Vgl. zu dieser Entwicklung *Scheuner*, Völkerrechtsgeschichte IV, WVR III, 744 (748).

827 Vgl. zur Aufhebung völkerrechtlicher Normen durch derogierendes Völkergewohnheitsrecht allg. z.B. *Verdross/Simma*, Universelles Völkerrecht, §§ 573 ff., 823; *Ipsen*, Völkerrecht, § 16, Rdnr. 48; *Berber*, Lehrbuch I, 60 f.

828 Vgl. zur Debatte *Derpa*, Gewaltverbot, 16 f. Die h.M. verneint eine desuetudo mit der Begründung, daß alle Staaten, die das Gewaltverbot verletzt haben, sich darum bemüht hätten, ihr Verhalten auf Grund der Satzung der Vereinten Nationen zu rechtfertigen, weshalb es am Wegfall der opinio iuris zugunsten des Gewaltverbotes fehle (so z.B. *Verdross/Simma*, Universelles Völkerrecht, § 489).

829 Vgl. *Kimminich*, History of the Law of Nations: Since World War II, EPIL Bd. II, 849 (856). Ein besonders eklatanter Bruch des Gesandtschaftsrechts lag in der Geiselnahme amerikanischer Diplomaten in Teheran 1979 (vgl. dazu *Ziegler*, Völkerrechtsgeschichte, § 48 III 1).

830 Vgl. zum Aufkommen des "Principle of Population Transfers" in der Zeit nach dem Ersten Weltkrieg *De Zayas*, Nemesis at Potsdam, 1 ff.; auch *Kimminich*, History of the Law of Nations: Since World War II, EPIL Bd. II, 849 (857).

hungen begonnen hat.[831] Wenngleich es wegen des nach historischen Maßstäben kurzen Zeitraums seit diesem "Wendejahr" noch nicht möglich ist, abschließend zu beurteilen, ob tatsächlich eine neue Epoche der internationalen Beziehungen und damit auch des Völkerrechts begonnen hat,[832] sollen hier einige weltpolitische und völkerrechtsrelevante Ereignisse der jüngsten Vergangenheit in Erinnerung gerufen werden.[833] Im weiteren Verlauf soll eine (vorläufige) Bewertung dieser in der Literatur durchaus unterschiedlich bewerteten Ereignisse[834] versucht werden.[835]

Das entscheidende, die weltpolitische Situation im Vergleich zur vorangegangenen Epoche grundlegend verändernde, Ereignis war die Beendigung des Ost-West-Konfliktes. Nach dem Zusammenbruch der UdSSR, der 1989 offenbar wurde, aber in einem über mehrere Jahre verlaufenden Prozeß erfolgte,[836] war der die Nachkriegszeit beherrschende Antagonismus zwischen den beiden weltpolitischen Lagern beendet. Damit verband sich die Hoffnung auf eine bessere und friedlichere Welt.

Jedenfalls auf den ersten Blick mag es verwundern, daß es auch in der an den Kalten Krieg anschließenden Epoche kriegerische Ereignisse sind, die allgemein als besonders bedeutsam für die Beschreibung des Zustandes des internationalen Systems angesehen werden. So wurde zunächst der Zweite Golfkrieg zur Befreiung Kuwaits, der vom 17. Januar bis zum 15. Juli 1991 gedauert hat,[837] als Anzeichen für eine strukturelle Veränderung der internationalen Beziehungen angesehen, die nach den Worten des amerikanische Präsidenten *George Bush sen.* zur Etablierung einer "Neuen Weltordnung"[838] führen sollte. Der Dritte Golfkrieg von 2003 allerdings wird verbreitet weniger als Zeichen einer besseren weltrechtlichen Ordnung gesehen, sondern hat vielmehr Fragen nach der Effektivität grundlegender völkerrechtlicher Normen und Institutionen aufgeworfen.

---

831 Z.B. *Thürer*, ZaöRV 60 (2000), 557 (557); *Cameron*, Weltwirtschaft II, 275, der den politischen Umwälzungen dieses Jahres eine mit der französischen Revolution vergleichbare Bedeutung zumißt.

832 Vorsichtig zur Frage, ob die weltpolitischen Umwälzungen der Jahre 1989/1990 einen neuen Abschnitt der Völkerrechtsgeschichte eingeleitet haben z.B. *Bothe* et al. im Vorwort zur 1. Aufl. des von *Graf Vitzthum* hrsg. Lehrbuchs zum Völkerrecht (in der 2. Aufl. abgedruckt auf S. VII).

833 Eine Übersicht zu völkerrechtsrelevanten Ereignissen der letzen Jahre findet sich bei *Seidl-Hohenveldern/Stein*, Völkerrecht, Rdnr. 146a ff.

834 Vgl. hier nur einerseits *Thürer*, ZaöRV 60 (2000), 557 ff., der das Völkerrecht seit 1989 in inhaltlicher Hinsicht "in einem tiefgreifenden Wandel" sieht (S. 558) und andererseits *Graf Vitzthum*, in: Graf Vitzthum (Hrsg.), Völkerrecht (2. Aufl.), 1. Abschnitt, Rdnr. 107: "Ansätze zu einer Klärung und Stärkung".

835 Siehe unten E.II.1.b)dd), S. 237.

836 Vgl. hierzu *Ziegler*, Völkerrechtsgeschichte, § 52 I 1, der das seit 1945 währende "amerikanisch-sowjetische Zeitalter" erst mit der förmlichen Auflösung der UdSSR im Jahr 1991 enden läßt. Demgegenüber wird hier wie in der überwiegenden Literatur (vgl. etwa die in Fn. 842 genannten Autoren) das Jahr 1989, in dem die hegemoniale Herrschaft der Sowjetunion über Mittel- und Osteuropa endete, als Zeitpunkt der weltpolitischen Wende angesehen.

837 Vgl. zu Vorgeschichte und Ablauf des Konflikts *Fink*, AVR 29 (1991), 452 (452 ff.); *Green*, AVR 28 (1990), 369 (371 ff.).

838 Rede vor dem Kongreß zum Ende des Golfkrieges am 6.3.1991, auszugsweise dokumentiert in EA 1991/2, D 218-220.

Ein wesentliches Element dieser zwar von vielen Politikern aufgenommenen, aber nie präzise formulierten Formel war die Bereitschaft aller Staaten, gemeinsam auch unter Einsatz militärischer Mittel gegen bewaffnete Aggressionen vorzugehen.[839] Nachdem es durch die Überwindung der Blockierung des Sicherheitsrates durch die Ausübung des Vetorechts[840] im Zweiten Golfkrieg erstmals gelungen war, dieses - freilich von Text und Geist der Satzung der Vereinten Nationen seit jeher vorausgesetzte[841] - Programm kollektiver Sicherheit umzusetzen, schien eine Epoche der Friedenssicherung durch die Vereinten Nationen (oder wenigstens unter ihrer Beteiligung und im Rahmen ihrer Satzung[842]) anzubrechen.[843]

In der Folgezeit wurden nicht nur die bereits aus dem Zeitalter des Ost-West-Konfliktes bekannten friedenswahrenden Aktionen durch sogenannte Blauhelme quantitativ und qualitativ erheblich ausgeweitet, es kam auch zu einer mehrfachen Inanspruchnahme des in Kapitel VII der Satzung der Vereinten Nationen enthaltenen Instrumentariums.[844] Aufgrund dieser Aktionen, die zum Teil nicht nur klassische zwischenstaatliche Konflikte betrafen, sondern auch dem Schutz der Menschenrechte innerhalb einzelner Staaten, und damit einem zweiten zentralen Element der

---

839 Vgl. *Randelzhofer*, FS Lerche, 51 (51). Er nennt als weitere Elemente die Unterbindung schwerer Menschenrechtsverletzungen, erforderlichenfalls auch durch militärische Mittel, sowie die notfalls militärische Durchsetzung des Selbstbestimmungsrechts der Völker.

840 Vgl. zur durch den Ost-West-Konflikt motivierten praktisch automatischen Ausübung des Vetorechts in der Zeit vor 1989 z.B. *Klein*, in: Graf Vitzthum (Hrsg.), Völkerrecht (2. Aufl.), 4. Abschnitt, Rdnr. 145.

841 Vgl. *Randelzhofer*, FS Lerche, 51 (52), der a.a.O., 54, zutreffend darauf hinweist, daß die Neue Weltordnung insofern kein neues Völkerrecht sondern "nur" einen neuen politischen Willen erfordert.

842 Im Falle des Irak gelang es zum ersten Mal in der Geschichte der Vereinten Nationen, im Sicherheitsrat kollektive Sanktionsmaßnahmen gegen einen Angreiferstaat zu beschließen (zuvor waren Zwangsmaßnahmen nach Kap. VII SVN nur außerhalb des Bereichs der zwischenstaatlichen Gewalt in den Fällen Rhodesiens und Südafrikas beschlossen worden, wobei von militärischen Sanktionen im Sinne des Art. 42 SVN nur hinsichtlich Rhodesiens gesprochen werden kann - vgl. zur Praxis des Sicherheitsrates bis 1990 *Fink,* AVR 29 (1991), 452 (467); *Frowein,* in: Simma (Hrsg.), Charta der Vereinten Nationen, Art. 42, Rdnr. 17 ff.). - Freilich entsprach die Resolution Nr. 678 vom 29.11.1990 (Text: VN 48 (1990), 218) insofern nicht der Konzeption der Satzung der Vereinten Nationen, als sie nicht, wie von dieser in Art. 42 vorausgesetzt, vorsah, daß der Sicherheitsrat selbst die Maßnahmen zur Wiederherstellung des Friedens durchführte, sondern - mit einer sehr weiten Formulierung - die Mitgliedstaaten ermächtigte, die Besetzung Kuwaits durch den Irak durch den Einsatz "alle[r] erforderlichen Mittel" zu beenden. Dennoch ist diese Autorisierung mit der h.M. als von der Satzung gedeckt anzusehen. Vgl. *Fink,* AVR 29 (1991), 452 (467); *Randelzhofer*, FS Lerche, 51 (53 f.) m.N. auch zur Gegenmeinung. In der Folgezeit ist der Weg der Autorisierung einzelner Staaten oder von Staatengruppen zur Durchführung militärischer Zwangsmaßnahmen wiederholt beschritten worden, allerdings in enger begrenzter Form (vgl. kritisch hierzu *Bothe*, in: Graf Vitzthum (Hrsg.), Völkerrecht (2. Aufl.), 8. Abschnitt, Rdnr. 24, 50).

843 Vgl. zur zentralen Rolle, die *Bush* den Vereinten Nationen im Rahmen der Neuen Weltordnung zumaß, dessen Rede vor dem Kongreß zum Ende des Golfkrieges am 6.3.1991: "Eine Welt, in der die Vereinten Nationen, befreit vom Patt des Kalten Krieges, die historische Vision ihrer Gründerväter verwirklichen wollen" (EA 1991/2, D 220).

844 *Klein*, in: Graf Vitzthum (Hrsg.), Völkerrecht (2. Aufl.), 4. Abschnitt, Rdnr. 202.

Neuen Weltordnung, der Verhinderung schwerer Menschenrechtsverletzungen[845] dienten, kam die Hoffnung auf, daß die Vereinten Nationen nach ihrer durch das Ende des Ost-West-Gegensatzes bewirkten Belebung zum Garanten einer auf gemeinsamen Grundwerten basierenden Neuen Weltordnung werden könnten.

Allerdings zeigte sich bald, daß die Vereinten Nationen in zahlreichen Fällen nicht in der Lage waren, die in sie gesetzten Hoffnungen zu erfüllen. In mehreren Krisensituationen gelang es ihnen nicht, wirkungsvolle Maßnahmen zu ergreifen. Den Vereinten Nationen wurde insbesondere Versagen bei der Bewältigung von innerstaatlichen Konflikten vorgeworfen, in denen sie von ihren durch die Weite des Tatbestandes von Art. 39 SVN eröffneten Möglichkeiten keinen oder keinen rechtzeitigen beziehungsweise hinreichend wirkungsvollen Gebrauch machten (zum Beispiel auf dem Gebiet des ehemaligen Jugoslawien, in Somalia und in Ruanda).[846]

Besonders im Falle des ehemaligen Jugoslawien wurde die Unfähigkeit der Vereinten Nationen zur Ergreifung wirksamer Maßnahmen zur Beendigung der kriegerischen Auseinandersetzungen und der damit verbundenen Leiden der Zivilbevölkerung von zahlreichen Regierungen und in breiten Kreisen namentlich der westlichen Öffentlichkeit für nicht erträglich gehalten. Nachdem es wiederholt nicht gelungen war, Massenmorde, -vergewaltigungen und -vertreibungen zu verhindern,[847] kam es in Jugoslawien zum zweiten wichtigen Krieg der jüngsten Vergangenheit. Mit ihren Luftschlägen gegen die Bundesrepublik Jugoslawien in der Zeit vom 24. März bis 10. Juni 1999 verfolgte die NATO das Ziel, schwere Menschenrechtsverletzungen im Kosovo zu unterbinden.[848]

Das neue an dieser Intervention war nicht ihre Zielsetzung. Es lag bereits im Programm der Anfang der 90er Jahre verkündeten Neuen Weltordnung, schwere Menschenrechtsverletzungen eines Staates gegenüber der eigenen Bevölkerung erforderlichenfalls auch unter Einsatz von Gewalt von außen zu unterbinden. Neu war hingegen, daß die im Konzept der Menschenrechte zusammengefaßten Wert- und

---

845 Zur Verhinderung schwerer Menschenrechtsverletzungen ggf. durch militärische Intervention als Inhalt der Neuen Weltordnung s. Fn. 839. Derartige humanitäre Interventionen mit Genehmigung des Sicherheitsrates betrafen das ehemalige Jugoslawien, Somalia, Ruanda und Haiti (vgl. *Bothe*, in: Graf Vitzthum (Hrsg.), Völkerrecht (2. Aufl.), 8. Abschnitt, Rdnr. 24). Diese Praxis ist mit der Satzung der Vereinten Nationen vereinbar, da die Weite des Begriffs der Friedensbedrohung in Art. 39 SVN dem Sicherheitsrat auch bei schweren Menschenrechtsverletzungen innerhalb von Staaten ein Einschreiten gestattet, vgl. *Randelzhofer*, FS Lerche, 51 (56 f.). Umfassend zur humanitären Intervention *Ebock*, Der Schutz grundlegender Menschenrechte (2000).

846 Vgl. etwa *Seidel*, AVR 38 (2000), 23 (40). Zur Weite des Begriffs der Friedensbedrohung in Art. 39 SVN bereits Fn. 845.

847 Sinnbild für dieses Scheitern der zivilisierten Welt ist die Stadt Srebrenica. Die Erinnerung an ihren Fall war ein wichtiger Beweggrund und Begründungsaspekt des Einschreitens der NATO im Kosovo, vgl. *Thürer*, ZaöRV 60 (2000), 557 (580).

848 Vgl. *Thürer*, ZaöRV 60 (2000), 557 (579); *Ebock*, Der Schutz grundlegender Menschenrechte, 320 ff.; *Paulus*, Die internationale Gemeinschaft im Völkerrecht, 319.

Gerechtigkeitsvorstellungen anders als in einigen vorangegangenen Fällen[849] auch ohne Autorisierung durch die Vereinten Nationen[850] von einzelnen Staaten durchgesetzt wurden. Dieses Vorgehen war jedenfalls nach der bis zum Kosovo-Konflikt eindeutig herrschenden Ansicht völkerrechtswidrig. Danach wurde die Anwendung von Gewalt ohne Ermächtigung durch den Sicherheitsrat nur für zulässig gehalten, wenn ein Fall kollektiver oder individueller Selbstverteidigung nach Art. 51 SVN vorlag.[851] Da ein Fall des Art. 51 SVN nicht gegeben war[852], versuchte man das Vorgehen der NATO auf ein Recht zur humanitären Intervention, das als ungeschriebener Rechtfertigungsgrund zur Durchbrechung des Gewaltverbotes herangezogen wurde, zu stützen.[853]

Indizien für eine stärkere Aufnahme der im Schlagwort von der Neuen Weltordnung zusammengefaßten (ursprünglich "westlichen") Wert- und Gerechtigkeitsvorstellungen in das Völkerrecht sind nicht nur in den angesprochenen kriegerischen Maßnahmen auszumachen. Auch in den Bereichen der Rechtsetzung und vor allem der Rechtsprechung ist die Tendenz erkennbar, verstärkt Interessen der Menschen (im Gegensatz zu denen von Staaten, das heißt praktisch von Regierungen) zu berücksichtigen.

---

849 Vgl. zu vom Sicherheitsrat genehmigten Interventionen und ihrer Vereinbarkeit mit der Satzung der Vereinten Nationen bereits oben Fn. 845.

850 Die Verabschiedung einer entsprechenden Resolution im Sicherheitsrat scheiterte an der fehlenden Bereitschaft der Volksrepublik China und Rußlands, militärische Maßnahmen gegen die Bundesrepublik Jugoslawien zu genehmigen, *Thürer*, ZaöRV 60 (2000), 557 (580). Die beschlossenen Resolutionen des Sicherheitsrates deckten das Vorgehen der NATO nicht, vgl. *Ebock*, Der Schutz grundlegender Menschenrechte, 327 f.

851 Vgl. etwa IGH, Urteil vom 27.6.1986 zu *Military and Paramilitary Activities*, ICJ Reports 1986, 14 (100); *Verdross/Simma*, Universelles Völkerrecht, § 469; *Randelzhofer*, FS Lerche, 51 (56) - dort S. 60 f. auch dazu, daß Interventionen ohne Zustimmung des Sicherheitsrates nicht unter dem Gesichtspunkt des Selbstbestimmungsrechts gerechtfertigt werden können; *ders.*, in: Simma (Hrsg.), Charta der Vereinten Nationen, Art. 2 Ziff. 4, Rdnr. 35 ff., wo noch auf die weitere Ausnahme der Feindstaatenklauseln hingewiesen wird.

852 Die UCK bzw. das Kosovo waren keine staatlichen Einheiten, so daß ihnen das Selbstverteidigungsrecht nicht zustand, so z.B. *Ebock*, Der Schutz grundlegender Menschenrechte, 328; *Tomuschat*, Friedenswarte 74 (1999), 33 (33); ebenso für die lex lata *Ipsen*, Friedenswarte 74 (1999), 19 (22), der sich dafür ausspricht, zukünftig bestimmten Volksgruppen als partiellen Völkerrechtssubjekten ein Selbstverteidigungsrecht zuzuerkennen.

853 So erachtete bspw. *Delbrück*, Friedenswarte 74 (1999), 139 (153), den NATO-Einsatz jedenfalls "vom Prinzip her" als gerechtfertigt. Demgegenüber lehnt etwa *Bothe*, in: Graf Vitzthum (Hrsg.), Völkerrecht (2. Aufl.), 8. Abschnitt, Rdnr. 22, eine Rechtfertigung unter Hinweis auf fehlendes entsprechendes Völkergewohnheitsrecht und den Widerspruch zahlreicher Staaten (zu nennen ist in diesem Zusammenhang neben Rußland und China auch Indien, vgl. die bei *Paulus*, Die internationale Gemeinschaft im Völkerrecht, 319, wiedergegebene Stellungnahme des indischen Vertreters im Sicherheitsrat, *Sharma*) ab. Vgl. zur Diskussion *Thürer*, AVR 38 (2000), 1 (4 ff.); *Hailbronner*, in: Graf Vitzthum (Hrsg.), Völkerrecht (2. Aufl.), 3. Abschnitt, Rdnr. 223 ff.; *Ebock*, Der Schutz grundlegender Menschenrechte, 328 ff.; *Hummer/Mayr-Singer*, NJ 2000, 113 (114 ff.); *Herdegen*, Völkerrecht, § 34, Rdnr. 25 ff.; *Deiserroth*, NJW 1999, 3084 ff.; *Paulus*, Die internationale Gemeinschaft im Völkerrecht, 321 ff.

In diesem Zusammenhang werden die Urteile in den Fällen *Pinochet*[854] und *Tadic*[855] angeführt, die beide die Tendenz erkennen lassen, daß das Völkerrecht die Verursacher schwerer Menschenrechtsverletzungen nicht länger, vermittelt durch den Schutz der staatlichen Souveränität, von individueller Verantwortlichkeit freistellt.[856] Weiterhin ist zu erwähnen, daß die allgemeine, bereits in der Etablierung der Gerichtshöfe von Nürnberg und Tokio unmittelbar nach dem Zweiten Weltkrieg angelegte, und mit der Einrichtung der Ad-hoc Tribunale für das ehemalige Jugoslawien[857] und Ruanda[858] wieder aufgegriffene, Entwicklung im neueren Völkerrecht, Einzelne für ihre (Un-)Taten durch völkerrechtliche Organe zur Verantwortung zu ziehen, mit der Verabschiedung des Statuts für einen Weltstrafgerichtshof[859] einen vorläufigen Höhepunkt gefunden hat.[860]

Im Bereich der Rechtsetzung gibt es weitere Entwicklungen, die als Anzeichen einer Neuorientierung des Völkerrechts gedeutet werden können. Als Beispiel für die Tendenz, Belange der Humanität gegenüber den Anliegen nationaler Sicherheit höher

854 Urteil des House of Lords vom 24.3.1999 (abgedruckt in 38 ILM (1999), 581 ff.). Vgl. hierzu *Thürer*, ZaöRV 60 (2000), 557 (568 ff.); *Paulus,* Die internationale Gemeinschaft im Völkerrecht, 270 ff. Im Gefolge dieser Entscheidung kamen zahlreiche ähnliche Verfahren in Gang, vgl. *Ruffert,* NILR 48 (2001), 171 ff.

855 Urteil des durch Sicherheitsrats-Resolution 827 vom 25.5.1993 (geändert durch Res. 1166 vom 13.5.1998) eingerichteten International Criminal Tribunal for the Former Yugoslavia: Decision in *Prosecutor v. Dusko Tadic* vom 2.10.1995 (abgedruckt in 35 ILM (1996), 32 ff.). Dazu *Thürer*, ZaöRV 60 (2000), 557 (574 ff.).

856 Im *Pinochet*-Fall ging es darum, ob die Immunität von Staatsoberhäuptern, die als Ausfluß oder Bestandteil der staatlichen Souveränität angesehen wird, in bestimmten Fällen schwerer Menschenrechtsverletzungen beschränkt ist. Die Lordrichter gelangten auf unterschiedlichen, hier nicht näher zu würdigenden Wegen zu dem Ergebnis, daß sich *Pinochet* nicht auf eine absolute Immunität berufen könne. Jedenfalls sofern man die *Pinochet* vorgeworfenen Folter-Akte nicht als private Handlungen ansieht (so aber die Argumentation *Lord Huttons*), wich das House of Lords damit von der überkommenen Ansicht (dargestellt z.B. bei *Seidl-Hohenveldern/Stein*, Völkerrecht, Rdnr. 1497) ab, wonach auch ehemalige Staatsoberhäupter im Hinblick auf ihre Amtshandlungen Immunität genießen.

Im *Tadic*-Fall wurde die Zuständigkeit des Tribunals mit dem Argument bestritten, das Völkerrecht enthalte für die Aburteilung der verfahrensgegenständlichen innerstaatlichen Taten keine Grundlage. Damit wurde in der Sache behauptet, die Aburteilung falle in die ausschließliche Zuständigkeit der betroffenen Staaten, so daß die Entscheidung durch das Tribunal ein Eingriff in die Souveränität dieser Staaten sei. Die Appellationskammer hat demgegenüber die Anwendbarkeit der im Statut des Tribunals genannten Sätze des humanitären Völkerrechts auch auf interne Konflikte und damit die Zuständigkeit des Tribunals bejaht und sich dabei in Ziff. 97 ihres Urteils auch darauf berufen, daß in der internationalen Gemeinschaft der "State-Sovereignty-orientated approach" zunehmend durch einen "human-being-orientated approach" ersetzt worden sei.

857 S. dazu oben Fn. 855.

858 Grundlage des Ruanda-Tribunals ist Res. 955 des Sicherheitsrates vom 8.11.1994 (abgedruckt in ILM 33 (1994), 1598 ff.), geändert durch Res. 1165 vom 30.4.1998.

859 Statut des Internationalen Strafgerichtshofs zur Ahndung von Völkermord, Verbrechen gegen die Menschlichkeit und Kriegsverbrechen vom 17.7.1998 (dokumentiert in EuGRZ 1998, 618 ff.).

860 Hierzu z.B. *Seidel*, AVR 38 (2000), 23 (34 f.).

als zuvor zu gewichten, wird insbesondere das Verbot von Antipersonenminen[861] genannt.[862] Auf der anderen Seite werden verbreitet Defizite des geltenden positiven Völkerrechts bemängelt. So wird eine Reform der Satzung der Vereinten Nationen, insbesondere eine Abschaffung oder Modifikation des Vetorechts nach Art. 27 Abs. 3 gefordert, um die Weltorganisation in die Lage zu versetzen, ihre Hauptaufgabe, die Friedenssicherung, wirksam zu erfüllen.[863] Darüber hinaus wird die Schaffung neuer Normen unter anderem in den Bereichen des Umweltschutzes und des Waffenhandels gefordert.[864]

Auch in der Doktrin[865] hat die Aufbruchstimmung, die insbesondere anläßlich der beiden erwähnten Kriege kulminierte, deutliche Spuren hinterlassen. Nachdem in der letzten Phase der vom Ost-West-Gegensatz geprägten Epoche weite Teile der Literatur (wieder) auf eine "neo-klassische", das heißt positivistisch-konsensualistische Linie eingeschwenkt waren,[866] gewannen nach 1989 erneut "progressive", in einem weiten Sinne als naturrechtlich zu bezeichnende Ansätze an Bedeutung. Zum Teil unter Berufung auf klassisch-naturrechtliche Vorbilder beziehungsweise das Konzept einer gemeinschaftlichen Völkerrechtsordnung, wird auf eine Einschränkung der Souveränität der Staaten abgezielt. Im Zentrum der Befassung steht dabei der Prozeß der Rechtserzeugung. Mit verschiedenen Konstruktionen werden Möglichkeiten diskutiert, die Abhängigkeit der Entstehung neuer Völkerrechtsnormen vom Willen der Staaten zu lockern[867] oder sogar prinzipiell zu überwinden[868].

---

861 Übereinkommen über das Verbot des Einsatzes, der Lagerung, der Herstellung und der Weitergabe von Antipersonenminen und deren Vernichtung von Oslo vom 18.9.1997 (BGBl. 1998 II, 779).

862 *Thürer*, ZaöRV 60 (2000), 557 (582 ff.).

863 So z.B. *Seidel*, AVR 38 (2000), 23 (39 ff.).

864 Vgl. etwa die von *Seidel*, AVR 38 (2000), 23 (43 ff.) benannten Kodifikationserfordernisse.

865 Vgl. zu neueren theoretischen Strömungen in der Völkerrechtswissenschaft *Neuhold*, Euro-atlantisches Völkerrecht: geschichtlicher Überblick, ÖHbVR Bd. 1 (3. Aufl.), Rdnr. 130.

866 Vgl. *Weil*, RdC 237 (1992 VI), 25 (29 f.).

867 Dafür etwa *Thürer*, ZaöRV 60 (2000), 557 (599 ff.). Er erwägt, die in Art. 38 Ziff. 1 lit. c) des Statuts des IGH aufgeführten allgemeinen Rechtsgrundsätze in verstärktem Maße im Rahmen der Rechtsfortbildung durch internationale Gerichte zu nutzen. Auf diese Weise könnte in einem vom konkreten Rechtsetzungswillen der Staaten unabhängigen Prozeß unmittelbar aus konkreten Ausprägungen der "Rechts- oder Gerechtigkeitsidee als solche[r]" neues Völkerrecht gewonnen werden.

868 Dahingehend z.B. *Delbrück*, in: Delbrück (Hrsg.), Allocation of Law Enforcement Authority in the International System, 135 (149). Auf die Ansicht *Delbrücks* wird unten unter E.II.1.b)dd)(4)(a), S. 272, noch näher eingegangen.

C. METHODISCHE GRUNDLAGEN

I. Übersicht

1. Die Abhängigkeit des Souveränitätsverständnisses von völkerrechtskonzeptionellen und methodischen Grundlegungen

Der im vorangegangenen Teil erstellte Überblick über die Geschichte des Völkerrechts und des Souveränitätsbegriffs[869] hat gezeigt, daß letzterer in der Entwicklung der rechtlichen Regelung der internationalen Beziehungen eine wichtige Rolle gespielt hat. Auch in der Gegenwart kommt dem umstrittenen[870] Begriff der Souveränität im Völkerrecht[871] eine zentrale Rolle zu.[872] Die durchaus zahlreichen Ansätze, die das Souveränitätskonzept grundsätzlich für überholt halten,[873] sind angesichts der Fundamentalnorm des Art. 2 Ziff. 1 SVN, der das durch die Satzung der Vereinten

---

869 Zum Begriff der Souveränität allg. u.a. *Verdross/Simma*, Universelles Völkerrecht, §§ 31 ff.; *Schwarzenberger*, CLP 10 (1957), 264 ff.; *van Kleffens*, RdC 82 (1953 I), 5 ff.; *Dicke*, Intervention, 54 ff.; *Randelzhofer*, Staatsgewalt und Souveränität, HStR I, § 15; *Berber*, Lehrbuch I, 121 ff.

870 Einen Überblick über historische Angriffe auf das Souveränitätsdogma gibt *Baldus*, Der Staat 36 (1997), 381 (383 ff.). Die gegen den Souveränitätsbegriff vorgebrachten Argumentationen systematisiert *Berber*, Lehrbuch I, 122 f. Als Beispiel für die in der Literatur häufige fundamentale Kritik am Souveränitätsbegriff sei hier aus der jüngeren Vergangenheit nur *Henkin*, RdC 216 (1989 IV), 19 (24 ff.) genannt. Er spricht von einer "mythology of sovereignty", kritisiert den - vielfach mißbräuchlichen - Einsatz des Begriffs als Schlagwort und plädiert dafür, den von ihm für unnötig gehaltenen Begriff, in dem noch immer "Princely paraphernilia" fortwirkten, zu vermeiden.

871 Der Begriff der Souveränität ist über den Bereich des Völkerrechts ein Leitbegriff des gesamten öffentlichen Rechts, vgl. *Ophüls*, FS Heymanns Verlag, 519 (520 f.).

872 Es gilt nach wie vor die Aussage des Schiedsrichters im *Palmas*-Fall, *Max Huber*, wonach das Souveränitätsprinzip den "point of departure in settling most questions that concern international relations" darstellt (Schiedsspruch vom 4.4.1928 im *Island of Palmas Case*, RIAA Bd. II, 829 (838)). Die nachfolgende Rechtsprechung etwa in den Fällen *Corfu Channel* und *Military and Paramilitary Activities* hat die große Bedeutung insbes. der territorialen Souveränität unterstrichen, vgl. *Weil*, RdC 237 (1992 VI), 25 (35). Auch in der Literatur wird die zentrale Stellung des Souveränitätsbegriffs betont. So stimmt bspw. *Schwarzenberger*, International Law I, 115, der soeben zitierten Aussage *Hubers* zu und spricht an anderer Stelle von der "Schlüsselposition", welche die Souveränität im Völkerrecht einnehme (*Schwarzenberger*, RdC 87 (1955 I), 195 (373)). *Bleckmann*, AVR 23 (1985), 450 (453), neigt dazu, im Souveränitätsprinzip "das einzige Strukturprinzip ... der internationalen Rechtsordnung" zu sehen und meint, "daß die gesamte Völkerrechtsordnung nur Ausdruck des einheitlichen Prinzips der äußeren Souveränität ist" (*Bleckmann*, a.a.O., 464).

873 Bereits angesprochen wurden (oben B.IX.2.b), S. 64) u.a. die Ansätze zur Überwindung des Souveränitätskonzepts der Zwischenkriegszeit (*Duguit, Scelle, Politis*). Als weitere Völkerrechtler, die die Souveränität als Rechtsbegriff verneinten, nennt *Ritterband*, Menschenrechtsschutz, 234 m.N. *Brierly, Jessup* und *Anzilotti*. Auch außerhalb der Disziplin der (Völker-) Rechtswissenschaft wird der Begriff in Frage gestellt. Bspw. erklärte der Politologe *Ernst-Otto Czempiel* unter Berufung auf die moderne Interdependenz sowie die gerade auf Souveränitätsbeeinträchtigung zielende Politik der beiden großen Lager im Ost-West-Konflikt die Souveränität für obsolet (vgl. zusammenfassend *Link*, in: Czempiel/Link, Interventionsproblematik aus politikwissenschaftlicher, völkerrechtlicher und wirtschaftswissenschaftlicher Sicht, 21 (21 f.)).

Nationen konstituierte moderne Staatensystem gerade auf der souveränen Gleichheit der Staaten beruhen läßt, de lege lata nicht haltbar[874] und stehen im übrigen auch im Widerspruch zur Praxis der Staaten, die dieses Prinzip immer wieder betont[875].

Angesichts der bedeutenden Stellung, die der Souveränitätsbegriff im Völkerrecht und in der Völkerrechtstheorie einnimmt - *Kelsen* bezeichnete die Souveränität als "einen der Brennpunkte der juristischen Konstruktion"[876] - erscheint eine Klärung des Begriffs besonders wichtig. Von der Erreichung dieses Ziels ist die Völkerrechtslehre jedoch noch weit entfernt. Eine wesentliche Ursache hierfür ist, daß keine Einigkeit darüber besteht, mit Hilfe welcher Methoden der Inhalt des Souveränitätsprinzips zu bestimmen ist. Die Wahl der Methode hat jedoch Auswirkungen darauf, was als geltendes Völkerrecht festgestellt wird, und damit auch auf den Inhalt des völkerrechtlichen Souveränitätsprinzips.

Über die zur Erkenntnis des Völkerrechts anzuwendenden Methoden besteht keine Einigkeit;[877] es fehlt sogar an einer allgemein akzeptierten Definition der völkerrechtlichen Methodik.[878] Unter einer Methode wird hier die wissenschaftliche Technik verstanden, die zur Feststellung des geltenden Völkerrechts eingesetzt wird. Dabei soll nicht die "letzte" Frage der rechtslogischen Erklärung der Normativität des Völkerrechts im Vordergrund stehen. Geht man einmal davon aus, daß es Völkerrecht im Sinne rechtlich bindender Normen überhaupt gibt, dann stellt sich in methodischer Hinsicht "nur" noch die Frage, wie der *Inhalt* der Völkerrechtssätze zu ermitteln ist.

Freilich kann diese Frage nicht im luftleeren Raum entschieden werden. Daher ist auch auf die möglichen Bestimmungsgründe der Methodenwahl einzugehen. Diese ist eng verknüpft mit dem Verständnis des Völkerrechts überhaupt. Dieses "völkerrechtliche Weltbild" wiederum wird von Anschauungen über außerrechtliche Umstände geprägt. Daher ist an dieser Stelle auch auf diese weltanschaulichen Einflußgrößen für die Methodenwahl, und damit für das Souveränitätsverständnis, einzugehen.

---

874 Art. 2 Ziff. 1 SVN betont - deutlicher und dogmatischer sogar als die Völkerbundsatzung - den Grundsatz der Staatensouveränität (*Schwarzenberger*, Machtpolitik, 257 f.). Durch die Erwähnung an prominenter (erster) Stelle wird deutlich, daß das Prinzip der souveränen Gleichheit für die Völkerrechtsordnung "wesensbestimmend" ist (*Graf Vitzthum*, in: Graf Vitzthum (Hrsg.), Völkerrecht (2. Aufl.), 1. Abschnitt, Rdnr. 45). Zuletzt hat *Hillgruber*, JZ 2002, 1072 ff., den Rechtsbegriff der Souveränität verteidigt.

875 Vgl. allgemein zur Berufung auf die Souveränität *Berber*, Lehrbuch I, 121 f. Auf das souveränitätsbetonte Denken der Länder der sog. Dritten Welt nach dem Dekolonisierungsprozeß, insbesondere die Inanspruchnahme einer "permanent sovereignty over natural resources" wurde bereits hingewiesen (s.o. B.X.2.a)bb)(3), S. 85). In neuerer Zeit ist die nach wie vor der Souveränität beigemessene Bedeutung in den Unabhängigkeits- und Souveränitätserklärungen der osteuropäischen Staaten zum Ausdruck gekommen (vgl. *Hailbronner*, in: Graf Vitzthum (Hrsg.), Völkerrecht (2. Aufl.), 3. Abschnitt, Rdnr. 88/Fn. 111).

876 *Kelsen*, Das Problem der Souveränität, V.

877 *Oppenheim*, AJIL 2 (1908), 313 (326); *Dominicé*, Methodology of International Law, EPIL Bd. III, 354 (355).

878 *Dominicé*, Methodology of International Law, EPIL Bd. III, 354 (355).

2. Die Alternative zwischen induktiver und deduktiver Methode

(Auch) im Bereich der Völkerrechtswissenschaft lassen sich als methodische Grundtypen induktive und deduktive Ansätze unterscheiden.[879]

Nach der induktiven Methode[880] sind die Rechtssätze durch Beobachtung ihrer Effektivität in der internationalen Wirklichkeit zu bestimmen. Eine Regel wird (nur) als Rechtsnorm betrachtet, wenn sie von den Subjekten des Völkerrechts als solche anerkannt wurde. Ob eine solche Anerkennung vorliegt, ergibt sich aus der empirisch beobachtbaren Praxis. Damit wird anderen Methoden wie der Deduktion nicht jedwede Nützlichkeit aberkannt, aber deren Ergebnisse werden lediglich als durch empirische Beobachtung zu bestätigende - oder zu verwerfende - Hypothesen angesehen. Außerdem können, worauf sogleich bei der Behandlung des Souveränitätsprinzips näher einzugehen sein wird, in Verträgen Prinzipien niedergelegt werden, die dann legitimerweise als Deduktionsbasis für konkrete Rechtssätze dienen können.

Die deduktive Methode ermittelt das Recht im Wege der Ableitung beziehungsweise der logischen Schlußfolgerung, das heißt, aus übergeordneten Prinzipien werden konkrete Rechtssätze hergeleitet.[881]

3. Mögliche Bestimmungsgründe für die Methodenwahl

Noch seltener als die gewählte Methode selbst werden in der völkerrechtlichen Literatur die Bestimmungsgründe für die Wahl der bei der Rechtserkenntnis eingesetzten Methoden offengelegt. Im folgenden wird auf zwei der in Betracht kommenden Einflußfaktoren bei der Methodenwahl eingegangen.

Zunächst besteht ein möglicher Zusammenhang zwischen Methodenwahl im Völkerrecht und dem "allgemeinen Weltbild", das ein Autor hat. Die Weltanschauung prägt das Verständnis von Recht und damit mittelbar auch die Wahl der zur Erkenntnis des Rechts einzusetzenden Methoden. In früheren Zeiten haben etwa theologische Einstellungen die Sicht des Völkerrechts beeinflußt. Heute werden weltanschauliche Aussagen meist in soziologischen Kategorien gefaßt. In der Diskussion um die Struktur des Völkerrechts und damit um die Bedeutung des Souveränitätsprinzips spielte insbesondere das Konzept der Gemeinschaft eine wichtige Rolle, auf das hier näher eingegangen werden soll.

Unmittelbarer ist der Zusammenhang zwischen Methodenwahl und juristischem Weltbild. Unter diesem Begriff können die grundlegenden Vorstellungen eines Autors über Wesen und Geltungsgrund des (Völker-)Rechts zusammengefaßt

---

879 Vgl. z.B. *Dominicé*, Methodology of International Law, EPIL Bd. III, 354 (356).

880 Allgemein zur induktiven Methode *Schwarzenberger*, International Law I, 5 ff. sowie *ders.*, Inductive Approach, passim; *Dominicé*, Methodology of International Law, EPIL Bd. III, 354 (356).

881 Vgl. *Dominicé*, Methodology of International Law, EPIL Bd. III, 354 (356).

werden. Bei vereinfachender Betrachtung lassen sich insofern zwei Grundrichtungen unterscheiden, nämlich einerseits "naturrechtliche", andererseits "positivistische" Ansätze.[882] Diese beiden Grundkonzeptionen korrelieren mit den hier erörterten methodischen Ansätzen.[883] Während der induktive methodische Ansatz mit einem positivistischen Völkerrechtskonzept verbunden ist,[884] sind deduktive Ansätze typischerweise im naturrechtlichen Lager zu finden.

4. Der Einfluß der Methodenwahl auf das Verständnis des Souveränitätsprinzips

Bevor im folgenden auf die soeben angesprochenen Bestimmungsgründe der Methodenwahl näher eingegangen werden wird, soll zunächst der Einfluß der Methodenwahl auf das Verständnis des Souveränitätsprinzips verdeutlicht werden.

Die hier angesprochenen Fragen stellen sich bei allen Prinzipien des Völkerrechts in entsprechender Weise. Dabei wird an dieser Stelle von einem engen Begriff des Terminus "Rechtsprinzip" ausgegangen. Es wird nicht die Definition des StIGH im Lotus-Fall zugrunde gelegt, wonach *principles of international law* "the principles which are in force between all independent nations" sind, und die im Ergebnis die Prinzipien des Völkerrechts mit dem universellen Völkerrecht insgesamt gleichsetzt. Vielmehr werden als Rechtsprinzipien nur solche generellen Sätze begriffen, die verschiedene unmittelbar anwendbare (operable) Rechtssätze umfassen, selbst aber wegen ihrer Abstraktheit nicht konkret anwendbar sind.[885] Hierzu zählt auch das Souveränitätsprinzip, denn aus "der Souveränität" läßt sich ohne gedanklichen Zwischenschritt kein operabler Normbefehl herleiten.

Auf die Zusammenhänge zwischen methodisch-systematischer Grundkonzeption und dem Verständnis des Souveränitätsprinzips hat besonders *Schwarzenberger*[886] hingewiesen.[887] Er wirft die Frage auf, ob aus dem Prinzip der Souveränität - verstanden gleichsam als oberstes Prinzip des Völkerrechts - irgendwelche (konkreten) Rechtsregeln abgeleitet werden können, oder ob umgekehrt in dem Begriff der Souveränität nur eine Abstraktion aus (anderweitig begründeten) ohnehin anwendbaren Regeln ("operative rules") liegt, so daß Deduktionen aus diesem Prinzip lediglich eine didaktisch-systematische Funktion hätten.

Die zweite Alternative beschreibt die (von *Schwarzenberger* befürwortete) induktive Herangehensweise an das Verständnis von Rechtsprinzipien. Die erste Alternative,

---

882 Vgl. zur Bildung dieser beiden Grundtypen etwa *Egido*, Natural Law, EPIL Bd. III, 515 (515).

883 Vgl. zur Abhängigkeit der Methodenwahl von der Anerkennung des Naturrechts *Oppenheim*, AJIL 2 (1908), 313 (327 f.).

884 Vgl. *Steiner*, International Law, Doctrine and Schools of Thought in the Twentieth Century, EPIL Bd. II, 1216 (1222 f.).

885 Vgl. zu den verschiedenen Definitionsmöglichkeiten *Schwarzenberger*, RdC 87 (1955 I), 195 (200 ff.).

886 Zu Leben und Werk *Schwarzenbergers* s. jetzt *Steinle*, Völkerrecht und Machtpolitik (2002).

887 *Schwarzenberger*, CLP 10 (1957), 264 (265).

in der das Souveränitätsprinzip als "fertile mother"[888] weiterer Völkerrechtsregeln erscheint, repräsentiert eine Variante einer Völkerrechtskonzeption, die sich deduktiver Methoden bedient. Aus dem Souveränitätsprinzip werden Rechtssätze abgeleitet, typischerweise solche, die die als souverän bezeichnete Instanz mit einer weiten Handlungsbefugnis ausstatten. Eine andere Variante besteht darin, aus anderen Obersätzen Rechtssätze abzuleiten, die die Handlungsfreiheit des "Souveräns" beschränken.

a) Das Souveränitätsprinzip im Rahmen eines von der induktiven Methode bestimmten Verständnisses

Besonders ausführlich mit der Untersuchung des Souveränitätsprinzips aus positivistisch-induktiver Sicht hat sich *Schwarzenberger* beschäftigt.[889] Er wählt für das Souveränitätsprinzip - wie für alle Rechtsprinzipien - einen induktiven Ansatz und erläutert die Konsequenzen seiner Anwendung auf Rechtsprinzipien. Werden hierunter Abstraktionen und "generalisation[s] from individual cases or legal rules of an apparently more limited scope"[890] verstanden (s.o.), so lassen sich in Umkehrung des Abstraktionsprozesses die zugrundeliegenden konkreten Rechtssätze wieder deduzieren. Gegen solche Deduktionen ist nach *Schwarzenberger* nichts einzuwenden, wenn sie nur dem Zweck der Systematisierung und der didaktischen Aufbereitung des induktiv festgestellten Rechtsstoffes dienen.[891] Das Prinzip als solches ist im Gegensatz zu den zugrundeliegenden konkreten Regelungen nicht rechtlich bindend.[892] Aus ihm dürfen keine Rechtssätze "gezaubert" werden, die nicht zuvor in den Zauberhut gelegt wurden.[893]

Diese grundsätzlichen Überlegungen passen jedoch unbedingt nur für Prinzipien, die auf gewohnheitsrechtlicher Grundlage beruhen. Abstrakte Prinzipien wie etwa die Freiheit der Hohen See oder die souveräne Gleichheit der Staaten können als solche nicht gewohnheitsrechtlich erzeugt werden.[894] Denn zur Begründung eines gewohnheitsrechtlichen Satzes bedarf es einer ("ständigen") Übung. Eine solche kann sich aber immer nur auf ein konkretes Verhalten beziehen, nicht auf einen vagen Grundsatz. Dieser kann überhaupt erst in einer nachfolgenden Systematisierung herausgearbeitet werden.

Anders liegt es im Bereich des Vertragsrechtes. Durch Aufnahme in Verträge können Prinzipien in "actual rules of law" transformiert werden.[895] Über die Möglich-

---

888 *Schwarzenberger*, CLP 10 (1957), 264 (265).

889 *Schwarzenberger*, CLP 10 (1957), 264 (265); *Schwarzenberger*, RdC 87 (1955 I), 195 (200 ff.); *Schwarzenberger*, CLP 9 (1956), 235 (243 ff.).

890 *Schwarzenberger*, CLP 9 (1956), 235 (243).

891 *Schwarzenberger*, CLP 9 (1956), 235 (243 f.).

892 Vgl. *Schwarzenberger*, RdC 87 (1955 I), 195 (204).

893 Zu diesem Bild *Schwarzenberger*, Inductive Approach, 51.

894 Vgl. *Schwarzenberger*, RdC 87 (1955 I), 195 (207).

895 *Schwarzenberger*, Inductive Approach, 72.

keit hinaus, aus einzelnen Stipulationen ein Grundprinzip herzuleiten, besteht hier auch die Möglichkeit, ausdrücklich abstrakte Leitprinzipien und Grundsätze aufzunehmen. Ein Beispiel für diese letztere Möglichkeit stellt etwa Art. 2 der Satzung der Vereinten Nationen dar, der mehrere Grundsätze, darunter in Ziffer 1 den der souveränen Gleichheit, enthält. In diesen Fällen kann - muß aber nicht - ein Prinzip selbst eine neue und bisheriges Recht verdrängende bindende Norm darstellen.[896]

Die dem Souveränitätsprinzip zugrundeliegenden Rechtsregeln[897] haben sich zunächst gewohnheitsrechtlich entwickelt.[898] Insbesondere wenn eines der Fundamentalprinzipien[899] in multilaterale Verträge wie die Satzung der Vereinten Nationen aufgenommen werden, ist jedoch zu prüfen, ob dadurch ihr ursprünglicher Charakter verändert wurde. "Even if the reception is merely declaratory, the principle may become more precisely defined. Instead of being a mere abstraction from legal rules, it may itself become a binding rule of wide scope from which other subordinate rules may be legitimately derived. Whether this is the case, is a matter of interpretation of the instrument in question. Finally, it may undergo significant changes in function and scope by its interplay on the institutional level with other fundamental principles, whether transposed from the realm of international customary law or newly created."[900]

Eine wesentliche Veränderung, die das Souveränitätsprinzip zu einer anzuerkennenden Basis für neue, deduktiv zu ermittelnde Rechtssätze gemacht hätte, ist durch die Inkorporation in die Satzung der Vereinten Nationen jedoch nicht eingetreten. Für diese Ansicht sprechen die travaux préparatoires, wonach die Aufnahme der Prinzipien der Souveränität und der Gleichheit lediglich als reine Deklaration des ohnehin geltenden internationalen Gewohnheitsrechts erscheinen. Das Souveränitätsprinzip kann also auch in diesem Kontext als "mere abstraction from the underlying rules" aufgefaßt werden.[901] Daher bedingt die Rezeption des Souveränitätsprinzips in die Satzung der Vereinten Nationen keine Ausnahme von einem rein induktiven Vorgehen.

---

896 *Schwarzenberger*, RdC 87 (1955 I), 195 (207 f.).

897 *Schwarzenberger* unterscheidet insofern sechs "heads", *Schwarzenberger*, RdC 87 (1955 I), 195 (216).

898 Vgl. *Schwarzenberger*, RdC 87 (1955 I), 195 (222).

899 Neben dem Souveränitätsprinzip nennt *Schwarzenberger* als fundamental principles of international law noch die Principles of Recognition, Consent, Good Faith, Self-Defense, International Responsibility, Freedom of the Seas. Vgl. zu diesen sieben Fundamental-Prinzipien ausführlich *Schwarzenberger*, RdC 87 (1955 I), 195 ff.

900 *Schwarzenberger*, RdC 87 (1955 I), 195 (213).

901 *Schwarzenberger*, RdC 87 (1955 I), 195 (224 f.); vgl. zur Übernahme des traditionellen Souveränitätsbegriffs auch *Mosler*, ZaöRV 14 (1951/52), 1 (28 ff.).

b) Das Souveränitätsprinzip im Rahmen eines von der deduktiven Methode bestimmten Verständnisses

In der historischen wie in der zeitgenössischen Literatur gibt es zahlreiche Beispiele für die Anwendung der deduktiven Methode im Bereich des Souveränitätsprinzips, wobei sich die beiden oben angesprochenen Varianten nachweisen lassen.

Die Autoren, die die Theorie der Souveränität zuerst entwickelten - *Bodin und Hobbes* -, dachten dabei primär an die Souveränität in einem (ihrem) Staate und hatten die internationalen Beziehungen und die Auswirkungen ihrer Theorien darauf weniger im Blick.[902] Daher sei auch hier mit Ausführungen zur Frage der Souveränität innerhalb eines Staates begonnen, die am Anfang einer Entwicklung standen, die zur vollständigen Konzentration der öffentlichen Gewalt in der Hand des Staatsoberhauptes führte.[903] Daran anschließend wird auf deduktive Konzepte mit stärkerem Bezug zu den auswärtigen Beziehungen der Staaten eingegangen.

aa) Jean Bodin

Bodin[904] hatte die Souveränität der Staatsgewalt noch als Tatsache hingenommen und sich bei der Bestimmung ihres Inhaltes mit der Aufstellung von Behauptungen begnügt. Wenngleich bei *Bodin* ein "oberstes Prinzip", aus dem umfassend die gesamte Lehre schlüssig hergeleitet wird, noch fehlt, so hat doch auch in seinem System das Deduktionsverfahren[905], darauf hat *Quaritsch*[906] hingewiesen, zwei wichtige Funktionen[907]:

Zum einen diente die Zusammenfassung der essentiellen Herrschaftsrechte in der Gesetzgebungsgewalt zur Begründung der Unteilbarkeit der Souveränität.[908] Zwar

902 Vgl. *van Kleffens*, RdC 82 (1953 I), 5 (53); *Schaumann*, Gleichheit, 38 f.

903 Das Grundmuster dieser Ansätze war es, aus dem Postulat einer höchsten Gewalt zu folgern, daß der Souverän ursprünglicher Inhaber aller Herrschaftsrechte sein müsse. Ein wesentlicher, hier nicht näher zu behandelnder Streitpunkt war dabei, wer Inhaber dieser umfassenden Herrschaftsgewalt sein sollte (Fürstensouveränität versus Volkssouveränität). Vgl. hierzu etwa *Jellinek*, Allgemeine Staatslehre, 464 ff.

904 Zu ihm und seiner Souveränitätslehre, insbes. zu der Ableitung der einzelnen Souveränitätsrechte aus der Gesetzgebungsbefugnis s. oben B.VI.2.d), S. 31.

905 Die Charakterisierung der Lehre *Bodins* als der deduktiven Methode folgend bezieht sich auf den Prozeß, in dem konkrete Aussagen über Rechtsinhalte gewonnen werden. Dies schließt nicht aus, *Bodin* mit *Koskenniemi*, From Apology to Utopia, 58, insofern als Verwender einer "aufsteigenden" Argumentation anzusehen, als ein Ausgangspunkt seiner Lehre im Sicherheitsbedürfnis des Einzelnen zu sehen ist.

906 *Quaritsch*, Staat und Souveränität, 260 ff.

907 Sowohl die häufige Wiederholung der Behauptung, sämtliche Souveränitätsrechte seien im Begriff des "loy" des Souveräns enthalten (vgl. zur Ableitung der einzelnen "marques de souveraineté" aus der donner-loy-Kompetenz oben B.VI.2.d), S. 31, insbes. Fn. 252), als auch die Übergehung offensichtlicher Brüche in der Deduktionskette sprechen dafür, daß *Bodin* bewußt die Deduktion einsetzte (vgl. *Quaritsch*, Staat und Souveränität, 262). Dafür spricht auch, daß die dadurch erzielten Ergebnisse genau seiner Zielsetzung, die Königsmacht zu stärken, entsprechen.

908 *Quaritsch*, Staat und Souveränität, 264.

hatte es schon im Mittelalter Aufzählungen angeblich essentieller Herrscherrechte gegeben, von denen auch bereits die Unveräußerlichkeit behauptet worden war.[909] Gegenüber diesen Ansätzen lag die entscheidende Neuerung bei *Bodin* in der "Einschmelzung der Einzelrechte in die 'donner-loy'-Kompetenz des Souveräns"[910]. Denn damit faßte er die bisher nur unverbunden nebeneinander stehenden Einzelrechte zu einer logischen Einheit zusammen.[911] Während nach den früheren Ansätzen derjenige Inhaber der "plenitudo potestatis"[912] war, der über mehr Einzelbefugnisse verfügte als die anderen, wobei aber die Verteilung der Befugnisse letztlich theoretisch nicht determiniert war, führte die Zwischenschaltung der noch mit sachlichem Gehalt ausgestatteten Gesetzgebungsbefugnis zwischen die "Suverenitas" und die Einzelrechte bei *Bodin* dazu, daß "die Teilung und Verteilung dieser Rechte auf verschiedene Inhaber ... schon theoretisch negiert" werden konnte.[913]

Zum anderen impliziert die Ableitung der Einzelbefugnisse aus einer obersten Befugnis, daß es sich bei der Aufzählung der "marques de souveraineté" nicht um eine abgeschlossene handelt.[914] Die Konstruktion liefert dem Souverän eine argumentative Grundlage dafür, seine Befugnisse autonom zu erweitern[915], wenn er es für angezeigt hält.[916] Auch hierin zeigt sich, daß *Bodins* Theorie über eine "Rationalisierung des positiven [französischen] Staatsrechts"[917] hinausgeht. Im Sinne der ersten der oben angeführten Varianten eines deduktiven Systems[918] ist sie darauf

909 Vgl. *Quaritsch*, Staat und Souveränität, 260 m.N. Unter anderen hatte auch *Thomas von Aquin* Attribute einer communitas perfecta aufgezählt, vgl. *van Kleffens*, RdC 82 (1953 I), 5 (34 ff., 56) sowie oben B.V.2.b)bb), S. 21.

910 *Quaritsch*, Staat und Souveränität, 260.

911 Vgl. *Quaritsch*, Staat und Souveränität, 262 f.

912 Vgl. zu dieser und ähnlichen Formeln *Quaritsch*, Staat und Souveränität, 262.

913 Vgl. *Quaritsch*, Staat und Souveränität, 262 f.; s. auch *Di Fabio,* Das Recht offener Staaten, 18.

914 Vgl. *Quaritsch*, Staat und Souveränität, 264 f.

915 Eine Verengung ist - abgesehen von einer Korrektur früherer Schlußfolgerungen - wegen der Unteilbarkeit der Souveränität und der damit verbundenen Unverzichtbarkeit von einzelnen Souveränitätsrechten nur in der Weise möglich, daß der Souverän im Wege einer Selbstbeschränkung auf die Ausübung seiner Rechte verzichtet (oder sie einem anderen überläßt). Vgl. *Quaritsch*, Staat und Souveränität, 265.

916 Vgl. *Quaritsch*, Staat und Souveränität, 265. - Man kann hierin den Ursprung für die spätere Lehre von der Kompetenz-Kompetenz als maßgebliches Kriterium für das Vorliegen eines souveränen Staates sehen. Hierunter wird die Befugnis verstanden, neue Kompetenzen zu begründen (vgl. z.B. *Streinz*, Europarecht, Rdnr. 121).

917 So *Jellinek*, Allgemeine Staatslehre, 461. - Wäre es tatsächlich so, daß sich *Bodin* auf die systematisierte Wiedergabe des französischen Staatsrechts beschränkt hätte, so läge darin ein durch die deduktive Aufbereitung lediglich verschleiertes, aber in der Sache induktives Vorgehen, das freilich nur für das "Musterland" Frankreich und nicht in der behaupteten Allgemeinheit Gültigkeit beanspruchen könnte. *Bodin* hatte seiner allgemeinen Staatslehre jedoch nicht nur die Verhältnisse in Frankreich zugrundegelegt und war sich im übrigen nur zu bewußt, daß seine Staatstheorie mit dem aktuellen Verfassungsrecht und der Verfassungswirklichkeit Frankreichs nicht in Einklang stand. Gerade um das französische Verfassungsrecht im Sinne seiner Souveränitätslehre zu ändern, behauptete er deren generelle Gültigkeit. Vgl. *Quaritsch*, Staat und Souveränität, 360.

918 Siehe C.I.4, S. 110.

angelegt, dem Souverän eine theoretische Fundierung für eine Expansion seiner Herrschaftsbefugnisse zu geben.

bb) Thomas Hobbes

Anders als bei *Bodin* setzt das deduktive System von *Hobbes*[919] schon bei der Entstehung des Staates mit der Hypothese des Naturzustands an.[920] Bei *Bodin* hatte das seinerzeit noch theologisch interpretierte Naturrecht keine Rolle bei der Begründung der Zielsetzung des Staatswesens spielen können.[921] Ganz anders ist es bei *Hobbes*, dem ein profanisiertes Naturrecht als Fundament der Staatslehre dient.[922] Ausgehend von der Annahme eines natürlichen Zustandes des bellum omnium contra omnes entwickelt *Hobbes* das erste Naturrechtssystem nach dem mos geometricus, das mit einem Anspruch auf Vollständigkeit auftrat.[923] Die geometrische Methode überträgt die von *Euklid* begründete Form des Lehrens und Beweisens auf das Gebiet des Rechts und deduziert ausgehend von Axiomen, Definitionen und Hypothesen aus diesen Sätzen alle weiteren (Rechts-)Behauptungen.[924] Innerhalb eines derartigen axiomatischen Systems wird bei *Hobbes* auch der Inhalt des Souveränitätsbegriffs deduktiv bestimmt.[925]

In Anbetracht der Anarchie der englischen Bürgerkriege[926] gelangte *Hobbes* zu der Ansicht, daß der Mensch kein zoon politikon, sondern asozialer Natur sei.[927] Mit diesem "Material"[928] ist ein anarchischer Zustand nur zu verhindern, wenn ein mit schrankenloser Macht ausgestatteter Herrscher[929] die Grundtriebe der Menschen bändigt und eine effektive Ordnung sicherstellt.[930] Zur Einsetzung eines solchen

---

919 Vgl. zu ihm bereits oben B.VII.2.a)aa), S. 38.

920 Vgl. *Quaritsch*, Staat und Souveränität, 274 f.

921 Vgl. *Lipp*, Naturrecht, LdR 1/890, 6.

922 Vgl. *Lipp*, Naturrecht, LdR 1/890, 6; *Schaumann*, Gleichheit, 42.

923 *Herberger*, Mos geometricus, mos mathematicus, in: Erler/Stammler (Hrsg.), HRG III, Sp. 698 (700).

924 Vgl. *Herberger*, Mos geometricus, mos mathematicus, in: Erler/Stammler (Hrsg.), HRG III, Sp. 698 (698 f.).

925 Vgl. *Jellinek*, Allgemeine Staatslehre, 463.

926 Vgl. zur Prägung des *Hobbes*'schen Weltbildes durch die englischen Bürgerkriege *Dagtoglou*, Souveränität, EvStL (3. Aufl.), Sp. 3155 (3157); *Neuhold*, Euro-atlantisches Völkerrecht: geschichtlicher Überblick, ÖHbVR Bd. 1 (3. Aufl.), Rdnr. 117.

927 Vgl. etwa *Lipp*, Naturrecht, LdR 1/890, 6.

928 Vgl. zur mechanistischen Betrachtungsweise bei *Hobbes*, der den Staat als perfekte Maschine sieht, die aus menschlichem Werkstoff besteht, z.B. *Schrader*, Hobbes, Staatslexikon Bd. 2, Sp. 1293 (1294); *Lipp*, Naturrecht, LdR 1/890, 6.

929 Auch *Hobbes* kann dabei nicht als Vertreter der Fürstensouveränität gesehen werden, denn er sah ausdrücklich auch die Möglichkeit vor, die absolute Herrschaftsmacht durch den Gesellschafts- und Unterwerfungsvertrag einer Versammlung zu übertragen, vgl. *Steinberger*, Sovereignty, EPIL Bd. IV, 500 (506).

930 Vgl. *Lipp*, Naturrecht, LdR 1/890, 6; *Dagtoglou*, Souveränität, EvStL (3. Aufl.), Sp. 3155 (3157).

Herrschers schließen die Menschen einen Herrschafts- und Unterwerfungsvertrag.[931]

Aus dem Staatszweck der Friedenssicherung[932] wird hierbei also auf das Mittel einer im neuzeitlichen Wortsinne absoluten[933] Herrschaft geschlossen.[934] Dem Leviathan wird eine totale Macht eingeräumt; "whatsoever he doth, it can be no injury to any of his Subjects."[935] Damit erfährt das Souveränitätskonzept auch nach innen[936] seine höchstmögliche Steigerung im Sinne einer unbeschränkten Gewalt.[937] Obwohl mit diesem Ansatz eine "General- und Blankovollmacht"[938] ausgestellt war, zählt auch *Hobbes*, ähnlich wie zuvor schon *Bodin* und später *Pufendorf*, essentielle aus der Souveränität abgeleitete Herrschaftsrechte auf.[939]

Die Souveränitätslehre *Hobbes'* ist - wie angesichts ihrer Radikalität nicht anders zu erwarten - im Hinblick auf ihren Inhalt sehr unterschiedlich aufgenommen worden. Auf der einen Seite war sie als Rechtfertigung absolutistischer Machtansprüche sehr willkommen und (auch) im hier primär interessierenden Bereich der zwischenstaatlichen Beziehungen sehr wirkungsmächtig.[940] Auf der anderen Seite stieß *Hobbes*

---

931 Vgl. *Lipp*, Naturrecht, LdR 1/890, 6; *Schrader*, Hobbes, Staatslexikon Bd. 2, Sp. 1293 (1294 f.).

932 *Schrader*, Hobbes, Staatslexikon Bd. 2, Sp. 1293 (1294).

933 Vgl. zum Wandel ggü. dem spätmittelalterlichen Begriff des absoluten Herrschers *Quaritsch*, Staat und Souveränität, 266.

934 Vgl. zu diesem Schluß *Jellinek*, Allgemeine Staatslehre, 463.

935 *Hobbes*, Leviathan II, Kap. 18.

936 *Hobbes* gelangt damit nach innen zum gleichen Ergebnis wie nach außen. Denn hinsichtlich des Verhältnisses zu anderen Staaten hatte dieser "grand theorist of international anarchy" (*van Kleffens*, RdC 82 (1953 I), 5 (42)) mit der Leugnung echter rechtlicher Bindungen ebenfalls eine rechtlich unbeschränkte Handlungsfreiheit konstruiert (s.o. B.VII.2.a)aa), S. 38). *Hobbes* wird daher, zusammen mit *Spinoza*, als Vater absoluter Souveränitätstheorien gesehen (*Steinberger*, Sovereignty, EPIL Bd. IV, 500 (506)). Freilich wurde die letzte theoretische Schranke, nämlich die Annahme eines auch für den Souverän verbindlichen göttlichen Rechts, erst nach *Hobbes* endgültig beseitigt. Allerdings hatte auch *Hobbes* schon dem Herrscher die ausschließliche Befugnis eingeräumt, das göttliche Recht festzustellen und auszulegen. Vgl. hierzu *Dagtoglou*, Souveränität, EvStL (3. Aufl.), Sp. 3155 (3157).

937 Vgl. *Randelzhofer*, Staatsgewalt und Souveränität, HStR I, § 15 Rdnr. 22.

938 *Krüger*, Allgemeine Staatslehre, 827.

939 *Quaritsch*, Staat und Souveränität, 264 m.N. Ähnlich wie zuvor *Bodin* greift auch er dabei auf ihm Bekanntes zurück, indem er die in der englischen Theorie von der königlichen Prärogative aufgezählten Eigenschaften nennt (vgl. *Jellinek*, Allgemeine Staatslehre, 463). Entgegen *Jellinek* ist jedoch auch bei ihm nicht davon auszugehen, daß durch diese Vorgehensweise "englisches Recht ins Absolute erhoben" werden sollte (so *Jellinek*, Allgemeine Staatslehre, 463). Denn - im Gegensatz zu *Bodin* - kann man in *Hobbes'* Lehre eine glatte Ignorierung englischen Verfassungsrechts sehen (dahingehend *Quaritsch*, Staat und Souveränität, 360; dort S. 424 ff. ausführlich zur verfassungsrechtlichen Entwicklung in England). Es erscheint vorzugswürdig, mit *Quaritsch*, Staat und Souveränität, 264, davon auszugehen, daß diese Aufzählung den Zweck hatte, den an sich logisch nicht zwingenden Schluß nach der Mittel-Zweck-Formel plausibler zu machen.

940 Vgl. *Randelzhofer*, Staatsgewalt und Souveränität, HStR I, § 15 Rdnr. 22; *Jellinek*, Allgemeine Staatslehre, 464 f. - Die Feststellung der Wirksamkeit der *Hobbes*'schen Theorie genügt freilich nicht, um in ihr die Ursache für die internationale Anarchie zu sehen. Denn Theorie und Praxis haben sich durchaus gegenseitig angeregt und bedingt: *Hobbes* und andere Vertreter der pessimistischen Linie der Naturrechtslehre wurden in ihrer Weltsicht durch die realen Ver-

verständlicherweise bei all jenen auf heftige Ablehnung, deren Einfluß durch sein Konzept bedroht war.[941] Wichtiger als inhaltliche Vermächtnisse[942] wird die Folgewirkung *Hobbes'* auf methodischem Gebiet eingeschätzt. Auch wenn zahlreiche Autoren ihm in den Axiomen und der Ausgestaltung ihrer Staatslehren nicht folgten, so übernahmen sie doch die geometrische Methode.[943]

cc) Spezifisch auf die äußere Souveränität bezogene deduktive Ansätze

Auch insoweit sich die Doktrin von der Souveränität dem Außenverhältnis zuwandte und damit den rechtlichen Beziehungen zwischen den Staaten, verwendete sie die deduktive Methode.[944] Dabei bestanden aber sowohl hinsichtlich der Ausprägung des deduktiven Vorgehens wie auch im Hinblick auf die Intensität der Fokussierung auf den Begriff der Souveränität erhebliche Unterschiede.

Bei *Grotius*, der wie bereits angedeutet nicht rein deduktiv vorging[945], finden sich zwar für die weitere Entwicklung wichtige Aussagen[946] zum Begriff der Souveränität

hältnisse in den internationalen Beziehungen geprägt, die sie - angesichts der vorhandenen Tendenzen, Europa in ein "law of the jungle" zurückfallen zu lassen, wie sie bereits bei *Machiavelli* zum Ausdruck gekommen waren, keinesfalls abwegig - im Sinne einer internationalen Anarchie deuteten und zu der sie eine passende juristische Formel entwickeln wollten (vgl. hierzu *van Kleffens*, RdC 82 (1953 I), 5 (41 ff.); *Jellinek*, Allgemeine Staatslehre, 455). Auf der anderen Seite ist offensichtlich, daß "passende Theorien" von den politischen Führern gerne in Anspruch genommen wurden (vgl. z.B. *van Kleffens*, RdC 82 (1953 I), 5 (62); *Schwarzenberger*, Inductive Approach, 12; mit deutlich anderer Tendenz aber *Krüger*, Allgemeine Staatslehre, 827, der die Ursache für die Konzentration der öffentlichen Gewalt nicht in der Machtgier der Fürsten, sondern in objektiven Faktoren sieht). Daß letztlich sie es waren, die die Richtung vorgaben, zeigt sich übrigens auch darin, daß die Lehre *Bodins* schon bald an praktischer Bedeutung verlor, da sie Bindungen der Staatsgewalt beinhaltete, die die absolutistischen Herrscher für sich nicht gelten lassen wollten (vgl. *Schnur*, Bodin, Staatslexikon Bd. 1, Sp. 861 (862); *Schnurs* Formulierung, die Lehre *Bodins* sei "in Vergessenheit" geraten, erscheint freilich zu weitgehend. So kam etwa die Lehre *Bodins* im Kampf um die Souveränität im England des 17. Jahrhunderts zum Einsatz, vgl. *Quaritsch*, Staat und Souveränität, 430 f.).

941 Vgl. zu den einzelnen Gruppen von Befürwortern und Gegnern der *Hobbes*'schen Theorie im Laufe der Jahrhunderte *Schrader*, Hobbes, Staatslexikon Bd. 2, Sp. 1293 (1295).

942 Neben der staatsabsolutistischen Grundaussage wurde insbes. noch die Konstruktion eines Vertrages zur Begründung der Staatsgewalt von zahlreichen Autoren aufgenommen, vgl. *Schrader*, Hobbes, Staatslexikon Bd. 2, Sp. 1293 (1295).

943 Vgl. zu deren Vermittlung an die geisteswissenschaftlichen Disziplinen insgesamt *Lipp*, Naturrecht, LdR 1/890, 6.

944 *Schwarzenberger*, Inductive Approach, 9 ff., hat darauf hingewiesen, daß es am Anfang der Entwicklung einer Völkerrechtsdoktrin überhaupt keine Alternative zu einem deduktiven Vorgehen gab.

945 *Grotius'* auf antike Klassiker zurückgreifende Vorgehensweise zur Ermittlung konkreter Naturrechtssätze (siehe dazu oben B.VI.2.e), S. 34) entspricht nicht der deduktiven Methode, weil *Grotius* die als Naturrecht bezeichneten Rechtssätze tatsächlich nicht aus bestimmten Systemgrundsätzen deduziert (vgl. *Link*, Hugo Grotius, 20 f.). Der Umstand, daß er sich zum Beleg naturrechtlicher Sätze auf die Aussagen von Philosophen u.a. stützt und damit im Vergleich etwa zu *Vitoria* eine "méthode plus positive" (*Le Fur*, RdC 18 (1927 III), 263 (324)) verwendet, ändert jedoch nichts daran, daß er in diesen Äußerungen richtige Schlußfolgerungen aus den Prinzipien der Natur sieht. Das deduktive Konzept wird dabei auch insofern praktisch, als *Grotius* sich die Frage der Zuordnung bestimmter Aussagen zum Naturrecht selbst vorbehält

(namentlich die gegen *Bodin* vorgenommenen Unterscheidung zwischen Innehabung und Ausübung der Staatsgewalt[947]), er hat aber - anders als der ihm nachfolgende *Hobbes* - kein in sich geschlossenes rechtstheoretisches System des internationalen, zwischen den Souveränen geltenden Rechts entwickelt[948]. Dementsprechend fallen die Unterschiede in der Deutung seiner Lehre aus.[949]

Im Naturrechtssystem von *Wolff*, das im Ausgangspunkt ein Pflichtensystem war,[950] spielt das Konzept der Souveränität (er verwendet in der deutschen Fassung die Bezeichnung "höchste Gewalt"[951]), jedenfalls soweit es um das Völkerrecht geht, keine tragende Rolle.[952] Die Pflichten und die korrespondierenden Rechte der Staaten werden aus der Übertragung von inter-individuellen Pflichten hergeleitet.[953]

---

und damit entscheidet, ob sie von bestimmten oberen Prinzipien "certa argumentatione" deduziert werden können (vgl. *Grotius*, De Jure Belli ac Pacis, Prol. 40 a.E.).

946 Die maßgeblichen Passagen finden sich in De Jure Belli ac Pacis I 3, 1 ff. Er definiert den Begriff in De Jure Belli ac Pacis I 3, 7.

947 De Jure Belli ac Pacis I 3, 24. Diese Unterscheidung zielt zunächst auf den innerstaatlichen Bereich und ermöglicht eine Verfassungsbindung der Herrschaftsgewalt. Vgl. hierzu *Link*, Hugo Grotius, 26 f.

948 Vgl. *Le Fur*, RdC 18 (1927 III), 263 (319); *Link*, Hugo Grotius, 17; *Schaumann*, Gleichheit, 40 f.; *van Kleffens*, RdC 82 (1953 I), 5 (66).

949 *Le Fur*, RdC 18 (1927 III), 263 (321 ff.), sieht in *Grotius* einen Bewahrer der hergebrachten Vorstellung eines objektiven (natürlichen) Rechts, der "les abus de la doctrine de la souveraineté", d.h. die Vorstellung von einer alles überwuchernden, absoluten Souveränität bekämpft habe. Eine entgegengesetze Deutung findet sich bei *Mattingly*, International Diplomacy and International Law, in: Wernham (Hrsg.), The New Cambridge Modern History Bd. III, 149 (169 f.). Danach versuchte *Grotius* wie die meisten seiner Zeitgenossen, "to justify what men were doing or thought they ought to be doing, and his standards and value judgements and the rules of international conduct for which he argued were drawn, like most other people's, largely from a medieval past which he never mentioned." Der Unterschied zu seinen Vorgängern habe darin bestanden, daß er seine Argumentation nicht einkleidete "in the terms ... of the interests of a single unitary commonwealth of which the princes and republics of Christendom were subordinate members, but in terms of the interest in their own self-preservation of the independent, ego-centred, absolutely sovereign states whose aggregate composed the heterogeneous, pluralistic international society of western Europe." Nach der ganz überwiegenden Interpretation zählt Grotius jedoch zu den Autoren, die nicht nur im positiven Völkerrecht, sondern auch im Naturrecht Schranken der staatlichen Handlungsfreiheit sahen (so z.B. *Verdross/Simma*, Universelles Völkerrecht, § 32; *van Kleffens*, RdC 82 (1953 I), 5 (65 f.)).

950 Vgl. zu *Wolff* oben B.VII.2.b)bb)(1), S. 43.

951 *Wolff*, Grundsätze des Natur- und Völkerrechts, § 981. Bei der deutschen Ausgabe handelt es sich um eine von *Wolff* genehmigte Übersetzung der 1750 erschienenen Institutiones Juris Naturae et Gentium durch *Nicolai*, in der er den Terminus "imperium summum" verwendet (§§ 981, 1145); die Inhaber dieser Gewalt bezeichnet *Wolff* als "potestates summae" (§ 1140).

952 Die Aussagen zur höchsten Gewalt in *Wolff*, Grundsätze des Natur- und Völkerrechts § 981 beziehen sich auf die "Herrschaft in einem Staat". In § 984 wird die Gebundenheit dieser Herrschaft an die "Grundgesetze" betont. Gem. § 998 gehören zur höchsten Herrschaft "Majestätsrechte", die in §§ 1042 ff. aufgelistet sind und auch Kompetenzen der auswärtigen Gewalt umfassen (vgl. §§ 1066 f.). Im völkerrechtlichen Teil taucht der Begriff zunächst im Zusammenhang mit der Vertragsabschlußkompetenz auf (vgl. §§ 1140 f.). In § 1145 wird festgestellt, daß ein tributpflichtiges Volk die höchste Herrschaft nicht verliert.

953 Der Rückgriff auf die allgemeinen Rechte der Menschen findet sich in *Wolff*, Grundsätze des Natur- und Völkerrechts, § 1089.

Das gilt in 'Grundsätze des Natur- und Völkerrechts' sogar für das Interventionsverbot.[954]

Bei *Vattel* nimmt der Begriff der Souveränität einen wichtigeren Platz ein. *Vattel* liefert eine klassisch gewordene Definition des souveränen Staates und knüpft seine Darstellung verschiedener völkerrechtlicher Probleme an den Begriff der Souveränität an.[955] Eigentlicher Ausgangspunkt seines Systems war allerdings der Schluß von der natürlichen Freiheit und Unabhängigkeit der Menschen darauf, daß die Staaten in einem Naturzustand absoluter Freiheit und Unabhängigkeit leben. Unmittelbar anschließend an die Aufstellung dieser These postuliert er allerdings die mit dieser Aussage unvereinbare Gebundenheit an das Naturrecht[956]; die Staaten leben nach *Vattel* in einer natürlichen Gesellschaft (Société des Nations), deren Ziel die gegenseitige Unterstützung ist.[957] Die Schwäche des Werkes liegt darin, daß es *Vattel* trotz des Einsatzes verschiedener Hilfsüberlegungen (insbesondere der Konstruktion der imperfekten Rechte) letztlich nicht gelungen ist[958], den Widerspruch zwischen der von ihm behaupteten absoluten Unabhängigkeit der Staaten und der Unterworfenheit unter ein objektives Recht in einem geschlossenen System aufzuheben.[959]

Im Rahmen des absoluten Souveränitätsverständnisses, wie es in der Theorie des 19. Jahrhunderts verbreitet war[960], war die Deduktion einzelner Befugnisse aus dem Souveränitätsprinzip an sich überflüssig, denn in absoluter Souveränität ist notwendig die Gesamtheit aller denkbaren Handlungsoptionen umfaßt. Als Beispiel für dennoch vorgenommene Schlußfolgerungen aus dem Souveränitätsbegriff nennt *Grewe* den Rechtshegelianer *Lasson*[961], der aus dem Souveränitätsbegriff gefolgert habe, daß der Staat sich keiner Rechtsordnung unterwerfen könne.[962] Bei näherer Betrachtung ergibt sich freilich, daß der Pseudo-Positivist *Lasson*[963] den Begriff der

---

954 Vgl. § 1121. In dem vorangegangen Werk, Ius gentium methodo scientifica petractatum (1749), war der Zusammenhang mit dem Souveränitätskonzept freilich klar zum Ausdruck gekommen, vgl. *Grewe*, Epochen, 390.

955 Vgl. zu *Vattel*, insbes. zu seinen Aussagen zur staatlichen Souveränität, bereits oben B.VII.2.b)bb)(2), S. 44.

956 *Vattel*, Le Droit de Gens, Preliminaires, § 5.

957 *Vattel*, Le Droit de Gens, Preliminaires, § 11 f. Siehe auch II § 3.

958 Vgl. *Lapradelle*, in: Slatkine/Toman (Hrsg.), Vattel, Le Droit des Gens, Bd. 3, S. xiii ff.

959 Vgl. *Lapradelle*, in: Slatkine/Toman (Hrsg.), Vattel, Le Droit des Gens, Bd. 3, S. liii f.

960 S.o. B.VIII.2.c), S. 58.

961 Siehe zu ihm bereits oben B.VIII.2.a)cc), S. 56.

962 *Grewe*, Epochen, 592 unter Verweis auf *Lasson*, Princip und Zukunft des Völkerrechts, 22.

963 *Lasson* selbst behauptete von sich, ein Positivist zu sein (vgl. etwa System der Rechtsphilosophie, 16) und wird auch heute üblicherweise als solcher kategorisiert (z.B. von *Grewe*, Epochen, 592). Bei der Lektüre seiner Äußerungen zum Völkerrecht drängt sich aber eine ganz andere Einordnung auf. Insofern über *Hegel*, der nur den zu seiner Zeit bestehenden Zustand hatte beschreiben wollen, ohne dadurch eine Entwicklung des Völkerrechts auszuschließen (vgl. *Verdross/Simma*, Universelles Völkerrecht, § 20), hinausgehend postulierte *Lasson* eine Naturgesetzlichkeit des Völkerhasses und der Gegensätze zwischen den Staaten (z.B. Princip und Zukunft des Völkerrechts, 8: "Die ewigen Gesetze der Natur aber bilden eine für den Willen unaufhebbare Schranke ... Die Thatsache nun liegt vor als ausnahmslose Erscheinung

Souveränität weniger zur Begründung als zur Umschreibung eines letztlich aus dem Zweck des Staates[964] deduzierten Ergebnisses einsetzte[965].

Bereits bei Autoren wie *Lasson* war zu beobachten, daß sie bei ihren Theorien vor allem von ihrem eigenen Staat beziehungsweise Volk ausgingen[966] und dessen partikularen Zweck im Auge hatten.[967] Im 20. Jahrhundert trieben die Theorien der totalitären Regime diesen Ansatz einer auf den eigenen Staat beziehungsweise die mit diesem identifizierte Ideologie fixierten Zweckbestimmung mit allen Konsequenzen auf die Spitze. Nach *Mussolini* ist die Konzeption des faschistischen Staates allumfassend, außerhalb des Staates gibt es weder menschliche noch geistige Werte.[968] Das nationalsozialistische Staatsverständnis erachtet den völkischen Staat allein für befugt, über sein nationales Interesse zu urteilen.[969] Auch in der

von je an bis auf den heutigen Tag: zwischen Staat und Staat, zwischen Volk und Volk herrscht Feindschaft"). Über das ganze Werk verstreut finden sich zahllose Bezugnahmen auf die Naturgegebenheit des *Lasson*'schen Systems. Als Beispiele sei hier auf Princip und Zukunft des Völkerrechts, 1, 4, 24, 33 f., sowie System der Rechtsphilosophie, 392, 395, 399, 404 f., verwiesen. Im übrigen weist *Jellinek*, Allgemeine Staatslehre, 231, zutreffend darauf hin, daß schon die Fragestellung nach dem Zweck des Staates selbst "in das Gebiet metaphysischer Spekulation" führt.

964 Besonders in der 1. Hälfte des 19. Jahrhunderts stand der Staatszweck im Mittelpunkt der staatsrechtlichen Diskussion (*Jellinek*, Allgemeine Staatslehre, 230). Dabei wurde nicht nur nach dem universalen objektiven Zweck des Staates gefragt, sondern es wurden auch Theorien über objektive partikulare Zwecke der einzelnen Staaten entwickelt, wobei *Hegel* (zu ihm siehe oben B.VIII.2.a)aa), S. 54) als derjenige zu nennen ist, der beide Ansätze "am großartigsten" kombiniert hat (vgl. *Jellinek*, Allgemeine Staatslehre, 231 ff.). Sein Schüler *Lasson* nimmt ebenfalls den Zweck des Staates zum axiomatischen Ausgangspunkt seiner Thesen: "Der Wille, den man Staat nennt, hat seine innere Schranke nur in der Bestimmtheit seines Zwecks; er erstreckt sich aber schrankenlos über alles was diesem Zwecke zu dienen vermag im ganzen Umkreise der Natur" (Princip und Zukunft des Völkerrechts, 13). Er gelangt zu der Feststellung, daß "[d]er Staat aber, der auch nicht unter der Herrschaft des Rechtes steht, ... schlechterdings durch nichts gebunden [ist] als durch seinen Zweck ..." (Princip und Zukunft des Völkerrechts, 21).

965 In Princip und Zukunft des Völkerrechts findet sich keine ausführliche Auseinandersetzung mit Geschichte und Konzept des Souveränitätsbegriffs. Die auch von *Grewe* herangezogene Stelle (S. 22) erscheint angesichts der vorangegangenen Ausführungen zum Staatszweck und den Mitteln seiner Erfüllung (s.o. Fn. 964) eher als Wiederholung bzw. Zusammenfassung. In System der Rechtsphilosophie, 389 ff., erläutert *Lasson* später sein Souveränitätsverständnis und die daraus zu ziehenden Folgerungen.

966 Nationale Überheblichkeit zeigt sich etwa bei *Lasson*, Princip und Zukunft des Völkerrechts, Vorrede V f.: "Vor anderen Völkern ist unser deutsches Volk - wir dürfen es ohne Ruhmredigkeit sagen - noch in seinem Kerne gesund".

967 Vgl. allgemein zur Verbindung des Souveränitätsgedankens mit Ideen des Nationalismus bzw. des Staates *van Kleffens*, RdC 82 (1953 I), 5 (59 ff.). Die hier anzusprechenden faschistischen und nationalsozialistischen Staatslehren stellen gegenüber diesen Verbindungen eine nochmalige Steigerung dar, weil sie den Nationalismus noch mit einer aggressiven Ideologie aufladen.

968 *Mussolini*, Der Geist des Faschismus, 5. Vgl. zur sich ausdrücklich auf *Hegel* beziehenden faschistischen Doktrin vom *stato totalitario*, welcher als machtmäßige Grundlage für die offen imperialistische Zielsetzung (vgl. z.B. *Mussolini*, a.a.O., 25) dienen sollte, *Bracher*, Faschismus, Staatslexikon Bd. 2, Sp. 549 ff. (555). Zur faschistischen Staatslehre s. auch *Verdross*, Rechtsphilosophie, 162.

969 Vgl. *Ritterband*, Menschenrechtsschutz, 228. In der Konsequenz dieses Ansatzes lag es, daß es zu Stellungnahmen kam, die auf eine Leugnung völkerrechtlicher Bindungen auf der Grund-

sowjetischen Doktrin gab es eine kurze Phase, in der die revolutionäre Sendung zu einer Theorie absoluter Souveränität führte.[970]

Auch in der jüngsten Vergangenheit ist der Einsatz deduktiver Methoden weit verbreitet. Dabei sind zum einen solche Ansätze zu finden, die im Sinne der zweiten der beiden oben angesprochenen Varianten[971] die Tendenz aufweisen, die Souveränität beziehungsweise den rechtlichen Handlungsspielraum der Staaten zu beschränken. Ein Beispiel hierfür stellt das bereits im vorigen Abschnitt dargestellte[972] "droit international nouveau" von *Alvarez* dar, der aus dem Entstehen einer "internationalen Gesellschaft" unter anderem auf eine Beschränkung der Souveränität der Staaten schließt. Andererseits finden sich aber auch heute noch Ansätze mit expansiver Tendenz, die aus "der Souveränität" neue oder erweiterte Befugnisse herleiten. Ein Beispiel hierfür stellt etwa der Versuch einiger Äquatorial-Staaten dar, ein souveränes Recht an den über ihrem Staatsgebiet gelegenen Segmenten des geostationären Orbits zu begründen.[973]

Mit den hier angesprochenen Beispielen dürften die Auswirkungen und Möglichkeiten des Einsatzes deduktiver Methoden im Bereich des Souveränitätsprinzips ausreichend skizziert sein, um an anderer Stelle eine grundlegende Bewertung möglich zu machen. Als Zwischenergebnis dieses Abschnitts kann dabei festgehalten werden, daß der Begriff der Souveränität als solcher seit *Bodin* in den meisten Fällen nicht Ausgangspunkt von bestimmten Schlußfolgerungen ist, sondern ein Zwischenglied, um aus (noch) abstrakteren Zwecküberlegungen konkrete Forderungen herzuleiten.

---

lage von Gleichheit überhaupt oder jedenfalls innerhalb des beanspruchten "Großraumes" hinausliefen. So verneinte *Schecher,* Deutsches Außenstaatsrecht, insbes. 136, eine völkerrechtliche Bindung des völkischen Staates. *Carl Schmitt* (1888-1985) kleidete den rassisch begründeten Anspruch auf Vorherrschaft in seiner Schrift über die "Völkerrechtliche Großraumordnung" (1. Aufl. 1939) in völkerrechtliches Vokabular. Vgl. zusammenfassend zum Völkerrecht im Dritten Reich, das sich, wo es paßte durchaus der hergebrachten völkerrechtlichen Formen und Argumentationen zu bedienen wußte, *Nußbaum,* 313 f.; *Vagts*, AJIL 84 (1990), 661 ff.; *Friedmann*, The Changing Structure, 326 f.

970 Vgl. zu dieser namentlich von *Paschukanis* (1891-1937) vertretenen Linie *Ritterband*, Menschenrechtsschutz, 250. Unmittelbar nach dem Tod *Paschukanis'*, als das totalitäre Herrschaftsregime nach innen etabliert war, wurde diese Doktrin jedoch überdacht und (wieder) einem Ansatz der Vorzug gegeben, der eine völkerrechtliche Zusammenarbeit mit westlichen Staaten ermöglichte (vgl. *Uibopuu*, Die Völkerrechtsauffassung der "sozialistischen" Staaten, ÖHbVR Bd. 1 (2. Aufl.), Rdnr. 119).

971 C.I.4, S. 110.

972 Vgl. oben B.X.2.b)aa), S. 86. Zur Auseinandersetzung mit diesem Konzept s.u. E.II.1, S. 226.

973 Vgl. die Erklärung von Bogotá vom 3.12.1976, abgedruckt bei *Welck/Platzöder*, Weltraumrecht - Space Law, Textsammlung, Baden-Baden 1987, 731 ff., insbes. unter 2. Zur weiteren Entwicklung vgl. *Graf Vitzthum*, in: Graf Vitzthum (Hrsg.), Völkerrecht (2. Aufl.), 5. Abschnitt, Rdnr. 32.

II. Vorverständnis der internationalen Beziehungen und Methodenwahl:[974] Die Weltordnung als Gesellschaft oder Gemeinschaft

1. Die Dichotomie von Gesellschaft und Gemeinschaft als Instrument zur Beschreibung der (rechts-)soziologischen Realität der internationalen Beziehungen

a) Das Gemeinschaftskonzept als Hintergrund für Reformansätze mit souveränitätsbeschränkender Tendenz

Bei der Darstellung einiger Ansätze, die auf eine Reform des Völkerrechts und damit auch der mit dem Begriff der Souveränität umschriebenen Stellung der Staaten hinauslaufen, wurde bereits darauf hingewiesen, daß sie auf der Annahme einer Veränderung der internationalen Beziehungen und des Völkerrechts beruhen, die mit dem Begriff der Gemeinschaft umschrieben wird. Ausführlich wurde auf die Theorie von *Alvarez* eingegangen, dessen "droit international nouveau" ausdrücklich auch eine Beschränkung der Souveränität im Verhältnis zum früheren Rechtszustand bewirken soll. Als weitere Vertreter von gemeinschaftlichen Völkerrechtskonzepten wurden *Jennings* und *Bedjaoui* genannt.[975] Bis in die jüngste Vergangenheit hat das Konzept der Gemeinschaft Einfluß auf Äußerungen zum grundlegenden Verständnis des Völkerrechts gehabt. So stellte etwa der Richter *Shahabuddeen* in seinem Sondervotum zum Rechtsgutachten des IGH zur *Legality of the Threat or Use of Nuclear Weapons* eine "discernible movement from a select society to a universal international community" fest, wobei er sich hinsichtlich der aus der Entstehung "of a more comprehensive system based on co-operation and interdependence" zu ziehenden Konsequenzen ausdrücklich auf *Alvarez* bezog.[976]

Während sich diese auf dem Hintergrund des Konzepts der Gemeinschaft argumentierenden Ansätze durch eine die Handlungsfreiheit beziehungsweise Souveränität der Staaten beschränkende Tendenz auszeichnen, tendieren Autoren, die die Beziehungen zwischen den Staaten und das diese Beziehungen regelnde Recht als gesellschaftlich charakterisieren, eher zu einem stärker an klassischen Vorstellungen orientierten Souveränitätsverständnis. Besonders deutlich wird dies etwa in der

974 Überschrift in Anlehnung an *Esser*, Vorverständnis und Methodenwahl (1972). *Esser* arbeitet vornehmlich anhand des Zivilverfahrens die Abhängigkeit des nach seiner Analyse willkürlich erscheinenden Gebrauchens bzw. Außerachtlassens einzelner Auslegungsmethoden (vgl. insbes. S. 125 f.) vom durch unterschiedliche Lernprozesse geprägten Vorverständnis (*Gadamer*) heraus (insbes. S. 136 ff.). *Esser* plädiert für die Entwicklung eines "kritische[n] Methodenbewußtsein[s]" (S. 8), was voraussetzt, daß die vordogmatischen Faktoren, die das Richtigkeitsverständnis bestimmen und damit die Methodenwahl motivieren, aufgedeckt und somit rational überprüfbar gemacht werden.

975 Siehe zu den Ansätzen von *Alvarez, Jennings* und *Bedjaoui* oben B.X.2.b)aa), S. 86.

976 *Shahabuddeen*, Diss. Op. zu *Threat or Use of Nuclear Weapons*, ICJ Reports 1996 (I), 375 (394).

Lehre *Schwarzenbergers*[977], der zugleich als heftiger Kritiker *Alvarez'* aufgetreten ist.[978]

Bevor im folgenden auf die möglichen Implikationen des Gemeinschaftskonzeptes für die Wahl der Völkerrechtskonzeption und die Methodenwahl eingegangen wird, soll zunächst das zugrundeliegende soziologische Konzept von Gesellschaft und Gemeinschaft dargestellt werden. Dieses dient zunächst der Beschreibung von soziologischen Realitäten und kann auch zur Charakterisierung speziell der rechtlichen Beziehungen zwischen mehreren Akteuren verwendet werden.

b) Die Idealtypen menschlicher Gesellung: Das soziologische Konzept von Gesellschaft und Gemeinschaft

Mit der Diskussion des gesellschaftlichen oder gemeinschaftlichen Charakters der internationalen Beziehungen und ihrer rechtlichen Ordnungen werden die 1887 zuerst von *Tönnies*[979] eingeführten soziologischen Idealtypen Gesellschaft und Gemeinschaft aufgegriffen. Beide fallen unter den Oberbegriff der "Gesellung"[980], wobei nach *Tönnies,* der als Oberbegriff das Wort "Verbindung" gebrauchte, das Begriffspaar nur "bejahende" beziehungsweise "positive" Beziehungen umfassen soll, nicht aber "verneinende", das heißt solche, die "zur Zerstörung des anderen Willens oder Leibes tendieren."[981]

aa) Überblick

Gesellschaft und Gemeinschaft sind vieldeutig gebrauchte, vielschichtige dichotomische soziologische Grundbegriffe. *Tönnies'* Theorie basiert auf der Unterscheidung von zwei Typen des (individuellen) menschlichen Willens, die er als "Wesenwille" und "Kürwille" bezeichnet.[982] Dabei trägt "Wesenwille zu Gemeinschaft die Bedingungen in sich", während der unnatürliche[983] "Kürwille ... Gesellschaft hervor-

---

977 Vgl. zum Souveränitätsverständnis *Schwarzenbergers* zusammenfassend *Schwarzenberger*, RdC 87 (1955 I), 195 (214 ff.).

978 Siehe zur Auseinandersetzung mit den Ansichten *Alvarez' Schwarzenberger*, International Law I, 19 f., 49, 65, 114, 471, sowie *Schwarzenberger*, CLP 4 (1951), 1 (5 ff.).

979 Vgl. bereits oben B.X.2.b)aa), S. 86. Im folgenden wird die 8. Aufl. aus dem Jahr 1935 zugrunde gelegt. *Tönnies'* Studie geht auf seine Auseinandersetzung mit *Hobbes'* Leviathan zurück und ist u.a. durch die Arbeiten von *Maine* beeinflußt (vgl. *Hettlage*, Gemeinschaft, Staatslexikon Bd. 2, Sp. 849 (850); *Miner*, Community-Society Continua, in: Sills (Hrsg.), Encyclopedia of the Social Sciences Bd. 3, 174 (175)). Zusammenfassend zur Gegenüberstellung von Gemeinschaft und Gesellschaft bei *Tönnies Paulus,* Die internationale Gemeinschaft im Völkerrecht, 10 ff.

980 Vgl. *Ambros*, Gesellschaft, HdSW Bd. 4, 427 (431).

981 *Tönnies*, Gemeinschaft und Gesellschaft, 3.

982 *Miner*, Community-Society Continua, in: Sills (Hrsg.), Encyclopedia of the Social Sciences Bd. 3, 174 (175).

983 *Tönnies*, Gemeinschaft und Gesellschaft, 114 ("aller Kürwille enthält etwas Unnatürliches und Falsches") und S. 118 (Kürwille ist keine Realität, "die dem Wesen des Menschen angehört").

bringt".[984] *Tönnies* beschreibt Gemeinschaft als ein naturhaftes Gebilde, das aus innerem Antrieb entsteht; demgegenüber sei Gesellschaft ein zur Verfolgung gemeinsamer Interessen rational konstituierter Zweckverband.[985] Trotz dieses anscheinend unüberbrückbaren, fundamentalen Gegensatzes ist schon seit *Tönnies* in der Soziologie anerkannt, daß beide Gesellungs-Typen in der Realität kaum in reiner Form, sondern stets gemischt vorhanden sind.[986] Sie sind Idealtypen[987] (in der Diktion *Tönnies'*: Normalbegriffe[988]), zwischen denen ein Kontinuum besteht.[989]

In der Soziologie[990] vor allem des 19. und beginnenden 20. Jahrhunderts[991] wurde die Gegenüberstellung von Gesellschaft und Gemeinschaft immer wieder aufgegriffen, um soziale Phänomene zu typologisieren und nach ihrem "Wesen" zu erfassen,[992] wobei sie in verschiedener Weise abgewandelt und erweitert[993] worden ist.[994] Überwiegend wurde dabei das Gemeinschaft bildende und erhaltende Zusammengehörigkeitsgefühl oder -bewußtsein betont.[995] In neuerer Zeit wird das Begriffspaar in den Sozialwissenschaften vielfach kritisch betrachtet, nicht zuletzt wegen des Mißbrauchs der Idee der Gemeinschaft durch den Nationalsozialismus.[996]

bb) Gesellschaft

Die Gesellschaft erscheint bei *Tönnies* als eine "auf Konvention, Vertrag und Recht beruhende, gewillkürte und vorwiegend zweckrationale" Vereinigung[997], kurz als Zweckvereinigung; sie ist "Artefact"[998].

---

984 *Tönnies*, Gemeinschaft und Gesellschaft, 159. Ausführlich zu den beiden Formen des menschlichen Willens *Tönnies*, Gemeinschaft und Gesellschaft, 87 ff.

985 Brockhaus-Enzyklopädie, s.v. Gemeinschaft.

986 *Schwarzenberger*, Civitas Maxima?, 8; *Miner*, Community-Society Continua, in: Sills (Hrsg.), Encyclopedia of the Social Sciences Bd. 3, 174 (174); (bezogen auf die beiden zugrundeliegenden Willensformen) *Tönnies*, Gemeinschaft und Gesellschaft, 133 f., 144.

987 *Schwarzenberger*, Machtpolitik, 8.

988 Vgl. *Tönnies*, Gemeinschaft und Gesellschaft, 133 f., 252.

989 Vgl. *Miner*, Community-Society Continua, in: Sills (Hrsg.), Encyclopedia of the Social Sciences Bd. 3, 174 (174).

990 Die Begriffe von Gemeinschaft und Gesellschaft spielen auch im Bereich der Religionswissenschaft und des Zivilrechts (vgl. etwa §§ 705 ff, 741 ff. BGB) eine Rolle, vgl. dazu Brockhaus-Enzyklopädie, s.v. Gemeinschaft.

991 *Hettlage*, Gemeinschaft, Staatslexikon Bd. 2, Sp. 849 (849).

992 Brockhaus-Enzyklopädie, s.v. Gemeinschaft.

993 *Specht*, Gemeinschaft, HdSW Bd. 4, 329 (329).

994 Ein Überblick hierzu findet sich bei *Hettlage*, Gemeinschaft, Staatslexikon Bd. 2, Sp. 849 (851). Ausführlich zu verschiedenen Konzeptionen der Gemeinschaft *Paulus*, Die internationale Gemeinschaft im Völkerrecht, 18 ff., der zwischen einem kommunitarischem, einem liberalen und einem postmodernen Verständnis des Begriffs unterscheidet.

995 Vgl. *Specht*, Gemeinschaft, HdSW Bd. 4, 329 (329).

996 Vgl. dazu *Hettlage*, Gemeinschaft, Staatslexikon Bd. 2, Sp. 849 (849).

997 Vgl. *Ambros*, Gesellschaft, HdSW Bd. 4, 427 (431).

998 *Tönnies*, Gemeinschaft und Gesellschaft, 5.

In der Gesellschaft beruhen die sozialen Beziehungen auf Kürwillen, d.h. künstlicher, rationaler Kalkulation.[999] Dieser Willensart entspricht als Typ menschlicher Handlung das Handeln infolge äußerer Ziele.[1000] Die Individuen und Gruppen[1001] verfolgen eigene beziehungsweise eigennützige Ziele.[1002] Bei der Verfolgung ihrer Interessen neigen sie, "[s]oweit ... Beschränkungen fehlen ... dazu, jedes Mittel anzuwenden, das ihnen im Existenzkampf zweckmäßig erscheint".[1003]

Der gesellschaftliche Mensch erscheint als gefühlsarmer[1004] "Gewinn- und Interessenkalkulierer".[1005] Der rationale Wille der Individuen "operates in terms of the logic of the market place."[1006] Gerechtigkeit wird mit kommutativer Gerechtigkeit identifiziert.[1007] "Keiner wird für den anderen etwas tun und leisten, keiner dem anderen etwas gönnen und geben wollen, es sei denn um einer Gegenleistung oder Gegengabe willen, welche er seinem Gegebenen wenigstens gleich achtet".[1008] Das schließt allerdings nicht aus, daß der "zu seinem Besten [Handelnde] ... dadurch (per accidens)" auch anderen einen Nutzen verschafft.[1009]

Ausdrücklich auf *Hobbes* Bezug nehmend wird das Streben nach Macht und Geld als allgemeine Neigung der Menschheit aufgefaßt.[1010] Die Akteure stehen "jeder für sich allein, und im Zustande der Spannung gegen alle übrigen. Die Gebiete ihrer Tätigkeit und ihrer Macht sind mit Schärfe gegeneinander abgegrenzt, so daß jeder dem anderen Berührungen und Eintritt verwehrt, als welche gleich Feindseligkeiten geachtet werden."[1011]

Die typische gesellschaftliche Rechtsordnung ist durch die Unabhängigkeit der Individuen geprägt, die "nur durch eigenen Kürwillen in Beziehungen zueinander

---

999 Vgl. *Hettlage*, Gemeinschaft, Staatslexikon Bd. 2, Sp. 849 (850); *Miner*, Community-Society Continua, in: Sills (Hrsg.), Encyclopedia of the Social Sciences Bd. 3, 174 (175).

1000 *Hettlage*, Gemeinschaft, Staatslexikon Bd. 2, Sp. 849 (850).

1001 Gesellschaft bedeutet nicht, daß jeder nur "auf eigene Faust" tätig wird: Die Individuen können sich zur Erreichung bestimmter Zwecke auch zusammenschließen (vgl. *Tönnies*, Gemeinschaft und Gesellschaft, 199 ff.).

1002 *Hettlage*, Gemeinschaft, Staatslexikon Bd. 2, Sp. 849 (850); *Schwarzenberger*, Machtpolitik, 8.

1003 *Schwarzenberger*, Machtpolitik, 9.

1004 Dieser gefühlsarme Egoismus ist aber nicht gleichzusetzen mit offener Feindschaft. Da *Tönnies* nur "bejahende Verbindungen" behandelt (s.o. S. 123), ist auch die Gesellschaft "ein Kreis von Menschen, welche ... auf friedliche Art nebeneinander leben und wohnen" (*Tönnies*, Gemeinschaft und Gesellschaft, 40). Gegenüber dem anderen Menschen ist das Individuum nicht "feindsinnig und böse", sondern gleichgültig. Es verfolgt seine Ziele, und diesbezüglich gibt es Gegner und Verbündete (vgl. *Tönnies*, Gemeinschaft und Gesellschaft, 118 ff.).

1005 *Hettlage*, Gemeinschaft, Staatslexikon Bd. 2, Sp. 849 (849).

1006 *Miner*, Community-Society Continua, in: Sills (Hrsg.), Encyclopedia of the Social Sciences Bd. 3, 174 (175).

1007 Vgl. *Tönnies*, Gemeinschaft und Gesellschaft, 190.

1008 *Tönnies*, Gemeinschaft und Gesellschaft, 40.

1009 Vgl. *Tönnies*, Gemeinschaft und Gesellschaft, 133.

1010 *Tönnies*, Gemeinschaft und Gesellschaft, 114 f.

1011 *Tönnies*, Gemeinschaft und Gesellschaft, 40.

treten".[1012] Sie kann "in der einen Formel zusammengefaßt werden: pacta esse observanda, ..., womit die Voraussetzung eines Zustandes getrennter Willenssphären und Gebiete gegeben ist, deren tatsächlicher Umfang bejahet oder garantiert ... wird, so daß mithin eine bejahte und folglich rechtmäßige Veränderung jeder Sphäre nur stattfinden kann ... allein durch Kontrakte, d.i. durch Einwilligung aller."[1013] Durch solche Veränderungen bleibt freilich die oberste Regel, "daß jeder innerhalb seines Gebietes mit Recht tun könne, was er wolle, aber nichts jenseits derselben", unbeeinträchtigt.[1014]

In der ökonomischen Sphäre korrespondiert Gesellschaft mit einer auf Privateigentum und Geld gründenden Wirtschaftsordnung.[1015] "Was einer hat und genießt, das hat er und genießt er mit Ausschließung aller übrigen; es gibt kein Gemeinsam-Gutes in Wirklichkeit".[1016] "Profit is the sole end of trade"[1017] und das "Plus des einen ist das Minus des anderen"[1018]. Auf ökonomischen Gebiet zeigt sich der "Progreß der Gesellschaft" in einer Entwicklung immer größerer Handelsgebiete und schließlich "zu einem einzigen Hauptmarkte, zuletzt dem Weltmarkte[1019], von dem alle übrigen Märkte abhängig werden."[1020]

cc) Gemeinschaft

Gemeinschaft beruht auf dem unreflektierten und organischen sogenannten Wesenswillen.[1021] Im Gegensatz zur künstlichen Gesellschaft ist sie die "natürliche" Gesellungsform. Als Formen oder Archetypen der Gemeinschaft nennt *Tönnies* zum Beispiel Verwandtschaft, Nachbarschaft, Freundschaft;[1022] weitere Beispiele sind die

---

1012 Vgl. *Tönnies*, Gemeinschaft und Gesellschaft, 179.

1013 *Tönnies*, Gemeinschaft und Gesellschaft, 51. Diese frappierend an das klassische Souveränitätsverständnis - wie es etwa der *Lotus*-Entscheidung enthalten ist - erinnernde Formulierung des Konsensprinzips gilt nach *Tönnies* nur "innerhalb des Systems", also nicht zu Gunsten Außenstehender.

1014 *Tönnies*, Gemeinschaft und Gesellschaft, 52.

1015 Vgl. *Hettlage*, Gemeinschaft, Staatslexikon Bd. 2, Sp. 849 (850).

1016 *Tönnies*, Gemeinschaft und Gesellschaft, 41.

1017 *Tönnies*, Gemeinschaft und Gesellschaft, 68.

1018 *Tönnies*, Gemeinschaft und Gesellschaft, 57. - In der ökonomischen Theorie ist dieses Null-Summen-Denken seit *Adam Smith* (1723-1790, vgl. zu ihm *Starbatty,* Adam Smith, Staatslexikon Bd. 4 Sp. 1185 ff.) widerlegt. Im außenwirtschaftlichen Bereich ist es typisch merkantilistisches Gedankengut, dessen Falschheit *David Ricardo* (1772-1823) durch das Theorem der komparativen Kosten nachgewiesen hatte (zusammenfassend zur modernen Theorie der Vorteile freien internationalen Handels etwa *Markusen et al.*, International Trade, 61 ff.). Auch nach *Tönnies* blieben diese Einsichten vielen verschlossen oder wurden jedenfalls nicht verhaltensrelevant, so daß das Null-Summen-Denken bis heute weit verbreitet ist. Genau um diese Einstellung, d.h. um die Motive der Beteiligten, geht es bei der Frage nach dem gesellschaftlichen oder gemeinschaftlichen Charakter von sozialen Beziehungen.

1019 Diesen bezeichnet *Tönnies* an anderer Stelle als Zentrum der Gesellschaft, *Tönnies*, Gemeinschaft und Gesellschaft, 77.

1020 *Tönnies*, Gemeinschaft und Gesellschaft, 56.

1021 *Hettlage*, Gemeinschaft, Staatslexikon Bd. 2, Sp. 849 (850).

1022 *Tönnies*, Gemeinschaft und Gesellschaft, 14 ff.

Glaubensgemeinschaft, die "Volksgemeinschaft" sowie genossenschaftliche Lebensformen.[1023]

Typisch für eine Gemeinschaft ist die enge personale Verbundenheit der Mitglieder.[1024] Grundlage von Gemeinschaft sind die dominanten Bindungen des Blutes, des Geistes oder des Ortes, sie beruht "auf einer 'organisch' gewachsenen, gefühlshaften[1025] Verbundenheit, die von den rein 'mechanisch', das heißt durch arbeitsteilige Interessenlagen hergestellten sozialen Beziehungen der Gesellschaft abgesetzt wird."[1026]

Von einer Gesellschaft, die typischerweise aus einer Vielzahl, oft gegensätzlich orientierter Gruppen besteht, unterscheidet sich die Gemeinschaft dadurch, daß sie "von einer mehr oder weniger stark entwickelten Homogenität und Zielsetzung bestimmt" ist.[1027] Charakteristisch ist nach *Tönnies* die "Einheit des Wollens und Denkens um ihrer selbst (und nicht eines äußeren Zwecks oder rationalen Interesses) willen".[1028] Es herrschen Verständnis und Eintracht, die wesensverschieden sind von der durch Vertrag beschlossenen Einigung.[1029]

In einer Gemeinschaft herrscht "stillschweigendes Einverständnis ... über Pflichten und Gerechtsame, über Gutes und Böses".[1030] Dementsprechend funktioniert das mit diesem Gesellungstyp korrespondierende Rechtssystem fast automatisch,[1031] die Menschen handeln unter innerem Antrieb.[1032] Subjektive Rechte werden gleichzeitig als Pflichten aufgefaßt und primär im Interesse der Gemeinschaft ausgeübt.[1033] Das gemeinschaftliche Recht wächst organisch, es ist ein Recht der Gewohnheit, das sich durch Modifikationen weiterentwickelt.[1034] In inhaltlicher Hinsicht hat die der Gemeinschaft entsprechende "Lebensform ... ihren klassischen Ausdruck in der Bergpredigt und den 'Selbstbetrachtungen' *Mark Aurels* gefunden. Dieser Geist spricht ebenso aus der Lehre des *Konfuzius* und aus den Werken der europäischen Naturrechtler optimistischer Prägung ..."[1035]

1023 *Hettlage*, Gemeinschaft, Staatslexikon Bd. 2, Sp. 849 (849 f.).

1024 *Hettlage*, Gemeinschaft, Staatslexikon Bd. 2, Sp. 849 (850).

1025 Vgl. *Miner*, Community-Society Continua, in: Sills (Hrsg.), Encyclopedia of the Social Sciences Bd. 3, 174 (175).

1026 Vgl. *Hettlage*, Gemeinschaft, Staatslexikon Bd. 2, Sp. 849 (850).

1027 Brockhaus-Enzyklopädie, s.v. Gemeinschaft.

1028 Vgl. *Specht*, Gemeinschaft, HdSW Bd. 4, 329 (329); *Ambros*, Gesellschaft, HdSW Bd. 4, 427 (431).

1029 Vgl. *Tönnies*, Gemeinschaft und Gesellschaft, 22.

1030 *Tönnies*, Gemeinschaft und Gesellschaft, 22.

1031 Vgl. *Schwarzenberger*, Civitas Maxima?, 12.

1032 Vgl. *Hettlage*, Gemeinschaft, Staatslexikon Bd. 2, 849 (850).

1033 Vgl. (bezogen auf souveräne Rechte) *Schwarzenberger*, CLP 10 (1957), 264 (285). Die Konstruktion des Rechtssystems von der Pflichtenseite her ist typisch für Entwürfe von Gemeinschafts-Rechtsordnungen und findet sich z.B. bei *Christian Wolff* (s.o. C.I.4.b)cc), S. 118). Auch *Alvarez* betonte stark den Pflichtenaspekt (s.o. B.X.2.b)aa), S. 87).

1034 *Tönnies*, Gemeinschaft und Gesellschaft, 205.

1035 *Schwarzenberger*, Machtpolitik, 8.

Trotz der für die Gemeinschaft typischen Übereinstimmung über Werte sowie Rechte und Pflichten ist eine Gemeinschaft nicht notwendig von uneingeschränkter Harmonie geprägt. Vielmehr können durchaus unterschiedliche Machtpotentiale existieren und auch Machtmittel eingesetzt werden. Herrschaftsverhältnisse sind sogar typisch für die patriarchischen oder herrschaftlichen Formen der Gemeinschaft,[1036] die neben der fraternalen (gleichen, genossenschaftlichen) Variante bestehen. Wenngleich es Grenzen hinsichtlich der "realen Ungleichheiten [gibt], ..., da jenseits dieser das Wesen der Gemeinschaft als Einheit des Differenten aufgehoben wird"[1037], stehen Unterschiede hinsichtlich der Mächtigkeit der Mitglieder als solche also nicht der Existenz einer Gemeinschaft entgegen.[1038] Entscheidend ist aber, wie die Übergewichte genutzt beziehungsweise ausgeglichen werden. In einer Gemeinschaftsbeziehung gibt es "eine instinktive und naive Zärtlichkeit des Starken zu den Schwachen, eine Lust zu helfen und zu beschützen, die mit der Freude des Besitzes und dem Genuß der eigenen Macht innig verwachsen ist."[1039] Die Ausübung von Macht wird als dem Nutzen des Beherrschten dienend interpretiert.[1040] Dieser Ansatz ermöglicht es auch, abweichende Gemeinschaftsmitglieder durch den Einsatz von Machtmitteln zur Einhaltung der Gemeinschaftsordnung anzuhalten;[1041] der Gemeinschaftsordnung und damit auch dem Gemeinschaftsrecht ist auch unterworfen, wer dies ablehnt.[1042]

In der ökonomischen Sphäre korrespondiert Gemeinschaft mit einer auf Gemeineigentum und Land gründenden Wirtschaftsordnung.[1043] Die Gemeinschaft behält ein Obereigentum an den Gütern ihrer Angehörigen.[1044] In diesem Bereich zeigt sich besonders deutlich das typische Gerechtigkeitsideal einer Gemeinschaft, das an dem Leitbild der distributiven Gerechtigkeit ausgerichtet ist.[1045] Innerhalb der Gemeinschaft werden Güter verteilt, nicht getauscht.[1046] Nach außen verhält sich die Gemeinschaft merkantilistisch, das heißt sie "als Ganzes, und durch die Hand des Herrschers oder Verwalters, kann Überschüsse [ihrer] Produkte durch Tausch in nützlicher scheinende Formen verwandeln."[1047] Sie ist also binnenwirtschaftlich

---

1036 Vgl. zum Verhältnis Vater-Sohn und Herr-Knecht *Tönnies*, Gemeinschaft und Gesellschaft, 11, 14.

1037 *Tönnies*, Gemeinschaft und Gesellschaft, 19.

1038 *Miner*, Community-Society Continua, in: Sills (Hrsg.), Encyclopedia of the Social Sciences Bd. 3, 174 (175).

1039 *Tönnies*, Gemeinschaft und Gesellschaft, 13. - Auf der Seite des Schwächeren korrespondiert mit dieser Zärtlichkeit "Ehrfurcht" (*Tönnies*, Gemeinschaft und Gesellschaft, 14).

1040 *Hettlage*, Gemeinschaft, Staatslexikon Bd. 2, Sp. 849 (850).

1041 Vgl. Brockhaus-Enzyklopädie, s.v. Gemeinschaft.

1042 Vgl. *Tönnies*, Gemeinschaft und Gesellschaft, 214: "Der Satz, daß niemand wider seinen Willen in Gemeinschaft festgehalten werden kann (Nemo in communione potest invitus detineri), schneidet dem Rechte der Gemeinschaft die Wurzel ab."

1043 Vgl. *Hettlage*, Gemeinschaft, Staatslexikon Bd. 2, Sp. 849 (850); *Tönnies*, Gemeinschaft und Gesellschaft, 23.

1044 Vgl. *Tönnies*, Gemeinschaft und Gesellschaft, 182.

1045 Vgl. *Tönnies*, Gemeinschaft und Gesellschaft, 190.

1046 Vgl. *Tönnies*, Gemeinschaft und Gesellschaft, 28.

1047 *Tönnies*, Gemeinschaft und Gesellschaft, 28.

orientiert[1048] und steuert den Außenhandel.[1049] Allerdings ist ein Austausch nach außen auch "innerhalb einer Gemeinschaft von Häusern", die selber eine umfassendere Gemeinschaft bilden (zum Beispiel innerhalb eines Dorfes), möglich, freilich nur als "Ausdruck gesetzmäßiger Verteilung und gleichsam des Mitgenusses an der gedeckten Tafel."[1050]

dd) Der Wechsel zwischen den beiden Gesellungsformen

Im Laufe der Geschichte ist ein Übergang zwischen Gesellschaft und Gemeinschaft möglich, beide Typen wechseln sich ab.[1051] Dabei ging *Tönnies* von einer tendenziellen "Annäherung zu Gesellschaft" aus.[1052] Dieses Fortschreiten bewertet er jedoch nicht positiv, sondern als Verlust.[1053] Nach *Tönnies* genießt "Gemeinschaft ... gegenüber Gesellschaft historisch-genetisch und auch axiologisch den Vorrang."[1054] Soziale Bindungen und gefühlsmäßige Solidaritäten der Gemeinschaft lösen sich zwar bedauerlich, aber kulturgeschichtlich unvermeidbar und insofern "natürlich" auf zugunsten äußerer, gesetzlicher Ordnungen.[1055] Allerdings hielt er diese Tendenz nicht für unumkehrbar, sondern hielt die "Rekonstruktion gemeinschaftlicher Lebensformen" für möglich (und wünschenswert).[1056]

ee) Kritische Bewertung

Wenngleich der tief in der Denkungsart des 19. Jahrhunderts verhaftete psychologische beziehungsweise psychologisierende Ansatz *Tönnies'*[1057] sowie einige seiner Grundannahmen über typische zwischenmenschliche Beziehungen aus heutiger Sicht als überholt anzusehen sind,[1058] bietet die Gegenüberstellung von Gesellschaft und Gemeinschaft doch ein im Laufe der Entwicklung der Soziologie ge-

---

1048 Ein Programm einer derartigen Ordnung findet sich bei *Fichte,* Der geschlossne Handelsstaat (1800).

1049 Vgl. (bezogen auf die städtische Gemeinschaft) *Tönnies*, Gemeinschaft und Gesellschaft, 39: "Der Rat wird Sorge tragen, daß nicht Sachen, deren die Stadt selber bedarf, hinausgebracht oder schädliche Dinge hereingeführt werden."

1050 *Tönnies*, Gemeinschaft und Gesellschaft, 28.

1051 *Tönnies*, Gemeinschaft und Gesellschaft, 251.

1052 Vgl. *Tönnies*, Gemeinschaft und Gesellschaft, 252.

1053 Vgl. *Hettlage*, Gemeinschaft, Staatslexikon Bd. 2, Sp. 849 (851).

1054 *Specht*, Gemeinschaft, HdSW Bd. 4, 329 (329).

1055 *Hettlage*, Gemeinschaft, Staatslexikon Bd. 2, Sp. 849 (850).

1056 Vgl. *Tönnies*, Gemeinschaft und Gesellschaft, 163 f. sowie Zusatz (1922) auf S. 203.

1057 Siehe insbes. das mit Wesenwille und Kürwille überschriebene Zweite Buch von Gemeinschaft und Gesellschaft (*Tönnies*, Gemeinschaft und Gesellschaft, 87 ff.).

1058 Als Beispiel seien *Tönnies* Ausführungen zum "psychologischen Gegensatz der Geschlechter" zitiert: "Es ist eine verbrauchte Wahrheit, um so mehr aber wichtig, als der Niederschlag einer allgemeinen Erfahrung: daß die Weiber durch ihr Gefühl zumeist sich leiten lassen, die Männer ihrem Verstande folgen. Die Männer sind klüger. Sie allein sind des Rechnens, des ruhigen (abstrakten) Denkens, Überlegens, Kombinierens, der Logik fähig; die Weiber bewegen sich in der Regel nur auf mangelhafte Art in diesen Bahnen. Also fehlt ihnen die wesentliche Voraussetzung des Kürwillens" (*Tönnies*, Gemeinschaft und Gesellschaft, 146).

festigtes und erprobtes Instrumentarium zur Beschreibung von sozialen Beziehungen. Dieses ist auch auf die Beziehungen zwischen Gruppen (zum Beispiel Staaten) anwendbar und kann daher als "eine nützliche Ausgangshypothese für interdisziplinäre Untersuchungen auf dem Gebiet internationaler Beziehungen" dienen.[1059]

Allerdings ist der Einsatz dieses Instrumentariums nicht unproblematisch. Zum einen ist die Typologie von Gesellschaft und Gemeinschaft recht vage und unbestimmt.[1060] Außerdem ist sie ideologiebelastet.[1061] Schon *Tönnies* verfolgte nicht nur ein theoretisch-klassifikatorisches, sondern auch ein sozial- und kulturgeschichtliches Ziel.[1062] Auch später hatte die Unterscheidung von Gemeinschaft und Gesellschaft eine "sozialgeschichtlich-politische Implikation".[1063] Die zum Teil nicht offengelegten beziehungsweise unbewußt vorgenommenen Wertungen führen dazu, daß die Unterscheidung zwischen Gemeinschaft und Gesellschaft ein erhebliches Mißbrauchspotential birgt.[1064]

2. Implikationen für die Methodenwahl

Soweit das soziologische Konzept von Gesellschaft und Gemeinschaft zunächst rein deskriptiv verwendet wird, enthält es offensichtlich keine Aussage zur Vorzugswürdigkeit einer rechtswissenschaftlichen Methode. Dennoch scheint es einen Zusammenhang zwischen gemeinschaftlicher Weltsicht und dem Einsatz deduktiver Methoden in der Völkerrechtswissenschaft zu geben.

Die frühe, scholastisch geprägte Völkerrechtsdoktrin setzte ausschließlich deduktive Methoden ein.[1065] Dies entsprach nicht nur der scholastischen Tradition, sondern war auch deshalb unausweichlich, weil es für eine induktive Behandlung des Völkerrechts zunächst noch kein ausreichendes Material gab beziehungsweise das vorhandene Material nicht zugänglich war.[1066] Dabei gingen wichtige naturrechtliche Autoren von einer - freilich nicht soziologisch, sondern theologisch begründeten - Weltsicht aus, die in den soeben dargestellten soziologischen Kategorien als gemeinschaftlich zu bezeichnen ist. Man kann die jeweils zugrunde gelegten Anschauungen über den Naturzustand durchaus als "a primitive type of speculative

---

1059 *Schwarzenberger*, Civitas Maxima?, 7 ff. (7).

1060 Vgl. etwa zur dahingehenden Kritik von *Loomis* und *Beegle Miner*, Community-Society Continua, in: Sills (Hrsg.), Encyclopedia of the Social Sciences Bd. 3, 174 (176).

1061 Vgl. Brockhaus-Enzyklopädie, s.v. Gesellschaft. Von besonderer Bedeutung ist in diesem Zusammenhang die Verwendung des Gemeinschaftsbegriffs durch die nationalsozialistische Ideologie, vgl. dazu z.B. *Paulus*, Die internationale Gemeinschaft im Völkerrecht, 16 f.; *Vagts*, AJIL 84 (1990), 661 (687).

1062 *Hettlage*, Gemeinschaft, Staatslexikon Bd. 2, Sp. 849 (850). *Tönnies* selbst will kein "ethische[s] oder politische[s] Traktat" vorgelegt haben, vgl. Vorwort zur 8. Aufl. von Gemeinschaft und Gesellschaft, S. III f.

1063 *Hettlage*, Gemeinschaft, Staatslexikon Bd. 2, Sp. 849 (851).

1064 Vgl. zur Mißbrauchsgefahr *Schwarzenberger*, Civitas Maxima?, 7.

1065 Vgl. *Schwarzenberger*, Inductive Approach, 9.

1066 Vgl. *Schwarzenberger*, Inductive Approach, 9 f.

sociology" bezeichnen.[1067] Als Beispiele für einen naturrechtlichen Autor, der von einem gemeinschaftlichen Weltbild ausging und aus dieser Vorstellung völkerrechtliche Sätze ableitet, kann etwa *Vitoria* genannt werden.[1068] Später wählte *Pufendorf*, jedenfalls seinem eigenen Bekenntnis nach, einen diesem Muster entsprechenden Ansatz.[1069]

Der Blick in die Dogmengeschichte zeigt jedoch auch, daß der Zusammenhang zwischen gemeinschaftlicher Weltsicht und dem Einsatz deduktiver Methoden nicht zwingend ist. Den Gegenpol zu den auf gemeinschaftlichen Bildern vom Naturzustand basierenden Modellen stellen die Naturrechtler der "pessimistischen" Richtung dar, deren hervorragender Vertreter *Hobbes* war. Ausgehend von einer Weltsicht, die wegen des Fehlens des Kriteriums der Bejahung[1070] nach *Tönnies* nicht einmal als gesellschaftlich erscheint, entwickelt *Hobbes* im deduktiven Stil ein umfassendes System der Lehre vom Staat und von der Souveränität.[1071]

Den hier angesprochenen Ansätzen ist gemeinsam, daß sie aus einer freilich noch nicht mit den Methoden der modernen Soziologie gewonnenen Aussage über den Charakter der Beziehungen zwischen den Menschen beziehungsweise zwischen Staaten Aussagen über das zwischen diesen Akteuren geltende Recht herleiten. Ein entsprechendes Vorgehen ist selbstverständlich auch möglich, wenn die Weltsicht soziologisch begründet wird. Damit wird freilich über den ursprünglichen Gehalt des Gesellschafts-Gemeinschafts-Konzepts hinausgegangen. Dieses unterstützt die Beschreibung sozialer Beziehungen und kann möglicherweise einen Beitrag zu deren Bewertung leisten. Einen normativen Gehalt hat es jedoch zunächst nicht. Diesen erhält es erst, wenn den Begriffen der Gesellschaft oder der Gemeinschaft Sollens-Regeln unterlegt werden.

Dabei lassen sich zwei Konstellationen denken. Zum einen könnte - durchaus auf induktivem Weg - versucht werden, das tatsächliche Existieren einer gemeinschaftlichen Ordnung nachzuweisen, wobei die vorzunehmende Analyse unter anderem auch die (induktiv nachweisbare) Rechtsordnung zu berücksichtigen hätte. Im Anschluß an diese Feststellung stellte sich sodann die Frage, ob aus dem Befund des Vorliegens einer Gemeinschaft über den Bestand der induktiv nachweisbaren Rechtsnormen weitere Sollenssätze mit Rechtscharakter hergeleitet werden können. Diese könnten in einem deduktiven Verfahren aus dem - freilich wie gesehen recht vagen - Konzept einer Gemeinschaft ermittelt werden. Ebensogut wäre es jedoch denkbar, sich auch in einer Gemeinschaft auf eine induktive Rechtserkenntnis zu beschränken. Zum anderen könnte man von vornherein auf eine Analyse der sozialen Realitäten verzichten und unmittelbar aus dem Idealbild einer Gemein-

---

1067 So *Schwarzenberger*, Inductive Approach, 11.

1068 Vgl. zur Lehre *Vitorias* oben B.VI.2.a), S. 28.

1069 Zu *Pufendorf* oben B.VII.2.b)aa), S. 41.

1070 Siehe dazu oben C.II.1.b), S. 123.

1071 Zum Ansatz *Hobbes'* siehe oben C.I.4.b)bb), S. 115.

schaft - oder, bei umgekehrter Einschätzung der Wertigkeit der beiden Gesellungstypen, aus dem der Gesellschaft - Rechtsnormen deduzieren.

Es zeigt sich, daß eine unterschiedliche Einschätzung des "social environment" des Völkerrechts als solche nicht notwendig zur Folge haben muß, daß bestimmte Methoden angewandt und dementsprechend auch unterschiedliche Ergebnisse in der Beschreibung des Rechts auftreten.[1072] Dies ist aber der Fall, wenn das soziologische Konzept normativ aufgeladen wird. Aus der Kategorisierung von sozialen Beziehungen als (schwerpunktmäßig) gesellschaftlich oder gemeinschaftlich sind dann Schlußfolgerungen im Hinblick auf die bei der Rechtserkenntnis anzuwendenden Methoden zu ziehen, wenn man über den induktiv nachweisbaren Rechtszustand hinaus oder unabhängig von ihm aus dem ursprünglich soziologischen Konzept zusätzliche Rechtsregeln herleitet. Es geht mit anderen Worten darum, ob neben dem induktiv nachweisbaren positiven Recht weitere Normen als solche des Rechts aufgefaßt werden sollen.

Die Frage, ob derartige nicht-positive Rechtsnormen anzuerkennen sind, wird seit jeher in der Diskussion um die beiden völkerrechtlichen Grundkonzeptionen des Positivismus und des Naturrechts erörtert. Im Rahmen dieser Diskussion muß sich auch die Methodenfrage entscheiden. Wie in der Einleitung zu diesem Abschnitt bereits angedeutet, gibt es Raum und Bedarf für den Einsatz deduktiver Methoden im Bereich der Rechtserkenntnis nur dann, wenn man als Erkenntnisgegenstand auch nicht-positive Normen anerkennt. Denn diese können schlechthin nur deduktiv ermittelt werden, wobei es letztlich zweitrangig ist, ob die Basis dieser Deduktionen eine religiös, soziologisch oder philosophisch begründete Vorstellung ist.

III. Die Auswahl der völkerrechtlichen Methode in Abhängigkeit vom zugrundegelegten Völkerrechtskonzept

Nachdem im vorangegangenen Abschnitt erläutert wurde, daß ausschlaggebend für die Methodenwahl die Bestimmung dessen ist, was als "Recht" bezeichnet und damit als Erkenntnisgegenstand bestimmt wird, ist nun auf die beiden grundlegenden völkerrechtskonzeptionellen Schulen einzugehen, die Aussagen zu dieser Frage treffen.

Um die später unter IV. erfolgende Entscheidung über die vorzuziehende Völkerrechtskonzeption und damit auch die anzuwendende Methode der Rechtserkenntnis vorzubereiten, sollen zunächst die von der positivistischen und der naturrechtlichen Völkerrechtskonzeption angebotenen Lösungsmöglichkeiten vorgestellt werden. Dabei stehen die Aussagen über die als Recht zu bezeichnende Normenmasse und die Wege zu ihrer Feststellung im Vordergrund. Darüber hinaus ist aber auch auf die von beiden Ansätzen offerierten Theorien über den Geltungsgrund einzugehen,

---

1072 Vgl. *Schwarzenberger*, CLP 4 (1951), 1 (7).

um zu einer fundierten Festlegung des im weiteren Verlauf zugrundezulegenden juristischen Weltbildes gelangen zu können.

1. Induktive Methode und Positivismus

Der Positivismus[1073] versteht Recht als den Ausdruck des Willens einer bestimmten rechtsetzenden Institution.[1074] Das Recht wird als eine "man-made construction, an artificial reality in the etymological sense" aufgefaßt.[1075] Nach positivistischer Ansicht ist es also nicht richtig, naturrechtliche Axiome als Bestandteile des Rechts anzuerkennen, die apriorisch aus reinen Vernunftprinzipien deduziert werden; nur das positive Recht ist wirkliches Recht.[1076] Der Begriff des positiven Rechts umfaßt dabei nur das *gesetzte Recht;* seine positive Qualität ergibt sich daraus, daß es in einem objektiv wahrnehmbaren historischen Erzeugungsakt entstanden ist.[1077] Hier liegt die Schnittstelle mit den Rechtserzeugungsmechanismen[1078], da jedenfalls das herkömmliche (positive) Völkerrecht zur Rechtserzeugung stets eine - in bestimmten Konstellationen freilich nur eine abgeschwächte - Form des Konsenses verlangt.

Dem positivistischen Völkerrechts-Verständnis entspricht im Bereich der Rechtserkenntnis die induktive Methode;[1079] zum Teil wird sogar die Bezeichnung "positive method" verwendet.[1080] Zwar werden in der Literatur bisweilen Vertreter eines positivistischen Ansatzes als Anhänger der deduktiven Methode eingeordnet. So kategorisiert etwa *Dominicé*[1081] die normative Schule als deduktiven Ansatz. Diese Zuordnung betrifft jedoch nur den Aspekt der Geltung, nicht aber die hier untersuchte Frage nach der Methode zur Bestimmung des Rechtsinhaltes.[1082]

1073 Vgl. dazu auch oben B.X.2.a)aa)(2), S. 76.

1074 *Egido*, Natural Law, EPIL Bd. III, 515 (515).

1075 *Egido*, Natural Law, EPIL Bd. III, 515 (515).

1076 *Ago*, Positivism, EPIL Bd. III, 1072 (1072).

1077 *Ago*, Positivism, EPIL Bd. III, 1072 (1073).

1078 Dabei kann an dieser Stelle offen bleiben, ob das (positive) Völkerrecht nur die Rechtserzeugungsmechanismen des Art. 38 I IGH-Statut kennt (so z.B. *Schwarzenberger*, International Law I, 5), oder ob sich noch andere (konsensuale) Formen der Rechtserzeugung (z.B. der formlose Konsens i.S.v. *Verdross/Simma*, Universelles Völkerrecht, §§ 518 f.) nachweisen lassen.

1079 Siehe bereits oben C.I.2., S. 109. Der Zusammenhang zwischen positivistischer Völkerrechtssicht und induktiver Methode wird zuerst bei *J.J. Moser* (zu ihm s.o. B.VII.2.c), S. 45) deutlich, der nur die tatsächlich von den Staaten befolgten Regeln als das "würkliche" Völkerrecht ansah, vgl. *Verdross*, Völkerrecht (1937), 35; *Nussbaum*, Geschichte, 198.

1080 So *Oppenheim*, AJIL 2 (1908), 313 (333).

1081 *Dominicé*, Methodology of International Law, EPIL Bd. III, 354 (356).

1082 Zwar leiten *Kelsen* u.a. die Normativität der Völkerrechtssätze von einer als rechtswissenschaftlich nicht beweisbar erkannten Grundnorm ab. Ausdrücklich wird aber betont, daß damit keinerlei Aussage über den *Inhalt* des Völkerrechts getan ist (vgl. *Kelsen*, Das Problem der Souveränität, VII f.). Im an dieser Stelle erörterten Zusammenhang steht aber die Frage nach dem Inhalt der Völkerrechtsnormen im Vordergrund, und insofern kann auch *Kelsen* als Anhänger eines induktiven Rechtsverständnisses betrachtet werden, weil er hinsichtlich des Inhalts auf den "empirischen Willensakt" des Rechtsetzers abstellte (vgl. *Kelsen*, Das Problem der Souveränität, VII).

Ein vielfach als Schwäche aufgefaßtes Problem positivistischer Ansätze liegt darin, daß sie zwar (theoretisch) klar bezeichnen können, was sie unter Recht verstehen und wie es zu ermitteln ist, es ihnen aber schwer fällt, den eigentlichen Geltungsgrund des (Völker-)Rechts zu benennen, da sie insofern weder göttliches Ansinnen noch die dieses ersetzenden Konstruktionen der säkularisierten Naturrechtskonzeptionen anerkennen. Auf die Defizite der verschiedenen Willenstheorien wurde bereits oben[1083] hingewiesen, so daß in der Tat im Rahmen eines positivistischen Konzepts nur der Rückgriff auf eine hypothetische Grundnorm als plausible Erklärung bleibt.

2. Deduktive Methode und naturrechtliches (Völker-)Rechtskonzept

a) Im Hinblick auf den Rechtsinhalt als naturrechtlich zu bezeichnende Ansätze

Im Hinblick auf die Bestimmung dessen, was als Recht Gegenstand der Rechtswissenschaft ist, unterscheiden sich die verschiedenen als naturrechtlich zusammenzufassenden Ansätze vom Positivismus dadurch, daß sie das induktiv ermittelbare, positive Recht entweder gar nicht als Recht anerkennen oder über den soeben erörterten Begriff des positiven Rechts hinaus auch andere Normen als Bestandteil des Völkerrechts oder wenigstens als für dieses im Sinne einer Schranke maßgeblich ansehen. Unter diesen Naturrechtsbegriff fallen nicht nur das klassische christliche Naturrecht und das Vernunftrecht, sondern auch alle Ansätze, die Wertungen von außen in den Bereich des (Völker-)Rechts hineintragen. Hierzu können beispielsweise auch die sozialwissenschaftlichen Theorien gerechnet werden, weil auch sie materielle Vorgaben zur Ausgestaltung des Völkerrechts enthalten.

Zu der so definierten Naturrechtsschule sind freilich zwei Richtungen, die üblicherweise ebenfalls als "naturrechtlich" bezeichnet werden, nicht zuzuordnen. Es sind dies einerseits die sogenannten Völkerrechtsleugner, andererseits solche Ansätze, die das Naturrecht ausschließlich zur Begründung der normativen Geltung des Völkerrechts heranziehen.

Die Leugner des Völkerrechts (zum Beispiel *Hobbes*[1084], *Spinoza*[1085], *Hegel*[1086] und *Austin*[1087]) machen überhaupt keine Aussage zum Inhalt des Völkerrechts, so daß sich bei ihnen die Frage nach der Methode der Rechtserkenntnis gar nicht stellt.[1088]

1083 Unter B.X.2.a)aa)(2), S. 76.

1084 Zu ihm siehe oben B.VII.2.a)aa), S. 38.

1085 Zu ihm siehe oben B.VII.2.a)bb), S. 40. Die dort angesprochene Frage, ob *Spinoza* zu Recht als Völkerrechtsleugner bezeichnet wird, kann hier nicht abschließend geklärt werden. Für die Zwecke dieser Untersuchung genügt es an dieser Stelle festzustellen, daß sich aus seiner Lehre jedenfalls keine Deduktionsbasen ergeben, aus denen konkrete Inhalte von Völkerrechtsbegriffen abgeleitet werden könnten.

1086 Der wohl am häufigsten genannte Völkerrechtsleugner, *Hegel* (zu ihm oben B.VIII.2.a)aa), S. 54), wird üblicherweise nicht im Zusammenhang mit den Naturrechtlern erörtert, sondern als ausgewiesener "Voluntarist" (so z.B. *Ritterband*, Menschenrechtsschutz, 227; *Seidl-Hohen-*

Auch eine zweite Gruppe, die man als "Geltungs-Naturrechtler" bezeichnen könnte, macht im Hinblick auf die Rechtserkenntnis keine von einer positivistischen Konzeption abweichenden Aussagen. Es geht dabei um solche denkbaren Ansätze, die nur wegen des Geltungsgrundes des Völkerrechts auf überpositive Normen rekurrieren, den konkreten Inhalt des Völkerrechts aber (ausschließlich) nach Verträgen, Gewohnheit und den sonstigen von den Völkerrechtssubjekten anerkannten Rechtserzeugungsmechanismen bestimmen.[1089] Damit würde die Rolle des Naturrechts darauf beschränkt, der Grundnorm ihren fiktiven Charakter zu nehmen, der konkrete Rechtsinhalt wäre aber auf das positive, induktiv zu ermittelnde Recht beschränkt. Ein derartiger "Inhaltspositivismus" wird im Hinblick auf das Völkerrecht[1090] vereinzelt *Suárez* zugeschrieben.[1091] Diese Interpretation dürfte jedoch kaum richtig sein. Denn *Suárez*[1092] hat zwar gelehrt, daß das Völkerrecht positives Recht und nicht eindeutig aus dem Naturrecht herleitbar sei;[1093] dennoch spielt das nach der

---

veldern/Stein, Völkerrecht, Rdnr. 167) oder Rechtspositivist (z.B. *Verdross*, Rechtsphilosophie, 161) bezeichnet. Demgegenüber wird er von *Nussbaum* ausdrücklich geschieden von den Positivisten unter der Überschrift "Spekulative Tendenzen" behandelt (*Nussbaum*, Geschichte, 262 ff.). Die Einordnung *Hegels* als Positivist ist in der Tat zweifelhaft. Dabei soll nicht darauf abgehoben werden, daß er sicher nicht "mustergültig" positivistisch-induktiv vorging. Bemerkenswert ist allerdings, daß die wenigen Stellen, an denen er sich überhaupt mit völkerrechtlichen Einzelregelungen befaßt, mit den aktuellen Gegebenheiten nicht in Einklang stehen. Dies gilt namentlich für seine Ausführungen über das ius in bello, die eher von dem Wunsch geleitet zu sein scheinen, dem - von ihm als notwendig erachteten - Krieg "etwas von seinem Schrecken zu nehmen" (*Nussbaum*, Geschichte, 263). Wenn man nicht nur die unmittelbaren Passagen zum Staatswillen, sondern das Gesamtkonzept *Hegels* betrachtet, kann man *Hegel* durchaus mit *Nussbaum* als eine Art Naturrechtler sehen. Denn seine Lehre vom Staatszweck besteht aus wahrhaft "metaphysischen Thesen" (*Nussbaum*, Geschichte, 264). Der Staat erfüllt einen göttlichen Willen. *Hegel* faßt "die Staaten als bewußtlose Werkzeuge des Weltgeistes auf ..., deren immanenter Zweck es ist, den Weltgeist auf eine höhere Entwicklungsstufe zu heben" (*Jellinek*, Allgemeine Staatslehre, 233/Fn. 1); die menschlichen Akteure sind nur die "Geschäftsführer des Weltgeistes" (*Freyer*, Hegel, HdSW Bd. 5, 94 (96)).

1087 Zu ihm s. oben B.VIII.2.a)bb), S. 55.

1088 Zur Zurückweisung dieser auf einem aus heutiger Sicht zu engen Rechtsbegriff beruhenden Ansätze siehe bereits oben B.X.2.a)aa)(3), S. 77. Freilich gibt es zwischen den hier genannten Autoren erhebliche Unterschiede hinsichtlich der Methodik, mit der sie das ermitteln, was sie nicht als Recht bezeichnen.

1089 Vgl. allgemein zu der Auffassung, wonach ein Rechtsetzungs- bzw. Feststellungsakt (Positivierung) erforderlich ist, um die Wirksamkeit des Naturrechts herbeizuführen *Creifelds*, Rechtswörterbuch, s.v. Naturrecht.

1090 Für den Bereich des innerstaatlichen Rechts findet sich eine solche Konstruktion bei *Hobbes*. Nach seiner Lehre verliert das Naturrecht im innerstaatlichen Bereich durch den Abschluß des Staatsvertrages seine praktische Bedeutung, denn es dient nur noch dazu, die Verpflichtungskraft des positiven staatlichen Gesetzesrechts zu begründen, vgl. *Grewe*, Epochen, 409.

1091 Z.B. *Preiser*, Völkerrechtsgeschichte I, WVR III, 680 (698); *Verdross*, Verfassung, 26.

1092 Vgl. zur uneinheitlichen Interpretation des Ansatzes *Suárez'* zunächst oben B.VI.2.b), S. 29.

1093 Für *Suárez*, der das zwischenstaatliche Recht als das eigentliche Völkerrecht erkennt (De legibus lib. 2, c. 19, n. 8), ist das Völkerrecht "schlechthin positiv-menschliches Recht" (De legibus lib. 2, c. 19, n. 3). Es unterscheidet sich vom Naturrecht in dreifacher Weise. Erstens dadurch, daß es nicht - auch nicht mittelbar - logisch notwendig (evident) aus den sittlichen Grundsätzen ableitbar ist, sondern auf einer menschlichen (Ermessens-)Entscheidung beruht (vgl. De legibus lib. 2, c. 17, n. 8 sowie c. 19, n. 2 und 4); die Sätze des ius gentium sind also nicht per conclusionem aus den naturrechtlichen Prinzipien ableitbar, sondern müssen per de-

deduktiven Methode zu bestimmende Naturrecht in seiner Lehre eine erhebliche Rolle für die rechtlichen Beziehungen zwischen den Staaten.[1094] Wohl aber kann dem frühen *Verdross* eine solche Position zugeschrieben werden.[1095] Ansonsten scheint eine solche Position nicht vertreten zu werden. Dies ist auch nachvollziehbar, denn wenn überhaupt eine über den Staaten stehenden Einheit anerkannt wird, die die Grundnorm setzt - ob man sie nun als Gott bezeichnet oder der Natur, der Vernunft oder ähnlichen Instanzen eine gottähnliche Rolle zuweist - so erhebt sich doch die Frage, warum sich diese Autorität auf eine rein formale Grundnorm be-

---

terminationem, d.h. durch nähere Ausführung der politischen Gewalt, gesetzt werden (*Grewe*, Epochen, 227; *Steinberger*, Sovereignty, EPIL Bd. IV, 500 (510)). Weiterhin ist das ius gentium veränderlich (vgl. De legibus, lib. 2, c. 19 n. 2), und nicht notwendig universell einheitlich (vgl. De legibus lib. 2, c. 19, n. 2 sowie c. 20, n. 8 zum christlichen, d.h. nur unter Christen geltenden, Völkerrecht). Die Auffassung, das Völkerrecht falle unter das Naturrecht, lehnt *Suárez* ausdrücklich ab, wenngleich er mehrfach die inhaltliche Nähe bzw. Verwandtschaft beider Rechtsordnungen betont (vgl. z.B. De legibus lib. II, c. 17, n. 1, c. 19, n. 1 und c. 20, n. 1).

1094 Die klare begriffliche Unterscheidung von Natur- und Völkerrecht bedeutet keineswegs, daß die zwischenstaatlichen Beziehungen nur durch positives Recht geregelt seien. *Suárez* betont vielmehr, daß auch Naturrecht für die Beziehungen zwischen den Völkern relevant sei. Dies gilt nicht nur für den naturrechtlichen Satz "pacta sunt servanda", sondern bspw. auch für das ius ad bellum (vgl. *De Vries*, Vorwort, in: de Vries (Hrsg.), *Francisco Suárez*, Ausgewählte Texte zum Völkerrecht, S. VI) und die allgemeinen Rechtsgrundsätze (vgl. *Soder*, in: de Vries (Hrsg.), Francisco Suárez, Ausgewählte Texte zum Völkerrecht, 1 (15)). Die Bedeutung des Naturrechts kommt u.a. in De legibus lib. 2, c. 19, n. 9 deutlich zum Ausdruck.

Wenngleich *Suárez* an dieser zentralen Stelle davon spricht, daß die zusätzlich zur natürlichen Vernunftordnung von den Menschen geschaffenen (positiven) Völkerrechtsnormen nur wenige seien und leicht - aber nicht notwendig - aus dem Naturrecht abgeleitet werden können, so kommt dem positiven Recht in seinem System doch eine viel größere Bedeutung zu, als es nach dieser Stelle den Anschein hat (a.A. z.B. *Nussbaum*, Geschichte, 97: nur ergänzende Funktion des menschlichen ius gentium). Denn die Anwendbarkeit naturrechtlicher Sätze hängt vielfach von menschlichen Entscheidungen ab. Naturrechtliche Bestimmungen wie "pacta sunt servanda" oder "legati sunt inviolabiles" kommen nur deshalb zur Anwendung, weil das positive Völkerrecht überhaupt zwischenstaatliche Verträge und ein Gesandtschaftswesen errichtet hat (vgl. *Soder*, in: de Vries (Hrsg.), Francisco Suárez, Ausgewählte Texte zum Völkerrecht, 1 (15)). Das Beispiel des "Rechts auf Handel" zeigt, welche Bedeutung der menschlichen Setzung bei *Suárez* zukommt. Während *Vitoria* aus dem Ziel des *bonum commune totius orbis* ein natürliches Recht auf Zulassung zum Handelsverkehr ableitete (s.o. B.VI.2.a), S. 28), lehnt *Suárez* einen derartigen im Naturrecht begründeten Anspruch ab. Obwohl er in De legibus lib. 2, c. 19, n. 9 davon ausgeht, das die Staaten gegenseitiger Zusammenarbeit bedürfen, stellt er in De legibus lib. 2, c. 19, n. 7 ausdrücklich fest, daß das Naturrecht nicht zum Handel verpflichtet, sondern die Freiheit des Handels durch das Völkerrecht eingeführt wurde. Diese wird also nicht "per conclusionem" hergeleitet, sondern mit dem positiven Willensentschluß der Staaten begründet (vgl. auch *Grewe*, Epochen, 226 f.).

Schließlich ist das Naturrecht bei *Suárez* auch noch als Schranke für menschliche Setzungen von Bedeutung (vgl. De legibus lib. 2, c. 20, n. 3; *Grewe*, Epochen, 225); in diesem Rahmen könnten auch evidente Deduktionen im System des *Suárez* eine Rolle spielen.

1095 In "Die Verfassung der Völkerrechtsgemeinschaft" (1926) lehnt er zunächst die Selbstverpflichtungslehren ab (§§ 5 und 6) und postuliert den Satz "pacta sunt servanda" als Grundnorm (vgl. insbes. §§ 8 und 10). Anders als *Kelsen* und *Anzilotti* hält er es jedoch für unzureichend, darin nur eine Hypothese zu sehen; vielmehr müsse die Grundnorm "in das objektive Reich der Werte eingegliedert" werden (§9/S. 31). Mit dieser Konstruktion gründet *Verdross* zwar nicht den Geltungsgrund im Willen der Staaten, wohl aber ist der gesamte Inhalt des Völkerrechts (nur) von diesem Willen abhängig: "Wird diese überstaatliche Norm [pacta sunt servanda] aber angenommen, dann wird zwar der Inhalt der zwischenstaatlichen Normen im Wege der Vereinbarung geregelt." (*Verdross*, Verfassung, 128). Zu der kurze Zeit später vollzogenen Abwendung von dieser Position s.o. Fn. 531.

schränkt haben und nicht zumindest einige elementare materielle Grundsätze miterlassen haben sollte. Dementsprechend gehen selbst die zurückhaltendsten Naturrechtler davon aus, daß jedenfalls einige wenige oberste Grundsätze unmittelbar einsichtig sind,[1096] aus denen dann operable Rechtssätze abgeleitet werden können. Sie unterscheiden sich nur dem Grad nach, je nachdem, bis zu welcher Detailliertheit konkrete Regeln postuliert werden.

b) Vertreter eines naturrechtlichen Ansatzes und ihre Methode

Unter den hier verwendeten Naturrechtsbegriff fallen einerseits alle Ansätze, nach denen das Völkerrecht (jedenfalls teilweise) identisch ist mit dem Naturrecht, aus diesem also materielle Vorgaben erhält, sowie andererseits solche, die dem Naturrecht wenigstens die Funktion einer Schranke im Sinne einer negativen Begrenzung des von den Völkerrechtssubjekten geschaffenen Rechts zuweisen.

Die gegenüber dem positiven Völkerrecht zusätzliche (typischerweise, aber nicht notwendig, die Handlungsfreiheit der Staaten weitergehend einschränkende) Rechtsmasse kann nicht induktiv ermittelt werden, sondern nur in einem deduktiven Verfahren erkannt werden. Im Wege der Ableitung beziehungsweise durch logische Schlußfolgerung aus übergeordneten, nicht-positiv-rechtlichen, sondern als objektiv geltend aufgefaßten Prinzipien werden konkrete Rechtssätze hergeleitet, womit über den unter I.4.a)[1097] skizzierten, auch nach der induktiven Konzeption legitimen Anwendungsbereich dieser Vorgehensweise hinausgegangen wird.

Als Vertreter eines solchen Ansatzes ist von den Klassikern zuvörderst *Christian Wolff* zu nennen, dessen Werk den "Höhepunkt des rationalsystematischen Naturrechts"[1098] darstellte. Vor ihm finden sich wichtige Beispiele eines naturrechtlich-deduktiven Völkerrechtsverständnisses bei *Vitoria*[1099], sowie, wenn auch mit gewissen Einschränkungen, bei *Grotius*[1100]. Weiterhin ist - jedenfalls dem eigenen methodischen Bekenntnis nach und einmal abgesehen von den Unsicherheiten im Hinblick darauf, inwieweit er seinem Naturrecht echten Rechtscharakter zukommen ließ - *Pufendorf* zu nennen. Dabei ist im hiesigen Zusammenhang wichtiger als die Frage, inwiefern *Pufendorf* sein Naturrecht als "Recht" ansah[1101], die von ihm eingesetzte Methode. In seiner Naturrechtslehre wollte er das ganze Völkerrecht aus der

---

1096 Vgl. *Adamovich*, FS Verdross (1971), 9 (27). Beispielsweise nennt *van Kleffens*, RdC 82 (1953 I), 5 (79) die Formulierung *Ulpians* über die Gebote des Rechts in Dig. I, 10, 1 ("honeste vivere, alterum non laedere, suum cuique tribuere") als "ultimate command", der nicht nur Individuen, sondern auch alle ihre Vereinigungen und daher auch Staaten binde.

1097 S. 111.

1098 *Lipp*, Naturrecht, LdR 1/890, 4. *Wolff* wollte in mathematisch-deduktiver Weise ein vollständiges Naturrechtssystem darstellen (vgl. *Verdross*, Rechtsphilosophie, 138; *Nussbaum*, Geschichte, 172). Vgl. zu ihm oben B.VII.2.b)bb)(1), S. 43.

1099 Vgl. zu ihm oben B.VI.2.a), S. 28.

1100 Vgl. zu ihm und seiner Methode oben B.VI.2.e), S. 34.

1101 Vgl. zur Lehre *Pufendorfs*, insbesondere zu der von der h.M. bejahten Frage, ob *Pufendorf* das Naturrecht als eine im zwischenstaatlichen Bereich geltende wirkliche Rechtsordnung ansah, oben B.VII.2.b)aa), S. 41.

Vernunft ableiten, "so daß in ihm der völkerrechtliche Rationalismus wahre Orgien feiert[e]".[1102] Von den späteren klassischen Autoren kann schließlich *Vattel* genannt werden, bei dem es sich allerdings schon um einen Grenzfall handelt[1103].

Naturrechtliche Ansätze standen nicht nur dogmengeschichtlich am Anfang der Völkerrechtslehre,[1104] sondern werden auch heute verbreitet vertreten. Seit dem Ende des 19. Jahrhunderts, in dem der Positivismus die dominierende Schule darstellte, läßt sich insgesamt ein Trend zurück zu naturrechtlichen Konstruktionen ausmachen. So bauen zahlreiche Völkerrechtler der Gegenwart ihre Lehre auf naturrechtlichen Grundlagen auf. Gemeinsame Basis dieser Ansätze ist die Ansicht, daß das Recht als Ausdruck einer den menschlichen Rechtsetzern vorgegebenen Ordnung anzusehen ist.[1105] Das Recht wird nicht als menschliche Schöpfung, sondern als im menschlichen Wesen angelegt gesehen.[1106] "Man is born into the law, he does not create it".[1107] Die Naturrechtsschule lehrt, daß "legal norms owe their validity to the immanent law whose expression they are."[1108] Der Variantenreichtum in diesem Lager reicht so weit, daß teilweise der Einfluß naturrechtlicher Gedankengänge ausdrücklich geleugnet wird. So leitet etwa die objektivistische Theorie *Scelles* den Geltungsgrund des Völkerrechts aus dessen Ziel ab, ein geordnetes Zusammenleben der Menschen der Erde zu ermöglichen und greift mit der Behauptung dieser Zweckgerichtetheit letztlich auf naturrechtliches Gedankengut zurück.[1109] Als Sinn des Völkerrechts werden verschiedene Gerechtigkeitsmodelle bemüht. So haben etwa Autoren aus der 3. Welt das gesamte Völkerrecht in den Dienst des Ausgleichs imperialistischen Unrechts ("Ausbeutung") gestellt und daraus im Rahmen einer redistributiven Gesamtkonzeption zum Teil sehr konkrete Ansprüche gegenüber den (westlichen) Industrieländern abgeleitet, die unter anderem in die Forderung nach einer Neuen Weltwirtschaftsordnung[1110] einmündeten.[1111]

1102 *Verdross*, Verfassung, 24.

1103 Zu *Vattel* und der Diskussion um seine schulenmäßige Einordnung oben B.VII.2.b)bb)(2), S. 44.

1104 Vgl. zur Geschichte des Naturrechtsgedankens zusammenfassend *Egido*, Natural Law, EPIL Bd. III, 515 (516 ff.).

1105 *Egido*, Natural Law, EPIL Bd. III, 515 (515).

1106 *Egido*, Natural Law, EPIL Bd. III, 515 (515).

1107 *Egido*, Natural Law, EPIL Bd. III, 515 (515).

1108 *Dominicé*, Methodology of International Law, EPIL Bd. III, 354 (356).

1109 Vgl. *Seidl-Hohenveldern/Stein*, Völkerrecht, Rdnr. 169 f.

1110 Zu deren naturrechtlichen Wurzeln *Egido*, Natural Law, EPIL Bd. III, 515 (518).

1111 Vgl. zur Völkerrechtsdoktrin in der Dritten Welt zusammenfassend *Steiner*, International Law, Doctrine and Schools of Thought in the Twentieth Century, EPIL Bd. II, 1216 (1226) sowie oben B.X.2.a)bb)(3), S. 81.

IV. Festlegung

Die weitere Analyse des Souveränitätskonzepts setzt eine Entscheidung zwischen den im vorstehenden Abschnitt dargestellten Völkerrechtskonzeptionen und den mit ihnen verbundenen methodischen Ansätzen voraus. Dabei wird hier mit *Schwarzenberger*[1112] der ersten Alternative, also dem induktiv-positivistischen Verständnis des Völkerrechts, seiner Fundamental-Prinzipien und damit auch des Souveränitätsprinzips, der Vorzug gegeben.

Im folgenden soll diese Festlegung erläutert werden. Es ist im Rahmen dieser Untersuchung nicht möglich, auf alle aufgeworfenen rechtstheoretischen, -philosophischen und -methodischen Fragen ausführlich einzugehen. Ziel dieses Abschnittes ist es lediglich, die weitere Untersuchung des "Phänomens" der Souveränität auf eine nachvollziehbare völkerrechtskonzeptionelle Grundlage zu stellen.

Dabei wird zunächst nochmals auf die von einzelnen Autoren bestrittene Erforderlichkeit einer Festlegung eingegangen. Daran anschließend wird der Charakter der Entscheidung erläutert. Sodann werden die beiden zur Wahl stehenden Völkerrechtskonzeptionen anhand einiger ausgewählter Kriterien erörtert. Abschließend wird die hier bevorzugte Sichtweise zusammengefaßt.

1. Die Erforderlichkeit einer Entscheidung

Entgegen Vorschlägen, die beiden grundlegenden methodischen Ansätze nebeneinander anzuwenden[1113] (und damit die Entscheidung zwischen naturrechtlicher und positivistischer Völkerrechtskonzeption letztlich offen zu lassen), ist daran festzuhalten, daß eine Entscheidung zwischen beiden Ansätzen unvermeidlich ist.

Die unterschiedlichen Völkerrechtskonzeptionen und die mit ihrer Wahl implizierten Methoden führen zu unterschiedlichen Ergebnissen.[1114] Zwar ist es praktisch schwierig, eine Methode tatsächlich konsequent durchzuhalten.[1115] Für die wissenschaftliche Bearbeitung ist eine Entscheidung jedoch unausweichlich.[1116] Mit einem "wissenschaftlichem Dadaismus oder Agnostizismus"[1117] ist eine systematisch geschlossene Analyse des Völkerrechts und damit auch des Souveränitätsprinzips nicht möglich.

1112 *Schwarzenberger*, CLP 10 (1957), 264 (265); *Schwarzenberger*, RdC 87 (1955 I), 195 (200 ff.); *Schwarzenberger*, CLP 9 (1956), 235 ff.

1113 Dahingehend z.B. *Dominicé*, Methodology of International Law, EPIL Bd. III, 354 (356).

1114 Vgl. *Oppenheim*, AJIL 2 (1908), 313 (327).

1115 Vgl. hierzu die Kritik *Koskenniemis*, From Apology to Utopia, insbes. 40 ff., 134 ff., am völkerrechtlichen Diskurs, wonach dieser sich der beiden inkohärenten Völkerrechtskonzeptionen bediene und entsprechend zwischen den mit ihnen korrespondierenden Methoden osziliere, ohne sich auf eine Position festlegen zu können.

1116 Dies gilt ganz allgemein für jede Auseinandersetzung mit dem Recht und seinen Begriffen, vgl. *Streinz*, Die Verwaltung 31 (1998), 449 (457).

1117 Vgl. zu darauf zielenden Vorschlägen *Wildhaber*, SchweizJIR 36 (1980), 75 (86).

Zwar ist es verlockend und für die politische Praxis möglicherweise auch legitim, die beiden hier erörterten Ansätze nach Art einer "Rosinentheorie" zu vermischen und je nach Situation den Grundansatz zu wählen, der besser geeignet erscheint, um ein bestimmtes Ziel argumentativ zu befördern.[1118] Da sich beide Ansätze jedoch erkenntnistheoretisch ausschließen, muß eine Grundentscheidung darüber getroffen werden, ob ein über den Staaten stehendes Recht, das materielle Vorgaben enthält, angenommen werden soll oder nicht.

Konkret bezogen auf das Souveränitätsprinzip ergibt sich die Erforderlichkeit einer Entscheidung daraus, daß die Bestimmung seines Inhaltes offensichtlich davon abhängt, ob sie ausschließlich im Wege der Abstraktion aus dem induktiv ermittelten positiven Völkerrecht erfolgt oder ob auch naturrechtliche Überlegungen einfließen. Diese könnten zu einem vom nach der positivistischen Methode gefundenen abweichenden Ergebnis führen. So könnten einerseits unmittelbar aus dem Souveränitätsprinzip Normen hergeleitet werden, die nicht oder nicht mehr dem positiven Völkerrecht entsprechen (z.B. ein unbeschränktes ius ad bellum). Andererseits könnten aus anderen Prinzipien Normen, die die Souveränität betreffen, deduziert werden (z.B. ein aus naturrechtlichen Überlegungen hergeleitetes menschenrechtliches Verbot der Todesstrafe oder das Gebot, allen Hungernden Asyl zu gewähren).

2. Wissenschaftliche Offenheit der Frage nach der vorzuziehenden Völkerrechtskonzeption

Die hier anhand der Methodenfrage aufgeworfenen Fragen zur Grundlegung des Völkerrechts sind "Glaubensfragen", die (rechts-)wissenschaftlich beziehungsweise rechtsphilosophisch nicht zu beantworten sind. Die Frage nach der Existenz - und daran anknüpfend auch die nach dem Inhalt - des Naturrechts ist nicht eindeutig lösbar, da Behauptungen in diesem Bereich nicht falsifizierbar sind. Die Frage, ob die Staaten auch an solches (Natur-)Recht gebunden sind, das von ihnen nicht im Rahmen eines der anerkannten Rechtserzeugungsmechanismen erzeugt wurde, kann nicht mit Anspruch auf Verbindlichkeit beantwortet werden.

Die Fragestellung, ob neben beziehungsweise über dem positiven Recht ein Naturrecht existiert, führt in letzter Konsequenz zur Frage nach der Grundnorm[1119] und damit nach dem Geltungsgrund des Völkerrechts. Von Völker*recht* kann nur gesprochen werden, wenn eine Lösung auf dieses Problem gefunden wird. Denn eine "normativ-juristische Deutung" der Beziehungen zwischen den Subjekten einer Ordnung ist nur "unter der Voraussetzung einer Grundnorm möglich"; fehlt eine solche, so lassen sich Beziehungen nur als "bloße Machtverhältnisse, d.h. nach dem Kausalgesetz als Ursachen und Wirkungen," deuten.[1120]

1118 Ablehnend zu einem solchen Methoden-Eklektizismus mit zahlreichen Beispielen z.B. *Schwarzenberger*, Inductive Approach, 13 ff.

1119 Zum Begriff s.o. B.X.2.a)aa)(2), S. 76.

1120 Vgl. *Kelsen*, FS Verdross (1960), 157 (162).

Insofern ist oben[1121] darauf hingewiesen worden, daß der Positivismus im Hinblick auf die Umschreibung des Geltungsgrundes des Völkerrechts auf eine Hypothese zurückgreifen muß. Dies erscheint auf den ersten Blick als rechtslogische Schwäche, liefert jedoch bei näherer Betrachtung kein durchschlagendes Argument gegen eine positivistische Sicht des Völkerrechts. Denn auch die naturrechtliche Gegenposition kann den Geltungsgrund nur behaupten, denn "[d]ie Grundnorm kann nur eine hypothetische sein, ..., weil sie sonst nicht mehr die letzte sein und sich sofort die Frage nach ihrem Geltungsgrund stellen würde".[1122] Danach ist also festzustellen, daß keine der angebotenen Theorien eine befriedigende Antwort auf die Frage nach dem Geltungsgrund geliefert hat beziehungsweise liefern konnte.[1123] Deshalb kann es auch schwerlich gegen eine positivistische Sicht angeführt werden, wenn sie sich in Form des Normativismus offen zu der Notwendigkeit einer Ursprungsfiktion oder Arbeitshypothese bekennt.

Da sowohl der Positivismus als auch die naturrechtliche Sichtweise auf Axiomen beruht, die nicht beweisbar sind, muß jeder mit dem (Völker-)Recht Befaßte für sich festlegen, welche Einstellung er zur Grundstruktur des Völkerrechts einnehmen möchte. Die jeweiligen rechtsphilosophischen Prämissen sind offenzulegen[1124], damit die sich daraus ergebenden Folgerungen nachvollziehbar werden. Mit der hier getroffenen Festlegung auf eine positivistische Sichtweise, die jedenfalls nach dem Entwicklungsstand des klassischen Völkerrechts auf eine voluntaristische bzw.[1125] konsens-orientierte Position im Hinblick auf den Prozeß der Rechtsetzung hinausläuft, erfolgt im Ergebnis eine Beschränkung auf den kleinsten gemeinsamen Nenner, denn die Geltung des positiven Völkerrechts wird heute nicht mehr bestritten[1126]. Die nachfolgenden Ausführungen können aus den genannten Gründen keine "Begründung" dieser Sichtweise sein, sondern haben notwendig letztlich den Charakter eines Bekenntnisses.

1121 Unter C.III.1, S. 133.

1122 *Bindschedler*, FS Verdross (1960), 67 (72); vgl. auch *Adamovich*, FS Verdross (1971), 9 (24), sowie *Kelsen*, FS Verdross (1960), 157 (164). Dieser Einwand steht auch der Formulierung *De Visschers,* RGDIP 75 (1971), 5 (9), entgegen, der die Grundnorm als "l'irréductible droit naturel" bezeichnet.

1123 Die Grenzen der (rechtsphilosophischen) Erkenntnis sehen an dieser Stelle erreicht z.B. *Bindschedler*, FS Verdross (1960), 67 (73); *Steinberger*, Sovereignty, EPIL Bd. IV, 500 (517); *Graf Vitzthum*, in: Graf Vitzthum (Hrsg.), Völkerrecht (2. Aufl.), 1. Abschnitt, Rdnr. 64.

1124 Das geschieht auch in der Völkerrechtswissenschaft, gerade wenn es um den Souveränitätsbegriff geht, nicht immer, was z.B. *Hillgruber*, JZ 2002, 1072 (1073) kritisiert. Vielfach wird hier in Befolgung des von *Schwarzenberger*, Law and Order, 252, zitierten Ausspruchs von *Oliver Wendel Holmes* vorgegangen: "Practical men generally prefer to leave their major premises inarticulate."

1125 Siehe zu den Vorbehalten in Bezug auf den Begriff des Voluntarismus oben Fn. 651.

1126 Praxis und ganz herrschende Lehre bejahen den Rechtscharakter des Völkerrechts, vgl. hierzu *Graf Vitzthum*, in: Graf Vitzthum (Hrsg.), Völkerrecht (2. Aufl.), 1. Abschnitt, Rdnr. 1; *Kunz*, Völkerrecht, allgemein, WVR III, 611 (614).

3. Erörterung der zur Wahl stehenden Völkerrechtskonzeptionen

a) Historische Erfahrung

aa) Völkerrecht und Souveränität als historisch bedingte, vom menschlichen Willen geschaffene und abhängige Institutionen

Betrachtet man die Geschichte des Völkerrechts und des Souveränitätsbegriffs, so ergeben sich daraus kaum Anhaltspunkte für eine Vorgegebenheit dieser Institutionen. Vielmehr entsteht der Eindruck, daß das Völkerrecht und damit auch die Souveränität nicht denknotwendige Einrichtungen, sondern in ihrer Existenz vom menschlichen Willen abhängig sind.

Zwar stellt sich das mit Hilfe des Souveränitätsprinzips "gelöste" Problem immer dann, wenn sich mindestens zwei (entsprechend organisierte) soziale Verbände ("Staaten") begegnen. So gab es bereits in der Antike voneinander unabhängige Staaten, und dieses Phänomen wurde von *Proculus* auch schon definitorisch erfaßt[1127]. Wie auf dieses Aufeinandertreffen reagiert wird, ist aber eine andere, von der menschlichen Gestaltung abhängige Frage. Für das Entstehen von Völkerrecht genügt es nicht, "daß eine gewisse Anzahl von selbständig organisierten Verbänden auf territorialer Basis nebeneinander" bestehen (und Kenntnis voneinander haben), vielmehr muß auch ein "psychologisches Element" gegeben sein.[1128] In der Geschichte wechseln sich Phasen, in denen ein Völkerrecht oder jedenfalls eine völkerrechtsähnliche Ordnung bestanden haben, mit solchen ab, in denen eine solche Ordnung nicht vorhanden war.[1129]

Die historische Entwicklung mit ihrem Wechsel von Phasen mit und ohne Völkerrecht spricht indiziell dagegen, das Völkerrecht als eine vorgegebene oder denknotwendige Ordnung anzusehen.[1130] Es erscheint vielmehr als "eine streng historische Schöpfung der christlichen Staaten Europas. Es ist ... nur eine der mög-

---

1127 S.o. B.III, S. 10.

1128 Vgl. *Mosler*, ZaöRV 36 (1976), 6 (16).

1129 Vgl. *Kunz*, Völkerrecht, allgemein, WVR III, 611 (611) mit Angaben auch zur Gegenmeinung. Zu den "Lücken" etwa in der frühen Völkerrechtsgeschichte vgl. *Preiser*, Völkerrechtsgeschichte I, WVR III, 680 (680 ff.). - Beispielsweise gab es zwischen den islamischen Reichen und der christlichen Welt zunächst keine völkerrechtlichen Beziehungen, weil kein entsprechender Wille vorhanden war, s.o. Fn. 111. Das Beispiel der Beziehungen zwischen christlichen und islamischen Staaten zeigt, daß der Wille zu einer völkerrechtlichen Ordnung durchaus auch nur partiell, d.h. gegenüber bestimmten Entitäten, vorhanden sein kann. Weiterhin kann er auch in räumlicher Hinsicht partikulär sein. So hat man später die Welt entlang sog. lines of amity aufgeteilt in einen Teil mit Völkerrecht und einen, in dem das Recht des Stärkeren galt (vgl. *Preiser*, Völkerrechtsgeschichte I, WVR III, 680 (699)).

1130 Vgl. ablehnend zu der u.a. von *Ruiz Moreno* vertretenen These, wonach daß Völkerrecht eine notwendige Erscheinung sei und stets existiert habe *Kunz*, Völkerrecht, allgemein, WVR III, 611 (611).

lichen Organisationsformen der Menschheit (Verdross)."[1131] Statt als völkerrechtliche Ordnung könnte die Menschheit auch in einem großen, zentralistischen Reich oder in einem föderalistischen Weltstaat organisiert sein.[1132] Schon die Einteilung der Welt in Staaten kann nicht als naturnotwendig gelten.[1133] Dies gilt jedenfalls, *seitdem* ein Weltstaat[1134] (herrschafts-)technisch möglich[1135] ist:[1136] Die Staaten können die Existenz des Völkerrechts beenden, indem sie einen solchen Weltstaat[1137] schaffen.[1138] Die völkerrechtliche Ordnung kann daher nicht als naturgegeben angesehen werden.[1139]

Damit ist auch das Konstruktionsprinzip dieser Ordnung, die Souveränität, nicht vorgegeben. Es ist eine Schöpfung der Theorie, die - oftmals mit der Zielsetzung, die Praxis zu beeinflussen - erst nach dem Entstehen der Völkerrechtsordnung in der Praxis entwickelt wurde. Das Völkerrecht und damit auch das, was später unter dem

1131 *Kunz*, Völkerrecht, allgemein, WVR III, 611 (611). Schon *Suárez* hatte das Völkerrecht nicht für schlechthin notwendig gehalten, vgl. *Verdross/Simma*, Universelles Völkerrecht, § 11. A.A. z.B. *Dahm*, Völkerrecht I, 12 f., der das Völkerrecht für notwendig hält, da das "internationale Leben (sonst) dem Chaos und der Anarchie anheimfallen müßte". Diese Aussage berücksichtigt nicht, daß schon die Existenz eines internationalen im Sinne von zwischenstaatlichem Leben nicht (denk-)notwendig ist.

1132 Vgl. zu diesen Möglichkeiten der Organisation *Preiser*, Frühe völkerrechtliche Ordnungen, 10.

1133 Ganz abgesehen von der sich unmittelbar anschließenden Frage, was denn ein "natürlicher" Staat sei. Diese Frage wurde und wird immer wieder unterschiedlich beurteilt: Autarke Polis, Weltstaat, Glaubensstaat, Vielvölkerstaat, Nationalstaat, völkischer Staat stehen jeweils in verschiedenen Staatsformen als "vernünftige" oder "natürliche" Ordnungen zur Auswahl. Gleichzeitig zeigt sich in diesem Zusammenhang das erhebliche Mißbrauchspotential der Idee vom höheren Recht (sei es göttlich oder natürlich).

1134 Zu einigen wichtigen Weltstaatstheorien vgl. *Gunst*, Souveränität, 50 ff. Ausführlich zum Weltstaat *Ermacora*, FS Verdross (1971), 85 ff.

1135 Damit ist nicht gesagt, daß eine solche Ordnung notwendig besser wäre. Es genügt hier die Feststellung, daß es überhaupt eine denkbare Alternative gibt. Die (weitgehend spekulative) Abwägung der Vor- und Nachteile verschiedener möglicher Weltordnungen kann hier nicht vorgenommen werden. Hingewiesen sei nur einerseits auf den Gedanken des Wettbewerbs der Systeme, der für eine auf dem Souveränitätsprinzip basierende Völkerrechtsordnung spricht (vgl. *van Kleffens*, RdC 82 (1953 I), 5 (129)); zwar ist theoretisch Wettbewerb jedenfalls in Teilbereichen auch innerhalb eines Staates denkbar, es bleibt aber abzuwarten, ob etwa in Deutschland tatsächlich ein "kompetitiver Föderalismus" entwickelt werden kann oder ob das Konzept des "ein Land - zwei Systeme" in der VR China seine Bezeichnung auf Dauer verdient. Auf der anderen Seite hat der Systemgegensatz die Menschheit an den Rand der atomaren Selbstvernichtung gebracht. Ein optimales Integrationsniveau erscheint nicht eindeutig bestimmbar.

1136 Anders z.B. *Randelzhofer*, Staatsgewalt und Souveränität, HStR I, § 15 Rdnr. 11, der wegen fehlender außerrechtlicher Grundlagen einen Weltstaat in der vorhersehbaren Zukunft für unmöglich hält. Dabei wird jedoch die Möglichkeit einer Einigung unter mehr oder weniger großem Druck außer Acht gelassen.

1137 Mit dem Weltstaat wäre freilich die Souveränität nicht beseitigt: wie *van Kleffens*, RdC 82 (1953 I), 5 (128), formuliert, wäre der Weltstaat ein "sovereign state par exellence". Allerdings wäre in Ermangelung einer konkurrierenden äußeren Macht die Feststellung der (absoluten) äußeren Souveränität des Weltstaates sinnlos.

1138 Vgl. *Kunz*, Völkerrecht, allgemein, WVR III, 611 (611); *Schwarzenberger*, RdC 87 (1955 I), 195 (277 f.), der diesen Weg sogar angesichts der nuklearen Herausforderung als wohl einzig gangbaren Weg ansah, vgl. a.a.O., 373.

1139 *Preiser*, Frühe völkerrechtliche Ordnungen, 10.

Begriff der Souveränität erfaßt wurde, war schon lange existent, bevor die sogenannten Väter des Völkerrechts die Völkerrechtsdogmatik begründeten.[1140] Auch im weiteren Verlauf der Entwicklung unterlag das Souveränitätsprinzip einem stetigen Wandel.[1141]

Um den Prozeß der Entstehung einer zwischenstaatlichen Rechtsordnung theoretisch zu erfassen, erscheint es konstruktiv am plausibelsten, mit *Verdross/Simma*[1142] einen (zunächst) formlosen Konsens anzunehmen, gerichtet auf die Etablierung einer Koordinationsordnung souveräner Flächenstaaten.[1143] Dieser "Ur-Konsens"[1144] beinhaltete die gegenseitige Anerkennung als gleichberechtigte Völkerrechtssubjekte sowie die Unterwerfung unter gewisse grundlegende Normen, die einen Völkerrechtsverkehr überhaupt erst ermöglichen. Zu diesen unentbehrlichen (nicht: unveränderlichen[1145]) Basis- oder Primärnormen gehören die Normen über die Erzeugung des positiven Völkerrechts mit dem alle zwischenstaatlichen Beziehungen beherrschenden Grundsatz[1146] der *bona fides*[1147] sowie die Normen über die Völkerrechtssubjektivität.[1148]

1140 Vgl. *Schwarzenberger*, CLP 9 (1956), 235 (247).

1141 *Steinberger*, Sovereignty, EPIL Bd. IV, 500 (500 f.).

1142 *Verdross/Simma*, Universelles Völkerrecht, §§ 75, 519. - *Verdross/Simma* sehen in diesem Konsens die "ursprüngliche Quelle des Völkerrechts" (§ 519), wollen ihn aber ausdrücklich nicht "im Sinne des Voluntarismus als eigentlichen Geltungsgrund des VR" verstehen (§ 522). Sie gehen vielmehr davon aus, daß es bereits im Moment des ursprünglichen Konsenses von den Staaten vorausgesetzte Normen gegeben habe (§ 75). Insofern ist dieser Ansatz mit dem normativistischen Rückgriff auf eine nur formale Grundnorm als Geltungsgrund des Völkerrechts kompatibel.

1143 Einen ähnlichen Ansatz wählt zum Beispiel auch *Henkin*, RdC 216 (1989 IV), 19 (27): "States have in effect created the international political system, by a kind of international 'social contract'." Zur neueren Kritik an der Vorstellung eines Grundkonsenses als Quelle und Grundlage völkerrechtlicher Bindung vgl. *Ipsen*, Völkerrecht, § 1, Rdnr. 34 ff.

1144 Ähnliche Konsense sind in der Vergangenheit immer wieder vorgekommen und wieder aufgebrochen, s.o. B.I, S. 5.

1145 Die Regeln dieses originären Normgefüges (*Verdross/Simma*, Universelles Völkerrecht, § 75) sind - durch formellen oder formlosen Konsens - wandelbar und tatsächlich in der Vergangenheit zum Teil erheblichen Wandlungen unterworfen gewesen. So wurden mit den internationalen Organisationen und den de-facto-Regimen völlig neue Arten von Völkerrechtssubjekten entwickelt. Ob sich auch am Ausgangspunkt der klassischen Völkerrechtsordnung wesentliche Änderungen ergeben haben, ist umstritten. Während auf der einen Seite die fortgesetzte Dominanz des Konsensprinzips betont wird (z.B. *Ipsen*, Völkerrecht, § 1, Rdnr. 42 ff.), ja die zugrundeliegenden Regeln für "practically immutable" gehalten werden (*Schwarzenberger*, RdC 87 (1955 I), 195 (286 f.)), gibt es auf der anderen Seite Ansätze, die die Fortgeltung des Konsensprinzips, insbes. im Hinblick auf die Rechtsetzung, bestreiten. Auf die dadurch aufgeworfene Frage, ob und inwiefern es im Bereich des Konsensprinzips im modernen Völkerrecht wesentliche Änderungen gegeben hat, wird noch einzugehen sein.

1146 In der Begriffssystematik, die *Schwarzenberger* zu den Prinzipien des Völkerrechts entwickelt hat (s.o. C.I.4., S. 110), können natürlich nur (einige) der zugrundeliegenden konkreten Rechtssätze gemeint sein.

1147 Dieser allgemein anerkannte Grundsatz ist heute in Art. 2 Ziff. 2 SVN positiviert, der sich auf sämtliche mit der Charta vereinbare Pflichten bezieht (vgl. zutreffend *Müller*, in: Simma (Hrsg.), Charta der Vereinten Nationen, Art. 2. Ziff. 2, Rdnr. 2 f.). Die zugrundeliegenden Regeln sind in dem historischen Völkerrechtsentstehungsprozeß zunächst ausdrücklich in die Verträge aufgenommen worden, worin sich deutlich zeigt, daß auch sie konsensualen Ursprungs sind (vgl. *Schwarzenberger*, Law and Order, 34). Sie sind im Bereich dieses Prinzips

In der gegenseitigen Anerkennung als "souveräne", das heißt rechtlich gleichberechtigte und voneinander unabhängige Herrschaftsverbände, liegt dabei implizit auch die Begründung der Pflicht, nicht in die Souveränitätsbereiche anderer Staaten einzugreifen.[1149] Wichtig im hiesigen Zusammenhang ist, daß das mit dieser Grundpflicht korrespondierende Grundrecht auf Achtung der Souveränität, das sich in verschiedene spezielle Staatengrundrechte oder Unterprinzipien aufspalten läßt[1150], weder in seiner Existenz noch in seinem Inhalt vorgegeben ist. Die sogenannten Souveränitätsrechte sind keine in die Völkerrechtsgemeinschaft mitgenommenen naturrechtlichen Positionen, sondern in einem historischen Völkerrechtsschöpfungsakt entstanden.[1151]

Die in dem hier angesprochenen historischen Prozeß entwickelte neue Ordnung manifestierte sich urkundlich erstmals im Friedensvertrag von Münster/Osnabrück, in dem das System souveräner Staaten festgeschrieben wurde.[1152] Man kann - bei Verwendung eines angemessenen Begriffs der Verfassung[1153] - in den Dokumenten des Westfälischen Friedensvertrages den ersten urkundlichen Niederschlag der Verfassung der nichtorganisierten Staatengemeinschaft (oder -gesellschaft) erkennen.[1154]

---

sehr sorgfältig zu ermitteln, da es sich als Einbruchstelle für neo-naturalistische Vorstellungen besonders eignet, vgl. *Schwarzenberger*, RdC 87 (1955 I), 195 (294 f.).

1148 *Verdross/Simma*, Universelles Völkerrecht, § 75.

1149 *Verdross/Simma*, Universelles Völkerrecht, § 77.

1150 Zu nennen wären etwa die Ansprüche auf Achtung der politischen Unabhängigkeit und der territorialen Integrität, vgl. *Verdross/Simma*, Universelles Völkerrecht, § 77.

1151 *Verdross/Simma*, Universelles Völkerrecht, § 77.

1152 *Verdross/Simma*, Universelles Völkerrecht, § 76 m.w.N.

1153 Zu den drei von *Verdross* unterschiedenen Verfassungsbegriffen s.o. Fn. 777. Dabei wird hier, ebenso wie bei *Verdross*, Verfassung, Vorwort, ein materieller Verfassungsbegriff verwendet. Mit Verfassung sind damit jene Normen gemeint, die den "Aufbau, die Gliederung und die Zuständigkeitsordnung einer Gemeinschaft zum Gegenstand haben. "Verfassung in diesem Sinne umfaßt prozedurale Regelungen über Organisation und die Vorgänge der Rechtserzeugung und Rechtsänderung sowie materielle Elemente (vgl. *Mosler*, ZaöRV 36 (1976), 6 (31)). Vom Ansatz her verfehlt sind jedenfalls für das Europa von 1648 Ansätze, die durch die Übernahme eines staatsrechtlich vorgeprägten Begriffs der Verfassung Inhalte in das Völkerrecht hineintransportieren. Wie so oft besteht auch hier die Gefahr, daß aus rechtlichen Qualifizierungen und Klassifikationen Folgerungen abgeleitet werden, für die sich keine Grundlage innerhalb der "beschriebenen" Rechtsordnung finden (vgl. zu der ähnlich gelagerten Problematik bei der Bestimmung der Rechtsnatur des Europarechts *Streinz*, Europarecht, Rdnr. 114). Im hiesigen Zusammenhang besteht insbes. die Gefahr, daß Konzepte und Denkungsweisen aus dem (u.U. nur dem jeweils "eigenen") innerstaatlichen Verfassungsrecht in das Völkerrecht hineininterpretiert werden. Beispiele für ein solches Vorgehen finden sich oben unter B.X.2.b)bb), S. 90, sowie bei *Scheuner*, FS Verdross (1960), 229 (231).

1154 Vgl. *Verdross/Simma*, Universelles Völkerrecht, §§ 75 ff. Zurückhaltender *Schwarzenberger*, FS Verdross (1971), 31 (468), der im Friedensvertrag von 1648 die "quasi-constitutional foundation" der nachfolgenden Periode sieht.

Ablehnend zum Begriff der Verfassung *Arangio-Ruiz*, RdC 137 (1972 III), 431 (629 ff.). Aus dem oben (Fn. 1153) Gesagten folgt, daß ihm selbstverständlich insofern zuzustimmen ist, als er sich gegen induktiv nicht begründbare Transfers innerstaatlicher Denkmuster in den internationalen Bereich wendet. Wie konkrete Fragen wie etwa die nach der Legislativgewalt der Generalversammlung zu beantworten sind, ist nicht anhand des Verfassungsbegriffs zu entscheiden. Ohnehin kann an dieser Stelle der von *Arangio-Ruiz* verwendete, mit den Konzepten

bb) Aussagewert

Die hier nachgezeichnete historische Entwicklung kann kein zwingendes Argument zur Zurückweisung naturrechtlicher Ansätze sein. Selbstverständlich kann nicht von der tatsächlichen historischen Entwicklung auf die normative Ebene geschlossen werden.[1155] Der Einwand, die bisherige Entwicklung sei natur- oder vernunftrechtswidrig gewesen, kann nicht überwunden - aber eben auch nicht bewiesen - werden.

Die historische Erfahrung spricht jedoch indiziell dagegen, das Völkerrecht als vorgegebene Ordnung und die Souveränität der Staaten als eine in diese Ordnung mitgebrachte, natürliche Position zu sehen. Aus historischer Perspektive erscheint das Völkerrecht vielmehr als menschliche Schöpfung. Danach ist es nicht überzeugend, spezifisch völkerrechtliche Naturrechtsbefehle und daraus abgeleitete konkrete Normen anzuerkennen. Zu dieser Gruppe von (angeblichen) Naturrechts-

der society of men (s.o. B.X.2.b)dd), S. 96) und der Staatsähnlichkeit aufgeladene Verfassungsbegriff (vgl. *Arangio-Ruiz*, a.a.O., 635, 637) nicht gemeint sein. Insbesondere bedeutet die Verwendung des Begriffs Verfassung nicht, daß die Staaten notwendigerweise als Organe einer universellen, mit Rechtspersönlichkeit ausgestatteten Rechtsgemeinschaft verstanden werden müssen, die ihren Status und ihre Befugnisse von dieser Gemeinschaft ableiten (dahingehend aber *Arangio-Ruiz* a.a.O., 635). Jedenfalls soweit es die hier diskutierte unorganisierte allgemeine Völkerrechtsgemeinschaft betrifft, kann man zwar von den Staaten als deren Gliedern sprechen (so z.B. *Verdross/Simma*, Universelles Völkerrecht, § 74), aber sinnvollerweise nicht von Organen. Denn eine Organstellung setzt voraus, daß ein Verband besteht, dessen Verfassung den Organen Kompetenzen zuweist und bestimmt, daß die Handlungen der Organe dem Gesamtverband zugerechnet werden (vgl. *Mosler*, ZaöRV 36 (1976), 6 (37)). Zwar kann man auch in der unorganisierten Völkerrechtsgemeinschaft insofern einen Verband sehen, als sie - wie alle Rechtsgemeinschaften - über ein Minimum an prozeduralen Regeln z.B. über die Rechtserzeugung verfügt, aber nach diesen Regeln wäre ihr 'Organ' die Gesamtheit aller Staaten (vgl. *Mosler*, ZaöRV 36 (1976), 6 (32 i.V.m. 37 f.)). Und diese Staaten erzeugen auch die Regeln über die Abgrenzung ihrer Kompetenzen, diese werden aber nicht von einem übergeordneten Verband zugeteilt (vgl. *Mosler*, ZaöRV 36 (1976), 6 (32 i.V.m. 37)).

Damit wird an dieser Stelle offengelassen, ob es sich bei der Völkerrechtsgemeinschaft tatsächlich um eine Gemeinschaft im technischen Sinne handelt, ob diese Gemeinschaft zwischen Staaten oder Individuen besteht und inwiefern sie staatsähnlich ist. Wie diese Fragen heute zu beantworten sind, insbes. ob mittlerweile tatsächlich die von zahlreichen Autoren behauptete grundlegende Wandlung bzw. Revolution der Völkerrechtsordnung stattgefunden hat und welche Schlüsse daraus ggf. zu ziehen sind, wird unten in Teil E., S. 211, näher untersucht. Hier sei lediglich festgehalten, daß es auch im Völkerrecht eine Verfassung zumindest im rechtssystematischen Sinne geben muß, da ein bloß interindividuelles Recht rechtslogisch nicht möglich ist (vgl. gegen *Arangio-Ruiz Verdross/Simma*, Universelles Völkerrecht, § 75/Fn. 5).

1155 Der Schluß vom Sein auf das Sollen war gerade ein Fehler der von einem empirischen Naturbegriff ausgehenden Naturrechtslehren. Richtigerweise gibt es keine logisch gültige Argumentation für Sollens-Sätze, wenn in den Argumenten nicht ebenfalls Sollens-Sätze stehen. Die Aufdeckung des sog. Sein-Sollens-Fehlschlusses wird üblicherweise *David Hume* (1711-1776) zugeschrieben (vgl. *Hume*, A Treatise of Human Nature, Book III Part I. Sec. 1 a.E.), der die Formel des "No ought from an is" prägte (sog. Humes Gesetz, vgl. z.B. Brockhaus-Enzyklopädie, s.v. Hume). Z.T. wird diese erkenntnistheoretische Einsicht auch *Immanuel Kant* (1724-1804) zugeschrieben, z.B. *Lipp*, Naturrecht, LdR 1/890, 4 unter Hinweis auf die Vorrede in *Kant*, Grundlegung zur Metaphysik der Sitten, 5, wonach "der Grund einer Verbindlichkeit ... nicht in der Natur des Menschen ... gesucht werden müsse, sondern a priori lediglich in Begriffen der reinen Vernunft".

normen zählen etwa die bereits angesprochenen naturrechtlichen Grundrechte von Staaten.[1156] Im Rahmen der hier vertretenen Ansicht, wonach Staaten und Völkerrecht als solche keine notwendige Ordnung darstellen, sind auch spezifisch völkerrechtliche Naturrechts-Postulate von vornherein abzulehnen. Insbesondere läßt sich deshalb auch das Konstruktionsprinzip dieser Ordnung, die Souveränität, nicht als vorgegeben verstehen.

Keine Aussage läßt sich freilich aus der historischen Erfahrung hinsichtlich der Geltung solcher naturrechtlicher Normen ableiten, die allgemein, das heißt auch unabhängig vom Bestehen von Staaten und Völkerrecht gelten sollen. Derartige allgemeine Naturrechtsbefehle könnten als Grundlage für die Begründung und Begrenzung staatlicher Souveränität herangezogen werden. In der klassischen und modernen Literatur finden sich zahlreiche derartige Ansätze. Beispielsweise hat *Wolff* seine völkerrechtlichen Aussagen letztlich aus einer Übertragung von allgemeinen intersubjektiven Pflichten auf die Staaten hergeleitet.[1157] Dem gleichen Argumentationsmuster folgen auch moderne Autoren, zum Beispiel *Mosler*.[1158]

b) Das Gerechtigkeitspotential der beiden Schulen

Als zweites, alle der soeben angesprochenen Arten von Naturrecht erfassendes Kriterium für die Auswahl zwischen den beiden grundlegenden Völkerrechtskonzeptionen wird im folgenden deren Gerechtigkeitspotential betrachtet. Dabei wird auf insgesamt drei Aspekte des Gerechtigkeitsbegriffs abgestellt. Zum einen wird gefragt, ob einer der beiden Ansätze besser geeignet erscheint, das Ziel der materiellen Gerechtigkeit zu erreichen. Zum anderen wird auf zwei Elemente der Rechtssicherheit eingegangen. Dabei wird zunächst auf die Frage der Bestimmtheit der von den beiden Völkerrechtskonzeptionen ermittelten Normen eingegangen. Abschließend wird untersucht, welche möglichen Auswirkungen die beiden Schulen auf die Effektivität des Völkerrechts haben.

aa) Materielle Gerechtigkeit - Naturrecht als besseres Recht?

Charakteristisch für das Naturrecht ist sein Anspruch, das gegenüber dem positiven bessere und daher auch höherrangige Recht zu sein. Der naturrechtliche Ansatz ermöglicht es, unabhängig von der Einhaltung bestimmter Rechtserzeugungsmechanismen konkrete, objektiv geltende Rechtssätze, die einer bestimmten Gerechtigkeitsvorstellung entsprechen, aufzustellen. Wohl jeder "billig und gerecht

---

[1156] Vgl. oben C.IV.3.a)aa), S. 145, sowie *Verdross/Simma*, Universelles Völkerrecht, § 77. Ein Beispiel für einen solchen Ansatz stellt die Lehre *Vitorias* dar, der lehrte, daß die Staaten naturrechtlich begründet und auch untereinander durch das Naturrecht verbunden seien (s.o. B.VI.2.a), S. 28).

[1157] Vgl. zu ihm oben C.I.4.b)cc), S. 118.

[1158] S. *Mosler*, ZaöRV 36 (1976), 6 (44), wo er zur Begründung eines allgemeinen Rechtsgrundsatzes, der Angriffe mit Massenvernichtungswaffen untersagt, letztlich auf die naturrechtliche Ausgangsnorm vom Verbot der Tötung des Rechtsgenossen verweist. Vgl. auch *Del Vecchio*, ARSP 48 (1962), 289 (294).

Denkende" wird im geltenden Völkerrecht Regelungen und noch mehr Regelungslücken[1159] sehen, die seinem Gerechtigkeitsempfinden widersprechen.[1160] Hier liegt es nahe, Hilfe in der Naturrechtsidee zu suchen, um das Recht besser zu gestalten, ohne auf die Zustimmung der Staaten angewiesen zu sein, die - nach dem jeweiligen Rechtsempfinden - hinter dem für gerecht gehaltenen Standard zurückbleiben.

Die Naturrechtsidee betont das Element der materiellen Gerechtigkeit. In der im Anschluß an *Radbruch*[1161] üblich gewordenen Einteilung der Gerechtigkeitsidee in das vorwiegend formale Prinzip der Gleichheit, die Zweckmäßigkeit sowie die Rechtssicherheit, wird damit der zweite Aspekt angesprochen. Es geht um die Förderung inhaltlicher Prinzipien oder Werte, um die Bestimmung dessen, was für das gemeinsame Beste - der Individuen und/oder der Staaten - dienlich ist.[1162] Es ist daher zu fragen, ob dieser Anspruch, besser als das positive Recht zur Erreichung des Ziels der Herstellung materieller Gerechtigkeit geeignet zu sein, gerechtfertigt ist.

(1) *Der Mißbrauch des Naturrechts und des Souveränitätsgedankens im Völkerrecht*

Bereits mehrfach wurde erwähnt, daß sich auf das Naturrecht berufende Autoren zu unterschiedlichen, zum Teil sich diametral widersprechenden Ergebnissen kamen.[1163] Diese divergierenden Meinungen über den Inhalt des Naturrechts können nicht ausschließlich als Irrtümer im Prozeß wissenschaftlicher Rechtserkenntnis erklärt werden. Zwar mag es auch solche gegeben haben. Aber die Nähe der Autoren zu Interessen, die dann in ihren Rechtssätzen befriedigt werden, spricht teilweise für Mißbrauch im Sinne absichtsvoller Instrumentalisierung[1164] und zeigt ansonsten die in der Methode liegende Anfälligkeit für "Irrtümer" - sie scheinen in

---

1159 Hiervon zu unterscheiden ist die Frage, ob es im Völkerrecht auch Lücken im rechtslogischen Sinn gibt. Das wäre dann der Fall, wenn sich im Zweifelsfalle nicht einmal eine Residualregel finden ließe, wie sie in der Lotus-Entscheidung (s. dazu oben B.X.2.a)aa)(2), S. 76) formuliert worden ist, wonach "[r]estrictions upon the independence of States cannot ... be presumed." Die Frage, ob diese Vermutung heute noch gilt, ist in der jüngeren Vergangenheit insbesondere im Zusammenhang mit dem Nuklearwaffengutachten diskutiert worden (vgl. dazu unten Fn. 2212).

1160 Als Beispiel in Stichworten sei hier genannt der unzureichende Menschenschutz (Frauenbeschneidung, Kinderarbeit, Kindersoldaten). Die Liste läßt sich (leider) fortführen, man denke nur an die Themen Umweltschutz und Abrüstung.

1161 Vgl. zu *Gustav Radbruch* (1878-1949) *Kaufmann*, Radbruch, Staatslexikon Bd. 4, Sp. 624 ff.; *Verdross*, Abendländische Rechtsphilosophie, 216 ff.

1162 Vgl. zu Begriff und Einteilung von Gerechtigkeit *Kaufmann*, Gerechtigkeit, 27 ff.; *Höffe et al.*, Gerechtigkeit, Staatslexikon Bd. 2, Sp. 895 ff.

1163 S.o. B.X.2.a)aa)(1), S. 74.

1164 Deutlich z.B. *Friedmann*, The Changing Structure, 78 ("Any attempt to stamp a particular social order as being consonant with nature ... is a disguised way of giving the halo of perpetuity and sacrosancity to a particular political or legal philosophy") mit weiteren Beispielen fragwürdiger Naturrechtspostulate.

der menschlichen Natur (sic!) zu liegen - an.[1165] Die Übergänge zwischen Irrtum und Mißbrauch sind fließend.[1166]

Die Vorstellung, das Naturrecht diene stets dem Guten, dem "Fortschritt", hat sich in der geschichtlichen Realität nicht bestätigt. Die Naturrechtsidee wurde zur Verfolgung sehr unterschiedlicher Ziele eingesetzt.[1167] Unbestreitbar ist, daß das Naturrecht wichtige fortschrittliche Ideen hervorgebracht hat.[1168] In der (Völker-)Rechtsgeschichte gibt es aber andererseits auch eine Vielzahl von Beispielsfällen, in denen ein angeblich "natürliches" Recht nicht der Erreichung einer höheren Gerechtigkeit, sondern nur der Verkleidung machtpolitischer Interessen[1169] und der Rechtfertigung größter Grausamkeiten[1170] diente.[1171]

1165 Daß bei der Ableitung "von genauen Vorschriften" die "verschiedenartigsten Leidenschaften" der Gerechtigkeit im Wege gestanden haben, wird auch von Anhängern der Naturrechtsidee wie z.B. *Del Vecchio*, ARSP 48 (1962), 289 (295)), anerkannt.

1166 Selbst wenn man "in dubio pro reo" von einem Irrtum ausgeht, so ist die pathetische Hochachtung der Naturrechtler als Wahrer des Gedankens von Recht und Gerechtigkeit, wie etwa bei *van Kleffens*, RdC 82 (1953 I), 5 (65 f.) - "... there was a strong minority which kept the flame of law's high mission burning bright ... Let us therefore salute in passing such men as Pufendorf, Wolff, Barbeyrac, Thomasius ..." - auch deshalb zweifelhaft, weil auch viele der "Großen" einige höchst zweifelhafte Naturrechtssätze behauptet haben. So hielt z.B. *Vitoria* im Türken-Krieg zwar die Tötung von Frauen und Kindern für unzulässig, ihre Versklavung aber (im Unterschied zu Christen), für erlaubt (*Ziegler*, Völkerrechtsgeschichte, § 31 II 2). Auch *Grotius*, der nach dem Ersten Weltkrieg als Ahnherr aller möglichen modernen Konzepte bemüht wurde, war in vielerlei Hinsicht keineswegs so "modern, fortschrittlich, weltlich-säkular und pazifistisch, wie es die Enthusiasten der 'Grotian tradition' glauben machen möchten. [Er] hält ... den Krieg gegen 'Barbaren', 'mehr Tiere als Menschen', für etwas Natürliches und beruft sich auf die Lehren Innozenz IV." (*Grewe*, Epochen, 228 f. unter Hinweis auf *Grotius,* De Jure Belli ac Pacis, lib. II, cap. 20 (de poenis), XL). *Vattel* schließlich postulierte ein mit Gewalt durchsetzbares Recht auf Frauenbeschaffung von den Nachbarstaaten (*Vattel*, Le Droit de Gens II, Chap. IX § 122).

1167 Sowohl fortschrittlich-revolutionäre als auch reaktionäre Strömungen bedienten sich naturrechtlicher Argumentationen. Vgl. *Bindschedler*, FS Verdross (1960), 67 (72). Dementsprechend wird dem Naturrecht in der Gesamtschau teils eine primär revolutionäre, teils eine überwiegend konservative Funktion zugeschrieben (vgl. *Leser*, FS Verdross (1971), 197 (202)).

1168 Vgl. z.B. die Aufstellung bei *Verdross*, Rechtsphilosophie, 277.

1169 Vgl. *Schwarzenberger*, CLP 9 (1956), 235 (242). Auf die Frage nach der Freiheit der Meere wurde bereits eingegangen. Daneben wurde u.a. ein natürliches Recht behauptet, die Erfüllung sog. ungleicher Verträge zu verweigern (umgekehrt aber auch, darauf zu beharren), vgl. mit weiteren Beispielen auch *Schwarzenberger*, Power Politics, EPIL Bd. III, 1092 (1096). Die Gefahr, daß unter dem Etikett des gemeinsamen Interesses subjektive Interessen durchgesetzt werden sollen, besteht selbstverständlich auch weiterhin, vgl. z.B. Diskussionsbeitrag von *Tomuschat*, in: Delbrück, Jost (Hrsg.), Allocation of Law Enforcement Authority in the International System, 159 (160).

1170 Vgl. *Bindschedler*, FS Verdross (1960), 67 (71).

1171 Auch im innerstaatlichen Bereich ist die Bilanz getrübt. So haben naturrechtliche Argumentationen im Ergebnis, "besonders in Antike und im Mittelalter, in erster Linie der Legitimation jeweils bestehender (ständischer) Herrschaftsordnungen gedient - bis hin zur Rechtfertigung der Sklaverei und der Leibeigenschaft sowie der Herrschaft des Mannes über die Frau" (*Dreier*, Naturrecht, LdR 2/370, 3). Auch in der Neuzeit bestand das Problem fort, wie das Beispiel *Christian Wolff* zeigt, den *Nussbaum*, Geschichte, 171, als "Apostel des Absolutismus, der trotz all seiner aufgeklärten Philosophie die Folter und die barbarischsten Todesstrafarten verteidigte," bezeichnet.

Gerade der Souveränitätsbegriff hat sich als Ausgangspunkt für inhaltlicher Deduktionen als durchaus geeignet erwiesen, um bestimmte, häufig offensichtlich nicht mit dem Gemeinwohl vereinbare Ziele zu erreichen. Das Souveränitätsprinzip diente "frequently ... as cover to mere power politics".[1172] Wie gesehen, nahm der theoretische Prozeß der Erfassung von Konzept und Begriff der Souveränität im Mittelalter seinen Anfang.[1173] Dabei wurde das Souveränitätskonzept von Anfang an als Instrument in Machtkämpfen eingesetzt. Die Theorie beschränkte sich keineswegs auf die bloße nachvollziehende Beschreibung der Ereignisse, sondern suchte diese aktiv zu beeinflussen. Der Begriff der Souveränität ist schon seinem Ursprung nach ein Kampfbegriff.[1174] Am Anfang der Begriffsentwicklung (und ebenso der Weiterentwicklungen) standen politische Motive, die sich später zu juristischen Vorstellungen verdichtet haben.[1175]

Nachdem dabei in der Frühphase die Abwehr fremder Herrschaftsansprüche im Vordergrund gestanden hatte (negativer Aspekt),[1176] rückte später bei *Bodin* und *Hobbes* die Frage nach den Machtbefugnissen eines "Souveräns" in den Mittelpunkt (positiver Aspekt). Noch später wurde der Souveränitätsbegriff bei *Hegel* und den auf ihn Folgenden zur Verabsolutierung des Staates und seiner Handlungsfreiheit wiederum nach außen eingesetzt. In der Gegenreaktion hierauf wiederum wurde Souveränität als "Anti-Begriff" abgelehnt und bekämpft (etwa von *Politis* und *Alvarez*).

Die mit ihm im Laufe der Geschichte verbundenen Inhalte und Zielsetzungen wirken noch immer - vielfach unterbewußt - nach. Angesichts dieser ideengeschichtlichen Belastung erscheint gerade die Souveränität als naturrechtliche Position, aus der dann Folgerungen abgeleitet werden sollen, besonders ungeeignet.

(2) *Materielle Gerechtigkeit im positiven Recht*

Im Gegensatz zu den naturrechtlichen Ansätzen bekennt sich der positivistisch-induktive dazu, daß sein Erkenntnisgegenstand, das Recht, als solches keine inhaltliche Vorgaben enthält[1177], sondern daß die Inhalte erst von den Rechtsge-

---

1172 *Steinberger*, Sovereignty, EPIL Bd. IV, 500 (501).

1173 S.o. B.V.2.a), S. 19.

1174 *Randelzhofer*, Staatsgewalt und Souveränität, HStR I, § 15 Rdnr. 3; *Steinberger*, Sovereignty, EPIL Bd. IV, 500 (503).

1175 Vgl. *Jellinek*, Allgemeine Staatslehre, 435.

1176 Vgl. zu verschiedenen mittelalterlichen Formulierungen des Gedankens der Unabhängigkeit von anderen Herrschern, insbesondere Papst und Kaiser, oben B.V.2.a), S. 19.

1177 Freilich wird auch im Rahmen der hier befürworteten Völkerrechts-Sicht ein Wert als notwendiges Element des Rechtsbegriffs vorausgesetzt, nämlich der der Ordnung. Insofern ist der hier verwendete Rechtsbegriff also nicht wertindifferent. Demgegenüber wird das Enthaltensein weitere Werte nicht als notwendig angesehen, um von (Völker-)Recht zu sprechen.
In der Aussage, daß "jede Rechtsordnung wenigstens einen Wert, den der Ordnung, verwirklicht ..." (*Bindschedler*, FS Verdross (1960), 67 (76)) bzw. im Ausschluß darüberhinausgehender notwendiger wertmäßiger Elemente wird eine - im Rahmen der Reinen Rechtslehre *Kelsens* systemwidrige - Wertung gesehen. Namentlich *Verdross* hat in der Formulierung einer

nossen geschaffen werden müssen. Mit der Annahme einer rein formalen Grundnorm, die für die Völkerrechtssubjekte eine "Blanko-Vollmacht"[1178] zur inhaltlichen Gestaltung des Völkerrechts darstellt, wird die Idee der Gerechtigkeit jedoch nicht aufgegeben.

(a) Kein Verzicht auf Gerechtigkeit und Wertorientierung des Rechts

Die hier vorgenommene positivistische Deutung des Völkerrechts sollte nicht als Absage an die Gerechtigkeitsidee mißverstanden werden. Auch in ihrem Rahmen spielen Werte und ethische Vorgaben eine wichtige Rolle. In der Realität zeigt sich durchaus, daß ethische Überlegungen sowohl die inhaltliche Gestaltung des Rechts beeinflussen[1179] als auch einen Faktor darstellen, der zur Befolgung der Normen motiviert[1180].

Nach der hier bevorzugten Sicht ist jedoch zwischen Werten und Recht zu unterscheiden. Ein Werturteil muß danach nicht notwendig zu einer (Rechts-)Norm führen.[1181] Damit wird auf den Dualismus von Recht und Moral[1182] zurückgegriffen, den schon *Plato* "damit erklärt, daß wenn wir alle bereit wären, immer alles, was wir als richtig erkennen, zu tun, es unnötig wäre, Rechtsvorschriften zusätzlich zu

wertneutralen Grundnorm gerade keine Wertfreiheit, sondern die Formulierung der Wertung gesehen, daß die Rechtssicherheit den höchsten Wert darstelle (vgl. *Verosta*, FS Verdross (1960), 1 (22 f.)). In der Tat wird man nicht leugnen können, daß in der hier vorgenommenen Eingrenzung des Erkenntnisgegenstandes und der entsprechenden methodischen Beschränkung eine gewisse Wertung liegt (vgl. *Leser*, FS Verdross (1971), 197 (199); *Adamovich*, FS Verdross (1971), 9 (24)). Diese ist Ausdruck einer relativistischen - man mag auch sagen: skeptischen - philosophischen Grundüberzeugung, die absolute Werte für unerkennbar und daher auch für unanwendbar hält (*Leser* a.a.O., 199).

Gerade auch aus konsequent positivistischer Sicht kann die Existenz absoluter Werte nicht geleugnet werden, weil eine solche Aussage apriorischen Charakter trüge (vgl. *Adamovich*, a.a.O., 19). Es wurde bereits angedeutet, daß das eigentliche Problem in der Erkennbarkeit liegt. Angesichts der Schwierigkeiten bei der "rationalen Erfassung von Werten" (vgl. etwa zu den Kriterien der Evidenz sowie der Konsensfähigkeit *Kaufmann*, Gerechtigkeit, 312 ff.) erscheint es angemessen, bei der - so oder so notwendigen aber nicht verifizierbaren Grundentscheidung (vgl. *Adamovich*, a.a.O., 24) zurückhaltend zu sein und sich bei der Abgrenzung des Erkenntnisbereichs auf den Bereich des hinreichend gesicherten zu beschränken. Insofern kann man aus dem Entstehungsprozeß des Völkerrechts auf den Wert der Geordnetheit der zwischenstaatlichen Beziehungen schließen. Um die Gefahr des Hineinprojezierens subjektiver Wertvorstellungen in das Völkerrecht in größtmöglichem Umfang zu begegnen, sollten weitere, inhaltliche Wertungen nicht im Rahmen der Bestimmung des Rechtsbegriffs vorgenommen werden. Gleichzeitig wird damit in der Tat der Rechtssicherheit gedient ohne dabei, wie versucht wird zu zeigen, der materialen Gerechtigkeit im Wege zu stehen.

1178 Vgl. *Kelsen*, FS Verdross (1960), 157 (162).

1179 Vgl. *Bindschedler*, FS Verdross (1960), 67 (70).

1180 Die Befolgung des Völkerrechts kann freilich auch andere Gründe haben, insbesondere Furcht und Eigeninteresse, vgl. *Schwarzenberger*, RdC 87 (1955 I), 195 (290).

1181 Vgl. *Adamovich*, FS Verdross (1971), 9 (19).

1182 An dieser Stelle liegt ein fundamentaler Unterschied zur katholisch geprägten Naturrechtslehre. Bereits bei *Thomas von Aquin* standen Recht und Moral in ihrem Wesen ungetrennt beieinander (s.o. B.V.2.b)bb), S. 21). Diesem Ansatz folgt die katholische Lehre bis heute, vgl. *Adamovich*, FS Verdross (1971), 9 (12).

Moralvorschriften zu haben."[1183] Naturrechtliche Postulate sind nach positivistischem Verständnis nur dann als Bestandteil des internationalen Rechts anzusehen, wenn sie in einem der anerkannten Rechtserzeugungsmechanismen (unter Einschluß des richtig verstandenen Konsenses als ursprüngliche Völkerrechtsquelle) bestätigt wurden,[1184] also der Nachweis ihrer Rezeption in das Völkerrecht geführt werden kann[1185]. Dieses Durchlaufen des von Staaten für Staaten gemachten Rechtserzeugungsprozesses kann freilich mit den von *Arangio-Ruiz* beschriebenen Modifikationen verbunden sein; dabei werden die "human values" - unter Umständen mit einschneidenden Änderungen ("Deformationen") - zu "States values"[1186].

Fehlt es an einer induktiv nachweisbaren Umsetzung in die Formen des Rechts, können naturrechtliche Postulate allerdings nur als metalegale ethische Normen aufgefaßt werden.[1187] In diesem Falle sind sie keinesfalls bedeutungslos. Zum einen bleibt es bei ihrer ethisch-moralischen Geltung.[1188] Zum anderen stellen sie einen Maßstab im sozialen Prozeß der Weiterentwicklung des (positiven) Rechts dar.[1189] Die metalegalen Normen enthalten völkerrechtspolitische Ziele, die zunächst nur dazu drängen, eine entsprechende Rechtsnorm zu schaffen und damit das, was bereits moralisch gesollt wird, auch zu einem rechtlich Gesollten zu machen.[1190]

(b) Erfolge bei der Rezeption ethischer Werte

Dieser zuletzt angesprochene Weiterentwicklungsprozeß ist also an Werten ausgerichtet. Denn auch ein "positivistisches Völkerrecht" ist das Ergebnis eines Abwägungs- und Beurteilungsprozesses, der zu einer materialen, wertorientierten Ordnung führt.[1191] Die Wertorientierung zeigt sich durchaus auch in den Ergebnissen.[1192] Als Beispielsfälle, in denen eine Umsetzung ethischer Zielvorstellungen

---

1183 Vgl. *Schwarzenberger*, Civitas Maxima?, 20.

1184 Vgl. *Schwarzenberger*, International Law I, 26/49 ff.; *Verdross/Simma*, Universelles Völkerrecht, § 566; IGH, Urteil vom 18.7.1966 in den *South West Africa Cases*, ICJ Reports 1966, 6 (34).

1185 Vgl. *Schwarzenberger*, RdC 87 (1955 I), 195 (206).

1186 *Arangio-Ruiz*, RdC 137 (1972 III), 431 (656 f.).

1187 *Schwarzenberger*, Civitas Maxima?, 21.

1188 Vgl. *Bindschedler*, FS Verdross (1960), 67 (75); *Schwarzenberger*, Civitas Maxima?, 21.

1189 Vgl. *Schwarzenberger*, RdC 87 (1955 I), 195 (197), der den (dynamischen) Maßstab des "standard of civilisation" vorschlägt; IGH, Urteil vom 18.7.1966 in den *South West Africa Cases*, ICJ Reports 1966, 6 (34).

1190 Naturrechtliche Vorschläge werden hier also als materielle Rechtsquellen (vgl. zum Begriff *Verdross/Simma*, Universelles Völkerrecht, § 515) bzw. als eine von mehreren "formative agencies", die die inhaltliche Gestaltung der Völkerrechtsnormen beeinflussen (vgl. *Schwarzenberger*, International Law I, 52; *ders.*, CLP 9 (1956), 235 (249)), aufgefaßt.

1191 Vgl. *Graf Vitzthum*, in: Graf Vitzthum (Hrsg.), Völkerrecht (2. Aufl.), 1. Abschnitt, Rdnr. 8; *Verdross/Simma*, Universelles Völkerrecht, § 92.

1192 Das wichtigste Beispiel für eine (jedenfalls primär) humanitär motivierte Änderung des Völkerrechts im 19. Jahrhundert ist das Verbot des Sklavenhandels, das erstmals in der Erklärung der Teilnehmer des Wiener Kongresses "sur l'abolition de la traite des nègres" vom 8.2.1815 vereinbart wurde und in der Folgezeit Gegenstand mehrerer konkreterer Verträge war, von denen die Brüsseler Antisklavereiakte vom 2.7.1890 den umfassendsten darstellt (vgl. hierzu

in die Formen des positiven Rechts erfolgt ist, können etwa die Vereinbarungen zum Schutz der Menschenrechte und die Verbote bestimmter Waffen (etwa von Gaswaffen und Antipersonenminen) genannt werden.

Bei der Umwandlung ethischer Postulate in die Formen des Rechts ist das positive Recht bisweilen sogar besser als sein Ruf; die "Authentisierung" ethischer Normen im Völkerrecht geht weiter, als es nach den Äußerungen vieler zu Unrecht so genannter Positivisten den Anschein hat.[1193] So sind viele wichtige "public interest norms" schon als positives Recht existent[1194]. Bisweilen ist das positive Recht sogar weitergehend als das, was als Naturrecht "gilt": Schon *Grotius* stellte fest, daß das (positive) Völkerrecht Dinge verbiete, die nach dem Naturrecht erlaubt seien, und lieferte auch ein Beispiel für die Fortschrittlichkeit des positiven Völkerrechts gegenüber dem Naturrecht (beziehungsweise dem, was er dafür hielt)[1195]. Ein moderneres Beispiel stellt die Entwicklung des Kriegs- und Gewaltverbotes[1196] dar, die auf positiv-rechtlichem Wege erheblich weiter ging, als es die naturrechtliche Lehre vom *bellum iustum* je forderte.

(c) Grenzen

Freilich gibt es keine Garantie dafür, daß das positive Völkerrecht alle Probleme ethisch adäquat löst. So können die Völkerrechtssubjekte, aus welchen Motiven heraus auch immer, schlechtes positives Recht setzen. Oder sie unterlassen die Setzung bestimmter Rechtsnormen, die zur Wahrung bestimmter ethischer Zwecke angezeigt erscheinen.

Gegen die erste Gefährdung enthält das Konsensprinzip eine gewisse verfahrensmäßige Sicherung, die aber einen Mißbrauch des Völkerrechts zur Verfolgung von Nicht-Gemeinschaftsinteressen nicht absolut ausschließen kann.[1197] Die Entstehung werte-widriger Völkerrechtsnormen kann danach nicht ausgeschlossen werden. Immerhin haben die sich unter Umständen wandelnden Gerechtigkeitsvorstellungen aber auch für bestehende Rechtsvorschriften Bedeutung. Stehen diese mit jenen in Widerspruch, das heißt sind sie ethisch-moralisch nicht gerechtfertigt, so verlieren

---

Scupin, Völkerrechtsgeschichte III, WVR III, 721 (721 f.); *Ziegler*, Völkerrechtsgeschichte, § 42 IV 2 b); *Nussbaum*, Geschichte, 206 f.).

1193 Vgl. *Schwarzenberger*, Inductive Approach, 5.

1194 Diskussionsbeitrag von *Tomuschat*, in: Delbrück, Jost (Hrsg.), Allocation of Law Enforcement Authority in the International System, 159 (160).

1195 Vgl. De iure belli ac pacis III, Kap. IV, XV, 1, wo er ausführt, daß es nach dem Naturrecht keinen Unterschied mache, ob man im Krieg einen Feind durch das Schwert oder durch Gift töte, während das Töten mit Gift nach dem (positiven) Völkerrecht schon lange nicht mehr gestattet sei.

1196 Vgl. Übersicht zu dieser Entwicklung z.B. bei *Bothe*, in: Graf Vitzthum (Hrsg.), Völkerrecht (2. Aufl.), 8. Abschnitt, Rdnr. 3 ff.

1197 Vgl. dazu, daß Konsens nur Indiz für die Richtigkeit sein kann, *Kaufmann*, Gerechtigkeit, 133 und 315.

sie erfahrungsgemäß "auf die Dauer ihre effektive und schließlich auch ihre positive Geltung."[1198]

In der unter Umständen sehr langen Zwischenzeit bleibt das Problem unzureichenden Rechts aber virulent. Denn das Konsenserfordernis führt auch dazu, daß Normen zur Regelung bestimmter Sachverhalte gar nicht, zu spät oder nur mit sehr dürftigem Gehalt zustandekommen.[1199] Dennoch bedeutet das Konsensprinzip nicht unbedingt eine Kapitulation vor dem moralischen Außenseiter.[1200] Das geltende Völkerrecht ermöglicht es durchaus, solche Ausreißer zur Eingehung rechtlicher Bindungen zu bewegen, unter anderem mit Hilfe des Einsatzes wirtschaftlichen Drucks.[1201] Freilich kann es namentlich im Verhältnis zu Großmächten unmöglich oder mit zu hohen politischen Kosten verbunden sein, auf die Zustimmung zu bestimmten neuen Normen zu drängen.

(3) *Bewertung*

Es zeigt sich, daß beide Völkerrechtskonzeptionen Schwächen aufweisen. Das positive Recht, jedenfalls soweit es wie das bisherige Völkerrecht auf dem Konsens der Staaten beruht, kann einerseits moralisch schlechte Normen enthalten und andererseits in Bereichen, in denen aus sozialen, ökonomischen, ökologischen oder anderen Gründen eine Regelung geboten erscheint, Lücken aufweisen. Das Naturrecht bietet zwar einen konzeptionellen Entwurf, der diese Gefahren ausschließen könnte, weist jedoch ein erhebliches Mißbrauchspotential auf.

1198 Vgl. zum empirisch zu beobachtenden Geltungsverlust bei fehlendem Anspruch auf Geltung *Bindschedler*, FS Verdross (1960), 67 (74 f.).

1199 Das Vorliegen einer solchen Situation wird derzeit etwa im Hinblick auf die (Nicht-)Bekämpfung des sog. Treibhauseffektes beklagt, z.B. von *Lücke*, AVR 35 (1997), 1 (2 ff.).

1200 Dieser wird im Rahmen der hier befürworteten Sichtweise zunächst einmal viel deutlicher, da erkennbar wird, an wessen Mitwirkung es fehlt. Damit wird die Zuordnung der Verantwortung erleichtert, da diese nicht so leicht auf Unzulänglichkeiten des Rechts bzw. der damit befaßten Juristen geschoben werden kann, sondern nachvollziehbar bei bestimmten politischen Entscheidungsträgern liegt. Dies befördert einen transparenten und zielgerichteten internationalen und - soweit zugelassen - auch innerstaatlichen Diskurs.

1201 Beispielsweise besteht keine Notwendigkeit, einzelne Staaten bei der Verschmutzung universal bedeutsamer Umweltgüter gewähren zu lassen, wie dies oft unterstellt wird (z.B. *Charney*, AJIL 87 (1993), 529 (529 f.). Gerade aufgrund der immer wieder angeführten Interdependenz ist es den anderen Staaten gemeinsam durchaus möglich, dem sog. free rider die "Haltegriffe abzuschrauben". Ein (politisches) Außenseiterdasein kann mit gravierenden politischen (wirtschaftlichen) Nachteilen verbunden sein, die es etwa ratsam erscheinen lassen, einen bestimmten Vertrag abzuschließen (vgl. *Tomuschat*, AVR 33 (1995), 1 (9 ff.). Die Praxis zeigt, daß derartiger politischer Druck einen Konsens in vielen Fällen notfalls erzwingen kann (vgl. Diskussionsbeitrag von *Rubin,* in: Delbrück, Jost (Hrsg.), Allocation of Law Enforcement Authority in the International System, 179 (181)). Daß der politische Druck gegen die (immer als einzelne oder kleine Gruppe gedachten) "Nein-Sager" durchaus sehr wirkungsvoll und zielführend sein kann, wird auch von den Befürwortern von nicht-konsentierten Normen gesehen (vgl. z.B. zum Druck auf den persistent objector *Charney*, AJIL 87 (1993), 529 (539)). Ein Beispiel stellt etwa die Auslieferung des ehemaligen jugoslawischen Staatschefs *Milosevich* dar, die gewiß nicht zufällig unmittelbar vor der Entscheidung über finanzielle Hilfen für Restjugoslawien erfolgte.

Wie diese Schwächen zu gewichten sind, wird erst im Zusammenhang mit der Betrachtung der anderen Aspekte des Gerechtigkeitsbegriffs deutlich werden. Bereits jetzt kann jedoch festgehalten werden, daß keiner der beiden Ansätze schlechtes Recht vermeiden kann. Die Qualität des Rechts hängt letztlich nicht von der Wahl des Ansatzes ab, da sich beide mißbrauchen lassen.[1202] In der Rechtswirklichkeit hängt die Wertigkeit der effektiven Normen letztlich vom Grad der moralischen Verantwortlichkeit der Menschen ab, die das Recht "machen"[1203] - sei es in Form der Setzung positiven Rechts oder der Ableitung von Naturrecht.

bb) Rechtsklarheit und -bestimmtheit

(1) *Die uneinheitliche Beschreibung der lex lata durch die Naturrechtsschule*

Ein wesentlicher Kritikpunkt gegenüber dem Naturrecht liegt in der Unbestimmtheit dessen, was seine Anhänger als Naturrecht darstellen. Seit Jahrhunderten gelingt es der Naturrechtslehre nicht, in hinreichender Geschlossenheit den Inhalt des zwischen den Staaten geltenden natürlichen Völkerrechts zu beschreiben.[1204] Das schließt theoretisch keineswegs aus, daß ein Naturrechtler einmal das Naturrecht - seine Existenz vorausgesetzt - erkennt. Für die praktische Rechtsanwendung ergibt sich jedoch das Problem, das "richtige" naturrechtliche System zu bestimmen.

(a) Unklare Ausgangsbasis

Die Ursache für diese im Ergebnis bisweilen als Beliebigkeit erscheinende Varianz von Aussagen über den Inhalt des Naturrechts liegt an der Wurzel der Konstruktion. Bereits über den Ausgangspunkt, von dem aus naturrechtliche Deduktionen sich erschließen, besteht keine hinreichende Einigkeit.

Dies zeigte sich plastisch bei den frühneuzeitlichen Entwürfen in den diametral verschiedenen Grundannahmen über das Wesen des Menschen. Besonders deutlich wird dieser Widerspruch zwischen *Pufendorf*, der von der Annahme eines friedlichen Naturzustandes zwischenstaatlichen Zusammenlebens ausging, einerseits und *Hobbes* andererseits, der die gegenteilige Annahme des Krieges aller gegen alle seinen Überlegungen zu Grunde legte.[1205]

Auch heute fehlt es an einer einheitlichen, hinreichend breiten Basis von Grundannahmen, die als Ausgangspunkt für die Ableitung konkreter naturrechtlicher Normen dienen könnte. Es existiert nur sehr eingeschränkt eine universelle Gerechtigkeitsvorstellung. Jedenfalls für die Zeit bis 1989 kann festgestellt werden, daß auf uni-

---

1202 Vgl. *Leser*, FS Verdross (1971), 197 (208).

1203 In diesem Punkt besteht eine Beziehung zum innerstaatlichen Regierungssystem, das darüber entscheidet, welche Personen auf internationaler Ebene handeln.

1204 Vgl. zu dieser Problematik bereits oben unter B.X.2.a)aa)(1), S. 74.

1205 Vgl. *Neuhold*, Euro-atlantisches Völkerrecht: geschichtlicher Überblick, ÖHbVR Bd. 1 (3. Aufl.), Rdnr. 117.

verseller Ebene von einer einheitlichen Weltanschauung nicht gesprochen werden konnte.[1206] Ein Naturrecht setzt aber eine "für alle geltende Metaphysik, nicht nur die Sehnsucht danach" voraus.[1207]

Zwar kann man schon aus der Existenz des Phänomens "Völkerrecht" darauf schließen, daß es auch auf der internationalen Ebene allgemeine Werte gibt, weil sich sonst ein (positives) Völkerrecht gar nicht hätte entwickeln können.[1208] Diese Feststellung bezieht sich jedoch nur auf die soziologische Grundlage für den oben skizzierten Völkerrechts-Schöpfungsakt. Eine ganz andere Frage ist die, ob sich der Inhalt dieser wertemäßigen Grundlage bestimmen läßt.[1209] Insofern nämlich herrscht Einigkeit nur auf einem sehr hohen Abstraktionsniveau. Generell anerkannte Prinzipien wie zum Beispiel das des suum cuique tribuere sind so allgemein gefaßt, daß sie letztlich inhaltsleer sind.[1210] Allenfalls ließe sich sagen, daß die Etablierung einer Völkerrechtsordnung Ausdruck eines allgemeinen Bedürfnisses nach Ordnung[1211] darstellt.[1212] Aber damit ist gerade keine inhaltliche Aussage getroffen, weil auch eine schlechte, ungerechte Ordnung eine Ordnung darstellt.

Was darüber hinausgehende, inhaltliche Leitmaßstäbe angeht, so war in der jüngeren Vergangenheit eher eine "Schrumpfung der gemeinsamen Wertgrundlage" zu beobachten, in der die Ursache für die "Krise des Völkerrechts" gesehen wurde.[1213] Gerade in einem solchen Umfeld besteht die Gefahr, daß im Rahmen naturrechtlicher Konzeptionen schon im Ansatzpunkt "mehr oder weniger subjektive Meinungen über das, was gut oder schlecht, falsch oder wünschenswert ist, als objektiv geltende Normen" nicht nur der Moral, sondern des Natur*rechts* hingestellt werden.[1214]

Im weiteren Verlauf der Untersuchung soll gefragt werden, ob sich die Welt nach 1989 so verändert hat, daß man von einer hinreichenden metaphysischen Grundlage für ein universelles Naturrecht sprechen könnte. Freilich wäre auch das in historischen Dimensionen nicht mehr als ein Trend, so daß hier weiter davon ausgegangen werden kann, daß über den Inhalt der Ausgangsbasen naturrechtlicher Konstruktionen letztlich keine Einigkeit besteht. An dieser Stelle soll der Hinweis auf den Bereich des Menschenrechtsschutzes genügen um zu belegen, daß jedenfalls jenseits der Verwendung einheitlicher sprachlicher Formeln auch

---

1206 Vgl. *Bindschedler*, FS Verdross (1960), 67 (72).

1207 *Dahm*, Völkerrecht I, 11 m.w.N.; vgl. auch *Bindschedler*, FS Verdross (1960), 67 (72).

1208 Vgl. *Bindschedler*, FS Verdross (1960), 67 (72 f.).

1209 Den Beweis der Verbindlichkeit allgemeinmenschlicher Werte für unmöglich hält beispielsweise *Bindschedler*, FS Verdross (1960), 67 (73).

1210 *Bindschedler*, FS Verdross (1960), 67 (72).

1211 Vgl. allgemein zum Begriff der Ordnung *Ottmann*, Ordnung, Staatslexikon Bd. 4, Sp. 189 ff.

1212 Eine andere Frage ist die, ob man das Resultat dieser Bemühungen als "Ordnung" bezeichnen möchte. Wenn man zumindest eine "negative form of peace" als Wesensmerkmal voraussetzt (vgl. Definition bei *Schwarzenberger*, Law and Order, 10), ist es konsequent, jedenfalls für den Zeitraum bis 1914 von einer "quasi-order" zu sprechen (so *Schwarzenberger,* a.a.O., 17).

1213 *Bindschedler*, FS Verdross (1960), 67 (76).

weiterhin nur eine sehr beschränkte Einheitlichkeit existiert.[1215] Die Praxis in vielen Staaten zeigt, daß die Einigkeit über Werte auf der Ebene konkreten menschlichen Handelns eben nicht besteht.[1216] Im übrigen würde auch eine größere Übereinstimmung über die obersten Werte nicht die im folgenden anzusprechenden Unsicherheiten beseitigen, die in dem eigentlichen Deduktionsprozeß angelegt sind.

(b) Divergenzen bei der Ableitung konkreter Aussagen

Wegen des nicht sehr tiefgehenden Konsenses über die ethisch-moralischen Grundlagen sind die Ansatzpunkte naturrechtlicher Aussagensysteme meist sehr allgemein und abstrakt.[1217] Nur so läßt sich eine von einer breiten Mehrheit anerkannte metaphysische Grundlage darstellen. Beispiele für solche Oberwerte sind etwa "Frieden" oder die "Würde des Menschen". Während sich auf dieser Ebene kaum Widerspruch zeigt, weisen die Stellungnahmen zu den aus diesen Oberzielen abgeleiteten konkreten Forderungen (etwa operable Menschenrechtsnormen) typischerweise erhebliche Unterschiede auf. Die praktische Unmöglichkeit, bei der Ableitung konkreter Aussagen zu eindeutigen Ergebnissen zu kommen, hatte schon *Suárez* gesehen.[1218] Bis heute liegt die, auch von Anhängern des Naturrechts erkannte, große Schwierigkeit darin, den Inhalt einzelner Naturrechtsnormen zu benennen.

In diesem Punkt liegt eine immanente Schwäche des Konzepts. In den Kategorien der *Radbruch*'schen Gerechtigkeitselemente betrifft diese den Aspekt der Rechtssicherheit. Es gibt keine intersubjektiv eindeutige Regel zur Ermittlung derjenigen Aussage, die das Naturrecht richtig wiedergibt. Mehr noch als auf der abstrakten Ebene zeigt sich beim Herunterbrechen auf die operable Ebene die Gefahr, daß subjektive Wertungen als objektiv geltendes Recht ausgegeben werden. Durch die divergierenden, subjektiv beeinflußten Aussagen zum Inhalt des Naturrechts wird

---

1214 *Dahm*, Völkerrecht I, 11. Für Zurückhaltung auch *Bindschedler*, FS Verdross (1960), 67 (72).

1215 Vgl. hierzu z.B. *Paulus*, Die internationale Gemeinschaft im Völkerrecht, 254 ff., der insbes. auf die Grenzen der Übereinstimmung im Bereich der Rechte von Frauen hinweist. Zu einigen mit dem westlichen Menschenrechtsverständnis schlechthin nicht in Einklang zu bringenden "Auslegungen" von Menschenrechten insbes. zu Lasten von Frauen auch *Ebock*, Der Schutz grundlegender Menschenrechte, 210 ff.

1216 Das in diesem Zusammenhang am häufigsten erörterte (aber beileibe nicht einzige) Beispiel ist das sog. islamische Menschenrechtsverständnis. Damit ist es bspw. nicht vereinbar, die Todesstrafe generell zu ächten (vgl. *Graf Vitzthum*, in: Graf Vitzthum (Hrsg.), Völkerrecht (2. Aufl.), 1. Abschnitt, Rdnr. 83 ff.; *Ebock*, Der Schutz grundlegender Menschenrechte, 184 ff.), wobei es sich allerdings um kein spezifisch islamisches Problem handelt, denn auch das Menschenrechtsverständnis in den USA hält die Todesstrafe für zulässig. Auch über das Problem der Todesstrafe hinaus zeigt sich selbst innerhalb der westlichen Wertegemeinschaft die hier angesprochene Problematik bei zahlreichen Themen. Zwar ist das Recht des Menschen auf Leben und Würde in dieser allgemeinen Formulierung unbestritten. Füllt man diese Oberwerte aber "mit Inhalt, dann erweist sich, daß sie nicht jeder Kontingenz und Relativität entrückt sind; man denke nur an den Streit um Abtreibung, Sterbehilfe, Früheuthanasie, Fortpflanzungstechnik und Gentechnologie" (*Kaufmann*, Gerechtigkeit, 32).

1217 Vgl. *Steiner*, International Law, Doctrine and Schools of Thought in the Twentieth Century, EPIL Bd. II, 1216 (1223).

1218 Vgl. oben Fn. 1093.

der Umfang dessen, was als lex lata gilt, unklar.[1219] Das gilt nicht nur dann, wenn metaphysische Annahmen "eingeschmuggelt"[1220] werden oder unbewußt in die Deduktionen Eingang finden. Selbst wenn dies aufgedeckt wird oder die metaphysischen Annahmen deklariert werden, bleibt die Unklarheit und "die erkenntnistheoretischen Einwände, die sich gegen metaphysische Annahmen richten, [treffen] in voller Schärfe auch deren Konsequenzen"[1221].

Die Beeinträchtigung der Rechtssicherheit besteht dabei unabhängig von den individuellen Motiven des jeweiligen Autors. Vielen modernen Arbeiten, in denen sich naturrechtliche Gedanken finden, wird man kaum einen Mißbrauch der Naturrechtskonzeption im obigen Sinne vorwerfen können. Unklarheiten über das geltende Recht entstehen jedoch auch, wenn naturrechtliche Deduktionen mit dem Ziel einer Verbesserung des Rechts durch "Aufdeckung" bestimmter Rechtssätze betrieben werden.

Besonders groß sind die Gefahren für die Rechtsklarheit, wenn naturrechtlich-deduktive Methoden gleichsam "versteckt" eingesetzt werden. Wenn ein geschlossenes deduktives Konzept vorliegt, das auch die als Ausgangspunkt der Schlußfolgerungen zugrundegelegten Wertungen offen legt, ist eine offene Auseinandersetzung mit Prämissen und Schlußfolgerungen möglich. Anders liegt es, wenn - nur scheinbar im Rahmen der Rechtserzeugungsmechanismen des positiven Rechts - "gewagt" oder "phantasievoll" konstruiert wird.

Trotz des vielfachen Bekenntnisses zu einer induktiven Vorgehensweise, werden in der juristischen Alltagsarbeit immer wieder deduktive Techniken angewandt, um zum gewünschten Ergebnis zu gelangen, das dann nicht etwa als *lex ferenda,* sondern als *lex lata* ausgegeben wird.[1222] Da sich dieses nicht (jedenfalls nicht lege artis) induktiv aus dem positiven Recht gewinnen läßt, wird - häufig nur schwer erkennbar - auf einen höherrangigen naturrechtlichen Grundsatz zurückgegriffen. In diese Argumentationsform notwendig eingebaut ist übrigens die Behauptung, der jeweilige Naturrechtssatz stelle *ius cogens* dar, da die Staaten andernfalls durch abweichende Vereinbarungen oder *desuetudo*[1223] dem mühsam begründeten Naturrechts-Befehl wieder entschlüpfen könnten.

Als Beispiele aus neuerer Zeit für eine derartige Vorgehensweise seien hier zwei Ansätze aus dem Bereich des Umwelt-"Rechts" genannt, in dem besonders häufig "moderne" Ansätze gewählt werden, um rechtspolitische Wünsche als geltendes

---

1219 *Verdross*, Verfassung, 24, hat die Vermischung beider Bereiche deutlich angeprangert: "Auch in der Völkerrechtslehre, ja gerade in ihr treiben sie seit altersher bis auf unsere Tage ihr Unwesen, indem sie die Betrachtungen de lege lata mit de lege ferenda Erwägungen durchsetzen."

1220 *Leser*, FS Verdross (1971), 197 (201); *Schwarzenberger*, Civitas Maxima?, 21.

1221 *Leser*, FS Verdross (1971), 197 (201).

1222 Allgemein zu dieser "inductive mimicry" *Schwarzenberger*, CLP 9 (1956), 235 (240).

1223 Zum Begriff der desuetudo bereits oben Fn. 827.

Recht ausgeben zu können.[1224] *Lücke* gewinnt aus "dem ökologischen Gemeingut der nationalen Verfassungen"[1225] einen "internationalen allgemeinen Umweltgrundsatz" mit ius cogens-Charakter, aus dem er dann unter anderem eine Kontrahierungspflicht ableitet.[1226] Ähnlich geht *Biermann*[1227] vor, der "international environmental solidarity duties" "gewohnheitsrechtlich" und "teleologisch" konstruiert und zu ihrer Umsetzung auch den Anwendungsbereich von Art. 39 und 41 - warum nicht auch Art. 42? - der Satzung der Vereinten Nationen eröffnen will.

(2) *Vorteile der positivistisch-induktiven Vorgehensweise*

Im Rahmen eines auf das positive Recht beschränkten Ansatzes ist die Beschreibung des geltenden Rechts erheblich einfacher. Zunächst entfallen durch die zumindest theoretisch klare Definition des Erkenntnisgegenstandes[1228] die Unsicherheiten, die sich bei der naturrechtlichen Schule aus der Uneinigkeit über die Deduktions-Ausgangspunkte ergeben. Wieterhin bietet die induktive Methode zur Aufbereitung des empirischen Materials des positiven Rechts einen Ansatz, der in erheblich geringerem Umfang als die deduktive Methode anfällig ist für das bewußte oder unbewußte Einschleusen subjektiver Wertungen. Zwar kann auch die induktive Methode Subjektivität nicht völlig ausschließen,[1229] sie macht die Wertungen, die der Auswahl und Bewertung von Material notwendig zugrunde liegen, jedoch intersubjektiv nachvollziehbar und kritisierbar.[1230]

cc) Effektivität des Völkerrechts

Abschließend soll auf einen weiteren Aspekt der Rechtssicherheit eingegangen werden. Es geht dabei um die Frage nach den Voraussetzungen für das Funktionieren der Völkerrechtsordnung, mit anderen Worten darum, wie sich die beiden Völkerrechtskonzeptionen auf die Ordnungsfunktion des Völkerrechts auswirken.

Die beiden zur Wahl stehenden Konzeptionen unterscheiden sich hinsichtlich des Umfangs dessen, was sie unter der Bezeichnung "Völkerrecht" als für die Staaten[1231] verbindlich ausweisen:

1224 Kritisch zu dieser Tendenz (bezogen auf den Bereich des Gewohnheitsrechts) *Ipsen*, Völkerrecht, § 58, Rdnr. 1.

1225 *Lücke*, AVR 35 (1997), 1 (5).

1226 Vgl. *Lücke*, AVR 35 (1997), 1 (16 ff.).

1227 *Biermann*, AVR 34 (1996), 426 ff.

1228 Zuzugeben ist der Kritik *Koskenniemis,* From Apology to Utopia, 160 ff. (166 f.), daß die konkrete Abgrenzung des Bereichs des Rechts von dem der Politik (bzw. dem der Moral) im Einzelfall kaum eindeutig vorzunehmen ist. Freilich lassen sich Abgrenzungsschwierigkeiten letztlich nur daduch ausschließen, daß man auf die Abgrenzung verzichtet.

1229 Vgl. zur Unmöglichkeit einer objektiven Inhaltsbestimmung und Anwendung von (Völker-) Rechtssätzen *Koskenniemi,* From Apology to Utopia, 8 ff.

1230 Vgl. *Schwarzenberger*, CLP 9 (1956), 235 (249 f.).

1231 Auf die anderen Völkerrechtssubjekte kann an dieser Stelle nicht eingegangen werden.

Nach positivistischer Ansicht erfordert eine völkerrechtliche Bindung stets eine Form der Akzeptanz (Konsens i.w.S.[1232]) auf Seiten des Gebundenen. Zwar ist die Gleichsetzung von willlensgetragenem und positivem Recht nicht zwingend. Zumindest im positiven klassischen Völkerrecht war eine Rechtsbindung ohne Konsens im hier umschriebenen Sinne jedoch nicht vorgesehen, so daß ein Staat jedenfalls nicht gegen seinen Willen gebunden werden konnte. In der Lotus-Entscheidung des StIGH[1233] ist das Konsensprinzip als konstruktives Fundament der Völkerrechtsordnung deutlich zum Ausdruck gekommen. Auch aktuelle Autoren betonen den konsensualen Charakter des Völkerrechts, allerdings ist diese Sicht streitig geworden.[1234] In einem nachfolgenden Abschnitt wird untersucht, ob und wieweit dieses Rechtsetzungs-Erfordernis im modernen Völkerrecht durch "demokratische" Elemente modifiziert worden ist.[1235]

Demgegenüber sind nach naturrechtlicher Auffassung zumindest einige materielle Regeln unabhängig vom aktuellen oder früheren Konsens der Staaten vorgegeben. Es stellt sich somit die Frage, ob diese Integrierung von Naturrechtssätzen, einschließlich der aus ihnen deduzierten operablen Handlungsbefehle, in das Völkerrecht im Hinblick auf dessen Effektivität wünschenswert ist. Es geht dabei letztlich darum, ob man die Staaten mit überpositiven Normen konfrontieren soll, die auch dann für sie verbindlich sind, wenn sie nicht aus einem der von ihnen anerkannten Völkerrechtserzeugungs-Mechanismen hervorgegangen sind. Die typische Situation würde sich dadurch auszeichnen, daß man über den Stand der positiven lex lata hinausgehende naturrechtliche Vorschläge gegenüber einem Staat als "Recht" deklarieren könnte, der an diese Regelung - unter Umständen trotz Ausübung politischen Drucks - nicht gebunden sein will. In dieser Situation bestehen zwei von den jeweiligen Machtverhältnissen abhängige Gefahren:

Handelt es sich um einen schwachen Staat, besteht - auch wenn man zunächst einmal von der Möglichkeit gezielten Mißbrauchs absieht - die Gefahr, daß eine Naturrechtsbehauptung durchgesetzt wird, die in Wahrheit nicht dem "richtigen"

1232 Konsens in diesem weiten Sinne umfaßt nicht nur die ausdrückliche Zustimmung, sondern jede Form von *acceptance*, wie auch immer diese sich konkret ausdrückt. Eine Änderung des Rechtszustands setzt demnach stets Konsens i.e.S. (Willenseinigung durch Erklärungen oder konkludente Handlungen, sog. consent), recognition oder zumindest acquiescence voraus (vgl. *Schwarzenberger*, RdC 87 (1955 I), 195 (380)). So genügt etwa zur Begründung von Völkergewohnheitsrecht acquiescence (vgl. *Verdross/Simma*, Universelles Völkerrecht, § 519).

1233 S.o. B.X.2.a)aa)(2), S. 76.

1234 Z.B. *Graf Vitzthum* Begriff, Geschichte und Quellen des Völkerrechts, in: Graf Vitzthum (Hrsg.) Völkerrecht, Rdnr. 21, 26 und 45; *Ipsen*, Völkerrecht, § 1 Rdnr. 42 ff.; *Hillgruber*, JZ 2002, 1072 (1075); *Weiß,* AVR 39 (2001), 394 (409); deutlich auch *Randelzhofer*, Staatsgewalt und Souveränität, HStR I, § 15 Rdnr. 27; auch *Scheuner*, JIR 12 (1965), 11 (36) erkennt an, daß Rechtsänderungen "doch im Grunde von der Übereinstimmung der Beteiligten abhängig" sind. Demgegenüber erörtern andere (angebliche) Ausnahmen, auf die hier nicht näher eingegangen werden kann (es geht u.a. um die Bindung von Neustaaten an das zum Zeitpunkt ihrer Entstehung bereits existente Völkerrecht) und lehnen das Konsensprinzip ab (z.B. *Charney*, AJIL 87 (1993), 529 ff., der das Konsenspostulat für "potentially catastrophic" hält (a.a.O., 530)).

1235 S. unten E.II.1.b)dd)(4), S. 271.

Naturrecht entspricht.[1236] Nur auf den ersten Blick unterscheidet sich diese Situation nicht von dem Versuch, im Rahmen eines positivistischen Systems durch Einsatz politischer Druckmittel die Zustimmung des betroffenen Staates zu einer neuen Norm zu erlangen. Bei näherer Betrachtung bestehen erhebliche Unterschiede zwischen beiden Alternativen, die sich daraus ergeben, daß im ersten Fall behauptet wird, daß die in Frage stehende Norm bereits in Kraft sei. So wären erstens die erhobenen Forderungen schon mit der Autorität des Rechts versehen. Zweitens dürften zur Durchsetzung der Norm bereits Repressalien eingesetzt werden, während andernfalls die völkerrechtlichen Grenzen der Einflußnahme, namentlich das Interventionsverbot, beachtet werden müßten. Sieht man von der optimistischen Annahme ausschließlich am bonum commune orientierter Akteure ab, besteht weiterhin die Gefahr, daß überkommene, bereits im Vergleich zu neuen Überlegungen als schlechter anerkannte Lösungen beibehalten werden oder im eigenen (staaten-)egoistischen Interesse angeblich fortschrittliche, nur vorgeblich dem gemeinen Wohl dienende Neuerungen durchgesetzt werden. Werden die abweichenden Vorstellungen nicht mehr akzeptiert und die Abweichler als prinzipiell im Unrecht stehend behandelt, könnte man von einem internationalen Totalitarismus sprechen.[1237]

Noch schwerwiegender sind die Gefahren, die drohen, wenn naturrechtliche Postulate gegenüber einem starken Staat eingefordert werden, ohne daß die Aussicht auf die Durchsetzung der betreffenden Rechtsbehauptung bestehen. Ist der betroffene Staat mächtig genug, wird er sich der angeblichen Bindung entziehen, wobei gleichzeitig immer auch andere Bindungen in Frage gestellt werden. Damit kann der völkerrechtliche Normbestand wichtiger Regelungsgebiete, im Extremfall auch die Effektivität des Völkerrechts gegenüber diesem mächtigen Staat insgesamt, gefährdet werden.

In beiden Fällen würde sonach die Normakzeptanz gefährdet. Es bestünde die Gefahr, daß das Völkerrecht überfordert und seine Befolgung und damit seine zentrale Funktion, die Wahrung des zwischenstaatlichen Friedens, beeinträchtigt würde. In der pluralistischen Staatengesellschaft mit ihren unterschiedlichen Kulturen, Lebensformen, Überlieferungen und Wertvorstellungen birgt angebliches Naturrecht, das bei wichtigen Adressaten keine entsprechende metaphysische Grundlage hat, die Gefahr, daß die betreffenden Staaten sich auch von solchen völkerrechtlichen Verpflichtungen abwenden, über die an sich Einigkeit besteht.

[1236] Zu den Schwierigkeiten bei der Bestimmung des Inhalts des Naturrechts oben C.IV.3.b)bb)(1), S. 155.

[1237] Zutreffend weist *Link*, Hugo Grotius, 20, auf die Totalitarismusanfälligkeit naturrechtlicher Ansätze hin. Der Anspruch, das für die Gemeinschaft Richtige erkannt zu haben, kann dazu führen, daß Gegenmaßnahmen bis hin zum gewaltsamen Unschädlichmachen für gerechtfertigt gehalten werden. Dies ist jedoch keine notwendige Konsequenz eines naturrechtlichen Ansatzes, wie die neueren Bemühungen um die Integrierung eines Widerstandsrechtes zeigen (*Leser*, FS Verdross (1971), 197 (206 f.)). Demgegenüber impliziert eine positivistische Sichtweise gerade, daß "keine metalegalen Waffen" gegen Abweichler eingesetzt werden können und läßt dem Individuum damit Raum für die Berufung auf sein Gewissen (vgl. *Leser*, a.a.O., 207 f.).

Umgekehrt ist die Wahrscheinlichkeit der Normbefolgung bei konsentierten Normen höher. Mit einem Abgehen vom Konsens-Prinzip würde das Völkerrecht seine Autorität (zusätzlich) gefährden. Werden Staaten zu einem Recht gezwungen, das sie nicht akzeptiert haben, könnten sie sich weder daran noch an andere Völkerrechtssätze gebunden fühlen. Deshalb erscheint es auf Dauer gesehen besser, am Konsens-Prinzip festzuhalten, solange und soweit die Staaten nicht im positiven Recht abweichende Regelungen getroffen haben. Die pragmatische Zurückhaltung und Beschränkung auf das Machbare ist vorzugswürdig gegenüber subjektiv gefärbten Normpostulaten, die das labile internationale System destabilisieren können. Mit dieser Beschränkung auf das von den zuständigen Völkerrechtssubjekten gesetzte, d.h. positive Recht wird der Wert der Rechtssicherheit hervorgehoben, die gerade auf internationaler Ebene einen "unschätzbare[n] Wert" darstellt.[1238]

dd) Abschließende Bewertung

Auch die Betrachtung der Auswirkungen der beiden zur Wahl stehenden Völkerrechtskonzeptionen im Hinblick auf die hier ausgewählten Aspekte des Gerechtigkeitsbegriffs hat überwiegend Gründe erbracht, die für die Festlegung auf ein positivistisch-induktives Völkerrechtsverständnis sprechen.

Zwar schließt der hier befürwortete Ansatz im Ergebnis ein optimales Recht, nach dem naturrechtliche Ansätze erklärtermaßen streben, fast sicher aus. Hält man daran fest, daß alle völkerrechtlichen Verpflichtungen auf zwischenstaatlichem Konsens (i.w.S.) beruhen müssen, dann kann das Völkerrecht nur ein "law of the lowest denominator"[1239] sein. Dabei sollte man die Möglichkeiten des herkömmlichen völkerrechtspolitischen Weges nicht unterschätzen. Der kleinste gemeinsame Nenner ist ein relativer Ausdruck. Um im mathematischen Bild zu bleiben, muß der Nenner immerhin größer als Null sein, d.h. die hier gemachte Festlegung macht das Völkerrecht nicht notwendig ethisch wertlos.

Das Naturrecht bietet demgegenüber nach aller Erfahrung nur eine Hoffnung auf ein besseres Recht, die aber mit erheblichen Risiken und Gefährdungen erkauft wird. Eine wesentliche Schwäche liegt zunächst in der Unbestimmtheit des Naturrechts. Im Laufe der Geschichte wurden naturrechtliche Argumentationen zur Verfolgung unterschiedlichster Zielsetzungen eingesetzt, Naturrecht erweist sich in dieser Perspektive als eine "inhaltlich offene Formel".[1240] Wegen des "rein funktionale[n] Charakter[s] des Begriffs" ist es "unmöglich ..., letztverbindliche Aussagen über den Inhalt 'des' Naturrechts zu treffen."[1241] Die Unklarheit über die Rechtsinhalte eröffnet zugleich ein erhebliches Mißbrauchspotential, von dem in der Vergangenheit auch

---

1238 *Bindschedler*, FS Verdross (1960), 67 (71 f.).

1239 So *Schwarzenberger*, CLP 9 (1956), 235 (256) - das dort angesprochene Problem des Abfallens der fortschrittlichen Demokratien auf das niedrige ethische Niveau anderer Regierungssysteme kann nur durch eine effektive Selbstbindung sowie partikuläre Vereinbarungen untereinander (wie z.B. die EMRK) verhindert werden.

1240 *Lipp*, Naturrecht, LdR 1/890, 1.

1241 *Lipp*, Naturrecht, LdR 1/890, 1.

vielfach Gebrauch gemacht wurde. Neben der Irrtums- und Mißbrauchsgefahr besteht zudem die Gefahr einer Überforderung der Völkerrechtssubjekte; der Versuch, "too much too soon" durchzusetzen, könnte das völkerrechtliche System mitsamt seiner friedenswahrenden Funktion schwächen.[1242]

Der mit dem hier favorisierten Ansatz verbundene Verzicht auf Rechtsmasse ist in seinen praktischen Konsequenzen im übrigen weniger bedeutsam, als es zunächst den Anschein haben mag. Der Verzicht auf die Möglichkeit, Staaten, die wichtige rechtspolitische Forderungen nicht erfüllen wollen, nicht nur politisch, sondern auch rechtlich in die Verantwortung nehmen zu können, sollte nicht überbewertet werden. Die Erfahrung zeigt, daß das (Völker-)Recht überhaupt nur einen beschränkten Einfluß auf die Staaten hat. "By itself, international law cannot decree the salvation of mankind."[1243] Dies wird besonders deutlich auch in der Geschichte der Mißachtung selbst fundamentaler naturrechtlicher Postulate durch die Staaten. Darin zeigt sich, daß eine Normsetzung beziehungsweise Normbehauptung gegen den Willen der betroffenen Staaten die Lage nicht verbessert - "[S]overeign states ... will not be commanded if they cannot be persuaded."[1244]

4. Zusammenfassung: Souveränität als inhaltlich leeres, wandelbares Konzept und Rolle der Völkerrechtswissenschaft

a) Souveränität als "hohler" Begriff

Entsprechend seiner historischen Entstehung wird das Völkerrecht im Rahmen dieser Untersuchung als eine von den Staaten konsensual geschaffene und vom Konsens abhängige Ordnung gesehen. Die Inhalte dieser Rechtsordnung sind im Rahmen eines positivistischen Völkerrechtsverständnisses nach der induktiven Methode zu ermitteln.

Die Souveränität der Staaten ist ebensowenig wie andere Grundsätze des Völkerrechts oder das Bestehen einer völkerrechtlichen Ordnung überhaupt vorgegeben. Aus dem Souveränitätsprinzip als solchem lassen sich konkrete, operable Völkerrechtssätze beziehungsweise Handlungsanweisungen nicht ableiten. Souveränität ist ein "hohler" Begriff ohne vorgegebenen materiellen Inhalt.[1245] *Jenks* hat dies besonders treffend zum Ausdruck gebracht: "It is not the concept of sovereignty which tells us what obligations, rules and devices the law may create, but the obligations, rules and devices recognised by the law which tell us how the law interprets and applies the concept of sovereignty."[1246]

1242 Vgl. *Graf Vitzthum*, in: Häberle et al., Die überstaatliche Bedingtheit des Staates, 19 (28).

1243 *Schwarzenberger*, RdC 87 (1955 I), 195 (383).

1244 *Gross*, in: Essays on International Law and Organization, Bd. 2, 753 (782).

1245 So z.B. schon *Dock*, Suveränitätsbegriff, 3; ebenso *Fuß*, DVBl. 1980, 98 (104 f.).

1246 *Jenks*, Prospects, 497 ff. (499). Ähnlich *Koskenniemi*, From Apology to Utopia, 212, der zugleich darauf hinweist, daß die Verpflichtungen der Staaten divergieren können - "Therefore, by a simple reference to 'sovereignty' or statehood no determinate consequences arise as to

Dementsprechend ist in den recht häufigen Fällen, in denen sich Staaten zur Begründung oder Abwehr eines Anspruchs - unter Umständen wechselseitig[1247] - auf das Souveränitätsprinzip berufen,[1248] stets zu prüfen, ob dieser Rechtsbehauptung wirklich ein Anspruch entspricht. Dazu sind die dem Souveränitätsprinzip unterliegenden Regeln nach der induktiven Methode herauszuarbeiten und richtig anzuwenden. Dabei ist besonders zu berücksichtigen, daß diese Regeln, und damit auch das daraus im Wege der Abstraktion gewonnene Prinzip, Wandlungen unterliegen können. Jede Untersuchung des Souveränitätsprinzips ist deshalb "provisional and requires continuous adjustment on the basis of new material that comes to light."[1249] Im Streitfall muß nachgewiesen werden, daß die behauptete Souveränität auch (noch) besteht beziehungsweise daß keine einschränkende Regel besteht (entstanden ist). Dies gilt hinsichtlich aller Manifestationsformen der Souveränität[1250], das heißt in territorialer[1251], persönlicher[1252] und sachlicher[1253] Hinsicht.

---

indicate whether the State in some particular relation is free or not." *Koskenniemi* hält allerdings einen vollständigen Verzicht auf ein von den einzelnen Regeln unabhängiges Souveränitätskonzept für nicht möglich (a.a.O., 219 ff.).

1247 Eine Konstellation, in der sich typischerweise beide Seiten auf ihre (territoriale) Souveränität berufen, stellen grenzüberschreitende Umweltverschmutzungen dar, vgl. *Koskenniemi,* From Apology to Utopia, 204 m.w.N. Ein Beispielsfall, in dem sich beide Streitparteien vor dem IGH auf ihre Souveränität berufen haben, war der *Right of Passage Case* (1960), vgl. *Koskenniemi,* a.a.O., 208, mit weiteren Fällen a.a.O., 212 ff.

1248 Vgl. *Doehring*, FG Forsthoff, 105 (107). *Doehring* nennt als Beispiel die Diskussion um die Rechtsfolgen der Staatensukzession, die während der Dekolonialisierungswelle entbrannt war. Aus heutiger Perspektive zeigt sich, daß für die Lösung der dabei aufgeworfenen Fragen nicht der Begriff der Souveränität, sondern die sich in der Staatenpraxis niederschlagende Interessen- und Machtsituation maßgeblich war. Die von der sowjetischen Völkerrechtslehre und den Neustaaten auch unter Berufung auf das Souveränitätsprinzip geforderten Regelungen widersprachen den Interessen des Westens und konnten sich nicht durchsetzen. Ein kurzer Überblick über den heutigen Rechtsstand findet sich bei *Hailbronner*, in: Graf Vitzthum (Hrsg.), Völkerrecht (2. Aufl.), 3. Abschnitt, Rdnr. 181 ff.

1249 *Schwarzenberger*, CLP 9 (1956), 235 (246).

1250 Vgl. dazu *van Kleffens*, RdC 82 (1953 I), 5 (94 ff.).

1251 Die dogmatische Erfassung der territorialen Souveränität ist umstritten. Vgl. zum Streitstand z.B. *van Kleffens*, RdC 82 (1953 I), 5 (94 ff.); *Dahm/Delbrück/Wolfrum*, Völkerrecht I/1, 317. Nach einer Kurzformel bedeutet territoriale Souveränität die Innehabung der endgültigen Verfügungsgewalt über das Staatsgebiet (so *Seidl-Hohenveldern*, Die Staaten, ÖHbVR Bd. 1 (3. Aufl.), Rdnr. 732). Den wichtigsten Inhalt des Rechts der territorialen Souveränität bildet das Recht auf Ausübung der Gebietshoheit (*Verdross/Simma*, Universelles Völkerrecht, § 1039). In seinem Schiedsspruch im *Palmas*-Fall hat *Max Huber* die territoriale Souveränität umschrieben als "the exclusive competence of the state in regard to its own territory ..." (Schiedsspruch vom 4.4.1928 im *Island of Palmas Case*, RIAA Bd. II, 829 (838). Vgl. zur territorialen Souveränität und insbes. zur Unterscheidung zur Gebietshoheit *Verdross/Simma*, Universelles Völkerrecht, §§ 1038 ff.; *Hailbronner*, in: Graf Vitzthum (Hrsg.), Völkerrecht (2. Aufl.), 3. Abschnitt, Rdnr. 124 ff.

1252 Zur personellen Souveränität vgl. *Seidl-Hohenveldern*, Die Staaten, ÖHbVR Bd. 1 (3. Aufl.), Rdnr. 747; *van Kleffens*, RdC 82 (1953 I), 5 (98 f.).

1253 Zur Frage des Umfangs der "Jurisdiction", vgl. hier nur *van Kleffens*, RdC 82 (1953 I), 5 (99 ff.).

b) Beispiele für inhaltliche Wandlungen des Souveränitätsprinzips

Zwei Beispiele aus dem Bereich der Konsequenzen souveräner Staatlichkeit belegen die Dynamik des Inhalts des Begriffs:

Seit jeher war die Abgrenzung der Souveränitätsbereiche auf See eine Kernfrage des Völkerrechts. Zu Beginn der Neuzeit war die Freiheit der Hohen See noch nicht anerkannt; verschiedene Staaten erhoben den Anspruch, über bestimmte Gebiete der Hohen See Souveränität auszuüben.[1254] Diese Ansprüche wurden in einer langwierigen Auseinandersetzung - bei der beide Seiten sich auf naturrechtliche Positionen beriefen[1255] - abgewehrt, die Staaten einigten sich auf den Grundsatz der Freiheit der Hohen See.[1256] Dieser besagt im Kern, daß in diesem Gebiet die Begründung und Innehabung von Hoheitsrechten ausgeschlossen ist.[1257] Kein Staat kann für sich das Recht in Anspruch nehmen, einen Teil der Hohen See seiner Souveränität zu unterstellen (Art. 2 des Übereinkommens über die Hohe See[1258]). Dieser im Laufe der Zeit inhaltlich näher ausgestaltete Grundsatz wurde zunächst bilateral anerkannt, setzte sich dann im Völkergewohnheitsrecht durch und wurde schließlich auf der Seerechtskonferenz der Vereinten Nationen im Jahr 1958 erstmalig kodifiziert.[1259] Auch nach der prinzipiellen Entscheidung über die Freiheit der Hohen See blieben zahlreiche Fragen umstritten. Diese betrafen unter anderem[1260] die Begrenzung des Bereiches, der als "Aquitorium"[1261] zum Staatsgebiet zählt und daher der "territorialen" Souveränität unterliegt. Umstritten waren insofern die Bestimmung der Basislinie, die maximal zulässige Breite des Küstenmeeres sowie die Behandlung der Buchten. Durch das nunmehr in Kraft getretene Seerechtsübereinkommen der Vereinten Nationen sind diese Fragen jetzt (mit einer Tendenz zur Ausweitung der staatlichen Souveränitätsbereiche) weitgehend geklärt.[1262]

1254 Vgl. *Oppenheim/Lauterpacht*, International Law I (8. Aufl.), §§ 248 f.

1255 Vgl. oben Fn. 646. - Meeresfreiheit gilt im übrigen nur eingeschränkt im - wenig vernünftigen, wohl aber anscheinend natürlichen - Kriegszustand, vgl. *Krüger*, Hohe See, WVR I, 791 (792 f.).

1256 Vgl. hierzu und zu den Grundlinien des klassischen Seerechts *Schwarzenberger*, RdC 87 (1955 I), 195 (358 ff.).

1257 *Krüger*, Hohe See, WVR I, 791 (791).

1258 Genfer Übereinkommen über die Hohe See vom 29.4.1958 (BGBl. 1972 II, 1091). Jetzt inhaltsgleich Art. 89 des Seerechtsübereinkommens der Vereinten Nationen (SRÜ) vom 10.12.1982.

1259 *Verdross/Simma*, Universelles Völkerrecht, § 1125.

1260 Umstritten war auch die Behandlung des zwischen Hoher See und jeweiligem Staatsgebiet liegenden Bereichs, in dem die Staaten zwar keine Souveränität im Sinne umfassender Gebietshoheit beanspruchen können, wohl aber über einzelne, exklusive - z.T. als "souveräne Rechte" bezeichnete (z.B. Art. 56 Abs. 1 lit. a), 77 Abs. 1 SRÜ) - Befugnisse verfügen. Vgl. zu diesen "Räumen begrenzter Hoheitsbefugnisse" *Graf Vitzthum*, in: Graf Vitzthum (Hrsg.), Völkerrecht (2. Aufl.), 5. Abschnitt, Rdnr. 49 ff.

1261 Unter diesem Begriff faßt *Graf Vitzthum*, in: Graf Vitzthum (Hrsg.), Völkerrecht (2. Aufl.), 5. Abschnitt, Rdnr. 38, innere Gewässer, Archipelgewässer und Küstenmeer zusammen.

1262 Vgl. im einzelnen Art. 2 ff. SRÜ sowie hierzu *Graf Vitzthum*, in: Graf Vitzthum (Hrsg.), Völkerrecht (2. Aufl.), 5. Abschnitt, Rdnr. 43 ff. und *Verdross/Simma*, Universelles Völkerrecht, §§ 1069 ff.

Ein weiterer Bereich, der in den vergangenen Jahrzehnten erheblichen Veränderungen unterworfen war, ist das "aus der souveränen Staatsgewalt" abgeleitete[1263] Recht der Staatenimmunität[1264]. Bis zum Ende des 19. Jahrhunderts galt der Grundsatz der absoluten Immunität, wonach fremde Staaten grundsätzlich nicht der Rechtsprechung in anderen Staaten unterworfen waren.[1265] Später führte die restriktive Immunitätstheorie die Unterscheidung zwischen acta iure imperii und acta iure gestionis ein und beschränkte die Immunität auf erstere.[1266] Dieser Ansatz ermöglichte es u.a., Staatsunternehmen ebenso zu behandeln wie private Händler.[1267] In der jüngsten Vergangenheit werden zunehmend auch hoheitliche Handlungen von der Immunität ausgenommen. So gewähren beispielsweise die USA keine Immunität im Falle völkerrechtswidriger Enteignungen durch den beklagten Staat.[1268] Außerdem wird die Staatenimmunität bei Menschenrechtsverletzungen in Frage gestellt.[1269] Unabhängig davon, wie sich die Praxis zu diesem letzteren Komplex entwickeln wird, kann doch insgesamt hier ebenfalls eine Tendenz zur Ausdehnung der staatlichen Souveränität des Forum-Staates festgestellt werden, da der Bereich der Ausnahmen von der lokalen Rechtsprechungsgewalt abgenommen hat.[1270] Eine

---

1263 So z.B. *Schweitzer*, Staatsrecht III, Rdnr. 606; ähnlich *Dagtoglou*, Souveränität, EvStL (3. Aufl.), Sp. 3155 (3164), wonach die Immunität aus der völkerrechtlichen Gleichheit der Staaten folgt.

1264 Siehe hierzu z.B. *Steinberger*, State Immunity, EPIL Bd. IV, 615 ff.; *Hailbronner*, in: Graf Vitzthum (Hrsg.), Völkerrecht (2. Aufl.), 3. Abschnitt, Rdnr. 93 ff.; *Seidl-Hohenveldern*, Die Völkerrechtssubjekte, ÖHbVR Bd. 1 (3. Aufl.), Rdnr. 832 ff.; *Verdross/Simma*, Universelles Völkerrecht, §§ 575, 1168 ff.

1265 Vgl. auch zu den anerkannten Ausnahmen *Seidl-Hohenveldern*, Die Völkerrechtssubjekte, ÖHbVR Bd. 1 (3. Aufl.), Rdnr. 832 f.; *Verdross/Simma*, Universelles Völkerrecht, § 575.

1266 Vgl. *Hailbronner*, in: Graf Vitzthum (Hrsg.), Völkerrecht (2. Aufl.), 3. Abschnitt, Rdnr. 94; *Seidl-Hohenveldern*, Die Völkerrechtssubjekte, ÖHbVR Bd. 1 (3. Aufl.), Rdnr. 834 f.; ausführlich zur Entwicklung *Steinberger*, State Immunity, EPIL Bd. IV, 615 (617 ff.). Dieser ursprünglich kontinentaleuropäische Ansatz ist, nachdem er in den 1970er-Jahren auch in den wichtigsten Common-Law-Ländern eingeführt wurde, in der Praxis vieler Staaten anerkannt, stößt aber in den verbliebenen sozialistischen Ländern sowie Staaten der 3. Welt noch auf Widerstand (vgl. *Seidl-Hohenveldern*, Die Völkerrechtssubjekte, ÖHbVR Bd. 1 (3. Aufl.), Rdnr. 833, 835).

1267 Zur Behandlung von Staatsunternehmen *Verdross/Simma*, Universelles Völkerrecht, § 1176; *Steinberger*, State Immunity, EPIL Bd. IV, 615 (621 f.).

1268 *Seidl-Hohenveldern*, Die Völkerrechtssubjekte, ÖHbVR Bd. 1 (3. Aufl.), Rdnr. 839; *Steinberger*, State Immunity, EPIL Bd. IV, 615 (627).

1269 Besonders deutlich wird diese Abkehr von der hergebrachten Rechtslage in einem Urteil des Areopags vom 14.4.2000, mit dem ein Urteil des Landgerichts Livadia bestätigt wurde. Dieses hatte den Hinterbliebenen des SS-Massakers von Distomo vom 10.6.1944 Schadenersatzansprüche gegen die Bundesrepublik Deutschland zugesprochen. Das höchste griechische Gericht wies den Einwand Deutschlands, die Verurteilung widerspreche dem Grundsatz der Staatenimmunität mit der Begründung zurück, für barbarische Akte könne keine Immunität beansprucht werden. Vgl. FAZ vom 2.9.2000 (Nr. 204), 6.

1270 Allerdings hat der Europäische Gerichtshof für Menschenrechte in seinem Urteil vom 21.11.2001 im Fall *Al-Adsani* (auszugsweise abgedruckt in AVR 40 (2002), 365 ff.) darauf hingewiesen, daß sich der beklagte Staat in der Praxis der nationalen Gerichte in der überwiegenden Zahl der Fälle, in denen die Verletzung von Menschenrechtsnormen mit ius-cogens-Charakter behauptet wurde, erfolgreich auf das Prinzip der Staatenimmunität hat berufen können (Tz. 62 des Urteils). - Die angesprochene Entscheidung, die die Unterscheidung zwischen der Immunität von Staaten und derjenigen von Einzelpersonen betont (vgl.

ähnliche Entwicklung zeichnet sich hinsichtlich der Immunität der Repräsentanten von Staaten ab,[1271] wenngleich die jüngste Rechtsprechung des IGH insofern eine deutlich beharrende Tendenz aufweist.[1272]

c) Aufgaben und Methoden der Völkerrechtswissenschaft

Die Festlegung auf eine positivistische Völkerrechtskonzeption bedeutet für die Lehre (und mit gewissen Einschränkungen auch für die internationale Jurisdiktion[1273]), daß sie die Grenze zwischen positiver, induktiv festzustellender lex lata

---

dazu näher unten Fn. 2092), dürfte im übrigen ein Indiz dafür sein, daß die zum Teil sehr progressiven Äußerungen in der Literatur und auch in einigen Entscheidungen der UN-Tribunale zur Beschränkung von Immunität nicht auf rechtliche Konstellationen übertragbar sind, in denen Staaten - insbesondere solche, die nicht gerade in ihrer Mächtigkeit beschränkt sind - sich in ihren Interessen unmittelbar betroffen sehen.

1271 Vgl. hierzu, insbes. zum Urteil des House of Lords vom 24.3.1999 im Fall *Pinochet*, bereits oben Fn. 856 sowie *Thürer*, ZaöRV 60 (2000), 557 (568 ff.) und die kritische Würdigung bei *Dolzer*, NJW 2000, 1700 f., der zutreffend auf die Gefahren überschießender Deduktionen hinweist, die über die gesicherte rechtliche Entwicklung hinaus aus allgemeinen (menschenrechtlichen) Prinzipien angebliches Gewohnheitsrecht herleiten. Noch weiter geht die Anklageerhebung gegen den damaligen Präsidenten der Föderativen Republik Jugoslawien, *Milosevich*, vor dem UN-Tribunal für Ex-Jugoslawien, da damit zum ersten Mal ein Strafanspruch gegen einen amtierenden Staatschef geltend gemacht wurde (vgl. dazu *Seidel*, AVR 38 (2000), 23 (35 f.). - Zwar hatte es bereits zuvor Versuche gegeben, Staatsoberhäupter zu bestrafen (vgl. hierzu und auch zu zivilrechtlichen Verfahren, in denen sich in der Praxis durchaus Durchbrechungen der absoluten Immunität nachweisen lassen, Übersicht bei *Goring*, FS Rauschning, 457 (462 ff.)). Zu einer Verurteilung kam es aber nur gegen *Ferdinand Marcos*. Zu erwähnen ist in diesem Zusammenhang ferner der Fall *Noriega*, in dem das Problem eines möglichen Immunitätsanspruchs jedoch über das Rechtsinstitut der (fehlenden) Anerkennung gelöst wurde, vgl. dazu *Hailbronner*, in: Graf Vitzthum (Hrsg.), Völkerrecht (2. Aufl.), 3. Abschnitt, Rdnr. 48 m.w.N.

1272 Der IGH hat - trotz der progressiven Stimmung, die nach dem *Pinochet*-Urteil herrschte - in seinem Urteil vom 14.2.2002 im *Case concerning the Arrest Warrant of 11. April 2000 (Democratic Republic of Congo v. Belgium)*, abgedruckt in 41 ILM 2002, 536 ff., das den zur Zeit des Erlasses der angegriffenen Entscheidung amtierenden kongolesischen Außenminister *Yerodia* betraf, dem die belgische Justiz Verbrechen gegen die Menschlichkeit vorgeworfen hatte, die Bedeutung der Immunität hoher Staatenvertreter vor Strafverfolgung unter Hinweis auf die Erfordernisse einer effektiven Amtsführung stark betont (vgl. insbes. Tz. 55 des Urteils). Der IGH ist dabei der von Belgien u.a. unter Berufung auf den *Pinochet*-Fall vorgetragenen Argumentation, die Immunität sei im Falle von Verstößen gegen zwingendes Völkerrecht beschränkt, mit der Begründung entgegengetreten, daß entsprechendes Völkergewohnheitsrecht fehle (Tz. 56 ff. des Urteils), wobei die Erörterung insbes. der Staatenpraxis sehr knapp ausfiel. Vgl. zu dieser Entscheidung *Weiß*, JZ 2002, 696 ff.

1273 Zwar läßt sich streiten, ob der IGH sich - insbes. in den von ihm erstatteten Gutachten - an diese Beschränkung stets gehalten hat; im isländischen *Fisheries Jurisdiction Case* stellte er jedoch zutreffend fest: "In the circumstances, the Court, as a court of law, cannot render judgement sub specie legis ferendae, or anticipate the law before the legislator has laid it down" (Urteil vom 25.7.1974, ICJ Reports 1974, 3 (192)). Die einleitende Bezugnahme auf die Umstände zeigt an, daß die Grenze zur Rechtsetzung fließend werden kann. Dies liegt daran, daß ein internationales Gericht um seiner - ihm von den es einsetzenden Staaten zugewiesenen - Funktion gerecht zu werden, die jeweilige Sache entscheiden muß. Deshalb ist wohl überwiegend anerkannt, daß ein gewisses Maß an Rechtsfortbildung durchaus zu den Aufgaben (auch eines internationalen) Gerichts gehört (vgl. zum EuGH BVerfGE 75, 223 (241 ff.)). Auf die Schwierigkeiten der Grenzziehung im Einzelfall kann hier nicht eingegangen werden. Hingewiesen sei nur auf die politische Beschränkung, die sich daraus ergibt, daß besonders "mutige" und überraschende Entscheidungen zur Folge haben, daß die Bereitschaft der

und der lex ferenda stets zu beachten hat;[1274] "law making in disguise" ist unzulässig und dient weder dem Ansehen der Lehre noch den verfolgten Anliegen.[1275] Zwar ist es Aufgabe der Wissenschaft, desiderata zu äußern, um so zur Rechtsentwicklung beizutragen. Zu unterbleiben haben aber vom positiven Recht losgelöste Konstruktionen, die eine nicht mehr in der realen Welt verankerte normative Scheinwelt erzeugen.[1276] Im Bereich der Analyse des Rechts ist die (Völker-)Rechtswissenschaft danach auf die induktive Feststellung dessen, was die Völkerrechtssubjekte als Recht gesetzt haben, beschränkt. Sie hat zu akzeptieren, daß weder die Wünschbarkeit[1277] noch die Notwendigkeit[1278] einer bestimmten Regelung eine entsprechende Rechtsnorm erzeugen.

Durch diese Aufgabenbeschreibung wird die Rechtswissenschaft nicht zu "soziologischer Verhaltensforschung"[1279] degradiert oder auf eine "apology for politics"[1280] reduziert. Der hier befürwortete Ansatz schließt eine Wertorientierung nicht nur des Rechts, sondern auch der Rechtswissenschaft nicht aus. Diese wird nicht ihres Charakters als normative Wissenschaft beraubt, deren Aufgabe es unter anderem ist, ethische Werte zu wahren[1281]. Allerdings wird der Bereich dieser "Normativität" abgesteckt und beschränkt.

Rechtswissenschaft umfaßt nicht nur die Feststellung, Aufbereitung und Darstellung des geltenden (nach dem hier gewählten Ansatz: positiven) Rechts, sondern auch den Bereich der *guidance*.[1282]

In dem ersten Bereich, das heißt soweit es um die Analyse und Synopse des geltenden Rechts geht, beschränkt sich die Aufgabe der Rechtswissenschaft in der Beschreibung der im Rahmen der anerkannten Rechtserzeugungsmechanismen von den danach zuständigen Völkerrechtssubjekten erzeugten Normen. Sie beschäftigt sich somit zwar mit Normen, ist aber insoweit - entgegen einer häufigen Darstellung - keine normative Wissenschaft.[1283]

Staaten, sich der Rechtsprechung dieser Gerichte zu unterwerfen, (weiter) geschwächt wird (vgl. *Schwarzenberger*, RdC 87 (1955 I), 195 (202)).

1274 Vgl. *Schwarzenberger*, CLP 9 (1956), 235 (259 f.); *Oppenheim*, AJIL 2 (1908), 313 (335).

1275 Vgl. *Schwarzenberger*, CLP 9 (1956), 235 (244).

1276 Zur Gefahr der Konstruktion einer solchen normativen Scheinwelt vgl. *Verdross/Simma*, Universelles Völkerrecht, § 22.

1277 Vgl. IGH, Urteil vom 18.7.1966 in den *South West Africa Cases*, ICJ Reports 1966, 6 (48).

1278 Deutlich *Gros*, Diss. Op. zu *Namibia (S.W. Africa)*, ICJ Reports 1971, 311 (339): "[C]'est en effet qu'on sort du droit lorsqu'on invoque la nécessité."

1279 *Seidl-Hohenveldern/Stein*, Völkerrecht, Rdnr. 172.

1280 Vgl. *Koskenniemi*, From Apology to Utopia, 2 - freilich liegt der hier befürwortete Ansatz, wenn man das Raster aufnehmen möchte, näher bei dem ersten der beiden von *Koskenniemi* erörterten Pole.

1281 Vgl. zu dieser Aufgabe *Seidl-Hohenveldern/Stein*, Völkerrecht, Rdnr. 172.

1282 *Schwarzenberger*, Inductive Approach, 46.

1283 Vgl. *Dominicé*, Methodology of International Law, EPIL Bd. III, 354 (355), jedoch zu allgemein auf die Rechtswissenschaft insgesamt bezogen.

Anders liegt es im Bereich der *guidance*. Hierbei geht es um die kritische Bewertung des geltenden Rechts und die Entwicklung von Vorschlägen de lege ferenda.[1284] In diesem Gebiet ist eine Wertorientierung erwünscht und erforderlich. Im Rahmen des soziologischen Prozesses der Weiterentwicklung des Rechts hat die Rechtswissenschaft eine wichtige Funktion, die auch durch Art. 38 Abs. 1 lit. d. des Statuts des IGH bestätigt wird.[1285] In diesem Aufgabenfeld spielen metajuristische Normen eine wichtige Rolle; sie dienen als Maßstab zur Bewertung des aktuell gültigen Völkerrechts und geben Ziele für seine Reform vor.[1286] Dabei ist es angemessen und auch wünschenswert, aus ethischen, religiösen oder sonstigen Leitprinzipien wünschbare Rechtssätze *de lege ferenda* zu deduzieren. Solche Deduktionen sind sogar erforderlich, um Detaillösungen zu bewerten und konkrete Vorschläge zur Lösung offener Fragen zu machen. Die in der noch immer pluralistischen und heterogenen Völkerrechtsgemeinschaft vielfach sehr unterschiedliche Vorstellungen darüber, was als "richtig" oder "gerecht" anzusehen ist, können dann in Wissenschaft und Politik diskutiert werden, um eventuell in Recht gegossen zu werden. Die Debatte um Verbesserungen des Rechts aus dem Vorhof des Rechts in sein Zentrum zu tragen, brächte wie erörtert keinen Gewinn; es birgt sogar zusätzliche Gefahren.

1284 Vgl. zu diesen Aufgaben *Schwarzenberger*, Inductive Approach, 65 ff.; *Verdross/Simma*, Universelles Völkerrecht, § 9; *Oppenheim*, AJIL 2 (1908), 313 (318 f.).

1285 Vgl. *Verdross/Simma*, Universelles Völkerrecht, § 13.

1286 Vgl. *Schwarzenberger*, International Law I, 5.

D. DOGMATISCHE AUSPRÄGUNGEN DES SOUVERÄNITÄTSBEGRIFFS

Ausgehend von den im vorangegangenen Abschnitt getroffenen konzeptionellen Grundlegungen soll in diesem Kapitel die bisher nur grob umschriebene Vorstellung vom völkerrechtlichen Souveränitätsprinzip präzisiert werden.

Das Verständnis der Souveränität wird wesentlich durch die Komplexität des Begriffs erschwert.[1287] Der Souveränitätsbegriff wird nicht nur im Bereich des Völkerrechts verwendet, sondern darüber hinaus im ganzen öffentlichen Recht sowie auch in anderen Wissenschaften, unter anderem in der Theologie[1288]. Dabei entsprechen den unterschiedlichen Einsatzfeldern des Begriffs verschiedene Bedeutungsinhalte.

Auch soweit es um die Beschreibung der Stellung der Staaten im Völkerrecht geht, wird der Souveränitätsbegriff mit verschiedenen Bedeutungsebenen eingesetzt. Im folgenden sollen diese für das Völkerrecht relevanten Inhalte des Souveränitätsbegriffs näher erläutert werden. Zur Analyse des Souveränitätsbegriffs wird dabei die sogenannte phänomenologische Methode eingesetzt, die zunächst unter I. kurz dargestellt wird. Anschließend wird unter II. auf einzelne für das Völkerrecht wesentliche Aspekte des Souveränitätsbegriffs eingegangen.

I. Phänomenologischer Ansatz

Wie bereits erwähnt, wird das Konzept der Souveränität auch innerhalb der Rechtswissenschaft in verschiedenen Zusammenhängen und mit unterschiedlichen Bedeutungsinhalten verwendet. So unterscheidet *Dicke* allein im hier interessierenden politisch-juristischen Bereich 15 Bedeutungsinhalte.[1289] Um den zur jeweiligen Problemstellung passenden Begriffsaspekt zu ermitteln, bedarf es deshalb einer Methode, die einerseits die verschiedenen Bedeutungsgehalte differenziert, andererseits aber sicherstellt, daß möglicherweise zwischen einzelnen Bedeutungsaspekten bestehende Zusammenhänge nicht durch eine isolierende Betrachtung verdeckt bleiben, sondern systematisch erfaßt werden können.

Als diesen Anforderungen gerecht werdende Methode zur Untersuchung des Souveränitätsbegriffs hat sich der von *Schwarzenberger*[1290] vorgeschlagene phänomenologische Ansatz, der in multipler Betrachtungsweise die einzelnen Aspekte des als einheitlich verstandenen Untersuchungsgegenstandes betrachtet,

---

1287 Hinzu kommt, daß das Begriffsverständnis vielfach durch bestimmte Bedeutungen und Inhalte vorgeprägt wird, die dem Souveränitätsbegriff im Laufe der Geschichte dieses Konzepts zugeschrieben worden sind. Ein Beispiel hierfür ist die Annahme, daß Souveränität notwendig ein "absoluter" Begriff sei, worauf unter II 1. einzugehen sein wird.

1288 Vgl. hierzu *Schwarzenberger*, CLP 10 (1957), 264 (268 f.).

1289 *Dicke*, Intervention, 56 ff.

1290 *Schwarzenberger*, CLP 10 (1957), 264 (267 f.).

bewährt und durchgesetzt[1291]. Er ermöglicht es einerseits, Aussagen nach betroffenen Aspekten zu sortieren, nicht Zusammengehöriges auseinanderzuhalten, und dadurch "Schattengefechte" zu vermeiden[1292]. Andererseits ermöglicht der phänomenologische Ansatz eine systematische Untersuchung des Verhältnisses der "entworrenen" Teilaspekte zueinander, das heißt der Frage, ob und wie diese miteinander korrelieren.

II. Die einzelnen Aspekte der Souveränität

Im folgenden sollen dem phänomenologischen Ansatz folgend einige der in der (westlichen[1293]) Literatur unterschiedenen Erscheinungsformen der Souveränität erörtert werden. Nicht alle Differenzierungen erscheinen für den vorliegenden Untersuchungsgegenstand sinnvoll beziehungsweise wesentlich[1294]. Um die Bedeutung des Begriffs der Souveränität für die Stellung der Staaten im Völkerrecht zu präzisieren, ist eine nähere Betrachtung von acht Bedeutungsebenen erforderlich, die anhand der Begriffspaare absolute und relative Souveränität, positive und negative Souveränität, innere und äußere Souveränität, sowie schließlich politische und rechtliche Souveränität erläutert werden können.

1. Absolute und relative Souveränität

Ein wesentliches Element der Kritik an Begriff und Konzept der Souveränität war stets der damit verbundene Absolutheitsanspruch, wie er insbesondere in der kontinentaleuropäischen Literatur der zweiten Hälfte des 19. Jahrhunderts artikuliert worden war.[1295] Konsequenterweise zielten die meisten Ansätze zu einer Reform des Völkerrechts, wenn nicht auf die Abschaffung der Souveränität, so doch jedenfalls auf deren Relativierung.[1296] Es ist daher zu klären, ob die Souveränität im heutigen Völkerrecht ein absolutes Konzept ist. Mit dieser Fragestellung wird das Schwergewicht auf die Frage gelegt, ob die äußere (sich auf das Verhältnis eines Staates zu den anderen beziehende) rechtliche (den völkerrechtlichen Status eines Staates bezeichnende) Souveränität absoluter oder relativer Natur ist.

1291 Der *Schwarzenberger*'schen Vorgehensweise folgen u.a. *Dicke*, Intervention, 68 ff., und *von Simson*, Souveränität, 28.

1292 Vgl. *von Simson*, Souveränität, 28.

1293 Vgl. Übersicht zu den in der westlichen Literatur diskutierten Aspekten der Souveränität bei *Ritterband*, Menschenrechtsschutz, 236 ff. Grundsätzliche Gegenentwürfe zur westlichen Herangehensweise bestehen nicht, da die kommunistische Souveränitätsdoktrin (dazu *Ritterband*, Menschenrechtsschutz, 247 ff.) mittlerweile überholt ist, und die Staaten der Dritten Welt keine eigene Souveränitätsdoktrin entwickelt haben (*Ritterband*, a.a.O., 264).

1294 Nach dem phänomenologischen Verständnis betreffen zwar alle Manifestationen des Souveränitätsbegriffs das gleiche Phänomen, dies bedeutet jedoch nicht, daß sie alle für die Fragestellungen des Völkerrechts relevant sind, vgl. *Schwarzenberger*, CLP 10 (1957), 264 (268).

1295 Siehe dazu oben B.VIII.2.c), S. 58.

1296 So behauptete bspw. *Alvarez*, durch das "droit international nouveau" sei die Absolutheit der staatlichen Souveränität und der daraus fließenden Rechte, wie sie im klassischen Völkerrecht geherrscht habe, überwunden worden, vgl. oben B.X.2.b)aa), S. 88.

Die Differenzierung zwischen absoluter und relativer Souveränität bezieht sich auf die Reichweite ihrer Geltung. In diesem Zusammenhang bedeutet absolute Souveränität, daß die Souveränität völlig unbeschränkt[1297] ist; Souveränität in diesem Sinne ist die "*indépendance de qui que ce soit, excepté le bon Dieu et l'épée*" (*Adolph Hartmann*)[1298]. Demgegenüber beinhaltet ein relativer Souveränitätsbegriff gewisse Beschränkungen, die sich namentlich aus der Souveränität anderer Staaten ergeben.[1299]

Mit der Existenz der anderen Staaten ist der entscheidende Grund dafür angesprochen, daß die hier vorrangig interessierende äußere[1300], rechtliche[1301] Souveränität nur eine relative sein kann. Absolute rechtliche äußere Souveränität im Sinne völliger rechtlicher Ungebundenheit kann es in einem System souveräner Gleichheit[1302] denklogisch gar nicht geben[1303] und ist auch in der Praxis (bisher) jedenfalls auf Dauer nicht erreichbar gewesen[1304]. Denn die absolute Souveränität einer Einheit schließt die Koexistenz gleichrangiger Einheiten aus, sie ist nur im Falle der Unterordnung aller anderen Einheiten, das heißt in einem Weltstaat, möglich[1305].

1297 Im Rahmen eines absoluten Souveränitätsverständnisses kommen als "Beschränkung" allenfalls selbstgesetzte und autonom wieder zu beseitigende Schranken in Betracht, vgl. *Dahm*, Völkerrecht I, 152.

1298 *Hartmann*, Institutionen (1874), 23.

1299 Vgl. *Dicke*, Intervention, 60.

1300 Demgegenüber ist im inneren Bereich eines Staates eine absolute Souveränität durchaus denkbar. Beispielsweise ist die *Queen in Parliament* nach englischem Recht Trägerin absoluter (positiver) Souveränität, vgl. *Schwarzenberger*, CLP 10 (1957), 264 (281).

1301 Die nachfolgenden Überlegungen gelten nicht nur für die rechtlichen Beziehungen zwischen den Staaten, sondern entsprechend auch für ihr tatsächliches Machtverhältnis untereinander. Zwar ist theoretisch durchaus denkbar, daß ein Staat durch den Einsatz von Machtmitteln eine Stellung erlangt, die es ihm erlaubt, allen anderen Staaten seinen Willen aufzuzwingen (vgl. *Dicke*, Intervention, 107). Dies würde freilich das Ende der faktischen Geltung des Völkerrechts bedeuten. In der Vergangenheit hat sich jedoch stets ein Mächtegleichgewicht eingestellt, das selbst Staaten, die bereit waren, sich über rechtliche Grenzen hinwegzusetzen, tatsächliche Schranken aufgestellt hat (vgl. *van Kleffens*, RdC 82 (1953 I), 5 (44 f.), der das Sich-Einstellen eines Gleichgewichtszustandes sogar für naturgesetzlich vorgegeben hält).

1302 Die gegenseitige Anerkennung der Souveränität als eines allen Staaten gleichermaßen zukommenden Status' war die Grundlage für die Entstehung der Völkerrechtsordnung (vgl. *Dupuis*, Grandes Puissances, 22 f., sowie oben C.IV.3.a)aa), S. 144). Die souveräne Gleichheit ist heute in Art. 2 Ziff. 1 SVN festgeschrieben. Einer naturrechtlichen Herleitung der souveränen Gleichheit der Staaten bedarf es danach nicht, um die Relativität der äußeren rechtlichen Souveränität zu begründen.

1303 Vgl. z.B. *Dahm*, Völkerrecht I, 152 f.; *Schwarzenberger*, CLP 10 (1957), 264 (269 f.); *Dicke*, Intervention, 107 ff.; *Adatci, Kellogg, Baron Rolin-Jaequemyns, Hurst, Schücking, van Eysinga* und *Wang*, Diss. Op. zu *Austro-German Customs Régime*, PCIJ Ser. A/B No. 41, 41 (44).

1304 Vgl. dazu, daß in der jüngeren europäischen Geschichte eine absolute tatsächliche ("politische") Souveränität in den internationalen Beziehungen nicht durchsetzbar war Fn. 1301 sowie *Schwarzenberger*, RdC 87 (1955 I), 195 (215).

1305 *Schwarzenberger*, CLP 10 (1957), 264 (269 f.). Der von *Dahm*, Völkerrecht I, 152, als Konsequenz eines absoluten Souveränitätsbegriffs beschriebene Zustand der internationalen Anarchie stellt nur das Durchgangsstadium zur letzten Konsequenz des durch Eroberung oder Einverständnis geschaffenen Weltstaats dar. Vor der Entstehung der heutigen Völkerrechtsordnung sowie außerhalb Europas gab es durchaus Beispiele für die erfolgreiche Etablierung derartiger "Weltstaaten", wobei deren Universalität freilich durch die Unkenntnis und/oder

Bei dieser Betrachtungsweise erscheinen also Souveränität und Gleichheit als zwei Formulierungen eines Gedankens; Souveränität und Gleichheit bedingen sich gegenseitig.[1306] Eine absolute Souveränität hat es also im Völkerrecht nie gegeben.[1307] Dies gilt insbesondere auch für das klassische Völkerrecht. Zwar hat es immer wieder Rechtsbehauptungen gegeben, die auf einem absoluten Verständnis der äußeren rechtlichen Souveränität beruhten. Sie konnten sich aber auch zur Hochzeit des absoluten Souveränitätsdenkens in der zweiten Hälfte des 19. Jahrhunderts nicht durchsetzen.[1308] Völkerrechtliche Souveränität ist danach immer eine relative, wobei die Fragen nach dem Grad sowie der konstruktiven Erfassung der Relativierung an dieser Stelle offengelassen werden können.

Die Feststellung, daß es sich bei der völkerrechtlichen Souveränität um ein relatives Konzept handelt, entspricht nicht nur den Implikationen, die sich aus der Säkularisation der theologischen Souveränitätstheorie ergeben,[1309] sondern auch der klassischen Prägung dieses juristischen Begriffs durch *Bodin*, der von einer Gebundenheit der Staaten beziehungsweise ihrer Herrscher an das Völkerrecht ausging.[1310] *Bodin* kann daher trotz seiner "absoluten" Definition nicht als Vater einer Doktrin der absoluten äußeren Souveränität herangezogen werden.[1311] Sein Werk war im Gegenteil gerade eine bewußte Gegenreaktion auf radikal-individualistische Tendenzen in Theorie und Praxis der Renaissance; er stand insbesondere in Gegnerschaft zu *Machiavelli,* dessen politische Theorie er als Rechtfertigung der skrupel-

---

Ignorierung anderer Mächte bedingt war. Als Beispiel kann jedenfalls nach der herkömmlichen Sichtweise das Römische Reich nach 168 v. Chr. genannt werden, das keine gleichrangigen Staaten mehr (aner-)kannte (vgl. *Kimminich*, Souveränität, 11 f. sowie oben B.III.2., S. 11).

1306 Vgl. *Dahm*, Völkerrecht I, 164; *Schwarzenberger*, RdC 87 (1955 I), 195 (218).

1307 Die gegenteilige Behauptung findet sich typischerweise bei Vertretern von Ansätzen, die die im Souveränitätsprinzip zusammengefaßten Besitzstände der Staaten unabhängig vom positiven Völkerrecht beschränken wollen. Die Überzeichnung der alten, durch den eigenen Entwurf abzulösenden Ordnung als eine, in der die Souveränität bzw. die Souveränitätsrechte absolut waren, dient hier zur Desavouierung des zu überwindenden geltenden Rechts. Als "Reformer", die vom Bestehen einer absoluten Souveränität im "alten" Recht ausgingen, sind z.B. zu nennen *Alvarez* (s.o. B.X.2.b)aa), S. 88) und *Politis* (s.o. B.IX.2.b)cc), S. 66).

1308 So vertraten die USA im Rio-Grande-Konflikt mit Mexiko die sog. *Harmon*-Doktrin, wonach der Grundsatz der Souveränität eines Staates diesem das Recht verleihe, sein Staatsgebiet nach Belieben, ohne Rücksicht auf andere, zu nutzen. Die Erkenntnis, daß ein solcher Anspruch notwendig mit dem konkurrierenden Anspruch eines anderen Staates kollidieren würde, und daß die aufeinanderstoßenden Absolutheitsansprüche einander reduzieren und somit zwangsläufig relativieren, führte dazu, daß auch die USA die *Harmon*-Doktrin bald aufgaben. Vgl. hierzu *Graf Vitzthum*, in: Graf Vitzthum (Hrsg.), Völkerrecht (2. Aufl.), 5. Abschnitt, Rdnr. 103 ff.; *Ipsen*, Völkerrecht, § 58, Rdnr. 5 ff.

1309 Sollte der Allmachts-Anspruch Gottes, d.h. seine absolute (positive) Souveränität nicht mißachtet werden, so mußte zumindest formal durch die Formel vom Gottesgnadentum die Beschränktheit der Stellung weltlicher Autoritäten anerkannt werden, vgl. *Schwarzenberger*, CLP 10 (1957), 264 (268 f. und 275).

1310 Vgl. zur Theorie *Bodins* oben B.VI.2.d), S. 31.

1311 *van Kleffens*, RdC 82 (1953 I), 5 (54 f.); *Garner*, APSR 19 (1925), 1 (4 f.). V.a. in der früheren Literatur wurde er vielfach als Begründer der Lehre völliger Unbeschränktheit des Staates dargestellt, vgl. *Preiser*, Völkerrechtsgeschichte I, WVR III, 680 (696); weitere Nachweise bei *Heller*, Souveränität, 13/Fn. 2.

losen Machtpolitik insbesondere der norditalienischen Stadt-Tyrannen[1312] auffaßte.[1313]

Bodin befindet sich mit seinem relativen Souveränitätsverständnis in prinzipieller Übereinstimmung unter anderen mit *Thomas von Aquin, Vitoria, Suárez* (er umschrieb bereits das gleichzeitige Zuhöchstsein mehrerer Gewalten)[1314], *Gentili, Grotius* und *Vattel*; diese gingen ebenfalls davon aus, daß auch diejenigen Gemeinwesen, die auf Erden keine höhere Instanz beziehungsweise Macht ("potestas") anerkennen, dem "Völkerrecht"[1315] – verstanden (mindestens) im Sinne des zwischenstaatlichen positiven Rechts - unterworfen waren.[1316] Vor diesem geistesgeschichtlichen Hintergrund erscheinen übrigens auch die von *Kelsen* und anderen Autoren gegen eine relativ verstandene Souveränität vorgebrachten begriffslogischen Einwendungen wenig überzeugend.[1317]

Freilich hat es nicht nur in der Praxis, sondern auch in der Theorie schon seit der frühen Neuzeit Ansätze gegeben, die - mehr oder weniger extrem - von einem absoluten Souveränitätsbegriff ausgingen. Neben dem schon angesprochenen *Machiavelli* sind hier zunächst *Hobbes* und *Spinoza* zu erwähnen, die wegen ihrer das Völkerrecht leugnenden Theorien[1318] zurecht als Urheber der Idee einer absoluten Souveränität bezeichnet wurden.[1319] Später sind im 19. Jahrhundert im Anschluß namentlich an *Hegel* verbreitet Theorien entstanden, die auf eine völlige rechtliche Ungebundenheit des Staates nach außen hinauslaufen.[1320] Auch im 20.

1312 Vgl. zu der damaligen "orgy of power" und den Tendenzen, Europa dem Recht des Stärkeren zu überlassen, *van Kleffens*, RdC 82 (1953 I), 5 (40 ff.).

1313 *Machiavelli* war *Bodin* "tief zuwider" (*Preiser*, Völkerrechtsgeschichte I, WVR III, 680 (696); vgl. zu dieser Gegnerschaft auch *Wehberg*, FS Verdross (1960), 307 (308); *Ziegler*, Völkerrechtsgeschichte, § 31 III 2).

1314 "Eine Gewalt heißt dann höchste, souveräne, wenn sie keine höhere anerkennen muß; denn das Wort 'höchste' bezeichnet die Negation eines Höheren, ..." (*Suárez*, Defensio fidei, lib. 3, c. 5 n. 1).

1315 Zur Diskussion, von welchem Zeitpunkt an von Völkerrecht im heutigen Sinne gesprochen werden kann etwa *Kunz*, Völkerrecht, allgemein, WVR III, 611 (611).

1316 Vgl. hier nur *Verdross/Simma*, Universelles Völkerrecht, §§ 32 f.

1317 Nach *Kelsen*, Souveränität, WVR III, 278 (281), beinhaltet der Begriff der relativen Souveränität eine contradictio in adjecto. Dem wird entgegenhalten, daß das mittellateinische "superanus" kein absoluter, sondern ein komparativistischer Begriff ist (*Dicke*, Intervention, 54 ff.; *Ritterband*, Menschenrechtsschutz, 222 f.; zur Etymologie auch *van Kleffens*, RdC 82 (1953 I), 5 (8 ff.)). Für die Definition des Rechtsbegriffs der Souveränität sind diese Überlegungen irrelevant. Selbst wenn man die sprachlogische Richtigkeit des Vorbringens *Kelsens* unterstellt, ist der rechtliche Gehalt des Begriffs unabhängig von seiner ursprünglichen Bedeutung zu bestimmen.

1318 S. oben B.VII.2.a), S. 38.

1319 *Steinberger*, Sovereignty, EPIL Bd. IV, 500 (506).

1320 Vgl. zu den absoluten Souveränitätslehren dieser Zeit oben B.VIII.2.c), S. 58, sowie *Ritterband*, Menschenrechtsschutz, 227 f.

Jahrhundert sind dahingehende Theorien vertreten worden,[1321] in erster Linie von den Anhängern der diese Epoche prägenden totalitären Ideologien[1322].

Es ist jedoch festzuhalten, daß die absoluten Souveränitätstheorien zu keinem Zeitpunkt herrschend waren. Dies gilt auch, bei aller Betonung der nationalen Souveränität im ausgehenden 19. Jahrhundert,[1323] für die Blütezeit des Rechtspositivismus. Die Praxis ist stets von der Existenz einer verbindlichen internationalen Rechtsordnung ausgegangen.[1324] Die Behauptung, auf Grund der Souveränität zur Nichtbeachtung des Völkerrechts berechtigt zu sein, war eine seltene Ausnahme.[1325] Die Auffassung der Staaten, durch das Völkerrecht eingeschränkt zu sein, kam unter anderem darin zum Ausdruck, daß auch während des 19. Jahrhunderts die Regeln über die Staatenverantwortlichkeit anerkannt waren.[1326] Auch in der Zeit vor dem Ersten Weltkrieg gab es ein echtes - eben das klassische - Völkerrecht, dessen Rechtscharakter auch das unbeschränkte ius ad bellum nicht entgegenstand.[1327] Ebenso wie in der Praxis waren im übrigen auch in der Literatur - auch in der positivistischen - die absoluten Souveränitätstheorien nicht herrschend.[1328]

1321 Bspw. von *Heller*, Souveränität, 161. S. zu ihm *Hobe,* Der offene Verfassungsstaat, 79 ff.

1322 Vgl. zu den übersteigerten Souveränitätskonzeptionen von italienischem Faschismus, Stalinismus und Nationalsozialismus oben C.I.4.b)cc), S. 120.

1323 Im Bezug auf die gesamte Völkerrechtsgeschichte hat die Epoche vor dem Ersten Weltkrieg mit ihrer starken Betonung der Souveränität ohnehin Ausnahmecharakter, vgl. *Scheuner*, JIR 12 (1965), 11 (12 ff.).

1324 Vgl. *Hillgruber*, JZ 2002, 1072 (1075); *Steinberger*, Sovereignty, EPIL Bd. IV, 500 (508). - Von der Frage der Geltung des Völkerrechts *für* die Staaten strikt zu unterscheiden ist die nach der Geltung *in* den Staaten, die in Kontinentaleuropa auch nach dem Ersten Weltkrieg überwiegend verneint wurde. Insofern stellt es ein grobes Mißverständnis dar, wenn vertreten wurde, das Deutsche Reich habe erst mit Einführung des Art. 4 WRV das Völkerrecht beachten wollen. Vgl. *Streinz*, in: Sachs (Hrsg.), Grundgesetz, Art. 25, Rdnr. 1 f.

1325 *Steinberger*, Sovereignty, EPIL Bd. IV, 500 (510).

1326 Vgl. *van Kleffens*, RdC 82 (1953 I), 5 (73).

1327 Bisweilen wird der Rechtscharakter des Völkerrechts des 19. Jahrhunderts unter Hinweis auf das damals bestehende sog. freie Kriegsführungsrecht in Frage gestellt. Mit der den Staaten eingeräumten Möglichkeit, sich durch den Griff zu den Waffen jederzeit legal von ihren Pflichten zu lösen, sei im Grunde "die rechtliche Möglichkeit, daß ein Staat nach außen durch Rechtsnormen gebunden werden könne," geleugnet, und den Staaten eine rechtlich unbeschränkte Souveränität eingeräumt worden (vgl. dahingehend *Doehring*, FG Forsthoff, 105 (112)). In der Tat lassen sich Vorschriften über ein Kriegsverbot in dieser Phase nicht nachweisen (s.o. B.VIII.1, S. 52). Das bedeutet aber keineswegs, daß der Kriegsausbruch die Beendigung sämtlicher Rechtsbeziehungen zwischen den Kriegführenden zur Folge gehabt hätte. Zwar hatten bis in die Neuzeit hinein einige Naturrechtler *Hobbes*'scher Prägung dem ursprünglich römisch-rechtlichen Grundsatz inter arma silent leges entsprechende Ansichten vertreten. Bereits *Grotius* hatte jedoch festgestellt, daß diese nicht der Staatenpraxis entsprachen, sondern daß das Völkerrecht auch den Kriegszustand regele (vgl. *Delbrück*, War, Effect on Treaties, EPIL Bd. IV, 1367 (1368)). Dementsprechend ging man auch im 19. Jahrhundert davon aus, daß im Falle eines Krieges die friedensvölkerrechtlichen Vorschriften keine Anwendung finden und durch die Vorschriften des Kriegsrechts ersetzt würden (vgl. *Mosler*, Kriegsbeginn, WVR II, 326 (327)). Vgl. zu Einzelheiten der Auswirkungen des Kriegsausbruchs auf die rechtlichen Beziehungen zwischen den Kriegsparteien unten E.I.4, S. 222.

1328 Vgl. *Ziegler*, Völkerrechtsgeschichte, § 40 III 2. - Ebenso wie die Frühpositivisten gingen auch die auf der Linie *Jellineks* liegenden Vertreter von Selbstbindungstheorien von der Existenz einer Rechtsordnung aus, die dem Verhalten der Staaten Schranken setzte. Insofern ist es verfehlt, Positivismus und absolutes Souveränitätsverständnis einerseits sowie Naturrechtslehre

Heute werden absolute Souveränitätstheorien nicht mehr vertreten.[1329] Es hat sich allgemein die Erkenntnis durchgesetzt, daß sie das Völkerrecht ad absurdum führen. Die Auffassung, ein Staat sei nur dann souverän, wenn er selbst und einseitig bestimmen kann, ob und wie lange er sich an eine Völkerrechtsregel halten will, schließt ein Völkerrecht im Sinne einer zwischenstaatlich verbindlichen Ordnung aus.[1330] Auch kann nicht mehr von einer *Rechts*ordnung gesprochen werden, denn die absolute Souveränitätstheorie läuft, was ihre Anhänger bisweilen in erschreckender Deutlichkeit erkannt und formuliert haben,[1331] auf eine Gleichsetzung von Recht und Macht[1332] hinaus.[1333] Nach heutigem Verständnis ist dagegen anerkannt, das der Status der Souveränität eine Bindung an das Völkerrecht nicht ausschließt. Die Souveränität der Staaten bedeutet danach, daß sie keiner anderen Ordnung unterliegen als dem vom zwischenstaatlichen Konsens getragenen Völkerrecht. Dieses ist eine für die Staaten verbindliche Rechtsordnung und steht daher in dem Sinne über ihnen, als es ihrer Machtentfaltung rechtliche Schranken setzt.[1334] Staatliche Souveränität bedeutet demnach "Befehlsunabhängigkeit", nicht "Ordnungsunabhängigkeit"[1335].

und relatives Souveränitätsverständnis andererseits als gekoppelt anzusehen. Zwar hat der Rechtspositivismus des 19. Jahrhunderts mit der völligen Beseitigung der traditionellen Naturrechtsidee eine Voraussetzung für absolute Souveränitätstheorien geschaffen. Dieser Schritt ist jedoch nicht zwingend, da sich eine positivistische Konzeption von verbindlichem Völkerrecht ebensogut (genauer: ebensoschlecht) "beweisen" läßt, wie eine naturrechtliche (vgl. dazu, daß letztlich beide Konzeptionen auf unbeweisbaren Axiomen beruhen, oben C.IV.2., S. 140). Auf der anderen Seite haben sich gerade absolute Souveränitätstheorien auf "natürliche Rechte" oder angebliche Naturgesetzlichkeiten berufen (vgl. insbes. zum Bsp. *Lassons* oben C.I.4.b)cc), S. 119).

1329 *Seidl-Hohenveldern/Stein*, Völkerrecht, Rdnr. 6.

1330 *Dahm,* Völkerrecht I, 152; *Verdross/Simma*, Universelles Völkerrecht, § 20; *Doehring*, FG Forsthoff, 105 (112); *van Kleffens*, RdC 82 (1953 I), 5 (72).

1331 So führte etwa *Lasson*, Princip und Zukunft des Völkerrechts, 35, aus: "[Es] sind alle Verhältnisse der Staaten auf die Spitze des Schwertes gestellt; nur die Macht entscheidet, nur der Starke kann bestehen, und der Schwache ist schon um seiner bloßen Schwäche willen zum Untergang bestimmt." Ähnliche Ansichten vertraten *Pierre-Josef Proudhon* (vgl. zu ihm *Grewe*, Epochen, 626) und *Erich Kaufmann* (vgl. *Doehring*, FG Forsthoff, 105 (114)), die im gewonnenen Krieg die Bestätigung eines Rechts des Siegers sahen.

1332 Zum Begriff der Macht, die *Max Weber* als die Chance, innerhalb einer sozialen Beziehung den eigenen Willen auch gegen Widerstreben durchzusetzen, gleichviel worauf diese Chance beruht, definierte, vgl. *Herzog*, Macht, EvStL (3. Aufl.), Sp. 2057 ff.; *Gehlen*, Macht (I), HdSW Bd. 7, 77 ff.; *Schwarzenberger*, Civitas Maxima?, 9.

1333 Das Verhältnis von Recht und Macht kann auch hier nicht geklärt werden. Fest steht jedoch, daß die Kategorie des Rechts nur sinnvoll ist, wenn beide nicht identisch sind, sondern das Recht zumindest auch als Schranke der Macht fungiert (vgl. zu den hinsichtlich des Verhältnisses von Recht und Macht vertretenen grundsätzlichen Positionen *Dicke*, Intervention, 90 ff.).

1334 *Anzilotti*, zit. nach *De Visscher*, Theory and realitiy, 104. *Anzilotti* führt an dieser Stelle weiter aus, daß diese Superiorität des Völkerrechts nicht in dem Sinne zu verstehen ist, daß das Völkerrecht den Staaten Kompetenzen delegiere.

1335 *Meessen*, Souveränität, in: Wolfrum (Hrsg.), Handbuch der Vereinten Nationen, 788 (788); *Doehring*, FG Forsthoff, 105 (116); *Wagner*, Beschlußrecht, 49 f.; *Hillgruber*, JZ 2002, 1072 (1074 f.).

2. Positive und negative Souveränität

Die Differenzierung zwischen positiver und negativer Souveränität bezieht sich auf den Inhalt der Souveränität.[1336] Dabei bezeichnet positive Souveränität Handlungsfreiheit.[1337] Das Vorhandensein einer solchen Freiheit impliziert zugleich das Vorhandensein negativer Souveränität.[1338] Darunter ist zu verstehen, daß die Entscheidungen über die vorzunehmenden Handlungen oder Unterlassungen autonom getroffen werden können, also nicht durch das Verhalten anderer Akteure determiniert werden.[1339] Dieser negative Aspekt der Souveränität ist in seiner nach außen gerichteten Dimension zugleich Schutzgut[1340] oder doch jedenfalls Anknüpfungspunkt für die Konstruktion des dogmatisch noch immer nicht abschließend geklärten[1341] zwischenstaatlichen[1342] Interventionsverbotes.[1343]

1336 *Schwarzenberger*, CLP 10 (1957), 264 (268).

1337 Vgl. *Ritterband*, Menschenrechtsschutz, 242; *Dicke*, Intervention, 61.

1338 *Schwarzenberger*, CLP 10 (1957), 264 (268).

1339 Vgl. *Ritterband*, Menschenrechtsschutz, 242. Die nähere Umschreibung dieses negativen Elements ist nicht ganz einheitlich. *Jellinek* versteht unter negativer Souveränität die Unmöglichkeit, durch irgendeine andere Macht gegen den eigenen Willen beschränkt zu werden (*Jellinek*, Allgemeine Staatslehre, 481 f.). Negative Souveränität kann also im Sinne von Freiheit vor Willensbeeinflussung verstanden werden (so *Bockslaff*, Interventionsverbot, 62). Teilweise wird die Willensbeeinflussung einschränkend qualifiziert. So identifiziert *Dicke* die negative Souveränität mit der Freiheit von Zwang (*Dicke*, Intervention, 61).

1340 In der Literatur, die insofern häufig an *Vattel* (s.o. B.VII.2.b)bb)(2), S. 44) anknüpft, herrscht weitgehende Einigkeit darüber, daß die (äußere) Souveränität Schutzgut des Interventionsverbotes ist (z.B. *Verdross/Simma*, Universelles Völkerrecht, § 490; zahlreiche weitere Nachweise, auch zu Autoren, die auf die Ersatzbegriffe der Unabhängigkeit oder Gleichheit abstellen, bei *Ebock*, Der Schutz grundlegender Menschenrechte, 22 ff.), wobei - falls entsprechende Differenzierungen vorgenommen werden - überwiegend die negative Souveränität als einschlägig erachtet wird (so z.B. *Schwarzenberger*, CLP 10 (1957), 264 (286); *Ritterband*, Menschenrechtsschutz, 242; *Bockslaff*, Interventionsverbot, 61 f.; auch *Dicke*, Intervention, 80 ff., 143 ff., der allerdings aus systematischen Erwägungen den Anwendungsbereich des Interventionsbegriffs auf solche Aktivitäten eingrenzen möchte, die zugleich auf die Beschränkung anderer Souveränitätsaspekte abzielen, vgl. dazu auch unten Fn. 1458).

1341 Insofern hat sich an der Festsstellungen etwa bei *Dahm*, Völkerrecht I, 201, oder *Friedmann*, The Changing Structure, 304, wenig geändert. Zugleich ist das Interventionsverbot ein Feld, in dem die uneinheitliche Verwendung von Begriffen eine Klärung behindert (vgl. *Neuhold*, in: Czempiel/Link, Interventionsproblematik aus politikwissenschaftlicher, völkerrechtlicher und wirtschaftswissenschaftlicher Sicht, 33 (33), der zur Illustrierung der Unklarheiten eine "Erklärung" des Begriffs der Nichtintervention durch *Talleyrand* zitiert: "Madame, non-intervention est un mot diplomatique et énigmatique qui signifie à peu près la même chose qu'intervention").

1342 Noch weniger geklärt als die Intervention im Verhältnis zwischen Staaten ist die Beteiligung von mit eigener Völkerrechtssubjektivität ausgestatteten internationalen Organisationen an Interventionsverhältnissen. Insofern ist zwischen verschiedenen Konstellationen zu differenzieren. Zum einen kann die internationale Organisation selbst intervenieren, und zwar entweder im Verhältnis zu ihren eigenen Mitgliedstaaten (vgl. z.B. Art. 2 Ziff. 7 SVN und hierzu *Ebock*, Der Schutz grundlegender Menschenrechte, 83 ff.; *Bockslaff*, Interventionsverbot, 46 ff.) oder gegenüber Drittstaaten (dann stellt sich insbes. die Frage, ob die internationale Organisation und/oder ihre Mitglieder für dieses Verhalten verantwortlich ist, vgl. hierzu *Schröder*, in: Graf Vitzthum (Hrsg.), Völkerrecht (2. Aufl.), 7. Abschnitt, Rdnr. 31 ff. (33)). Schließlich kann die internationale Organisation selbst von einer Einmischungshandlung betroffen sein, wobei in dieser Konstellation das Souveränitätsprinzip freilich nur eine Rolle spielen kann, wenn auch internationalen Organisationen zumindest eine Art funktionaler Souveränität zugestanden wird.

In ihrer absoluten Dimension ist positive Souveränität gleichbedeutend mit Omnipotenz[1344] und schließt zugleich eine absolute negative Souveränität mit ein. Das Bestehen einer völkerrechtlichen Ordnung schließt einen solchen Zustand jedoch aus.[1345] In der Anerkennung der anderen Staaten als koexistierende, gleichrangige Entitäten liegt der grundsätzliche Verzicht auf die Herrschaft über die anderen, das heißt auf positive äußere Souveränität. Dementsprechend liegt im Völkerrecht die Betonung[1346] auf dem negativen Aspekt.[1347] Der Status des souveränen Staates ist dadurch geprägt, daß er berechtigt ist, fremde Herrschaftsansprüche zurückzuweisen. Diese Berechtigung äußert sich unter anderem in seiner Gebiets- und Personalhoheit.[1348] Auch diese negative Souveränität ist jedoch nicht unbeschränkt und daher relativ.

Die Frage nach der negativen Souveränität eines Staates kann unter verschiedenen Perspektiven gestellt werden. Generalisierend kann gefragt werden, ob einem Staat der Status der Souveränität zukommt. In diesem Kontext läßt sich negative Souveränität definieren als das Nichtanerkennen-Müssen einer höheren Gewalt.[1349] Welche tatsächlichen Voraussetzungen das Völkerrecht hierfür enthält, ist hier im einzelnen nicht zu klären. Festgehalten sei an dieser Stelle nur, daß es sich hierbei um Kriterien handelt, die jedenfalls nicht der Selbstbeurteilung der Einheit unterliegen,

---

1343 Auch im Hinblick auf das Interventionsverbot vermag der Souveränitätsbegriff letztlich zur Problemlösung wenig beizutragen. Bei der Prüfung der Frage, ob tatbestandlich, d.h. vorbehaltlich einer etwaigen Rechtfertigung etwa als Repressalie, eine Einmischung vorliegt, sind v.a. zwei Aspekte problematisch. Zum einen ist zu prüfen, ob sachlich überhaupt ein Bereich betroffen ist, in dem der betroffene Staat Freiheit von Willensbeeinflussung beanspruchen kann. Vgl. zur praktisch schwierigen Abgrenzung dieser sog. domaine réservé unten Fn. 1354. Zum anderen stellt sich die Frage, welche Intensität die Beeinflussung der Willensautonomie der betroffenen Einheit haben muß, welche Eingriffsintensität also erreicht werden muß. Insofern ist anerkannt, daß nicht jede Einflußnahme untersagt ist, so ist insbes. die sog. Interzession nicht verboten (vgl. *Verdross/Simma,* Universelles Völkerrecht, § 496). Abgesehen vom Interventionsmittel der Gewalt, das durch das Gewaltverbot per se untersagt (und auch geregelt) ist, stellt sich das Problem der "Abgrenzung nach unten" (*Gerlach,* Intervention, 126 ff.). Sie stellt sich insbesondere beim Einsatz wirtschaftlicher Druckmittel (vgl. hierzu *Bockslaff,* Interventionsverbot, 92 ff.; *Bryde,* FS Schlochauer, 227 (233 ff.)). Letztlich sind die mit dieser Abgrenzung angesprochenen Fragen nicht aus dem Souveränitätsbegriff heraus zu beantworten (und damit auch nicht mit den in Fn. 1339 angesprochenen Differenzierungen zwischen Willensbeeinflussung und Zwang), sondern müssen anhand einer induktiven Behandlung des jeweiligen Bereichs erörtert werden; möglicherweise ergäbe sich dann, daß die Anforderungen zum Zweck der Systematisierung auf einen gemeinsamen Nenner gebracht werden können.

1344 Vgl. *Schwarzenberger,* CLP 10 (1957), 264 (268).

1345 Vgl. oben D.II.1, S. 172.

1346 Trotz dieser Betonung der negativen Souveränität im Bereich der internationalen Beziehungen sind die negative und die äußere Souveränität nicht identisch, ebensowenig wie die positive Souveränität mit der inneren Souveränität gleichgesetzt werden darf (*Schwarzenberger,* CLP 10 (1957), 264 (268/Fn. 11 i.V.m. S. 277); *Dicke,* Intervention, 86 ff.; a.A. *van Kleffens,* RdC 82 (1953 I), 5 (29)).

1347 Vgl. *Schwarzenberger,* RdC 87 (1955 I), 195 (375 ff.).

1348 Vgl. *Schwarzenberger,* CLP 10 (1957), 264 (276).

1349 Vgl. *Schwarzenberger,* CLP 10 (1957), 264 (270).

die den souveränen Status in Anspruch nimmt[1350], sondern die objektiv vorliegen müssen (wobei möglicherweise den anderen Staaten ein gewisser, auch für politische Erwägungen offener, Beurteilungsspielraum eingeräumt ist).[1351]

Betrachtet man die soeben erwähnte Definition der negativen Souveränität (Nichtanerkennung einer höheren Gewalt), so scheint es im Völkerrecht keinen Platz für positive Souveränität zu geben. Denn wenn Souveränität nur dann besteht, wenn der betreffende Staat nicht der Herrschaft eines anderen ausgesetzt ist, kann es auch keine "übergeordneten" Staaten, die positive Souveränität ausüben würden, geben. Dies gilt jedoch nicht, wenn man sich von der generalisierenden Betrachtung löst und einzelne rechtliche Beziehungen zwischen den Völkerrechtssubjekten betrachtet. Sieht man in einem völkerrechtlichen Anspruch das zumindest theoretisch zwangsweise durchsetzbare Recht, von dem jeweiligen Adressaten ein bestimmtes Verhalten zu fordern, so begründet jede völkerrechtliche Regel ein Über-Unterordnungs-Verhältnis, und damit eine Herrschaftsbeziehung zwischen den Völkerrechtssubjekten.[1352]

So betrachtet bedeutet jede Begründung einer völkerrechtlichen Berechtigung auf Seiten des Berechtigten das Entstehen positiver Souveränität, mit dem auf der Seite des Verpflichteten eine Beschränkung beziehungsweise Relativierung seiner negativen Souveränität korrespondiert.[1353] Der verbleibende Bereich der negativen Souveränität umschreibt dann den Bereich, in dem der Staat keinen völkerrechtlichen Bindungen unterliegt und deshalb vor der Inanspruchnahme positiver Souveränität durch andere Völkerrechtssubjekte geschützt ist (sog. domaine réservé).[1354] Umge-

---

1350 Der Status souveräner Staatlichkeit wird vom Völkerrecht nicht oktroyiert. Wenn ein Gemeinwesen wie bspw. Taiwan die tatsächlichen Voraussetzungen erfüllt, hat es lediglich einen Anspruch auf die Zuerkennung des Status eines souveränen Staates, kann aber nicht gegen seinen Willen als solcher behandelt werden. Vgl. hierzu *Crawford*, BYIL 48 (1976/77), 93 (181); *Verdross/Simma*, Universelles Völkerrecht, § 387.

1351 Vgl. zu den Kriterien, an den der völkerrechtliche Staatsbegriff anknüpft und die meist unter der Rubrik der (tatsächlichen) Unabhängigkeit zusammengefaßt werden unten D.II.3.b), S. 183. Das im Anschluß an *Proculus* ursprünglich objektiv verstandene Unabhängigkeitskriterium wurde im Mittelalter aus politischen Gründen subjektiviert. Nach Innozenz III. kam es darauf an, ob ein Herrscher "superiorem in temporalibus minime *recognoscat*". Dieser in der Folgezeit von maßgeblichen Autoren übernommene Ansatz ermöglichte durch die Einführung des subjektiven Elementes ein Auseinanderfallen von de jure und de facto Unabhängigkeit ("Souveränität"). Vgl. hierzu *van Kleffens*, RdC 82 (1953 I), 5 (30 ff.).

1352 Vgl. *Schwarzenberger*, CLP 10 (1957), 264 (277).

1353 Vgl. *Schwarzenberger*, CLP 10 (1957), 264 (278); *Ritterband*, Menschenrechtsschutz, 242.

1354 Vgl. *Ritterband*, Menschenrechtsschutz, 242. Dieser Bereich der eigenen Angelegenheiten eines Staates wird durch den Stand der jeweiligen völkerrechtlichen Bindungen eines Staates bestimmt und ist somit variabel, wobei es keinen Gegenstand gibt, der a priori von einer völkerrechtlichen Normierung ausgeschlossen wäre und damit einen notwendigen Bestandteil der domaine réservé darstellen würde (*Dahm*, Völkerrecht I, 212 f.). Nach der Definition des Institut de Droit International umfaßt der vorbehaltene Bereich diejenigen Staatsaktivitäten "où la compétence de l'Etat n'est pas liée par le droit international" (Resolution des Institut de Droit International vom 29.4.1954, abgedruckt in: Annuaire de l'Institut 45, (1954), Bd. II, 292). Dabei muß man sich freilich von einem zu sehr an Regelungsbereichen orientierten Denken lösen. Die völkerrechtlichen Regelungen betreffen oft nur Ausschnitte eines Politikbereichs oder erfassen diesen nur oberflächlich (vgl. *Berstermann*, Einmischungsverbot, 90 f.). Im konkreten

kehrt bezeichnet die positive Souveränität die Gesamtheit aller Komplexe, in denen der Staat aufgrund des Völkerrechts berechtigt ist, von einem anderen ein bestimmtes Verhalten zu verlangen.

In der Literatur uneinheitlich wird beurteilt, ob diese Befugnis, die Befolgung einer völkerrechtlichen Norm einzufordern, absoluter Natur ist. So meint etwa *Schwarzenberger*, daß der Inhaber der positiven Souveränität absolut frei sei, diese auch auszuüben.[1355] Demgegenüber wollen Vertreter von Ansätzen, die auf eine Beschränkung der Souveränität zielen, die Befugnis, sich auf eine Berechtigung zu berufen oder darauf zu verzichten, gewissen Einschränkungen unterwerfen.[1356] Damit ist die generelle Frage angesprochen, ob die Ausübung souveräner Rechte Beschränkungen unterliegt. Dogmatisches Instrument zur Begründung derartiger Beschränkungen ist die Theorie vom *abus de droit*.[1357] Sie ermöglicht es, an sich gegebene Rechte auf der Ebene der Ausübung zu beschränken, und damit im Ergebnis zu relativieren. Begründet wurde dieser Ansatz von *Politis*,[1358] der den Rechtsmißbrauchsgedanken insbesondere zur Beschränkung der absoluten Handlungsfreiheit im Bereich der domaine réservé heranziehen wollte.[1359] Später fand der Gedanke in der völkerrechtlichen Literatur weite Verbreitung.[1360]

Die Konstruktion einer mittelbaren Beschränkung der Souveränität durch eine Versagung der Ausübungsbefugnis vermag nicht zu überzeugen. Zunächst ist die Geltung eines generellen Rechtsmißbrauchsverbots im allgemeinen Völkerrecht[1361] äußerst zweifelhaft, insbesondere ist ein entsprechender allgemeiner Rechtsgrundsatz im Sinne von Art. 38 Abs. 1 lit. c) IGH-Statut wegen der sehr unterschiedlichen

---

Fall ist daher stets zu prüfen, ob nach der in Frage stehenden Norm ein bestimmtes Verhalten gefordert werden kann oder nicht.

1355 *Schwarzenberger*, CLP 10 (1957), 264 (279).

1356 Siehe etwa zur Beschränkung der Rechtsausübung durch das allgemeine Interesse im Rahmen des droit international nouveau von *Alvarez* oben B.X.2.b)aa), S. 88.

1357 Siehe zur Theorie vom Rechtsmißbrauch *Kiss*, Abuse of Rights, EPIL Bd. I, 4 ff.; *Schwarzenberger*, Law and Order, 84 ff.; *Ipsen*, Völkerrecht, § 39, Rdnr. 44 ff.; *Cheng*, General Principles, 121 ff.; *Schüle*, Rechtsmißbrauch, WVR III, 69 ff.; *Verdross/Simma*, Universelles Völkerrecht, § 461; *Politis*, RdC 6 (1925 I), 5 (77 ff.).

1358 Vgl. *Schüle*, Rechtsmißbrauch, WVR III, 69 (69); *Schwarzenberger*, Law and Order, 84 (auch zu Vorläufern *Politis'*).

1359 Siehe dazu oben B.IX.2.b)cc), S. 68.

1360 Bejaht wird die allgemeine Geltung des Verbots des Rechtsmißbrauchs etwa von *Verdross/Simma*, Universelles Völkerrecht, § 461 m.N.; weitere Nachweise bei *Hakenberg*, Iran-Sanktionen, 144.

1361 Die Ablehnung eines allgemeinen Verbotes des Rechtsmißbrauchs bedeutet nicht, daß die in diesem Gedanken enthaltenen Wertungen im Völkerrecht nicht vorhanden wären. So gibt es insbesondere im Recht der Verträge zahlreiche gewohnheitsrechtliche Regelungen mit entsprechendem Gehalt (vgl. *Schwarzenberger*, Law and Order, 85 f.). Weiterhin besteht die Möglichkeit, in Verträgen bestimmte Erwartungen bezüglich der Rechtsausübung festzuschreiben, wie dies etwa in zahlreichen Nachbarschaftsverträgen (vgl. *Schwarzenberger*, Law and Order, 105 f.) oder auch in Art. 300 SRÜ geschehen ist. Fraglich ist lediglich, ob darüberhinaus ein allgemeines Rechtsmißbrauchsverbot induktiv nachweisbar ist.

innerstaatlichen Regelungen kaum darstellbar.[1362] Weiterhin herrscht bei den Befürwortern eine große inhaltliche Varianz. Die möglichen Anwendungsfälle sind unklar.[1363] Darüber hinaus sind die Anwendungsvoraussetzungen ungeklärt[1364] und inhaltlich vage[1365]. Zudem ist die Konstruktion in vielen angeblichen Anwendungsfällen entbehrlich.[1366] Sie scheint oftmals auf einem absoluten Souveränitätsverständnis zu beruhen, das im Hinblick auf zahlreiche Regelungen nicht der wirklichen Rechtslage entspricht. Vielfach lassen sich die von den Befürwortern der Rechtsmißbrauchstheorie als Beleg für ihre Ansicht angeführten Fälle konstruktiv auch anders erfassen. Gerade einige typische Souveränitätsbeschränkungen beruhen nicht auf der Einschränkung eines absoluten Rechts durch das Mißbrauchsverbot, sondern darauf, daß das Völkerrecht ein bestimmtes Verhalten von Staaten gerade nicht unbeschränkt zuläßt. Es liegt daher kein Mißbrauch eines weiten Rechts vor, sondern schlicht die Verletzung einer anderweitigen völkerrechtlichen Gebots- oder Verbotsnorm.[1367]

1362 Die Schwierigkeiten ergeben sich daraus, daß in einigen innerstaatlichen Rechtsordnungen (z.B. England, Italien) ein Rechtsmißbrauchsverbot nicht nachweisbar ist, und weiterhin auch die Rechtsordnungen, die ein solches Verbot kennen, inhaltlich derart divergieren, daß ein gemeinsamer Inhalt kaum herausgearbeitet werden kann. Dementsprechend verneinen z.B. *Ipsen*, Völkerrecht, § 39, Rdnr. 46; *Schwarzenberger*, Law and Order, 86 ff., und *Schüle*, Rechtsmißbrauch, WVR III, 69 (71), die Geltung eines allgemeinen völkerrechtlichen Rechtsmißbrauchsverbotes. Auch die Rechtsprechung des StIGH und des IGH ist auf das Rechtsmißbrauchsverbot nur äußerst zurückhaltend eingegangen. Anders als in einigen Sondervoten finden sich Hinweise auf den Rechtsmißbrauch nur selten. Da bisher noch keine Entscheidung auf das Rechtsmißbrauchsverbot gestützt wurde, kann von einer Anerkennung dieses Prinzips durch die Rechtsprechung nicht ausgegangen werden (vgl. zur Rolle des Rechtsmißbrauchsverbots in der internationalen Spruchpraxis *Kiss*, Abuse of Rights, EPIL Bd. I, 4 (6); *Ipsen*, Völkerrecht, § 39, Rdnr. 45).

1363 Vgl. zu den Situationen, für die eine Anwendung der Lehre vom Rechtsmißbrauch erörtert wird, *Kiss*, Abuse of Rights, EPIL Bd. I, 4 (5); *Ipsen*, Völkerrecht, § 39, Rdnr. 44.

1364 So wird von einer unzulässigen Rechtsausübung teilweise bereits bei willkürlichem oder unvernünftigen Gebrauch von Rechten, teilweise aber auch erst im Falle absichtlicher oder böswilliger Schadenszufügung ausgegangen (vgl. zu verschiedenen Ansätzen zur Umschreibung des Tatbestandes *Schüle*, Rechtsmißbrauch, WVR III, 69 (69 f.); *Ipsen*, Völkerrecht, § 39, Rdnr. 44).

1365 Insbesondere sind die Begriffe der willkürlichen beziehungsweise unvernünftigen Rechtsausübung nur schwer faßbar, vgl. *Schwarzenberger*, Law and Order, 100 ff. Das Problem ist in der Praxis dadurch verschärft, daß regelmäßig keine Instanz vorhanden ist, welche die Interessen der Beteiligten für diese verbindlich gegeneinander abzuwägen kann.

1366 Vgl. zur von *Cheng* u.a. geäußerten dahingehenden Kritik zusammenfassend *Ipsen*, Völkerrecht, § 39, Rdnr. 45 m.N.

1367 Vgl. *Schwarzenberger*, Law and Order, 89 ff. Er nennt als Beispiel verschiedene Verstöße gegen den fremdenrechtlichen Mindeststandard. So gibt es bspw. kein unbeschränktes Recht zur Mißhandlung fremder Staatsangehöriger, so daß diese Befugnis auch nicht mißbraucht werden kann. In der Konsequenz dieser Sichtweise liegt es, daß *Schwarzenberger,* a.a.O., 100 ff. - insofern in Übereinstimmung mit der ursprünglichen Konzeption *Politis'* - einen möglichen Anwendungsbereich der Theorie vom Rechtsmißbrauch überhaupt nur im Bereich der Ausübung absoluter souveräner Rechte sieht.

3. Politische und rechtliche Souveränität

a) Übersicht

Die Unterscheidung zwischen politischer und rechtlicher Souveränität bezieht sich auf das "Field of manifestation of Sovereignty".[1368] Dabei liegt rechtliche (äußere) Souveränität vor, wenn ein Staat den vollen Status als souveräner Staat genießt, d.h. seine Handlungsfreiheit rechtlich nicht beschränkt ist.[1369] Politisch ist ein Staat souverän, wenn er alle wesentlichen Staatsfunktionen frei von politischen Hindernissen selbständig ausüben kann.[1370] Diese politische Handlungsfreiheit kann einerseits durch faktische Bedingungen beschränkt sein, die sich etwa aus der sozialen und wirtschaftlichen Interdependenz der Staaten ergeben.[1371] Zum anderen betreffen jedenfalls nach h.M. auch völkerrechtliche Bindungen wie z.B. vertragliche Verpflichtungen oder die Mitgliedschaft in internationalen Organisationen (nur) die politische Souveränität.

Die Differenzierung zwischen politischer und rechtlicher Souveränität ist im Bereich des Völkerrechts vor allem im Hinblick auf zwei Problemkreise hilfreich. Zum einen dient sie als Hilfsmittel zur dogmatischen Erfassung der tatsächlichen Unterschiede in der Mächtigkeit der vom Völkerrecht als gleich angesehenen rechtlich souveränen Staaten. Zum anderen wird sie eingesetzt, um das Verhältnis von völkerrechtlicher Bindung und dem Status rechtlicher Souveränität zu erklären.

b) Politische Souveränität und souveräne Gleichheit

Im Rahmen der Behandlung von absoluter und relativer Souveränität wurde, gestützt auf das Prinzip der souveränen Gleichheit, festgestellt, daß die rechtliche Souveränität nur eine relative sein kann. Offensichtlich steht die rechtliche Gleichheit der Staaten jedoch in einem Spannungsverhältnis zu deren tatsächlicher Ungleichheit. Die Staaten unterscheiden sich z.B. erheblich in ihrer militärischen und wirtschaftlichen Mächtigkeit, verfügen also in unterschiedlichem Ausmaß über politische Souveränität. Diese Unterschiede werden jedoch vom Völkerrecht als unbeachtlich angesehen, da es allen Staaten den gleichen souveränen Status und damit die gleichen souveränen Rechte zuerkennt. Das Völkerrecht nimmt die tatsächliche Ungleichheit der Staaten, insbesondere auch in ökonomischen Bereich[1372], hin. Die souveräne Gleichheit der Staaten ist eine Gleichheit im Sinne des Rechts, keine substantielle oder materielle Gleichheit.[1373]

1368 *Schwarzenberger*, CLP 10 (1957), 264 (268).

1369 Vgl. *Dicke*, Intervention, 60.

1370 *Verdross/Simma*, Universelles Völkerrecht, § 36; *Dicke*, Intervention, 60.

1371 Vgl. *Verdross/Simma*, Universelles Völkerrecht, § 36.

1372 Das klassische Völkerrecht beruhte auch in wirtschaftlicher Hinsicht "auf der gemeinsamen Wertsicht von der natürlichen Ungleichheit und Völker" (vgl. *Graf Vitzthum*, EA 1978/1, 455 (456)). Nach dem zweiten Weltkrieg versuchten die Entwicklungsländer den Grundsatz der Staatengleichheit ökonomisch aufzuladen. (Vergeblich) forderten sie als Ausfluß ihres Rechts

Allerdings ist die souveräne Gleichheit auch kein rein formales Konzept. Daß die Frage der Macht auch für das Völkerrecht nicht völlig bedeutungslos ist, zeigt sich im Rahmen des völkerrechtlichen Staatsbegriffs[1374]. Die Zuerkennung rechtlicher Souveränität setzte zumindest nach klassischem Völkerrecht ein Mindestmaß an politischer Souveränität voraus. Dadurch wurde sichergestellt, daß zwischen den am Völkerrechtsverkehr Beteiligten ein Minimum an sozialer Gleichheit bestand. Die insofern gestellten Anforderungen werden heute, nachdem sich sowohl der Begriff der Souveränität selbst[1375] als auch der der Völkerrechtsunmittelbarkeit[1376] als zur Abgrenzung untaugliche Kriterien erwiesen haben, überwiegend unter dem Begriff der Unabhängigkeit zusammengefaßt, die eine rechtliche und eine tatsächliche Komponente umfaßt.[1377] Nach dem allgemeinen[1378] gewohnheitsrechtlichen[1379] völkerrechtlichen Staatsbegriff, der nach h.M. auch bei der Anwendung der Satzung

auf wirtschaftliche Selbstbestimmung bzw. Souveränität eine Umverteilung von Ressourcen, m.a.W. die Herbeiführung materieller Gleichheit (vgl. *Graf Vitzthum*, EA 1978/1, 455 (458) sowie oben B.X.2.a)bb)(3), S. 81).

1373 Vgl. zum formalen Charakter der Staatengleichheit *Schwarzenberger*, International Law I, 19; *Dahm*, Völkerrecht I, 163; *Crawford*, BYIL 48 (1976/77), 93 (108).

1374 Zum völkerrechtlichen Staatsbegriff z.B. *Crawford*, BYIL 48 (1976/77), 93 ff.; *Henkin*, RdC 216 (1989 IV), 19 (29 ff.); *Uibopuu*, in: Schreuer (Hrsg.), Autorität und internationale Ordnung, 87 ff.

1375 Früher wurde vielfach zur Abgrenzung unmittelbar auf den Begriff der Souveränität abgestellt (vgl. *Rousseau*, RdC 73 (1948 II), 171 (179 f.)), womit die eigentlichen Kriterien aber nur mittelbar bezeichnet wurden, weil auf die jeweils mit dem Begriff identifizierten Wertungen zurückgegriffen werden mußte.

1376 Entsprechendes wie für die Souveränität als Abgrenzungskriterium gilt für den Begriff der Völkerrechtsunmittelbarkeit. Zwar sieht ein Teil der Lehre in der Völkerrechtsunterworfenheit das entscheidende Element der Souveränität und hält einen Staat dann für souverän, wenn er ausschließlich dem Völkerrecht unterworfen ist (Nachweise hierzu bei *Rousseau*, RdC 73 (1948 II), 171 (195 f.); *Dahm/Delbrück/Wolfrum*, Völkerrecht I/1, 216/Fn. 7). Wie "die Souveränität" eignet sich jedoch auch die Völkerrechtsunmittelbarkeit eher dazu, die Konsequenzen souveräner Staatlichkeit zu umschreiben (vgl. bezogen auf die Souveränität *Crawford*, BYIL 48 (1976/77), 93 (139)), wobei im übrigen die Völkerrechtsunmittelbarkeit nicht nur den Staaten, sondern allen Völkerrechtssubjekten zukommt, und schon deshalb nicht als Kriterium zur Abgrenzung des souveränen Staates von anderen Teilnehmern am völkerrechtlichen Verkehr geeignet ist (*Verdross/Simma*, Universelles Völkerrecht, § 382/Fn. 16). Da der Begriff selbst offen läßt, wann ein Staat ausschließlich dem Völkerrecht unterworfen ist, kann die Völkerrechtsunmittelbarkeit selbst nicht das entscheidende Merkmal zur Umschreibung der souveränen Staaten darstellen. Insofern ist man wiederum auf ein präzisierendes Kriterium angewiesen, als das richtigerweise die Unabhängigkeit dient.

1377 *Crawford*, BYIL 48 (1976/77), 93 (119 ff.) der u.a. auf den schon erwähnten Schiedsspruch *Max Hubers* im *Palmas*-Fall sowie die grundlegende Entscheidung des StIGH zur Frage der Unabhängigkeit, das Urteil im Fall der *Austro-German Customs Union* (PCIJ Ser. A/B No. 41), verweist.

1378 Von dem im folgenden dargestellten allgemeinen Staatsbegriff weicht die Praxis unter Berücksichtigung politischer Erwägungen bisweilen ab und bezieht auch Einheiten in bestimmte Regelungen ein, denen sonst der Charakter souveräner Staatlichkeit abgesprochen wird. So wurden etwa zahlreiche Staaten, die aus rechtlichen und/oder tatsächlichen Gründen nicht die allgemeinen Kriterien der Staatlichkeit erfüllten, (zunächst) nur in Spezialorganisationen der Vereinten Nationen aufgenommen. Vgl. zu diesen "State[s] for the specific purpose" *Crawford*, BYIL 48 (1976/77), 93 (109); *Cohen*, UPLR 109 (1960/61), 1127 (1156 ff.).

1379 Eine universell gültige Kodifizierung ist bisher nicht zustande gekommen. Auf regionaler Ebene wurde eine Regelung in Art. 1 der Montevideo-Konvention getroffen. Vgl. dazu *Darsow*, Wandel des Staatsbegriffs, 119 ff.

der Vereinten Nationen maßgeblich ist[1380], ist Voraussetzung souveräner Staatlichkeit[1381] nicht nur das effektive Vorliegen der drei Elemente Gebiet, Volk und Gewalt,[1382] sondern neben dem Willen, ein (separater) Staat zu sein auch, daß der Staat nach außen unabhängig ist.[1383]

Die äußere Unabhängigkeit korreliert mit der Innehabung der Kontrolle über die Situation im inneren (innere Souveränität, Selbstregierung oder innere Unabhängigkeit)[1384], wobei hier auf den Aspekt der äußeren politischen Unabhängigkeit, d.h. die

---

1380 Nach h.M. gibt es keinen satzungsspezifischen Staatsbegriff (vgl. *Ginther*, in: Simma (Hrsg.), Charta der Vereinten Nationen, Art. 4, Rdnr. 14; *Darsow*, Wandel des Staatsbegriffs, 112 ff.). Hierfür spricht, daß man auf eine Art. 1 II VBS entsprechende Regelung, die die Aufnahme auch nicht souveräner Gebilde ermöglichte, verzichtete. Der Umstand, daß mit den Gliedstaaten der UdSSR Ukraine und Weißrußland sowie mit Indien, Syrien, Libanon und den Philippinen Verbände Gründungsmitglieder der Vereinten Nationen waren, die nach den allgemeinen Kriterien 1945 nicht als unabhängige bzw. souveräne Staaten angesehen werden konnten (vgl. *Verdross/Simma*, Universelles Völkerrecht, § 394; *Ipsen*, Völkerrecht, § 32 Rdnr. 18), ist als politischer Kompromiß ohne rechtliche Präzedenzwirkung zu erklären (*Cohen*, UPLR 109 (1960/61), 1127 (1131 ff.)).

1381 In Übereinstimmung mit der überkommenen Diktion (vgl. z.B. *Dahm*, Völkerrecht I, 152; *Wildhaber*, in: Macdonald/Johnston (Hrsg.), The Structure and Process of International Law, 425 (436)) wird hier der Staat als Zuordnungsobjekt der (äußeren) Souveränität gesehen. Abweichend davon wird die Souveränität auch als Qualifikation einzelner Staatselemente aufgefaßt. Vgl. hierzu *Darsow*, Wandel des Staatsbegriffs, 33 f. So spricht etwa die Generalversammlung der Vereinten Nationen in ihrer Res. 1514 (XV) vom 14.12.1960 (Declaration on the granting of independence to colonial countries and peoples) allen Völkern das Recht zu, ihre Souveränität auszuüben (11. EGr. und Ziff. 7). In dieser Formulierung kommt die Funktion des Selbstbestimmungsrechts der Völker als "Vor-Souveränität" nicht unabhängig-staatlich organisierter Völker zum Ausdruck, ohne das grundsätzlich das systematische Verhältnis von Staat und Souveränität verändert werden sollte. Ein anderer Ansatz sieht die Souveränität als Eigenschaft der Staatsgewalt (z.B. *Seidl-Hohenveldern/Stein*, Völkerrecht, Rdnr. 644; *Randelzhofer*, Staatsgewalt und Souveränität, HStR I, § 15 Rdnr. 3; *Oppenheim/Lauterpacht*, International Law I (8. Aufl.), § 64).

1382 Vgl. zu diesen drei zunächst von *Jellinek* beschriebenen Elementen (*Jellinek*, Allgemeine Staatslehre, 182 f., 394 ff.) z.B. *Schweitzer*, Staatsrecht III, Rdnr. 540. Neben diesen Kriterien werden teilweise noch weitere (insbes. die sog. Staatenverkehrsfähigkeit) genannt, denen aber keine selbständige Bedeutung zukommt (vgl. dazu *Crawford*, BYIL 48 (1976/77), 93 (119, 140 ff.); *Darsow*, Wandel des Staatsbegriffs, 161 ff. m.w.N.).

1383 Mit der Darstellung der Unabhängigkeit als zusätzliches Kriterium wird dem Grundansatz der neueren Literatur gefolgt, die die Unterscheidung zwischen souveränen und sonstigen Staaten in dem zu den drei Elementen hinzutretenden Kriterium der Unabhängigkeit erörtert und nicht wie ein anderer Teil der Lehre die Problematik im Rahmen der Staatsgewalt behandelt. Wie hier gehen z.B. vor *Crawford*, BYIL 48 (1976/77), 93 (119 ff.); *Rousseau*, RdC 73 (1948 II), 171 (178 ff.).

1384 Das Bestehen einer effektiven Staatsgewalt im Innern ist die Voraussetzung für die Unabhängigkeit nach außen - "An anarchistic community is not a State" (*Oppenheim/Lauterpacht*, International Law I (8. Aufl.), § 64). Vgl. zum engen Zusammenhang zwischen effektiver Regierung im Innern und äußerer Unabhängigkeit *Crawford*, BYIL 48 (1976/77), 93 (116), sowie unten D.II.4., S. 203. - Ein Beispielsfall, in dem das Vorliegen einer Staatsgewalt phasenweise zweifelhaft war, stellte bis zur Etablierung des Taliban-Regimes etwa Afghanistan dar. Zwischenzeitlich ist die im Zuge des sog. Krieges gegen den Terror auf der Grundlage der Beschlüsse der Petersberger Konferenz installierte Regierung von Präsident *Karzai* jedenfalls in einem Teil des Staatsgebietes etabliert. Sie ist freilich stark abhängig von der Unterstützung des Auslandes und der Schutztruppe ISAF. Die politischen Morde an dem Minister für zivile Luftfahrt *Rahman* und an Vizepräsident *Quadir* sowie der Attentatsversuch auf *Karzai* selbst haben gezeigt, daß die Regierung *Karzai* im Innern nicht sicher gefestigt ist (vgl. FAZ vom

Freiheit von tatsächlicher Verhaltenssteuerung durch auswärtige Mächte, abgestellt werden soll. Auch diese Unabhängigkeit ist stets eine relative, es besteht ein Kontinuum von "unabhängig" bis "abhängig".[1385]

Im Hinblick auf das heutige Völkerrecht kann zusammenfassend festgehalten werden, daß die Staatenpraxis zwar im Grundsatz daran festhält, daß ein soziales Gebilde, um als völkerrechtlicher Normaltypus[1386] die volle Rechtspersönlichkeit und die damit verbundenen Rechte und Pflichten zuerkannt zu bekommen,[1387] über ein Mindestmaß an tatsächlicher Unabhängigkeit auch gegenüber auswärtigen Mächten verfügen muß.[1388] Allerdings ist der insofern angelegte Maßstab im Vergleich zum klassischen Völkerrecht und zum Völkerrecht während der Völkerbundszeit[1389] erheblich herabgesetzt worden[1390] und variiert zudem je nach Konstellation. Die Anforderungen unterscheiden sich zum einen danach, ob es um die Weiterexistenz eines bestehenden Staates oder um die Entstehung eines neuen geht.[1391] Bei den Neu-

---

10.7.2002 (Nr. 157), 3, und vom 6.9.2002 (Nr. 207), 1). Insofern bleibt abzuwarten, ob bei einem Rückgang der westlichen Unterstützung sich eine zentrale Regierung gegen die noch immer mächtigen Kriegsherren, die nach wie vor Teile des Landes kontrollieren (vgl. hierzu FAZ vom 21.6.2002 (Nr. 141), 5), wird durchsetzen können oder ob das Land erneut in einen Zustand der Strukturlosigkeit verfällt. Weitere Fälle, in denen das Bestehen einer effektiven Staatsgewalt fraglich ist, finden sich v.a. in Afrika, vgl. hierzu etwa *Tetzlaff*, Friedenswarte 74 (1999), 307 ff.

1385 Vgl. *Schwarzenberger*, CLP 10 (1957), 264 (275 f.); *Cohen*, UPLR 109 (1960/61), 1127 (1140); *van Kleffens*, RdC 82 (1953 I), 5 (89).

1386 Vgl. *Dahm*, Völkerrecht I, 79; *Seidl-Hohenveldern/Stein*, Völkerrecht, Rdnr. 632. Den souveränen, unabhängigen Staaten stehen die abhängigen Staaten gegenüber, die der (Ober-)Hoheit eines anderen Völkerrechtssubjekts unterstehen (vgl. *Anzilotti*, Ind. Op. zu *Austro-German Customs Régime*, PCIJ Ser. A/B No. 41, 22 (24)). Auch diesen Gebilden kann u.U. Völkerrechtssubjektivität zukommen (vgl. *Verdross/Simma*, Universelles Völkerrecht, §§ 394 ff.; *Schwarzenberger*, International Law I, 137). Die Abgrenzung dieser Gruppe sowohl ggü. den normalen unabhängigen Staaten als auch ggü. den keine Völkerrechtssubjektivität genießenden Verbänden, die völkerrechtlich nicht als Staat, sondern als Teil des beherrschenden Staates betrachtet werden, ist dabei ebenso umstritten wie ihre dogmatische Erfassung (vgl. hierzu mit zahlreichen Bsp. *Berber*, Lehrbuch I, 148 ff., sowie unter dem Aspekt der rechtlichen Beschränkungen unten D.II.3.c)bb)(1), S. 194).

1387 (Nur) die souveränen Staaten verfügen über die "totality of international rights and duties recognised by international law" (IGH, Gutachten vom 11.4.1949 über *Reparations for Injuries Suffered in the Service of the United Nations*, ICJ Reports 1949, 174 (180)). Vgl. zu den wichtigsten rechtlichen Eigenschaften souveräner Staaten *Crawford*, BYIL 48 (1976/77), 93 (108). Im einzelnen herrscht über die rechtlichen Konsequenzen, die sich aus der souveränen Staatlichkeit ergeben, Uneinigkeit. Zwar gibt es einen Kern von sog. souveränen Rechten bzw. Grundrechten, der allgemein anerkannt ist, darüberhinaus werden aber z.T. Forderungen wie die der Entwicklungsländer nach der Herbeiführung materieller Gleichheit erhoben (s.o. Fn. 1372), die von zahlreichen Staaten nicht anerkannt werden.

1388 Vgl. *Crawford*, BYIL 48 (1976/77), 93 (146 ff., 148).

1389 Vgl. zu Ansätzen zur Definition der Unabhängigkeit in diesen Epochen *Berber*, Lehrbuch I, 125.

1390 Der Trend zur Senkung der Anforderungen an die effektive, tatsächliche Unabhängigkeit und die damit verbundene stärkere Betonung formeller Kriterien zeigt sich insbesondere in der im Gefolge des Dekolonisierungsprozesses erfolgten Aufgabe der Vorbehalte gegen sog. Zwergstaaten. Vgl. *Ginther*, in: Simma (Hrsg.), Charta der Vereinten Nationen, Art. 4, Rdnr. 16 ff.; ausführlich *Darsow*, Wandel des Staatsbegriffs, 186 ff.

1391 *Crawford*, BYIL 48 (1976/77), 93 (120).

staaten ist der Maßstab wiederum je nach Entstehungstyp unterschiedlich,[1392] insbesondere wurde im Rahmen der Dekolonisation teilweise auf jedwede tatsächliche Unabhängigkeit verzichtet.[1393] Einen dritten Einflußfaktor auf den Maßstab stellen möglicherweise schwere Rechtsverstöße im Entstehungsprozeß des Staates dar.[1394]

Besonders deutlich zeigt sich der Verzicht auf tatsächliche Unabhängigkeit im wirtschaftlichen Bereich.[1395] Während früher auch der wirtschaftliche Aspekt der faktischen Unabhängigkeit betont wurde (zum Beispiel im Fall der verweigerten Aufnahme Liechtensteins in den Völkerbund[1396] sowie bei der Staatsreife von Mandats-

1392 So ist bspw. im Fall der Sezession ein höheres Maß an faktischer Unabhängigkeit erforderlich als im Falle einer Devolution (vgl. *Crawford*, BYIL 48 (1976/77), 93 (120)).

1393 *Crawford*, BYIL 48 (1976/77), 93 (161) stellt fest, daß bei Sezessionen, die sich auf das Selbstbestimmungsrecht der Völker stützen, ein vergleichsweise geringerer Grad an effektiver tatsächlicher Unabhängigkeit erforderlich ist. Dieser Verzicht auf Anforderungen an die Machtsubstanz entspricht den Forderungen, die von Vertretern der nach Unabhängigkeit strebenden Staaten während der Dekolonisierungsphase erhoben wurden. Diese verlangten, den klassischen Staatsbegriff der alten Völkerrechtsordnung vorübergehend zu suspendieren, um die Dekolonisierungsbewegung zu beschleunigen (*Wildhaber*, SchweizJIR 36 (1980), 75 (88)). Nachdem nunmehr in praktisch allen früheren Kolonialgebieten souveräne Staaten existieren, bleibt abzuwarten, ob die Praxis zu den strengeren Maßstäben der Vergangenheit zurückkehrt (was dem heutigen Interesse der Regierungen in den ehemaligen Kolonien entspräche) oder ob weitere Sezessionen unter Berufung auf das Selbstbestimmungsrecht der Völker unter den vereinfachten Bedingungen der Dekolonisierungsphase zugelassen werden. Dabei könnte sich auch auswirken, daß die spezifischen politischen Bedingungen des Kalten Krieges, die eine zügige Anerkennung neuer Staaten gefördert haben (vgl. *Friedmann*, The Changing Structure, 32), weggefallen sind.

1394 Mit der Frage, inwiefern die "legality" Voraussetzung der Entstehung eines Staates ist, hat sich insbes. *Crawford*, BYIL 48 (1976/77), 93 (139, 144 ff.) auseinandergesetzt. Zwar ist zweifelhaft, ob die bisherige Staatenpraxis ausreicht, um abweichend von der bisher herrschenden Ansicht Rechtssätze zu stützen, wonach bestimmte Rechtsverstöße die Entstehung eines souveränen Staates verhindern. Auf der anderen Seite zeigt das Vorgehen insbesondere im Falle Rhodesiens, das zweifellos über ein hohes Maß an tatsächlicher Unabhängigkeit verfügte, jedoch, daß die Wertungen, die im Rahmen der Dekolonisierung vielfach zu einer sehr frühen Anerkennung geführt haben, auch in umgekehrter Richtung wirken (vgl. *Verdross/Simma*, Universelles Völkerrecht, § 386). Als weiteres Beispiel dafür, daß Fragen der Legalität bei der Zuerkennung souveräner Staatlichkeit eine Rolle spielen, könnte auch die Ablehnung der Anerkennung der sog. Bantustans herangezogen werden, die allerdings offiziell auf eine mangelnde faktische, insbes. auch wirtschaftliche Unabhängigkeit gestützt wurde. Tatsächlich aber verfügten die betroffenen Gebiete gerade auf wirtschaftlichem Gebiet über ein erheblich größeres Potential als viele andere neu in die Vereinten Nationen aufgenommene Staaten (vgl. hierzu *Darsow*, Wandel des Staatsbegriffs, 224 ff. m.N.). Um die angesprochenen neuen Tendenzen dogmatisch zu erfassen wird hier vorgeschlagen, die Frage der Legalität des Entstehungsprozesses (noch) nicht im Sinne einer Bedingung der Staatlichkeit aufzufassen, sondern lediglich als Kriterium für die Bestimmung der erforderlichen tatsächlichen Unabhängigkeit.

Im Hinblick auf die Frage der Beendigung der Staatlichkeit ist heute anerkannt, daß im Falle einer völkerrechtswidrigen Annexion selbst eine völlige Beendigung tatsächlicher Unabhängigkeit den rechtlichen Status nicht beeinträchtigt (vgl. z.B. *Verdross/Simma*, Universelles Völkerrecht, § 391).

1395 Aber auch darüberhinaus auf dem Gebiet der machtpolitischen Beziehungen. Vgl. bspw. zur Entleerung des Begriffs der souveränen Gleichheit im Rahmen der Behandlung der russischen Intervention in Ungarn 1956 durch die Akzeptanz der von Moskau völlig abhängigen *Kadar*-Regierung *Schwarzenberger*, CLP 10 (1957), 264 (288).

1396 Der Aufnahmeantrag wurde gestützt auf die wirtschaftliche Schwäche Liechtensteins abgelehnt (vgl. *Klein*, in: Graf Vitzthum (Hrsg.), Völkerrecht (2. Aufl.), 4. Abschnitt, Rdnr. 69).

gebieten[1397]), wird heute im Einklang mit der allgemeinen Reduzierung der Anforderungen an die faktische Unabhängigkeit auch der wirtschaftlichen Unabhängigkeit weniger Bedeutung zugemessen. So wurden zahlreiche Drittweltstaaten in die Völkerrechtsordnung eingegliedert, deren Haushalt zu erheblichen Teilen von den ehemaligen Kolonialmächten bestritten wird,[1398] und/oder die ohne "Geburtshilfe" durch die Vereinten Nationen überhaupt nicht lebensfähig gewesen wären[1399]. Bereits angesprochen wurde die Zuerkennung der Souveränität an Mikrostaaten[1400], von denen sich zwar einige durchaus selbst finanzieren können (insofern also wirtschaftlich lebensfähig sind), die aber jedenfalls insofern nicht wirtschaftlich unabhängig sind, als ihre Volkswirtschaften bei einer Abriegelung der Grenzen sofort zusammenbrechen würden.[1401] In der Praxis der Vereinten Nationen wurden materielle Anforderungen an die wirtschaftliche Unabhängigkeit schließlich völlig fallengelassen. Bei der Aufnahme zahlreicher Mikrostaaten der "Dritten Welt" ging man "von einem formalen Staatsbegriff aus, bei dem über eine noch so schwache Ressourcenausstattung und Infrastruktur und damit fragliche wirtschaftliche Lebensfähigkeit neuer Staaten hinweggesehen wurde."[1402]

c) Politische Souveränität und völkerrechtliche Bindung

Im vorangegangenen Unterabschnitt wurde das Verhältnis zwischen Beschränkungen der politischen Souveränität, d.h. im Verhältnis zu anderen Staaten bestehenden Mächtigkeits-Defiziten, und der rechtlichen Souveränität als Status souveräner Staatlichkeit behandelt. Es ging dabei um die Frage, ab welchem Grade *faktische* Beschränkungen der staatlichen Handlungsfreiheit die rechtliche Souveränität eines Staates berühren bzw. deren Feststellung im Wege stehen. Das Verhältnis von politischer und rechtlicher Souveränität erschöpft sich jedoch nicht in dieser Beziehung.

Das Begriffspaar der rechtlichen und der politischen Souveränität wird in der Literatur auch verwendet, um die Auswirkungen völkerrechtlicher, insbesondere vertraglicher Bindungen auf "die" Souveränität des Staates zu umschreiben. Hierbei geht es um die Frage, ob, und wenn ja, welcher Aspekt der Souveränität betroffen wird, wenn der Staat sich *völkerrechtlichen* Beschränkungen unterwirft. Hierzu werden zwei sich im Ansatz diametral entgegenstehende Meinungen vertreten.

1397 Vgl. *Darsow*, Wandel des Staatsbegriffs, 58 f.

1398 Vgl. zu entsprechenden Abkommen *Cohen*, UPLR 109 (1960/61), 1127 (1147 f.).

1399 Vgl. etwa *Darsow*, Wandel des Staatsbegriffs, 124 f., der auf das Beispiel Ruandas und Burundis hinweist, bei denen gestützt auf Res. A/1514 (s.o. Fn. 1381) auf das Vorliegen (u.a.) der wirtschaftlichen Lebensfähigkeit bewußt verzichtet wurde.

1400 Vgl. zu deren wirtschaftlich-faktischer Unabhängigkeit *Darsow*, Wandel des Staatsbegriffs, 179 f.

1401 Ein gewisses Maß an Autarkiefähigkeit ist danach heute nicht mehr Voraussetzung souveräner Staatlichkeit (vgl. zu diesem Kriterium *Darsow*, Wandel des Staatsbegriffs, 91).

1402 *Ginther*, Die "Dritte Welt" und das Völkerrecht, ÖHbVR Bd. 1 (3. Aufl.), Rdnr. 158.

aa) Die zu den Auswirkungen völkerrechtlicher Bindungen auf die Souveränität vertretenen Positionen

(1) *Völkerrechtliche Bindungen betreffen grundsätzlich nur die politische Souveränität*

Es ist offensichtlich, daß nicht nur eine faktische Beeinträchtigung der politischen Souveränität möglich ist, sondern daß sie auch durch rechtliche Instrumente betroffen werden kann. So kann etwa ein Hegemonialverhältnis nicht nur auf tatsächlicher Gefolgschaft seitens des schwächeren Staates beruhen (sog. faktische Hegemonie), sondern auch vertraglich begründet werden,[1403] wobei sich beide Aspekte typischerweise ergänzen.[1404] Innerhalb bestimmter (oder besser: unbestimmter) Grenzen[1405], wird weder durch die faktische noch durch die verrechtlichte Hegemonie der rechtliche Status des schwachen Staates als souveränes Völkerrechtssubjekt beeinträchtigt. So betrachtet bleibt die rechtliche Souveränität unberührt.

Entsprechend diesen Überlegungen geht eine Meinung davon aus, daß grundsätzlich alle völkerrechtlichen Bindungen die rechtliche Souveränität unberührt lassen und nur die politische Souveränität bzw. die faktische Freiheit der Staaten beeinträchtigen.[1406] Auf dieser Linie lag auch die an die überkommene Theorie anknüpfende[1407] Rechtsprechung des Ständigen Internationalen Gerichtshofes, wonach der Abschluß völkerrechtlicher Verträge die Souveränität unberührt lasse und nur deren Ausübung betreffe.[1408]

1403 Zu den beiden Grundtypen von Hegemonialverhältnissen *Gerlach*, Intervention, 145.

1404 Dies zeigt sich etwa am Beispiel der Hegemonialmächte USA und UdSSR in der Zeit nach dem Zweiten Weltkrieg. Neben die vertraglichen Bindungen der Blockangehörigen an die jeweilige Führungsmacht trat der faktische Einfluß der Supermächte. Besonders deutlich wird das Zusammenspiel beider Elemente in den Verträgen zwischen der UdSSR und ihren "Verbündeten", in denen die *Breschnew*-Doktrin rechtlich verfestigt wurde (vgl. dazu *Randelzhofer*, Staatsgewalt und Souveränität, HStR I, § 15 Rdnr. 32).

1405 *Randelzhofer*, Staatsgewalt und Souveränität, HStR I, § 15 Rdnr. 32, hält die in der vorangegangenen Fußnote erwähnten Abkommen zur Begründung eines sowjetischen Interventionsrechts für souveränitätsbeschränkend (er nimmt allerdings an, in ihnen liege ein Verstoß gegen Art. 2 Ziff. 4 SVN, der zwingendes Recht darstelle. Dies hätte freilich die Nichtigkeit der entgegenstehenden Verträge zur Folge, so daß die von *Randelzhofer* angenommene Souveränitätsbeschränkung letztlich nicht mit den Verträgen, sondern nur mit der ihnen zugrundeliegenden faktischen Abhängigkeit der Vertragspartner der UdSSR begründet werden könnte).

1406 So z.B. *Verdross/Simma*, Universelles Völkerrecht, §§ 34, 36; *Arangio-Ruiz*, RdC 137 (1972 III), 431 (702).

1407 Zur Frage, ob die Aufteilung des Souveränitätsbegriffs in Besitz und Ausübung bereits bei *Bodin* oder erst bei *Grotius* nachweisbar ist s.o. Fn. 269.

1408 Grundlegend ist insofern das Urteil des StIGH vom 17.8.1923 im *Case of the S.S. "Wimbledon"*, PCIJ Ser. A No. 1, 15 (24 f.). Diese Rechtsprechung wurde in mehreren Entscheidungen sowie Voten fortgeführt (siehe z.B. StIGH, Gutachten vom 21.2.1925 über den *Exchange of Greek and Turkish Populations*, PCIJ Ser. B No. 10, 21; StIGH, Gutachten vom 8.12.1927 zur *European Commission of the Danube*, PCIJ Ser. B No. 14, 36).

Allerdings muß diese Richtung Ausnahmen von dem von ihr aufgestellten Grundsatz machen. Denn es ist allgemein anerkannt, daß es völkerrechtliche Verträge gibt, die einen oder alle Beteiligten unterhalb die Schwelle eines souveränen Staates bringen.[1409] Es gehört gerade zu den Freiheiten eines souveränen Staates, "to renounce its independence and even its existence".[1410] Das wichtigste Beispiel für einen solchen Vorgang ist der durch völkerrechtlichen Vertrag bewirkte Anschluß eines Staates an einen bestehenden, beziehungsweise der Zusammenschluß mehrerer zu einem neuen (Bundes-)Staat.

Über diese klare Fallgruppe hinaus besteht über die Ausnahmen keine Einigkeit. In grober Einteilung lassen sich zwei Richtungen ausmachen, die vor allem bei inhaltlich unausgewogenen Verträgen[1411] wie z.B. Friedens- und Protektoratsverträgen zu unterschiedlichen Ergebnissen führen. Nach der stärker auf formale Kriterien abstellenden Variante wird die rechtliche Souveränität durch eine völkerrechtliche Bindung nicht betroffen, solange eine völkerrechtliche Möglichkeit besteht, sich von den (vertraglichen) Bindungen wieder zu lösen (Kündigung, Rücktritt, clausula rebus sic stantibus etc.)[1412]; es wird also gefordert, daß eine völkerrechtliche Lösungsmöglichkeit besteht, die die einseitige[1413] "Rückholung" der durch den Vertrag be-

---

1409 Vgl. *Dahm/Delbrück/Wolfrum*, Völkerrecht I/1, 217 f.

1410 So *Anzilotti*, Ind. Op. zu *Austro-German Customs Régime*, PCIJ Ser. A/B No. 41, 22 (26); vgl. auch *Schwarzenberger*, CLP 10 (1957), 264 (282). Allerdings gibt es auch von diesem Grundsatz besonders begründete Ausnahmen. Beispielsweise war nach Art. 88 des Friedensvertrages von Saint Germain vom 10.9.1919 die Unabhängigkeit Österreichs "inaliénable" und Österreich verpflichtet, außer mit Zustimmung des Völkerbundrates seine Unabhängigkeit nicht zu gefährden. Eine ähnliche Regelung enthielt der österreichische Staatsvertrag von 1955 (vgl. dazu *Seidl-Hohenveldern/Stein*, Völkerrecht, Rdnr. 1441).

1411 Vgl. zu den sog. ungleichen Verträgen (unequal/one sided treaties) *Morvay*, Unequal Treaties, EPIL Bd. IV, 1008 ff.; *Seidl-Hohenveldern/Stein*, Völkerrecht, Rdnr. 200 f.; *Dicke*, Intervention, 102 m.w.N.

1412 *Verdross/Simma*, Universelles Völkerrecht, §§ 34, 36.

1413 Noch weitergehend *Seidl-Hohenveldern/Stein*, Völkerrecht, Rdnr. 1442, die im Zusammenhang mit den Bindungen des Vertrages von Saint-Germain und des österreichischen Staatsvertrages von 1955 jede auf völkerrechtlichen Regeln beruhende Lösungsmöglichkeit einschließlich eines - von der Zustimmung des Vertragspartners abhängigen - actus contrarius genügen lassen wollen. Hier drängt sich der Verdacht auf, daß der Wunsch, den souveränen Status Österreichs theoretisch zu untermauern, die Konstruktion beflügelt hat. Mit der Annahme, die Möglichkeit, die Bindungen durch einen entgegenstehenden völkerrechtlichen Vertrag rückgängig zu machen, genüge zur Erhaltung der souveränen Staatlichkeit, wird die Souveränität als klassifizierender Begriff ad absurdum geführt. Denn diese Möglichkeit besteht auch bei abhängigen Staaten und sogar Staaten ohne Völkerrechtssubjektivität, da im Abschluß eines völkerrechtlichen Vertrages mit ihnen stets auch ihre Anerkennung als Völkerrechtssubjekt liegt. Entscheidend ist aber, ob nach dem Abschluß des die ursprüngliche Bindung begründenden Vertrages noch eine Einheit übrig bleibt, der nach den Regeln des allgemeinen Völkerrechts der Status souveräner Gleichheit zukommt. Hierfür liefert die Möglichkeit des späteren Abschlusses eines Vertrages, der die Erfüllung der dafür bestehenden Kriterien herbeiführt, kein Kriterium. Sind die Bedingungen des völkerrechtlichen Staatsbegriffs nicht mehr erfüllt, hängt die Wiedererlangung des souveränen Status vom Willen des anderen Staates ab, der, da er zum Abschluß des actus contrarius nicht verpflichtet ist, autonom über den Status des betroffenen Gebietes entscheidet.

troffenen Hoheitsrechte ermöglicht.[1414] Demgegenüber bezieht eine andere Meinung stärker materielle Kriterien ein und hält auch bestimmte Verträge, die den Kriterien der anderen Ansicht entsprechen, für souveränitätsbeeinträchtigend. Wichtige Fallgruppen, in denen die Souveränitätsrelevanz von Verträgen diskutiert wird, sind neben den ungleichen Verträgen der Beitritt in internationale Organisationen, insbesondere in sogenannte supranationale Integrationsgemeinschaften,[1415] sowie die Bindung an ius cogens[1416].

(2) *Völkerrechtliche Bindungen betreffen stets die rechtliche Souveränität*

Nach der entgegengesetzten Auffassung betrifft jede völkerrechtliche Bindung die rechtliche Souveränität. Dabei geht eine Variante davon aus, daß vertragliche und sonstige völkerrechtliche Bindungen eine Beschränkung (limitation) der Souveränität bewirken.[1417] Eine andere Variante geht sogar von einem Transfer der rechtlichen Souveränität aus. Insofern ist namentlich der Ansatz *Schwarzenbergers* zu

---

1414 Vgl. zum Kriterium der Widerrufbarkeit z.B. *Hillgruber*, JZ 2002, 1072 (1075) sowie *van Kleffens*, RdC 82 (1953 I), 5 (88), der die Stellungnahme des StIGH im *Wimbledon*-Fall für wohl zu weitgehend hält.

1415 Die Bezeichnung des Sondertyps einer internationalen Organisation ist unterschiedlich (supranationale Organisation, Integrationsgemeinschaft, supranationale Integrationsgemeinschaft - vgl. zu verschiedenen Vorschlägen zuletzt *Schmitz*, Integration in der Supranationalen Union, 70 ff., der die Begriffskombination "Supranationale Union" vorzieht). Gemeint sind aber stets die bisher einzigen vom Normaltypus der internationalen Organisationen abweichenden Vereinigungen, die Europäischen Gemeinschaften. - Die souveränitätsmäßigen Auswirkungen der europäischen Integration sind seit ihren Anfängen unklar. Immer wieder, zuletzt besonders intensiv anläßlich des EUV, wurde diskutiert, ob sich die europäische Integration auf die Souveränität der Mitgliedstaaten auswirkt. Dabei geht die herrschende Ansicht davon aus, daß der Beitritt zu supranationalen Organisationen keine Minderung der staatlichen Souveränität nach sich ziehe (z.B. *Scheuner*, FS Verdross (1960), 229 (233)). Demgegenüber meint etwa *von Keller*, Handelsverträge, WVR I, 765 (766), daß Integrationsverträge einen "teilweisen Verzicht der Vertragspartner auf ihre Souveränität" bewirkten. Auch *Doehring*, FG Forsthoff, 105 (111), sieht im Falle der Beteiligung an supranationalen Organisationen - anders als im Falle klassischer internationaler Organisationen, bei denen lediglich eine obligatorische Bindung der beteiligten Staaten erfolge - eine Einschränkung der (inneren und) äußeren Souveränität, die durch eine "Aufgabe eines Teils der äußeren Souveränität" bewirkt werde. Auf der Grundlage dieses Ansatzes gelangte er im Rahmen der Diskussion um den Vertrag von Maastricht zu dem Ergebnis, die Mitgliedstaaten der Europäischen Union seien durch die Hoheitsrechtsübertragungen in den Gemeinschaftsverträgen "amputiert", sie verfügten nur noch über eine "Restsouveränität" (*Doehring*, ZRP 1993, 98 (99)). Der durch den Vertrag begründete (weitere) quantitative und qualitative Zuwachs an Gemeinschaftszuständigkeiten bedeute einen so weitgehenden "Souveränitätsverlust der Mitgliedstaaten ..., daß man im Sinne des Völkerrechts jedenfalls von souveränen Staaten im überkommenen Sinne wohl nicht mehr sprechen" könne (*Doehring*, ZRP 1993, 98 (103)).

1416 Die Stellungnahme zur Auswirkung von ius cogens auf die staatliche Souveränität wird v.a. durch die jeweils vertretene völkerrechtliche Grundkonzeption bestimmt. Soweit man abweichend von der hier vertretenen Ansicht im ius cogens in naturrechtlicher Tradition ein notwendiges Recht sieht, an das die Staaten unabhängig von ihrem Willen gebunden sind, so ist im ius cogens ebenso wie in allen anderen naturrechtlich vorgegebenen Sätzen eine Beschränkung der staatlichen Souveränität zu sehen (vgl. dahingehend z.B. *Egido*, Natural Law, EPIL Bd. III, 515 (518 f.)).

1417 So z.B. (bezogen auf Verträge) *Lane*, Federalism in the International Community, EPIL Bd. III, 375 (376); *Cohen*, UPLR 109 (1960/61), 1127 (1140), sie behandelt die Zession von Souveränität an eine andere Einheit als Unterfall der Beschränkung.

erwähnen, der eine systematisch geschlossene Theorie zum Verbleib der infolge einer völkerrechtlichen Bindung beschränkten Souveränität entwickelt hat.[1418] Die durch völkerrechtliche Bindungen verursachte Beeinträchtigung der Souveränität führt jedoch im Regelfall nicht dazu, daß der beteiligte Staat seine Staatlichkeit im Sinne des Status' der Souveränität verliert.[1419]

Diese Sichtweise macht es notwendig, innerhalb der rechtlichen Souveränität zwei Ebenen, nämlich einen dimensionalen und einen dichotomischen oder klassifizierenden Begriffsaspekt zu unterscheiden[1420]. Die Aussage, daß durch jede völkerrechtliche Bindung die rechtliche Souveränität graduell gemindert (relativiert) werde, führt dazu, daß die Staaten nicht nur in politischer, sondern auch in rechtlicher Hinsicht als über einen unterschiedlichen Grad an Souveränität verfügend angesehen werden. Es besteht also auch ein Kontinuum der rechtlichen Souveränität. Im Anschluß an die Feststellung des jeweiligen Souveränitätsbestandes ist sodann der betreffende Staat zu klassifizieren. Es wird also in einer wertenden Betrachtung gefragt, ob der bei einem Staat vorhandene Souveränitätsbestand es rechtfertigt, ihn als souveränen Staat anzusehen. Die Kriterien für diese Einordnung sind - ebenso wie nach der anderen Meinung - außerhalb des Souveränitätsbegriffs zu suchen; sie sind von dem vom jeweils geltenden Völkerrecht geprägten Staatsverständnis her zu bestimmen.

bb) Stellungnahme

Vom Ausgangspunkt eines induktiven Völkerrechts- und Begriffsverständnisses sollte es oberstes Ziel der völkerrechtlichen Dogmatik sein, die realen Rechtsvorgänge möglichst einfach darzustellen. Diesen Anforderungen wird die h.M. nicht gerecht. Die hier an zweiter Stelle dargestellte Theorie ist besser geeignet, die positive Rechtslage dogmatisch zu erfassen und zu verdeutlichen. Es ist nicht nur begrifflich verwunderlich, daß eine rechtliche Bindung nicht die rechtliche, sondern "nur" die politische Dimension der Souveränität betreffen soll. Diese Behauptung ist auch geeignet, Zusammenhänge zu verdecken statt sie offenzulegen und plausibel zu erläutern.

1418 *Schwarzenberger*, CLP 10 (1957), 264 (278. ff.), geht dabei von einer "initial hypothesis of international law" aus, nach der sich die Staaten ursprünglich in der Situation relativer negativer (äußerer) Souveränität befunden haben. Wie bereits bei der Behandlung des Gegensatzes von positiver und negativer Souveränität angesprochen, nimmt er weiter an, daß jede Völkerrechtsnorm dazu führt, daß rechtliche Souveränität von ihrem ursprünglichen Inhaber auf einen neuen übergeht, wobei sich negative in positive Souveränität umwandelt. Immer wenn ein Staat durch Eingehung völkerrechtlicher Pflichten seine negative Souveränität beschränkt, erwächst sie als positive Souveränität bei einer anderen Entität. Im Falle eines bilateralen Vertrages ist der neue Träger der "positivierten" rechtlichen Souveränität der Vertragspartner. Bei multilateralen Verträgen sieht *Schwarzenberger* als Träger der übertragenen (positiven) Souveränität die Gemeinschaft der Vertragschließenden an. Bei der Begründung internationaler Organisationen schließlich gehen die Souveränitätsrechte der Mitgliedstaaten auf diese über.

1419 *Cohen*, UPLR 109 (1960/61), 1127 (1140).

1420 Vgl. zu dieser Unterscheidung *Ritterband*, Menschenrechtsschutz, 243 f.

(1) *Beschreibung der rechtlichen Vorgänge*

Gegen die Konstruktion der h.M. ist zunächst einzuwenden, daß sie die rechtlichen Vorgänge unangemessen erfaßt und gerade in den problematischen Grenzfällen auch zur Verschleierung der wirklichen Rechtslage beitragen kann.

Ausgehend von ihrer Grundbehauptung, daß völkerrechtliche Bindungen nur die politische Souveränität beziehungsweise die Ausübung der Souveränität betreffen, muß die h.M. einen Mechanismus unterstellen, der in den Fällen, in denen die völkerrechtliche Ordnung zu einem dem postulierten Grundsatz widersprechenden Ergebnis kommt, bewirkt, daß ausnahmsweise die - durch rechtliche Instrumente hervorgerufene - Beeinträchtigung der politischen Souveränität doch auf die rechtliche Souveränität zurückschlägt. Dieser Mechanismus wird nicht näher erläutert. Der Ansatz beruht letztlich auf einer Gleichsetzung bestimmter rechtlicher Bindungen mit tatsächlichen Beeinträchtigungen der Handlungsfreiheit. Plausibler lassen sich die rechtlichen Vorgänge darstellen, wenn man davon ausgeht, daß jede rechtliche Bindung die völkerrechtliche Souveränität betrifft.

Wenn nicht völkerrechtliche Bindungen die rechtliche Souveränität beeinträchtigen, bleibt zum einen unerklärt, wie die allseits bejahte Relativität der rechtlichen Souveränität konstruiert werden soll. Die Relativierung kann - sieht man von naturrechtlichen Einschränkungen ab - nur durch die Einbindung in die Völkerrechtsordnung, mit anderen Worten also durch völkerrechtliche Bindungen bewirkt werden. Die Annahme, völkerrechtliche Bindungen berührten die Souveränität nicht, beruht in letzter Konsequenz auf einem - auch heute unterschwellig noch immer verbreiteten[1421] - absoluten Souveränitätsverständnis, was freilich nur selten zum Ausdruck gebracht wird.[1422]

Die h.M. erschwert zum anderen unnötig die Erfassung von rechtlichen Abhängigkeiten zwischen den Staaten. Wie bereits angesprochen, kann ein Staat sich seines souveränen Status' durch völkerrechtliche Instrumente begeben.[1423] In der völker-

---

1421 Allgemein diagnostiziert *Schwarze*, in: Häberle et al., Die überstaatliche Bedingtheit des Staates, 39 (43), bei einem Teil der deutschen Staatsrechtslehre Schwierigkeiten, sich "von dem dominierenden Vorstellungsbild des allmächtig gedachten, souveränen Nationalstaates" zu lösen.

1422 Anders aber *Graf Vitzthum*, in: Graf Vitzthum (Hrsg.), Völkerrecht (2. Aufl.), 1. Abschnitt, Rdnr. 46, der zur Begründung der h.M. ausdrücklich auf einen "hypothetischen Zustand absoluter Souveränität" abstellt und die Vorstellung, den Staaten nur eine relative Souveränität zuzubilligen, ausdrücklich zurückweist, obwohl er ihre "Einschränkung" durch Selbstbindung bejaht. Vgl. auch *Schmitz*, Integration in der supranationalen Union, 518, der in der staatlichen Souveränität "etwas Absolutes" sieht. - Zwar entspricht es durchaus dem hier vertretenen völkerrechtlichen Grundverständnis, für den Zeitraum vor der Begründung der Völkerrechtsordnung bzw. der Eingliederung eines Staates in diese von einem Zustand absoluter Souveränität im Sinne rechtlicher Ungebundenheit auszugehen. Sobald aber gegenseitig ein gleicher Status anerkannt ist, ist dieser Status nicht mehr hypothetisch, sondern vergangen, weil in der Tat die vom Völkerrecht anerkannte Souveränität nur eine relative ist und sein kann (s.o. D.II.1., S. 172).

1423 S.o. D.II.3.c)aa)(1), S. 190. Vgl. auch *Anzilotti*, Ind. Op. zu *Austro-German Customs Régime*, PCIJ Ser. A/B No. 41, 22 (24 f.), der allerdings unzutreffenderweise davon ausgeht, daß nur ein rechtlich ausgestaltetes Subordinationsverhältnis einen Staat seiner Souveränität entledigt

rechtlichen Realität ist die rechtliche Unabhängigkeit nicht bei allen Staaten gleich. Aber das Völkerrecht behandelt bestimmte Gruppen von Staaten trotz der bestehenden Unterschiede, die nicht nur ihre tatsächlichen, sondern auch ihre rechtlichen Handlungsmöglichkeiten betreffen, als gleichrangig. Es bestehen insofern drei Gruppen: Erstens die souveränen Staaten als völkerrechtlicher Normalfall. Zweitens die abhängigen Staaten, die zwar Träger völkerrechtlicher Rechte und Pflichten sind, auf die aber nicht alle für die souveränen Staaten geltenden Regeln anwendbar sind.[1424] Schließlich drittens Staaten, die wegen eines zu großen Maßes an rechtlicher (oder politischer[1425]) Abhängigkeit von einem anderen Verband als bloßes Völkerrechtsobjekt angesehen werden.

Dabei ist ein Kriterium für die Zuordnung einzelner Staaten zu einer dieser Gruppen auch der Umfang der Hoheitsgewalt, über die die betreffende Entität (rechtlich) verfügt.[1426] Dieser wird durch den Umfang der bestehenden völkerrechtlichen Bindungen bestimmt. "Es führt eine kontinuierliche Skala von der vollen Hoheitsgewalt, die nicht einmal durch Verträge eingeschränkt ist, über verschiedene Grade der geminderten Rechtsstellung bis zur Nichtstaatlichkeit."[1427]

Selbstverständlich ist die Zuordnung im Einzelfall, soweit es um die Abgrenzung zwischen souveränen und nicht souveränen Staaten geht, nach beiden Theorien durchführbar. Sie müßte, wenn man auf induktiv ermittelte Maßstäbe zurückgreift, auch zu den gleichen Ergebnissen führen. Die beiden Auffassungen gelangen in der Sache auf konstruktiv unterschiedlichem Wege zum selben Ergebnis, insofern man die Staatsqualität der Vertragschließenden ins Auge faßt: Ein souveräner Staat bleibt ganz grundsätzlich zurück, da im Ergebnis völkerrechtliche Bindungen grundsätzlich die Souveränität im Sinne eines rechtlichen Status (also im dichotomischen Sinne) weder beseitigt noch vermindert. Die herkömmliche Meinung gelangt zu diesem Ergebnis, indem sie die Souveränität als Ausdruck der unabhängigen Staatlichkeit von vornherein als unberührt bezeichnet. Allerdings kann in näher zu bestimmenden Ausnahmefällen die mit der Bindung verbundene Beeinträchtigung der politischen Souveränität, vermittelt durch den Effektivitätsgrundsatz, auf die Qualifizierung als souveräner Staat zurückschlagen. Nach dem hier bevorzugten Ansatz werden dagegen zwei Ebenen klar unterschieden: Zwar bedeutet nach ihm jeder Vertragsschluß eine Einbuße auch an rechtlicher negativer Souveränität; diese ist also teilbar bzw. einer graduellen Abstufung fähig. Dies hat aber nur unter bestimmten Umständen den Verlust oder die Einschränkung der souveränen Staat-

und zu einem abhängigen Staat macht (ebenso *Seidl-Hohenveldern/Stein*, Völkerrecht, Rdnr. 1440, die einen "formellen Niederschlag" der tatsächlichen Abhängigkeit fordern). Demgegenüber kann nach richtiger Ansicht die Souveränität auch durch eine regelmäßige tatsächliche Gefolgschaft verloren gehen (*Verdross/Simma*, Universelles Völkerrecht, § 349).

1424 Vgl. zu den abhängigen Staaten *Dahm*, Völkerrecht I, 167 f.

1425 Siehe dazu oben D.II.3.b), S. 183.

1426 Vgl. *Dahm*, Völkerrecht I, 168; *Oppenheim/Lauterpacht*, International Law I (8. Aufl.), § 65.

1427 *Dahm*, Völkerrecht I, 168.

lichkeit zur Folge.[1428] Diese Umstände sind ebenso wie die Maßstäbe für die Rückwirkung von Verlusten politischer Souveränität nicht aus der Konstruktion selbst, sondern aus dem - vom jeweiligen Völkerrecht geprägten – Staatsverständnis her zu bestimmen. Allerdings hat die von *Schwarzenberger* u.a. vertretene Konstruktion den Vorteil, daß sie die Argumentation durch die Zwei-Stufung übersichtlicher gestaltet.

Neben der größeren Übersichtlichkeit hat die hier vertretene Meinung noch weitere Vorteile. In der h.M. ist eine Tendenz angelegt, auch solchen Staaten, die tatsächlich den dafür bestehenden Anforderungen nicht entsprechen, den vollen Status eines souveränen Staates zuzuerkennen. Staaten können durch völkerrechtliche Verträge ihre Unabhängigkeit nicht nur aufgeben, sondern auch in einer Weise beschränken, daß sie zwar noch als Völkerrechtssubjekte, aber nicht länger als souveräne Staaten anzusehen sind. Aufgrund der Grundannahme, daß völkerrechtliche Bindungen die Souveränität nicht berühren, tendiert die h.M. dazu, auch in solchen Fällen, wo Abhängigkeit rechtlich begründet oder manifestiert wird, die (volle) Souveränität zu bejahen. Die theoretische Aufrechterhaltung eines "somewhat hypothetical status of independence" auch in solchen Situationen mag zwar als politische Rücksichtnahme erklärbar sein, vom rechtlichen Standpunkt erscheint sie aber "slightly artificial".[1429] Zwar kennt auch die Gegenmeinung eine Scheinsouveränität[1430], aber sie kann das Phänomen konstruktiv nur schwer erklären.

Weiterhin versagt die h.M. bei der Erklärung des Problems der abhängigen, nicht-souveränen Staaten mit Völkerrechtssubjektivität.[1431] Sie unterscheidet in vereinfachender Weise nur zwischen souveränen und nicht souveränen Staaten[1432] und kann daher die abhängigen Staaten, die sich im Umfang ihrer völkerrechtlichen Bindungen von den unabhängigen (und auch untereinander) nur graduell unterscheiden, nicht mit einem einheitlichen terminologischen Instrumentarium greifen. Dagegen kann die Mindermeinung alle drei Staatentypen plausibel erfassen und damit auch die in der Rechtswirklichkeit bestehende Möglichkeit, die eigene Unabhängigkeit nicht nur vollständig und dauerhaft sondern auch teilweise zu entäußern[1433]. Wenn man anerkennt, daß auch die rechtliche Souveränität "der Abstufung fähig"[1434] ist, kann gedanklich ein Kontinuum aufgestellt werden und auf

---

1428 Eine Fallgruppe, in der die Beschränkung der rechtlichen Handlungsfreiheit nicht zu einer Beseitigung des souveränen Status führt, stellt etwa die Neutralisierung von Staaten dar, vgl. *Oppenheim/Lauterpacht*, International Law I (8. Aufl.), § 126.

1429 *Schwarzenberger*, CLP 10 (1957), 264 (282 f.). - *Schwarzenberger* vermutet "tactical reasons" als Grund für die Konstruktion des StIGH, die es vermied, die durch den Versailler Vertrag begründete rechtlichen Abhängigkeit Deutschlands offen anzusprechen. *Schwarzenberger* zustimmend *Wagner*, Beschlußrecht, 61, der die Aufspaltung des Souveränitätsbegriffs in Substanz und Ausübung als "distinctio impossibile" bezeichnet.

1430 Z.B. *Verdross/Simma*, Universelles Völkerrecht, § 34.

1431 *Schwarzenberger*, CLP 10 (1957), 264 (283).

1432 Vgl. *Dahm*, Völkerrecht I, 168.

1433 *Crawford*, BYIL 48 (1976/77), 93 (110 - "independence is protected while it exists, but there is no prohibition on its partial or permanent alienation").

1434 *Dahm*, Völkerrecht I, 168.

diesem die Trennlinien, die die verschiedenen Staatentypen abgrenzen, eingezogen werden.[1435] Werden diese durch Eingehung zusätzlicher Bindungen überschritten, ändert sich der Status eines Staates.

Ferner kann in dieser Systematik auch die oben im Hinblick auf die tatsächliche Dimension angesprochene Veränderung der Maßstäbe für die souveräne Staatlichkeit einfach durch eine Verschiebung der Trennlinien anschaulich gemacht werden. So haben sich im Verlauf der letzten Jahrzehnte die internationalen Beziehungen erheblich intensiviert mit der Folge, daß die Staaten in einem Umfang völkerrechtliche Bindungen eingegangen sind, der früher zumindest Bedenken hinsichtlich ihrer souveränen Staatlichkeit hervorgerufen hätte.[1436] Ein weiteres Beispiel für eine solche Veränderung der bei der Wertung zugrunde zu legenden Maßstäbe stellt etwa die Bewertung von Verträgen dar, durch die ein Staat Mitglied einer internationalen Organisation wird. Während im 19. Jahrhundert die Eingliederung in internationale Organisationen von vielen als mit der staatlichen Souveränität unvereinbar angesehen wurde[1437] und sich die organisierte internationale Zusammenarbeit deshalb im wesentlichen auf unpolitische sog. Verwaltungsunionen beschränkte, hat seitdem ein Wandel des Souveränitätsverständnisses stattgefunden.[1438]

Schließlich können die ungleichen Verträge problemlos konstruktiv erfaßt und in die Systematik des Souveränitätsbegriffs integriert werden, während sie ansonsten einen terminologisch schwer faßbaren Ausnahmefall darstellen. Wie bereits erwähnt läßt sich die Auswirkung eines Vertrages anhand der Kategorien der positiven und negativen Souveränität dahingehend umschreiben, daß die eine Seite an negativer Souveränität verliert, während die andere positive Souveränität gewinnt. Im Normalfall werden die diese Souveränitätsverschiebungen bewirkenden Verpflichtungen gegenseitig übernommen, so daß allen Beteiligten für die Beschränkungen ihrer negativen Souveränität ein entsprechender "Betrag" an positiver Souveränität zuwächst. Im Ausnahmefall ungleicher Verträge ist dieses Gleichgewicht - mehr oder weniger - gestört. Die eine Seite muß einseitig eine rechtliche Beschneidung ihres rechtlich geschützten Autonomiebereichs hinnehmen, ohne dafür ein äquivalentes Einwirkungsrecht auf den Vertragspartner zu erhalten.

1435 Freilich kann auch dieser Ansatz nur zur Veranschaulichung dienen, nicht aber zu einem exakten Modell zur Kategorisierung von Staaten führen. Dies würde eine Quantifizierung der Souveränitätsbeeinträchtigungen, d.h. insbesondere deren Gewichtung, voraussetzen. Die Maßstäbe für eine solche Beziehung auf einen gemeinsamen Nenner lassen sich theoretisch zwar nach der hier bevorzugten induktiven Methode ermitteln, praktisch dürfte dies jedoch wegen der Komplexität des Problems unmöglich sein.

1436 Vgl. zum Wandel der Kriterien in Abhängigkeit der jeweiligen Ansichten über den Bereich der unverzichtbaren Staatsfunktionen *Steinberger*, Sovereignty, EPIL Bd. IV, 500 (512). Zur "Schrumpfung" der staatlichen Hoheitsgewalt auch *Dahm/Delbrück/Wolfrum*, Völkerrecht I/1, 218 f.

1437 Vgl. *Doehring*, FG Forsthoff, 105 (113).

1438 Die Mitgliedschaft in internationalen Organisationen wird heute auch dann, wenn diese über ein gewisses Maß an Zwangsgewalt verfügen, als für den souveränen Status der Staaten unproblematisch angesehen, vgl. *Crawford*, BYIL 48 (1976/77), 93 (125).

Gleichzeitig erklärt diese "bilanzierende Betrachtung", warum die zunehmende rechtliche Verflechtung als solche den rechtlichen Aspekt des Souveränitätsphänomens nicht wesensmäßig verändert. Solange die völkerrechtlichen Verpflichtungen gegenseitig bestehen, beschränken sie "per Saldo" nicht die Souveränität, sondern es wandelt sich nur die Form der äußeren rechtlichen Souveränität. Während der Bereich der negativen Souveränität tendenziell kleiner wird, weitet sich der der positiven aus.[1439]

So lassen sich die Beziehungen zwischen den Staaten als nicht nur faktische, sondern auch rechtliche Interdependenz, das heißt als gegenseitige rechtliche Abhängigkeit, auffassen. Die Zunahme an positiver rechtlicher Souveränität umschreibt die - in der Regel gegenseitige - rechtlich geregelte Befugnis der Staaten, sich in Angelegenheiten, die früher der ausschließlichen Regelungskompetenz einzelner Staaten unterlagen, einzumischen. So wird der von *Häberle* beschriebene Wandel der völkerrechtlichen Beziehungen, in denen Souveränität zunehmend als "Mitspracherecht" erscheint, souveränitätstheoretisch erfaßt. Neben den früher dominierenden Gedanken der "Selbstbestimmung" tritt, was sich inhaltlich besonders in der Ausdehnung des sogenannten Kooperationsrechts manifestiert, "der Gedanke der Mitbestimmung".[1440]

(2) *Beschreibung der (macht-)politischen Vorgänge und des Verhältnisses von Recht und Politik*

Auch im Hinblick auf das Verhältnis von Recht und Macht, dessen Erfassung die Gegenüberstellung von politischer und rechtlicher Souveränität dient, ist die Behauptung, rechtliche Bindungen beeinträchtigten "nur" die politische Souveränität, geeignet, Mißverständnisse hervorzurufen. Gewiß ist es zutreffend, daß durch eine rechtliche Bindung die Handlungsfreiheit der Staaten beschränkt werden kann. Dies mag auch der Normalfall sein. Es gibt jedoch durchaus auch Konstellationen, in

---

[1439] Diese Tendenzaussage bezieht sich auf eine Gesamtbetrachtung der Entwicklung seit dem Entstehen der Völkerrechtsordnung, bei dem die Staaten zunächst eine relative negative Souveränität hatten (vgl. zu dieser Ausgangshypothese oben Fn. 1418). Insbesondere seit dem ausgehenden 19. Jahrhundert ist insgesamt eine immer größere Ausdehnung des völkerrechtlich geregelten Bereichs zu beobachten (vgl. *Scheuner*, JIR 12 (1965), 11 (37 f.)), was zur Folge hat, daß der Bereich der negativen Souveränität der einzelnen Staaten abnimmt. Es gibt jedoch auch gegenläufige Entwicklungen, in denen der hier beschriebene Prozeß in umgekehrter Richtung stattfindet. Zu denken ist insofern etwa an die Ausdehnung der ausschließlichen Befugnisse der Küstenstaaten durch eine Ausdehnung des Küstenmeeres sowie die Etablierung von Hoheitsrechten am Festlandsockel, und in der ausschließlichen Wirtschaftszone zu Lasten der Befugnisse der anderen Staaten. Vgl. zu dieser seerechtlichen Entwicklung *Schwarzenberger*, CLP 10 (1957), 264 (292), sowie unten E.II.1.b)dd)(3)(b), S. 265. Ein weiteres Beispiel für die Ausdehnung der negativen äußeren Souveränität stellt das Recht auf die Vornahme von Enteignungen und Nationalisierungen dar, das im Vergleich zu der vom StIGH im *Chorzow*-Fall dargelegten Rechtslage zwischenzeitlich erheblich ausgeweitet wurde (vgl. hierzu zusammenfassend *Dicke*, Intervention, 126 ff.).

[1440] Vgl. *Häberle*, AöR 92 (1967), 259 (286), der (erst) durch diese Entwicklung dem "Dogma von der prinzipiellen Unbeschränktheit souveräner staatlicher Gewalt" die Grundlage entzogen sieht.

denen rechtliche Bindungen den machtpolitischen Einfluß eines Staates auf andere nicht beschränken.

Insofern besteht zum einen die Möglichkeit, daß eine eingegangene rechtliche Verpflichtung tatsächlich die Handlungsfreiheit eines Staates nicht beschränkt, weil seine Mächtigkeit es ihm erlaubt, die eingegangenen Verpflichtungen ohne ernstliche Konsequenzen zu mißachten.[1441] Zum anderen kann sich das Verhältnis zwischen rechtlicher Bindung und politischer Souveränität sogar umgekehrt verhalten als es von der h.M. dargestellt wird. Statt ihn zu verringern kann eine völkerrechtliche Bindung auch zu einer Vergrößerung des faktischen Einflusses eines Staates führen.[1442]

In diesen beiden Fällen wird mit der Behauptung, die rechtliche Verpflichtung beschränke die politische Souveränität, die Realität der internationalen Beziehungen verfehlt. Diese Interpretation des Verhältnisses von Recht und Macht beruht auf der in den westlichen Demokratien vorherrschenden Auffassung, wonach das Recht ein Korrektiv oder eine Schranke der Macht darstellt.[1443] Diese Sichtweise ist jedoch jedenfalls für den Bereich der internationalen Beziehungen einseitig (und in vielen Fällen geradezu idealisierend). Die wirkliche Bedeutung der Macht in den internationalen Beziehungen kann besser erfaßt werden, wenn man die Frage der politischen Souveränität umfassend und zunächst isoliert von der Frage der völkerrechtlichen Bindungen betrachtet. Durch das Vermengen der beiden Aspekte der Souveränität bereits im ersten Schritt wird statt einer nüchternen Analyse ihres Verhältnisses gleich das (gewünschte) Ergebnis geliefert. Damit wird das Verhältnis

---

1441 Ein Beispiel hierfür stellten während des Ost-West Konfliktes die Beziehungen zwischen der jeweiligen Führungsmacht und den sonstigen Angehörigen ihres Blocks dar, wobei die Belege für die geringe Beschränkung der politischen Souveränität der Hegemonialmacht durch völkerrechtliche Instrumente im Einflußbereich der UdSSR sicherlich offensichtlicher und drastischer waren. Vgl. hierzu *Schwarzenberger*, CLP 10 (1957), 264 (274 f., 288 ff.). Aber auch nach der Überwindung des Ost-West-Gegensatzes und außerhalb des i.e.S. machtpolitisch geprägten Feldes gibt es zumindest Tendenzen in die angesprochene Richtung. Zu denken ist etwa an das Auftreten der USA, aber auch der EU, im Rahmen von GATT bzw. WTO insbes. ggü. kleinen Staaten. So ist es kein Zufall, daß in der amerikanischen Literatur unter Hinweis auf fehlende effektive Durchsetzungsmechanismen im Hinblick auf das Streitbeilegungsverfahren behauptet wird, daß "the WTO rules are simply not 'binding' in the traditional sense" und daß die WTO auf eine freiwillige Befolgung ihrer Regeln angewiesen sei (*Hippler Bello*, AJIL 90 (1996), 416 (416 f.)).

1442 So hat bspw. ein kleines Land wie Luxemburg durch die europäische Integration ein umfassendes Mitentscheidungsrecht (positive Souveränität) über Angelegenheiten in anderen Mitgliedstaaten sowie einen Einfluß auf die Grundsatzentscheidungen über die politische Zukunft des gesamten Kontinents erlangt. Verglichen mit der hypothetischen Situation einer Nichtmitgliedschaft in der EU kann hier kaum von einem Verlust politischer Souveränität gesprochen werden: In einem solchen Szenario würde wahrscheinlich der faktische Druck zu umfassenden Anpassungen der eigenen Politik an von anderen Staaten gesetzte Standards geführt haben, die sich im Ergebnis kaum von den durch den Vertragsabschluß bedingten Beschränkungen unterschieden hätten, denen aber nicht die angesprochenen Mitspracherechte entgegenstünden. Wie groß dieser Anpassungsdruck mittlerweile geworden ist zeigt deutlich der EWR-Vertrag, dessen Konsequenzen nicht zu Unrecht als "Satelli[ti]sierung der EFTA-Staaten" umschrieben wurden (so *Rack* in seinem Diskussionsbeitrag in VVDStRL 50, 174 (175)).

1443 Vgl. zu dieser und der entgegenstehenden marxistisch-leninistischen (Extrem-)Position zum Verhältnis von Recht und Politik *Dicke*, Intervention, 90 m.N.

dieser beiden Aspekte und damit das Phänomen der Souveränität unvollständig erfaßt, und das Potential, das der Souveränitätsbegriff für die Analyse des Verhältnisses von Recht und Macht liefern kann, nicht ausgeschöpft.

(3) *Grundlagen und Zusammenfassung der hier vertretenen Ansicht*

Die hier vertretene Ansicht beruht auf der sog. bundle of rights-Konzeption des Begriffs der (rechtlichen) Souveränität. Danach ist die Souveränität der Staaten nur die Gesamtheit der nach dem Völkerrecht einem Staat zukommenden Zuständigkeiten und Befugnisse.[1444] Diese Auffassung vom Wesen der rechtlichen Souveränität ermöglicht zwar die Annahme einer Übertragung einzelner Souveränitätsrechte namentlich auf vertraglichem Wege[1445] und die Deutung dieses Vorgangs als (im Normalfall gegenseitige) Relativierung der staatlichen Souveränität. Sie steht allerdings im Widerspruch zu einigen oft betonten Dogmen, von denen die ersten drei der hier erwähnten bereits in der französischen Verfassung vom 3.9.1791 enthalten waren.[1446]

So ist die Konstruktion zunächst unvereinbar mit der nur auf naturrechtlicher Grundlage möglichen Behauptung von der Unveränderlichkeit der Souveränität,[1447] deren Unhaltbarkeit heute allgemein erkannt ist.[1448] Weiterhin steht die hier bevorzugte Ansicht im Gegensatz zu dem Dogma von der Unteilbarkeit der Souveränität.[1449] Diese Lehrmeinung, der im Hinblick auf den innerstaatlichen Bereich seit jeher die amerikanische Bundesstaatstheorie widerspricht,[1450] wird allerdings auch hinsichtlich des äußeren Aspekts in Frage gestellt,[1451] in der jüngeren Vergangenheit zu-

---

1444 Vgl. *Verdross*, Verfassung, 182; *Fuß*, DVBl. 1980, 98 (105).

1445 Vgl. z.B. *Verdross*, Verfassung, 182.

1446 Vgl. zu den vier in dieser Verfassung auch mit Blick auf das Außenverhältnis proklamierten Charakteristika der Souveränität, von denen die ersten beiden (Einzigkeit und Unteilbarkeit) hier zusammengefaßt angesprochen werden, *van Kleffens*, RdC 82 (1953 I), 5 (85 ff.).

1447 Vgl. hierzu *Schwarzenberger*, Law and Order, 30 f. - Am Anfang des Unveräußerlichkeitsdogmas standen im übrigen durchaus Vorstellungen, die mit der Interpretation der Souveränität als Rechtsbündel vereinbar sind. So bezogen sich die ersten mittelalterlichen Behauptungen der Unveräußerlichkeit nur auf nebeneinander gestellte einzelne wichtige Rechte. Erst *Bodin* faßte die einzelnen Rechte unter der "donner-loy"-Kompetenz zusammen und konstruierte damit eine innere Verbindung zwischen den Einzelrechten. Dadurch wurde "die Souveränität" zu einer von der Innehabung der Einzelbefugnisse unterschiedlichen Eigenschaft, die nun selbst (und damit natürlich zugleich die aus ihr "fließenden" Rechte) für unveräußerlich erklärt werden konnte. Siehe hierzu oben C.I.4.b)aa), S. 113.

1448 Vgl. zu der völkerrechtlichen Möglichkeit eines Staates, auf seine Souveränität und sogar seine Existenz zu verzichten oben D.II.3.c)aa)(1), S. 190. Siehe auch *van Kleffens*, RdC 82 (1953 I), 5 (85 f.).

1449 Vgl. dazu *Blanke*, DÖV 1993, 412 (419) m.N.; *Oppenheim/Lauterpacht*, International Law I (8. Aufl.), §§ 63 ff.

1450 Nach ihr ist die souveräne Gewalt nach Sachgebieten zwischen dem Bund und den Gliedstaaten aufgeteilt, vgl. *Ophüls*, FS Heymanns Verlag, 519 (529 ff.). Umfassende weitere Nachweise zur Lehre von der geteilten Souveränität bei *Quaritsch*, Staat und Souveränität, 409 f.

1451 Von der Teilbarkeit der (äußeren) rechtlichen Souveränität gehen z.B. *Oppenheim/Lauterpacht*, International Law I (8. Aufl.), §§ 63 ff., aus.

nehmend insbesondere im Zusammenhang mit der europäischen Integration[1452]. Ferner wird das Dogma der Unbeschränkbarkeit der Souveränität in Frage gestellt, wonach jede Beschränkung der Souveränität notwendig den Verlust des souveränen Status zur Folge hat. Schließlich wird auch an der strikten Trennung von Souveränität und Staatsgewalt, wie sie, getrieben von politischen Motiven und eingeengt durch aus dem Begriff der Souveränität abgeleitete Annahmen, zuerst *Jellinek* postulierte, nicht festgehalten.[1453]

Die Auswirkungen einer völkerrechtlichen Bindung können wie folgt zusammengefaßt werden:

Jede völkerrechtliche Bindung bedingt eine Relativierung der rechtlichen äußeren negativen Souveränität. Staaten in einem vor-völkerrechtlichen "Urzustand" absoluter Souveränität gibt es nicht (mehr). Im einzelnen bewirkt eine völkerrechtliche Regelung eine Beschränkung der rechtlichen äußeren negativen Souveränität.[1454] Damit korrespondiert ein Zugewinn an positiver Souveränität der Staaten, die kraft der völkerrechtlichen Regelung berechtigt sind, ein bestimmtes Verhalten zu fordern. Sofern die jeweilige völkerrechtliche Regelung inhaltlich ausgeglichen ist, relativiert sie die Souveränität der beteiligten Staaten gegenseitig. Im Falle einseitiger Regelungen[1455] erhält der verpflichtete Staat aber keinen solchen Ausgleich für seinen Verlust an negativer Souveränität, der andere gewinnt einseitig (relative) positive Souveränität hinzu.[1456] Mit der positiven Souveränität erlangt der berechtigte Staat die Befugnis, ein bestimmtes Verhalten zu fordern. Jede völkerrechtliche Verpflichtung, insbesondere auch eine vertragliche, begründet somit ein Recht, sich in die zuvor der (negativen) Souveränität eines Staates unterliegenden

---

[1452] Schon in einem frühen Stadium des Integrationsprozesses wurde über das Vorhandensein einer Gemeinschaftssouveränität diskutiert. Bspw. erwog *van Kleffens* bereits 1953 die Existenz souveräner Rechte der Europäischen Gemeinschaften (*van Kleffens*, RdC 82 (1953 I), 5 (126)). In den 60er Jahren wurden in Deutschland Ansätze einer Souveränität auf Gemeinschaftsebene erörtert (vgl. *Häberle*, AöR 92 (1967), 259 (260), der u.a. auf die Stellungnahmen von *Pernthaler* und *Ophüls* hinweist). Auch später wurden Modelle einer "dualen Souveränität" erwogen (vgl. *Blanke*, DÖV 1993, 412 (419 f.) m.N.). Zuletzt hat sich *König*, Übertragung von Hoheitsrechten, 266 ff., dafür ausgesprochen, im Zusammenhang mit der europäischen Integration vom Dogma der Unteilbarkeit abzugehen. Die h.M. verneint das Vorliegen von Souveränität auf der Ebene der Europäischen Gemeinschaften, vgl. Nachweise bei *Blanke*, DÖV 1993, 412 (420/Fn. 102) sowie aus neuerer Zeit z.B. *Hillgruber*, JZ 2002, 1072 (1077 f.) und *Schmitz*, Integration in der Supranationalen Union, insbes. 189 ff., 237 ff.

[1453] Vgl. zu Lehre und Motiven *Jellineks Quaritsch*, Staat und Souveränität, 408 ff. m.w.N.; *Bleckmann*, Völkerrecht, 52.

[1454] Vgl. zur Möglichkeit auch gegenläufiger Vorgänge oben Fn. 1439.

[1455] Neben dem bereits erwähnten EWR-Vertrag (s.o. Fn. 1442) können als Beispiele für solche ungleiche Verträge die Pariser Vorortverträge (vgl. zur einseitigen Verpflichtung Österreichs in Art. 88 des Friedensvertrages von St. Germain z.B. *Anzilotti*, Ind. Op. zu *Austro-German Customs Régime*, PCIJ Ser. A/B No. 41, 22 (24)) sowie das *Gruber-de Gaspari*-Abkommen über Südtirol von 1946 (vgl. dazu *Seidl-Hohenveldern/Stein*, Völkerrecht, Rdnr. 200) genannt werden.

[1456] Vgl. *Schwarzenberger*, CLP 10 (1957), 264 (278 f.), der darauf hinweist, daß auch diese positive Souveränität stets eine relative ist, weil der berechtigte Staat in jedem Falle nur das in der betreffenden Völkerrechtsregel enthaltene Verhalten einfordern darf.

Angelegenheiten "einzumischen" bzw. zu "intervenieren"[1457]. Da der durch die Regelung betroffene Staat in dieser Frage nicht mehr über negative Souveränität verfügt, kann die Einforderung völkerrechtlicher Berechtigungen, insbesondere auch vertraglicher Rechte, als solche keine Verletzung des Interventionsverbotes sein, dessen Schutzgut die negative äußere Souveränität ist.[1458]

Die Prüfung der Auswirkungen völkerrechtlicher Bindungen auf die Staatsqualität erfolgt in zwei Stufen. Ausgangspunkt ist dabei, daß souveräne Staatlichkeit neben anderen Elementen, von denen oben die tatsächliche Unabhängigkeit angesprochen wurde, auch ein (un-)gewisses Maß an Hoheitsgewalt voraussetzt.[1459] Es ist möglich, daß durch völkerrechtliche Bindungen, insbesondere Verträge, ein Staat "wesentliche Funktionen der Staatsgewalt aufgibt" und dadurch seinen souveränen Status verliert.[1460] Er kann dadurch entweder zu einem abhängigen Staat[1461] oder zu einem bloßen Völkerrechtsobjekt werden. Zur Klassifizierung eines Staates ist zunächst der Umfang seiner rechtlichen Souveränität zu ermitteln. Daran anschließend ist in einer wertender Betrachtung zu entscheiden, ob ein souveräner Staat im Sinne des Völkerrechts gegeben ist. Die Schwierigkeit besteht darin, daß die Übergänge fließend sind.[1462] Die Kriterien für diese Bewertung - sie sind unab-

---

1457 Vgl. *Oppermann*, Intervention, EPIL Bd. II, 1436 (1437).

1458 Vgl. zum Schutzgut des Interventionsverbots bereits oben D.II.2, S. 178. Wie dort (Fn. 1340) bereits angesprochen will *Dicke*, Intervention, Zusf. Nr. 9 (S. 238), den Anwendungsbereich des Interventionsbegriffs jedoch auf solche Aktivitäten eingrenzen, die zugleich auf die Beschränkung anderer Souveränitätsaspekte abzielen, um ihn so "vom völkerrechtlichen Delikt abzuheben" (a.a.O., Zusf. Nr. 10 f.). Es kann an dieser Stelle nicht vertieft auf das Interventionsverbot und seine Stellung in der Systematik der völkerrechtlichen Delikte eingegangen werden. Freilich führt die hier befürwortete Konstruktion dazu, daß das Interventionsverbot als umfassendes völkerrechtliches Delikt erscheint. Allerdings sind einerseits Überschneidungen (insbes. mit dem Gewaltverbot) nichts Neues, andererseits bleibt es insbesondere bei den Vertragsverletzungen aufgrund des Spezialitätsgrundsatzes bei der Geltung der einschlägigen Regelungen der WVRK.

1459 *Dahm*, Völkerrecht I, 155; *Bockslaff*, Interventionsverbot, 110 f. Vgl. zur Schwierigkeit der Grenzziehung im Hinblick auf die Auswirkungen eines Beitritts zu einer internationalen Organisation z.B. *van Kleffens*, RdC 82 (1953 I), 5 (118): "it is very difficult to say exactly which or how many attributes of sovereignty should be ceded to an organisation before a state loses its sovereign character."

1460 *Dahm*, Völkerrecht I, 155; ähnlich *Steinberger*, Sovereignty, EPIL Bd. IV, 500 (512); auch *Berber*, Lehrbuch I, 155, und ihm folgend *Randelzhofer*, Staatsgewalt und Souveränität, HStR I, § 15 Rdnr. 26, die die Grenze überschritten sehen, wenn völker(-vertrags-)rechtliche Bindungen "die Substanz der Verfassungshoheit selbst ergreifen." Dabei ist festzuhalten, daß dieser (vage) Maßstab in jedem Falle nicht durch das jeweilige nationale Verfassungsrecht, sondern durch das Völkerrecht geprägt wird.

1461 Diese können, wenn man nicht unterschwellig von einem absoluten Souveränitätsverständnis ausgeht und ein "entweder oder" in der Souveränitätsfrage verlangt, durchaus als halb-/teilsouveräne Staaten oder Staaten mit eingeschränkter Souveränität bezeichnet werden, da bei ihnen die rechtliche äußere Souveränität in einer für die Zumessung völkerrechtlicher Rechte und Pflichten wesentlichen Weise geringer (relativierter) ist als bei den volle Rechtspersönlichkeit genießenden Staaten. So z.B. *Dahm/Delbrück/Wolfrum*, Völkerrecht I/1, 218; ähnlich unterscheiden *Oppenheim/Lauterpacht*, International Law I (8. Aufl.), §§ 65 f. zwischen full sovereign states and not-full sovereign states.

1462 Vgl. *Dahm*, Völkerrecht I, 168; *Blanke*, DÖV 1993, 412 (419).

hängig von der souveränitätstheoretischen Konstruktion induktiv zu ermitteln - sind bisher nicht abschließend formuliert.

Sicher ist, daß es keine "necessary substantive rights"[1463] gibt, über die ein Staat verfügen muß, um souverän zu sein. Einigkeit dürfte weiterhin darüber bestehen, daß Bindungen, die dem allgemein üblichen Verflechtungsgrad entsprechen, für den souveränen Status unschädlich sind.[1464] Deshalb haben die Regelungen des allgemeinen Völkerrechts, die alle Staaten binden, keinen Einfluß auf ihren Status, ebensowenig wie weitverbreitete nicht-universelle Regeln.[1465]

Von souveräner Gleichheit kann aber nicht mehr gesprochen werden, "wenn ein Staat hinter dem Normalmaß erheblich zurückbleibt"[1466]. Ob dies der Fall ist, und welche Abweichungen noch toleriert werden, ist aus der völkerrechtlichen Praxis zu abstrahieren.[1467] Letztlich entscheidet das - auch von politischen Erwägungen beeinflußte - Verhalten der anderen Staaten darüber, welchen Einheiten der Status souveräner Staatlichkeit zuerkannt wird.

Zur Systematisierung der Praxis werden in der Literatur, meist mit Blick auf die Einbindung von Staaten in internationale Organisationen, verschiedene Kriterien zur Gewichtung der Souveränitätsbeschränkungen erörtert. Zu nennen sind in diesem Zusammenhang zunächst Umfang und Bedeutung der betroffenen Befugnisse. Weiterhin wird nach den Einflußmöglichkeiten des Staates auf zukünftige, ihn betreffende Entscheidungen unterschieden; in diesem Zusammenhang spielt insbesondere die Unterwerfung unter Mehrheitsentscheidungen eine Rolle.[1468] Ferner wird im Falle der Einbindung in internationale Organisationen eine besonders intensive Form der Integration angenommen, wenn der Organisation ein direkter Ein-

---

1463 *Crawford*, BYIL 48 (1976/77), 93 (110).

1464 Da diese Regeln üblicherweise gegenseitig sind, können sie nach dem hier befürworteten Ansatz bereits auf der 1. Ebene der Prüfung ausgeschieden werden, weil mit der durch sie verursachten Einbuße an negativer Souveränität zugleich ein Gewinn an positiver Souveränität verbunden ist, so daß das Verhältnis der souveränen Gleichheit unverändert bleibt.

1465 *Dahm*, Völkerrecht I, 168.

1466 *Dahm*, Völkerrecht I, 168 f. Ebenfalls auf das Normalmaß abstellend z.B. *Wildhaber*, in: Macdonald/Johnston (Hrsg.), The Structure and Process of International Law, 425 (437).

1467 Gegen den quantitativen, vom Normalfall ausgehenden Souveränitätsbegriff hat sich u.a. *Wagner*, Beschlußrecht, 62 ff., gewandt. Freilich muß auch er zugestehen, daß die hier befürwortete Ansicht "an die völkerrechtliche Praxis an[knüpft]". Dieser Umstand ist im Rahmen der dieser Untersuchung zugrundeliegenden Völkerrechtskonzeption (s.o. C.IV.4, S. 163) der entscheidende. Zuzugestehen ist *Wagner* freilich, daß die Abweichung vom Normalfall allein nicht hinreichend für die Abgrenzung ist. Denn es gibt Staaten, die signifikant vom durchschnittlichen Standard rechtlicher Gebundenheit abweichen (*Wagner*, a.a.O., 62, nennt als Beispiel etwa die Mitgliedstaaten der Europäischen Gemeinschaften), die gleichwohl als souverän behandelt werden. Ähnlich liegt es (und lag es erst recht im 19. Jahrhundert) bei den neutralisierten Staaten, die trotz der weitgehenden Beschränkungen ihrer Hoheitsrechte als souverän behandelt werden (vgl. hierzu *Dahm/Delbrück/Wolfrum*, Völkerrecht I/1, 224).

1468 Vgl. *Dahm/Delbrück/Wolfrum*, Völkerrecht I/1, 219 f.; *van Hecke*, zit. nach *van Kleffens*, RdC 82 (1953 I), 5 (119).

fluß auf die Rechte und Pflichten der Bürger der Mitgliedstaaten eingeräumt wird.[1469] Schließlich erscheint das bereits angesprochene Kriterium des Bestehens einer (rechtlichen) Möglichkeit, die Befugnisse durch einseitiges Verhalten zurückzugewinnen, als wichtig.[1470]

4. Innere und äußere Souveränität

Bereits mehrfach angesprochen wurde die Unterscheidung zwischen innerer und äußerer Souveränität.[1471] Es geht dabei hier primär um die Klärung der Zusammenhänge zwischen den für das Völkerrecht im Vordergrund stehenden äußeren und den inneren Aspekten der Souveränität. Der Begriff der inneren Souveränität wird in der Literatur nicht einheitlich verwendet. Deshalb werden im folgenden nach einer Zusammenfassung der bisher zur äußeren Souveränität gemachten Feststellungen zunächst die verschiedenen Verständnisse des Begriffs der inneren Souveränität erläutert, bevor näher auf das Verhältnis zwischen äußerem und innerem Aspekt der Souveränität des Staates eingegangen wird.

a) Äußere Souveränität

Bisher stand stets die äußere Souveränität des Staates, also die Souveränität eines Staates gegenüber anderen Völkerrechtssubjekten, im Vordergrund. Wegen der das Völkerrecht begründenden gegenseitigen Anerkennung der Staaten als rechtsgleiche Subjekte ist die äußere Souveränität notwendig eine relative. Diese Aussage gilt nicht nur für den rechtlichen Aspekt der äußeren Souveränität, sondern auch für den politischen. Die Relativierung der rechtlichen äußeren Souveränität wird durch völkerrechtliche Bindungen bewirkt, mit denen im Regelfall auch eine Beschränkung der politischen Souveränität einhergeht. Sofern völkerrechtliche Regelungen gegenseitig beziehungsweise inhaltlich ausgeglichen sind, wird die Souveränität der Beteiligten wechselseitig relativiert, es entsteht eine rechtliche Zwischenabhängigkeit. Dabei entfernen sich die Staaten von ihrem hypothetischen Ausgangszustand relativer äußerer negativer Souveränität, da der Bereich autonomer Entscheidungs-

---

1469 *Dahm/Delbrück/Wolfrum*, Völkerrecht I/1, 220; *van Hecke*, zit. nach *van Kleffens*, RdC 82 (1953 I), 5 (120).

1470 Vgl. zum Ganzen im Anschluß an *van Hecke van Kleffens*, RdC 82 (1953 I), 5 (119 f.), der als Schlüsselkriterien, die für die Unterscheidung zwischen Beschränkung (decrease) und Vernichtung (extinction) der Souveränität maßgeblich seien, den Umfang, die Unwiderrufbarkeit und die Unbedingtheit der Übertragung der souveränen Rechte nennt. Auf einzelne dieser Kriterien wird unten in Teil E.III., S. 322, noch näher eingegangen.

1471 An der bereits von der mittelalterlichen Doktrin entwickelten Differenzierung zwischen einem äußeren und einem inneren Aspekt der Souveränität (s.o. B.V.2.b)aa), S. 21) hält auch die ganz überwiegende moderne Literatur fest (z.B. *Ritterband*, Menschenrechtsschutz, 236 f.; *Dicke*, Intervention, 59 f., 68 ff.; *Verdross/Simma*, Universelles Völkerrecht, § 35; *Randelzhofer*, Staatsgewalt und Souveränität, HStR I, § 15 Rdnr. 23 ff.; *Dahm*, Völkerrecht I, 152; *Gunst*, Souveränität, 57 ff.). Nur vereinzelt wird die Sinnhaftigkeit dieser Unterscheidung angezweifelt (z.B. von *Doehring*, FG Forsthoff, 105 (109 f.), der die Differenzierung für "vertretbar" hält).

freiheit abnimmt und - als Gegenleistung - positive Souveränität, das heißt Entscheidungsgewalt gegenüber anderen, begründet wird.

b) Innere Souveränität

Dem Begriff der äußeren Souveränität wird die innere Souveränität entgegengesetzt. Unter diesem Topos werden in der Literatur zwei verschiedene Aspekte des Souveränitäts-Phänomens erörtert.

Nach dem ersten Begriffsverständnis betrifft der innere Aspekt der Souveränität die Frage nach der Identität des Trägers oder Inhabers der Souveränität als der höchsten Gewalt innerhalb eines Staates; souverän in diesem Sinne kann also etwa der Monarch oder das Volk sein.[1472] Bezieht man demnach die Unterscheidung zwischen innerer und äußerer Souveränität auf den Träger des jeweiligen Souveränitätsaspekts, so steht dem im Innern als souverän Betrachteten im Außenverhältnis der Staat als solcher gegenüber, der überwiegend als Träger der äußeren Souveränität angesehen wird.[1473]

Demgegenüber ist nach dem anderen Begriffsverständnis mit der Frage nach der inneren Souveränität die Frage danach gestellt, ob im Inneren eines Staates überhaupt Souveränität - eine "höchste Gewalt", als deren Elemente die Personal- und die Territorialhoheit erscheinen - besteht.[1474] Innere Souveränität liegt danach vor, wenn ein Staat "für seine Angehörigen und auf seinem Gebiete der höchste Herrschaftsverband ist, gegen dessen Anordnungen und Entscheidungen an keine höhere Stelle appelliert werden kann."[1475] In diesem Begriffsverständnis betrifft die Gegenüberstellung mit der äußeren Souveränität die Zielrichtung beziehungsweise den Adressatenkreis des Souveränitätsanspruchs (Subjekte des innerstaatlichen Rechts einerseits, des Völkerrechts andererseits).[1476]

Die beiden angesprochenen Möglichkeiten, den Begriff der inneren Souveränität zu umschreiben, korrelieren mit zwei verschiedenen Ebenen des Souveränitäts-

---

1472 *Schwarzenberger*, International Law I, 114; *Dahm*, Völkerrecht I, 152. - Bspw. ist gem. Art. 20 Abs. 2 Satz 1 GG das Volk Träger der deutschen Staatsgewalt (Volkssouveränität). Allerdings begegnet diese Aussage des Grundgesetzes bei einer genaueren Betrachtung Schwierigkeiten, sofern man sie nicht auf die vorkonstitutionelle Phase bezieht; vgl. zur Schwierigkeit, in der gewaltenteilenden Demokratie einen (inneren) Souverän festzumachen, *Hillgruber*, JZ 2002, 1072 (1073 f.).

1473 S.o. Fn. 1381.

1474 *Dicke*, Intervention, 59 i.V.m. 71. Personal- und die Territorialhoheit wurden bereits im Zusammenhang mit der äußeren Souveränität erwähnt (s.o. C.IV.4.a), S. 163). Während sie im Verhältnis zwischen den Staaten als Elemente negativer Souveränität erscheinen, weil sie die Freiheit eines Staates umschreiben, bestimmte Hoheitsakte unbeeinträchtigt von Einflußnahmen anderer Völkerrechtssubjekte auszuführen, ist die Ausübung von Personal- und Territorialhoheit im Innenverhältnis zwischen Staat und dem Adressaten des Hoheitsaktes ein Akt positiver Souveränität (vgl. *Schwarzenberger*, CLP 10 (1957), 264 (276)).

1475 *Verdross/Simma*, Universelles Völkerrecht, § 35.

1476 Vgl. *Dicke*, Intervention, 84.

phänomens.[1477] Die erste Variante beschäftigt sich mit der Souveränität *im Staat*, die auch als Organsouveränität bezeichnet wird.[1478] Sie betrifft die Frage, welchen Rechtssubjekten (Organen) die - als gegeben vorausgesetzte - höchste Staatsgewalt nach der Verfassung des jeweiligen Staates zukommt.[1479] Für das Völkerrecht steht nicht diese Souveränität im Staate, sondern die Souveränität *des Staates* im Vordergrund der Betrachtung,[1480] innerhalb derer ein interner und ein externer Aspekt unterschieden werden kann. Aus völkerrechtlicher Sicht geht es dabei um die bereits erörterte Frage, unter welchen Voraussetzungen ein Staat im Außenverhältnis als souverän betrachtet wird und welche rechtliche Konsequenzen die Zuschreibung dieses Status' hat.

Vielfach wird behauptet, zwischen der Souveränität des Staates und der Souveränität im Staat bestehe kein "innerer Zusammenhang".[1481] Diese Formulierung ist jedoch zu kategorisch. Zum einen dürfte jedenfalls ein mittelbarer oder faktischer Zusammenhang zwischen den beiden Aspekten nicht zu leugnen sein. Denn die Frage nach dem Inhaber der höchsten Gewalt in einem Staat setzt voraus, daß überhaupt eine solche besteht. Das Bestehen einer solchen Autorität kann aber gerade durch den Widerstreit mehrerer Prätendenten gefährdet werden. Streiten sich mehrere Institutionen in einem Bürgerkrieg um die Innehabung der höchsten Gewalt, kann dies zu einer so weitgehenden Destabilisierung der hoheitlichen Strukturen führen, daß das (Weiter-)Bestehen einer effektiven Staatsgewalt und damit auch Souveränität (zunächst nach innen) verhindert wird.[1482] Umgekehrt ist die dauerhafte Aufrechterhaltung einer Ordnung, die die höchste sein will und die Letztentscheidung aller innerstaatlichen Fragen beansprucht, kaum denkbar, wenn nicht geklärt ist, wem diese Letztentscheidungskompetenz zusteht, beziehungsweise von wem konkrete Entscheidungsbefugnisse abgeleitet werden.

Zum anderen besteht zwischen dem inneren Aspekt Souveränität des Staates und der Souveränität im Staat auch ein rechtlicher Zusammenhang, der sich auch auf der Ebene des Völkerrechts widerspiegelt. Denn zur Souveränität des Staates gehört als ein sich auf die innerstaatlichen Verhältnisse beziehendes Element auch die Verfassungsautonomie, das heißt die Entscheidungsbefugnis darüber, wie das innerstaatliche Leben organisiert werden soll.[1483] Diese Entscheidung über die inneren Strukturen ist untrennbar mit der den Einzelregelungen vorausgehenden Grundsatzfrage verbunden, wer Träger der Souveränität im Staat sein soll. Die Fähigkeit zur autonomen Organisation des innerstaatlichen Lebens ist zum einen

---

1477 Vgl. zu dieser Unterscheidung z.B. *Dahm*, Völkerrecht I, 152; *Randelzhofer*, Staatsgewalt und Souveränität, HStR I, § 15 Rdnr. 17 f.; *Berber*, Lehrbuch I, 121.

1478 Z.B. von *Dicke*, Intervention, 58.

1479 Vgl. *Dahm*, Völkerrecht I, 152; *Berber*, Lehrbuch I, 121.

1480 *Dahm*, Völkerrecht I, 152.

1481 *Randelzhofer*, Staatsgewalt und Souveränität, HStR I, § 15 Rdnr. 17 f.; nach *Jellinek*, Allgemeine Staatslehre, 457 f., sind beide "grundverschiedene Dinge".

1482 Vgl. zum Beispiel Afghanistans bereits oben Fn. 1384.

1483 Vgl. *Seidl-Hohenveldern/Stein*, Völkerrecht, Rdnr. 637.

Voraussetzung souveräner Staatlichkeit,[1484] zum anderen werden die getroffenen Entscheidungen vom Völkerrecht durch das Interventionsverbot geschützt.

Durch diesen Schutz der Verfassungsautonomie als besonderer Ausprägung der Souveränität des Staates werden also Souveränität des Staates und Souveränität im Staate verknüpft. Mit der innerstaatlichen Entscheidungsbefugnis über die Verfassung, und damit den Träger der Souveränität im Staate (positive innere Souveränität), korreliert die völkerrechtlich garantierte Freiheit, diese Entscheidung unbeeinflußt von fremden äußeren Mächten vorzunehmen (negative äußere Souveränität). Dabei war diese Entscheidungsfreiheit nach allgemeinem klassischen Völkerrecht umfassend geschützt. Es gab keinerlei Vorgaben hinsichtlich der inneren Organisation der Staaten und damit auch nicht für die Bestimmung des Trägers der höchsten Staatsgewalt;[1485] jede auf die Änderung der Organsouveränität gerichtete Intervention war verboten.[1486] Dies gilt jedenfalls im Grundsatz auch heute noch. Insbesondere gibt es trotz der verschiedenen in diese Richtung unternommenen Anläufe[1487] bisher keinen Satz des Völkerrechts, der eine demokratische Regierungsform vorschreibt.[1488] Neben den allgemein-völkerrechtlichen Beschränkungen der Verfassungsautonomie, die nach der hier befürworteten Konstruktion gleichzeitig eine Beschränkung der negativen äußeren Souveränität darstellen, gibt es - in größerem Umfang als zu klassischen Zeiten - Beschränkungen durch Verträge.[1489]

1484 *Seidl-Hohenveldern/Stein*, Völkerrecht, Rdnr. 637.

1485 Vgl. *Arangio-Ruiz*, RdC 137 (1972 III), 431 (647) m.w.N.; aus der damaligen Literatur z.B. *Hartmann*, Institutionen (1874), 21 f.

1486 Vgl. *Dahm*, Völkerrecht I, 211.

1487 Den ersten zumindest auf Universalität zielenden Versuch, nur demokratische Staaten als Mitglieder des Völkerrechtskreises anzuerkennen, stellte Art. 1 Abs. 2 VBS dar. Aus der Entstehungsgeschichte ergibt sich, daß als selbstregiert im Sinne dieser Vorschrift nur solche Staaten angesehen werden sollten, die demokratisch regiert werden. Diese Interpretation wurde jedoch nicht aufrechterhalten. Bereits bei der Gründung war mit Siam ein absolutes Königreich Völkerbundsmitglied, und später wurden weitere nicht-demokratische Staaten aufgenommen (vgl. *Verdross*, Verfassung, 119 f.; *Schücking/Wehberg*, Satzung des Völkerbundes, 181). Bei der Konzeption der Vereinten Nationen schlug Chile in Anknüpfung an die sog. *Tobar*-Doktrin (vgl. dazu *Scupin*, Völkerrechtsgeschichte III, WVR III, 721 (725)) vor, nur demokratischen Staaten den Zugang zu der neuen Weltorganisation zu eröffnen (vgl. dazu *Darsow*, Wandel des Staatsbegriffs, 114 f.). Diese Position konnte sich jedoch nicht durchsetzen und fand daher auch keinen Niederschlag in der Satzung der Vereinten Nationen (eine entsprechende Regelung wäre angesichts des Umstandes, daß mit der UdSSR ein Muster des Gegenteils eines demokratischen Staates Gründungsmitglied der Organisation war, auch äußerst unglaubwürdig gewesen). Schließlich ist auch der menschenrechtliche Ansatz eines "Rechts auf Demokratie" bisher nicht Bestandteil des geltenden positiven Völkerrechts, vgl. hierzu *Paulus,* Die internationale Gemeinschaft im Völkerrecht, 264 ff.

1488 Wenngleich es durch einen Zuwachs völkerrechtlicher Normen, die die innerstaatlichen Verhältnisse betreffen, zu einer zunehmenden "Durchdringung der inneren Souveränität mit völkerrechtlichen Normen" (*Ritterband*, Menschenrechtsschutz, 237) gekommen ist, kann bis heute keine Verpflichtung auf ein demokratisches Regierungssystem festgestellt werden. Zwar wird die Neutralität des Völkerrechts ggü. der Regierungsform insbes. unter Heranziehung menschenrechtlicher Argumente in Frage gestellt. Bis heute werden jedoch auch Nicht-Demokratien wie z.B. die Volksrepublik China und absolutistische Ölstaaten oder Scheindemokratien als gleichberechtigte Staaten anerkannt.

1489 Als Beispiel eines die Verfassungsautonomie und damit die innere und zugleich die äußere Souveränität beschränkenden Vertrages aus klassischer Zeit kann die Schlußakte des Berliner

Es zeigt sich freilich, daß die völkerrechtliche Relevanz der Souveränität im Staate durch die Souveränität des Staates vermittelt wird, weshalb es im Ergebnis gerechtfertigt erscheint, aus völkerrechtlicher Perspektive diese in den Vordergrund zu rücken. Bereits angesprochen wurde das zentrale Element der völkerrechtlichen Konsequenzen des Bestehens der Souveränität des Staates, das in der Akzeptanz und dem Schutz der Verfassungsautonomie, die die innerstaatliche Zuordnung der Souveränität umfaßt, liegt. Im Folgenden soll nun die Frage der Voraussetzungen der inneren Souveränität des Staates und ihr Verhältnis zur äußeren Souveränität des Staates näher betrachtet werden.

c) Innere und äußere Souveränität als Aspekte der Souveränität des Staates

Versteht man also im Sinne des hier an zweiter Stelle vorgestellten Begriffsverständnisses die innere Souveränität als Teil der Souveränität des Staates, so ist das bisher nur angedeutete Verhältnis von innerer und äußerer Souveränität und ihre Relevanz für die Souveränität als Begriff des Völkerrechts zu klären. Dies wird durch unterschiedliche Terminologien nicht unwesentlich erschwert.

Ein großer Teil der Literatur knüpft bei der Unterscheidung zwischen innerer und äußerer Souveränität des Staates an die bei *Vattel*[1490] formulierte Aufgliederung des Souveränitätsbegriffs in Selbstregierung des Staates nach innen und Unabhängigkeit des Staates nach außen an. Allerdings wird der Begriff der Unabhängigkeit nicht von allen Autoren auf das Außenverhältnis beschränkt.[1491]

Kongresses von 1878 genannt werden (vgl. *Seidl-Hohenveldern/Stein*, Völkerrecht, Rdnr. 638; weitere Bsp. bei *Verdross*, Verfassung, 120). Heute sind neben spezifisch auf die Verfassung einzelner Staaten zielenden Verträgen, wie z.B. dem österreichische Staatsvertrag von 1955 oder dem Abkommen von Dayton, dessen Annex 4 die Verfassung von Bosnien-Herzegovina festlegte (abgedruckt in 35 ILM (1996), 75 ff. (117 ff.)), insbes. menschenrechtliche Verträge als Einschränkung der Verfassungshoheit bedeutsam (vgl. *Randelzhofer*, Staatsgewalt und Souveränität, HStR I, § 15 Rdnr. 23/Fn. 63). Neben den schon angesprochenen Maßgaben für die innere Ordnung ist insbes. auch an Beeinträchtigungen durch Mehrheitsbeschlüsse internationaler Organisationen zu denken. Besonders deutlich wird das im Rahmen der Europäischen Gemeinschaften. Ein weiteres Beispiel sind Beschlüsse des Sicherheitsrates der Vereinten Nationen. Einschränkungen der Volkssouveränität liegen nämlich immer vor, wenn auf internationaler Ebene gegen oder ohne den Willen eines Landes Mehrheitsbeschlüsse gefaßt werden, die in diesem Land unmittelbar gelten oder zu deren Umsetzung dessen Staatsorgane verpflichtet werden. Denn in diesen Fällen geht die Legitimation für die ausgeübte öffentliche Gewalt nicht vom Staatsvolk bzw. einem sonstigen Träger der inneren Souveränität aus (vgl. zum Ganzen *Huber*, Maastricht, 23 f.; auch *Doehring*, FG Forsthoff, 105 (111), der nur im Falle des Anschlusses an supranationale Organisationen eine Beeinträchtigung der inneren Souveränität annimmt). Als konkretes Beispiel sei weiterhin auf die Einräumung des kommunalen Wahlrechts für EG-Ausländer hingewiesen, das dazu führt, daß die von den Gemeinden ausgeübte Staatsgewalt nicht mehr (allein) vom deutschen Staatsvolk ausgeht.

1490 Le Droit des Gens I, Chap. I § 4.

1491 Häufig wird der Begriff der Unabhängigkeit auch im Hinblick auf die innerstaatlichen Verhältnisse benutzt. So definieren bspw. *Oppenheim/Lauterpacht* Souveränität als "... independence all round, within and without the borders of the country" (*Oppenheim/Lauterpacht*, International Law I (8. Aufl.), § 64). Auch nach *Jellinek*, Allgemeine Staatslehre, 475, ist das Merkmal der Unabhängigkeit nicht auf das Außenverhältnis beschränkt, zeigt sich aber "überwiegend nach außen." Vgl. auch *Darsow*, Wandel des Staatsbegriffs, 141, zu entsprechenden Äußerungen in der Staatenpraxis.

Dabei wird das Verhältnis zwischen beiden Aspekten unterschiedlich umschrieben. Es besteht aber Einigkeit darüber, daß beide Aspekte nicht isoliert nebeneinander stehen, sondern positiv korrelieren. Überwiegend wird angenommen, daß sich beide Aspekte gegenseitig bedingen beziehungsweise voraussetzen.[1492] Bisweilen werden sie als "untrennbar miteinander vereinigt"[1493] dargestellt und die Unterscheidung zwischen ihnen für "künstlich"[1494] gehalten. Dem steht jedenfalls auf den ersten Blick das positive Völkerrecht entgegen, das in Art. 76 lit. b) SVN zwischen Unabhängigkeit und Selbstregierung unterscheidet.[1495] Auch Art. 1 Abs. 2 VBS ging explizit davon aus, daß es selbstregierte Gebiete ohne Unabhängigkeit im Sinne äußerer Souveränität gebe.[1496]

Das Verhältnis beider Aspekte der Souveränität des Staates kann am besten durch eine Betrachtung der jeweiligen Beeinträchtigungsmöglichkeiten verdeutlicht werden.

Die innere Souveränität des Staates im Sinne des Bestehens einer höchsten Gewalt, die zur verbindlichen abschließenden Entscheidung innerstaatlicher Sachverhalte berechtigt (rechtlicher Aspekt) und fähig (tatsächlicher oder politischer Aspekt) ist, kann sowohl von innen als von außen angegriffen werden. Zum einen kann das Zuhöchstsein des Staates durch innerstaatliche Mächte bestritten werden, die nicht vom Staat abhängig (das heißt nicht durch ihn legitimiert) sind oder über ihre staatliche Legitimierung hinaus agieren.[1497] Zum anderen kann die innere Souveränität von außen beeinträchtigt werden. Insofern ist einerseits an (völker-)rechtliche Regelungen zu denken, die nicht nur die äußere Souveränität einschränken[1498], sondern zugleich auf die innere Souveränität "durchschlagen" können.[1499] Andererseits kann die Ausübung politischer Souveränität seitens äußerer Mächte (zum Beispiel Staaten, internationale Organisationen, multinationale Unternehmen) die tatsäch-

1492 Z.B. *Ritterband*, Menschenrechtsschutz, 237; *Dicke*, Intervention, 59 f., 70 f.; *Randelzhofer*, Staatsgewalt und Souveränität, HStR I, § 15 Rdnr. 24 m.w.N.

1493 *Jellinek*, Allgemeine Staatslehre, 475.

1494 *Doehring*, FG Forsthoff, 105 (110).

1495 Vgl. hierzu *Berber*, Lehrbuch I, 125.

1496 Zur Funktion der Vorschrift, auch bestimmten nichtsouveränen (abhängigen) Staaten die Mitgliedschaft im Völkerbund zu ermöglichen, vgl. *Berber*, Lehrbuch I, 123; *Schücking/Wehberg*, Satzung des Völkerbundes, 181.

1497 Vgl. *Ritterband*, Menschenrechtsschutz, 236; *Randelzhofer*, Staatsgewalt und Souveränität, HStR I, § 15 Rdnr. 35 ff. Als die Machtbefugnisse des Staates in Frage stellende Institutionen kommen u.a. Interessenverbände und Unternehmen in Betracht (vgl. *Ritterband*, Menschenrechtsschutz, 236). In der jüngsten Vergangenheit haben auch die Kirchen durch die Gewährung von Kirchenasyl den ihnen von der staatlichen Rechtsordnung eingeräumten Handlungsbereich überschritten und die Befugnis in Anspruch genommen, sich über die staatliche Letztentscheidung einzelner Asylrechtsfälle hinwegzusetzen. Zu weiteren "Krisensymptomen" der inneren Souveränität der BR Deutschland vgl. *Randelzhofer*, Staatsgewalt und Souveränität, HStR I, § 15 Rdnr. 41.

1498 Jedenfalls nach der hier vertretenen Ansicht, s.o. D.II.3.c)bb)(3), S. 199.

1499 Vgl. dazu oben Fn. 1489.

liche (politische), und unter Umständen auch die rechtliche, innere Souveränität beeinträchtigen.[1500]

Die rechtlichen und tatsächlichen Möglichkeiten der Beeinträchtigung der äußeren Souveränität von außen wurden im vorangegangenen Abschnitt erläutert. Hier ist noch zu ergänzen, daß sich auch Vorgänge im Inneren eines Staates auf dessen äußere Souveränität auswirken können. Die äußere Souveränität korreliert mit der Innehabung der Kontrolle über die Situation im inneren (innere Souveränität, Selbstregierung oder innere Unabhängigkeit), weil das Bestehen einer effektiven Staatsgewalt im Innern die Voraussetzung für die Unabhängigkeit nach außen ist.[1501] Erforderlich ist insbesondere, daß die Staatsgewalt durchsetzbar ist, das heißt, daß der Staat in der Lage ist, sein Recht innerstaatlich durchzusetzen. Die effektive Staatsgewalt muß also von konkurrierenden inneren Mächten unabhängig sein.

Es zeigt sich, daß sich innere und äußere Souveränität wechselseitig bedingen. Ein von anderen Staaten abhängiger Staat ist notwendig auch nach innen in seiner Souveränität derart beschränkt, daß er auch insofern nicht mehr dem völkerrechtlichen Staatsbegriff entspricht. Umgekehrt ist die innere Souveränität, "die Einheit der Entscheidung im Innern", Voraussetzung dafür, daß ein Staat im Außenverhältnis als "vollsouverän", das heißt als souverän im dichotomischen Sinne[1502], angesehen wird.[1503] Die beiden hier erörterten Souveränitätsaspekte sind demnach untrennbar verbunden. Ihre differenzierte Betrachtung rechtfertigt sich nicht durch eine Unterschiedlichkeit des Objekts, sondern durch eine solche der Perspektive. Verfassungsrechtlich steht die Frage im Vordergrund, ob "der Staat" (die Staatsgewalt) "alle Fäden in der Hand" hat - das heißt umfassende Personal- und Gebietshoheit innehat - oder ob ihr konkurrierende Mächte diesen Herrschaftsanspruch streitig machen. Aus völkerrechtlicher Perspektive ist die entscheidende Frage, ob ein souveräner Staat vorliegt, woran sich dann die Frage nach den rechtlichen Konsequenzen aus der Zuerkennung dieses Status' anschließt.

Dabei ist zu gegenwärtigen, daß zwar aus der völkerrechtlichen Perspektive auf den äußeren, aus der verfassungsrechtlichen Perspektive auf den inneren Aspekt abgestellt wird, daß aber die jeweils andere Seite stets mitgedacht werden muß. Aus der

---

1500 Der Extremfall einer solchen tatsächlichen Souveränitätsbeeinträchtigung von außen war jedenfalls im klassischen Völkerrecht - v.a. nach der außerhalb Deutschlands überwiegenden Ansicht - die debellatio, die zu einem Übergang der (äußeren und inneren) Souveränität auf den Sieger führte (vgl. *Schwarzenberger*, Machtpolitik, 60, sowie *Meyn*, Debellatio, EPIL Bd. I, 969 (969), und *Berber*, Lehrbuch I, 350 ff., die sich auch zur Frage, inwiefern diese Grundsätze auch im heutigen Völkerrecht noch gültig sind, äußern).

1501 Dieser Zusammenhang wird sehr deutlich in der Note des US-Präsidenten *Grant* vom 7.12.1875 mit der die Anerkennung Kubas als souveräner Staat abgelehnt wurde, vgl. *Darsow*, Wandel des Staatsbegriffs, 51 f. Als Beispiele, in denen die innere Schwäche zu einer erheblichen Beeinträchtigung der rechtlichen äußeren Souveränität jedenfalls im dimensionalen Sinne führte, lassen sich die im 19. Jahrhundert u.a. mit China abgeschlossenen ungleichen Verträge anführen (vgl. dazu *Herrfahrdt*, Ungleiche Verträge, WVR III, 471 (471 ff.); *Cameron*, Weltwirtschaft II, 117 ff.).

1502 Vgl. zum Begriff oben S. 192.

1503 Vgl. *von der Heydte*, FS Verdross (1960), 133 (137).

Sicht des Völkerrechts bedeutet das, daß die Souveränität des Staates von innen oder außen beeinträchtigt werden kann. Auch wenn im ersten Falle unmittelbar auf den internen, im zweiten auf den äußeren Aspekt der Souveränität des Staates eingewirkt wird, so ist doch das jeweils korrespondierende Element automatisch mitbetroffen: Fehlt die "Selbstregierung" nach innen, ist auch nach außen Unabhängigkeit nicht möglich. Umgekehrt schließt die Steuerung eines Staates von außen das Vorhandensein innerer Souveränität[1504] aus.

Der Befund, daß innere und äußere Souveränität sich gegenseitig bedingen, ist durchaus mit den oben genannten Normen der Völkerbundsatzung und der Satzung der Vereinten Nationen in Einklang zu bringen, wenn man in der "Selbstregierung" einen Status relativer äußerer Abhängigkeit sieht. In diese Richtung ging schon die Interpretation des Begriffs der "vollen Selbstregierung" in Art. 1 Abs. 2 VBS etwa durch *Schücking/Wehberg*. Diese gingen zwar in Widerspruch zu dem hier festgestellten Bedingungsverhältnis von äußerer und innerer Souveränität davon aus, daß ein "Staat im Innern völlig frei, nach außen aber völlig abhängig" sein könne.[1505] Aber sie identifizierten die "volle Selbstverwaltung" im Sinne der Vorschrift nicht mit dem internen Aspekt der Souveränität, sondern forderten für deren Bejahung "auch nach außen ein gewisses Maß von Selbständigkeit".[1506] Im Ergebnis verstanden sie damit unter einer "self-governing" Einheit eine solche, die nicht nur über nach innen gerichtete Hoheitsrechte, sondern auch über ein (näher zu bestimmendes) Minimum an äußerer Unabhängigkeit, das sich aus der Innehabung "auswärtiger Hoheitsrechte"[1507] ergibt, verfügt.

Damit erscheint ein "selbstregierter" Staat als einer, bei dem die Relativierungen der äußeren Souveränität dazu geführt hat, daß er nicht mehr souverän im dichotomischen Sinne[1508] ist, sondern als (relativ) abhängiger Staat nur über ein den internationalen Standard unterschreitendes Maß an nach außen gerichteten Hoheitsrechten verfügt. Dadurch ist zwar notwendig auch eine Relativierung seiner inneren Souveränität verbunden, so daß diese Staaten nicht "im Innern völlig frei" sind. Das Völkerrecht regelt jedoch nicht nur die Beziehungen zwischen Staaten mit "voller" Souveränität, sondern kann auch abhängige Subjekte einbeziehen.

1504 Wenn man auch diesen Begriff entsprechend der äußeren Souveränität für abstufungsfähig hält, sind auch unterhalb der Grenze der inneren Souveränität im dichotomischen Sinne unterschiedliche Grade an Abhängigkeit hinsichtlich der inneren Verhältnisse denkbar. Zur Umschreibung von Situationen, in denen Verwaltungseinheiten ohne (innere wie äußere) Souveränität in Bezug auf ihre inneren Belange eine relative Selbständigkeit genießen, eignet sich der Begriff der Autonomie.

1505 *Schücking/Wehberg*, Satzung des Völkerbundes, 181.

1506 *Schücking/Wehberg*, Satzung des Völkerbundes, 181.

1507 *Schücking/Wehberg*, Satzung des Völkerbundes, 182.

1508 Zum Begriff s.o. S. 192.

E. WANDEL DES SOUVERÄNITÄTSBEGRIFFS IM GELTENDEN VÖLKERRECHT?

Die Frage nach dem Wandel des völkerrechtlichen Souveränitätskonzepts kann nur auf der Grundlage eines möglichst genauen Vergleichsmaßstabs beantwortet werden. Als dieser wird hier das Völkerrecht am Ende der klassischen Periode gewählt, das vergleichsweise klar umschrieben werden kann. Unter I. werden zentrale Aspekte des dieser Rechtsordnung inhärenten Souveränitätskonzepts zusammengefaßt, wobei auf die in den vorangegangenen Abschnitten gemachten methodischen und inhaltlichen Festlegungen zurückgegriffen werden kann. Anschließend werden die bereits vorgestellten Modelle über das "neue" Völkerrecht,[1509] deren gemeinsamer Bezugspunkt die Idee der Gemeinschaft[1510] ist, und ihre Aussagen über die Souveränität erörtert (II.). Darauf aufbauend und unter Einbeziehung weiterer neuer souveränitätsrelevanter Aspekte im modernen Völkerrecht wird unter III. versucht, die Substanz der Veränderungen herauszuarbeiten, die im abschließenden Abschnitt (IV.) bewertet werden sollen.

I. Skizze des am Ende der klassischen Periode induktiv feststellbaren völkerrechtlichen Souveränitätskonzepts

Die Darstellung des Bildes der Souveränität am Ende der klassischen Epoche wird durch die Uneinheitlichkeit sowohl der damaligen Literatur als auch der heutigen Interpretation der früheren Rechtslage erschwert. Als Ergebnis des vorangegangenen Kapitels kann insofern bereits festgehalten werden, daß die Behauptung, am Ende des 19. Jahrhunderts hätten die Staaten eine absolute äußere Souveränität innegehabt, eine Überzeichnung darstellt.[1511] Unabhängig von der Frage, wie diese konstruktiv zu beschreiben sind, war auch im klassischen Völkerrecht anerkannt, daß rechtliche Bindungen prinzipiell mit dem Status souveräner Staatlichkeit vereinbar sind. Wenn sonach auch in der klassischen Periode Souveränität durch völkerrechtliche Bindungen relativiert wurde, so könnten doch bestimmte Bindungen mit der Vorstellung von Souveränität unvereinbar gewesen sein. Eine Beeinträchtigung der Souveränität könnte sich aus der Art der Begründung rechtlicher Verpflichtungen (1.), aus ihren Inhalten (2.), aus den durch sie begründeten rechtlichen Strukturen (3.) oder aus den fehlenden Möglichkeiten zu ihrer Beseitigung (4.) ergeben haben.

1509 Oben B.X.2.b), S. 85.

1510 Vgl. zur Konzeption der Gemeinschaft und dem ihr entgegengesetzten Idealtypus der Gesellschaft oben C.II.1.b), S. 123.

1511 Vgl. zur Unvereinbarkeit einer absoluten Souveränitätskonzeption mit der auch im 19. Jahrhundert jedenfalls in der Praxis vorherrschenden Vorstellung einer rechtlichen Regelung der internationalen Beziehungen oben D.II.1., S. 172.

1. Aussagen über die Rechtserzeugung

Die in der klassischen Periode und in weiten Teilen der Doktrin auch darüber hinaus vorherrschende Auffassung über die Art der Begründung völkerrechtlicher Bindungen ist in dem bereits mehrfach angesprochenen *Lotus*-Urteil des Ständigen Internationalen Gerichtshofs klar formuliert. Danach setzt die Begründung von rechtlichen Bindungen zwischen unabhängigen Staaten einen entsprechenden Willen der Gebundenen voraus. Das Urteil brachte in der berühmt gewordenen Lotus-Formel, wonach die die Staaten bindenden Normen "emanate from their own free will as expressed in conventions or by usages generally accepted as expressing principles of law"[1512] das Konsensprinzip als konstruktives Fundament der Völkerrechtsordnung deutlich zum Ausdruck. Dieses wurde auch in der positivistischen Literatur der klassischen Periode betont,[1513] was dazu führte, daß bisweilen die Begriffe des konsensual begründeten und des positiven Rechts gleichgesetzt werden.[1514]

2. Aussagen über Rechtsinhalte

Im Vergleich zum modernen Völkerrecht regelte das klassische deutlich weniger Aspekte der staatlichen Betätigung und wies dabei zudem eine tendenziell geringere Regelungstiefe auf.[1515] Hintergrund für diese Zurückhaltung bei der Relativierung der äußeren Souveränität der Staaten könnte gewesen sein, daß die Regelung bestimmter Gegenstände oder eine ein bestimmtes Maß überschreitende Regelungsintensität mit dem Souveränitätsprinzip für unvereinbar gehalten worden wäre.

a) Unvereinbarkeit der Regelung bestimmter Gegenstände mit dem Souveränitätsprinzip?

Im heutigen Völkerrecht kann prinzipiell jeder Gegenstand einer völkerrechtlichen Regelung unterworfen werden, ohne daß dadurch die Souveränität der beteiligten Staaten beeinträchtigt würde. Das bedeutet umgekehrt, daß es keine bestimmten

---

1512 StIGH, Urteil vom 7.9.1927 in *The Case of the S.S. "Lotus"*, PCIJ Ser. A No. 10, 18.

1513 Z.B. von *Oppenheim*, AJIL 2 (1908), 313 (333).

1514 Vgl. z.B. *Steiner*, International Law, Doctrine and Schools of Thought in the Twentieth Century, EPIL Bd. II, 1216 (1222 f.). Freilich ist die Befürwortung einer positivistisch-induktiven Völkerrechtskonzeption nicht notwendig mit der Annahme verbunden, völkerrechtliche Normen könnten nur auf konsensualer Basis erzeugt werden. Zwar war dies in der hier behandelten klassischen Periode der Fall, so daß im Ergebnis Anhänger des Positivismus auch als "Voluntaristen" erscheinen mußten. In der auch im Rahmen dieser Arbeit befürworteten positivistischen Konzeption ist diese Aussage jedoch gerade nicht notwendig enthalten. Es ist durchaus denkbar und im innerstaatlichen Bereich seit jeher der Fall, daß positives Recht auch ohne Zustimmung der Rechtsunterworfenen zustandekommt (vgl. *Oppenheim*, AJIL 2 (1908), 313 (333)). In der klassischen Periode wurden derartige Rechtsbindungen gegenüber Staaten jedoch als mit dem Begriff der Souveränität für unvereinbar gehalten. Ob sich an dieser Auffassung zwischenzeitlich etwas geändert hat, ist im folgenden zu untersuchen.

1515 Vgl. oben B.X.1.c), S. 72.

einzelnen Rechte oder Befugnisse gibt, über die ein Staat verfügen muß, um als souverän zu gelten.[1516] Demgegenüber wird im Hinblick auf das klassische Souveränitätsverständnis behauptet, dies sei zwingend mit der Innehabung bestimmter wesensnotwendiger beziehungsweise unaufgebbarer Handlungsfreiheiten verknüpft gewesen. Das prominenteste und bevorzugt erörterte Beispiel eines solchen notwendigen Souveränitätsrechts ist das sogenannte freie Kriegsführungsrecht, das den Staaten eine rechtlich fast absolute Handlungsfreiheit nach außen gewährte. Daneben könnte noch die rechtliche Ungebundenheit in anderen Bereichen als für die Souveränität erforderlich angesehen worden sein.

aa) Das Kriegsführungsrecht als Essenz der Souveränität

In der Literatur wird verbreitet das im 19. Jahrhundert geltende ius ad bellum gleichsam als Essenz der Souveränität nach klassischem Verständnis dargestellt. Dementsprechend erscheint seine Abschaffung als mit dieser Souveränitätskonzeption unvereinbar. So meint etwa *Kimminich*, daß mit dem Verbot des Krieges "the central institution of classical international law, sovereignty, either lost its meaning or profoundly changed its content."[1517] Eine ähnliche Gleichsetzung von klassischem Souveränitätsverständnis und unbeschränktem Recht zum Krieg findet sich auch bei zahlreichen anderen Autoren.[1518]

Bei näherer Betrachtung zeigt sich zunächst, daß das sogenannte freie Kriegsführungsrecht nur hinsichtlich des "ob" der Kriegsführung den Staaten eine rechtlich unbeschränkte Entscheidungsmöglichkeit einräumte. Im Hinblick auf die Art und Weise der Kriegsführung blieben sie in jedem Falle durch das ius in bello gebunden.[1519] Bedeutsamer ist jedoch, daß im 19. Jahrhundert in Ausnahmefällen durchaus Beschränkungen des ius ad bellum vorgenommen wurden, ohne daß den davon betroffenen Staaten deshalb ihr souveräner Status abgesprochen worden wäre. Die sogenannten neutralisierten Staaten durften Kriege nur zum Zweck der Selbstverteidigung führen, während ihnen sowohl die Führung eines Angriffskrieges als auch die Beteiligung an Kriegen zwischen dritten Staaten verboten war.[1520] Darüber hinaus wurden in der Endphase der klassischen Periode auch von anderen Staaten vertragliche Beschränkungen eingegangen, die für einzelne Fallgruppen das Kriegsführungsrecht beschnitten.[1521] Auch dies deutet daraufhin, daß das Kriegsführungsrecht nicht für unantastbar gehalten wurde. Der völkerrechtliche Normalfall war freilich, daß die Staaten zur Verfolgung ihrer politischen Ziele nicht gehindert waren, nach eigenem Ermessen auch militärische Gewalt einzusetzen.

1516 Siehe oben D.II.3.c)bb)(3), S. 202.

1517 *Kimminich*, History of the Law of Nations: Since World War II, EPIL Bd. II, 849 (849).

1518 Z.B. *Steinberger*, Sovereignty, EPIL Bd. IV, 500 (510); vgl. auch *Oppenheim/Lauterpacht*, International Law I (8. Aufl.), § 166b.

1519 S.o. Fn. 1327.

1520 Vgl. *Verdross*, Völkerrecht (1937), 56.

1521 Vgl. zur *Drago-Porter*-Konvention und zu den sogenannten *Bryan*-Verträgen oben B.VIII.1, S. 53.

bb) Sonstige wesensnotwendige souveräne Befugnisse

Ob es andere begriffsnotwendige Souveränitätsattribute gab, kann an dieser Stelle nicht abschließend geklärt werden.[1522]

Häufig wurde etwa das "right of the State to consider the treatment - and the well-being - of the inhabitants of its territory as a matter falling exclusively within its domestic jurisdiction" als "vital attribute" der staatlichen Souveränität betrachtet.[1523] In dieser Allgemeinheit ist die Behauptung einer absoluten Handlungsfreiheit nach Innen aber nicht zutreffend. Jedenfalls bezüglich der Behandlung ausländischer Staatsangehöriger waren die Staaten stets durch den überwiegend gewohnheitsrechtlich ausgestalteten fremdenrechtlichen Mindeststandard[1524] beschränkt. Demgegenüber konnten sie ihre eigenen Angehörigen und Staatenlose grundsätzlich nach ihrem Ermessen behandeln.[1525] Es gab jedoch auch insofern Ansätze zu einer Beschränkung der Handlungsfreiheit. So gab es zum einen erste Verträge wie die Abkommen zur Unterdrückung des Handels mit "Negersklaven", die dem Schutz der Menschen als solcher dienten.[1526] Zum anderen war im Falle einer längeren Verweigerung der fundamentalsten Menschenrechte eine Kollektivintervention aus Gründen der Menschlichkeit (intervention d'humanité) anerkannt.[1527]

Zu denken ist weiterhin an die Währungshoheit, von der noch in der Diskussion um den Unionsvertrag von Maastricht angenommen wurde, daß ihr Verlust eine "nachhaltig[e] Souveränitätsamputation" bedeute, die im Zusammenspiel mit den anderen Bestimmungen des Vertrages bei den Mitgliedstaaten der Europäischen Union zu "qualitativ[en] und quantitativ[en]" Souveränitätseinbußen führten, die zur Folge hätten, "daß man im Sinne des Völkerrechts jedenfalls von souveränen Staaten im überkommenen Sinne nicht mehr sprechen" könne.[1528] Ob die in vielen Bereichen zu

---

1522 Davon, daß es in der klassischen Völkerrechtsordnung "indispensible exclusive State functions" gegeben habe, geht z.B. *Steinberger*, Sovereignty, EPIL Bd. IV, 500 (512), aus. Auch *Kimminich*, in: Kroker/Veiter (Hrsg.), Rechtspositivismus, Menschenrechte und Souveränitätslehre in verschiedenen Rechtskreisen, 97 (101), geht von der Existenz weiterer notwendiger Souveränitätsattribute aus, wenn er das Recht zum Kriege als wichtigstes Element des klassischen Souveränitätskonzepts charakterisiert.

1523 Vgl. dazu und zu anderen (angeblich) wesentlichen Attributen der Souveränität kritisch *Oppenheim/Lauterpacht*, International Law I (8. Aufl.), § 166b.

1524 Vgl. zur Entwicklung des Fremdenrechts *Schnitzer*, Fremdenrecht, WVR I, 566 ff.

1525 *Verdross/Simma*, Universelles Völkerrecht, § 1208.

1526 Vgl. *Verdross/Simma*, Universelles Völkerrecht, § 1208. Zu den angesprochenen Instrumenten, deren erstes die Erklärung der am Wiener Kongreß versammelten Mächte vom 8.2.1815 war, s.o. Fn. 1192.

1527 *Verdross/Simma*, Universelles Völkerrecht, § 1208 m.N.

1528 So *Doehring*, Staat und Verfassung in einem zusammenwachsenden Europa, ZRP 1993, 98 ff. (102). Ähnlich *Murswiek*, Der Staat 32 (1993), 161 (181), wonach die Währungshoheit "in den Kernbereich der staatlichen Souveränität" gehört. Diese Bewertung *Doehrings* ist jedenfalls im Rahmen des modernen Völkerrechts, wie es sich nach dem Ersten Weltkrieg entwickelt hat, sehr zweifelhaft. Gegen die Annahme, die Währungshoheit sei eine Essentialie souveräner Staatlichkeit spricht insbesondere, daß Luxemburg trotz der seit 1921 bestehenden Währungsunion mit Belgien weiterhin als souveräner Staat anerkannt wurde (vgl. *Pernice*, Die Verwaltung 26 (1993), 449 (474); *Huber*, Maastricht, 48).

beobachtenden Vorbehalte bei der völkerrechtlichen Normierung lediglich Folge der politischen Leitvorstellung von einem möglichst autonom handelnden Staat waren oder ob diese Vorstellungen sich auch rechtlich derart verdichtet haben, daß Staaten die in bestimmten Bereichen keine Hoheit hatten, nicht als souverän anerkannt worden wären, muß anderen Untersuchungen vorbehalten bleiben.

b) Unvereinbarkeit einer gewissen Regelungsintensität mit dem Souveränitätsprinzip?

Auch die Frage, inwiefern die in der Praxis zu beobachtende Zurückhaltung im Hinblick auf die Breite und Tiefe der vereinbarten Normen nicht nur Folge einer am Idealbild der absoluten Souveränität orientierten Politik war, kann hier nicht abschließend geklärt werden. Festzustehen scheint, daß im Vergleich zu nachfolgenden Epochen insbesondere hinsichtlich der sogenannten inneren Angelegenheiten ein größeres Maß an rechtlicher Handlungsfreiheit für erforderlich gehalten wurde, um das Bestehen eines souveränen Staates zu bejahen.[1529]

Als Indiz hierfür kann insbesondere die geringe Regelungsdichte im Bereich der Personal- und Territorialhoheit herangezogen werden. In ihren innerstaatlichen Verhältnissen strebten die Staaten eine praktisch absolute Hoheitsmacht an, so daß völkerrechtliche Beschränkungen hinsichtlich des Umgangs mit den eigenen Staatsangehörigen durch Instrumente des Minderheiten- oder Menschenrechtsschutzes praktisch unbekannt waren und auch das Verhalten gegenüber den Angehörigen anderer Staaten im wesentlichen nur durch den fremdenrechtlichen Mindeststandard beschränkt war.

Auf der anderen Seite stellt die Intensivierung der internationalen Beziehungen und ihr Niederschlag im Völkerrecht keine Eigenart der modernen Epoche dar. Bereits im 19. Jahrhundert kam es im Zuge der Industrialisierung insbesondere in den Bereichen Wirtschaft und Verkehr zu einer erheblichen Ausdehnung des Völkerrechts, vielfach in Form multilateraler Verträge.[1530] Eine genauere Bestimmung der im klassischen Völkerrecht bestehenden, im Vergleich zum heutigen Rechtszustand niedrigeren Schwelle, ab der ein Zuviel an rechtlicher Gebundenheit Auswirkungen auf den souveränen Status gehabt hätte, kann hier nicht erfolgen.

1529 Auf die Dynamik des Souveränitätsbegriffs wurde bereits oben unter D.II.3.c)bb)(1), S. 193, u.a. im Zusammenhang mit der Veränderung der Bewertung der Mitgliedschaft in internationalen Organisationen hingewiesen. Eine Tendenz, eine größere Relativierung der äußeren rechtlichen Souveränität im graduellen Sinne zuzulassen, ohne daß die hier erörterte Souveränität im dichotomischen Sinne (zum Begriff vgl. oben S. 192) berührt wäre, ist auch hinsichtlich der Regelungsintensität zu beobachten. *Dahm* hat die Entwicklung als "Prozeß der Schrumpfung" der staatlichen Hoheitsgewalt beschrieben (*Dahm*, Völkerrecht I, 156). Die damit einhergehende insgesamt höhere rechtliche Verflechtung hat auch dazu geführt, daß sich das im Rahmen der Prüfung der souveränen Staatlichkeit zu bestimmende Normalmaß rechtlicher Unabhängigkeit (vgl. dazu oben D.II.3.c)bb)(3), S. 202) verschoben hat.

1530 Vgl. *Dahm/Delbrück/Wolfrum*, Völkerrecht I/1, 219.

3. Aussagen über Rechtsstrukturen

Ebenso wie in inhaltlicher Hinsicht ist auch im Hinblick auf bestimmte strukturelle Gestaltungen im klassischen Völkerrecht eine gewisse Zurückhaltung bei der Relativierung der Souveränität zu beobachten, selbst wenn diese auf Konsens beruht.

a) Unterwerfung unter nicht vom aktuellen Konsens abhängige Institutionen

Dem Verständnis des klassischen Völkerrechts als reines "Zwischensouveränitätsrecht" (*Jahrreis)* läuft jede Form der Herrschaft über einzelne ihrer Subjekte, jede Unterwerfung unter eine Befehlsgewalt wesensmäßig entgegen.[1531] Dennoch lassen sich im positiven Völkerrecht des 19. Jahrhunderts Beispiele dafür finden, daß Staaten sich bindenden Anweisungen, die nicht von ihrem aktuellen Konsens abhängig waren, unterwarfen.

aa) Rechtsprechung

Bereits angesprochen wurde, daß die Vorstellung einer umfassenden und obligatorischen (Schieds-)Gerichtsbarkeit[1532] im 19. Jahrhundert nicht konsensfähig war.[1533] Zwar gab es nach der fast völligen Verdrängung der Idee der Schiedsgerichtsbarkeit in den vorangegangenen Jahrhunderten wieder eine Vielzahl von Schiedsverträgen. Die in der frühen Neuzeit entwickelte Idee vom absoluten, keiner übergeordneten Gewalt unterworfenen Staat wirkte jedoch noch fort. Dabei entsprang die Ablehnung der Unterwerfung unter eine obligatorische Jurisdiktion wohl nicht nur einer politischen Leitvorstellung, sondern war zugleich Bestandteil des traditionellen rechtlichen Souveränitätskonzepts. Danach war es ein wichtiger Bestandteil staatlicher Souveränität, "to remain its own judge in disputes with other States."[1534]

Dementsprechend behielten sich die Staaten die aktuelle Kontrolle darüber vor, welche Streitigkeiten in den mehr oder weniger justizförmigen Verfahren der Schiedsgerichtsbarkeit entschieden werden sollten. Von besonderer Bedeutung hierfür waren die häufig unter dem Begriff "Ehrenklausel" zusammengefaßten üblichen Vorbehalte,[1535] wonach die Schiedsverpflichtung nur für Rechtsstreitigkeiten gelten sollte, die nicht die Lebensinteressen, die Unabhängigkeit oder die Ehre der Vertragschließenden oder die Interessen dritter Staaten berührten, wobei die Entscheidung über das Vorliegen dieser Tatbestände dem sich "unterwerfenden" Staat

---

1531 Vgl. *Wagner*, Beschlußrecht, 50.

1532 Vgl. zur Unterscheidung zwischen internationaler Gerichtsbarkeit und Schiedsgerichtsbarkeit *Schlochauer*, Internationale Gerichtsbarkeit, WVR II, 56 (58); *Randelzhofer*, in: Maunz/Dürig, Grundgesetz, Art. 24 Abs. III, Rdnr. 7.

1533 S.o. B.VIII.1., S. 47.

1534 Vgl. *Lauterpacht*, Development, 332.

1535 Vgl. dazu *Scupin*, Völkerrechtsgeschichte III, WVR III, 721 (741).

oblag.[1536] In den Fällen freilich, in denen eine schiedsgerichtliche Entscheidung akzeptiert wurde, lag damit auch die Unterwerfung unter den inhaltlich noch offenen Schiedsspruch vor.

bb) Unterwerfung unter den Willen anderer Staaten - Mehrheitsentscheidungen

Ebenso wie die Unterwerfung unter eine Rechtsprechungsinstanz bedeutet auch die vorweggenommene Bindung an eine zu einem späteren Zeitpunkt zu treffende Entscheidung über Rechtsinhalte, bei der ein Staat überstimmt werden kann, "eine gewisse Preisgabe staatlicher Hoheitsgewalt (...). Durch die Annahme des Vertrages, der Mehrheitsentscheidungen zuläßt, unterwerfen sich die Vertragsstaaten von vornherein und blanco den Entscheidungen, die in Zukunft mit der erforderlichen Mehrheit ergehen."[1537]

In der klassischen Völkerrechtsepoche läßt sich eine deutliche Zurückhaltung gegenüber der Eingehung derartiger Bindungen feststellen. In der Regel bedurfte es sowohl bei Änderungen völkerrechtlicher Verträge als auch bei Organbeschlüssen der damaligen internationalen Organisationen der Einstimmigkeit.[1538] Als Hintergrund auch hierfür kann das damals vorherrschende Souveränitätsdogma[1539] ausgemacht werden.[1540] Aus dem zentralen Satz, wonach souveräne Staaten nur nach der Maßgabe ihrer Zustimmung rechtlich gebunden werden konnten, entwickelte sich in

---

1536 Vgl. *Grewe*, Epochen, 612 f.

1537 *Dahm*, Völkerrecht II, 64. - Eine konsentierte Unterwerfung unter den Willen eines oder mehrerer fremder Staaten liegt auch im Falle des völkerrechtlichen Protektorates vor. Auf die Frage, unter welchen Voraussetzungen der protegierte Staat als souverän betrachtet wurde, wird hier nicht weiter eingegangen, da die Figur der Protektorates im modernen Völkerrecht keine wesentliche Bedeutung mehr hat. Der Umstand allerdings, daß jedenfalls bei bestimmten Protektoratsverhältnissen von einem Fortbestehen der Souveränität des Protektoratsstaats ausgegangen wurde (vgl. *Kirschschläger*, Protektorat, WVR II, 808 (809)) deutet darauf hin, daß auch im klassischen Völkerrecht nicht jede vorherige Unterwerfung unter von anderen Völkerrechtssubjekten zu treffende Entscheidungen die Souveränität (im dichotomischen Sinne, vgl. oben S. 192) beseitigte.

1538 Beispielsweise regelte Art. 36 der General-Akte der Berliner Konferenz vom 26.2.1885 (RGBl., 215 ff.) ausdrücklich, daß eine Modifikation der Akte nur "auf Grund gemeinsamen Einverständnisses" (commun accord) der Unterzeichnerstaaten möglich sei. Ebenso war es im Rahmen von Weltpost- und Welttelegraphenverein nicht möglich, Staaten gegen ihren Willen an neue Regeln zu binden (vgl. dazu *Skubiszewski*, International Legislation, EPIL Bd. II, 1255 (1256)).

1539 Teilweise wird das Einstimmigkeitsprinzip auch im Zusammenhang mit dem Prinzip der Gleichheit der Staaten erörtert (z.B. bei *Berber*, Lehrbuch I, 217 f.). Nachdem oben unter D.II.1., S. 172, erläutert wurde, daß die Prinzipien der Gleichheit und der Souveränität lediglich zwei Ausdrucksformen des gleichen Gedankens sind, kann es im Hinblick auf die Zuordnung nur darum gehen, auf welchem Aspekt der Schwerpunkt der Problematik liegt. Dies dürfte der der Souveränität sein (dahingehend z.B. *Oppenheim/Lauterpacht*, International Law I (8. Aufl.), § 116a); die Gleichheit als solche ist durch Mehrheitsentscheidungen nicht betroffen, da jeder Staat gleichermaßen dem Risiko ausgesetzt ist, überstimmt zu werden.

1540 Vgl. *Dahm*, Völkerrecht II, 63.

der politischen Praxis der Grundsatz, daß völkerrechtliche Beschlüsse einstimmig zu fassen seien.[1541]

Es läßt sich jedoch im klassischen Völkerrecht keine Regel nachweisen, wonach die Unterwerfung unter Mehrheitsentscheide als solche den Status der Souveränität im rechtlichen Sinne berührt hätte. In der geschichtlichen Entwicklung des Einstimmigkeitsprinzips gab es stets Ausnahmen und Durchbrechungen.[1542] Insbesondere gegen Ende der klassischen Periode wurde vermehrt die Möglichkeit geschaffen, bindende Mehrheitsbeschlüsse zu fassen. Dies geschah im Rahmen von Staatenbünden[1543], multilateralen Verträgen[1544] und insbesondere von Verwaltungsgemeinschaften wie etwa der Europäischen Donaukommission von 1856[1545], die freilich nur im administrativen, nicht auch in dem im engeren Sinne politischen Bereich tätig waren.[1546]

cc) Eingliederung in internationale Organisationen

Aus der Existenz der Verwaltungsgemeinschaften ergibt sich zugleich, daß auch die Eingliederung in internationale Organisationen nach der aus der klassischen Völkerrechtsordnung zu abstrahierenden Souveränitätskonzeption nicht prinzipiell ausgeschlossen war.

Zwar stand die Mitgliedschaft in solchen Staatenverbindungen in Widerspruch zu dem verbreiteten, an *Hegel*[1547] anknüpfenden Dogma absoluter Souveränität, wonach jede Bindung des Staates an einen fremden Willen ausgeschlossen sein sollte.[1548] Eine derartige Abhängigkeit von einem vom eigenen Staatswillen verschiedenen Willen liegt aber selbst dann vor, wenn Entscheidungen in den Organen der Organisation einstimmig gefällt werden.[1549] Denn die kollektiven Beschlüsse

1541 Vgl. *Schwarz-Liebermann von Wahlendorf*, Einstimmigkeitsprinzip, WVR I, 416 (416).

1542 *Schwarz-Liebermann von Wahlendorf*, Einstimmigkeitsprinzip, WVR I, 416 (416).

1543 Vgl. zum Mehrheitsprinzip in der Bundesversammlung des Deutschen Bundes *Wagner*, Beschlußrecht, 54/Fn. 21.

1544 Vgl. u.a. zum Beispiel des Internationalen Zuckerabkommens von 1902 *Streinz*, Grundrechtsschutz, 104.

1545 Vgl. zu diesem Beispiel sowie zu weiteren Anwendungsfällen des Mehrheitsprinzips in der Endphase der klassischen Völkerrechtsepoche *Streinz*, Grundrechtsschutz, 103 f. In der Konsequenz der unübersehbaren subordinativen Elemente der Regelungen über die europäische Donaukommission lag es, daß diese in der damaligen Literatur - ausgehend von einem Völkerrechts- und Souveränitätsverständnis, das ausschließlich koordinative Beziehungen der Staaten zuließ - als staatsrechtlich qualifiziert wurden (vgl. zur Interpretation der Kommission als "Flußwasserstaat" *Wagner*, Beschlußrecht, 56).

1546 Vgl. *Schwarz-Liebermann von Wahlendorf*, Einstimmigkeitsprinzip, WVR I, 416 (416). Eine Beeinträchtigung der Souveränität könnte sich demnach nicht aus der Rechtsstruktur ergeben haben, sondern allenfalls aus den betroffenen Regelungsbereichen.

1547 Zur absoluten Souveränitätskonzeption *Hegels* s.o. B.VIII.2.a)aa), S. 54.

1548 Vgl. *Doehring*, FG Forsthoff, 105 (113 f.), m.N. auch zu entgegengesetzten theoretischen Strömungen sowie oben B.VIII.2.c), S. 58.

1549 Dieser Denkweise entsprechend gehen etwa *Seidl-Hohenveldern/Loibl*, Recht der Internationalen Organisationen, Rdnr. 1102, davon aus, daß auch die Mitgliedschaft in einer intergeben in jedem Fall nicht den Willen der einzelnen Mitglieder, sondern den "Gesamtwillen" der Körperschaft zum Ausdruck.[1550]

In Widerspruch zu diesen souveränitätstheoretischen Überlegungen kam es in der Praxis zur Ausbildung zahlreicher Verwaltungsgemeinschaften, die in struktureller Hinsicht bereits die wesentlichen Merkmale der später so genannten internationalen Organisationen und auch der supranationalen Organisationen aufwiesen.[1551] Wenngleich diese Merkmale insgesamt weniger ausgeprägt waren, als dies heute der Fall ist, unterschieden sich die damaligen Organisationen von denen späterer Epochen nicht wesentlich durch strukturelle Elemente als vielmehr durch ihr Betätigungsfeld, das sich auf nicht-politische Aufgaben beschränkte[1552].

b) Abweichungen vom strikten Konzept der (formalen) Staatengleichheit

Der ursprünglich von der Naturrechtslehre ausgebildete,[1553] mit dem Souveränitätsprinzip korrelierende,[1554] Gedanke der (formalen) Gleichheit[1555] der Staaten war auch im 19. Jahrhundert und in der in dieser Zeit vorherrschenden positivistischen Doktrin anerkannt,[1556] wobei sich der Anwendungsbereich dieses Prinzips freilich auf die sogenannten zivilisierten Staaten beschränkte.[1557]

Gerade in der positivistischen Literatur finden sich besonders weitgehende Formulierungen im Hinblick auf die Konsequenzen souveräner Gleichheit. Beispielsweise ging *Oppenheim* in seinem Lehrbuch noch 1920 im Rahmen der Behandlung der Folgerungen aus der Gleichheit der Staaten[1558] davon aus, daß "whenever a question arises which has to be settled by the consent of the members of the Family of Nations, every State has a right to vote, but to one vote only", und daß "legally ... the vote of the weakest and smallest State has quite as much weight as the vote of

---

nationalen Organisation, in der Beschlüsse ausschließlich einstimmig gefaßt werden, die Souveränität der Mitgliedstaaten - wenn auch geringfügig - einschränke.

1550 *Dahm*, Völkerrecht II, 63.

1551 Vgl. bereits oben B.VIII.1, S. 52.

1552 Vgl. *Kunz*, Völkerrecht, allgemein, WVR III, 611 (619). Zur kaum trennscharf vornehmbaren Unterscheidung zwischen politischen und nicht-politischen Organisationen siehe z.B. *Bindschedler*, International Organizations, General Aspects, EPIL Bd. II, 1289 (1292).

1553 Vgl. zur Formulierung des "Staatengrundrechts" der Gleichheit durch die neuzeitliche Vernunftrechtslehre *Mosler*, ZaöRV 14 (1951/52), 1 (29); *Leibholz*, Gleichheit der Staaten, WVR I, 694 (694).

1554 Siehe zum Zusammenhang zwischen beiden Prinzipien oben D.II.1, S. 172.

1555 Vgl. zum Gleichheitsprinzip und seinem formalen Charakter bereits oben D.II.3.b), S. 183.

1556 Vgl. *Dahm*, Völkerrecht I, 161.

1557 Vgl. dazu *Steinberger*, Sovereignty, EPIL Bd. IV, 500 (515).

1558 Neben dem hier näher behandelten Recht zu gleichberechtigter Stimmabgabe läßt sich dem Prinzip der Staatengleichheit insbesondere noch der aus der Rechtsparömie *par in parem non habet imperium* "abgeleitete" Regelungskomplex der Staatenimmunität (s. dazu oben C.IV.4.b), S. 165) zuordnen (vgl. z.B. *Oppenheim/Lauterpacht*, International Law I (8. Aufl.), § 115a und *Leibholz*, Gleichheit der Staaten, WVR I, 694 (696), beide auch zu weiteren "Konsequenzen" des Gleichheitsprinzips im Völkerrecht).

the largest and most powerful."[1559] Erst in späteren Auflagen wurde ausdrücklich auf die Möglichkeit abweichender Gestaltungen hingewiesen.[1560]

In der Praxis manifestierte sich zwar der Grundsatz souveräner Gleichheit in vielfacher Weise. Die Leitvorstellung der Gleichheit der Staaten kam beispielsweise in verschiedenen Formen des zwischenstaatlichen Verkehrs deutlicher als in früheren Epochen zum Ausdruck.[1561] Von Bedeutung war namentlich, daß es den Großmächten nicht gelang, ihren Hegemonialanspruch zu einem Rechtsprinzip zu verdichten.[1562]

Auf der anderen Seite läßt sich aber keine Regel nachweisen, wonach die konsensual begründete Schaffung unterschiedlicher rechtlicher Stellungen mit der Souveränität eines Staates prinzipiell unvereinbar gewesen wäre. Namentlich im Bereich der Verwaltungsgemeinschaften gab es zahlreiche Abweichungen von den von *Oppenheim* und anderen[1563] aus dem Dogma der (souveränen) Staatengleichheit hergeleiteten Forderungen.[1564] So wurden in Abweichung vom Prinzip der absoluten formalen Gleichheit unter anderem verschiedene Beitragsklassen eingeführt und insbesondere Regelungen getroffen, wonach bei Organbeschlüssen die Stimmen der Staaten unterschiedlich gewichtet wurden.[1565] Mehrheitsentscheidungen mit Stimmengewichtung waren beispielsweise vorgesehen im Rahmen des Deutschen Bundes sowie in zahlreichen internationalen Flußkommissionen.[1566]

c) Abschottung der Herrschaftsbeziehungen zu den der eigenen Jurisdiktion Unterworfenen

Im Hinblick auf den inneren Aspekt der Souveränität bildete sich in der Staatslehre der ausgehenden klassischen Epoche die sogenannte Impermeabilitätsdoktrin[1567]

1559 *Oppenheim/Lauterpacht*, International Law I (3. Aufl.), § 115.

1560 So wurden seit der 4. Auflage (1928) zunächst in einer Fußnote Fälle der Stimmengewichtung erwähnt. Später enthielt § 115 den Einschub "unless it has agreed otherwise" (z.B. 8. Aufl., S. 263).

1561 Vgl. etwa zu den Formalitäten im Bereich des Vertragswesens *Nussbaum*, Geschichte, 218.

1562 So *Oppenheim/Lauterpacht*, International Law I (8. Aufl.), § 116; *Dahm*, Völkerrecht I, 166 f. m.N. Zur umstrittenen Frage, ob der politische Führungsanspruch der Großmächte insbesondere im Bereich der Rechtserzeugung auch rechtlichen Niederschlag gefunden hatte, s. bereits oben Fn. 404 m.N. auch zu der der hier vertretenen Ansicht widersprechenden Interpretation der damaligen Rechtslage durch *Grewe*.

1563 Vgl. etwa zu *Fauchille Schaumann*, Gleichheit, 5.

1564 Am Beispiel der Stellungnahmen *Oppenheims* zu Staatengleichheit und Stimmrechtsgleichheit zeigt sich deutlich die oben unter C.IV.1., S. 139, angesprochene Schwierigkeit, einen positivistisch-induktiven Ansatz konsequent durchzuhalten. Die Geprägtheit der Aussage *Oppenheims* von a-priorischen Annahmen über den Charakter der "family of nations" wird deutlich bei *Oppenheim*, AJIL 2 (1908), 313 (347).

1565 Vgl. *Köck/Fischer*, Recht der internationalen Organisationen, 140.

1566 Vgl. *Dahm*, Völkerrecht II, 68.

1567 Die hier angesprochene Theorie der Impermeabilität der staatlichen Rechtsordnungen im Außenverhältnis ist zu unterscheiden von der auf *Jellinek* und *Laband* zurückgehenden Lehre von der Impermeabilität der Staatsperson, die den Beziehungen des Staates zu seinen Orgaheraus. Danach ist der souveräne Staat wesensnotwendig die einzige Quelle hoheitlicher Gewalt auf seinem Gebiet.[1568] Gegenüber den anderen Staaten erhebt er für sein Gebiet einen ausschließlichen Herrschaftsanspruch.[1569] Das Leitbild dieser Konzeption war die Idee des geschlossenen Nationalstaates.[1570] Nach diesem Ansatz errichtet das Prinzip der inneren Souveränität um die nationale Rechtsordnung einen "Souveränitätspanzer", der das Völkerrecht daran hindert, in den innerstaatlichen Rechtsraum einzudringen.[1571] Nur der Staat kann dem Völkerrecht innerstaatliche Wirksamkeit vermitteln;[1572] völkerrechtliche Akte wirken nicht unmittelbar in den staatlichen Rechtsraum hinein.[1573]

Dieses Dogma entspricht dem in der Praxis sehr weitgehend erfolgreichen Streben der Staaten nach einer absoluten Undurchdringlichkeit ihrer Rechtsordnung gegenüber von außen eindringenden Hoheitsgewalten. Während die Staaten in der frühen Neuzeit noch keine umfassende Geschlossenheit und Impermeabilität aufwiesen,[1574] gelang es ihnen im Rahmen der Entwicklung zum modernen Staat immer umfassender, das Prinzip exklusiver Gebietshoheit durchzusetzen.[1575] Am Abschluß dieses Prozesses stand der Standard der völligen "Undurchdringlichkeit" auf allen Gebieten.[1576]

Die Abschirmung der nationalen Rechtsordnung betrifft zunächst den inneren Aspekt der Souveränität.[1577] Das Völkerrecht als Produkt der gemeinsamen Überzeugung der Staaten respektierte deren Auffassung von der inneren Souveränität

nen und Organwaltern die Rechtsqualität absprach (vgl. dazu *Ossenbühl,* Gesetz und Recht, HStR III, § 61 Rdnr. 8).

1568 Vgl. *Rojahn,* in: von Münch (Hrsg.), Grundgesetz-Kommentar (2. Aufl.), Art. 24, Rdnr. 16; *Ophüls*, FS Heymanns Verlag, 519 (520); *König,* Übertragung von Hoheitsrechten, 77 f.

1569 Vgl. *Rojahn,* in: von Münch (Hrsg.), Grundgesetz-Kommentar (2. Aufl.), Art. 24, Rdnr. 17. Zur von der h.M. (z.B. BVerfGE 37, 271 (280); *Streinz*, Grundrechtsschutz, 253) bejahten Frage, ob auch die gegenwärtige deutsche Verfassungsordnung noch von einem solchen Ausschließlichkeitsanspruch ausgeht *Randelzhofer*, in: Maunz/Dürig, Grundgesetz, Art. 24 Abs. I, Rdnr. 9.

1570 Vgl. *Zuleeg*, in: Wassermann (Gesamthrsg.), AK zum Grundgesetz, Art. 24 Abs. 1, Rdnr. 2; *Rojahn*, in: von Münch/Kunig (Hrsg.), Grundgesetz-Kommentar (5. Aufl.), Art. 24, Rdnr. 1. Siehe insbes. zur Formulierung entsprechender Idealvorstellungen durch *Fichte* (vgl. oben Fn. 1048) zusammenfassend *Vogel,* Verfassungsentscheidung, 14 f.

1571 *Bleckmann*, FS Doehring, 63 (74).

1572 *Ophüls*, FS Heymanns Verlag, 519 (521).

1573 *Rojahn,* in: von Münch (Hrsg.), Grundgesetz-Kommentar (2. Aufl.), Art. 24, Rdnr. 16. - Das Fehlen der Durchgriffswirkung völkerrechtlicher Rechtsakte bedeutet lediglich, daß die Rechtsakte nicht unmittelbar *in* dem betroffenen Staat gelten. Keineswegs darf hiermit die Geltung *für* diesen Staat verwechselt werden. Insofern war stets anerkannt, daß das Völkerrecht auch Regelungen enthalten kann, welche die Ausübung der staatlichen Gebietshoheit betreffen. Insbesondere die Geltung des fremdenrechtlichen Mindeststandards belegt, daß es eine absolute Bindungsfreiheit im Hinblick auf die inneren Verhältnisse der Staaten auch in der klassischen Epoche nicht gab.

1574 S.o. B.VI.1, S. 25.

1575 Vgl. *Steinberger*, Sovereignty, EPIL Bd. IV, 500 (507).

1576 Vgl. *Preiser*, Völkerrechtsgeschichte I, WVR III, 680 (698).

1577 Vgl. *Kunig*, in: Graf Vitzthum (Hrsg.), Völkerrecht (2. Aufl.), 2. Abschnitt, Rdnr. 9.

und schützte im Rahmen der äußeren Souveränität die Entscheidungsbefugnis der Staaten darüber, ob und gegebenenfalls wie sie sich dem Völkerrecht öffneten.

Dabei eröffnete aber auch das klassische Völkerrecht den Staaten die prinzipielle Möglichkeit, sich dem Völkerrecht zu öffnen und einzelne Durchbrechungen des "Souveränitätspanzers" zuzulassen, ohne daß dies Konsequenzen auf ihren souveränen Status gehabt hätte. So bestanden in den letzten Jahrzehnten der klassischen Epoche eine ganze Reihe von internationalen Organisationen, die unmittelbar in den Mitgliedstaaten wirksame Rechtsakte setzen konnten und somit ein wesentliches Kriterium der sogenannten Supranationalität erfüllten.[1578] Beispielsweise hatte der deutsche Zollverein von 1834 nach dem neuen Zollvereinsvertrag vom 8. Juli 1867 unabhängige Organe, die mit Mehrheitsbeschluß transformationslos in den Mitgliedstaaten geltende Zollgesetze erlassen konnten.[1579] Die Europäische Donaukommission verfügte über ein Verordnungsrecht und zu dessen Umsetzung sogar über Strafgewalt gegenüber Einzelpersonen.[1580]

4. Aussagen über die Möglichkeiten zur Beendigung rechtlicher Bindungen

Wie bereits angesprochen, wird teilweise der Rechtscharakter des klassischen Völkerrechts mit dem Argument in Frage gestellt, daß es den Staaten in Form des ius ad bellum eine umfassende rechtlich anerkannte Möglichkeit zur Loslösung von zuvor eingegangenen völkerrechtlichen Bindungen eingeräumt habe.[1581]

In der Tat würde eine jederzeitige einseitige Lösungsmöglichkeit zu einer Leugnung des Völkerrechts führen müssen. Könnten die Völkerrechtssubjekte die Gültigkeit der durch ihren Konsens geschaffenen Regeln einseitig beenden, so wäre ihnen stets eine Rückkehr zum vorrechtlichen Zustand absoluter Souveränität[1582] möglich.

Bei näherer Betrachtung der klassischen Völkerrechtsordnung zeigt sich jedoch, daß auch dieser nicht das Konzept einer eigenmächtig aktualisierbaren absoluten Souveränität zugrunde lag. Schon erwähnt wurde, daß die Inanspruchnahme der Souveränität im Sinne eines "Über-Rechts", das die einseitige Lösung völkerrechtlicher Bindungen legitimiert hätte, eine seltene Ausnahme war.[1583] Aber auch aus

---

1578 Vgl. dazu, daß es Regelungen mit Durchgriffswirkungen auch im späten klassischen Völkerrecht gab u.a. *Classen*, in: Starck (Hrsg.), Bonner Grundgesetz, Art. 24, Rdnr. 1, der ergänzend auf die Hoheitsrechtsübertragungen zu Gunsten anderer Staaten insbes. im osteuropäischen Raum hinweist. - Zur umstrittenen Frage der Konstruktion der "Hoheitsrechtsübertragung" nach Art. 23 Abs. 1 Satz 2, Art. 24 Abs. 1 GG vgl. unten Fn. 2262.

1579 *Streinz*, Grundrechtsschutz, 102 f.; *van Kleffens*, RdC 82 (1953 I), 5 (124).

1580 *Streinz*, Grundrechtsschutz, 103 f.; *Schweitzer/Hummer*, Europarecht, Rdnr. 81. Weiterhin verfügte nach der Mannheimer Akte vom 17.10.1868 auch die Berufungskammer der Zentralkommission für die Rheinschiffahrt über Durchgriffsrechte, vgl. *König*, Übertragung von Hoheitsrechten, 105.

1581 Vgl. oben D.II.1, S. 176.

1582 Vgl. oben Fn. 1422.

1583 Vgl. oben D.II.1., S. 176.

den damaligen Regeln über die Beendigung der Gültigkeit der Normen des positiven Völkerrechts läßt sich die generelle Möglichkeit, eingegangene Verpflichtungen einseitig zu beenden, nicht entnehmen.

Von einer rechtlichen Möglichkeit der Staaten, durch die Inanspruchnahme des ius ad bellum durch autonome Entscheidung wieder einen Zustand absoluter rechtlicher äußerer Souveränität zu erlangen, kann man nur sprechen, wenn man zum einen nur das Vertragsrecht betrachtet und zum anderen das Völkerrecht ausschließlich als eine Ordnung des Friedens zwischen den Völkern sieht und damit den gesamten Bereich des Kriegsvölkerrechts aus der Betrachtung ausblendet.[1584]

a) Vertragsrecht

Im Bereich des Vertragsrechts waren die Möglichkeiten zur einseitigen Lösung freilich sehr umfassend. Schon beim Abschluß vieler Übereinkommen zeigten sich vielfach Vorbehalte gegen dauerhafte Bindungen. So enthielten etwa die Kodifikationen der spätklassischen Epoche ganz überwiegend - aber nicht ausnahmslos - eine einseitige Lösungsmöglichkeit, wodurch deutlich zum Ausdruck kam, daß die Staaten nicht bereit waren, sich "forever and for all circumstances and conditions" zu binden.[1585] Im übrigen aber war die Lösungsmöglichkeit durch das gewohnheitsrechtliche Recht der Verträge beschränkt.

Danach hatte allerdings auch der Ausbruch eines Krieges zwischen den Vertragspartnern die Beendigung der Vertragsbeziehung zur Folge. Wenngleich demnach jeder Vertragspartner (rechtlich) in der Lage war, durch die Führung auch eines Angriffskrieges das Erlöschen vertraglicher Bindungen herbeizuführen, bedeutete dies keineswegs, daß sich die Staaten dadurch jeglicher rechtlichen Verpflichtung (gegenüber dem jeweiligen Kriegsgegner) entziehen konnten.[1586] Zwar hatte der Kriegsausbruch nach der überwiegenden Meinung in der Tat eine Unterbrechung aller friedlichen Beziehungen zur Folge. Man ging davon aus, daß jedenfalls die bilateralen Verträge zwischen den Parteien erlöschten.[1587] Die Kriegsparteien blieben jedoch an das ius in bello gebunden, dessen Geltung unbestritten war.[1588] Dies galt unabhängig davon, ob es auf gewohnheitsrechtlicher oder vertraglicher Grundlage beruhte; die Weitergeltung von Verträgen, die gerade Tatbestände des Krieges

---

1584 Eine Ausnahme von dieser Aussage gilt im Hinblick auf die Beziehungen zu einzelnen Staaten freilich in dem Extremfall der debellatio. Die völlige Niederringung des Kriegsgegners führte zum Übergang von dessen Souveränität auf den siegenden Staat und damit zu einer Beendigung der völkerrechtlichen Beziehungen (vgl. zum nicht einheitlich verwendeten Begriff der debellatio z.B. *Meyn*, Debellatio, EPIL Bd. I, 969 (969)). Freilich war realistischerweise auch auf diesem Wege ein Zustand absoluter Souveränität nicht zu erreichen, da dies die Debellierung aller anderen Staaten erfordert hätte.

1585 *Oppenheim*, AJIL 2 (1908), 313 (320 f.).

1586 Vgl. hierzu auch schon oben Fn. 1327.

1587 Vgl. *Verdross*, Völkerrecht (1937), 293; *Seidl-Hohenveldern/Stein*, Völkerrecht, Rdnr. 431.

1588 Vgl. *Kunz*, Kriegsrecht im allgemeinen, WVR II, 354 (355), dort findet sich auch ein Überblick über den damaligen Inhalt des Kriegsrechts.

regeln oder während des Krieges geschlossen wurden, wurde auch von der engsten Ansicht nicht bestritten.[1589]

b) Gewohnheitsrecht

Im Hinblick auf das Völkergewohnheitsrecht wird die Problematik der Widerruflichkeit seltener erörtert. Dies mag einen Grund auch darin haben, daß in diesem Bereich die nach den absoluten Souveränitätstheorien "erforderliche" Rückholbarkeit staatlicher Handlungsfreiheit nur schwer darzustellen ist.

Daß ein wichtiges Charakteristikum des Gewohnheitsrechts gerade darin liegt, daß seine Verbindlichkeit nicht einseitig beseitigt werden kann, klingt auch bei Schriftstellern des 19. Jahrhunderts an. So begründet etwa *Oppenheim* die Notwendigkeit der wissenschaftlichen Befassung mit der gewohnheitsrechtlichen Regelung von Materien, die auch durch Konventionen normiert sind, gerade damit, daß das Gewohnheitsrecht im Falle einer - durch die entsprechenden Rücktrittsklauseln leicht herbeizuführenden - Beendigung der Bindung an die Konventionen weitergelten würde.[1590] Ein einzelner Staat konnte - ebenso wie nach heutiger Rechtslage - allein durch seine abweichende Übung, selbst wenn sie von einer entsprechenden neuen opinio iuris getragen war,[1591] das für ihn geltende Völkergewohnheitsrecht nicht ändern.[1592] Für das Außerkrafttreten der alten Norm durch Abänderung[1593] oder Aufhebung (desuetudo[1594]) war und ist vielmehr stets das Mitwirken anderer Staaten erforderlich.[1595]

Auch durch Krieg konnte keine umfassende und dauerhafte Lösung vom (friedensrechtlichen[1596]) Völkergewohnheitsrecht erreicht werden. Im Falle des Kriegsausbruchs blieb das allgemeine Völkergewohnheitsrecht in Geltung, wurde jedoch suspendiert.[1597] Die Kriegsparteien blieben insofern also durch eine Norm verbunden,

---

1589 Vgl. *Delbrück*, War, Effect on Treaties, EPIL Bd. IV, 1367 (1369); *Verdross*, Völkerrecht (1937), 293; aus der damaligen Literatur z.B. *Hartmann*, Institutionen (1874), 152.

1590 Vgl. *Oppenheim*, AJIL 2 (1908), 313 (321 f.).

1591 Fehlt es daran, d.h. ist das dem bisherigen Völkergewohnheitsrecht widersprechende Verhalten nicht von neuen Rechtsbehauptungen begleitet, so ist schon deshalb eine Derogation des alten Rechts ausgeschlossen, vgl. *Verdross/Simma*, Universelles Völkerrecht, § 576.

1592 Vgl. *Dahm*, Völkerrecht I, 31 f.

1593 Sie setzt voraus, daß eine neue Regel des Gewohnheitsrechts entsteht, wozu auch andere Staaten sich der neuen Praxis anschließen und ihre Rechtsüberzeugung ändern müssen (vgl. *Verdross/Simma*, Universelles Völkerrecht, § 574).

1594 Vgl. zum Begriff bereits oben Fn. 827. Auch eine desuetudo kann nicht einseitig bewirkt werden, da ein Staat allein weder eine allgemeine Übung noch die mit ihr korrespondierende Rechtsüberzeugung beseitigen kann (vgl. *Dahm*, Völkerrecht I, 31 f., der offenläßt, wie viele andere Staaten ebenfalls die betreffende Übung aufgeben und/oder von dem bisherigen Bewußtsein der rechtlichen Verbindlichkeit der Norm abrücken müssen).

1595 Dies gilt ebenso für die Möglichkeit, bestehendes Gewohnheitsrecht vertraglich aufzuheben (vgl. dazu *Berber*, Lehrbuch I, 60).

1596 Zur Geltung der kriegsrechtlichen Normen des Völkergewohnheitsrechts s.o. E.I.4.a), S. 223.

1597 Vgl. *Verdross*, Völkerrecht (1937), 293.

die das Wiederauflebenlassen der sich aus dem Völkergewohnheitsrecht ergebenden Rechte und Pflichten nach Beendigung des Kriegszustandes anordnete.

II. Modelle über ein "neues" Völkerrecht und ihre Aussagen zur Souveränität

Um die Frage nach dem Wandel des Völkerrechts und des ihm inhärenten Souveränitätsprinzips näher zu untersuchen, werden im folgenden einige Ansätze erörtert, die von der Existenz eines "neues Völkerrechts" ausgehen. Es wird damit der Schwerpunkt nicht auf kleinere Veränderungen des Inhalts des Souveränitätskonzeptes[1598] gelegt, sondern auf die Frage, ob sich eine fundamentale Veränderung des rechtlichen Rahmens der internationalen Beziehungen feststellen läßt.

Alle der hier erörterten Ansätze[1599] lassen sich auf ein weit verstandenes Konzept der Gemeinschaft beziehen. Der Begriff der internationalen Gemeinschaft, der in der zweiten Hälfte des 20. Jahrhunderts und insbesondere seit dem Zweiten Golfkrieg von 1991 einen wahren Siegeszug erlebte,[1600] bezeichnet allerdings verschiedene Bedeutungsebenen,[1601] die in einem nicht immer klaren Verhältnis zueinander stehen.

Wie bereits oben[1602] erläutert, dient der Begriff zusammen beziehungsweise im Gegensatz mit dem der Gesellschaft zunächst zur soziologischen Beschreibung der Beziehungen (unter Einschluß der Rechtsbeziehungen) zwischen mehreren Einheiten. Von dem im Rahmen dieser soziologischen Begriffsprägung ermittelten Bedeutungsgehalt wird auch hier ausgegangen, wobei als Einheiten, auf die sich die Betrachtung bezieht, zunächst die Staaten angesehen werden (internationale Gemeinschaft im Sinne einer Gemeinschaft der Staaten). Auf dieser recht globalen Betrachtung der internationalen Beziehungen liegt der Schwerpunkt der nachfolgenden Ausführungen (1.). Im Anschluß daran werden zwei Varianten der Gemeinschaftstheorie im Völkerrecht näher betrachtet. Zunächst jene, die entscheidend auf die Organisiertheit der Gemeinschaft abstellt (2.), sodann jene, die einen Wandel der prägenden Inhalte völkerrechtlicher Beziehungen in den Vordergrund stellt (3.). Zuletzt wird kurz untersucht, ob als Basiseinheiten einer internationalen Gemeinschaft nicht richtigerweise die Einzelmenschen anzusehen sind (interindividuelle Konzeption des Völkerrechts, (4.)[1603]).

1598 Wie etwa die oben unter C.IV.4.b), S. 165, angesprochenen Verschiebungen im Bereich des Schutzes der Staatenimmunität.

1599 Sie wurden bereits oben unter B.X.2.b), S. 85, dargestellt.

1600 *Weil*, RdC 237 (1992 VI), 25 (306 f.).

1601 Eine Übersicht, die u.a. die im folgenden angesprochenen verschiedenen mit dem Begriff der internationalen Gemeinschaft verbundenen Inhalte enthält, gibt *Weil*, RdC 237 (1992 VI), 25 (307 ff.).

1602 C.II.1.b), S. 123.

1603 In den letzten Jahren hat diese Konzeption einer Weltbürgergemeinschaft, die ihre Wurzeln in der Naturrechtslehre hat (vgl. oben B.X.2.b)dd), S. 96), Impulse insbesondere aus der

1. Völkerrecht als Gemeinschaftsordnung - das "droit international nouveau" (Alvarez)

Zunächst ist auf die Theorie des Chilenen *Alejandro Alvarez*, des "champion of the 'new international law'"[1604] und geistigen Stammvaters nachfolgender Reformansätze, einzugehen. Bis in die jüngste Vergangenheit wurde an seine Vorstellungen über ein neues gemeinschaftliches Völkerrecht angeknüpft.[1605]

Mit dem behaupteten Übergang von der *communauté des nations* zur *société international* greift *Alvarez* die soziologischen Idealtypen menschlicher Gesellung von Gesellschaft und Gemeinschaft[1606] auf. Obwohl *Alvarez* in seinen Voten immer wieder den Übergang von einer Gemeinschaft zu einer Gesellschaft behauptete, ist auch sein Ansatz im Rahmen der zugrundeliegenden Dichotomie von Gesellschaft und Gemeinschaft als am Ideal der Gemeinschaft orientiert aufzufassen. Der Übergang von Gemeinschaft zu Gesellschaft entspricht zwar der schon von *Tönnies* vorhergesagten Entwicklungsrichtung. Aber dieses Fortschreiten ist bei ihm kein wertmäßiger Fortschritt. Um einen solchen aber geht es *Alvarez*, und insofern verwundert es wenig, wenn seine *société* tatsächlich für Inhalte steht, die für eine Gemeinschaft typisch sind. Dem entspricht es, daß einer der heftigsten zeitgenössischen Kritiker des "droit international nouveau", *Georg Schwarzenberger*, dieses als das Recht einer Gemeinschaft auffaßte und sich mit der Frage befaßte, ob beziehungsweise inwiefern sich in den internationalen Beziehungen Elemente von Gemeinschaft als der auch von ihm ethisch für wertvoller gehaltenen Gesellungsform[1607] nachweisen lassen.[1608]

a) Aussage bezogen auf die Souveränität

Die wichtigsten Aussagen des *Alvarez*'schen Ansatzes in bezug auf das Souveränitätsprinzip lassen sich dahingehend zusammenfassen, daß entgegen dem im klassischen Völkerrecht geltenden Konsensprinzip das "droit international nouveau" Bindungen auch ohne Zustimmung der betroffenen Staaten enthalten soll. Diese zusätzlichen Regeln, bei deren Formulierung dem Internationalen Gerichtshof eine herausragende Rolle zukommen soll, werden letztlich aus den "Erfordernissen des

Diskussion des Gemeinschaftsbegriffs im liberalen Lager bekommen. Vgl. zum liberalen Gemeinschaftskonzept sowie zu radikalliberalen Modellen einer interindividuellen Weltgemeinschaft, wie sie v.a. im Hinblick auf das Phänomen der Globalisierung formuliert worden sind, ausführlich *Paulus,* Die internationale Gemeinschaft im Völkerrecht, 19 ff., 129 ff.

1604 *Schwarzenberger*, International Law I, 471.

1605 Siehe etwa zu den Äußerungen des Richters *Shahabuddeen* in seiner Diss. Op. zu *Threat or Use of Nuclear Weapons* oben C.II.1.a), S. 122. Vgl. auch *Annan*, FAZ vom 24.12.1999, 12, der meint, die internationale Gemeinschaft sei "in Arbeit". Zu weiteren Autoren, die ein neues, besseres Völkerrecht feststellten oder wünschten, und dieses als das Recht einer Gemeinschaft charakterisierten, s.o. B.X.2.b)aa), S. 86.

1606 Siehe zu dieser von *Tönnies* in die Soziologie eingeführten Dichotomie oben C.II.1.b), S. 123.

1607 Vgl. *Schwarzenberger*, Civitas Maxima?, 26.

1608 *Schwarzenberger*, Civitas Maxima?, 7 ff.; Nachweise speziell zur Auseinandersetzung mit *Alvarez* oben in Fn. 978.

internationalen Lebens" beziehungsweise den mit der Mehrheit der Staaten festgestellten Interessen der *société international* hergeleitet.

b) Immanente Kritik - Gemeinschaftlicher Charakter der internationalen Beziehungen und des sie regelnden Rechts?

Obwohl *Alvarez* mit Konzepten wie den "Erfordernissen des internationalen Lebens" und den "Interessen der internationalen Gesellschaft" operiert, argumentiert er nicht im engeren Sinne naturrechtlich. Vielmehr behauptet er, das "droit international nouveau" sei kein Konstrukt der Theorie (spéculation), sondern Produkt der veränderten Realitäten des internationalen Lebens und des gemeinsamen Rechtsbewußtseins der Nationen[1609]. Damit wird behauptet, das Neue Völkerrecht sei eine positive Realität, die induktiv, d.h. durch Analyse der sozialen Fakten (zu denen auch das "conscience juridique des peuples" zu zählen ist), feststellbar sei.

In diesem Abschnitt soll erörtert werden, inwiefern diese Behauptung für das moderne Völkerrecht zutrifft. Zu diesem Zweck wird untersucht, ob der von *Alvarez* vorausgesetzte soziale Wandel in den internationalen Beziehungen stattgefunden hat und inwiefern er insbesondere in völkerrechtlichen Regelungen bereits einen Niederschlag gefunden hat.

aa) Kriterien und Vorgehensweise

(1) *Kriterien zur Beurteilung der soziologischen und rechtssoziologischen Realität*

Für die Beantwortung der Frage, welchem Gesellungstypus die internationalen Beziehungen entsprechen, ergeben sich aus der Darstellung der beiden Pole Gemeinschaft und Gesellschaft eine Reihe von Beurteilungskriterien. Zum einen kann vom Zweck ausgegangen werden. Gesellschaft erscheint dann als "Mittel zum Zweck, Gemeinschaft ist Zweck in sich."[1610] In der Gesellschaft verfolgen die Subjekte vorzugsweise in bilateralen Verhältnissen ihre egoistischen Interessen nach dem Motto "do ut des".[1611] Zum anderen kann man von den interindividuellen Emotionen ausgehen und anhand des Grades an innerer Verbundenheit und des Wir-Bewußtseins zwischen beiden Typen differenzieren.[1612] Während die Subjekte in einer Gesellschaft isoliert nebeneinander stehen, herrscht in einer Gemeinschaft das Bewußtsein der Einigkeit und Solidarität.[1613] Eine besonders drastische Formulierung hierzu findet sich bei *Schwarzenberger*: "Gesellschaft beruht auf Egoismus und Furcht, Gemeinschaft erfordert Selbstaufforderung und Liebe. Jene gründet sich auf

---

[1609] Alvarez, Ind. Op. zu Article 4 of the Charter of the United Nations, ICJ Reports 1947-1948, 67 (69).

[1610] *Schwarzenberger*, Machtpolitik, 8.

[1611] Vgl. *Weil*, RdC 237 (1992 VI), 25 (309).

[1612] Vgl. Brockhaus-Enzyklopädie, s.v. Gemeinschaft.

[1613] Vgl. *Weil*, RdC 237 (1992 VI), 25 (309).

Mißtrauen, diese setzt gegenseitiges Vertrauen voraus."[1614] Weiterhin werden Dauer und innerer Wert als Differenzierungsmerkmal herangezogen. Gemeinschaft ist danach "das dauernde und echte Zusammenleben, Gesellschaft nur ein vorübergehendes und scheinbares."[1615] Schließlich kann auf den Grad der Integration abgestellt werden. Gesellschaft ist danach "a loose type of association", während Gemeinschaft verstanden wird als eine im Vergleich höher integrierte soziale Gruppe.[1616]

Um die im Rahmen dieser Untersuchung besonders interessierenden Auswirkungen möglicher Veränderungen des sozialen Substrats auf das völkerrechtliche Souveränitätsprinzip ermitteln zu können, wird im Rahmen der Prüfung, ob sich die internationalen Beziehungen als dem Leitbild einer (gleichgeordneten)[1617] Gemeinschaft entsprechend charakterisieren lassen, der Schwerpunkt auf die Analyse des diese Beziehungen regelnden Rechts gelegt.

Speziell für die Analyse des Rechts hat *Schwarzenberger* eine Typologie entwickelt, die drei Idealtypen des Rechts bestimmten Punkten auf dem Gemeinschafts-Gesellschafts-Kontinuum zuordnet.[1618] Er unterscheidet das Recht einer reinen Gesellschaft, das auf entscheidenden Gebieten, wie zum Beispiel der Eigentumsordnung, den "sectional interests" der herrschenden Personen oder Gruppen entspricht und nicht den Interessen der Gruppe insgesamt (Recht der Macht); das Recht einer reinen Gemeinschaft, das den Interessen der Gruppe als ganzes dient und in erster Linie die Funktion der Rationalisierung allgemein gebilligter Verhaltensweisen erfüllt (Recht der Koordination)[1619] und das Recht von Zwischengebilden zwischen Gesellschaften und Gemeinschaften, das auf formeller oder substantieller Gegenseitigkeit beruht (Recht der Gegenseitigkeit).[1620] Dabei beruht die Rechtsbefolgung bei den beiden letzten Typen im Gegensatz zum Gesellschaftsrecht "normally on motive powers of obedience to law which make them largely self-executing".[1621] Dies ergibt sich im Falle des Gemeinschaftsrechts

---

1614 *Schwarzenberger*, Machtpolitik, 8.

1615 *Tönnies*, Gemeinschaft und Gesellschaft, 5.

1616 Vgl. *Schwarzenberger*, Law and Order, 5 und 7. Mit den Worten *Tönnies*': Die Mitglieder einer Gesellschaft sind nicht wesentlich verbunden, sondern wesentlich getrennt, während die Mitglieder einer Gemeinschaft trotz aller Trennungen verbunden bleiben (*Tönnies*, Gemeinschaft und Gesellschaft, 40).

1617 Das Modell einer patriarchischen Gemeinschaft hat keiner der Modernisierer im Auge, die Rolle des Kindes oder Knechtes will man heute im Allgemeinen keinem Staat zumuten (der Gedanke des fürsorglich herrschenden Mächtigen wird freilich auch in den internationalen Beziehungen eingesetzt. Dieser "Erziehungsgedanke" wurde nicht nur zur Rechtfertigung von kolonialer Herrschaft benutzt (vgl. etwa Art. 22 VBS), sondern wird in der politischen Diskussion auch heute herangezogen, so wenn es um die Führung "unreifer" Staaten etwa auf dem Balkan geht).

1618 Vgl. hierzu auch *Paulus*, Die internationale Gemeinschaft im Völkerrecht, 14.

1619 Als Beispiele hierfür nennt *Schwarzenberger*, Machtpolitik, 136 f., etwa die Unterdrückung des Sklavenhandels, aber auch das GATT 1947.

1620 *Schwarzenberger*, Civitas Maxima?, 11; *Schwarzenberger*, Law and Order, 12 ff.; *Schwarzenberger*, Machtpolitik, 129 ff.

1621 *Schwarzenberger*, Law and Order, 14.

aus der Übereinstimmung über gemeinsame Ziele, woraus sich ein entsprechendes Pflichtbewußtsein ergibt, bei dem Mischtypus ist die Erwartung auf das vom Gegenüber versprochene Verhalten motivierend.[1622]

Die Einfügung eines gesonderten Bereichs zwischen den beiden Polen des Kontinuums unterstreicht dabei noch einmal, daß eine Charakterisierung stets nur schwerpunktmäßig möglich ist. *Schwarzenberger* betont zu Recht, daß die Unterschiede zwischen den beiden Sozialtypen nicht verabsolutiert werden dürfen.[1623]

(2) *Vorgehensweise*

Alvarez' Unterscheidung zwischen "altem" und "neuem" Völkerrecht impliziert, daß er die Interpretation des klassischen Völkerrechts als individualistisches beziehungsweise gesellschaftliches Rechtssystem als richtig anerkennt.[1624] Die Frage ist nun, ob seit 1919, seit dem Zweiten Weltkrieg - der nach Meinung *Alvarez'* die "plus grande période" in der Geschichte der Menschheit eröffnete[1625] - oder nach 1989 tatsächlich eine Änderung der hergebrachten Struktur des internationalen Rechts stattgefunden hat.[1626]

Nach einer kurzen Vergegenwärtigung der auch von *Alvarez* unterstellten Ausgangssituation eines gesellschaftlich geprägten Völkerrechts wird gefragt, ob nach dem Zweiten Weltkrieg tatsächlich der von *Alvarez* behauptete Umschlag stattgefunden hat. Während *Alvarez* seine These unmittelbar anschließend an den Krieg aufstellte, soll hier die gesamte Zeitspanne von 1945 bis in die jüngste Vergangenheit daraufhin untersucht werden, inwiefern die grundlegenden Strukturen der zwischenstaatlichen Beziehungen und mit ihnen das Völkerrecht sich in Richtung Gemeinschaft(-srecht) entwickelt haben. Dabei beschränkt sich die Betrachtung auf die universelle Ebene.

Wenngleich eine Einteilung in Epochen immer schwierig ist und angesichts der Ungewißheit über den weiteren Verlauf der Weltgeschichte um so vorläufiger sein muß, je näher man sich der Gegenwart nähert, erscheint es angemessen, die Zeit seit dem Zweiten Weltkrieg zu unterteilen in den vom Ost-West-Konflikt geprägten Zeitraum bis 1989 und die Zeit danach.

1622 Vgl. *Schwarzenberger*, Law and Order, 14 f. Beispiele für Recht der Gegenseitigkeit sind zum Beispiel die Regeln über die diplomatische Immunität, Bestimmung der Seegrenzen sowie die Regeln des ius in bello, *Schwarzenberger*, Machtpolitik, 133 f.

1623 *Schwarzenberger*, Civitas Maxima?, 8. Gegen die Konstruktion eines "geradezu metaphysischen Abgrund[es]" zwischen den beiden Gesellungsformen auch *Bühl*, Gesellschaft, Staatslexikon Bd. 2, Sp. 959 (967).

1624 Siehe *Alvarez*, Diss. Op. zu *Admission to the United Nations*, ICJ Reports 1950, 12 (12). Vgl. hierzu auch *Schwarzenberger*, CLP 4 (1951), 1 (6), der zutreffend darauf hinweist, daß "in any case it would be hard to deny this character to pre-1914 international law which elevated the independence of states into one of its fundamental legal principles and which was so glaringly subject to the supremacy of the rule of force."

1625 *Alvarez*, Diss. Op. zu *Admission to the United Nations*, ICJ Reports 1950, 12 (12).

1626 Vgl. zu dieser Fragestellung *Schwarzenberger*, CLP 4 (1951), 1 (6).

Der erste dieser beiden Abschnitte liegt bereits einige Jahre zurück. Dies ermöglicht es, bereits eine zusammenfassende Gesamtschau vorzunehmen. Demgegenüber ist eine umfassende Bewertung der Entwicklung seit 1989 noch nicht möglich. Es wird daher hier anhand einiger ausgewählter Felder versucht, einen Entwicklungstrend zu ermitteln.

bb) Ausgangssituation: Gesellschaftlicher Charakter des klassischen Völkerrechts sowie des Völkerrechts in der Zwischenkriegszeit

Alvarez behauptet einen fundamentalen Wandel nach dem Zweiten Weltkrieg. Für die davor liegenden Epochen geht er von einem "droit de gens de caractère strictement ... individualiste" aus.[1627] Die individualistische Konzeption des Völkerrechts stellt den einzelnen Staat in den Mittelpunkt. Sie betont seine Unabhängigkeit und Souveränität und erfaßt völkerrechtliche Bindungen als Selbstbindungen der Staaten.[1628] Das Souveränitätsprinzip, d.h. die strikte Abgrenzung des der eigenen Willkür unterliegenden Bereichs, ist typischer Ausdruck einer gesellschaftlichen Ordnung.[1629] Ebenso reflektiert das praktisch unbeschränkte ius ad bellum in der klassischen Periode, das heißt die Zulassung des Einsatzes von Machtmitteln bis hin zu kaum gezähmter Gewalt, einen am Typus der Gesellschaft ausgerichteten sozialen Unterbau. Insgesamt besteht wenig Zweifel, daß das klassische Völkerrecht der Zeit vor 1914 insgesamt als Recht der Macht zu charakterisieren war.[1630] Es kann also als Ausgangspunkt eine schwerpunktmäßig[1631] gesellschaftliche Ordnung[1632] festgestellt werden.

Mit seiner Datierung des Umschlagens des Charakters des Völkerrechts auf die Zeit unmittelbar nach dem Zweiten Weltkrieg geht *Alvarez* davon aus, daß sich nach dem Ersten Weltkrieg noch keine wesentliche Veränderung der sozialen Basis vollzogen hat. Das erscheint aus der ex-post-Perspektive gerechtfertigt. Das Ende dieser Epoche spricht eindeutig für die Annahme eines Fortbestehens der "alten" individualistischen Konzeption. Die "new world order"[1633] konnte sich nicht effektiv durchsetzen. Insgesamt war hier das positive Recht eher weiter fortgeschritten als die soziale Realität. Insbesondere wurde die am Ideal einer internationalen Gemeinschaft ausgerichtete Konzeption der Völkerbundsatzung[1634] von den Akteuren[1635] -

---

1627 Alvarez, Ind. Op. zu Article 4 of the Charter of the United Nations, ICJ Reports 1947-1948, 67 (69).

1628 Vgl. *Verdross/Simma*, Universelles Völkerrecht, § 14; *Schwarzenberger*, CLP 4 (1951), 1 (6).

1629 Vgl. zur strikten Abgrenzung der Tätigkeitsgebiete in einer Gesellschaft oben C.II.1.b)bb), S. 125.

1630 *Schwarzenberger*, Machtpolitik, 130 ff. (132).

1631 Freilich war auch diese Ordnung nicht mit einem der beiden Idealtypen identisch. Auch das klassische Völkerrecht enthielt Normen, die Gemeinschaftswerte rezipierten. Vgl. dazu *Schwarzenberger*, Civitas Maxima?, 20 f.

1632 Dies entspricht auch der Einordnung durch *Tönnies* selbst, vgl. *Paulus,* Die internationale Gemeinschaft im Völkerrecht, 47.

1633 Vgl. zum damaligen Gebrauch dieses Begriffs z.B. *Williams*, AJIL 37 (1943), 386 (386).

1634 *Schwarzenberger*, Machtpolitik, 395.

auch von den Mitgliedern[1636] - nicht angenommen. Sie nutzten die ohnehin und nicht zufällig nur schwach ausgestalteten Mechanismen der Satzung nicht,[1637] sondern kehrten zu der hergebrachten Übung zurück, Schutz in bilateralen Allianzen zu suchen.[1638] Der Völkerbund wurde in vielerlei Hinsicht als neues Instrument im Rahmen einer Politikkonzeption eingesetzt, die sich von der traditionellen Machtpolitik[1639] nicht wesensmäßig unterschied.[1640] Sie läßt sich mit *Schwarzenberger* als "verschleierte Machtpolitik" bezeichnen.[1641]

cc) Verschiebungen zu größerer Gemeinschaftlichkeit im Zeitraum von 1945 bis 1989?

Bereits in den unmittelbaren Nachkriegsjahren meinte *Alvarez* feststellen zu können, daß "we have left behind us the bad old international law of previous periods of power politics and we have entered the age of an international community law."[1642] Bei der Untersuchung der Frage, ob sich tatsächlich eine Gemeinschaftsordnung samt einem entsprechenden Gemeinschaftsrecht entwickelt hat, zeigt sich, daß schon in dem Zeitraum, in dem *Alvarez* seine Voten verfaßte, von einem fundamentalen Wandel der sozialen Basisstruktur keine Rede sein konnte. Dies bestätigte sich auch in der Folgezeit.

Von maßgeblicher Bedeutung war insofern das Phänomen, das auch als Kriterium für die Epocheneinteilung herangezogen wurde: der Ost-West-Konflikt. Mit dem Er-

---

1635 Schon auf den Pariser Friedenskonferenzen stand die reale Politik der Siegermächte in deutlichem Gegensatz zu den in den 14 Punkten *Wilsons* und später in der Satzung des Völkerbundes "verankerten" Grundsätzen, vgl. *Schwarzenberger*, Machtpolitik, 37; *Verdross*, Völkerrecht (1937), 17 ff.

1636 Dazu, daß nicht die fehlende Universalität der Organisation für das Scheitern der Organisation maßgeblich war, z.B. *Schwarzenberger*, Civitas Maxima?, 10 f.

1637 Schon in der rechtlichen Ausgestaltung des Systems der kollektiven Sicherheit zeigt sich, daß die beteiligten Mächte nicht gewillt waren, dem Bund ein hinreichendes Maß an Machtinstrumenten in die Hand zu geben. Hierin wird deutlich, daß eine internationale Gemeinschaft in Wahrheit nicht bestand.

1638 *Grewe*, History of the Law of Nations: World War I to World War II, EPIL Bd. II, 839 (846).

1639 Vgl. zu den Charakteristiken und Formen der Machtpolitik *Schwarzenberger*, Machtpolitik, 9.

1640 *Grewe*, History of the Law of Nations: World War I to World War II, EPIL Bd. II, 839 (843).

1641 Zusammenfassend z.B. *Schwarzenberger*, Machtpolitik, 394 ff., der für die Zeit nach 1945 zum gleichen Ergebnis kommt.

1642 *Schwarzenberger*, CLP 4 (1951), 1 (6). - Die Vorstellung, daß nach dem 2. Weltkrieg eine grundlegende Veränderung der internationalen Beziehungen stattgefunden habe und eine Riege geläuterter Staatsmänner die Menschheit in ein besseres Zeitalter geführt habe, ist weit verbreitet. So meint etwa *Charney*, AJIL 87 (1993), 529 (543), daß die Staatsmänner in der Nachkriegszeit "firmly believed that massive violations of human rights ... had to be curbed." Er liefert damit zugleich ein Beispiel für die einseitige Sichtweise der historischen Vorgänge, die hinter diesen Ansätzen steht. Immerhin war einer der damals führenden Staatsmänner *Stalin*, der wohl kaum als Beschützer der Menschenrechte (oder auch nur des Rechts auf Leben) gesehen werden kann. Und auch die Führer der westlichen Staaten klammerten zumindest die aus den deutschen Ostgebieten zu "übersiedelnden" Deutschen aus und nahmen bewußt den Tod hunderttausender Menschen in Kauf (vgl. hierzu etwa die bei *de Zayas*, Nemesis at Potsdam, 16, wiedergegebene Äußerung von *Attlee*).

starken der UdSSR nach dem Zweiten Weltkrieg erreichte die Zunahme an Heterogenität in der Weltgesellschaft und ihre Desintegration in zwei Blöcke ihren Höhepunkt.[1643] Der sich später im Zuge der Dekolonisierung entfaltende Nord-Süd-Konflikt hat weitere Verluste an Homogenität verursacht.[1644] Insgesamt war die Staatenwelt im hier besprochenen Zeitraum weniger homogen, als in den Jahrhunderten davor.[1645] Insofern liegt also sogar ein Indiz für eine noch weitere Vergesellschaftung vor.

Dabei zeigte sich das Scheitern der neuen Welt-Friedensordnung nicht nur im Kalten Krieg (z.B. Berlin-Blockade), sondern sehr bald schon auch in den "heißen" Auseinandersetzungen im fernen Osten. Eine realistische Analyse der tatsächlichen Entwicklungen steht in deutlichem Widerspruch zu ihrer Interpretation durch *Alvarez.*[1646] Die Ereignisse zeigen vielmehr deutliche Indizien für gesellschaftliche Beziehungen: Die Akteure waren offensichtlich nicht durch positive Gefühle und Vertrauen miteinander verbunden,[1647] sondern begegneten sich mit Furcht und gegenseitigem Mißtrauen.[1648] Diese tatsächlichen Motivationen der Staaten werden durch die Überrüstung reflektiert.[1649] Das Verhalten der Staaten diente nicht der Verfolgung gemeinsamer Ziele und Werte, sondern individuellen Interessen, zu deren Erreichung sie bereit waren, Machtmittel bis hin zur Gewalt einzusetzen.

In diesem Umfeld konnten auch die Vereinten Nationen, für deren Funktionieren ein Einvernehmen der Siegermächte des Zweiten Weltkrieges Voraussetzung war, nicht die in sie gesetzten Hoffnungen erfüllen. Das ist auf dem Hintergrund des Charakters des Verhältnisses zwischen den beiden Hegemonialmächten und ihren Blöcken

---

1643 Vgl. zu diesem Verlust an Homogenität, der bereits seit der Oktoberrevolution von 1917 begonnen hatte, *Weil*, RdC 237 (1992 VI), 25 (36 f.).

1644 *Weil*, RdC 237 (1992 VI), 25 (37); auch *Friedmann*, The Changing Structure, 5 f. - Der Gegensatz zwischen USA und UdSSR sowie "dem Norden" und "dem Süden" greift dabei vereinfachend die besonders markanten Gegensätze heraus. Vgl. zu den verschiedenen Beziehungen, in denen (ideologische) Heterogenität herrschte, *Berber*, Lehrbuch III, 255.

1645 Vgl. *Steinberger*, Sovereignty, EPIL Bd. IV, 500 (517); *Neuhold/Schreuer*, Westliches Völkerrecht: Geschichte, Methoden, Positionen, ÖHbVR Bd. 1 (2. Aufl.), Rdnr. 69. Als Beispielsbereiche, in denen die unterschiedlichen Vorstellungen zu einem "Aufeinanderprallen und Aneinander-Vorbeireden verschiedener Welten" führten, werden unterschiedliche Konzeptionen über Aggression und Selbstbestimmungsrecht, Demokratie und Menschenrechte sowie Nationalisierung und gerechte Weltwirtschaftsordnung genannt (*Wildhaber*, SchweizJIR 36 (1980), 75 (75, 90)).

1646 Vgl. etwa die Kritik *Schwarzenbergers* an der "somewhat peculiar interpretation of facts" *Schwarzenberger*, CLP 4 (1951), 1 (7). Ähnlich die Kritik am "idealistischen" Ansatz *Alvarez´* bei *Koskenniemi*, From Apology to Utopia, 183.

1647 Um von einer Gemeinschaft sprechen zu können, ist nicht bloßes Verbundensein, sondern personale Verbundenheit erforderlich. Zutreffend weist *Wildhaber*, SchweizJIR 36 (1980), 75 (90) darauf hin, daß die Nähe im Bereich der Kommunikationsmöglichkeiten trügerisch sein kann.

1648 *Schwarzenberger*, RdC 87 (1955 I), 195 (382). Diese psychologische Situation der Spannung, in der jede Verschiebung des Machtverhältnisses als existentielle Bedrohung empfunden wird, ist typisch für eine Gesellschaft, vgl. *Tönnies*, Gemeinschaft und Gesellschaft, 40: "Solche negative Haltung ist das normale und immer zugrunde liegende Verhältnis dieser Macht-Subjekte gegeneinander, und bezeichnet die Gesellschaft im Zustande der Ruhe."

1649 Vgl. *Schwarzenberger*, Civitas Maxima?, 29.

wenig verwunderlich. Der alles überlagernde Gegensatz zwischen Ost und West führte zu einer Instrumentalisierung der Organisation im Ost-West-Konflikt.[1650] Konsequenterweise offenbarte das praktische Verhalten vieler Mitgliedstaaten wenig Gemeinschaftssinn: So war etwa die gegenseitige Blockade von Aufnahmeanträgen aus dem jeweils anderen Lager offensichtlich nicht mit dem Gedanken einer alle Staaten umfassenden, in den Vereinten Nationen organisierten bzw. zu organisierenden Weltgemeinschaft zu vereinbaren.

Zwar war (und ist) die Satzung der Vereinten Nationen tauglich, als rechtliches Grundgerüst einer Gemeinschaft zu dienen. Bei isolierter Betrachtung von Art. 1 und 2 drängt sich der Gedanke, es sei eine (organisierte) internationale Gemeinschaft begründet worden, geradezu auf.[1651] Aber, ähnlich wie im Falle des Völkerbunds, standen die Akteure der internationalen Politik nicht hinter den Idealen und Zielen der (vorgeblichen) Gemeinschaft. Dies zeigte sich schon vor der Gründung[1652] und vor allem in wesentlichen Strukturelementen der Satzung der Vereinten Nationen. Insbesondere das Institut des Vetorechts im Sicherheitsrat (Art. 27 Abs. 3 SVN) ist eine Folge machtpolitischen Denkens.[1653] Wie 1919 bestand ein innerer Widerspruch zwischen Zielsetzungen und Machtmitteln der Organisation.[1654]

Insgesamt läßt sich feststellen, daß von einer Gemeinschaft innerhalb der Vereinten Nationen nicht gesprochen werden konnte. Abgesichert durch vertragliche Konstruktionen wie das Vetorecht standen sich die Staaten auch in der Organisation der Vereinten Nationen weiterhin als Mächte gegenüber, die sich mit den Mitteln der verschleierten (und bisweilen auch der offenen) Machtpolitik auseinandersetzten.[1655] Mit der Dauer-Blockade des Sicherheitsrates wurde das zentrale Anliegen und die Konstruktion der kollektiven Friedenssicherung untergraben. Dadurch konnten die Vereinten Nationen ihre wichtigste Aufgabe, die gemeinschaftliche Kontrolle der Ausübung von Gewalt, nicht erfüllen.[1656] Der Nicht-Ausbruch eines dritten Weltkrieges beruhte nicht auf der Wirksamkeit des Systems der Vereinten Nationen,

---

1650 Vgl. zur dominanten Rolle der "Supermächte und ihre[r] Klienten" z.B. *Berber*, Lehrbuch III, 252 f. Später waren ähnliche Entwicklungen im Rahmen des Nord-Süd-Konfliktes zu beobachten.

1651 *Schwarzenberger*, RdC 87 (1955 I), 195 (280).

1652 Vgl. zum Gegensatz zwischen den in der Atlantikcharta aufgestellten Prinzipien und der realen Politik der Alliierten in Bezug auf Deutschland *Schwarzenberger*, Machtpolitik, 37.

1653 Vgl. *Schwarzenberger*, Civitas Maxima?, 14. Als weitere Absicherungen, die eine legale Rückkehr zu einem offenen Recht der Macht ermöglichen, sind das Recht zum Austritt sowie die zunächst der eigenen Beurteilung unterliegende Berechtigung zur Selbstverteidigung nach Art. 51 SVN zu nennen (*Schwarzenberger*, Civitas Maxima?, 15). Weiterhin sind hier die sog. Feindstaatenklauseln der Art. 53, 107 SVN zu erwähnen (vgl. *Schwarzenberger*, RdC 87 (1955 I), 195 (280)), die jedenfalls bis zur Aufnahme der betroffenen Staaten mehr als "gewisse Vorbehalte" (so *Verdross/Simma*, Universelles Völkerrecht, § 90) darstellten.

1654 Vgl. *Schwarzenberger*, Machtpolitik, 398.

1655 Vgl. etwa *Schwarzenberger*, Machtpolitik, 390 ff.; *Berber*, Lehrbuch III, 252; *Bindschedler*, Internationale Organisationen (Grundfragen), WVR II, 70 (71).

1656 Vgl. z.B. *Friedmann*, RdC 127 (1969 II), 47 (230 f.).

sondern auf der Bedrohung jedes Angreifers mit einem atomaren overkill durch die beiden Weltführungsmächte.[1657]

Obwohl diese machtpolitischen Realitäten auch von *Alvarez* nicht völlig übersehen wurden[1658], führte er wie andere Autoren zur Stützung der Behauptung einer Änderung der fundamentalen Strukturen der internationalen Beziehungen eine größere Interdependenz der Staaten an. Aber die Behauptung von Interdependenz schafft nicht automatisch eine Gemeinschaft. Zunächst müßte die gegenseitige Abhängigkeit[1659] tatsächlich bestehen - und/oder, was für den sozialen Prozeß der Umwandlung einer Gesellschaft in eine Gemeinschaft ausschlaggebend wäre, als solche wahrgenommen werden. In zahlreichen Verhältnissen, für die *Alvarez* und ihm nahestehende Autoren Interdependenz behaupteten, war diese Voraussetzung jedoch nicht gegeben. Vielmehr ist die Behauptung von Interdependenz vielfach eine "pleasant illusion" bzw. eine Halbwahrheit.[1660] Statt gegenseitiger Abhängigkeit besteht entweder Unabhängigkeit oder eine einseitige Abhängigkeit[1661].

Selbst wenn Interdependenz wahrgenommen wird, entsteht deshalb nicht automatisch eine gemeinschaftliche Ordnung. Interdependenz kann sowohl zu einem gesellschaftlichen als einem gemeinschaftlichen Verhalten führen, ja sie kann auch zu einem feindlichen, also im Sinne von *Tönnies* "verneinenden" Verhalten führen. Interdependenz (bzw. ihre Wahrnehmung) im zwischenstaatlichen Bereich ist ein

---

1657 *Schwarzenberger*, Civitas Maxima?, 29. - Dieser Mechanismus funktionierte freilich nur zwischen den beiden weltpolitischen Lagern. Soweit es um Maßnahmen innerhalb des vom jeweiligen Gegner anerkannten Hegemonialbereichs ging, bestand faktisch eine Interventionsbefugnis, von der beide Supermächte, zum Teil auch mit Gewalt, Gebrauch machten. Hieran zeigt sich zugleich, daß soziologisch von "gleichen" Mitgliedern der "Gemeinschaft" nicht die Rede sein konnte. Vgl. hierzu *Schwarzenberger*, CLP 10 (1957), 264 (285 ff., 289); auch *Friedmann*, RdC 127 (1969 II), 47 (241). Im hiesigen Zusammenhang zweitrangig ist dabei die Frage, ob die gegenseitige Respektierung der Einflußsphären auch als rechtlich verbindlich anzusehen war (vgl. dazu *Verdross/Simma*, Universelles Völkerrecht, § 565).

1658 Die Ähnlichkeit zwischen der Rolle der Großmächte in den Vereinten Nationen und im "Europäischen Konzert" hat auch er wahrgenommen, vgl. *Alvarez*, Diss. Op. zu *Admission to the United Nations*, ICJ Reports 1950, 12 (20).

1659 Auch bei den Begriffen Unabhängigkeit - Interdependenz - Abhängigkeit handelt es sich um ein Kontinuum, auf dem die theoretisch absoluten Extrempole in der sozialen Wirklichkeit allenfalls ausnahmsweise verwirklicht werden, vgl. *Schwarzenberger*, CLP 10 (1957), 264 (275 f.). Es kann also hier ebenso wie bei den Gesellungstypen nur um eine schwerpunktmäßige Zuordnung gehen.

1660 *Schwarzenberger*, International Law I, 114.

1661 Dies gilt etwa hinsichtlich des Verhältnisses wirtschaftlich mächtiger Industriestaaten gegenüber zahlreichen unterentwickelten Staaten. Die wirtschaftliche Abhängigkeit der letzteren zeigt sich besonders deutlich an der Anfälligkeit dieser Staaten für wirtschaftlichen Druck. Gerade gegen diese Staaten, die in besonderer Weise auf die Solidarität der anderen angewiesen sind, haben die wirtschaftlich Mächtigen sehr effektive Maßnahmen in der Hand (insbes. Streichung von Entwicklungshilfe), vgl. *Schröder*, in: Graf Vitzthum (Hrsg.), Völkerrecht (2. Aufl.), 7. Abschnitt, Rdnr. 107. Während der hier erörterten Periode hatten die Entwicklungsländer, in Abhängigkeit von ihrer strategischen Bedeutung, immerhin ein Faustpfand, nämlich die Drohung, bei mangelnder Unterstützung in das andere weltpolitische Lager überzulaufen. Diese, mittlerweile weggefallene, Abhängigkeit der entwickelten Staaten ist jedoch nicht die Form von Interdependenz, die für eine Gemeinschaft spräche, sondern Ausfluß der oben angesprochenen Spaltung der Welt in zwei Blöcke.

soziales Faktum, daß als solches keine ethische Wertung in sich trägt.[1662] Es kann sowohl für gute wie für böse Zwecke nutzbar gemacht werden.[1663]

Wie nun wurde auf die in einigen Bereichen zweifellos veränderten Fakten reagiert? In einer funktionierenden Gemeinschaft müßte so etwas wie ein automatischer Konsens darüber bestehen, wie auf bestimmte äußere Veränderungen zu reagieren ist. Dementsprechend müßte gehandelt werden bzw. entsprechende auch rechtliche Normen geschaffen werden. Insofern zeigt sowohl *Alvarez'* droit international nouveau wie vorangegangene und spätere Entwürfe eines Gemeinschafts-Rechts, daß sie eine nicht existente Gemeinschaft voraussetzen. Gerade weil die Regeln des geltenden Völkerrechts als unvollkommen bewertet werden, sollen neue über den Umweg der Konstruktion einer Gemeinschaft geschaffen werden. Bis 1989 aber blieb es dabei, daß z.B. auf den Gebieten Umwelt und Wirtschaft keine der Interdependenz-Situation angemessenen Regelungen geschaffen wurden.[1664]

Damit soll nicht behauptet werden, daß es keine Gemeinschaftselemente in den internationalen Beziehungen und im internationalen Recht gegeben habe. Die Beziehungen zwischen den Staaten beschränkten sich selbstverständlich nicht auf die Sicherheitspolitik, und im Rahmen der Ausweitung des Regelungsbereichs des Völkerrechts nach 1945 sind durchaus Regelungen geschaffen worden, die dem Recht der Gegenseitigkeit oder sogar dem der Koordination im Sinne der oben erläuterten *Schwarzenberger*'schen Typologie entsprachen. Als Beispiele können etwa die Regelungen zum Schutz der Menschenrechte und auch das internationale Wirtschafts- und Entwicklungsrecht genannt werden.

Aber bei näherer Betrachtung[1665] muß man feststellen, daß diese Regelungen nicht geeignet sind, das bisher gefundene Bild um mehr als Nuancen zu verändern. Teilweise wurde die Zusammenarbeit wegen der aus der Sicht der Staaten übergeordneten Interessen, die sie im Ost-West-Kampf verfolgten, von einer Seite abgebrochen.[1666] Dort, wo es überhaupt zu einer Normierung kam, blieben die Regelungen vielfach oberflächlich und schwach. Oft gehen sie über Empfehlungen nicht hinaus. Wenn doch, offenbart eine nähere Analyse der entsprechenden Verträge vielfach, daß die Gemeinschaftspolitik nur halbherzig und nur von einem Teil der angeblich universellen Staatengemeinschaft betrieben wird. Es zeigt sich, daß wichtige "Gemeinschaftsmitglieder" nicht Vertragsparteien sind oder sich durch Vorbehalts-, Kündigungs- und Ausnahmeklauseln das Recht garantieren lassen, im

---

1662 *Schwarzenberger*, CLP 4 (1951), 1 (7).

1663 *Schwarzenberger*, CLP 4 (1951), 1 (7).

1664 Das beklagt z.B. *Henkin*, RdC 216 (1989 IV), 19 (347).

1665 An dieser Stelle kann die Problematik nur zusammenfassend erörtert werden. Im Rahmen der Analyse des Zeitraums nach 1989 wird bei der Betrachtung einzelner Politikfelder auch auf Entwicklungen einzugehen sein, die in der hier besprochenen Periode einsetzten.

1666 Vgl. etwa zum Rückzug des Ostblocks aus der WHO *Schwarzenberger*, Machtpolitik, 393. Umgekehrt traten die USA aus UNESCO und ILO aus.

Zweifel ihre eigenen Zwecke über die in den Verträgen proklamierten Gemeinschaftswerte stellen zu dürfen.[1667]

Selbst dort, wo es substantielle Regelungen gab, fehlte es vielfach am Willen der Beteiligten, diese auch im Sinne einer gemeinschaftlichen Praxis umzusetzen. Die Feststellung, die *Friedmann* 1969 im Hinblick auf das Gebiet der Entwicklungspolitik, das er als am weitesten im Sinne einer Gemeinschaft fortgeschritten bezeichnete, traf, galt bis 1989 und auch für andere Bereiche: "What is lacking in this field is not the legal apparatus but the adequacy of means at their disposal."[1668] Durch die Nicht-Zurverfügungstellung entprechender Mittel haben die wohlhabenden Staaten eine Verteilung des Vorhandenen, wie es für eine Gemeinschaft charakterisierend gewesen wäre, verhindert und durch die tatsächliche Ressourcenverwendung gezeigt, daß sie fast ausschließlich ihre eigenen Interessen verfolgen.[1669] Selbst diese bescheidenen Fortschritte des Völkerrechts standen aber stets unter einem mit dem Gemeinschaftsgedanken unvereinbaren Vorbehalt: "But all the major powers have demonstrated that, when they consider a situation to be of critical national interest, they will disregard the restraints of international law."[1670]

Zusammenfassend kann für den Zeitraum von 1945 bis 1989 keine entscheidende Veränderung des sozio-politischen Substrats festgestellt werden. Die Heterogenität der Akteure nahm eher noch zu. Gemeinschaftliche Regelungen hatten teilweise nur Schein-Charakter, ansonsten waren sie schwach ausgestaltet und können wegen der Dominanz des Blockgegensatzes nicht als prägend angesehen werden. Mit - angesichts der ins Utopische gehenden "Analysen" von *Alvarez* und seinen Nachfolgern - wünschenswerter Klarheit hat *Prosper Weil* ausgedrückt, was von der Gemeinschaftsrhetorik zu halten war: "L'exaltation des valeurs communautaires parvenait mal à masquer la persistance des intérêts égoïstes des Etats, et la société des Etats perçait facilement à travers le vernis de la communauté internationale."[1671]

1667 Vgl. *Schwarzenberger*, Civitas Maxima?, 29. Hieran zeigt sich deutlich der nicht-gemeinschaftliche Charakter all dieser Verbindungen, denn sie sind nicht auf Dauer angelegt, sondern sichern nur vorübergehend ein bestimmtes Verhalten zu.

1668 *Friedmann*, RdC 127 (1969 II), 47 (238).

1669 Vgl. *Friedmann*, RdC 127 (1969 II), 47 (238).

1670 *Friedmann*, RdC 127 (1969 II), 47 (242). Die Bereitschaft, im Zweifel jedes (Macht-)Mittel einzusetzen, stellt eine typische gesellschaftliche Verhaltensweise dar, vgl. *Tönnies*, Gemeinschaft und Gesellschaft, 143: "wer einen Zweck mit Entschiedenheit ins Auge gefaßt und die Mittel zu seiner Erreichung deutlich erkannt hat, der wird auch diese Mittel ergreifen und anwenden, wenn sie in seiner Macht sind, oder sie zu erlangen versuchen, wenn sie es nicht sind." - In der Konsequenz seiner durchaus realistischen Sichtweise sieht *Friedmann* das Völkerrecht seiner Zeit auf eine "society of national states" gegründet (*Friedmann*, The Changing Structure, 325). Er stellt fest, daß das neue Recht der Kooperation, das eine "community of interests" voraussetze (a.a.O., 57) und sich insbesondere in dem Bedeutungszuwachs internationaler Organisationen widerspiegele (a.a.O., 275), in vielen Bereichen nur schwach ausgeprägt oder nicht-universal (a.a.O., 68) sei; insgesamt bestehe eine "continuing supremacy of the 'national interest' as the dominant value of international live" (a.a.O., 298). - Anzumerken ist noch, daß (jedenfalls im an *Tönnies* anschließenden Begriffsverständnis) nicht jede Kooperation mit Gemeinschaftlichkeit gleichzusetzen ist; die "Zweckgemeinschaft" ist eine gesellschaftliche Verbindung.

1671 *Weil*, RdC 237 (1992 VI), 25 (29). In die gleiche Richtung auch *Kewenig*, EA 1981/1, 1 (4).

Die machtpolitischen Auseinandersetzungen zwischen den Staaten determinierten ihre Beziehungen, auch wenn sie mit zum Teil neuen Mitteln ausgetragen wurden. Zusammenfassend stellte *Henkin* am Ende der hier erörterten Periode zutreffend fest: "The system shows no signs of moving to community".[1672]

dd) Gemeinschaftselemente in ausgewählten Bereichen der internationalen Beziehungen und des Völkerrechts heute

Das Jahr 1989 markiert das Ende des Ost-West-Gegensatzes wie er die Nachkriegszeit geprägt hat und damit das Ende eines Spannungsverhältnisses, das für zahlreiche auch militärische Auseinandersetzungen (mit-)verantwortlich war. Mit dieser Entwicklung verband sich die Hoffnung auf eine bessere Welt, auf eine "New World Order". Wie nach den beiden Weltkriegen kam es auch in den Jahren nach 1989 zu einer Vielzahl von Äußerungen, die endlich die Zeit einer internationalen Gemeinschaft mit einem entsprechenden gemeinschaftlichen Völkerrecht für gekommen hielten.[1673]

Es stellt sich daher die Frage, ob der Grund-Ansatz *Alvarez'* und anderer, die von einer Vergemeinschaftlichung des Völkerrechts ausgingen, in der jüngsten Vergangenheit eine entsprechende faktische Grundlage erhalten hat. Es soll anhand von insgesamt vier ausgewählten Feldern untersucht werden, inwiefern sich Anzeichen für eine Entwicklung in Richtung internationale Gemeinschaft finden lassen. Es handelt sich um die Sicherheitspolitik, deren Ausgestaltung bis 1989 das maßgebliche Kriterium für die Charakterisierung der internationalen Beziehungen als gesellschaftlich war, sowie die Bereiche Umwelt und Meer, die häufig herangezogen werden, wenn Gemeinschaftselemente benannt werden sollen. Quer zu diesen drei materiell-rechtlichen Bereichen soll auf einen prozeduralen Aspekt eingegangen werden, nämlich das Abgehen vom Prinzip der Einstimmigkeit als mögliches Indiz für eine vermehrte Bereitschaft zur Unterwerfung unter einen Gemeinschaftswillen.[1674]

(1) *Wahrung des Friedens - Ende der Machtpolitik?*

Von besonderer Bedeutung für die Beurteilung des Charakters des Verhältnisses zwischen den Staaten ist ihr Verhalten im Hinblick auf Krieg und Frieden. Während in einer (genossenschaftlichen) Gemeinschaft Auseinandersetzungen, zumal solche, die die Existenz des anderen Gemeinschaftsmitgliedes konkret bedrohen, eine absolute Ausnahme seien müßten, würde es in einer Gesellschaft nicht ver-

---

1672 *Henkin*, RdC 216 (1989 IV), 19 (347). Ebenso ging für den Zeitraum (zumindest) bis 1989 z.B. *Weil*, RdC 237 (1992 VI), 25 (37), von einer internationalen Gesellschaft aus. Generell war gegen Ende der hier besprochenen Periode ein deutlich abklingender Enthusiasmus und eine Rückkehr zu klassischen Denkmustern festzustellen, *Weil*, RdC 237 (1992 VI), 25 (29 f.).

1673 Vgl. *Weil*, RdC 237 (1992 VI), 25 (31).

1674 Vgl. zur Frage der Aufnahme von Gemeinschaftswerten in das positive Völkerrecht - mit einer anderen Auswahl - auch *Paulus*, Die internationale Gemeinschaft im Völkerrecht, 250 ff.

wundern, wenn sich die einzelnen Glieder auch mit äußersten Mitteln auseinandersetzten würden, um ihren jeweiligen Machtstatus zu halten oder auszuweiten.

Die Beendigung des Ost-West-Konfliktes hat die geopolitische Grundkonstellation signifikant verändert. Durch den Zusammenbruch des kommunistischen Regimes der Sowjetunion ist der die Epoche des Kalten Krieges prägende Antagonismus zwischen den USA und der UdSSR beendet. Freilich sind damit keineswegs alle möglichen Ursachen für schwere zwischenstaatliche Konflikte ausgeräumt. Weiterhin besteht eine Vielzahl von internationalen Spannungen und Spannungspotentialen, die zum Einsatz klassischer machtpolitischer Verhaltensweisen führen beziehungsweise führen könnten. So kann es zum einen keineswegs als gesichert gelten, daß es bei einer im großen und ganzen pro-westlichen Politik Rußlands bleibt.[1675] Deutlicher zeichnet sich die Gefahr ab, daß es im Verhältnis westlicher Staaten zur Volksrepublik China, die nach wie vor ein kommunistisches Land mit typischer Großmachtpolitik ist, zu Auseinandersetzungen kommen könnte.[1676] Zahlreiche kleinere Staaten der Dritten Welt und auf dem Balkan sind bereits in "Verhaltensmuster vorausgegangener Epochen" zurückgefallen und haben versucht, durch eine Gebietsausweitung ihre autonom definierten Sicherheitsinteressen durchzusetzen.[1677] Schließlich ist, wie unter anderem der "Weltgipfel" von Rio im Jahre 1992 gezeigt hat, der zwischenzeitlich etwas aus dem Blick geratene Nord-Süd-Konflikt keineswegs ausgeräumt, so daß auch in diesem Verhältnis zumindest die Gefahr einer Spaltung der Welt sich nicht verneinen läßt.[1678] Dabei sind als Auslöser keineswegs nur Forderungen der Entwicklungsländer denkbar, sondern auch solche der Industriestaaten.[1679] Einige Beobachter erkennen im Verhalten der führenden Industrieländer gegenüber den Staaten der Dritten Welt bereits eine Tendenz zur "Blockbildung alten Stils" sowie "Merkmale und Muster ..., die aus der Zeit des Kalten Krieges vertraut sind."[1680]

Trotz dieser Gegensätze gibt es deutliche Anzeichen für eine Entwicklung des Staatensystems in Richtung einer größeren Gemeinschaftlichkeit. So ist ein deutlicher Homogenisierungstrend im Hinblick auf die politischen und wirtschaftlichen Systeme der Staaten zu beobachten. Freie(re) Marktwirtschaft und Demokratie sind heute weit verbreitet. Allerdings ist insbesondere im Hinblick auf die Demokratisierung nicht sicher, ob sie dauerhaft anhalten wird. So meint etwa *Ralph Dahrendorf*, daß "die Entwicklungen zur Globalisierung und ihre sozialen Folgen

---

1675 Vgl. *Weil*, RdC 237 (1992 VI), 25 (32). - Spätestens dann würde auch wieder bewußt, daß Rußland noch immer über ein erhebliches militärisches Potential verfügt, das in einer Gemeinschaft völlig überflüssig wäre.

1676 Vgl. zur Möglichkeit einer erneuten Polarisierung der Geopolitik durch die Volksrepublik China *Weil*, RdC 237 (1992 VI), 25 (32).

1677 Vgl. zu dieser Entwicklung *Schöllgen*, FAZ vom 18.4.2001, 12.

1678 Vgl. *Weil*, RdC 237 (1992 VI), 25 (32).

1679 Zutreffend weist *Bedjaoui*, FS Abendroth, 63 (68 f.), auf das auch heute noch bestehende Konfliktpotential hin, das sich aus dem "Anspruch" der Industrieländer auf eine ausreichende Belieferung mit Öl zu einem "angemessenen" Preis ergibt.

1680 *Schöllgen*, FAZ vom 18.4.2001, 12.

eher autoritären als demokratischen Verfassungen Vorschub" leiste.[1681] Im übrigen ist zu bedenken, daß die Demokratisierung China und auch viele Entwicklungsländer nicht oder nur oberflächlich erfaßt hat.

Auch in völkerrechtlichen Instrumenten ist eine Hinwendung zu gemeinschaftlichem, an gemeinsamen Vorstellungen über Gerechtigkeit und Werte orientiertem Handeln der Staaten zu verzeichnen. So läßt sich anführen, daß die Entscheidungen in den Fällen *Pinochet* und *Tadic,*[1682] die beide jedenfalls über den gesicherten Bestand des positiven Völkerrechts hinausgingen, dadurch befördert wurden, daß die Richter sich von Vorstellungen über die "Interessen der Internationalen Gemeinschaft leiten liess[en]."[1683] Deutlich kommt die Orientierung an Belangen der Humanität im Verbot von Antipersonenminen zum Ausdruck.[1684] Allerdings wird die Bedeutung des Vertrages von Oslo erheblich dadurch gemindert, daß wichtige Verwender-Staaten wie etwa die USA das Abkommen nicht ratifiziert haben.[1685] Weiterhin hat das Abkommen, das insbesondere dem Schutz spielender Kinder und anderer Zivilpersonen dient, nicht verhindert, daß im Kosovo-Krieg Waffen eingesetzt wurden, die sich praktisch wie Personenminen auswirken.[1686]

Die im Vergleich zur vorangegangenen Periode der Völkerrechtsgeschichte größere Homogenität und Breite gemeinsamer Wertvorstellungen sind durchaus Anzeichen einer Vergemeinschaftlichung. Allerdings sollten diese Entwicklungen nicht überbewertet werden. Zum einen stellt der Vergleichsmaßstab, die Epoche des Kalten

---

1681 *Dahrendorf*, zitiert nach *Kleinert/Mosdorf*, Renaissance, 159 f.

1682 Siehe dazu oben B.XI, S. 104.

1683 So *Thürer* in Bezug auf das *Tadic*-Urteil, das er im Hinblick auf die entscheidende Stelle, die Begründung der Zuständigkeit des Gerichts im Bereich interner Konflikte, als "kühne[n] Griff" bezeichnet (*Thürer*, ZaöRV 60 (2000), 557 (577 f.)). Ähnlich *ders.* zum *Pinochet*-Urteil (a.a.O., 573). Solange allerdings der Weltstrafgerichtshof nicht tatsächlich funktioniert und insbesondere auch Angehörige mächtiger Staaten seiner Jurisdiktion unterstellt werden, sollte man im Hinblick auf die Durchsetzung der Gerechtigkeit auch gegenüber Staatsverbrechern nicht von einem Durchbruch sprechen. Insofern ist bemerkenswert, daß die USA nicht nur erklärt haben, dem Statut des Internationalen Strafgerichtshofes von Rom vom 17.7.1998 (37 ILM (1998), 998 ff.) nicht beitreten zu wollen, sondern - zum Teil mit Staaten, für die dieses Statut bereits rechtsverbindlich geworden ist - Verträge abgeschlossen haben, nach denen diese Staaten den Staatsangehörigen der USA Immunität gegenüber dem Strafgerichtshof zusichern (s. zu diesen bilateralen Verträgen FAZ vom 29.8.2002 (Nr. 200), 2). Im übrigen zeugen die hier angesprochenen Urteile zweifelsohne von einer gemeinschaftlichen Tendenz. Es ist jedoch auch zu bedenken, daß das *Pinochet*-Urteil in einem Fall ergangen ist, in dem abzusehen war, daß wegen des Gesundheitszustandes *Pinochets* die Entscheidung keine praktische Relevanz haben würde. Im Hinblick auf das *Tadic*-Urteil ist anzumerken, daß "kühne" Entscheidungen in der Vergangenheit zur Folge gehabt haben, daß viele Staaten sich nicht oder nur unter Vorbehalt internationalen Gerichten unterworfen haben.

1684 Vgl. *Thürer*, ZaöRV 60 (2000), 557 (583).

1685 Übersicht zu den Vertragsparteien in BGBl. II 2002, Fundstellennachweis B, 678 f. (Stand: 31.12.2001).

1686 Auf die Problematik des Einsatzes sog. Streubomben ("cluster bombs"), die einen erheblichen Anteil an Blindgängern in der Landschaft verteilten und zahlreiche Zivilisten verletzten, hat bereits während des Konflikts das IKRK hingewiesen. Wegen ihrer grellen Bemalung wirkten die nicht explodierten Sprengkörper besonders anziehend auf Kinder. Vgl. *Gillessen,* FAZ vom 27.9.1999 (Nr. 234), 16; *Thürer*, AVR 38 (2000), 1 (19).

Krieges, ein Extrem im Verlauf der Geschichte der internationalen Beziehungen dar. In der Zeit nach 1945 bestand zwischen den staatlichen Völkerrechtssubjekten "nicht ... ein Mindestmaß [an] struktureller Homogenität" was zur Folge hatte, "daß es ... auch keinen internationalen Konsens über Menschenrechte, politische Grundfreiheiten, Rechte auf Selbstregierung und nationale Selbstbestimmung" gab.[1687] Wenn nunmehr aufgrund der angesprochenen Entwicklungen - von denen noch nicht gewiß ist, ob sie dauerhafter Natur sind - im Hinblick auf die Kriterien der strukturellen Homogenität und der gemeinsamen Wert- und Gerechtigkeitsvorstellungen die Zuordnung auf dem Gesellschafts-Gemeinschafts-Kontinuum nicht mehr wie in der Ausnahmephase des Kalten Krieges auf oder sehr nahe an einem Endpunkt vorzunehmen ist, kann daraus noch nicht auf einen Umschlag zu schwerpunktmäßig gemeinschaftlichen Beziehungen der Staaten geschlossen werden.

Ein Umstand, der auf einen gesellschaftlichen Grundcharakter auch der heutigen internationalen Beziehungen hindeutet, liegt in der noch immer extremen Überrüstung. Rüstungen sind ein typisches Instrument der Machtpolitik[1688]. Durch das Bereithalten von großen Waffenarsenalen zeigen die Staaten deutlich, daß zwischen ihnen eine existenzbedrohende Rivalität empfunden wird und daß sie nach wie vor durch Furcht und Mißtrauen verbunden sind, wie dies für Gesellschaften charakteristisch ist. Besonders deutlich wird dies, wenn man den Bereich der Massenvernichtungswaffen betrachtet. In einer echten Gemeinschaft müßte es möglich sein, zu einer signifikanten Verringerung dieser Waffen zu kommen. Statt dessen halten wichtige Staaten an dem strategischen Konzept der nuklearen Abschreckung fest[1689] und verschleiern mit den seit Jahren zu keinen substantiellen Ergebnissen führenden Abrüstungsverhandlungen[1690] nur schlecht die fehlende Bereitschaft, auf diese "Versicherung" gegen ein den eigenen Interessen widersprechendes Verhalten der anderer Staaten zu verzichten.[1691]

Waffen (allerdings kaum die zuletzt behandelten) können freilich auch anderen als machtpolitischen Zwecken dienen. Sie können nicht nur im Eigeninteresse zur Durchsetzung staatenindividueller Ziele, sondern auch gemeinschaftlich, das heißt zur Durchsetzung von Gemeinschaftszielen, wie sie etwa im Programm der "Neuen Weltordnung"[1692] formuliert sind, eingesetzt werden. In der jüngeren Vergangenheit

---

1687 *Grewe*, Epochen, 762.

1688 Vgl. *Schwarzenberger*, Machtpolitik, 9.

1689 IGH, Gutachten vom 8.7.1996 über *Threat or Use of Nuclear Weapons*, ICJ Reports 1996 (I), 226 (254).

1690 Vgl. zum angesichts der vorhandenen Waffenarsenale beschränkten Bestand an effektiven Abrüstungsabkommen *Seidel*, AVR 38 (2000), 23 (27).

1691 Die Ankündigung der fünf offiziellen Atommächte, künftig völlig auf Atomwaffen verzichten zu wollen, kann kaum als ernstgemeinte Absichtserklärung angesehen werden, sondern dürfte eher der Beeinflussung der öffentlichen Meinung dienen. Nicht zufällig ist der "Plan" nicht mit Terminen versehen. Angesichts der von zahlreichen Staaten verfolgten Programme zur Erlangung von ABC-Waffen (durch das diese eine typisch gesellschaftliche Einstellung an den Tag legen), ist der Absicht des Verzichts auf diese Waffen ohnehin von vornherein offensichtlich die Grundlage entzogen, da die Gegenseitigkeit nicht gesichert ist.

1692 Siehe dazu oben B.XI., S. 99.

ist insbesondere im Hinblick auf die militärischen Unternehmungen am Persischen Golf und im ehemaligen Jugoslawien das Vorliegen eines derartigen "Gemeinschafts-Krieges"[1693] behauptet worden. Es soll daher erörtert werden, ob der Zweite Golfkrieg und der Kosovokrieg in diesem Sinne gedeutet werden können und inwiefern aus diesen Ereignissen die Prognose eines zukünftigen gemeinschaftlichen Verhaltens der Staaten ableitbar ist.

Wenngleich die Alliierten des Krieges zur Befreiung des vom Irak besetzten Kuwait durchaus auch eigene Interessen (Sicherung der Ölversorgung) verfolgt haben, so würde es wohl zu kurz greifen, hierin ihr ausschließliches Motiv zu sehen.[1694] Vielmehr ist ein gemeinschaftliches Element in der Aktion erkennbar, die dem Schutz eines militärisch unterlegenen Staates gegen einen übermächtigen Aggressor diente. Daß dies, anders als es zuvor die Regel war, gelang, kann durchaus als Anzeichen für eine gemeinschaftliche Einstellung betrachtet werden. Allerdings ist der Zweite Golfkrieg von vornherein ungeeignet, um daraus Aussagen über eine Veränderung des Charakters des Völkerrechts herzuleiten. Denn das Vorgehen der Golfkriegsalliierten entsprach - jedenfalls in der Handlungsrichtung[1695] - genau dem bereits seit 1945 geltenden Völkerrecht. Die erstmalige (und in dieser Form bisher einmalige) Ausübung zwischenstaatlicher Solidarität wird von dem System kollektiver Sicherheit, wie es in der Satzung der Vereinten Nationen und in ähnlicher Form zuvor schon in der Völkerbundsatzung niedergelegt wurde, schon lange vorausgesetzt und gefordert.

Gewandelt hat sich - in weit beschränkterem Ausmaß als in der Euphorie von 1991 angenommen - die Bereitschaft der Staaten, das seit dem Zweiten Weltkrieg geltende Völkerrecht mit Leben zu erfüllen. Freilich hat sich im Laufe der Jahre gezeigt, daß das Handeln der Staaten in einem viel größerem Umfang als in der

1693 Hinsichtlich des Gemeinschaftstyps käme angesichts der militärischen (aber auch technologischen und wirtschaftlichen) Überlegenheit der USA wohl nur eine patriarchische Gemeinschaft in Betracht. Die Ereignisse in Kuwait und Jugoslawien haben offenbart, daß selbst regionale Konflikte heute ohne die entschiedene Mitwirkung der zur Zeit einzigen Supermacht nicht gelöst werden können. Es stellt sich somit die Frage, ob die USA die Rolle eines "Familienvaters" der Völkerfamilie übernommen haben.

1694 Obwohl der 1990/91 verbreitete Slogan "kein Blut für Öl" dem Sachverhalt insgesamt nicht gerecht wird, ist doch auch richtig, daß Kuwait und die betroffene Region insgesamt wegen ihres Ölreichtums insbesondere für die USA von besonderem strategischen Interesse war (und ist). Dementsprechend gab es spätestens seit Anfang der 80er Jahre militärische Pläne, um gegen eine sowjetische Bedrohung der Ölfelder vorzugehen. Nunmehr ermöglichten diese Pläne eine schnelle militärische Reaktion auf die Invasion des Irak, der in den Jahren zuvor, v.a. im Ersten Golfkrieg gegen den Iran, von den USA noch unterstützt worden war, dessen neuerliche Aggression aber dem (wirtschafts-)strategischen Interesse der USA widersprach. Vgl. zum Ganzen *Hubel,* Der Zweite Golfkrieg in der internationalen Politik, 17 ff., der in der Einverleibung der kuwaitischen Ölquellen durch den Irak und die akute Bedrohung der Vorräte der anderen Golf-Anlieger den "ersten Grund" für das Engagement der USA sieht. *Hubel,* a.a.O., 31, deutet ferner im Hinblick auf die Sowjetunion an, daß sich diese für ihre Unterstützung bzw. Duldung möglicherweise Zugeständnisse im Bereich ihrer Baltikum-Politik machen ließ, was - falls es zuträfe - auf Seiten aller Beteiligten kaum als gemeinschaftsorientiertes Verhalten aufgefaßt werden könnte.

1695 Zu den Bedenken hinsichtlich der Durchführung der militärischen Maßnahmen nicht durch den Sicherheitsrat selbst, sondern durch von ihm autorisierte Mitgliedstaaten s.o. Fn. 842.

Aufbruchstimmung nach dem Golfkrieg angenommen an deren individuellen Zielen ausgerichtet ist. Zahlreiche unterlassene oder nur halbherzig realisierte Aktionen der Vereinten Nationen[1696] lassen den Schluß zu, daß auch heute noch Staaten "nur dann bereit sind, die UN in ihren friedenswahrenden oder auch friedenschaffenden Maßnahmen zu unterstützen, wenn eigene vitale Interessen auf dem Spiel stehen."[1697]

In erster Linie trifft der Vorwurf eines an eigenen Zielen orientierten Verhaltens die ständigen Mitglieder des Sicherheitsrates, denen die Satzung der Vereinten Nationen eine besondere Verantwortung zuweist. Ihnen wird vorgehalten, ihre Position "nicht selten nur zur Wahrung ihrer nationalen Interessen" auszunutzen und "erst in zweiter Linie im Interesse der Staatengemeinschaft" zu handeln.[1698] Besonders das Verhalten der Vereinigten Staaten, denen wegen ihrer überlegenen Machtposition eine herausgehobene Rolle zukommt, wird kritisch beurteilt. Tatsächlich ist nicht ersichtlich, daß die USA ihre Machtmittel ausschließlich oder auch nur überwiegend im Interesse von Gemeinschaftsanliegen einsetzen. Vielmehr wahren sie überwiegend, zum Teil ausdrücklich und oft "hardheaded", ihre eigenen Interessen, wie sie sich aus ihren strategischen - manchmal auch nur innenpolitischen - Überlegungen ergeben.[1699]

Bereits vor dem Kosovo-Konflikt waren deutliche Tendenzen zur Schwächung der Organisation der Vereinten Nationen zu beobachten. In dem von Präsident *George Bush sen.* verkündeten Programm einer "Neuen Weltordnung" war ihr eine zentrale Rolle zugewiesen worden. *Bush* entwarf das Bild einer "Welt, in der die Vereinten Nationen, befreit vom Patt des Kalten Krieges, die historische Vision ihrer Gründerväter verwirklichen wollen."[1700] Man kann in dieser Aussage durchaus ein Bekenntnis dafür sehen, den Vereinten Nationen die Rolle als für die Friedenssicherung zuständiges Organ einer internationalen Gemeinschaft zuzuweisen.

Die nachfolgende Praxis auch der amerikanischen Regierung stand damit jedoch nicht in Einklang. Zwar zeigt die Wiederbelebung der Vereinten Nationen einen gewissen Anstieg an Gemeinschaftlichkeit auf sicherheitspolitischem Gebiet an. Allerdings sind die Taten der organisierten Staatengemeinschaft deutlich hinter den Erwartungen der Anfangsjahre zurückgeblieben.[1701] Wichtiger noch als das "Versagen"

1696 Vgl. zu einigen Krisen in denen den Vereinten Nationen Versagen vorgeworfen wurde - ein Vorwurf der richtigerweise nicht gegen die Organisation sondern gegen die sie tragenden Mitgliedstaaten zu richten ist - oben B.XI, S. 102.

1697 *Klein*, in: Graf Vitzthum (Hrsg.), Völkerrecht (2. Aufl.), 4. Abschnitt, Rdnr. 202.

1698 *Seidel*, AVR 38 (2000), 23 (41).

1699 Dies gilt nicht nur im sicherheitspolitischen Bereich, sondern auch auf anderen Politikfeldern. Als Beispiel für einen Bereich, in denen die USA konsequent ihre Eigeninteressen verfolgen, nennt der ehemalige amerikanische Außenminister *Henry A. Kissinger* den der wirtschaftlichen Beziehungen (*Kissinger*, Newsweek vom 1.5.2000, 45 (51)).

1700 *Bush*, Rede vor dem Kongreß zum Ende des Golfkrieges am 6.3.1991, EA 1991/2, D 220.

1701 Vgl. zum Gewichtsverlust der Vereinten Nationen durch die "Fehlschläge auf dem Balkan und in Afrika" noch deutlich z.B. *Graf Vitzthum*, in: Graf Vitzthum (Hrsg.), Völkerrecht, 1. Abschnitt, Rdnr. 21 in der 1997 erschienenen 1. Auflage. In der 2. Aufl. ist die Formulierung deutlich

in einer nicht unerheblichen Zahl von Fällen ist noch, daß auch führende Mitgliedstaaten sich über System und Recht der Vereinten Nationen hinweggesetzt haben. Wiederholt, wenngleich nicht mehr so ausgeprägt wie im Zweiten Golfkrieg, wurde den Vereinten Nationen nur eine legitimierenden Nebenrolle zugestanden, die mit der ursprünglichen Konzeption der Organisation wenig gemein hat.[1702] Mit ihren im Hinblick auf das Gewaltverbot rechtlich äußerst bedenklichen Luftangriffen auf den Irak im Dezember 1998 haben die Regierungen der USA und des Vereinigten Königreiches deutlich zum Ausdruck gebracht, daß sie von ihnen für zweckmäßig erachtete Maßnahmen auch unabhängig von der Auffassung anderer Mitgliedstaaten durchführen. Dieses Muster wiederholte sich dann Anfang 2003 mit dem ohne Legitimierung durch den Sicherheitsrat geführten Dritten Golfkrieg gegen den Irak.[1703] Insgesamt kann von einem dem Entwurf der "Gründerväter" entsprechenden Funktionieren der Vereinten Nationen nicht gesprochen werden. Vielmehr wird eine mit der Konzeption der Satzung unvereinbare US-amerikanische Dominanz beobachtet, die als "neue Art einseitiger Großmachtsregie durch die Vereinigten Staaten"[1704] umschrieben werden kann.

Einen vorläufigen Tiefpunkt hat die Idee einer Friedenssicherung durch die Vereinten Nationen im Kosovo-Konflikt erfahren. Die Entscheidung über den Einsatz militärischer Gewalt wurde in diesem Fall eindeutig und offen in Widerspruch zu den Vorschriften der Satzung getroffen, indem das Veto der ständigen Sicherheitsratsmitglieder Rußland und China ignoriert wurde. Durch diese Umgehung des Gewaltmonopols des Sicherheitsrates wurde der Gedanke gemeinschaftlicher Friedenssicherung im Rahmen des System kollektiver Sicherheit nach der Satzung der Vereinten Nationen erheblich geschwächt. Dadurch hat der Gedanke einer organisierten internationalen Gemeinschaft mit den Vereinten Nationen als deren Verkörperung einen empfindlichen Rückschlag erlitten.[1705]

---

entschärft, allerdings können dadurch weder die "Fehlschläge" vergessen gemacht werden, noch lassen sich in neuerer Zeit Beispiele für substanzielle Erfolge der Organisation der Vereinten Nationen auf dem Gebiet der Friedenssicherung aufzeigen.

1702 Vgl. *Bothe*, in: Graf Vitzthum (Hrsg.), Völkerrecht (2. Aufl.), 8. Abschnitt, Rdnr. 35.

1703 Auf die Fragen der Rechtmäßigkeit dieses Krieges soll hier nicht näher eingegangen werden. Deutlich hat sich etwa *de Zayas*, Die Welt vom 19.3.2003, geäußert. Die Voraussetzungen, unter denen die SVN die Androhung und Anwendung von Gewalt erlaubt, dürften nicht vorgelegen haben: Eine Selbstverteidigungssituation im Sinne von Art. 51 SVN lag nicht vor, da ein Angriff des Irak auf die Vereinigten Staaten oder auch einen ihrer Verbündeten nicht unmittelbar bevorstand. Die danach erforderliche Legitimation durch den Sicherheitsrat war ebenfalls nicht gegeben. Die hierzu vorgebrachten Argumentationen sind schon in sich schwach und können im übrigen auch wegen des explizit geäußerten Widerspruchs zahlreicher, zum Teil auch ständiger Mitglieder des Gremiums kaum überzeugen. Der Rückgriff auf die weite Ermächtigung in Res. 678 (s. dazu oben Fn. 842) scheitert bereits daran, daß es 2003 nicht mehr um die Beendigung der Besetzung Kuwaits ging. Im übrigen läßt insbesondere die vieldiskutierte Res. 1441 (abrufbar unter http://www.un.org/Docs/scres/2002/sc2002.htm) nicht erkennen, daß der Sicherheitsrat die ihm zustehende Letztentscheidung über die (von ihm) angedrohten "ernsten Konsequenzen" aus der Hand hätte geben wollen.

1704 So *Bothe*, in: Graf Vitzthum (Hrsg.), Völkerrecht (2. Aufl.), 8. Abschnitt, Rdnr. 39.

1705 Vgl. zum Konflikt zwischen den verfolgten Gemeinschaftswerten und den übergangenen Gemeinschaftsinstitutionen auch *Paulus*, Die internationale Gemeinschaft im Völkerrecht, 286, der a.a.O., 320 "eine Niederlage des Konzepts einer in den Vereinten Nationen institutionali-

Durch die Maßnahmen der NATO wurde jedoch nicht nur der organisatorische Teil der Regelungen zur Friedenssicherung nach der Satzung der Vereinten Nationen in Frage gestellt. Auch das in ihr enthaltene materielle Recht - jedenfalls in seiner bisher überwiegenden Interpretation - wurde nicht beachtet. Nach der bis zum Kosovo-Krieg klar herrschenden Meinung ist die Anwendung von Gewalt in Abweichung von dem in Art. 2 Ziff. 4 SVN enthaltenen Grundsatz außer im Falle eines entsprechenden Sicherheitsratsbeschlusses nur zulässig, wenn der Tatbestand des Art. 51 SVN erfüllt ist, was jedoch im Fall des Kosovo nicht gegeben war.[1706]

Trotz - oder gerade wegen - der Überwindung der Schranken des zuvor als gesichert geltenden Rechtszustandes wurde die Intervention im Kosovo verbreitet im Sinne einer gemeinschaftlich durchgeführten und gemeinschaftlichen Zwecken dienenden Aktion interpretiert, durch die ein wichtiges Anliegen der "Neuen Weltordnung", die Verhinderung schwerer Menschenrechtsverletzungen durch eine Regierung, verwirklicht worden sei. Das Konzept der Gemeinschaft bot auch den Hintergrund für die zahlreichen anläßlich des Kosovo-Krieges entwickelten Theorien zur Konstruktion eines zusätzlichen Rechtfertigungsgrundes für die Anwendung von Gewalt. Die Diskussion um die Zulässigkeit der sogenannten humanitären Intervention läßt sich unter der Frage zusammenfassen, ob ein mit dem Text der Satzung der Vereinten Nationen unvereinbares Verhalten zulässig ist, wenn es der "Durchsetzung fundamentaler Werte der internationalen Gemeinschaft" dient.[1707]

Ohne die Diskussion um die humanitäre Intervention zu vertiefen[1708] sei hier nur angemerkt, daß der Text der Satzung der Vereinten Nationen derartige Interventionen nicht vorsieht. Soweit sich die das Vorgehen der NATO rechtfertigenden Theorien auf den "Geist" der Charta berufen,[1709] wird über eine immanente Interpretation der Satzung hinausgegangen. Formulierung und Systematik des Gewalt-

---

sierten 'internationalen Gemeinschaft'" konstatiert und den Sicherheitsrat auf die Funktion eines "internationale[n] Notariat[s] zur nachträglichen Legitimierung der Ergebnisse unilateraler Gewaltanwendung" reduziert sieht.

1706 Vgl. zur Unvereinbarkeit der NATO-Angriffe auf Jugoslawien mit dem Völkerrecht nach der bis zum Kosovo-Konflikt überwiegenden Meinung bereits oben B.XI, S. 103.

1707 Vgl. zu dieser Fragestellung und einigen der hierzu vertretenen Ansätzen *Thürer*, AVR 38 (2000), 1 (4 ff.).

1708 Siehe hierzu bereits oben B.XI, S. 103, insbes. die in Fn. 853 zitierten Darstellungen.

1709 Vgl. zum Gegensatz der auf den Wortlaut und der auf den "Geist" der Satzung abstellenden Argumentationen *Thürer*, AVR 38 (2000), 1 (5). - In Übereinstimmung mit der hergebrachten h.M. wurde auch in der Debatte um die Rechtmäßigkeit des Kosovo-Krieges von der ganz überwiegenden Ansicht davon ausgegangen, daß das Verhalten der NATO mit Wortlaut und Systematik der SVN nicht in Einklang zu bringen war (vgl. z.B. *Bothe/Martenczuk*, VN 47 (1999), 125 (129 ff.); *Tomuschat*, Friedenswarte 74 (1999), 33 (33)). Diesem Ansatz entsprechend hielt ein Teil der Literatur den NATO-Einsatz für völkerrechtswidrig (z.B. *Simma*, EJIL 10 (1999), 1 ff.; *Zuck*, ZRP 1999, 225 (226); *Deiserroth*, NJW 1999, 3084 (3088); *Henkin*, AJIL 93 (1999), 824 ff.). Demgegenüber gelangten andere auf verschiedenen Argumentationswegen - neben der mit dem "Geist" angesprochenen weiten Auslegung der SVN wurde insbes. die Entstehung einer neuen völkergewohnheitsrechtlichen Ausnahmeregel postuliert - zur Annahme einer völkerrechtlichen Rechtfertigung (so z.B. *Delbrück*, Friedenswarte 74 (1999), 139 (153); *Wilms*, ZRP 1999, 227 ff.; *Herdegen*, Völkerrecht, § 34, Rdnr. 25 ff.; *Doehring*, Völkerrecht, Rdnr. 1008 ff.).

verbotes sind zu bestimmt und klar formuliert, um aus den u.a. in der Präambel durchaus angesprochenen Werten (insbesondere Grundrechte, Würde und Wert der menschlichen Person) zu von den einschlägigen Vorschriften der Art. 2 Ziff. 4, 39 ff. SVN[1710] abweichenden Ergebnissen zu gelangen.[1711] Dies ist nur im Rahmen eines über das positive Recht hinausgehenden Ansatzes möglich, der anhand von Wertungen, die aus Konzeption von "Gemeinschaft" beziehungsweise "Neuer Weltordnung" stammen, das Recht der Satzung korrigiert. Die Zulassung von humanitären Interventionen bedeutet also im Ergebnis eine Änderung der Satzung der Vereinten Nationen,[1712] die – jedenfalls im Rahmen der allgemein anerkannten rechtlichen Möglichkeiten - nicht nachgewiesen werden kann.[1713]

Die soeben angesprochenen Ansätze zur Rechtfertigung satzungswidriger humanitärer Interventionen sind im übrigen nicht nur methodisch problematisch.[1714] Sie eröffnen auch ein erhebliches Mißbrauchspotential,[1715] das einige Autoren durch die Aufstellung von Kriterienkatalogen einschränken wollen.[1716] Diese Kataloge enthalten unterschiedliche, zum Teil unbestimmte[1717] und zudem mit den Normen des

1710 Zur korrespondierenden verfassungsrechtlichen Frage eines Verstoßes gegen Art. 26 Abs. 1 Satz 1 GG vgl. *Fink*, in: Starck (Hrsg.), Bonner Grundgesetz, Art. 26, Rdnr. 26; *Hernekamp*, in: von Münch/Kunig (Hrsg.), Grundgesetz-Kommentar (5. Aufl.), Art. 26, Rdnr. 13 m.w.N.

1711 Ebenso z.B. *Paulus*, Die internationale Gemeinschaft im Völkerrecht, 323 f.

1712 Vgl. zutreffend *Randelzhofer*, FS Lerche, 51 (57).

1713 Das Verfahren nach Art. 108 SVN wurde nicht durchgeführt. Zwar kann die Satzung auch außerhalb dieses formellen Verfahrens durch formlosen Konsens oder neu entstehendes Völkergewohnheitsrecht geändert werden (*Verdross/Simma*, Universelles Völkerrecht, § 275). Angesichts des Widerspruchs u.a. Rußlands und Chinas kann jedoch von einer Satzungsänderung auf diesem Wege nicht ausgegangen werden (vgl. z.B. *Bothe/Martenczuk*, VN 47 (1999), 125 (130 f.); *Fink*, JZ 1999, 1016 (1021) - hinsichtlich einer gewohnheitsrechtlichen Änderung würde sich zudem die Frage stellen, ob eine einmalig praktizierte Übung ausreicht).

1714 Die methodische Fragwürdigkeit betrifft dabei nicht nur die generelle Herangehensweise, sondern auch Detailfragen. Geht man etwa von der verbreiteten Ansicht aus, daß das Gewaltverbot nach Art. 2 Ziff. 4 SVN ius cogens darstellt (so z.B. *Verdross/Simma*, Universelles Völkerrecht, § 96), so setzt die Rechtfertigung einer humanitären Intervention eine Abwägung dieses Prinzips mit anderen - im Gegensatz zum in der Satzung der Vereinten Nationen klar umrissenen Gewaltverbot vergleichsweise unbestimmten - Fundamentalnormen (etwa mit den von *Thürer*, AVR 38 (2000), 1 (6) erwähnten ebenfalls als "zwingend" bezeichneten Regeln, die Genozid, Verbrechen gegen die Menschlichkeit sowie schwere Verletzungen des humanitären Völkerrechts verbieten) voraus. Die Abgrenzung mehrerer "höchster" oder "zwingender" Normen ist freilich nicht nur konstruktiv schwer zu erfassen, sondern kann letztlich nur anhand von Kriterien erfolgen, die nicht dem induktiv feststellbaren Völkerrecht entstammen (folgerichtig schlägt daher etwa *Kadelbach*, Zwingendes Völkerrecht, 205, für diese Situation den Rückgriff auf "metarechtliche Erwägungen" vor). Kommt man aufgrund dieser Abwägung zu dem Ergebnis, daß der Schutz der Menschenrechte "zwingender" ist als die Unterbindung zwischenstaatlicher Gewalt, müßte man im übrigen konsequenterweise auch die Frage einer Interventionspflicht erörtern.

1715 Vgl. zu der Gefahr, daß insbesondere Großmächte die Argumentationsfigur einsetzen, um unter dem Vorwand des Schutzes von Menschenrechten eigene nationale Interessen zu verfolgen *Thürer*, AVR 38 (2000), 1 (9); *Seidel*, AVR 38 (2000), 23 (41); *Randelzhofer*, FS Lerche, 51 (57).

1716 Z.B. *Thürer*, AVR 38 (2000), 1 (7 f.); *Ermacora*, FS von der Heydte, 147 (169 f.).

1717 Dies gilt etwa für die von *Thürer*, AVR 38 (2000), 1 (8), aufgestellte Bedingung, "dass nur Fundamentalwerte der internationalen Gemeinschaft einen bewaffneten Eingriff rechtfertigen." Die zur Konkretisierung dieser angesichts des noch immer nicht sehr tiefen internationalen Wertepositiven Völkerrechts kaum vereinbare Bedingungen[1718] für Gewaltanwendungen außerhalb der Erlaubnistatbestände der Satzung der Vereinten Nationen.

Abschließend soll noch auf die im hiesigen Zusammenhang besonders interessierende Frage eingegangen werden, inwiefern der Kosovo-Krieg tatsächlich als Ausdruck gemeinschaftlichen Handelns angesehen werden kann. Wie bereits angeführt, wurden tatsächlich materielle Elemente von Gemeinschaft zur (wenigstens moralischen) Legitimation des Vorgehens herangezogen. Darüber hinaus kann nicht ernsthaft bezweifelt werden, daß die damit angesprochenen Ziele auch tatsächlich verfolgt wurden. Ob die NATO-Aktion langfristig zu einer Sicherung der Menschenrechte auf dem Balkan oder zumindest im Kosovo beigetragen hat, kann bisher allerdings nicht abschließend beurteilt werden. Auf der anderen Seite gibt es jedoch einige Aspekte, die das Gewicht des Kosovokrieges als Indiz eines Vergemeinschaftlichungsschubes relativieren.

Betrachtet man die Ereignisse auf dem Amselfeld im Jahr 1999 nicht isoliert, sondern als Teilaspekt des Balkankonfliktes der 90er Jahre, kann von einem gemeinsamen oder gemeinschaftlichen Vorgehen der Staatengemeinschaft oder auch nur der NATO-Staaten in Jugoslawien seit 1992 kaum gesprochen werden.[1719] Vielmehr war ein herkömmliches, teilweise an Verbundenheiten aus dem 19. Jahrhundert anknüpfendes Taktieren wichtiger Akteure zu beobachten, das durchaus auch an eigenen Interessen ausgerichtet war. So symphatisierten die Westmächte des Ersten Weltkrieges, insbesondere Frankreich, lange Zeit mit ihrem ehemaligen Bündnispartner Serbien, das gleichzeitig von seiner traditionellen Schutzmacht Rußland unterstützt wurde. Deutschland hingegen unterstützte Kroatien und Bosnien. Diese Konstellation wiederum wurde von der niederländischen Regierung genutzt, um sich für die als Zurücksetzung empfundene Behandlung bei der deutschen Wiedervereinigung zu revanchieren.[1720]

Weiterhin handelte es sich nicht um eine Aktion einer universellen Staatengemeinschaft. Insbesondere im Verhältnis zu Rußland hat die Maßnahme zu einer erheblichen Verschlechterung der Beziehungen geführt.[1721]

---

konsenses, der im Fall des Kosovo ohnehin nur nach Abzug u.a. Chinas und Rußlands darstellbar war, sehr offenen Formel genannten Beispiele ("etwa") sind ebenfalls bisher nicht klar umrissen. Dies gilt insbesondere für den Begriff der "Verbrechen gegen die Menschlichkeit".

1718 Besonders offensichtlich wird die Loslösung vom positiven Völkerrecht anhand der von *Thürer*, AVR 38 (2000), 1 (8), aufgestellten Bedingung, wonach "[d]ie Massnahme ... von einem 'legitimen' Organ beschlossen werden [muß]". Denn durch die Satzung der Vereinten Nationen wurde gerade der Sicherheitsrat als dieses Organ eingesetzt. Die von Thürer gesetzten Anführungszeichen sind daher berechtigt.

1719 Vgl. zur "Enthaltsamkeit" des Sicherheitsrates im Zusammenhang mit den Vorgängen in Bosnien-Herzegowina *Tomuschat*, AVR 33 (1995), 1 (19).

1720 Vgl. zum Nachwirken alter Allianzbindungen und Gegensätze sowie auch zur Furcht etwa Spaniens und Großbritanniens, ein Auseinanderfallen Jugoslawiens könnte die separatistischen Bewegungen im eigenen Land beflügeln, *Reißmüller*, Tragödie, 33 ff.

1721 Nach *Seidl-Hohenveldern/Stein*, Völkerrecht, Rdnr. 146o haben die Ereignisse die Beziehungen in die Nähe eines "Wiederauflebens des Kalten Krieges" geführt.

Erhebliche Zweifel an der Konformität mit dem selbstgesetzten Anspruch sind im Hinblick auf die Art und Weise der Kriegsführung angebracht. Es dürfte mittlerweile erwiesen sein, daß bei der Wahl der Mittel auf das zur Legitimation der Aktion herangezogene Ziel des Schutzes von Menschenleben nur bedingt Rücksicht genommen wurde. Insofern war im Hinblick auf die Geeignetheit zur Zielerreichung schon die Beschränkung auf eine ausschließlich Luftkriegsführung an sich bedenklich.[1722] Hinzu kommt, daß die eingesetzten Waffensysteme, ähnlich wie bereits im Zweiten Golfkrieg, nicht so präzise und schonend wirkten, wie behauptet. Die Art und Weise der Kriegsführung hat sich vor allem in der Propaganda humanisiert: Die "surgical strikes" haben sowohl im Irak als auch im Kosovo-Krieg vielfach nicht funktioniert, sondern den Begriff des Kollateralschadens[1723] allgemein bekannt gemacht.[1724] Und gerade hinsichtlich des Kosovo-Krieges deutet vieles darauf hin, daß nicht die Schläge gegen die jugoslawische Armee gewirkt haben, sondern das seit dem Zweiten Weltkrieg übliche Bombardement ("auch") ziviler Ziele[1725], das euphemistisch als "strategic targeting" bezeichnet wird.[1726] Insbesondere im Hinblick auf die angegriffenen Ziele, aber auch hinsichtlich der eingesetzten Mittel und Methoden[1727] ergeben sich sogar Zweifel[1728] an der Einhaltung des humanitären

---

1722 Bedenken in diese Richtung finden sich etwa bei *Tomuschat*, Friedenswarte 74 (1999), 19 (36 f.); *Zuck*, ZRP 1999, 225 (225).

1723 Sehr kritisch, aber vorsatzdogmatisch kaum zu widerlegen, spricht *Merkel*, KJ 1999, 526 (529 f.), wegen der bewußten Inkaufnahme von Toten unter der Zivilbevölkerung von "vorsätzlichen Kollateral-Tötungen". Zum Dilemma der Opferung Unschuldiger vgl. auch *Zuck*, ZRP 1999, 225 (225).

1724 Auch da, wo Ziele genau getroffen wurden, war vielfach die Zivilbevölkerung besonders betroffen, weil die Versorgung mit Nahrungsmitteln, insbesondere mit Wasser, und mit Elektrizität unterbrochen wurde (vgl. hierzu im Hinblick auf den Zweiten Golfkrieg *Hubel*, Der zweite Golfkrieg in der internationalen Politik, 70). Auch im Kosovokonflikt wurden gezielt Einrichtungen angegriffen, die in erster Linie der Versorgung der Zivilbevölkerung dienen, insbes. Kraftwerke (hierzu kritisch *Tomuschat*, Friedenswarte 74 (1999), 19 (36 f.)).

1725 Es geht hierbei insbesondere um sog. "dual use"-Angriffsziele, die als Bestandteil der Infrastruktur zwar auch einen militärischen Wert haben, die aber in erster Linie der Versorgung der Zivilbevölkerung dienen, wie z.B. Kraftwerke (vgl. *Tomuschat*, oben Fn. 1724). Insofern liegt ein wichtiger Unterschied zur Luftkriegsstrategie im Zweiten Weltkrieg vor, in dem letztlich auch die Zivilbevölkerung als solche unmittelbares Angriffsziel war.

1726 Vgl. *Barry/Thomas*, Newsweek vom 15.5.2000, 23 ff. In der Wirkungsanalyse der NATO-Aktionen im Kosovo ähnlich *Thürer*, AVR 38 (2000), 1 (10 ff.). Auch in der Führung der NATO ging man davon aus, daß die Ausschaltung der Kraftwerke derjenige Schlag gewesen sei, der *Milosevich* schließlich zum Einlenken bewog (*Gillessen*, FAZ vom 27.9.1999 (Nr. 234), 16).

1727 Problematisiert wird insofern insbesondere der Einsatz von sog. Streubomben (vgl. *Thürer*, AVR 38 (2000), 1 (18 f.)), der vom Internationalen Komitee vom Roten Kreuz gerügt worden war (*Gillessen*, FAZ vom 27.9.1999 (Nr. 234), 16), weil die nicht explodierten Sprengkörper im Ergebnis wie Antipersonenminen wirkten (vgl. bereits oben Fn.1686). Darüber hinaus wird - ähnlich wie bereits im Falle des Zweiten Golfkrieges - die Frage einer verbotenen Umweltkriegsführung erörtert (hierzu sehr polemisch *Krusewitz*, in: Albrecht/Schäfer (Hrsg.), Der Kosovo-Krieg, 142 ff.).

1728 Zweifel an der Einhaltung der Bestimmungen des humanitären Völkerrechts im Kosovo-Krieg hat namentlich *Thürer*, AVR 38 (2000), 1 (10 ff.), geäußert. Auch *Tomuschat*, Friedenswarte 74 (1999), 19 (36 f.), hat im Zusammenhang mit den angegriffenen Zielen, insbesondere der Kraftwerke, deren Ausfall sich u.a. auch auf die Funktionstüchtigkeit von Krankenhäusern auswirkte, Bedenken hinsichtlich der Konformität mit dem geltenden Recht des Luftkrieges ange-

Völkerrechts[1729], das nach zutreffender Ansicht anwendbar war[1730] und dessen einschlägige Regelungen sich vor allem im I. Zusatzprotokoll von 1977 zu den Genfer Konventionen[1731] finden. Bereits während der Durchführung der Luftangriffe wurde zurecht eine "gewisse Großzügigkeit" der NATO bei der Auswahl der Ziele festgestellt.[1732] Die NATO hat dreimal den politischen Maßstab für die Luftoperationen und in der Folge auch die Zielrichtung ihrer Angriffe ausgedehnt. Während zunächst unmittelbar die serbischen Streitkräfte angegriffen wurden, ging man in einer zweiten Phase auf die Bekämpfung von Objekten über, die Unterstützung militärischer Operationen dienten. Nachdem auch dies nichts zu fruchten schien, griff die NATO schließlich Ziele an, deren Ausschaltung die serbische Bevölkerung gegen *Milosevich* aufbringen sollte.[1733] Insbesondere hinsichtlich der im Rahmen dieser dritten Stufe angegriffenen Einrichtungen der allgemeinen Infrastruktur, die nur sehr mittelbar eine militärische Relevanz haben und ganz über-

meldet. Das IKRK hat während des Konfliktes auch bei der NATO demarchiert (vgl. *Gillessen*, FAZ vom 27.9.1999 (Nr. 234), 16). Schließlich hat der IGH in seinen (ablehnenden) Entscheidungen über den Erlaß der von Jugoslawien beantragten vorsorglichen Maßnahmen - wenn auch in einem obiter dictum, das auf Konkretisierungen verzichtet - ausdrücklich darauf hingewiesen, daß die Staaten trotz der fehlenden Zuständigkeit des Gerichts für Handlungen verantwortlich seien, wenn diese Verstöße gegen das internationale Recht, einschließlich des humanitären Rechts, darstellten (z.B. IGH, Beschluß vom 2.6.1999 im *Case concerning Legality of Use of Force (Yugoslavia v. Germany)*, ILM 38, 1075 (1083)), was durchaus als Zweifel des Gerichts an der Einhaltung des ius in bello durch die NATO-Staaten gedeutet werden kann. In der Literatur wird die Frage der Rechtmäßigkeit des "wie" der Intervention im übrigen auffällig selten, dafür aber stets im Sinne der auch hier geäußerten Zweifel, erörtert. Insbesondere setzen sich zahlreiche Befürworter einer humanitären Intervention im Kosovo mit der Frage ihrer realen Ausführung überhaupt nicht auseinander.

1729 Insofern dürfte mittlerweile unstreitig sein, daß es in Einzelfällen Verstöße gegeben hat. So hat die NATO nach eigenem Eingeständnis das in Art. 57 Abs. 2 des I. Zusatzprotokolls niedergelegte Vorsichtsgebot verletzt, als sie am 12.4.1999 eine Brücke trotz eines sich nähernden Zuges bombardierte (vgl. *Thürer*, AVR 38 (2000), 1 (18)). Bei weiteren Zwischenfällen, wie etwa der Beschießung eines Lastwagenkonvois mit Vertriebenen am 14.4.1999, müßte jeweils geklärt werden, ob ein unvermeidbarer Irrtum oder eine mangelhafte Zielaufklärung vorlag (vgl. *Thürer*, AVR 38 (2000), 1 (18), der hinsichtlich des Angriffs auf die Flüchtlingskolonne der Annahme eines weiteren Verstoßes gegen das Vorsichtsgebot zuneigt). Die darüber hinausgehende Frage, ob auch eine systematische und bewußte Verletzung luftkriegsrechtliche Regeln vorlag, kann an dieser Stelle nicht abschließend erörtert werden. Zum einen sind nicht alle relevanten Informationen bekannt, zum anderen ist das Recht des Luftkrieges gerade in den hier betroffenen Grauzonen nicht klar bestimmt (vgl. zu dieser Problematik *Thürer*, AVR 38 (2000), 1 (20)). In jedem Falle aber kann festgehalten werden, daß die ergriffenen Maßnahmen in den Grenzbereich des Zulässigen hineinreichten, was angesichts des verfolgten Zieles im Hinblick auf ihre moralische Rechtfertigung schon bedenklich genug erscheint.

1730 Vgl. *Thürer*, AVR 38 (2000), 1 (10 ff.). Im übrigen sollte unabhängig von rechtlichen Überlegungen an sich selbstverständlich sein, daß in einem gerechten Krieg zumindest der im geltenden positiven ius in bello verankerte humanitäre Mindeststandard gilt.

1731 Zusatzprotokoll zu den Genfer Konventionen vom 12.8.1949 über den Schutz der Opfer internationaler bewaffneter Konflikte (Protokoll I), BGBl. 1990 II, 1551 ff. Die darin enthaltenen Regelungen stellen jedenfalls ihren Grundzügen nach auch Völkergewohnheitsrecht dar, so daß sie für alle beteiligten Staaten verbindlich waren, vgl. *Tomuschat*, Friedenswarte 74 (1999), 19 (36); *Thürer*, AVR 38 (2000), 1 (15).

1732 So *Tomuschat*, Friedenswarte 74 (1999), 19 (36 f.).

1733 Vgl. *Gillessen*, FAZ vom 27.9.1999 (Nr. 234), 16, der - durchaus treffend - von einem "Übergang zum Zermürbungskrieg" spricht.

wiegend der Versorgung der Zivilbevölkerung dienen, stellt sich sehr deutlich die Frage eines Verstoßes gegen Art. 51 f. des I. Zusatzprotokolls.[1734]

Schließlich ist fraglich, ob es im Kosovo tatsächlich ausschließlich um die Wahrung von Werten der Staatengemeinschaft ging und vor allem, ob die Prognose gerechtfertigt ist, daß auch in Zukunft die führenden Staaten der (westlichen) Welt die anläßlich ihres Eingreifens aufgestellten Prinzipien verwirklichen werden. Skeptisch hat sich in diesem Zusammenhang beispielsweise *Henry A. Kissinger*[1735] zu Wort gemeldet. Er weist auf die Diskrepanz des Verhaltens der handelnden Staatsmänner hin, die sich im Falle des Kosovo auf universale humanitäre Prinzipien beriefen[1736], aber nur wenig später in Tschetschenien aus Angst vor russischer (Militär-)Macht[1737] vor der Anwendung dieser Prinzipien zurückschreckten und stellt fest: "The foreign policy of the self-proclaimed moralists had returned full circle (and with a touch of hypocrisy)[1738] to the famous maxim that foreign policy is the art of the possible and the science of the relative."

(2) *Das internationale Umweltrecht*

(a) Übersicht

Selbst von zurückhaltenden Autoren wird der Bereich des Umweltschutzes als derjenige angesehen, in dem das "Konzept der Gemeinschaft" am ehesten wirksam

---

1734 Die Kernfrage, ob es sich um militärische Ziele im Sinne von Art. 52 des I. Zusatzprotokolls handelt, stellt sich außer bei den bereits erwähnten Kraftwerken auch bei anderen Versorgungseinrichtungen. So wurde im April 1999 in Novi Sad eine Donaubrücke zerstört, die auch die Trinkwasserrohre zur Versorgung des Südteils der Stadt trug. Durch diesen Angriff, der weitab vom Operationsgebiet stattfand und sich auf ein Ziel bezog, für das keine auch nur indirekte militärische Verwendung erkennbar war, wurde die Wasserversorgung von etwa 90.000 Menschen sowie von zentralen medizinischen Versorgungseinrichtungen erheblich beeinträchtigt. Vgl. zu diesem Fall *Thürer*, AVR 38 (2000), 1 (17), der zur Annahme eines Verstoßes gegen Art. 52 des I. Zusatzprotokolls neigt und weiterhin eine Verletzung des in Art. 51 Abs. 5 lit. b) des I. Zusatzprotokolls niedergelegten Verhältnismäßigkeitsgrundsatzes erörtert.

1735 *Kissinger*, Newsweek vom 1.5.2000, 45 (51).

1736 Vgl. etwa die bei *Thürer*, ZaöRV 60 (2000), 557 (579) wiedergegebenen Äußerungen des NATO-Generalsekretärs *Solana* und des Oberbefehlshabers *Clark*.

1737 Es gibt weitere Fälle, in denen die "Kosovo-Prinzipien" mit noch schlechterer Begründung nicht zur Anwendung kommen. Dies gilt insbes. für die zahlreichen Konflikte in Afrika, in die "die Staatengemeinschaft" oder auch einzelne ihrer stärkeren Mitglieder durchaus eingreifen könnten, ohne dadurch ihre eigene Existenz zu gefährden. Sie tun es aber nicht. Insofern liegt die Vermutung nahe, daß dies aus Gleichgültigkeit geschieht. Oder, anders formuliert, weil die einzelnen Staaten dort ihre Interessen nicht gefährdet sehen. - Vgl. hierzu sehr kritisch auch *Zuck*, ZRP 1999, 225 (226), der auch auf eine Fernsehansprache von Präsident *Clinton* hinweist, in der dieser die Berührtheit amerikanischer Interessen durch die seinerzeitige Situation im Kosovo erläuterte.

1738 Allg. zur Selektivität, mit der die Postulate der Neuen Weltordnung wie z.B. die Achtung der Menschenrechte, Demokratie und rule of law angewandt werden *Weil*, RdC 237 (1992 VI), 25 (32).

sei.[1739] Die internationalen Beziehungen auf dem Gebiet des Umweltschutzes und das Umweltvölkerrecht[1740] sind mittlerweile sehr umfassend.[1741] Im Rahmen dieser Untersuchung können nur die prägenden Grundzüge dieses Rechtsgebiets und einige ausgewählte Einzelaspekte analysiert werden.

Die Regelungen zum Schutz der Umwelt, die als Querschnittsmaterie eng mit Fragen der wirtschaftlichen Nutzung verbunden sind[1742], haben zwei Wurzeln. Diese finden sich zum einen im Nachbarrecht, das dem "Ausgleich (nachbar-)staatlicher Souveränität und Gebietshoheit" dient, und zum anderen in den Artenschutzvereinbarungen und Übernutzungssperren.[1743] Das eigentliche Umweltvölkerrecht, das bis heute kein in sich abgestimmtes Normensystem darstellt,[1744] wird ergänzt durch umfangreiches sogenanntes soft law.[1745]

Recht zum Schutz der Umwelt läßt sich dann als Gemeinschaftsrecht verstehen, wenn es dem Schutz der gemeinsamen Umwelt im Interesse der Gesamtheit der Staaten zu dienen bestimmt ist.[1746] Soweit Staaten lediglich eigennützige Interessen verfolgen - und sei es auch im Zweckbündnis mit anderen -, sich etwa die wirtschaftliche Nutzung von Ressourcen oder auch ihre eigene Existenz sichern wollen, ihnen dabei aber das Schicksal der anderen gleichgültig ist, kann von Gemeinschaftsrecht keine Rede sein.[1747]

(b) Analyse ausgewählter Regelungen

(aa) Regelungen in der nachbarrechtlichen Tradition

Soweit das Umweltvölkerrecht sich nachbarrechtlich geprägter Instrumente bedient, liegt schon in diesem Ansatz ein Grund für die gesellschaftliche Charakterisierung

---

1739 Z.B. *Henkin*, RdC 216 (1989 IV), 19 (347 f.), der freilich sehr skeptisch formuliert ("only one subject still on the distant horizon perhaps warrants bold speculation") sowie die im Hinblick auf das Thema Umweltschutz optimistischere Besprechung durch *Streinz* in AVR 34 (1996), 318 f.

1740 Dazu allg. *Birnie/Boyle*, International Law and the Environment (1993); *Kiss*, Droit international de l'environnement (1989); *Kolbassow*, Umweltschutz (1985); *Kilian*, Umweltschutz, in: Wolfrum (Hrsg.), Handbuch der Vereinten Nationen, 868 ff.; *Graf Vitzthum*, in: Graf Vitzthum (Hrsg.), Völkerrecht (2. Aufl.), 5. Abschnitt, Rdnr. 89 ff.; *Ipsen*, Völkerrecht, vor § 57, Rdnr. 1 ff.

1741 Vgl. *Graf Vitzthum*, in: Graf Vitzthum (Hrsg.), Völkerrecht (2. Aufl.), 5. Abschnitt, Rdnr. 89.

1742 Vgl. *Graf Vitzthum*, in: Graf Vitzthum (Hrsg.), Völkerrecht (2. Aufl.), 5. Abschnitt, Rdnr. 97.

1743 *Graf Vitzthum*, in: Graf Vitzthum (Hrsg.), Völkerrecht (2. Aufl.), 5. Abschnitt, Rdnr. 89.

1744 Vgl. *Graf Vitzthum*, in: Graf Vitzthum (Hrsg.), Völkerrecht (2. Aufl.), 5. Abschnitt, Rdnr. 101.

1745 Vgl. dazu *Kiss*, Droit international de l'environnement, 61 ff.; *Kolbassow*, Umweltschutz, 207 ff.

1746 Nicht erforderlich ist hingegen ein ökozentrischer Ansatz, d.h. der Schutz der Umwelt um ihrer selbst willen, für den es bisher ohnehin "noch keinen brauchbaren Ansatz" gibt. Vgl. zur Ökozentrik *Graf Vitzthum*, in: Graf Vitzthum (Hrsg.), Völkerrecht (2. Aufl.), 5. Abschnitt, Rdnr. 95; zu einzelnen derartigen Ansätzen *Odendahl*, Die Umweltpflichtigkeit der Souveränität, 343 ff.

1747 Anders wäre es, wenn die Staaten statt ihrer Interessen "als einzelner Rechtssubjekte" ihre Interessen "als einer Gemeinschaft" verfolgen würden. Bezugspunkt der Interessendefinition müßte also die Gemeinschaft als Ganzes sein. Vgl. *Andrassy*, FS Verdross (1971), 31 (31).

der so geregelten Beziehungen. Denn das Nachbarrecht[1748], das nach wie vor die grundlegende Struktur des Umweltvölkerrechts prägt,[1749] dient nicht der Wahrung von Gemeinschaftswerten (im hier besprochenen Bereich also ökologischen Zielen), sondern der "Zuordnung und Sicherung territorialer Souveränität und nationaler Prosperität."[1750] Es geht also um die typisch gesellschaftliche Abgrenzung der Tätigkeits- und Einflußbereiche mit dem Ziel, den eigenen Nutzen zu maximieren.

(bb) Die "Commonage"

Völlig entgegengesetzt scheint jedenfalls auf den ersten Blick die Tendenz jener Regelungen und Ansätze zu sein, die bestimmte Naturgüter als Gemeingut auffassen. Derartige Konzeptionen, die unter den Schlagwörtern "Commonage", "international property rights" an "global commons" und "common heritage of mankind" firmieren,[1751] bemühen explizit den Gedanken einer Weltgemeinschaft und sind daher besonders geeignet, um zu prüfen, wie weit diese entwickelt und normativ verankert ist. Dabei kann es nach den oben unter C.IV.[1752] gemachten Grundlegungen nur darum gehen, ob und inwieweit dieses letztlich auf naturrechtliches Gedankengut zurückzuführende Konzept[1753] tatsächlich in der völkerrechtlichen Realität wirksam ist.

Der Gehalt des Konzepts wurde von den Staaten bisher - bewußt - nicht abschließend umrissen, so daß die in der Literatur gegebenen Definitionen in Randbereichen voneinander abweichen. Mit *Graf Vitzthum* soll hier darunter verstanden werden das Konzept, wonach "bestimmte, für die ganze Welt bedeutsame Vorkommen als gemeinsames, einzelstaatlicher oder gar privater Verfügung entzogenes Erbe der Menschheit angesehen werden. Lediglich die Gesamtheit soll darüber verfügen können, vorzugsweise in gemeinsamer Verwaltung."[1754] Kurz kann man Gehalt und Funktion des Konzepts mit der Formel "Gemeinnützigkeitsvorbehalt" umschrieben.[1755]

1748 Ausführlich zum Nachbarrecht als Schranke territorialer Souveränität *Odendahl*, Die Umweltpflichtigkeit der Souveränität, 110 ff.

1749 Vgl. *Graf Vitzthum,* in: Graf Vitzthum (Hrsg.), Völkerrecht (2. Aufl.), 5. Abschnitt, Rdnr. 98, der das Nachbarrecht als Prokrustesbett des internationalen Umweltschutzes bezeichnet. In praktischer Hinsicht sind dabei v.a. vertragsrechtliche Regelungen relevant, während sich die Bedeutung des allgemeinen, gewohnheitsrechtlichen Schädigungsverbots wegen der Schwierigkeiten bei seiner Konkretisierung im Einzelfall im wesentlichen auf eine Verhütung von Extremfällen einer Beeinträchtigung des Nachbarn sowie auf Verfahrensaspekte beschränkt, vgl. *Durner*, Common Goods, 55 f.

1750 *Graf Vitzthum*, in: Graf Vitzthum (Hrsg.), Völkerrecht (2. Aufl.), 5. Abschnitt, Rdnr. 98.

1751 Gemeinsamkeiten und Unterschiede dieser Konzepte untersucht *Durner*, Common Goods (2000).

1752 S. 139.

1753 Vgl. *Egido*, Natural Law, EPIL Bd. III, 515 (518).

1754 *Graf Vitzthum*, EA 1978/1, 455 (463).

1755 *Kewenig*, EA 1981/1, 1 (2).

Das Konzept des Menschheitserbes, insbesondere die Tendenz, es auf immer mehr Räume und Sachgebiete anzuwenden, wird als Indiz "für sich abzeichnende Veränderungen an der Basis des Völkerrechts" gesehen[1756]: "Im 'klassischen' Völkerrecht galt alles als erlaubt, was nicht verboten war; das hergebrachte Völkerrecht stellte sich also als Rechtsordnung des Nebeneinanders mit erheblichen Freiräumen dar. Dagegen deutet der im Konzept vom Menschheitserbe steckende Gemeinnützigkeitsgedanke eine Veränderung an - im Sinne einer dem allgemeinen Völkerrecht zu entnehmenden Pflicht zur Rücksichtnahme des einen gegenüber dem anderen Rechtsgenossen, des einen gegenüber dem anderen Staat[1757] in der internationalen Rechtsgemeinschaft."[1758] Letztlich steht hinter der Konzeption die typisch gemeinschaftliche Annahme eines oberen Eigentums der Gesamtheit an bestimmten Gütern[1759], die dem einzelnen nur anvertraut und im Interesse aller zu nutzen sind.

Das Konzept der commonage geht über den hier als Anknüpfungspunkt gewählten Bereich des Umweltschutzes hinaus. Neben dem ökologischen Bestandteil umfaßt es vier weitere Elemente, nämlich ein gebietsrechtliches, ein nutzungsrechtliches, ein sicherheitspolitisches und ein wissenschaftspolitisches.[1760] Auch im Hinblick auf die Anwendungsgegenstände geht das Konzept über den Schutz von Naturräumen hinaus. Das ursprünglich im Hinblick auf das Regime des Meeresbodens entwickelte Konzept[1761] wurde mittlerweile auch im Rahmen des Weltraum-Regimes und, allerdings in geringerer Intensität, bei der Ausgestaltung des rechtlichen Rahmens für das Verhalten auf dem antarktischen Kontinent herangezogen[1762]. Während man im Falle des Weltraumrechts schon einen sehr weiten Umweltbegriff bemühen müßte, haben weitere Gebiete, für die die Anwendung des Common-Heritage-Gedankens gefordert wird, damit nichts mehr zu tun. Es handelt sich hierbei einerseits um den Schutz von Kulturgütern,[1763] zum anderen um die Verteilung wirtschaftlicher Ressourcen außerhalb des Meeresbodens (Technologietransfer, Zugang zu an Land produzierten Rohstoffen, Gene[1764]).

1756 *Kewenig*, EA 1981/1, 1 (4); vgl. auch *Durner*, Common Goods, 181.

1757 *Kewenig* bezieht seine These damit auf die Staaten als herkömmliche Subjekte des Völkerrechts. Nimmt man freilich den hier behandelten Ansatz beim Wort, bezieht er sich nicht auf eine Gemeinschaft von Staaten, sondern auf eine solche aller Menschen der Erde. Dennoch erscheint es sinnvoll, das Menschheitserbe-Konzept hier auf der Ebene der Staaten zu erörtern. Denn alle Rechtsinstrumente, die das Konzept aufgreifen, beseitigen nicht die Rolle der Staaten als Akteure und Inhaber von Rechten und Pflichten.

1758 *Kewenig*, EA 1981/1, 1 (4).

1759 Vgl. dazu oben C.II.1.b)cc), S. 128, sowie *Tönnies*, Gemeinschaft und Gesellschaft, 182.

1760 *Kewenig*, EA 1981/1, 1 (2); *Odendahl*, Die Umweltpflichtigkeit der Souveränität, 252.

1761 Vgl. *Odendahl*, Die Umweltpflichtigkeit der Souveränität, 252; *Durner*, Common Goods,182 ff.

1762 Vgl. mit einem Überblick über die insofern einschlägigen Regelungen *Wolfrum*, Common Heritage of Mankind, EPIL Bd. I, 692 (692 f.); *Durner*, Common Goods,194 ff.; *Odendahl*, Die Umweltpflichtigkeit der Souveränität, 254 f.

1763 Vgl. dazu *Durner*, Common Goods, 208 ff.

1764 Es wird gefordert, den Genvorrat der Welt zum Gemeingut zu erklären und von einer gemeinsamen Behörde zum Wohle aller Nationen verwalten zu lassen. Vgl. dazu Interview mit *Jeremy Rifkin*, FAZ vom 11.4.2000 (Nr. 86), 49.

In spezifisch umweltpolitischer Hinsicht geht es um die Frage, welchen Beschränkungen die Staaten im Hinblick auf die Verschmutzung der als gemeinsames Gut definierten Umwelt unterliegen. Dabei ist zwischen zwei Arten von Gebieten zu unterscheiden, nämlich den Nichtstaatsgebieten und den Staatsgebieten.

Im Hinblick auf Nichtstaatsgebiete ist der Gemeinschaftsgedanke seit jeher in der Ausgestaltung des völkerrechtlichen See-Regimes nachweisbar. Seit der Durchsetzung des Prinzips der Freiheit der Meere hatten die Staaten und das von ihnen erzeugte Völkerrecht die Hohe See als "commonage" akzeptiert.[1765] Dementsprechend wurde die Hohe See - bis zum Anfang des 20. Jahrhunderts der einzige zugängliche Raum, der nicht (mindestens potentielles) Staatsgebiet war - im klassischen Völkerrecht durchaus angemessen als "res communis omnium" bezeichnet.[1766] Freilich stand dabei nicht der Schutz, sondern der Nutzungsaspekt im Vordergrund.

In der Zeit nach dem Zweiten Weltkrieg ist jedoch ein System von Verträgen zum Schutz der Meeresumwelt entstanden, in dessen Zentrum heute die Bestimmungen des Seerechtsübereinkommens von 1982 stehen.[1767] Art. 193 SRÜ stellt nunmehr Schutz und Nutzung des Meeres gleichrangig nebeneinander.[1768] Heute sind die Nichtstaatsgebiete - insbesondere das Meer und seine Ressourcen - die vertragsrechtlich am stärksten geschützten,[1769] was als Indiz für eine Stärkung der Gemeinschaftselemente gedeutet werden könnte. Die Analyse der konkreten Be-

---

1765 Vgl. *Henkin*, RdC 216 (1989 IV), 19 (348). Zum Prinzip der Freiheit der Meere als Ausdruck der Interessen der Staaten als Gemeinschaft bspw. auch *Andrassy*, FS Verdross (1971), 31 (31).

1766 Vgl. *Verdross/Simma*, Universelles Völkerrecht, § 1091. *Graf Vitzthum*, in: Graf Vitzthum (Hrsg.), Völkerrecht (2. Aufl.), 5. Abschnitt, Rdnr. 59 verwendet den Begriff "Staatengemeinschaftsraum". - Später wurde das Commonage-Konzept - freilich in unterschiedlicher Intensität - auf den Weltraum und die Antarktis ausgedehnt, vgl. *Henkin*, RdC 216 (1989 IV), 19 (348); zu den spezifisch umweltschutzrechtlichen Aspekten *Graf Vitzthum*, in: Graf Vitzthum (Hrsg.), Völkerrecht (2. Aufl.), 5. Abschnitt, Rdnr. 121 ff. (Antarktis) und 137 ff. (Weltraum). Freilich, ob der Weltraum wirklich als Staatengemeinschaftsraum verstanden werden kann, ist noch offen. Zwar enthält der Weltraumvertrag vom 27.1.1967 in der Präambel und in Art. 1 Menschheitsklauseln. Außerdem muß nach Art. 1 jede Weltraumtätigkeit "zum Vorteil und im Interesse aller Länder" durchgeführt werden. In der Praxis aber - gerade auch in der Entstehungszeit (Wettlauf zum Mond!) - war der Weltraum ein Gebiet, in dem die Staaten(-blöcke) ihre Konkurrenz auslebten. Nunmehr deutet insbes. das gemeinsame Projekt einer internationalen Weltraumstation (ISS) auf eine wahrlich gemeinschaftlichen Nutzung des Kosmos. Allerdings bleibt andererseits eine wichtige Nutzung des Weltraumes die Stationierung von Spionagesatelliten, die den Zweck haben, im - potentiell militärischen - Konkurrenzkampf auf der Erde einen Vorteil zu erlangen. Außerdem ist es nicht unwahrscheinlich, daß in naher Zukunft die militärische Nutzung des Weltraumes signifikant intensiviert wird durch das geplante amerikanische Raketenabwehrsystem. Im Hinblick auf die Antarktis wird das Bild einer Commonage durch die noch immer bestehen Souveränitätsbehauptungen der sog. claimants getrübt. Vgl. zum Antarktischen System *Graf Vitzthum*, in: Graf Vitzthum (Hrsg.), Völkerrecht (2. Aufl.), 5. Abschnitt, Rdnr. 80 ff.

1767 Vgl. zum Schutz der Meeresumwelt Übersichten bei *Ipsen*, Völkerrecht, § 57, Rdnr. 19 ff.; *Graf Vitzthum*, in: Graf Vitzthum (Hrsg.), Völkerrecht (2. Aufl.), 5. Abschnitt, Rdnr. 124 ff.; *Verdross/Simma*, Universelles Völkerrecht, § 1077, §§ 1133 f.

1768 Vgl. *Graf Vitzthum*, in: Graf Vitzthum (Hrsg.), Völkerrecht (2. Aufl.), 5. Abschnitt, Rdnr. 124, 126.

1769 *Graf Vitzthum*, in: Graf Vitzthum (Hrsg.), Völkerrecht (2. Aufl.), 5. Abschnitt, Rdnr. 92.

stimmungen, insbesondere der in ihnen enthaltenen Einschränkungen ergibt jedoch, daß die "einzelstaatliche Nutzung und Ausbeutung [des Meeres] ..., nicht ... die gemeinsame Verantwortung für die Gemeingüter" im Vordergrund steht.[1770] Die "konkretisierenden" Vorschriften der Art. 194 ff. SRÜ sind "normativ ... von geringer Kraft".[1771] Das Übereinkommen hat im wesentlichen den Charakter einer Rahmenvereinbarung und enthält nur wenige konkrete Ge- und Verbote.[1772] Dies läßt den Schluß zu, daß das in Art. 192 f. SRÜ nicht aufgehobene Spannungsverhältnis zwischen Schutzgebot und souveränem Recht zur Ausbeutung nach dem Willen der Staaten letztlich zugunsten der (eigennützigen) Nutzung gelöst werden soll.

Noch schwieriger hat es der Gemeinschaftsgedanke in Bezug auf den Schutz von "global commons", die sich zumindest teilweise bzw. zeitweilig innerhalb des Gebietes der Staaten befinden (z.B. Erdatmosphäre, Ozonschicht)[1773]. Zwar wird mittlerweile allerorten das Bewußtsein geäußert, daß es alle Staaten betrifft, wenn ein Staat "seine" Umwelt zum Nachteil des Gemeinsamen Erbes der Menschheit belastet. Dieser Erkenntnis entsprechend wurden unter verschiedenen Schlagwörtern (equitable use, equitable utilization, rational utilization, harmonious utilization, equitable share, reasonable and equitable share) auch Konzeptionen entwickelt, die auf eine Verpflichtung der Staaten zur schonenden Nutzung gemeinsamer Ressourcen hinauslaufen.[1774]

Aus derartigen Ansätzen abgeleitete Beschränkungen der Autonomie des Territorialstaates im Umgang mit den in seinem Staatsgebiet belegenen Umweltgütern stehen jedoch in Widerspruch zum hergebrachten Völkerrecht und dem damit korrespondierenden, immer noch verbreiteten Denken. Wenn die Frage gestellt wird, was ein Land der zu seinem Staatsgebiet gehörigen Umwelt antun darf, so ist die hergebrachte Rechtsüberzeugung berührt, wonach ein Staat als Ausfluß seiner territorialen Souveränität innerhalb seines Hoheitsgebietes autonom über die Nutzung von Umweltgütern entscheiden darf.[1775] Eine (unbestimmte und nicht einmal hinsichtlich der anzulegenden Kriterien geklärte) Grenze für dieses freie Nutzungsrecht besteht nach allgemeinem Völkerrecht lediglich in dem Verbot, einen

---

1770 So das Fazit von *Graf Vitzthum*, in: Graf Vitzthum (Hrsg.), Völkerrecht (2. Aufl.), 5. Abschnitt, Rdnr. 127, der in Rdnr. 128 f. eine Übersicht über einzelne Bestimmungen des Seerechtsübereinkommens gibt. Die von ihm in diesem Zusammenhang angesprochenen Fragen der Ressourcennutzung und des Meeresbodenregimes werden noch näher behandelt.

1771 *Graf Vitzthum*, in: Graf Vitzthum (Hrsg.), Völkerrecht (2. Aufl.), 5. Abschnitt, Rdnr. 127.

1772 *Ipsen*, Völkerrecht, § 57, Rdnr. 38, der allerdings darauf hinweist, daß in der nachfolgenden Vertragspraxis auf regionaler Ebene durchaus substanzielle Schritte zur Ausfüllung des im Seerechtsübereinkommen enthaltenen Rahmens vorgenommen wurden, wenngleich viele Abkommen auch inhaltlich vage sind (vgl. *Ipsen*, a.a.O., Rdnr. 47).

1773 Vgl. zum völkerrechtlichen Schutz von Luft, Atmosphäre und Klima z.B. *Ipsen*, Völkerrecht, § 57, Rdnr. 48 ff.

1774 Vgl. *Graf Vitzthum*, in: Graf Vitzthum (Hrsg.), Völkerrecht (2. Aufl.), 5. Abschnitt, Rdnr. 159, der zutreffend darauf hinweist, daß diese Ansätze zumindest auch die Abgrenzung der jeweiligen Nutzungsmöglichkeiten im Blick haben.

1775 Vgl. z.B. *Henkin*, RdC 216 (1989 IV), 19 (348); *Durner*, Common Goods, 41. Ausführlich zum Umfang der territorialen Souveränität nach heutigem Völkerrecht *Odendahl*, Die Umweltpflichtigkeit der Souveränität, 25 ff.

anderen Staat in der Nutzung der in seinem Staatsgebiet gelegenen Umweltgüter erheblich bzw. wesentlich zu beeinträchtigen.[1776] Ein allgemeines Schädigungsverbot für die eigene Umwelt kennt auch das heutige Völkerrecht nicht.[1777] Das Prinzip der fairen und gerechten Aufteilung natürlicher Ressourcen ist - abgesehen vom Bereich der gemeinsamen Nutzung von Binnengewässern, in dem es schon lange gilt, sowie einzelner vertraglicher Ausprägungen - derzeit nicht als Norm des Völkergewohnheitsrechts anzuerkennen.[1778]

Im Ergebnis des bisherigen völkerrechtspolitischen Prozesses zeigt sich das Überleben alter Autonomie-Vorstellungen deutlich. Nicht zuletzt aus standortpolitischen Gründen tun sich die Staaten schwer damit, sich innerhalb ihres eigenen Gebietes Beschränkungen aufzuerlegen.[1779] Zwar gibt es vereinzelt durchaus Regelungen, die "Eigenschädigungen" untersagen.[1780] Generell aber ist im Hinblick auf den Schutz der sog. Gemeingüter (sowohl inner- als auch außerhalb staatlicher Hoheitsgebiete) zwar "eine rechtspolitische Tendenz erkennbar" diese Güter und Räume zu schützen. "Im Bereich des Gewohnheitsrechts und weitgehend selbst im Bereich des Vertragsrechts verharrt der Umweltschutz hinsichtlich jener Räume, Ressourcen und Rechtsgüter jedoch meist im Stadium genereller Formeln."[1781] Zudem besteht bei den Abkommen stets eine leichte Ausstiegsmöglichkeit. Dies gilt (ebenfalls) nicht nur für in Hoheitsgebieten belegene Güter, sondern auch für solche in sog. Staatengemeinschaftsräumen. Hier sei als Beispiel die Kündigungsklausel in Art. 317 SRÜ genannt, die wie das Seerechtsübereinkommen insgesamt beide Arten von Räumen betrifft und nach der sich jeder Vertragsstaat ohne Begründung innerhalb eines Jahres von den in diesem Vertrag begründeten Pflichten lösen kann.

Das zur Schau getragene Bewußtsein um die Gemeinschaftlichkeit dieser Güter ist also schon auf der normativen Ebene kaum verhaltensrelevant.[1782] Schon dies

---

1776 Zum nachbarrechtlichen Schädigungsverbot s. *Durner*, Common Goods, 61 ff.; *Graf Vitzthum*, in: Graf Vitzthum (Hrsg.), Völkerrecht (2. Aufl.), 5. Abschnitt, Rdnr. 94. Zum insofern grundlegenden Fall *Trail Smelter* siehe auch *Ipsen*, Völkerrecht, § 58, Rdnr. 12, und *Verdross/Simma*, Universelles Völkerrecht, § 1030 m.N.

1777 *Durner*, Common Goods, 57 ff.

1778 Vgl. *Ipsen*, Völkerrecht, § 58, Rdnr. 19 f.; *Odendahl*, Die Umweltpflichtigkeit der Souveränität, 158 ff. (187); etwas weitergehend wohl *Durner*, Common Goods, 74 ff. (136).

1779 Vgl. allgemein zur bremsenden Wirkung, die wirtschaftliche Erwägungen auf die Setzung (und auch die nationale Umsetzung) des Umweltvölkerrechts haben *Ipsen*, Völkerrecht, vor § 57, Rdnr. 13. Dieser Effekt zeigt sich deutlich auch in dem Bereich mit dem insgesamt wohl höchsten Schutzniveau, dem Meeresumweltschutz. Hier ist gerade die "Bekämpfung der Meeresverschmutzung vom Land aus" lückenhaft. "Dies ist vor allem darauf zurückzuführen, daß die erforderlichen Maßnahmen sich unmittelbar auf die Befugnis über die Gebietshoheit auswirken, also in besonderem Maße etwas mit Kosten, Standort, Beschäftigung, Infrastruktur zu tun haben ... Das [Seerechtsübereinkommen] (Art. 207) kommt über Bemühensklauseln nicht hinaus." *Graf Vitzthum*, in: Graf Vitzthum (Hrsg.), Völkerrecht (2. Aufl.), 5. Abschnitt, Rdnr. 132.

1780 Z.B. das Nordische Umweltschutzübereinkommen vom 19.2.1974, vgl. dazu *Graf Vitzthum*, in: Graf Vitzthum (Hrsg.), Völkerrecht (2. Aufl.), 5. Abschnitt, Rdnr. 111.

1781 *Graf Vitzthum*, in: Graf Vitzthum (Hrsg.), Völkerrecht (2. Aufl.), 5. Abschnitt, Rdnr. 98.

1782 Vgl. etwa zur geringen Dichte der Regelungen zum Schutz von Luft und Atmosphäre Graf *Vitzthum*, in: Graf Vitzthum (Hrsg.), Völkerrecht (2. Aufl.), 5. Abschnitt, Rdnr. 114. - Im

spricht gegen ein wirkliches Gemeinschaftsbewußtsein, denn wenn dies bestünde, dann dürften Handlungen, die die Gemeinschaftsgüter beeinträchtigen, nur ausnahmsweise vorkommen. Tatsächlich aber wird das "gemeinsame Erbe der Menschheit", etwa der tropische Regenwald, unter Beteiligung vieler Staaten ruiniert, ohne daß die Staaten"gemeinschaft" dagegen wirksame Maßnahmen ergreift.[1783]

Abschließend sei noch hingewiesen auf das besonders seit dem "Earth Summit" in Rio de Janiero (3. bis 14. Juni 1992) oft öffentlich proklamierte Konzept des "sustainable development"[1784], das sich als Weiterentwicklung des Gebotes schonender Nutzung auffassen läßt.[1785] Das Nachhaltigkeitsprinzip bringt im Hinblick auf den Umweltschutz jedenfalls keinen Fortschritt.[1786] Es umfaßt auch sozial- und wirtschaftspolitische Elemente,[1787] die durchaus Züge von Gemeinschaft tragen (Entwicklung benachteiligter Staaten, Einbeziehung auch künftiger Generationen). Allerdings handelt es sich bisher nur um einen politisch-moralischen Ansatz, der als solcher noch nicht völkerrechtlich verankert ist[1788] und der auf der Ebene der nationalen Umsetzung[1789] noch kaum Wirksamkeit erlangt hat.[1790] Die geringe Bereitschaft der Staaten, das Programm von Rio zu verwirklichen, zeigte sich deutlich im Verlauf der 1997 abgehaltenen Sondersitzung der Generalversammlung zur Überprüfung und Würdigung der Umsetzung der Agenda 21.[1791] Gerade die Praxis der Industriestaaten, denen als (wirtschafts-)mächtigeren Gemeinschaftsmitgliedern eine besondere Verantwortung für die Erhaltung der gemeinsamen Lebensgrundlagen zukommt, läßt "keine ernsthafte[n] Anstrengungen" erkennen, "dem Ziel der nachhaltigen Entwicklung auch nur halbwegs nahezukommen."[1792]

Zusammenhang mit der fortschreitenden Luftverschmutzung weist *Durner* zutreffend darauf hin, daß angesichts der Staatenpraxis Ansätze, wonach Verhaltensweisen, die den Treibhauseffekt verursachen, gewohnheitsrechtlich untersagt sein sollen, nicht haltbar sind, vgl. *Durner,* Common Goods, 167 m.N. in Fn. 160, wo er den auch hier angesprochenen Ansatz *Lückes* (s. hierzu bereits oben S. 159) als "das Völkerrecht ... stark überzeichnend" zurückweist.

1783 Vgl. etwa *Seidl-Hohenveldern/Stein*, Völkerrecht, Rdnr. 1520.

1784 Das Konzept hatte bereits zuvor auf breiter Basis Eingang in die internationale Politik gefunden, nachdem es im Abschlußbericht der sog. *Brundtland*-Kommission, die mit der Ausarbeitung von Empfehlungen über den Zusammenhang von wirtschaftlicher Entwicklung und Umweltschutz beauftragt war, formuliert worden war, vgl. *Streinz,* Die Verwaltung 31 (1998), 449 (450 f.).

1785 Vgl. hierzu *Streinz,* Die Verwaltung 31 (1998), 449 ff.; *Graf Vitzthum*, in: Graf Vitzthum (Hrsg.), Völkerrecht (2. Aufl.), 5. Abschnitt, Rdnr. 161.

1786 In der Konzeption liegt die Gefahr einer Relativierung durch das Entwicklungsziel. Praktisch hat es bisher keine wesentliche Änderung im Umgang mit der Umwelt bewirkt. Vgl. *Graf Vitzthum*, in: Graf Vitzthum (Hrsg.), Völkerrecht (2. Aufl.), 5. Abschnitt, Rdnr. 161.

1787 Vgl. *Ipsen*, Völkerrecht, vor § 57, Rdnr. 12.

1788 Bei der Rio-Deklaration und der Agenda 21 handelt es sich um unverbindliche politische Erklärungen, vgl. *Ipsen*, Völkerrecht, vor § 57, Rdnr. 11; *Graf Vitzthum*, in: Graf Vitzthum (Hrsg.), Völkerrecht (2. Aufl.), 5. Abschnitt, Rdnr. 161.

1789 Normativen Niederschlag hat das Nachhaltigkeitsprinzip bisher überwiegend in Zielbestimmungen wie etwa Art. 6 EGV gefunden.

1790 Vgl. *Graf Vitzthum*, in: Graf Vitzthum (Hrsg.), Völkerrecht (2. Aufl.), 5. Abschnitt, Rdnr. 161/Fn. 415.

1791 *Ipsen*, Völkerrecht, vor § 57, Rdnr. 11.

1792 *Ipsen*, Völkerrecht, vor § 57, Rdnr. 14.

(cc) Weitere ausgewählte vertragliche Regelungen

Aus dem mittlerweile sehr weitläufigen vertraglichen Umweltrecht soll nun noch der Aspekt des Artenschutzes[1793] herausgegriffen werden, bei dem ein Gemeinschaftsbezug darin zu sehen sein könnte, daß der Artenschutz als ein Anliegen der gesamten Menschheit aufgefaßt wird. Gerade ältere Verträge zum Artenschutz dienen aber meist (zumindest auch) der Erhaltung ökonomischer Werte.[1794] Insbesondere dort, wo sich bestimmte Arten dauernd in einzelnen oder nur sehr wenigen Staaten aufhalten, kommt die völkerrechtliche Regelung kaum voran, weil die (von der Artenpräsenz begünstigten) Staaten wenig Interesse daran zeigen, auf den Zugriff auf diese Ressourcen bzw. die (u.U. potentielle) wirtschaftliche Nutzung im Sinne eines gemeinsamen Schutzinteresses zu verzichten.[1795] "Konventionen wie das Washingtoner Artenschutzübereinkommen vom 3. März 1973[1796] bilden nur scheinbar eine Ausnahme. Der internationale Schutz der Arten dient hier zugleich dem ökonomischen Interesse des einzelnen Staates; für ihn sind Tiere 'Kapital', das über Tourismus und Handel Zinsen bringt."[1797] Für den Fall, daß die Bindungen als zu weitgehend empfunden werden, haben sich die Staaten in Art. XXIV außerdem ein Kündigungsrecht mit kurzer Frist (12 Monate) eingeräumt.

In neuerer Zeit gibt es aber auch Ansätze zu einem zweckfreien Artenschutz.[1798] Näher eingegangen sei hier auf das in Rio unterzeichnete Übereinkommen über die biologische Vielfalt[1799]. Nach dem 3. Erwägungsgrund seiner Präambel ist die Erhaltung der biologischen Vielfalt ein gemeinsames Anliegen der Menschheit. Art. 1 nennt als Ziele des Übereinkommens die Erhaltung der biologischen Vielfalt, die nachhaltige Nutzung ihrer Bestandteile und die ausgewogene und gerechte Aufteilung der sich aus der Nutzung der genetischen Ressourcen ergebenden Vorteile, insbesondere durch angemessenen Zugang zu genetischen Ressourcen und angemessene Weitergabe der einschlägigen Technologien. Obwohl nach der Konvention die Erhaltung der biologischen Vielfalt ein "common concern" aller (Vertrags-)Staaten ist,[1800] offenbart das Abkommen, daß die Ressourcen nicht als gemeinsames Gut aufgefaßt werden. Art. 3 (vgl. auch Präambel, 4. Egr.) unterscheidet klar zwischen "mein und dein" und stipuliert, daß die Staaten das souveräne Recht haben, ihre eigenen Ressourcen gemäß ihrer eigenen Umweltpolitik zu nutzen. Die Konvention betrachtet die Ressourcen somit als Gegenstand der nationalen Souveränität. Art. 15 (Zugang zu genetischen Ressourcen) stellt den Zugang zu

---

1793 Vgl. dazu Übersicht bei *Ipsen*, Völkerrecht, § 57, Rdnr. 70 ff.

1794 *Graf Vitzthum*, in: Graf Vitzthum (Hrsg.), Völkerrecht (2. Aufl.), 5. Abschnitt, Rdnr. 106 f.

1795 Vgl. *Graf Vitzthum*, in: Graf Vitzthum (Hrsg.), Völkerrecht (2. Aufl.), 5. Abschnitt, Rdnr. 135.

1796 Übereinkommen über den internationalen Handel mit gefährdeten Arten freilebender Tiere und Pflanzen, BGBl. 1975 II, 777.

1797 *Graf Vitzthum*, in: Graf Vitzthum (Hrsg.), Völkerrecht (2. Aufl.), 5. Abschnitt, Rdnr. 135.

1798 Vgl. *Graf Vitzthum*, in: Graf Vitzthum (Hrsg.), Völkerrecht (2. Aufl.), 5. Abschnitt, Rdnr. 108 f. und 136 mit Beispielen.

1799 Übereinkommen über die biologische Vielfalt vom 5.6.1992, BGBl. 1993 II, 1742 ff.

1800 Vgl. *Ipsen*, Völkerrecht, § 57, Rdnr. 77.

genetischen Ressourcen praktisch in das freie Belieben des jeweiligen Staates.[1801] Von einem gemeinschaftlichen Besitz der Ressourcen oder einem gemeinschaftlichen Obereigentum kann danach keine Rede sein. Immerhin enthält die Regelung zum Technologietransfer (Art. 16) insbesondere zu Gunsten von Entwicklungsländern deutliche Verteilungszüge. Der Wert dieses Abkommens als Anzeichen für echtes Gemeinschaftsrecht wird noch dadurch geschwächt, daß sich die Vertragsstaaten in Art. 38 ein nach Ablauf von zwei Jahren unbeschränktes Rücktrittsrecht gesichert haben und die gentechnologisch am weitesten fortgeschrittene (Wirtschafts-)Macht, die USA, nicht Vertragspartei sind.[1802]

(c) Regelungsformen

Auch hinsichtlich der Formen und Regelungstechniken unterscheidet sich das Umweltvölkerrecht wenig von altbekannten Mustern. Es ist "normales" Völkerrecht, dessen Regeln nach den allgemeinen Regeln geschaffen, angewendet und novelliert werden.[1803] Insbesondere sind im Hinblick auf die gewohnheitsrechtliche Rechtserzeugung keine Abweichungen anzuerkennen.[1804] Es gibt keine generellen Besonderheiten in verfahrens- und organisationsrechtlicher Hinsicht - "Die Staaten sind ... die Herren auch des Umweltvölkerrechts."[1805]

Umweltvölkerrechtliche Regelungen finden sich überwiegend in vertraglichen Normen;[1806] Gewohnheitsrecht und allgemeine Rechtsgrundsätze spielen nur eine untergeordnete Rolle.[1807]

Versuche, über neuartige Konstruktionen "Abweichler" einzufangen,[1808] konnten sich nicht durchsetzen. So bleibt es dabei, daß Verträge - aller "'Gemeinnützigkeit' von Zielsetzung und Inhalt" zum Trotz - auch im Umweltvölkerrecht keine objektive, sondern nur inter partes bindende Wirkung entfalten.[1809] Am Konsensprinzip führte auch die Behauptung entsprechender Menschenrechte, wie eines Rechts auf Gesundheit oder eines Rechts auf Umwelt, nicht vorbei. Diese als sog. Menschen-

1801 Nach Abs. 1 unterliegt der Zugang zu den Ressourcen den innerstaatlichen Rechtsvorschriften. Abs. 2 enthält eine Bemühensregelung, die klar zum Ausdruck bringt, daß eine noch so abgeschwächte Pflicht zur Weitergabe nicht gewollt war.

1802 Vgl. BGBl. II 2002, Fundstellennachweis B (Stand. 31.12.2001), 663 f.

1803 *Graf Vitzthum*, in: Graf Vitzthum (Hrsg.), Völkerrecht (2. Aufl.), 5. Abschnitt, Rdnr. 100.

1804 Vgl. zu Ansätzen, die an die Entstehung von Völkergewohnheitsrecht im Umweltbereich verminderte Anforderungen stellen wollen, ablehnend *Odendahl,* Die Umweltpflichtigkeit der Souveränität, 315 f.

1805 *Graf Vitzthum*, in: Graf Vitzthum (Hrsg.), Völkerrecht (2. Aufl.), 5. Abschnitt, Rdnr. 100.

1806 Zur Dominanz des Vertragsrechts *Graf Vitzthum*, in: Graf Vitzthum (Hrsg.), Völkerrecht (2. Aufl.), 5. Abschnitt, Rdnr. 91 f.

1807 *Ipsen*, Völkerrecht, § 58, Rdnr. 26, dort Rdnr. 27 ff. auch zu einer Reihe von Regeln, deren gewohnheitsrechtliche Geltung in der Literatur behauptet, nach richtiger Ansicht aber nicht gegeben ist.

1808 Vgl. etwa zu den Ansätzen von *Lücke* und *Biermann* oben C.IV.3.b)bb)(1)(b), S. 159.

1809 *Graf Vitzthum*, in: Graf Vitzthum (Hrsg.), Völkerrecht (2. Aufl.), 5. Abschnitt, Rdnr. 101.

rechte der dritten Generation konstruierten Postulate[1810] sind praktisch bisher ohne Bedeutung, ein Recht auf Umwelt besteht derzeit nur als "soft law".[1811]

(d) Zusammenfassung und Bewertung

Im Umweltvölkerrecht sind Ansätze einer Umsetzung des Gemeinschaftsgedankens feststellbar. Dennoch kann nicht jede umweltvölkerrechtliche Norm als Gemeinschaftsrecht betrachtet werden. Bezieht man das, was nicht oder unzureichend geregelt wurde, sowie das tatsächliche Verhalten der überwiegenden Mehrzahl der Staaten mit ein, relativiert sich die Behauptung des Umweltvölkerrechts als Ausfluß des Gemeinschaftsgedankens noch weiter.

Der Vereinbarung wirklich effektiver Maßnahmen stehen vielfach souveränitätsorientiertes Denken und egoistische wirtschaftliche Überlegungen entgegen.[1812] Der jedenfalls auf universeller Ebene[1813] ohnehin dürftige Normbestand[1814] darf im übrigen nicht nur durch die "grüne Brille" betrachtet werden, sonst erfaßt man den Zweck der Normen nicht richtig. Nicht jede Regelung, die dem Umweltschutz dient, ist auch automatisch als Ausdruck eines gemeinschaftlichen Verständnisses zu deuten. Zahlreiche Regelungen dienen vielmehr (auch oder sogar primär) Eigeninteressen. Dies sind einerseits solche, die außerhalb des Umweltschutzes liegen, insbesondere wirtschaftliche - "Umweltschutz ist ... häufig nur Beiprodukt."[1815] Dies zeigt sich auch in der Qualität der Normen. Dort, wo es um die Sicherung kurzfristiger eigener wirtschaftlicher Chancen geht (insbesondere beim Schutz der Meeresumwelt) ist die Regelungsdichte höher als dort, wo es um das Überleben der Menschheit geht (Schutz von Luft und Atmosphäre).[1816] Zweitens gibt es auch einen Umweltschutz im Eigeninteresse, der nur gemeinsam zu erreichen ist. Gemeinsam ist aber nicht notwendig gleichbedeutend mit gemeinschaftlich. Auch wenn erkannt wird, daß bestimmte Ziele nur gemeinsam erreicht werden können, wird eigensinnig um Vorteile gefeilscht. So nutzten beispielsweise sowohl die Entwicklungsländer als

1810 Vgl. zur Diskussion um diese und andere sog. Menschenrechte der Dritten Generation *Riedel*, Recht auf Entwicklung (und Drittgenerationsrechte), in: Wolfrum (Hrsg.), Handbuch der Vereinten Nationen, 657 ff. Speziell bezogen auf den Umweltaspekt auch *Graf Vitzthum*, in: Graf Vitzthum (Hrsg.), Völkerrecht (2. Aufl.), 5. Abschnitt, Rdnr. 97 und *Odendahl,* Die Umweltpflichtigkeit der Souveränität, 334 ff.

1811 Vgl. *Graf Vitzthum*, in: Graf Vitzthum (Hrsg.), Völkerrecht (2. Aufl.), 5. Abschnitt, Rdnr. 164. Insbes. wurde in der Rio-Deklaration von 1992 auf die Begründung eines einklagbaren subjektiven Rechts verzichtet (dazu auch *Ipsen*, Völkerrecht, vor § 57, Rdnr. 11).

1812 Vgl. *Ipsen*, Völkerrecht, § 57, Rdnr. 103.

1813 (Nur) auf regionaler Ebene gibt es effektive Ansätze zu einem umfassenden vertraglichen Umweltschutz, vgl. *Ipsen*, Völkerrecht, vor § 57, Rdnr. 15.

1814 *Graf Vitzthum* spricht von Rechtssätzen "mit relativ geringer normativer Aussagekraft", *Graf Vitzthum*, in: Graf Vitzthum (Hrsg.), Völkerrecht (2. Aufl.), 5. Abschnitt, Rdnr. 100. Ähnlich *Ipsen*, Völkerrecht, § 57, Rdnr. 103, der im Hinblick auf die jüngeren, auf universelle Geltung abzielenden Abkommen feststellt, sie zeichneten sich "durch recht vage Rechtspflichten und allgemein gehaltene Absichtserklärungen aus", was er auf die Heterogenität der heutigen Staatenwelt zurückführt.

1815 *Graf Vitzthum*, in: Graf Vitzthum (Hrsg.), Völkerrecht (2. Aufl.), 5. Abschnitt, Rdnr. 99.

1816 Vgl. *Graf Vitzthum*, in: Graf Vitzthum (Hrsg.), Völkerrecht (2. Aufl.), 5. Abschnitt, Rdnr. 114.

auch die EG ihre Verhandlungsmacht, um sich beim Ozonschutz nach dem Montrealer Protokoll[1817] Sonderbehandlungen zu sichern.[1818]

Freilich gibt es auch darüber hinausgehende Ansätze, die allerdings weit hinter dem zurückbleiben, was viele für notwendig halten.[1819] "Der mit dem Begriff 'global ecological commons' zum Ausdruck gebrachte Einheits- und Solidaritätsgedanke entwickelte - sieht man von dem Menschheitserbe-Ansatz in Teil XI des Seerechtsübereinkommens von 1982 ab[1820] - rechtspolitisch noch keine Eigendynamik."[1821] Zusammenfassend muß man konstatieren, daß sich ein "durchschlagendes gemeinsames Interesse der Staatengemeinschaft ... bisher nicht manifestiert" hat.[1822]

Auch die nähere Betrachtung der Art der von den Staaten akzeptierten Beschränkungen entspricht nicht dem Bild einer auf Dauer angelegten, in gemeinsamer Übung und entsprechendem (Rechts-)Bewußtsein zum Ausdruck kommenden Bindung. Vielmehr beruhen Verpflichtungen überwiegend auf Verträgen als typisch gesellschaftlichem Instrument und sind - ebenso wie dies im 19. Jahrhundert üblich war[1823] - mit leichter Lösungsmöglichkeit ausgestattet. Außerdem leiden viele vertragliche Regelungen darunter, daß für die jeweilige Zielerreichung wichtige Staaten nicht an ihnen beteiligt sind.[1824]

Als Gemeinschaftselement deuten läßt sich u.U. die Bevorzugung der Entwicklungsländer in zahlreichen Umweltabkommen (z.B. finanzielle Unterstützung, Technologietransfer). Hierin kann man ein verteilendes, den Schwächeren unterstützendes, solidarisches Instrumentarium sehen, wenngleich die Unterstützung der Entwicklungsländer insgesamt "von einer gewissen Halbherzigkeit geprägt"[1825] ist. Andererseits werden diese Vorteile wie angesprochen nicht (jedenfalls nicht nur) aus einer entsprechenden Überzeugung eingeräumt, sondern sind Mittel zum Zweck, um die Entwicklungsstaaten überhaupt zur Zustimmung zu bewegen, was wiederum Voraussetzung für die Erreichung eigener Ziele der Industriestaaten (im Falle des Klimaschutzes etwa: Selbsterhalt) ist. Daß auch auf Seiten der Entwicklungsländer der Gemeinschaftsgedanke nicht übermäßig durchschlagend ist,

---

1817 Montrealer Protokoll über Stoffe, die zu einem Abbau der Ozonschicht führen vom 16.9.1987, BGBl. 1988 II, 1015 ff.

1818 Vgl. *Graf Vitzthum*, in: Graf Vitzthum (Hrsg.), Völkerrecht (2. Aufl.), 5. Abschnitt, Rdnr. 145 und 147.

1819 Vgl. z.B. *Seidl-Hohenveldern/Stein*, Völkerrecht, Rdnr. 161 i.V.m. 1519 f.

1820 Dazu sogleich E.II.1.b)dd)(3)(a)(bb). S. 262.

1821 *Graf Vitzthum*, in: Graf Vitzthum (Hrsg.), Völkerrecht (2. Aufl.), 5. Abschnitt, Rdnr. 113.

1822 *Graf Vitzthum*, in: Graf Vitzthum (Hrsg.), Völkerrecht (2. Aufl.), 5. Abschnitt, Rdnr. 162.

1823 Auch die Kodifikationen dieser Epoche enthielten ganz überwiegend eine einseitige Lösungsmöglichkeit (vgl. dazu oben E.I.4.a), S. 223).

1824 Ein besonders heftig diskutiertes Beispiel hierfür stellt die Weigerung der USA dar, das zur Konkretisierung des Rahmenübereinkommens der Vereinten Nationen über Klimaveränderungen von Rio vom 9.5.1992 (BGBl. 1993 II, 1784 ff.) dienende sog. Kyoto-Protokoll vom 10.12.1997 (Text: ILM 37 (1998), 32 ff.), das konkrete Ziele für die Verringerung der Emission von Treibhausgasen enthält (vgl. zu den hier angesprochenen Instrumenten z.B. *Ipsen*, Völkerrecht, § 57, Rdnr. 59 ff.), zu ratifizieren.

1825 *Ipsen*, Völkerrecht, § 57, Rdnr. 103.

zeigt sich in ihrer Tendenz, "völkerrechtliche Umweltschutzregeln nur insoweit anwenden [zu wollen], als dies mit ihren souveränen Interessen vereinbar ist."[1826]

Vieles, was wirklich Ausdruck gemeinschaftlichen Denkens wäre, ist noch Wunsch. Gerade für die Zeit nach dem Aufbruchstimmung verbreitenden Gipfel von Rio ist beobachtet worden, daß der Prozeß der Weiterentwicklung des Völkerrechts "ins Stocken geraten" ist.[1827] Daher ist es kein Wunder, daß im Völkerrechts-Lehrbuch von *Seidl-Hohenveldern/Stein* viele Passagen zum Thema Umweltschutz rechtspolitischer Art sind und das Wort "sollte" eine herausgehobene Rolle spielt.[1828]

(3) *Das Recht der See*

Wie bereits bei der Behandlung des Umweltvölkerrechts angesprochen, ist das Seerecht seit jeher ein Feld, in dem der Gemeinschaftsgedanke wirksam war. Im Rahmen des Seerechtsübereinkommens der Vereinten Nationen von 1982 wurde zudem das neue Meeresbodenregime installiert, das die bisher differenzierteste und intensivste Umsetzung des Menschheitserbe-Gedankens darstellt. Im folgenden sollen einige zentrale Normen des Seerechtsübereinkommens auf dem Kontinuum von Gesellschaft und Gemeinschaft eingeordnet werden. Dabei liegt der Schwerpunkt der Betrachtung auf dem Aspekt der (wirtschaftlichen) Nutzung der See.

(a) Gemeinschaftstendenzen in der neueren seerechtlichen Entwicklung

(aa) Ressourcenerhalt in der ausschließlichen Wirtschaftszone

Mit den Vorschriften über die ausschließliche Wirtschaftszone soll ein Regelungskomplex näher betrachtet werden, der keinen Staatengemeinschaftsraum betrifft, sondern einen Raum, in dem die Staaten beschränkte Hoheitsrechte ausüben. Art. 61 SRÜ enthält eine (große Spielräume lassende) Verpflichtung des Küstenstaates zur Erhaltung der lebenden Ressourcen in der ausschließlichen Wirtschaftszone. Diese Regelung kann freilich nicht im Sinne einer Treuhänderschaft für das allgemeine Erhaltungsinteresse interpretiert werden.[1829] Eine solche Deutung würde weder der Regelung (sie enthält keine ausdrückliche Erwähnung von Gemeinschaftsinteressen und v.a. auch keine Mechanismen zur Durchsetzung der Staatengemeinschaftsinteressen), noch den Hintergründen ihrer Entstehung gerecht. Den Staaten ging es "weniger um fremd-, als um eigennützige Interessen, mögen diese

1826 *Seidl-Hohenveldern/Stein*, Völkerrecht, Rdnr. 1529.

1827 *Ipsen*, Völkerrecht, vor § 57, Rdnr. 9.

1828 Vgl. *Seidl-Hohenveldern/Stein*, Völkerrecht, Rdnr. 1519 ff. (1526).

1829 Konzepte der Sachwalterschaft bzw. des custodianship erörtern in anderen seerechtlichen Zusammenhängen etwa *König*, Durchsetzung internationaler Bestands- und Umweltschutzvorschriften, 237 f., und *Hafner*, Die seerechtliche Verteilung von Nutzungsrechten, 89 ff. Vgl. allgemein zu derartigen Konzeptionen *Odendahl*, Die Umweltpflichtigkeit der Souveränität, 353 f., die mit dem Ansatz einer "Umweltpflichtigkeit" der Souveränität (de lege ferenda) ein ähnliches Konzept befürwortet (vgl. *Odendahl* a.a.O., 360 ff.).

auch fiduziarisch verbrämt worden sein."[1830] Dies zeigt sich auch in der Praxis, in der es die Küstenstaaten meist zu verhindern wissen, daß ein anderen Staaten zustehendes "surplus" gem. Art. 62 Abs. 2 SRÜ überhaupt entsteht.[1831]

(bb) Die Regelung hinsichtlich des Gebiets

Die Regelungen über den Meeresboden und den Meeresuntergrund jenseits der Grenzen des Bereichs nationaler Hoheitsbefugnisse ("das Gebiet", Art. 1 Nr. 1 SRÜ)[1832] enthalten unübersehbar universalistische Elemente.[1833] So werden das Gebiet und seine Ressourcen[1834] in Art. 136 SRÜ zum gemeinsamen Erbe der Menschheit erklärt. Seine Nutzung soll der gesamten Menschheit dienen (vgl. Art. 140 SRÜ), insbesondere auch den nichtindustrialisierten Staaten, die selbst nicht über die zum Tiefseebergbau erforderlichen technischen Mittel verfügen. Dieser Ansatz zeigt sich auch auf der Ebene der Organisation. Die Ausnutzung der Bodenschätze im Gebiet soll durch von den Vereinten Nationen geschaffene Institutionen unter Leitung der Internationalen Meeresbodenbehörde geregelt werden.[1835] Die Behörde handelt im Namen der gesamten Menschheit (Art. 137 Abs. 2 Satz 1 SRÜ). Damit liegt eine neue Form der Internationalisierung vor.[1836]

Die Regelung enthält dabei nicht nur gemeinschaftliche Rhetorik, sondern auch eine gemeinschaftsrechtliche Substanz. Sie hat verhindert, daß wenige technisch fortgeschrittene Industriestaaten die Ausbeutung der Bodenschätze des Tiefseebodens unter sich aufgeteilt hätten.[1837] An die Stelle dieses Szenarios eines "Recht des Stärkeren" stellt sie eine an der Idee der distributiven Gerechtigkeit orientierte Konzeption,[1838] wonach die Erträge allen Staaten unter Einschluß der Binnenstaaten

1830 *Graf Vitzthum*, in: Graf Vitzthum (Hrsg.), Völkerrecht (2. Aufl.), 5. Abschnitt, Rdnr. 52.

1831 *Graf Vitzthum*, in: Graf Vitzthum (Hrsg.), Völkerrecht (2. Aufl.), 5. Abschnitt, Rdnr. 52/Fn. 145. - Gerade in der Regelung des Art. 62 SRÜ sieht *Hafner*, Die seerechtliche Verteilung von Nutzungsrechten, 461, ein Überwiegen eines individualistisch-dezentralen, "westfälischen" Entscheidungskonzepts.

1832 Vgl. hierzu zusammenfassend etwa *Durner,* Common Goods, 186 ff.

1833 Vgl. *Graf Vitzthum*, EA 1978/1, 455 (462).

1834 Es geht - nach derzeitigem Wissensstand - um im Meeresboden lagernde Mineralien, v.a. Mangan, aber auch Eisen, Kupfer, Zink, Kobalt und Nickel. Vgl. *Graf Vitzthum*, in: Graf Vitzthum (Hrsg.), Völkerrecht (2. Aufl.), 5. Abschnitt, Rdnr. 66/Fn. 184.

1835 *Seidl-Hohenveldern/Stein*, Völkerrecht, Rdnr. 1271. Die Behörde soll Schürf- und Bergbauberechtigungen zur Hälfte selbst durch ihren operativen Arm, das "Unternehmen" (Art. 170 ff. SRÜ), ausüben und die andere Hälfte zu gleichen Teilen an private oder staatliche Bewerber vergeben (*Seidl-Hohenveldern/Stein*, Völkerrecht, Rdnr. 1271; *Graf Vitzthum*, in: Graf Vitzthum (Hrsg.), Völkerrecht (2. Aufl.), 5. Abschnitt, Rdnr. 67).

1836 *Graf Vitzthum*, in: Graf Vitzthum (Hrsg.), Völkerrecht (2. Aufl.), 5. Abschnitt, Rdnr. 67 f.

1837 Vgl. zu dieser Alternative im Falle einer Beibehaltung des herkömmlichen Seerechts *Verdross/Simma*, Universelles Völkerrecht, § 1137. Zu konkreten Vorschlägen in diese Richtung, die bis zur vollständigen Aufteilung des Meeresbodens unter den Küstenstaaten reichten, vgl. *Andrassy*, FS Verdross (1971), 31 (39 f.).

1838 Vgl. *Wolfrum*, Common Heritage of Mankind, EPIL Bd. I, 692 (694); *Durner,* Common Goods, 218 ff.

und namentlich der Entwicklungsländer zugute kommen sollen.[1839] Mit diesem Verteilungselement, wie es in den Art. 150 ff. SRÜ zum Ausdruck kommt, wurden einige im Rahmen der Debatte um die NWWO erhobene Forderungen verwirklicht.[1840] Freilich waren es gerade die planwirtschaftlichen Elemente des Tiefseebodenregimes[1841], die - je nach Sichtweise als "nasse Flanke der NWWO" oder als "Trojanisches Pferd einer neuen internationalen Wirtschaftsordnung" - empfunden[1842], das Inkrafttreten des Seerechtsübereinkommens jahrelang verzögerten.

Das Übereinkommen konnte erst in Kraft treten, nachdem das Meeresbodenregime durch ein Durchführungsübereinkommen[1843] aus der Sicht der Industrieländer wesentlich "entschärft" worden war.[1844] Danach entfallen zum einen "die ursprünglich vorgesehenen Eingriffe in die freie Marktwirtschaft, die die Industriestaaten benachteiligenden Kosten- und Abstimmungsregelungen sowie die Verpflichtung zu einem unentgeltlichen Technologietransfer an das (Behörden-)Unternehmen."[1845] Zum anderen wurden die die Meeresbehörde betreffenden Verfahrensvorschriften so modifiziert, daß die Industrieländern ihre Interessen nunmehr wirksamer schützen können.[1846]

1839 *Seidl-Hohenveldern/Stein*, Völkerrecht, Rdnr. 1272.

1840 Vgl. *Verdross/Simma*, Universelles Völkerrecht, § 1140 m.N. Vgl. zu den von den Dritte-Welt-Staaten aufgestellten Forderungen nach einer Neuen Weltwirtschaftsordnung auch oben B.X.2.a)bb)(3), S. 83.

1841 *Kewenig*, EA 1981/1, 1 (3) weist darauf hin, daß der planwirtschaftliche Ansatz beim Nutzungsregime des XI. Teils des Seerechtsübereinkommens nicht notwendiger Bestandteil einer am Gedanken des Menschheitserbes orientierten Regelung sein müsse. Anders als in der Regelung des Gebiets enthalte der Mondvertrag vom 18.12.1979 ein marktwirtschaftliches Nutzungsregime, das sowohl den Bergungsprozeß dem Wettbewerb anvertraue als auch bei der Verteilung des Ertrages den Aufwand der Bergung stärker berücksichtige. Hieran zeige sich, daß das Konzept des Menschheitserbes im Hinblick auf die Nutzung nur Generalklauselcharakter habe und daher flexibel ausgestaltet werden könne. - In diesem Zusammenhang stellt sich die Frage, wie flexibel die Idee der Gemeinschaft in der ökonomischen Sphäre ist. Soll daran festgehalten werden, daß eine Wirtschaftsordnung nur dann gemeinschaftlich ist, wenn sie "kommunistisch" ist (*Tönnies*, Gemeinschaft und Gesellschaft, 36), oder ist eine im gemeinsamen Interesse liegende Wirtschaftsordnung nach den heutigen wirtschaftswissenschaftlichen Erkenntnissen zu definieren? Danach könnte man etwa ausgehend von wohlfahrtsökonomischen Analysen des internationalen Handels gerade das Gegenteil der *Tönnies*'schen Vorstellungen, ein markt- bzw. freihändlerisches System für optimal halten, evtl. im Sinne einer "internationalen sozialen Marktwirtschaft" modifiziert um Elemente zur Schaffung von Chancengleichheit und Umverteilung des unter Ausnutzung der wohlfahrtsmaximierenden Marktmechanismen Erwirtschafteten. Auf diese Fragestellung muß hier nicht näher eingegangen werden, da die Staaten im Bereich des hier betrachteten Seerechts, wie sogleich zu zeigen ist, einen Weg gewählt haben, der weder dem einen noch dem anderen Modell entspricht, sondern aus beiden Perspektiven suboptimal ist.

1842 Vgl. *Graf Vitzthum*, EA 1978/1, 455 (464).

1843 Übereinkommen zur Durchführung des Teiles XI des Seerechtsübereinkommens der Vereinten Nationen vom 10.12.1982 vom 28.7.1994, BGBl. II, 2566.

1844 Vgl. hierzu *Seidl-Hohenveldern/Stein*, Völkerrecht, Rdnr. 1189 f.

1845 *Seidl-Hohenveldern/Stein*, Völkerrecht, Rdnr. 1273; vgl. auch *Kimminich/Hobe*, Völkerrecht, 387.

1846 Vgl. *Eitel*, EA 1994/1, 701 (706); *Graf Vitzthum*, in: Graf Vitzthum (Hrsg.), Völkerrecht (2. Aufl.), 5. Abschnitt, Rdnr. 72/Fn. 192; *Kimminich/Hobe*, Völkerrecht, 387.

Die langwierigen Verhandlungen bis zum Inkrafttreten waren dabei nur die Fortsetzung einer über Jahrzehnte andauernden Auseinandersetzung, in der es nicht nur um Gemeinschaftsinteressen, sondern auch um handfeste (wirtschaftliche) Eigeninteressen ging. Obwohl es im Ausgangspunkt durchaus einen "Interessengleichklang" zwischen industrialisierten und unterentwickelten Staaten gab,[1847] rangen beide Seiten um ihre individuellen Vorteile. Dies gilt nicht nur für die Industrieländer, sondern auch für die, die eine neue, gerechtere, gemeinschaftliche Ordnung einforderten. So verfolgten (auch) die Entwicklungsländer hinter dem "Verbalschleier" vom gemeinsamen Menschheitserbe eine "nationalistische, gruppenegoistische Raum- und Rohstoffpolitik ... ."[1848] In der ursprünglichen, von den Entwicklungsländern bestimmten Konzeption, wäre das weltstaatliche Element mit einer die ganze Menschheit repräsentierenden Behörde als Erbschaftsverwalterin reine Rhetorik gewesen, denn danach hätte diese Staatengruppe das Regime allein kontrolliert.[1849] Wenngleich man sagen könnte, daß durch die verfahrensrechtlichen Modifikationen die Regelung über die Behörde näher an das gemeinschaftliche Ideal gerückt wurden, erscheint das Abkommen auch in Teil XI insgesamt doch als Kompromiß zwischen entgegengesetzten, am eigenen Interesse ausgerichteten Forderungen.

Der gemeinschaftliche Wert dieses Kompromisses wird dabei durch folgende Umstände gemindert: Zunächst betrifft die Regelung über das Gebiet derzeit überhaupt nicht nutzbare Ressourcen.[1850] Für bestimmte interessante Gebiete haben sich einige sog. Pionierstaaten Anwartschaftsrechte gesichert.[1851] Außerdem sind die USA, ein für den Tiefseebergbau wichtiges Land, nicht Vertragspartei.[1852] Schließlich ist an die schon angesprochene Kündigungsklausel des Art. 317 SRÜ zu erinnern, die es auch Vertragsstaaten erlaubt, sich kurzfristig dem Meeresbodenregime zu entziehen.[1853]

1847 *Graf Vitzthum*, EA 1978/1, 455 (463).

1848 *Graf Vitzthum*, EA 1978/1, 455 (463). Ihnen ging es u.a. darum, diejenigen Entwicklungsländer, die Erze an Land produzieren, vor billiger Konkurrenz zu schützen, vgl. *Graf Vitzthum*, in: Graf Vitzthum (Hrsg.), Völkerrecht (2. Aufl.), 5. Abschnitt, Rdnr. 66/Fn. 184.

1849 Vgl. *Graf Vitzthum*, EA 1978/1, 455 (464).

1850 Die im Zentrum des Interesses stehenden Manganknollen werden nach gegenwärtigen Schätzungen erst 2010 wirtschaftlich ausbeutbar sein, *Seidl-Hohenveldern/Stein*, Völkerrecht, Rdnr. 1190.

1851 Vgl. *Graf Vitzthum*, in: Graf Vitzthum (Hrsg.), Völkerrecht (2. Aufl.), 5. Abschnitt, Rdnr. 70.

1852 Sie wenden bisher nur das Durchführungsabkommen zu Teil XI vorläufig an, vgl. BGBl. 2002 II, Fundstellennachweis B, 619 ff. (Stand: 31.12.2001).

1853 Die Regelungen des Teils XI können derzeit nicht als Völkergewohnheitsrecht angesehen werden. Abgesehen davon, daß sie bisher nicht praktiziert wurden und für diese Rechtsquelle auch inhaltlich zu kompliziert sein dürften, ist daran zu erinnern, daß sie nur gegen den Widerstand wichtiger Staaten (z.B. USA, Vereinigtes Königreich; BR Deutschland) zustande kamen (vgl. *Seidl-Hohenveldern/Stein*, Völkerrecht, Rdnr. 1189.; *Graf Vitzthum*, in: Graf Vitzthum (Hrsg.), Völkerrecht (2. Aufl.), 5. Abschnitt, Rdnr. 70). Außerdem wäre angesichts der bescheidenen Durchsetzungsmöglichkeiten der nach einem Ausstieg führender Industriestaaten verbleibenden Vertragsparteien mit einer raschen desuetudo zu rechnen.

(b) Gegentendenzen

Die - auch deutlich vom Ideal entfernten - Gemeinschaftstendenzen des Meeresbodenregimes dürfen nicht isoliert betrachtet werden. Denn mit dem Seerechtsübereinkommen trat nicht nur das Regime für das Gebiet in Kraft, sondern es wurde auch eine Entwicklung kodifiziert und damit (jedenfalls vorläufig) abgeschlossen, die in völligem Widerspruch zu den soeben angesprochenen internationalistischen Tendenzen steht. Die Küstenstaaten haben seit dem Ende des Zweiten Weltkrieges ihre Hoheit[1854] über bis dahin der Hohen See zugehörige Gebiete in erheblichem Umfang ausgedehnt - und damit auch den räumlichen Anwendungsbereich von Teil XI des Seerechtsübereinkommens beschränkt. Diese souveränitätsorientierte Politik und ihr Niederschlag im Seevölkerrecht sollen nun kurz näher betrachtet werden.

Ein Aspekt der Expansion nationalstaatlicher Herrschaftsbereiche ist die Ausdehnung der Küstengewässer. Dabei haben nicht nur zahlreiche Staaten die Küstenmeerbreite von den früher üblichen drei Meilen auf zwölf Meilen ausgedehnt.[1855] Auch die sog. Basislinie, von der aus die Breite des Küstenmeeres (und der sich anschließenden Einflußzonen) gemessen wird, konnte durch die Durchsetzung gerader Basislinien in bestimmten Fällen vorgeschoben werden.[1856] Hintergrund hierfür war das Bestreben, die wirtschaftliche Nutzung der nunmehr eingeschlossenen Gebiete insbesondere zum Zwecke des Fischfangs zu monopolisieren. Nachdem der IGH im Anglo-Norwegischen Fischereistreit[1857] die Ziehung von geraden Basislinien zugelassen hatte (jetzt kodifiziert in Art. 7 SRÜ), haben zahlreiche Staaten - zum Teil auch mißbräuchlich[1858] - die neuen Möglichkeit genutzt.

Zeitlich noch vorher begannen die Küstenstaaten mit dem Griff nach dem Festlandsockel. Die Vereinnahmung des Festlandsockels wurde durch den technischen Fortschritt veranlaßt, der es möglich machte, die in der sogenannten Flachsee am und unter dem Meeresuntergrund lagernden Naturschätze (insbes. Erdöl und Kohle) zu erschließen.[1859] Auch hier verfolgten die Staaten in typisch gesellschaftlicher Manier ohne Rücksicht auf die Interessen anderer oder gar einer übergeordneten Gesam-

---

1854 Dabei kann im Rahmen der hier vorgenommenen soziologischen Analyse offen gelassen werden, ob es sich, insoweit es um die nicht dem Staatsgebiet zugehörige Zonen geht, um eine "Nutzungshoheit" (so *Graf Vitzthum*, in: Graf Vitzthum (Hrsg.), Völkerrecht (2. Aufl.), 5. Abschnitt, Rdnr. 38) oder um Gebietshoheit bzw. territoriale Souveränität handelt (vgl. hierzu *Seidl-Hohenveldern/Stein*, Völkerrecht, Rdnr. 1183 mit Rdnr. 1242).

1855 Vgl. *Andrassy*, FS Verdross (1971), 31 (34 f.); *Verdross/Simma*, Universelles Völkerrecht, § 1071; *Graf Vitzthum*, in: Graf Vitzthum (Hrsg.), Völkerrecht (2. Aufl.), 5. Abschnitt, Rdnr. 44.

1856 Vgl. Zur Einbeziehung von Buchten sowie auch von Archipelgewässern in die Eigengewässer z.B. *Andrassy*, FS Verdross (1971), 31 (33 f.).

1857 IGH, Urteil vom 18.12.1951 im *Fisheries Case (United Kingdom v. Norway)*, ICJ Reports 1951, 116 ff.

1858 *Graf Vitzthum*, in: Graf Vitzthum (Hrsg.), Völkerrecht (2. Aufl.), 5. Abschnitt, Rdnr. 44/Fn. 113.

1859 *Seidl-Hohenveldern/Stein*, Völkerrecht, Rdnr. 1229.

theit ihre eigenen wirtschaftlichen Interessen.[1860] Der Proklamation der USA vom 28.9.1945 folgten zahlreiche andere Staaten so schnell, daß das Genfer Übereinkommen über den Festlandsockel von 1958[1861] überwiegend schon als Kodifikation bestehenden Völkergewohnheitsrechts anzusehen war.[1862] Die Vorschriften des Seerechtsübereinkommens über den Festlandsockel (Art. 76 ff. SRÜ) gewähren dem Küstenstaat noch weitere ausschließliche Nutzungszwecke und schreiben damit den Trend zur "Terranisierung der Meere" weiter fort.[1863]

Schließlich wurde die Freiheit der Meere durch die Ausrufung von ausschließlichen Wirtschaftszonen mit einer Breite von bis zu 200 Seemeilen von der Basislinie zurückgedrängt. Der "küstenstaatliche Appetit"[1864] beschränkte sich nicht auf die (Boden-)Schätze des Festlandsockels, sondern auf alle der Küste vorgelagerten wirtschaftlich nutzbaren Güter, insbesondere auf die Fischbestände.[1865] Die Bedeutung der Fischerei zeigt deutlich die Entstehungsgeschichte des Regimes. So läßt sich die Bemessung auf 200 Seemeilen "auf die Entdeckung von Anchovis-Schwärmen 197 Seemeilen vor der peruanischen Küste zurückführen."[1866] In der weiteren Entwicklung, deren Vorreiter zunächst die USA und die lateinamerikanischen Staaten, später die Neustaaten waren, gingen die Staaten dann vielfach unabhängig von den Umständen des Einzelfalls nach dem Motto "nimm-was-du-kriegen-kannst" vor.[1867] Dabei stellt das Institut der ausschließlichen Wirtschaftszonen noch einen Kompromiß dar, denn viele der interessierten Staaten beanspruchten sogar ein 200sm-Küstenmeer.[1868] Aufgrund der zunächst bestehenden Widerstände konnte bis in die 1970er Jahre kein entsprechendes Gewohnheitsrecht entstehen, erst im Rahmen der Dritten Seerechtskonferenz der Vereinten Nationen entwickelte sich eine entsprechende opinio iuris.[1869] Das Seerechtsabkommen regelt

---

1860 Vgl. z.B. *Friedmann*, The Changing Structure, 122 f., der den Vorgang als "expressive of the continued supremacy of the exclusive claims of national sovereignty over common concerns of mankind" bezeichnet.

1861 Genfer Übereinkommen über den Festlandsockel vom 29.4.1958, UNTS 499, 311.

1862 *Seidl-Hohenveldern/Stein*, Völkerrecht, Rdnr. 1232 ff.; wohl auch *Friedmann*, The Changing Structure, 122 f.

1863 Vgl. *Graf Vitzthum*, in: Graf Vitzthum (Hrsg.), Völkerrecht (2. Aufl.), 5. Abschnitt, Rdnr. 58.

1864 *Verdross/Simma*, Universelles Völkerrecht, § 1100.

1865 Neben dem überwiegenden Teil der Fischbestände befinden sich auch die wichtigsten Ölvorkommen im Bereich der 200sm-Zone, vgl. hierzu die Abbildungen bei *Köhler*, Die Seerechtskonferenz, 13 f.

1866 *Verdross/Simma*, Universelles Völkerrecht, § 1100. - Die Anchovis sind zugleich auch trauriges Sinnbild für die egoistische und kurzfristig orientierte Nutzung der Wirtschaftszone. Die eigennützige Verfolgung von Fanginteressen führte trotz Warnungen zu einer Überfischung (sog. Anchovis-Krise).

1867 Vgl. *Verdross/Simma*, Universelles Völkerrecht, § 1100 ff. Dabei zeigt auch die Art und Weise der auch unter Anwendung von Gewalt geführten Auseinandersetzungen um Fischereirechte deutlich, daß hier widerstreitende Interessen aufeinanderprallten (vgl. *Verdross/Simma*, Universelles Völkerrecht, § 1090/Fn. 13).

1868 Zu diesen "Territorialisten" gehörten die meisten Entwicklungsländer und industrialisierte Langküstenstaaten (d.h. die, die am meisten davon profitiert hätten), *Graf Vitzthum*, in: Graf Vitzthum (Hrsg.), Völkerrecht (2. Aufl.), 5. Abschnitt, Rdnr. 51/Fn. 137.

1869 *Verdross/Simma*, Universelles Völkerrecht, § 1100 i.V.m. § 1091.

die Ausschließliche Wirtschaftszone nunmehr in Art. 55 ff. SRÜ. Die Inanspruchnahme der Wirtschaftszone durch praktisch alle Staaten bedeutet hinsichtlich der wirtschaftlichen Nutzungsmöglichkeit eine Reduzierung der Hohen See um rund ein Drittel.[1870] Dadurch ist die Bedeutung der Hochseefischerei zurückgegangen, da sich die wirtschaftlich wertvollen Bestände nunmehr weit überwiegend in den küstenstaatlich kontrollierten Zonen befinden.[1871] Die Staaten haben sich also im Ergebnis ein gut gesichertes Fischereimonopol geschaffen.[1872]

Die hier in Grundzügen aufgezeigte Ausdehnung staatlicher Hoheitsrechte hat seit den 1950er Jahren das Gebiet der Hohen See um etwa 40 % gegenüber seiner früheren Ausdehnung reduziert.[1873] Diese "Verzonung ..., die von der Freiheit der Meere nur noch ein Torso übrigläßt"[1874] folgte typisch gesellschaftlichen Mustern. Dies zeigt sich nicht nur im zunächst jeweils unilateralen, auf die Bedürfnisse der andern Staaten keine Rücksicht nehmenden Vorgehen, sondern auch in den Ergebnissen. Die durch die beschriebenen Änderungen bewirkten Umverteilungen können nicht als Umsetzung von Gemeinschaftswerten gesehen werden. Zwar ließe sich anführen, daß die alte Weltmeeresordnung nicht mehr den Interessen aller Staaten diente, weil den neuen Staaten die entsprechenden technischen bzw. finanziellen Voraussetzungen für die Nutzung der hohen See fehlten.[1875] Aber die Umverteilung ging nicht (nur) zugunsten der Schwachen, und schon gar nicht zugunsten der Schwächsten. Im Fischereibereich wurde das frühere faktische Monopol der Fernfischereistaaten durch ein rechtliches Monopol der Küstenstaaten ersetzt.[1876] Generell orientiert sich die Umverteilung nicht an der Bedürftigkeit, sondern schlicht an der Länge der Küste. Dadurch wurde einseitig eine vergleichsweise kleine Zahl von Staaten mit entsprechender Lage begünstigt.[1877] Zu diesen Begünstigten gehören auch, ja zuvörderst, einige Industriestaaten,[1878] während die

---

1870 Vgl. *Steinberger*, Sovereignty, EPIL Bd. IV, 500 (517).

1871 *Graf Vitzthum*, in: Graf Vitzthum (Hrsg.), Völkerrecht (2. Aufl.), 5. Abschnitt, Rdnr. 63/Fn. 175. Nach *Graf Vitzthum*, EA 1978/1, 455 (462), bedeutet die Durchsetzung von ausschließlichen Wirtschaftszonen eine Vereinnahmung von 90 % der Weltfischvorkommen.

1872 Vgl. zu den Möglichkeiten, die Entstehung eines surplus' nach Art. 62 Abs. 2 SRÜ zu verhindern, bereits oben E.II.1.b)dd)(3)(a)(aa), S. 261. Der Abschirmung der durch die Verwendung zahlreicher unbestimmter Rechtsbegriffe in Art. 62 SRÜ den Staaten eingeräumten Entscheidungsfreiheit dient weiterhin Art. 297 Abs. 3 SRÜ, der Fischereistreitigkeiten weitgehend von der obligatorischen Streitbeilegung ausnimmt (vgl. *Verdross/Simma*, Universelles Völkerrecht, § 1106).

1873 *Verdross/Simma*, Universelles Völkerrecht, § 1126; *Koskenniemi*, From Apology to Utopia, 204 f. Zur primär zur Befriedigung wirtschaftlicher Interessen durchgesetzten Einschränkung der Meeresfreiheit zusammenfassend auch *Ziegler*, Völkerrechtsgeschichte, § 49 IV.

1874 *Graf Vitzthum*, EA 1978/1, 455 (461).

1875 Vgl. *Graf Vitzthum*, EA 1978/1, 455 (460 f.); *Verdross/Simma*, Universelles Völkerrecht, § 594.

1876 *Graf Vitzthum*, EA 1978/1, 455 (462).

1877 Vgl. *Jenisch*, in: Lemper (Hrsg.), Die III. UN-Seerechtskonferenz, 25.

1878 Vgl. die Übersicht bei *Köhler*, Die Seerechtskonferenz, 54 f., sowie *Graf Vitzthum*, EA 1978/1, 455 (462).

Binnenstaaten weitgehend leer ausgingen.[1879] Es ging nicht um eine Begünstigung der Entwicklungsländer, sondern um eine Selbst-Begünstigung der Staaten, die für sich Vorteile sahen.[1880] Ebenso deutlich wie zutreffend faßt *Graf Vitzthum* zusammen: "Die Aufteilung bisheriger Allmende-Ressourcen[1881] unter die Uferstaaten hat eben mit Gesichtspunkten der Verteilungsgerechtigkeit nichts zu tun."[1882]

Die Entwicklung ist vielmehr ein "triumph of individualism over collectivism in international relations."[1883] Den durch ihre Lage privilegierten Staaten ist es als "beati possidentes" gelungen, zu Lasten der geographisch benachteiligten Staaten große Teile der Meeresressourcen unter ihre Kontrolle zu bringen[1884] und so einer gemeinschaftlichen Nutzung zu entziehen. Dabei kann man die Regelungen des SRÜ angesichts der noch weitergehenden Forderungen einiger Küstenstaaten - 200sm-Küstenmeer, Totalteilung des Meeresbodens entlang der Mittellinie zwischen den ozeanischen Anrainern - sogar noch als eine "Begrenzung der küstenstaatlichen Seenahme" ansehen.[1885] Die Ausdehnung des Küstenmeeres sowie die Beanspruchung der küstenstaatlichen Funktionsräume der ausschließlichen Wirtschaftszone und des Festlandsockels zeigt, daß Interdependenz nicht zwangsläufig zu einer Zunahme an Gemeinsinn und Beschränkungen von Souveränität führt, sondern das genau das Gegenteil der Fall sein kann.

Die tatsächliche Entwicklung entlarvt dabei zugleich den Einsatz von gemeinschaftsbezogenen Begriffen und Konzepten zur Verfolgung eigennütziger Zielsetzungen. So haben gerade auch die Entwicklungsländer mit der "größten Land-, See- und Rohstoffnahme in der Geschichte der Menschheit" die von ihnen propagierte Rohstoffpolitik unterlaufen, denn je mehr Vorkommen nationaler Hoheit unterstellt werden, desto weniger können nach gemeinschaftlichen Kriterien zugeteilt werden.[1886] Wenn es um die eigenen Interessen geht, sind auch Entwicklungsländer bereit, die sonst eingeforderte Solidarität zu opfern. Darüber hinaus ist der Prozeß der Entstehung des Instituts der ausschließlichen Wirtschaftszone auch ein Beispiel dafür, wie "'Treuhandkonzepte' ... expansionistisch eingesetzt oder jedenfalls so wirken"

1879 *Köhler,* Die Seerechtskonferenz, 57, weist zurecht darauf hin, daß gerade einige der am wenigsten entwickelten Staaten von der Teilhabe an den Schätzen der Meere ausgeschlossen wurden.

1880 Vgl. *Graf Vitzthum*, EA 1978/1, 455 (462). S. etwa zur Verhandlungsstrategie der Europäischen Gemeinschaft *Eitel*, EA 1994/1, 701 (705).

1881 Die Allmende ist Sinnbild der (Wirtschafts-)Verfassung der (Dorf-)gemeinschaft, vgl. *Tönnies*, Gemeinschaft und Gesellschaft, 33 f.

1882 *Graf Vitzthum*, EA 1978/1, 455 (462).

1883 So *O'Connell*, Law of the Sea, Bd. 1, 552, mit Bezug zur Ausschließlichen Wirtschaftszone, die Aussage trifft für die Entwicklung des Festlandsockel- und Küstenmeerregimes aber ebenso zu. Ähnlich *Jenisch,* in: Lemper (Hrsg.), Die III. UN-Seerechtskonferenz, 16, der ein Überwiegen der "Tendenz zur Nationalisierung der Meere" konstatiert.

1884 Vgl. *Verdross/Simma*, Universelles Völkerrecht, § 1084; *Jenisch,* in: Lemper (Hrsg.), Die III. UN-Seerechtskonferenz, 32.

1885 So *Eitel,* EA 1994/1, 701 ff. (704).

können.[1887] Freilich ist auch eine derartige Politik des verhüllten Egoismus nicht neu.[1888]

(c) Zusammenführung und Bewertung

Die vorangegangenen Unterabschnitte haben zwei gegenläufige Tendenzen aufgezeigt. Während sich insbesondere in Teil XI des Seerechtsübereinkommens Gemeinschaftselemente nachweisen lassen, ist die Entwicklung im Hinblick auf die Ausdehnung exklusiver küstenstaatlicher Befugnisse in immer größeren Bereichen des Meeres eindeutig Ausdruck einer individualistischen, gesellschaftlichen Grundhaltung.

Die innere Widersprüchlichkeit zwischen einerseits internationalistischen und andererseits nationalistischen, souveränitätsbetonenden Elementen[1889] macht eine ganzheitliche Bewertung schwierig. Freilich genügt es im Rahmen der hier untersuchten Fragestellung, ein "non liquet" festzustellen, da schon damit die Behauptung einer Vergemeinschaftlichung der internationalen Beziehungen (auf dem Gebiet des Seerechts) widerlegt wäre. Hierfür aber genügen die zusammengetragenen Fakten.

Dabei sollte man sich im klaren darüber sein, daß die beiden angesprochenen Trends sich nicht isoliert nebeneinander entwickelten, sondern miteinander verbunden waren. Sie waren insofern "in dysfunktionaler Weise miteinander verschränkt"[1890], als die nationalistischen, unilateralen Beanspruchungen des Küstenvorfeldes jeweils internationalistische Forderungen hinsichtlich eines multilateralen Meeresbodenregimes herausforderten und umgekehrt, wobei die gegenseitigen Forderungen immer weitreichender wurden.[1891] Wenngleich man danach zwar nicht von einer einseitigen Ursache-Wirkungsbeziehung ausgehen kann, so bleibt doch festzuhalten, daß es in den 1960er Jahren auch eine gezielte "defensive" Ausweitung der nationalen Kontrolle über die den Küsten vorgelagerten Bodenschätze gab,[1892] die dazu führte, daß "über die 200-Seemeilen-Wirtschaftszone heute der Löwenanteil dessen, was unter dem Aspekt der Rohstoffgewinnung am Meeres-

1886 Vgl. deutlich zum Widerspruch zwischen den Forderungen nach einer zentralen Rohstoffpolitik und der gerade auch von der Gruppe der 77 betriebenen Errichtung von Wirtschaftszonen *Graf Vitzthum*, EA 1978/1, 455 (462).

1887 *Graf Vitzthum*, in: Graf Vitzthum (Hrsg.), Völkerrecht (2. Aufl.), 5. Abschnitt, Rdnr. 160/Fn. 410.

1888 Ganz ähnlich wurde bspw. im 18. und 19. Jahrhundert vorgegangen, als Treuhandmodelle als "Legitimationsgrundlage für kolonialen Imperialismus" dienten, vgl. *Graf Vitzthum*, in: Graf Vitzthum (Hrsg.), Völkerrecht (2. Aufl.), 5. Abschnitt, Rdnr. 160/Fn. 410.

1889 Vgl. *Graf Vitzthum*, EA 1978/1, 455 (456).

1890 *Graf Vitzthum*, EA 1978/1, 455 (461).

1891 *Graf Vitzthum*, EA 1978/1, 455 (461).

1892 *Graf Vitzthum*, in: Graf Vitzthum (Hrsg.), Völkerrecht (2. Aufl.), 5. Abschnitt, Rdnr. 48.

boden interessant ist, unter den Küstenstaaten aufgeteilt" ist.[1893] Man kann das als "Ozean-Imperialismus" bezeichnen.[1894]

Insofern "war die Geburtsstunde des Common-Heritage-Konzepts zugleich eine Stunde der Wahrheit."[1895] Denn die durch ihre Lage bevorzugten Staaten sicherten sich, was sie bekommen konnten, und verkleinerten so den Umfang der ohnehin erst in Zukunft auch von den Benachteiligten zu nutzenden Vorkommen erheblich.[1896] Seit dieser "Desavouierung"[1897] ist das Menschheitserbekonzept in seiner moralischen Ausstrahlung erheblich geschwächt und wird - wie andere Figuren aus gemeinschaftsorientierten Modellen auch -, als argumentative Waffe zur Verfolgung egoistischer Ziele, die mit dem überkommenen Souveränitätsbewußtsein nur zu gut in Einklang stehen, eingesetzt.[1898]

"Der Versuch, eine internationale 'Ethik des Meeresgrundes' zu entwerfen, war von den geographisch begünstigten Staaten unterlaufen worden."[1899] Außerhalb des Meeresbodenregimes stand ohnehin "[d]ie Terranisierung des Meeres, seine einzelstaatliche Nutzung und Ausbeutung sowie die real kaum dem gemeinsamen Nutzen dienende Reglementierung der Bewirtschaftung seiner Ressourcen ... im Mittelpunkt der Seerechtsentwicklung."[1900] Obwohl technologische, wirtschaftliche und ökologische Notwendigkeiten ein Zusammenwirken der Staaten nahelegen, streben viele Staaten danach, "bestimmte Nutzungen, wenn möglich, sich selbst vorzubehalten, d.h. die Nutzungschancen staatlicherseits zu monopolisieren."[1901] Dies ist den Staaten im küstennahen - und, jedenfalls nach herkömmlichen Vorstellungen, nicht ganz so küstennahen - Meeresgebiet sehr umfassend gelungen. Dadurch wurden "bisher die Ansätze in den Schatten gestellt, die grenzüberschreitende Kommunikation und Kooperation ... verteilungsgerechter zu organisieren."[1902] Von einem Durchbruch des Gemeinschaftsgedankens kann nach alledem hinsichtlich des Meeres-Regimes nicht gesprochen werden.

1893 *Kewenig*, EA 1981/1, 1 (2).

1894 Diesen Ausdruck verwendete *Andrassy*, FS Verdross (1971), 31 (40), um eine - aus damaliger Sicht noch nicht festgeschriebene - Situation zu beschreiben, die dem heutigen Ergebnis der Debatte ziemlich genau entspricht: Das Menschheitserbe ist durch die von den Küstenstaaten beanspruchten Gebiete wesentlich geschmälert und kann erst in Zukunft genutzt werden.

1895 *Graf Vitzthum*, EA 1978/1, 455 (463).

1896 Vgl. *Graf Vitzthum*, EA 1978/1, 455 (463).

1897 *Graf Vitzthum*, EA 1978/1, 455 (463).

1898 Vgl. *Graf Vitzthum*, EA 1978/1, 455 (463). Dabei bedienen sich keinesfalls nur die Entwicklungsländer des Arguments, um (gruppen-)egoistische Ziele zu verfolgen. So wurde es von Vertretern westlicher Staaten herangezogen, um Ansprüche auf eine Berücksichtigung ihrer (preislichen) Interessen bei der Verteilung von Ölvorkommen zu begründen, vgl. hierzu *Durner,* Common Goods, 211 f.

1899 *Graf Vitzthum*, EA 1978/1, 455 (463).

1900 *Graf Vitzthum*, in: Graf Vitzthum (Hrsg.), Völkerrecht (2. Aufl.), 5. Abschnitt, Rdnr. 127.

1901 *Graf Vitzthum*, in: Graf Vitzthum (Hrsg.), Völkerrecht (2. Aufl.), 5. Abschnitt, Rdnr. 48.

1902 *Graf Vitzthum*, in: Graf Vitzthum (Hrsg.), Völkerrecht (2. Aufl.), 5. Abschnitt, Rdnr. 48. Ähnlich *Eitel,* EA 1994/1, 701 (704), der die von den Küsten- und Archipelstaaten als Gegenleistung für ihre Zugewinne an Exklusivrechten erbrachten Gegenleistungen als "bescheiden" bezeichnet.

(4) *Gemeinschaftliche Rechtsetzung?*[1903]

(a) Staatendemokratische Elemente als gemeinschaftliche Rechtsetzung

Im Rahmen der in Teil C vorgenommenen Grundlegungen wurde der Konsens als "ursprüngliche Quelle des Völkerrechts"[1904] angesehen. Gleichzeitig ist bereits die Frage aufgeworfen worden, ob die Erzeugung völkerrechtlicher Normen noch immer - wie es in der Klassik der Fall war - ein Verhalten des von der Bindung betroffenen Staates voraussetzt, das sich in einem weiteren Sinne als Akt der Zustimmung deuten läßt.[1905]

Die Voraussetzung eines Zustimmungsaktes für Beschränkungen der Handlungsfreiheit ist eine typisch gesellschaftliche Institution. Gesellschaftliches Recht ist stets konsensuales (vorzugsweise vertragliches) Recht. Die typische gesellschaftliche Rechtsordnung kann "in der einen Formel zusammengefaßt werden: pacta esse observanda, ..., womit die Voraussetzung eines Zustandes getrennter Willenssphären und Gebiete gegeben ist, deren tatsächlicher Umfang bejahet oder garantiert ... wird, so daß mithin eine bejahte und folglich rechtmäßige Veränderung jeder Sphäre nur stattfinden kann ... allein durch Kontrakte, d.i. durch Einwilligung aller."[1906] Die Lotusformel, wonach "the rules of law binding upon states ... emanate from their own free will",[1907] übersetzt diese Aussage ins Völkerrecht.

Demgegenüber greifen universalistische, am Leitbild einer Staatengemeinschaft orientierte Ansätze ein striktes Konsenserfordernis seit jeher an. Dies mag auf den ersten Blick überraschen, da doch eine Gemeinschaft dem Idealtypus nach viel weitergehend auf einem Konsens beruht, als eine Gesellschaft: Charakteristisch ist nach *Tönnies* die "Einheit des Wollens und Denkens um ihrer selbst (und nicht eines äußeren Zwecks oder rationalen Interesses) willen".[1908] Es herrschen Verständnis und Eintracht,[1909] namentlich "stillschweigendes Einverständnis ... über

---

[1903] Mit der Rechtsetzung wird hier nur die Erzeugung von Recht durch bzw. für Staaten behandelt, die bereits zur Völkergesellschaft bzw. -gemeinschaft gehören. Damit wird nicht näher eingegangen auf die Frage, wie es zur Bindung neuer Staaten an das Völkerrecht kommt, insbes. ob hierzu eine Konsentierung durch die Neustaaten erforderlich ist (vgl. allg. hierzu *Schweitzer*, New States and International Law, EPIL Bd. III, 582 ff.). Besonders intensiv wird die Bindung von Neustaaten an das bereits vor ihrer Entstehung erzeugte Völkergewohnheitsrecht diskutiert. In der Theorie standen sich hierzu die unterschiedlich begründete These von der "vorgefundenen Rechtsordnung" und die These vom notwendigen Konsens gegenüber (vgl. *Ipsen*, Völkerrecht, § 16, Rdnr. 28 ff.). Die Staatenpraxis entspricht überwiegend dem zweitgenannten Ansatz (*Ipsen*, Völkerrecht, § 16, Rdnr. 31, unter Hinweis auf das internationale Wirtschaftsrecht).

[1904] *Verdross/Simma*, Universelles Völkerrecht, § 519.

[1905] Vgl. zur Diskussion um die Fortgeltung des Konsensprinzips oben C.IV.3.b)cc), S. 159.

[1906] *Tönnies*, Gemeinschaft und Gesellschaft, 51.

[1907] StIGH, Urteil vom 7.9.1927 in *The Case of the S.S. "Lotus"*, PCIJ Ser. A No. 10, 18.

[1908] Vgl. *Specht*, Gemeinschaft, HdSW Bd. 4, 329 (329); *Ambros*, Gesellschaft, HdSW Bd. 4, 427 (431).

[1909] Vgl. *Tönnies*, Gemeinschaft und Gesellschaft, 22.

Pflichten und Gerechtsame, über Gutes und Böses".[1910] Insofern also ist die Gemeinschaft gleichsam die Gesellung auf der Basis eines "natürlichen", umfassenden Konsenses, während in der Gesellschaft nur ein inhaltlich bescheidener Grund-Konsens besteht, der mindestens die gegenseitige "Bejahung" umfassen muß.

Dennoch haben alle Gemeinschaftstheoretiker erkannt, daß eine völlig einträchtige Welt mit automatischer Rechtsbefolgung durch alle Akteure, wie sie dem Idealtypus entspricht, unrealistisch ist und daher die Notwendigkeit gesehen, Ausreißer, die die Gemeinschaft insgesamt oder einzelne Regeln des Gemeinschaftsrechts ablehnen, unter Kontrolle zu bringen. Der Dissens über Rechte und Pflichten ist in der realexistierenden Gemeinschaft eine unvermeidbare Erscheinung, was eine Entscheidung darüber notwendig macht, wie Rechte und Pflichten ausgestaltet sein sollen. Zur Feststellung des Gemeinschaftsinteresses und der zu seiner Erreichung zu befolgenden Normen sind verschiedene Verfahren vorgeschlagen worden, die sich grob in zwei Kategorien aufteilen lassen:

Erstens können die Normen auf eine höhere, das heißt göttliche Autorität zurückgeführt werden (wobei deren Vorgaben typischerweise in einem notwendig subjektiven, der deduktiven Methode folgenden Feststellungs- und Interpretationsprozeß durch bestimmte Gemeinschaftsmitglieder wie Priester oder Juristen in anwendbare Rechtssätze verwandelt werden); eine neuzeitliche Variante dieses naturrechtlichen Ansatzes ist die Folgerung von Rechtssätzen aus "faits sociaux" oder bestimmten (z.B. ökologischen) Notwendigkeiten. Diese Linie wurde bereits zurückgewiesen und sie hat auch keinen Rückhalt in der modernen Staatenpraxis. Hier soll es nur noch um die zweite vorgeschlagene Möglichkeit zur Feststellung des bonum commune gehen, das Mehrheitsprinzip. Dieses spielte schon bei *Vitoria*[1911] eine Rolle und findet sich unter anderem auch bei *Alvarez.*[1912]

Insbesondere für die Zeit nach 1989 wurde behauptet, daß die "insistence on the sovereign consent of states" im Rahmen der Rechtserzeugung, wie sie noch vor allem die ersten Jahre nach dem Zweiten Weltkrieg geprägt habe, von einem neuen Denken abgelöst worden sei, wonach "the creation of norms binding all states [is] irrespective of their consent or dissent ..." erfolge.[1913] Mit dieser Aussage - die mit recht vagen und nach der vorangegangenen Betrachtung der Fortschritte des See-

---

1910 *Tönnies*, Gemeinschaft und Gesellschaft, 22.

1911 *Vitoria* kombinierte beide hier angesprochene Wege. Im Bereich des "ius humanum" galt nach seiner Lehre das Mehrheitsprinzip, das er aus dem Gedanken einer ursprünglichen Völkerrechtsgemeinschaft ableitete, wobei er freilich auf die Mehrheit nicht von Staaten, sondern der Menschen abstellte. Insofern korrespondiert sein Entwurf nach der hier vorgenommenen Einteilung eher mit dem Ansatz einer interindividuellen Völkerrechtskonzeption. Vgl. zu *Vitoria* oben B.VI.2.a), S. 28.

1912 S.o. B.X.2.b)aa), S. 89. Auch andere moderne Autoren behaupten und/oder fordern eine Überwindung des Konsensprinzips, z.B. *Charney*, vgl. Fn. 1234.

1913 *Delbrück*, in: Delbrück (Hrsg.), Allocation of Law Enforcement Authority in the International System, 135 (149). Er meint, daß ein entsprechender Trend schon früher erkennbar gewesen sei, aber erst in "the present period" habe dieser Trend einen "qualitative leap" gemacht.

und Umweltrechts kaum überzeugenden Argumenten gestützt wird[1914] - behauptet *Delbrück* also einen induktiv feststellbaren Wandel im positiven Recht. Nur darum geht es hier. Postulate, die im weiteren Sinne als naturrechtlich einzuordnen sind, werden nach den oben in Teil C[1915] getroffenen Grundlegungen nicht weiter verfolgt.[1916]

Im folgenden soll untersucht werden, inwiefern die Staaten derartige Mehrheitsentscheidungsmechanismen installiert oder akzeptiert haben und inwiefern sie als Ausdruck einer gemeinschaftlichen Gesinnung gesehen werden können. Es geht dabei um die Frage, welche Grundregel der Grundkonsens (heute) über die Entstehung völkerrechtlicher Bindungen enthält, insbesondere ob er sich in Richtung eines "Mehrheits-Rechts" gewandelt hat. Denkbar wäre freilich auch eine Durchsetzung des Mehrheitsprinzips ohne die Zustimmung aller Gemeinschaftsmitglieder. Dies wäre möglich in einer patriarchischen Gemeinschaft, in dem ein Staat oder einige Staaten (vielleicht auch eine wie auch immer bestimmte Mehrheit) die Führung übernommen und das Mehrheitsprinzip durchgesetzt hätten.

1914 *Delbrück*, in: Delbrück (Hrsg.), Allocation of Law Enforcement Authority in the International System, 135, führt auf S. 150 u.a. an, daß zahlreiche Regelungen des Seerechtsübereinkommens vor deren Inkrafttreten bereits verbindliches Recht waren sowie daß "a similar process with regard to some fundamental pronouncements of new Law at the Rio Environmental Summit" stattgefunden habe. Die angesprochenen Entwicklungen im Seerecht lassen sich jedoch mit herkömmlichen Ansätzen zur Entstehung von Völkergewohnheitsrecht durchaus erklären. Betroffen hiervon waren v.a. die Regime über die küstennahen Zonen, die bereits vorher bestehendes Völkerrecht fortentwickelten. Die Ausdehnung der Gebiete und Ausweitung der darin ausgeübten Hoheitsbefugnisse lag im gemeinsamen (aber nicht gemeinschaftlichen) Interesse der die Praxis prägenden Küstenstaaten (vgl. oben E.II.1.b)dd)(3)(b), S. 265). Hinzu kommt, daß die Unterzeichner des Übereinkommens (Auflistung bei *Nordquist* (Hrsg.), UNCLOS, Bd. V, Anm. 305.23/Fn. 22) jedenfalls soweit sie an Art. 18 WVRK gebunden waren, durch das dort verankerte Frustrationsverbot rechtlich gehindert waren, dieser Entwicklung aktiv entgegenzuwirken. Nicht bindend geworden waren aber die eigentlich kritischen Stellen, namentlich Teil XI. Insofern sollte es zu denken geben, daß das Tiefseeregime (und deshalb der Vertrag insgesamt) lange nicht und dann nur nach ausdrücklichem, die ursprüngliche Regelung erheblich korrigierenden neuen Konsens (in Form des Durchführungsabkommens) in Kraft trat. Die Berufung *Delbrücks* auf Rio zeigt deutlich die bereits angesprochene Gefahr, aus "jungen" Prozessen Trends zu extrapolieren und daraus wiederum weitreichende Schlußfolgerungen zu ziehen. Auch heute kann die weitere Entwicklung nicht vorher gesagt werden. Derzeit kann aber kaum festgestellt werden, daß der "Rio-Prozeß" inhaltlich oder verfahrensmäßig revolutionäre Entwicklungen ausgelöst hätte.

1915 S. 107.

1916 Diese sind freilich interessant insofern, als sie plastisch zeigen, zu welcher Varianz an Ergebnissen deduktive Ansätze führen können, wenn es darum geht, die erforderliche Mehrheit zu definieren. Gleichzeitig zeigt sich, wie realitätsfern solche Schlüsse sein können. Wie bereits ausgeführt (oben Fn. 1911) hatte *Vitoria* auf die Mehrheit der Menschen abgestellt. Will man diesen Satz auf eine operable Ebene herunterbrechen, so stellt sich nicht nur die derzeit nur näherungsweise beantwortbare Frage nach der Zahl der auf der Erde lebenden Menschen. Fraglich ist auch, ob diese indirekt (repräsentiert durch noch immer überwiegend undemokratische Regime, z.B. VR China?) oder direkt (technische Durchführung? Auskunftsfähigkeit?) befragt werden sollen. Andererseits ließe sich auf die (einfache?) Mehrheit der Staaten abstellen. Für Unentschlossene wird eine Vereinigungstheorie angeboten, nach der eine doppelte Mehrheit erforderlich wäre (*Del Vecchio*, ARSP 48 (1962), 289 (297)).

Bei der nun vorzunehmenden Analyse werden zunächst einzelne Rechtserzeugungsmechanismen betrachtet. Anschließend wird die Querschnittsproblematik des ius cogens untersucht. Schließlich erfolgt eine Zusammenfassung der Ergebnisse dieses Unterabschnitts.

(b) Mehrheitselemente im Bereich der anerkannten herkömmlichen Rechtsquellen

(aa) Vertragsrecht - Einstimmigkeit vs. Mehrstimmigkeit

Der Vertrag als typisches gesellschaftliches Rechtserzeugungsinstrument setzt die Zustimmung aller Parteien voraus, die an ihn gebunden sein sollen, und ist damit das Musterbeispiel konsensualer Rechtsetzung. Es fragt sich, inwiefern die moderne Staatenpraxis von diesem Leitbild abweicht. In solchen Abweichungen kann man eine Gemeinschaftstendenz sehen, weil bei durch eine Mehrheit erzeugten vertraglichen Normen, die auch für Staaten gelten, die nicht zugestimmt haben, das typische "do ut des" entfällt und stattdessen (möglicherweise) das bonum commune durch die Mehrheit bestimmt wird. Im folgenden sollen einige der Mehrheitselemente erörtert werden, die im Völkerrecht anerkannt sind oder diskutiert werden. Dabei wird zunächst untersucht, ob es objektive Vertragswirkungen, das heißt eine Vertragsrechtsetzung gegen den Willen einzelner Staaten gibt. Anschließend wird gefragt, wie die in vielen Verträgen konsensual geschaffenen Mehrheitselemente zu bewerten sind.

(i) Erste Gruppe: Objektive Drittwirkung von Verträgen?

Auch im geltenden Völkerrecht ist jedenfalls als Grundsatz die Regel *pacta tertiis nec nocent nec prosunt* anerkannt (Art. 34 WVRK).[1917] Seit jeher wird diskutiert, ob und welche Ausnahmen es hiervon gibt. Dabei stellt sich jeweils zunächst die im Wege der Auslegung zu beantwortende Vorfrage, ob einzelne Vertragsklauseln (z.B. Art. 2 Ziff. 6 SVN)[1918] wirklich auf eine rechtliche Bindung dritter Staaten[1919] abzielen oder ob es sich nur um tatsächliche, als Reflex einzustufende Beeinträchtigungen handelt.

[1917] Vgl. *Verdross/Simma*, Universelles Völkerrecht, § 757.

[1918] Besonders lebhaft wurde die Frage einer beabsichtigten Bindung Dritter bei Art. 2 Ziff. 6, daneben auch für Art. 39 und 103 SVN diskutiert. Nach einer Ansicht sollen durch Art. 2 Ziff. 6 SVN abweichend von den Regeln über einen Ausschluß von Verträgen zu Lasten Dritter auch Nichtmitglieder an bestimmte Regelungen der Satzung gebunden werden (so *Ballreich*, Verträge zugunsten und zu Lasten Dritter, WVR III, 544 (545); *Seidl-Hohenveldern/Stein*, Völkerrecht, Rdnr. 330 f.). Demgegenüber sieht die zutreffende h.M. gestützt auf den Wortlaut und den Umstand, daß sich die angesprochenen Pflichten auch aus allgemeinverbindlichem Völkerrecht ergeben, in der Vorschrift keinen (versuchten) Verstoß gegen die pacta-tertiis-Regel (vgl. z.B. *Tomuschat*, RdC 241 (1993 IV), 209 (252) m.w.N.).

[1919] Im hiesigen Zusammenhang nicht relevant ist die (zu bejahende) Frage, inwiefern Individuen unmittelbar aus völkerrechtlichen Verträgen verpflichtet werden können. Vgl. hierzu *Verdross/Simma*, Universelles Völkerrecht, § 772; *Ballreich*, Verträge zugunsten und zu Lasten Dritter, WVR III, 544 (547).

Nur soweit danach wirklich eine Berechtigung oder Verpflichtung dritter Staaten beabsichtigt ist, stellt sich die Frage nach der Rechtswirksamkeit solcher Vorschriften. Dabei sind hier Verträge zu Gunsten Dritter nicht interessant, weil die davon betroffenen Staaten das "Geschenk" nicht annehmen müssen.[1920] Das Konsensprinzip ist aber immer dann betroffen, wenn belastende Rechtswirkungen aus Verträgen zwischen Dritten hergeleitet werden. Obwohl nach Art. 35 WVRK ein Drittstaat nur mit seiner (schriftlichen) Zustimmung verpflichtet werden kann,[1921] werden in der Literatur eine Reihe von Konstellationen diskutiert, die Ausnahmen von der pacta-tertiis-Regel darstellen sollen.

Scheinbare Ausnahmen

Auf eine erste Gruppe dieser Konstellationen muß hier nicht näher eingegangen werden, weil es sich bei ihnen weder um neue Erscheinungen noch um wirkliche Ausnahmen von der pacta-tertiis-Regel handelt. Hierher gehören Bindungen des Gebietsnachfolgers an die sogenannten lokalisierten Verträge des Gebietsvorgängers, Gebietsabtretungsverträge, Beschränkungen neuer Staaten aus den Verträgen, durch die sie geschaffen wurden sowie Verträge, welche die territoriale Souveränität von Staaten einschränken.[1922]

Diese Fälle stellen zum einen gegenüber dem klassischen Völkerrecht keine Neuheit dar und sind daher ungeeignet, im Verhältnis zu diesem einen Vergemeinschaftlichungstrend anzuzeigen. Zum anderen können sie überzeugend mit der h.M.[1923] als nur scheinbare Ausnahmen erklärt werden. Denn in diesen Fällen geht es nicht um die Herleitung von Pflichten aus einem Vertrag *inter alios.* Fraglich ist vielmehr, ob und inwieweit dritte Staaten verpflichtet sind, bestimmte *Zustände* zu respektieren, die durch völkerrechtliche Verträge, deren Gültigkeit sich aus der Verfügungsgewalt der Vertragsparteien über die Regelungsmaterie herleitet, begründet wurden. Ob eine solche Pflicht besteht, das heißt ob sich dritte Staaten bestimmte tatsächliche Verhältnisse entgegenhalten lassen müssen, beantwortet sich nach Völkergewohnheitsrecht.[1924]

1920 Jedenfalls durch Nichtausübung der ohne seine Zustimmung geschaffenen Rechte kann ein Staat sich im Ergebnis von ihm nicht gewollten Rechtsfolgen entziehen, vgl. *Verdross/Simma*, Universelles Völkerrecht, § 760; ähnlich *Cahier*, RdC 143 (1974 III), 595 (730).

1921 Die pacta-tertiis-Regel ist auch Bestandteil des geltenden Gewohnheitsrechts (*Graf Vitzthum*, in: Graf Vitzthum (Hrsg.), Völkerrecht (2. Aufl.), 1. Abschnitt, Rdnr. 120. Vgl. auch schon StIGH, Urteil vom 7.6.1932 zu *Free Zones of Upper Savoy and District of Gex*, PCIJ Ser. A/B No. 46, 49. Weitere Rechtsprechungsnachweise bei *Schwarzenberger*, International Law I, 466 ff.).

1922 Vgl. Aufzählungen bei *Ipsen*, Völkerrecht, § 12, Rdnr. 27; *Verdross/Simma*, Universelles Völkerrecht, § 765.

1923 Z.B. *Ipsen*, Völkerrecht, § 12, Rdnr. 27; *Verdross/Simma*, Universelles Völkerrecht, §§ 766 ff.

1924 Vgl. *Verdross/Simma*, Universelles Völkerrecht, § 767; *Schwarzenberger*, International Law I, 470. Das Völkergewohnheitsrecht wiederum ist - wie noch näher zu zeigen ist - selbst durchaus konsensualer Natur, vgl. hier nur *Ipsen*, Völkerrecht, § 1, Rdnr. 43.

Bernadotte-Gutachten

Das Bestehen eines solchen völkergewohnheitsrechtlichen Satzes (und damit das Vorliegen nur einer scheinbaren Ausnahme von der pacta-tertiis-Regel) wird teilweise auch für den Sachverhalt behauptet, um den es in dem Gutachten des IGH im Fall *Bernadotte*[1925] ging.[1926] Nach diesem Rechtsgutachten besitzen die Vereinten Nationen eine von den Gründungsstaaten erzeugte internationale Rechtspersönlichkeit, die auch Nichtmitglieder anerkennen müßten. Die Geltung eines Satzes des allgemeinen Völkerrechts, wonach alle Staaten verpflichtet sind, den durch die Gründungsmitglieder geschaffenen Zustand der Völkerrechtssubjektivität einer internationaler Organisation zu respektieren, läßt sich aber weder für den Zeitpunkt der Entscheidung[1927] noch in der Folgezeit[1928] belegen. Der IGH hat es (deshalb?) unterlassen, eine entsprechende Begründung, die insbesondere auf die entgegenstehende Rechtsprechungstradition hätte eingehen müssen, auch nur zu versuchen[1929] und stellte stattdessen "lakonisch"[1930] die Behauptung auf, daß

> "fifty states, representing the vast majority of the members of the international community, had the power, in conformity with international law, to bring into being an entity possessing objective international personality, and not merely personality recognized by them alone, together with capacity to bring international claims."[1931]

Mit dieser Formulierung wird also eine objektive, unmittelbar aus dem Vertrag fließende Völkerrechtssubjektivität der Vereinten Nationen erga omnes behauptet.

1925 IGH, Gutachten vom 11.4.1949 über *Reparations for Injuries Suffered in the Service of the United Nations*, ICJ Reports 1949, 174 ff.

1926 Z.B. *Verdross/Simma*, Universelles Völkerrecht, § 767.

1927 So zutreffend unter Hinweis auf die entgegenstehende frühere Rechtsprechung sowie auch die Praxis der Vereinten Nationen *Schwarzenberger*, International Law I, 469; Diss. Op. *Krylov*, ICJ Reports 1949, 217 (218 f.); *Arangio-Ruiz*, RdC 137 (1972 III), 431 (677/Fn. 118).

1928 Nach auch heute ganz h.L. ist die Gründung von internationalen Organisationen *res inter alios acta*. Dementsprechend wird im Hinblick auf die Völkerrechtssubjektivität von internationalen Organisationen die konstitutive Anerkennungstheorie angewandt. Der *Bernadotte*-Fall wird dabei entweder als durch besondere Umstände bedingte "Ausnahme" bezeichnet (so z.B. *Schweitzer*, Staatsrecht III, Rdnr. 695) oder bleibt hinsichtlich seiner eigentlichen Problematik sogar unerörtert (so bei *Bindschedler*, International Organizations, General Aspects, EPIL Bd. II, 1289 (1299)). Zum Teil wird auch behauptet, er sei als Ausnahme "allgemein akzeptiert" (so *Klein*, in: Graf Vitzthum (Hrsg.), Völkerrecht (2. Aufl.), 4. Abschnitt, Rdnr. 104). Demgegenüber vertritt eine m.M., meist unter Berufung auf das *Injuries*-Gutachten, daß die von den Gründungsmitgliedern geschaffene Völkerrechtssubjektivität anerkannt werden müsse, z.B. *Verdross/Simma*, Universelles Völkerrecht, § 767, die diese Aussage aber auf "universale internationale Organisationen" beschränken. Weitergehend z.B. *Ipsen*, Völkerrecht, § 12, Rdnr. 30, wo keine Anforderungen an die Zahl der Gründungsmitglieder oder die Natur der von ihnen geschaffenen Organisation gestellt werden.

1929 Das Fehlen einer juristischen Begründung kritisiert z.B. *Cahier*, RdC 143 (1974 III), 595 (705).

1930 *Hudson*, AJIL 44 (1950), 1 (15); *Klein*, Reparations for Injuries Suffered in Service of UN (Advisory Opinion), EPIL Bd. IV, 174 (175).

1931 IGH, Gutachten vom 11.4.1949 über *Reparations for Injuries Suffered in the Service of the United Nations*, ICJ Reports 1949, 174 (185).

Sie steht damit in Widerspruch zum Prinzip der Relativität vertraglicher Beziehungen,[1932] das "regardless of their number or importance" der Vertragsparteien gilt.[1933]

Dementsprechend kontrovers fiel die Bewertung des Urteils aus. Nach einer Ansicht ist es schlicht falsch;[1934] aus dieser Sicht kann es allenfalls als Fehltritt nach dem Motto "hard cases make bad law" erklärt werden.[1935] Andere Autoren sehen in dem Urteil den Satz bestätigt, daß die Gründer einer internationalen Organisation dieser auch gegenüber anderen Staaten Völkerrechtssubjektivität verleihen können.[1936] Weitergehend wird das Urteil zur Stützung der Behauptung herangezogen, daß auch in anderen Bereichen "objektive", das heißt erga omnes wirksame Verträge möglich seien. So sieht etwa *Ballreich* in den Gründungsverträgen internationaler Organisationen "die entwickeltste Form" eines "Ordnungsvertrages", worunter er solche mit (belastenden) Drittwirkungen versteht.[1937] Die Existenz derartiger Verträge zeige, "daß sich eine Änderung der Struktur der Völkerrechtsgemeinschaft" vollziehe; die zunehmende Interdependenz der Staaten wird letztlich als Ursache für objektives Recht und die damit verbundene Relativierung der staatlichen Souveränität gesehen.[1938]

Sog. Statusverträge

Anknüpfend an schon lange vor dem *Bernadotte*-Gutachten vorhandenes naturrechtliches Gedankengut[1939] wurde die allgemeine Geltung eines Prinzips behauptet, wonach eine (meist nicht genau) bestimmte Gruppe von Staaten durch Verträge Recht für andere Staaten setzten könne. Unter verschiedenen Bezeich-

---

1932 *Schwarzenberger*, International Law I, 469.

1933 So deutlich *Read*, Sep. Op. zu *Status of South-West Africa*, ICJ Reports 1950, 164 (165).

1934 So *Schwarzenberger*, International Law I, 469 ff.; *Arangio-Ruiz*, RdC 137 (1972 III), 431 (677/Fn. 118); Diss. Op. *Krylov*, ICJ Reports 1949, 217 (218 f.). Auch innerhalb der Generalversammlung der Vereinten Nationen wurde Kritik an dem Gutachten geübt, mit der Begründung, es sei mit dem Souveränitätsprinzip unvereinbar, *Klein*, Reparations for Injuries Suffered in Service of UN (Advisory Opinion), EPIL Bd. IV, 174 (176).

1935 In diesem Zusammenhang werden alternative Lösungswege erörtert, die zum gleichen Ergebnis geführt hätten. Vgl. hierzu unter Anknüpfung an die Diss. Op. des Richters *Badawi Pasha Schwarzenberger*, International Law I, 470.

1936 So außer den oben in Fn. 1928 z.B. *Dahm/Delbrück/Wolfrum*, Völkerrecht I/1, 53, die für derartige Verträge die Bezeichnung "institutionelle Verträge" vorschlagen.

1937 Vgl. *Ballreich*, Verträge zugunsten und zu Lasten Dritter, WVR III, 544 (546).

1938 Vgl. *Ballreich*, Verträge zugunsten und zu Lasten Dritter, WVR III, 544 (546).

1939 Vgl. allgemein zu den naturrechtlichen Wurzeln des Mehrheitsgedankens im Völkerrecht oben E.II.1.b)dd)(4)(a), S. 271, sowie speziell in Bezug auf Vertragswirkungen *Ballreich*, Treaties, Effect on Third States, EPIL Bd. IV, 945 (947). - Wie stets, wenn aus übergeordneten Prinzipien bzw. Notwendigkeiten konkrete Rechtssätze deduziert werden, stellen sich die typischen Probleme ein. So sind einerseits die Voraussetzungen für die Rechtsetzung (oder "-feststellung") durch die Mehrheit unklar (vgl. folgender Absatz). Zum anderen können "Irrtümer" bei der Feststellung des gemeinen Interesses auftreten (vgl. hierzu *Ballreich*, Treaties, Effect on Third States, EPIL Bd. IV, 945 (948), unter Hinweis auf das drastische Beispiel des Münchener Abkommens von 1938).

nungen[1940] wurde die Existenz von Verträgen[1941] behauptet, die "aufgrund ihrer besonderen Natur und Bedeutung für die gesamte Staatengemeinschaft nicht nur inter partes, sondern erga omnes gelten sollen."[1942] Derartige objektive Ordnungen (Statusverträge) wurden für verschiedene Materien erwogen, insbesondere für Regionen, die Rechtsstellung eines Staates, internationale Verkehrswege sowie bestimmte Räume (z.B. Hohe See, Meeresboden, Weltraum).[1943] Allen diesen Ansätzen liegt der Gemeinschaftsgedanke zugrunde, denn die objektive Geltung wird stets letztlich auf die Verfolgung des "Weltinteresse[s]"[1944] gestützt.

Bei der Umschreibung der Voraussetzungen, unter denen eine "internationale Gesetzgebung" möglich sein soll, werden zum einen inhaltliche Kriterien genannt, das heißt der Vertrag soll subjektiv[1945] oder objektiv[1946] dem Gemeinschaftsinteresse dienen. Bezüglich der Vertragsparteien wäre es denkbar, nur auf deren Zahl abzustellen und eine Mehrheit zu fordern (wobei dann das Ausmaß der erforderlichen Mehrheit - die schon der IGH im *Bernadotte*-Fall nicht präzisierte[1947] - bestimmt werden müßte). Diese auf eine Mehrheit unter Gleichen abstellende Variante, die am Leitbild einer genossenschaftlichen Gemeinschaft orientiert ist, wird jedoch von der Literatur nicht bevorzugt. Stattdessen wird (zusätzlich zum Mehrheitserfordernis) die Beteiligung bestimmter, meist als Großmächte bezeichneter Staaten gefordert,[1948] teilweise unter ausdrücklicher Berufung auf Vorbilder aus dem 19. Jahr-

---

1940 Außer dem hier verwendeten Begriff der Statusverträge spricht man von Ordnungsverträgen, objective régimes, law-making treaties sowie von international legislation.

1941 Als Beispiele werden genannt u.a. Vertrag von Konstantinopel über den Suezkanal vom 29.10.1888, der Antarktis-Vertrag vom 1.12.1959, der Weltraumvertrag vom 27.1.1967 und das Seerechtsübereinkommen der Vereinten Nationen vom 10.12.1982. Vgl. mit Fundstellen *Ipsen*, Völkerrecht, § 12, Rdnr. 28.

1942 Vgl. *Ipsen*, Völkerrecht, § 12, Rdnr. 28.

1943 Vgl. *Dahm/Delbrück/Wolfrum*, Völkerrecht I/1, 53, sowie den Vorschlag *Waldocks* für einen in die WVRK aufzunehmenden Artikel (vgl. hierzu *Tomuschat*, RdC 241 (1993 IV), 209 (245)).

1944 So *Dahm/Delbrück/Wolfrum*, Völkerrecht I/1, 53.

1945 So wohl *Dahm/Delbrück/Wolfrum*, Völkerrecht I/1, 53, die auf die Auffassung der den Vertrag abschließenden Parteien abstellen.

1946 Dahingehend wohl *Ballreich*, Verträge zugunsten und zu Lasten Dritter, WVR III, 544 (546), der zugleich die Schwierigkeiten bei der Feststellung des objektiven Interesses der Staaten(-gemeinschaft) anspricht.

1947 Die "vast majority", auf die der IGH sich berief, war ca. eine 5/8-Mehrheit aller damals bestehenden Staaten (vgl. *Schwarzenberger*, CLP 4 (1951), 1 (29)). Auch *Köck/Fischer*, Recht der internationalen Organisationen, 346, nennen dieses (einzige) Argument des IGH "wenig juristisch" und weisen darauf hin, daß völlig unklar "bleibt, an welchem Punkt die Vermehrung der Quantität eine Veränderung der Qualität mit sich bringt." Ähnlich *Cahier*, RdC 143 (1974 III), 595 (705).

1948 Bspw. verlangen *Dahm/Delbrück/Wolfrum*, Völkerrecht I/1, 53 eine Mehrheit (die sie bald als "groß", bald als "überwältigend" bezeichnen) der Staaten, wobei die "im internationalen Leben führenden Staaten" eingeschlossen sein müßten. Auf S. 55 führen sie zwar aus, daß auch im Falle der "Ordnungsverträge" Konsens erforderlich sei, um eine allgemein-völkerrechtliche Bindung herbeizuführen. Aber dadurch wird ihre eigentliche Aussage verdeckt. Denn wenn es als ausreichend angesehen wird, daß "die große Mehrzahl derjenigen Staaten, welchen aufgrund ihres politischen, ökonomischen oder militärischen Gewichts besondere Verantwortung für Entwicklung und Festigung der internationalen Ordnung zukommt, die neue Ordnung als

hundert.[1949] Diesen Äußerungen liegt die Idee einer patriarchischen Gemeinschaft zugrunde, in der die Großmächte als Führer der "Völkerfamilie" eine "integrierende Funktion erfüllen [sollen] und in Erfüllung dieser Ordnungsaufgabe Recht auch für Außenseiter des Systems setzen wollen und setzen müssen."[1950]

In der (schieds-)gerichtlichen Praxis gibt es durchaus Sprüche, in denen eine objektive Wirkung von Verträgen bejaht wird. Außer dem *Bernadotte*-Gutachten ist in diesem Zusammenhang zunächst der Ausspruch der vom Völkerbund zur Feststellung der Rechtslage der *Aalandinseln* eingesetzten Juristenkommission zu nennen.[1951] Weiterhin enthalten einige Entscheidungen des IGH in den Südwestafrika-Fällen Passagen, wonach durch einen Vertrag objektive internationale Regime errichtet werden können.[1952] Die genannten Fälle sind jedoch nicht geeignet, die Rechtsbehauptungen bezüglich der Statusverträge zu stützen. Zum einen deuten

---

eine für alle geltende Ordnung betrachtet", wird hinsichtlich der Staaten, die diese Voraussetzungen nicht erfüllen, ein Konsens gerade nicht gefordert.

1949 An den Gedanken im früheren "droit public de l'Europe", wonach die durch das Europäische Konzert beschlossenen sog. international settlements für alle Staaten verbindlich sein sollten, knüpft z.B. *Ballreich*, Verträge zugunsten und zu Lasten Dritter, WVR III, 544 (545) an. Die Berufung auf diese Beschlüsse ist jedoch nicht sehr überzeugend. Ganz abgesehen von der Frage, ob die Großmächte immer das gemeine Wohl im Blick hatten, ist auch die Behauptung, daß es sich hier um konsenslos gültiges Recht handelte, zu relativieren. Zunächst dienten die Beschlüsse in einem nicht unerheblichen Umfang nur der Festlegung ohnehin bestehenden Völkergewohnheitsrechts (*Seidl-Hohenveldern/Stein*, Völkerrecht, Rdnr. 324). Weiterhin ist, insbes. soweit humanitäre Zwecke wie z.B. die Eindämmung des Sklavenhandels verfolgt wurden, die Möglichkeit einer stillschweigenden Zustimmung in Erwägung zu ziehen (vgl. *Seidl-Hohenveldern/Stein*, Völkerrecht, Rdnr. 324). Selbst in den Fällen schließlich, in denen eine Bindung von nicht am Vertrag beteiligten Parteien ausdrücklich gewollt und behauptet wurde, bemühten sich die Großmächte um die Zustimmung der anderen Staaten und erhielten diese häufig auch (vgl. *Cahier*, RdC 143 (1974 III), 595 (730 f.)). Dementsprechend gehen *Oppenheim/Lauterpacht*, International Law I (8. Aufl.), §§ 115, 116, davon aus, daß die Vereinbarungen der Großmächte zwar vielfach von kleineren Staaten durch ausdrücklichen Konsens oder acquiescence anerkannt wurden, aber als solche nicht unmittelbar dissentierende Staaten binden konnten (vgl. zu dieser Ansicht auch oben E.I.3.b), S. 219); erstmals in der Satzung des Völkerbundes sei der Führungsanspruch der Großmächte - durch Konsens und beschränkt - auch rechtlich anerkannt worden.

1950 *Ballreich*, Verträge zugunsten und zu Lasten Dritter, WVR III, 544 (546).

1951 In Anknüpfung an die Vorstellungen über drittbindende Verträge im "droit public de l'Europe" hat die Kommission ausgesprochen, daß Verträge, die objektive Ordnungen errichten, über die Vertragsstaaten hinaus wirksam seien. Vgl. hierzu *Verdross/Simma*, Universelles Völkerrecht, § 765; *Klein*, Statusverträge, 4 ff.; mit einschränkender Interpretation sowie mit die Relativität von Vertragsbeziehungen betonenden Belegen aus der Staatenpraxis *Schwarzenberger*, International Law I, 460.

1952 Vgl. zusammenfassende Übersicht zu den insgesamt sechs Entscheidungen des Gerichts zu diesem Komplex bei *Klein*, South West Africa/Namibia (Advisory Opinions and Judgements), EPIL Bd. IV, 491 ff.; *Cahier*, RdC 143 (1974 III), 595 (673 ff.); *Klein*, Statusverträge, 9 ff. Im hiesigen Zusammenhang sind v.a. die Rechtsgutachten aus den Jahren 1950 und 1971 relevant. In seinem ersten Gutachten vom 11.7.1950 zum *Status of South West-Africa*, ICJ Reports 1950, 128 ff., führte der Gerichtshof aus, durch den Mandatsvertrag zwischen dem Völkerbund und Südafrika sei ein objektiver Status des Territoriums von Südwestafrika begründet worden, wies aber gleichzeitig darauf hin, daß auch Südafrika diesen anerkannt habe (ICJ Reports 1950, 128 (132)). In dem Gutachten vom 21.6.1971 über *Namibia (S.W. Africa)*, ICJ Reports 1971, 16 ff., heißt es, die Beendigung des Mandates sei "opposable to all States in

nur wenige Aussprüche in diese Richtung[1953], denen andere Äußerungen konträr entgegenstehen,[1954] im Falle Südwest-Afrikas sogar im gleichen Fall[1955]. Zweitens war die Berufung auf objektives Recht überflüssig.[1956] Schließlich hat auch der IGH[1957] in den Südwestafrika-Fällen in entscheidenden Punkten stets auch konsensuale Elemente angeführt.[1958]

Auch in der allgemeinen Staatenpraxis läßt sich eine vertragliche[1959] *erga-omnes*-Wirkung bestimmter Übereinkommen nicht nachweisen. Zwar haben verschiedene Staaten immer wieder versucht, Vertragswirkungen auch auf Dritte zu erstrecken, die Praxis läßt diese Absicht jedoch nicht genügen.[1960] Vielmehr ergibt sich unmittelbar aus dem Vertrag eine Verbindlichkeit für Dritte nur, sofern diese die

---

the sense of barring erga omnes the legalitiy of a situation which is maintained in violation of international law" (ICJ Reports 1971, 16 (56)).

1953 Vgl. *Cahier*, RdC 143 (1974 III), 595 (677). Selbst wenn man zwei Präzedenzfälle grundsätzlich für die Ausbildung einer neuen gewohnheitsrechtlichen Norm für ausreichend hielte, so wäre für den Beleg einer grundlegende Prinzipien der bisherigen Völkerrechtsordnung umstoßenden Norm, wonach auch ohne acquiescence Dritte an Verträge gebunden wären, umfassenderes Material anzuführen (vgl. *Schwarzenberger*, International Law I, 460; ähnlich verlangt *Tomuschat*, RdC 241 (1993 IV), 209 (240), zur Feststellung einer Änderung der Regeln über die Schaffung von Völkerrecht einen "unchallanged support").

1954 Vgl. zu (schieds-)gerichtlichen Entscheidungen, die die pacta-tertiis-Regel strikt anwenden oben Fn. 1921.

1955 Neben den inhaltlichen und argumentativen Widersprüchen (die Verwendung unterschiedlicher Argumentationen wurde von Richter *Fitzmaurice* als "totale Inkonsistenz" bezeichnet, *Fitzmaurice*, Diss. Op. zu *Namibia (S.W. Africa)*, ICJ Reports 1971, 208 (267)) wurde die Überzeugungskraft der Aussprüche auch dadurch geschwächt, daß sie von politischen Einflüssen geprägt waren und z.T. mit Zufallsmehrheiten zustande kamen. All diese Aspekte sprechen dagegen, bestimmte Äußerungen des Gerichtshofes als Ausdruck einer gemeinschaftlichen Rechtsüberzeugung anzusehen.

1956 Die gefundenen Ergebnisse hätten auch nach herkömmlichem Völkerrecht erzielt werden können. Der *Aaland*-Fall wäre ohne weiteres mit Hilfe der gewohnheitsrechtlichen Regeln über die Staatensukzession zu lösen gewesen, vgl. *Cahier*, RdC 143 (1974 III), 595 (677 und 731); *Verdross/Simma*, Universelles Völkerrecht, § 765 f. Auch in den Südwestafrika-Fällen war der Rückgriff auf die Konstruktion von objektiven Verträgen unnötig, vgl. *Cahier*, RdC 143 (1974 III), 595 (674 ff.).

1957 Selbst im Separatvotum zum *Status*-Gutachten von *McNair* wird die von ihm postulierte erga-"omnes"-Wirkung des objektiven Vertragsrechts auf Staaten beschränkt, die "in any ... way recognized the mandate" (vgl. *Schwarzenberger*, CLP 4 (1951), 1 (30 f.) m.N.).

1958 *Klein*, Statusverträge, 12 m.N.

1959 Nicht von Interesse ist hier die Einbindung von Nichtvertragsstaaten über das Völkergewohnheitsrecht (vgl. dazu etwa *Dahm/Delbrück/Wolfrum*, Völkerrecht, I/1, 52; *Verdross/Simma*, Universelles Völkerrecht, § 556 m.w.N., insbes. zur Entscheidung des IGH in den *North Sea Continental Shelf Cases*). Diese Art der Ausweitung des Kreises der an eine zunächst vertraglich begründete Norm gebundenen Staaten ist ein altbekanntes Phänomen und wird in Art. 38 WVRK ausdrücklich erwähnt. Auch in dieser Situation müssen die Voraussetzungen zu Bildung von Völkergewohnheitsrecht gegeben sein, "a treaty replaces neither practice nor opinio iuris" (so zutreffend *Mullerson*, AJIL 83 (1989), 494 (508), gegen *D'Amato*; *Ipsen*, Völkerrecht, § 16, Rdnr. 22 m.w.N.) Die Begründung einer Bindung von Nicht-Vertragsparteien an die (oder einzelne) Regelungen eines Vertrages auf diesem Wege erfordert danach subjektiv mindestens acquiescence, vgl. *Ipsen*, Völkerrecht, § 12, Rdnr. 28.

1960 Vgl. *Cahier*, RdC 143 (1974 III), 595 (676 f.). Gegenüber der Praxis des 19. Jahrhunderts ist insofern sogar ein gewisser Rückschritt festzustellen, vgl. *Cahier*, a.a.O., 731.

vertraglichen Regeln (ausdrücklich oder stillschweigend) anerkannt haben.[1961] Die hinter dieser Praxis stehende Rechtsüberzeugung kommt auch in der (Nicht-)Behandlung der Problematik in der WVRK deutlich zum Ausdruck.[1962] Zusammenfassend stellt *Cahier* fest: "On a d'ailleurs l'impression que la notion de traité établissant des situations objectives est surtout une création de la doctrine."[1963]

Zwischenfazit

Insgesamt ergibt sich, daß das internationale System nur in wenigen Ausnahmefällen Tendenzen zu einer objektiven Wirkung von Verträgen aufzeigt. In politischen Extremsituationen scheint es eine Bereitschaft zu geben, sich - wenn auch unnötig[1964] - über an sich anerkannte rechtliche Grundsätze hinwegzusetzen und unter Berufung auf das Gemeinschaftsinteresse auch Dritte an Verträge zu binden. Dabei wird der Ausnahmecharakter durch die juristische Qualität der angesprochenen Entscheidungen des IGH unterstrichen, die auch wegen ihrer argumentativen Defizite nicht verallgemeinerungsfähig sind. Dennoch können sie als Ausdruck gemeinschaftlichen Denkens wenigstens in extremen Situationen gewertet werden. Sie reichen jedoch nicht hin, um einen erheblichen Positionswechsel auf dem Gesellschafts-Gemeinschafts-Kontinuum zu begründen. Zum einen hat es vergleichbare Einbindungen von Nicht-Vertragsstaaten, gerade auch in humanitärem Kontext, schon früher gegeben.[1965] Zum anderen zeigen sich in der Staatenpraxis deutliche Gegentendenzen und damit ein Festhalten am Konsens-

1961 Vgl. *Ipsen*, Völkerrecht, § 12, Rdnr. 28, und *Verdross/Simma*, Universelles Völkerrecht, § 769, beide unter Berufung auf *Klein*, nach dem im Falle der Statusverträge Dritte nur gebunden sind, wenn sie die von den Vertragsparteien behauptete Kompetenz zur Regelung einer Angelegenheit des allgemeinen Interesses diesen Staaten auch zuerkennen.

1962 Die äußerst restriktive Regelung des 4. Abschnitts der WVRK bringt eindeutig zum Ausdruck, daß ohne eine (sogar ausdrückliche) Zustimmung keine Bindung möglich sein soll. Hinzu kommt, daß sich Vorschläge zur Aufnahme einer Regelung über objective régimes nicht durchzusetzen vermochten (vgl. *Ipsen*, Völkerrecht, § 12, Rdnr. 28; *Ballreich*, Treaties, Effect on Third States, EPIL Bd. IV, 945 (947)).

1963 *Cahier*, RdC 143 (1974 III), 595 (677). Die Richtigkeit dieser Aussage wird durch zwei Indizien belegt, die typisch sind für Situationen, in denen sich die Theorie auf unsicherem Terrain befindet. Das eine ist die Relativierung und Absicherung von Aussagen durch Ausdrücke wie "vielleicht" oder "man wird ... annehmen dürfen" (siehe *Dahm/Delbrück/Wolfrum*, Völkerrecht I/1, 53). Das andere liegt in der weit über Entscheidungsgegenstand und -inhalt hinausschießenden Darstellung und Interpretation einzelner Urteile (eindrucksvoll *Ballreich*, Verträge zugunsten und zu Lasten Dritter, WVR III, 544 (545)).

1964 Als einzige "echte" Ausnahme von der pacta-tertiis-Regel bezeichnet *Cahier*, RdC 143 (1974 III), 595 (698 ff.), die Bindung von internationalen Organisationen an ihren Gründungsvertrag. Richtigerweise liegt hier entsprechend zur Situation bei der vertraglichen Schaffung neuer Staaten (vgl. dazu *Verdross/Simma*, Universelles Völkerrecht, § 765) aber nur eine scheinbare Ausnahme vor. Im übrigen betrifft sie nicht die Stellung der Staaten und ihre Souveränität.

1965 Vgl. *Seidl-Hohenveldern/Stein*, Völkerrecht, Rdnr. 324, die auf die Bemühungen zur Eindämmung des Sklavenhandels hinweisen.

erfordernis, das Ausdruck der souveränen Gleichheit (Art. 2 Ziff. 1 SVN) ist[1966]. Bindungen durch Verträge zwischen Dritten werden generell nicht akzeptiert; die WVRK bestätigt dies unmißverständlich. Auch in neuerer Zeit hat sich das Festhalten am Konsensprinzip deutlich daran gezeigt, daß das Meeresbodenregime des Seerechtsübereinkommens der Vereinten Nationen erst nach einer korrigierenden, ausdrücklichen Konsentierung durch die betroffenen Staaten in Kraft treten konnte.

(ii) Zweite Gruppe: Konsentierte Mehrheitsregime

Zahlreiche nach 1945 abgeschlossene völkerrechtliche Verträge enthalten Mehrheitsklauseln.[1967] Diese ermöglichen Mehrheitsentscheidungen in sehr verschiedenen Bereichen, wobei hier nur solche mit Mehrheit gefaßte Beschlüsse von Interesse sind, mit denen verbindlich über Rechte und Pflichten der Vertragsstaaten entschieden wird. Derartige Möglichkeiten sind nicht nur in den Gründungsverträgen internationaler Organisationen vorgesehen, sondern auch in anderen Verträgen, die entsprechende Änderungs- oder Dynamisierungsklauseln aufweisen. Alle diese Regeln sind mit den herkömmlichen Regeln, die dem Konsensprinzip zugrunde liegen, ohne weiteres vereinbar, da die inhaltliche Änderung des Vertrages durch eine Mehrheit der Vertragsparteien oder der Mitglieder eines Organs stets auf der freien Zustimmung aller Vertragsparteien beruht.[1968]

Beispielsweise enthalten einige multilaterale Verträge Klauseln, die eine Änderung mit Mehrheit ermöglichen (z.B. Art. 108 f. SVN).[1969] Innerhalb von internationalen Organisationen (z.B. Art. 27 SVN), aber auch im Rahmen von organisatorisch verfestigten Verträgen (z.B. Art. 2 IX des Montrealer Protokolls)[1970] werden zudem bestimmte Gremien ermächtigt, mit Mehrheit Beschlüsse zu fassen, die alle Ver-

---

1966 Vgl. zur Unvereinbarkeit einer Bindung von Nichtvertragsparteien mit dem herkömmlichen Verständnis dieses Prinzips *Schwarzenberger*, CLP 4 (1951), 1 (29); *Ballreich*, Treaties, Effect on third States, EPIL Bd. IV, 945 (948).

1967 Vgl. *Friedmann*, The Changing Structure, 125 ff., der als weitere Abweichung von der Einstimmigkeitsregel die Möglichkeit zur Anbringung von Vorbehalten behandelt.

1968 *Schwarzenberger*, International Law I, 459 f.; *Skubiszewski*, International Legislation, EPIL Bd. II, 1255 (1260).

1969 Weitere Beispiele für multilaterale Verträge, insbes. Gründungsverträge weiterer internationaler Organisationen, die eine für alle Mitglieder verbindliche Änderung durch bestimmte Mehrheiten zulassen, bei *Skubiszewski*, International Legislation, EPIL Bd. II, 1255 (1256 f.).

1970 Das Montrealer Protokoll (s.o. Fn. 1817) ist ein Beispiel dafür, daß auch außerhalb von internationalen Organisationen in Verträgen Versammlungen von Staatenvertretern mit Legislativbefugnis ausgestattet werden. Gem. Art. 2 IX können mit 2/3-Mehrheit für alle Vertragsstaaten unmittelbar verbindliche Anpassungen des Abbaukalenders beschlossen werden. Solche Anpassungen sind auch tatsächlich vorgenommen worden. Vgl. hierzu *Graf Vitzthum*, in: Graf Vitzthum (Hrsg.), Völkerrecht (2. Aufl.), 5. Abschnitt, Rdnr. 145 f.

tragsstaaten binden.[1971] Am weitesten verbreitet sind verbindliche Mehrheitsentscheidungen im Rahmen der Europäischen Gemeinschaften.[1972]

Fraglich ist, inwiefern derartige konsentierte Mehrheitsentscheidungen als Ausdruck eines gemeinschaftlichen Denkens der Beteiligten anzusehen sind. Hierzu ist zunächst festzustellen, daß es Mehrheitsbeschlüsse auch in einer Gesellschaft gibt.[1973] In diesem Kontext dienen sie letztlich der Verfolgung von Einzelinteressen. Von einem gemeinschaftlichen Hintergrund eines Mehrheitsregimes wäre dagegen auszugehen, wenn die Einführung von Mehrheitsentscheidungen nicht zur Durchsetzung von Interessen von Einzelstaaten oder Staatengruppen dienen soll, sondern durch die übergeordneten Interessen der internationalen Gemeinschaft insgesamt legitimiert wäre.[1974] Entsprechend müßten bei regionalen Verbindungen die Mehrheitsentscheidungen der Verfolgung der Gemeinschaftsinteressen der beteiligten Staaten dienen.

Ob nun die Vereinbarung von Mehrheitsentscheidungen Ausdruck des Strebens nach der Verwirklichung von Gemeinschaftsinteressen ist, ist direkt schwer zu überprüfen. Denn zum einen ist eine objektive Bestimmung des bonum commune allenfalls in Extremfällen hinreichend sicher möglich, zum anderen wird gemeinschaftsbezogene Rhetorik auch gezielt zur Verdeckung staatenegoistischer Interessenpolitik eingesetzt[1975]. Nichtsdestotrotz lassen sich einige Beispiele aufführen, in denen die vertragsmäßige Bestimmung des Anwendungsbereichs[1976], die verfahrensrechtliche Ausgestaltung[1977] oder die praktische Handhabung[1978] von Mehrheitsklauseln nur schwerlich als gemeinschaftsdienlich dargestellt werden kann.

1971 Es ist umstritten, ob derartige Beschlüsse als sekundäres Vertragsrecht anzusehen sind oder eine eigenständige Völkerrechtsquelle darstellen (dafür z.B. *Skubiszewski*, International Legislation, EPIL Bd. II, 1255 (1260 f.). Im hiesigen Zusammenhang kommt es auf diese Frage der Kategorisierung nicht an.

1972 Vgl. zu Anwendungsbereich, Ausgestaltung und praktischer (Nicht-)Anwendung des Mehrheitsprinzips im Rat der Europäischen Gemeinschaften *Streinz*, Europarecht, Rdnr. 260 ff.

1973 Bspw. werden in einer Aktiengesellschaft - sie ist der "vollkommenen Typus" einer gesellschaftlichen Verbindung (*Tönnies*, Gemeinschaft und Gesellschaft, 202 f.) - Organbeschlüsse mit Mehrheit gefaßt.

1974 Vgl. *Tomuschat*, RdC 241 (1993 IV), 209 (240).

1975 Vgl. oben Fn. 1888.

1976 Ausgehend vom Idealbild einer umfassenden Staatengemeinschaft ist natürlich schon die Beschränkung gemeinschaftlicher Rechtsbildung auf von den Staaten bestimmte (Sach-)Gebiete ein erheblicher Abstrich, da diese Bestimmung nicht unbedingt dem als übergeordnet betrachteten Gesamtinteresse der Gemeinschaft übereinstimmen muß. Damit überhaupt von einer für die Bestimmung des Gesellungstyps relevanten Abweichung vom Einstimmigkeitsgrundsatz gesprochen werden kann, muß die vertragliche Regelung, die ein Mehrheitsregime begründet, zum einen Sachbereiche mit einer gewissen Bedeutung betreffen. Zum anderen muß sie einen echten inhaltlichen Spielraum eröffnen, d.h. die mit Mehrheit zu fassende Entscheidung darf nicht vollständig determiniert sein (dann läge materiell eine einstimmig getroffene Entscheidung der Vertragsparteien vor).

1977 Vielfach sind die konkreten Abstimmungsregeln nicht mit dem Gemeinschaftskonzept kohärent. So ist etwa das Vetorecht der ständigen Mitglieder im Sicherheitsrat der Vereinten Nationen (Art. 27 Abs. 3 SVN) mit der Idee einer Gemeinschaft unter Gleichen unvereinbar. Es kann aber auch kaum mit dem Konzept einer patriarchischen Gemeinschaft in Übereinstimmung gebracht werden, sondern ist vielmehr Resultat machtpolitischen Denkens (s.o.

Von derartigen Bewertungsschwierigkeiten unbelastet ist ein indirekter Test des "Willens zur Gemeinschaft". Die Unterwerfung unter den Mehrheitswillen kann nur dann als Ausdruck gemeinschaftlicher Gesinnung gesehen werden, wenn sie auf Dauer angelegt ist. Ob dies der Fall ist ergibt sich - zuverlässiger als aus den Proklamationen der handelnden Staatenvertreter - aus den jeweiligen Verträgen. Immer dann, wenn diese es ermöglichen, sich bei mißliebigen Beschlüssen der Mehrheit der Bindung an diese zu entziehen[1979], spricht dies für eine gesellschaftliche Haltung. Denn letztlich behält sich der Staat damit vor, autonom seine eigenen Interessen zu bestimmen und über die Wege zu ihrer Erreichung zu entscheiden. Betrachtet man die völkervertragsrechtlich errichteten Mehrheitsregime, so ist festzustellen, daß sich die Staaten in fast allen Fällen durch Austritts-, Kündigungs- oder Rücktrittsmöglichkeiten davor abgesichert haben, sich auf Dauer auch gegen ihren Willen dem von der Mehrheit determinierten Gemeinschaftsinteresse fügen zu müssen. In den hier angesprochenen Fällen ist dies durch Austritt aus der Organisation der Vereinten Nationen[1980] bzw. durch Rücktritt vom Vertrag möglich[1981]. Nur im Fall der EU, die als regionale Ausnahme die universale Regel bestätigt, besteht

---

E.II.1.b)cc), S. 233), das sich im übrigen auch in der vielfach wenig gemeinschaftsorientierten Ausübung dieses Rechtes zeigte. Auch in anderen Organisationen wurde um Macht und Einfluß gerungen. Man denke bspw. an die Auseinandersetzungen um die Stimmengewichtungen in Rat und Parlament der Europäischen Gemeinschaften sowie an die Versuche der Dritte-Welt-Staaten, die Stimmrechte im Rat der den Tiefseebergbau regulierenden Behörde u.a. durch eine Überprivilegierung der sozialistischen Staaten so zu gestalten, daß die Durchsetzung ihrer Interessen dauerhaft gesichert worden wäre (vgl. dazu und zum "Modellcharakter" dieses Vorgehens *Graf Vitzthum*, EA 1978/1, 455 (466)).

1978 Selbst Autoren, die sich dafür aussprechen, in größerem Umfang nach dem Mehrheitsprinzip Recht zu setzen, weisen auf die Mißbrauchsmöglichkeiten hin (s. z.B. *Charney*, AJIL 87 (1993), 529 (545/Fn. 62)). Ein Beispiel hierfür ist auch die bewußte Inkaufnahme von Abstimmungsniederlagen im Rat der EG aus innenpolitischen Motiven. - Auch indem von der Möglichkeit, mit Mehrheit zu entscheiden nicht Gebrauch gemacht wird, kann das Gemeinschaftsinteresse verfehlt werden. So ist es durchaus denkbar, daß eine der zahlreichen geforderten Änderungen der SVN sinnvoll gewesen wäre. Selbst in den Europäischen Gemeinschaften wird - in den letzten Jahren freilich in geringerem Umfang - unter Umgehung der im Vertragstext vorgesehenen Mehrheitsentscheidungen den einzelnen Staaten politisch ein Veto-Recht eingeräumt. In der Luxemburger Vereinbarung und dem Kompromiß von Ionnina haben die Mitgliedstaaten die durch ihre Praxis bestätigte Auffassung zum Ausdruck gebracht, daß bei Berührung "sehr wichtiger Interessen" eines Mitgliedstaates (wobei diese "Schmerzgrenze" von diesem selbst bestimmt wird) dieses einzelstaatliche Interesse sich nicht dem von einer Mehrheit bestimmten Gemeinschaftsinteresse unterzuordnen braucht (vgl. zur Überlagerung des Mehrstimmigkeitsprinzips im Europäischen Gemeinschaftsrecht *Streinz*, Europarecht, Rdnr. 264 ff.).

1979 Dies entspricht beim Analogon der Aktiengesellschaft dem jederzeit möglichen Verkauf der Beteiligung.

1980 Vgl. zum nach h.M. bestehenden Austrittsrecht aus den Vereinten Nationen und den rechtlichen Konsequenzen eines Austritts *Doehring*, FG Forsthoff, 105 (118); *Klein*, in: Graf Vitzthum (Hrsg.), Völkerrecht (2. Aufl.), 4. Abschnitt, Rdnr. 79; *Schwarzenberger*, Law and Order, 48; *Oppenheim/Lauterpacht*, International Law I (8. Aufl.), § 168d.

1981 In Art. 19 des Montrealer Protokolls haben sich die Staaten ein nur durch - angesichts der Dauer der ozonrelevanten Prozesse - recht kurze Fristen beschränktes Rücktrittsrecht eingeräumt.

eine rechtliche Austrittsmöglichkeit nur sehr eingeschränkt.[1982] Freilich ist auch hier das mit der dauerhaften Einbindung verbundene Risiko durch escape-Klauseln wie die des Art. 95 Abs. 4 EGV relativiert.

(bb) Gewohnheitsrecht

Während nach einer Meinung die Bildung von Gewohnheitsrecht auf dem Konsens der Staaten beruht[1983] und damit ein Produkt souveränen Willens ist,[1984] gehen manche Autoren davon aus, daß universell bindendes Gewohnheitsrecht auch unabhängig von der Position eines einzelnen Staates oder einer kleinen Gruppe von Staaten erzeugt werden kann.[1985] Hierin wird ein Beleg dafür gesehen, daß die Staatengemeinschaft befugt ist, mit Mehrheit universell gültige Normen zu legeferieren.[1986] Im Rahmen des (versuchten) Nachweises, daß eine Rechtsetzung gegen einzelne Abweichler möglich ist, werden zwei Argumentationslinien verfolgt.[1987] Zum einen wird der "Normalfall"[1988] der Entstehung von völkergewohnheitsrechtlichen Normen betrachtet. Zum anderen werden als neuere Entwicklung die Aktivitäten multilateraler "Foren" untersucht, die die Bildung von Völkergewohnheitsrecht signifikant modifiziert hätten.[1989]

Die Erörterung der hier angesprochenen Fragen wird erheblich dadurch erschwert, daß der Geltungsgrund des Völkergewohnheitsrechts und die Voraussetzungen

---

1982 Ob und bejahendenfalls unter welchen Voraussetzungen einzelnen Mitgliedstaaten ein Austrittsrecht zukommt, ist umstritten (vgl. hierzu etwa *Streinz*, Europarecht, 90 f.). Zutreffenderweise ist ein freilich durch die vorrangigen Notstandsklauseln stark eingeschränktes Beendigungsrecht nach der clausula rebus sic stantibus anzunehmen (vgl. *Schmalenbach*, in: Calliess/Ruffert, EUV/EGV, Art. 312 EGV, Rdnr. 3; für die Anwendbarkeit der clausula z.B. auch *Huber*, Maastricht, 41; *Randelzhofer*, Staatsgewalt und Souveränität, HStR I, § 15 Rdnr. 34). Siehe hierzu auch unten E.III.4.b)cc), S. 338.

1983 Vgl. *Ipsen*, Völkerrecht, § 1, Rdnr. 43.

1984 *Thürer*, ZaöRV 60 (2000), 557 (596).

1985 Vgl. *Charney*, AJIL 87 (1993), 529 (531).

1986 Vgl. z.B. *Charney*, AJIL 87 (1993), 529 (542). Nicht alle Autoren bedienen sich dabei ausdrücklich des Begriffs der Gemeinschaft im hier aufgezeigten technischen Sinn. So sieht etwa *Charney* als Träger des Rechtsetzungsrechts "the international legal system". Dennoch ist das Gemeinschaftskonzept auch Hintergrund seiner Überlegungen. Insofern stark an *Alvarez* erinnernd, stellt auch er an den Anfang seiner Ausführungen die "Feststellung", daß die zunehmende Interdependenz der Staaten das Völkerrecht beeinflußt habe und daß es ein zunehmendes Bedürfnis gebe, universelle Normen zur Regelung globaler Belange (z.B. des Umweltschutzes) zu erzeugen (*Charney,* a.a.O., 529 f.). Hieraus leitet er die Wünschbarkeit einer Rechtsetzungsmöglichkeit auch gegen Ausreißer ab und untersucht, ausgehend von der Staatenpraxis und insofern durchaus kohärent mit dem hier gewählten methodischen Ansatz, ob es eine solche Möglichkeit tatsächlich gibt.

1987 Vgl. *Charney*, AJIL 87 (1993), 529 (531).

1988 Gemeint sind damit alle Entstehungsarten, die nicht zu der zweiten Gruppe gehören. Eine Übersicht über verschiedene Erzeugungsarten des Völkergewohnheitsrechts findet sich bei *Simma*, Das Völkergewohnheitsrecht, ÖHbVR Bd. 1 (3. Aufl.), Rdnr. 219 ff.

1989 Zu diesen Foren zählt *Charney*, AJIL 87 (1993), 529 (543 f.), namentlich Sicherheitsrat und Generalversammlung der Vereinten Nationen, Organe sonstiger internationaler Organisationen sowie ständige oder ad hoc einberufene multilaterale diplomatische Konferenzen.

seiner Entstehung umstritten sind. Nach h.M.[1990] entsteht Völkergewohnheitsrecht durch Übung der Völkerrechtssubjekte (consuetudo), die von einer opinio iuris getragen ist.[1991] Allerdings sind die genauen Anforderungen bezüglich der beiden Elemente der Staatenpraxis[1992] und der opinio iuris sive necessitatis[1993] nicht abschließend geklärt.[1994]

Unabhängig davon kann jedoch festgestellt werden, daß - jedenfalls soweit es um universell gültiges (allgemeines) Völkergewohnheitsrecht geht[1995] - eine ausdrückliche oder konkludente Zustimmung einzelner Staaten nicht erforderlich ist, um eine Bindung an eine Norm herbeizuführen; es genügt das Vorliegen von

---

1990 Die Mindermeinungen halten jeweils eines der beiden Elemente für nicht konstitutiv. Vgl. zu Ansichten, die auf das subjektive Element der opinio iuris verzichten wollen, z.B. *Verdross/Simma*, Universelles Völkerrecht, §§ 550, 561 ff. Ansätze, die den konstitutiven Charakter des objektiven Elements der Übung leugnen, stammen insbesondere von Vertretern der naturrechtlichen und konsensorientierten Rechtsschulen (*Ipsen*, Völkerrecht, § 16, Rdnr. 5). Während naturrechtliche Ansätze hier nicht mehr verfolgt werden, ist es nach den oben unter C.IV., S. 139, getroffenen Grundlegungen durchaus möglich, durch bloßen Konsens Völkerrecht zu erzeugen. Man befindet sich dann jedoch außerhalb des Rechtserzeugungsmechanismus des Völkergewohnheitsrechts, weshalb auf Fragen einer opinio iuris ohne (hinreichende) Übung im Zusammenhang mit den nicht in Art. 38 StIGH erwähnten Rechtserzeugungsmechanismen eingegangen werden wird (unten E.II.1.b)dd)(4)(c), S. 294).

1991 IGH, Urteil vom 20.2.1969 zum *Continental Shelf*, ICJ Reports 1969, 3 (44); *Streinz*, in: Sachs (Hrsg.), Grundgesetz, Art. 25, Rdnr. 32; *Weiß*, AVR 39 (2001), 394 (396 f.). - Nach dem Urteil des IGH im *Nicaragua*-Fall (Urteil vom 27.6.1986 zu *Military and Paramilitary Activities*, ICJ Reports 1986, 14 ff.) ist diskutiert worden, ob der IGH dem Element der Übung noch eine substantielle Bedeutung zumißt (siehe etwa ÖHbVR Bd. 2, D 249a ("Lippenbekenntnis")). Sicher liegt eine Schwäche des Urteils darin, daß es sich mit dem Element der Übung nur theoretisch auseinandersetzt, die Praxis - und hier namentlich die der behaupteten Norm entgegenstehende, auf die z.B. *D'Amato* in seinen Urteilsanmerkungen (AJIL 81 (1987), 101 (102 f.)) hingewiesen hat - aber nicht analysiert, sondern nur einige äußerst oberflächliche Behauptungen hierzu aufstellt. Von einer Abkehr des Gerichts vom Erfordernis der consuetudo kann aber nicht gesprochen werden. Zum einen hat der IGH in seinem Gutachten vom 8.7.1996 über *Threat or Use of Nuclear Weapons*, ICJ Reports 1996 (I), 226 (253 ff.), zwar wiederum den Schwerpunkt seiner Ausführungen auf die opinio iuris gelegt, das Nicht-Bestehen einer gewohnheitsrechtlichen Regel "specifically prohibiting the use of nuclear weapons as such" aber u.a. mit der "still strong adherence to the practice of deterrence" begründet. Im übrigen beseitigt auch im Völkerrecht eine unbefriedigende Subsumtion als solche nicht die davon betroffenen Tatbestandsmerkmale.

1992 Vgl. hierzu z.B. *Simma*, Das Völkergewohnheitsrecht, ÖHbVR Bd. 1 (3. Aufl.), Rdnr. 198 ff.; *Ipsen*, Völkerrecht, § 16, Rdnr. 7 ff.

1993 Vgl. hierzu *Verdross/Simma*, Universelles Völkerrecht, §§ 560 ff.; *Ipsen*, Völkerrecht, § 16, Rdnr. 12 ff.

1994 Hintergrund dieser Meinungsunterschiede sind nicht zuletzt die angesprochenen Theorien zum Verständnis des Völkergewohnheitsrechts (vgl. Übersicht bei *Verdross/Simma*, Universelles Völkerrecht, § 551 m.N.), in denen sich letztlich die grundlegenden Einstellungen zum Völkerrecht widerspiegeln. Nach dem hier gewählten induktiven Ansatz kann freilich die Festlegung für die eine oder andere Position nicht in übergeordneten Prinzipien wie dem Souveränitäts- oder (etwas spezieller) dem Konsensprinzip erfolgen, sondern es sind vielmehr ausgehend von der Staatenpraxis die tatsächlich angelegten Voraussetzungen für die Bildung von Völkergewohnheitsrecht zu ermitteln

1995 Demgegenüber wird für das Entstehen partikulären Völkergewohnheitsrechts verlangt, daß es von allen Staaten anerkannt wird, die es verpflichten soll. Vgl. *Verdross/Simma*, Universelles Völkerrecht, § 567 ff.

acquiescence.[1996] Die Praxis, die sich insofern auch auf die Formulierung von Art. 38 Abs. 1 des IGH-Statuts stützen kann[1997], stellt nicht auf die Akzeptanz von Normen durch die Streitparteien ab, sondern fragt lediglich, ob sie im allgemeinen anerkannt sind.[1998] Wenngleich danach ein Staat ohne seine Zustimmung (u.U. sogar ohne sein Wissen[1999]) einer neuen gewohnheitsrechtlichen Norm unterworfen werden kann,[2000] kann doch keine Rede davon sein, daß die Mehrheit die Befugnis habe, objektives, universell gültiges Recht zu setzen. Denn nach der sogenannten persistent-objector-Regel, die der IGH im Anglo-Norwegischen Fischereistreit[2001] formulierte, kann ein Staat eine Bindung an eine neue Regel verhindern, indem er ihrer Herausbildung und später ihrer Anwendung beharrlich widerspricht.[2002]

Die Regeln über die Entstehung von Völkergewohnheitsrecht erlegen den Staaten damit eine Erklärungslast auf, so daß Recht ohne den Willen eines Staates erzeugt werden kann, sie ermöglichen es aber nicht, gegen den Willen eines Staates Völkergewohnheitsrecht zu setzen.[2003] Darin zeigt sich, daß auch die Bindung an Völkergewohnheitsrecht auf Konsens (in dem oben[2004] beschriebenen weiten Sinne) beruht.[2005] Denn ihre Voraussetzung ist mindestens ein widerspruchsloses Verhalten, aus dem auf Akzeptanz geschlossen werden kann (acquiescence).[2006]

Solange keine durchschlagenden Argumente gegen die Geltung der persistent-objector-Regel im allgemeinen[2007] oder in bestimmten Fällen (erörtert wird eine

---

1996 *Seidl-Hohenveldern/Stein*, Völkerrecht, Rdnr. 476; *Ipsen*, Völkerrecht, § 16, Rdnr. 15.

1997 Dieser verlangt als Voraussetzung für das Vorliegen von Völkergewohnheitsrecht nur eine *allgemein* als Recht anerkannte Übung (lit. b), während Vertragsrecht dort als "von den streitenden Staaten ausdrücklich anerkannte Regeln" verstanden wird (vgl. *Simma*, Das Völkervertragsrecht, ÖHbVR Bd. 1 (3. Aufl.), Rdnr. 200).

1998 *Verdross/Simma*, Universelles Völkerrecht, §§ 554 f. m.w.N. und unter Hinweis u.a. auf die Entscheidung des StIGH im Falle der *Lotus* sowie des IGH im Fall *Nottebohm*.

1999 Voraussetzung einer Bindung ist aber die Möglichkeit zur Kenntnisnahme, vgl. *Müller/Cottier*, Acquiescence, EPIL Bd. I, 14 (15); *Graf Vitzthum*, in: Graf Vitzthum (Hrsg.), Völkerrecht (2. Aufl.), 1. Abschnitt, Rdnr. 141.

2000 Insofern dürfte, wenn man auf konkrete einzelne Bindungen abstellt, die Aussage *Hillgrubers*, JZ 2002, 1072 (1075), wonach ein Staat nicht ohne seinen Willen gebunden werden könne, nicht zutreffend sein.

2001 IGH, Urteil vom 18.12.1951 im *Fisheries Case (United Kingdom v. Norway)*, ICJ Reports 1951, 116 (131).

2002 Vgl. *Verdross/Simma*, Universelles Völkerrecht, § 558; *Ipsen*, Völkerrecht, § 16, Rdnr. 25 ff.

2003 Vgl. *Verdross/Simma*, Universelles Völkerrecht, § 558/Fn. 18, wonach dieser Grundsatz für alle Quellen des positiven Völkerrechts gilt. Ebenso hält *Randelzhofer*, Staatsgewalt und Souveränität, HStR I, § 15 Rdnr. 27 generell eine Rechtsbindung gegen den Willen der betroffenen Staaten für unmöglich.

2004 Fn. 1232.

2005 *Verdross/Simma*, Universelles Völkerrecht, § 558/Fn. 18; vgl. auch *Weiß*, AVR 39 (2001), 394 (404).

2006 Vgl. *Verdross/Simma*, Universelles Völkerrecht, § 558/Fn. 18.

2007 Daß die Regel in der Praxis nur selten herangezogen wird, rechtfertigt als solches nicht Zweifel an ihrer Geltung (so aber *Charney*, AJIL 87 (1993), 529 (538)). Bspw. spielen auch die allgemeinen Rechtsgrundsätze in der internationalen Praxis nur eine untergeordnete Rolle (vgl. *Seidl-Hohenveldern/Stein*, Völkerrecht, Rdnr. 534 ff.), ohne daß deshalb an ihrer Gültigkeit zu

Bindung an mehrheitlich erzeugtes ius cogens[2008] sowie die generelle Bindung neuer Staaten an bestehendes Völkergewohnheitsrecht[2009]) vorliegen, kann nach alledem von einer Erzeugung von Völkergewohnheitsrecht nach dem Mehrheitsprinzip nicht gesprochen werden. Selbst wenn man wie etwa *Tomuschat*[2010] die Staatenpraxis dahingehend deutet, daß die persistent-objector-Regel nicht effektiv anerkannt sei, so kann das daraus resultierende "slight element of majoritism"[2011] nicht als Anzeichen einer größeren Gemeinschaftlichkeit des modernen Völkerrechts deuten, da keine Veränderung des Prozesses der Erzeugung von Gewohnheitsrecht vorläge.[2012]

Abschließend sei noch darauf hingewiesen, daß auch durch die angesprochenen "Foren" das Konsenserfordernis nicht beseitigt wurde. Unbestreitbar ist, daß diese

zweifeln wäre. Auch das zweite Argument *Charneys* (a.a.O., 539 f.), wonach die Stellung als persistent objector einem Staat keinen relevanten Vorteil verschaffe, geht fehl. Die Behauptung, daß "International law allows steps to be taken against the objector as if it were violating the law" ist rechtlich unzutreffend, da der persistent objector sich rechtmäßig verhält und daher keine Repressalien gegen ihn zulässig sind. Zutreffend ist freilich, daß faktisch der Druck auf den persistent objector so groß werden kann, daß er schließlich seinen Widerstand aufgibt. Dieses Phänomen kann man freilich nicht nur als Befolgung einer schon vorher erzeugten Norm deuten, sondern mindestens ebensogut als durch (zulässigen) politischen Druck herbeigeführten Konsens.

2008 Auch von Autoren, die grundsätzlich die Geltung der persistent-objector-Regel bejahen, werden für bestimmte Fallgruppen Ausnahmen postuliert. Genannt werden ius cogens, "fundamental norms" sowie das Prinzip des Common Heritage of mankind (vgl. *Charney*, AJIL 87 (1993), 529 (541 f.) m.N.). Allen diesen Fällen ist gemeinsam, daß eine höhere Kategorie des Rechts angenommen wird, deren Normen im Unterschied zum normalen Völker(-gewohnheits-)recht unabhängig vom Konsens i.w.S. der Staaten gelten sollen. Nachdem naturrechtliche Begründungen für die Geltung von Prinzipien und/oder bestimmter Normen zurückgewiesen wurden, können "Über-Normen" nur bestehen, soweit ihre Geltung in der Staatenpraxis nachgewiesen werden kann. In dieser gibt es jedoch keine Grundlage für die Annahme, daß eine wie auch immer zu bestimmende Mehrheit von Staaten andere binden kann (vgl. allg. oben S. 281, sowie zum ius cogens unten S. 303).

2009 Als Ausnahme von der persistent-objector-Regel bzw. vom Konsenserfordernis wird häufig die Bindung von neu entstehenden Staaten an das bereits bestehende Völkergewohnheitsrecht genannt (z.B. *Charney*, AJIL 87 (1993), 529 (538 f.)). Nach der Praxis erfolgt jedoch jedenfalls keine umfassende und automatische Übernahme des "acquis communautaire" (vgl. oben Fn. 1903). Auch konstruktiv ist es durchaus möglich, die Bindung durch eine Anerkennung, d.h. unter Beachtung des Konsensprinzips zu erklären. Daß im Ergebnis viele neue Staaten völkergewohnheitsrechtliche Normen nicht bestritten haben oder sich mit ihrem Widerspruch nicht durchsetzen konnten, begründet im übrigen nicht einen zwingenden Schluß auf eine schon zum Zeitpunkt der "Geburt" dieser Staaten für diese verbindliche Norm, sondern kann ebenso als Beleg für einen durch die Machtverhältnisse induzierten Konsens seitens der Neustaaten interpretiert werden (diese Sicht würde allerdings schon für die "Geburtsstunde" fast aller neuer "Gemeinschaftsmitglieder" die Illusion der "Interdependenz" stören und den Umstand verdeutlichen, daß diese Staaten insbes. wirtschaftlich und organisatorisch einseitig von den Altstaaten abhängig sind).

2010 Diskussionsbeitrag, in: Delbrück, Jost (Hrsg.), Allocation of Law Enforcement Authority in the International System, 159 (159).

2011 *Tomuschat,* Diskussionsbeitrag, in: Delbrück, Jost (Hrsg.), Allocation of Law Enforcement Authority in the International System, 159 (159).

2012 Allenfalls wäre im modernen Völkerrecht das dann anzunehmende traditionelle Mehrheitselement dadurch in seiner praktischen Bedeutung eingeschränkt, daß zahlreiche früher gewohnheitsrechtlich geregelte Materien heute durch Verträge geregelt werden, die die - sogar ausdrückliche - Zustimmung aller Parteien erfordern.

Foren das Prozedere der Setzung von Völkerrecht einschließlich des Völkergewohnheitsrechts erheblich beeinflußt haben. Zahlreiche Entwicklungen im neueren Völkerrecht wurden durch Berichte, Entwürfe, Resolutionen etc. solcher Foren initiiert oder gefördert.[2013] Dennoch sind die Grundvoraussetzungen für die Bildung von Völkergewohnheitsrecht nicht geändert worden. Zwar wurde vertreten, daß die Beschlüsse der Foren als Übung und/oder Ausdruck einer opinio iuris anzusehen seien.[2014] Diese Ansicht konnte sich jedoch nicht durchsetzen. Weder ist in derartigen Beschlüssen automatisch die Äußerung einer opinio iuris zu sehen[2015], noch können sie die Praxis ersetzen[2016]. Die Bedeutung der Foren liegt vielmehr darin, daß sie die Herausbildung einer gemeinsamen Rechtsüberzeugung rationalisieren und dynamisieren[2017] sowie deren Nachweis erleichtern[2018] *können*. Die Möglichkeit einzelner Staaten, die Bindung an eine entstehende Norm des Völkergewohnheitsrechts durch Widerspruch zu verhindern, wird jedoch nicht eingeschränkt.[2019]

2013 *Charney*, AJIL 87 (1993), 529 (544). - Ob dies stets als Fortschritt zu betrachten ist, sei dahingestellt. So mag etwa aus der Perspektive einer kleinen, schwach personalisierten Regierung der angebliche Gewinn an Transparenz des Rechtserzeugungsprozesses sich ins Gegenteil verkehren, wenn die Mittel fehlen, um die Unmengen an Dokumenten, die auf verschiedenen Konferenzen erarbeitet werden, überhaupt zu sichten. Eine die eigenen Interessen unmittelbar berührende Praxis anderer Staaten hingegen kann weniger leicht übersehen werden.

2014 Vgl. Nachweise bei *Charney*, AJIL 87 (1993), 529 (545).

2015 In derartigen Foren gefaßte Beschlüsse können, müssen aber nicht Ausdruck einer opinio iuris sein (IGH, *Threat or Use of Nuclear Weapons*, ICJ Reports 1996, 255). Dies gilt u.U. auch im Hinblick auf die Staaten, die dem betreffenden (wie auch immer bezeichneten) Instrument zugestimmt haben (vgl. *Seidl-Hohenveldern/Stein*, Völkerrecht, Rdnr. 490 ff.). Im übrigen ist anzumerken, daß häufig weder die Art und Weise des Zustandekommens noch die schließlich erzielten inhaltlichen Übereinkünfte gemeinschaftlichen Idealen entsprechen. Die Anwendung des Mehrheitsprinzips oder des consensus-Verfahrens führt häufig zur Einbeziehung sachfremder Belange in Tauschgeschäften sowie zu Formelkompromissen (vgl. *Verdross/Simma*, Universelles Völkerrecht, § 593). Im Hinblick auf die Ergebnisse ist bereits mehrfach darauf hingewiesen worden, daß bspw. im Seerecht gerade die Teile des Seerechtsübereinkommens zu Völkergewohnheitsrecht wurden, die kaum als Ausdruck gemeinschaftlicher Ziele gesehen werden können. In jüngster Zeit sind zudem zahlreiche Konferenzen hinter den in sie gesetzten Erwartungen zurückgeblieben (vgl. zum nur zögerlichen Voranschreiten des Umweltvölkerrechts nach dem Gipfel von Rio 1992 oben E.II.1.b)dd)(2)(b), S. 256).

2016 *Simma*, Das Völkergewohnheitsrecht, ÖHbVR Bd. 1 (3. Aufl.), Rdnr. 198; *Ipsen*, Völkerrecht, § 16, Rdnr. 39. Die (möglicherweise) in dem Beschluß zum Ausdruck kommende Rechtsüberzeugung allein reicht also nicht aus, um Völkergewohnheitsrecht zu erzeugen. Daher sind Konstruktionen eines "instant", "pressure cooked" oder "hothouse custom" abzulehnen (*Verdross/Simma*, Universelles Völkerrecht, § 566; *Wildhaber*, SchweizJIR 36 (1980), 75 (79)). Eine an anderer Stelle (E.II.1.b)dd)(4)(c), S. 294) zu erörternde Frage ist, ob bestimmte Foren (namentlich die Generalversammlung der Vereinten Nationen) unabhängig vom Rechtserzeugungsmechanismus des Völkergewohnheitsrechts Recht setzen können. Als Quelle hierfür käme einerseits der im Rahmen dieser Untersuchung als ursprüngliche Quelle des Völkerrechts erkannte bloße Konsens in Betracht, andererseits ist zu prüfen, ob der Generalversammlung generell eine legislative Autorität zuerkannt wurde.

2017 Vgl. *Charney*, AJIL 87 (1993), 529 (547); *Verdross/Simma*, Universelles Völkerrecht, § 566.

2018 Vgl. IGH, *Threat or use of Nuclear Weapons*, ICJ Reports 1996, 254 f. (dort auch zu der Möglichkeit, daß Resolutionen der Generalversammlung der Vereinten Nationen Völkergewohnheitsrecht nur wiedergeben, das auf traditionellem Wege, d.h. ohne die Beteiligung von "Foren" entstanden ist).

2019 *Verdross/Simma*, Universelles Völkerrecht, § 637. Die Verhinderungsmöglichkeit der dissentierenden Staaten wird, sofern entsprechende Informationsaufnahmefähigkeiten bestehen,

(cc) Allgemeine Rechtsgrundsätze

Im Rahmen der Ansätze zur Reform des Völkerrechts spielen die allgemeinen Rechtsgrundsätze seit jeher eine herausragende Rolle. Bereits *Politis* wollte unter anderem das Verbot des *abus de droit* zur Zähmung der Souveränitätsansprüche der Staaten nutzbar machen,[2020] ein Gedanke, der sich auch bei *Alvarez* wiederfindet.[2021] Auch in der gegenwärtigen wissenschaftlichen Debatte wird den in Art. 38 Abs. 1 lit. c) IGH-Statut genannten "von den Kulturvölkern anerkannten allgemeinen Rechtsgrundsätze[n]" ein besonderer Gemeinschaftsbezug zuerkannt, da sie auf einen gemeinsamen Fundus gemeinsamer Werte deuteten, "which, quite naturally, must then also be an ingredient of the constitution of the international community as such."[2022]

In deutlichem Gegensatz zu der Funktion, die einige Autoren den allgemeinen Rechtsgrundsätzen für ein neues, gemeinschaftliches Verständnis des Völkerrechts beimessen, steht ihre Bedeutung in der Praxis[2023]. Namentlich der Internationale Gerichtshof ist sehr zurückhaltend in ihrer Anwendung,[2024] obwohl die Parteien sich in ihren Argumentationen durchaus auf sie stützen.[2025] In Entscheidungen, in denen allgemeine Rechtsgrundsätze eine Rolle spielen, werden sie nicht als solche bezeichnet.[2026] Bisher liegt keine Entscheidung des IGH vor, die im Ergebnis nur auf

faktisch sogar erleichtert, da die Praxis in Umkehrung des traditionellen Prozesses der Formulierung der Rechtsüberzeugung (vgl. *Ipsen*, Völkerrecht, § 16, Rdnr. 23) nachfolgt, so daß die betroffenen Staaten wissen, daß ein Versuch vorliegt, eine Norm des allgemeinen Völkergewohnheitsrechts zu etablieren.

2020 S.o. B.IX.2.b)cc), S. 68.

2021 S.o. B.X.2.b)aa), S. 88.

2022 *Tomuschat*, RdC 241 (1993 IV), 209 (239 f.); ähnlich *Thürer*, ZaöRV 60 (2000), 557 (599 ff.)

2023 Übersichten hierzu finden sich bei *Mosler*, General Principles of Law, EPIL Bd. II, 511 (518 ff.); *Verdross/Simma*, Universelles Völkerrecht, §§ 614 ff.

2024 *Tomuschat*, RdC 241 (1993 IV), 209 (311); *Charney*, AJIL 87 (1993), 529 (536). Eine Analyse der aktuellen Entscheidungspraxis internationaler Gerichte findet sich bei *Weiß*, AVR 39 (2001), 394 (417 ff.). Danach sind neben dem IGH auch die gerichtsähnlichen Streitbeilegungsorgane der WTO zurückhaltend in der Anwendung von allgemeinen Rechtsgrundsätzen, soweit es sich nicht um verfahrensrechtliche Fragen handelt. Demgegenüber greifen die internationalen Strafgerichte durchaus häufig auf allgemeine Rechtsgrundsätze zurück.

2025 Ebenso finden sie sich in den Voten überstimmter Richter, vgl. auch hierzu *Weiß*, AVR 39 (2001), 394 (417 f.).

2026 *Tomuschat*, RdC 241 (1993 IV), 209 (311); *Charney*, AJIL 87 (1993), 529 (536). Die Entscheidungen leiden nicht nur unter dieser dogmatischen Distanziertheit, sondern auch an mangelnder "handwerklicher" Qualität. Die Geltung einzelner Grundsätze wird meist schlicht behauptet (*Charney*, AJIL 87 (1993), 529 (536); *Rotter*, Die allgemeinen Rechtsgrundsätze, ÖHbVR Bd. 1 (3. Aufl.), Rdnr. 461). Die bescheidene Qualität des Nachweises der allgemeinen Rechtsgrundsätze ist freilich kein Spezifikum der Judikatur. Auch in der Literatur ersetzen vielfach "Phantasie und Wunschträume" die an sich vorzunehmende vergleichende Analyse der verschiedenen landesrechtlichen Systeme (*Berber*, Lehrbuch I, 70). Dies geschieht vielfach in guter Absicht, dennoch wird die Rechtswirklichkeit verfehlt. So werden etwa allgemeine Rechtsgrundsätze im Bereich des Menschenrechtsschutzes postuliert, obwohl (trotz des vertraglichen Schutzes der Menschenrechte) die innerstaatliche Situation in vielen Staaten (leider, aber deutlich) zeigt, daß keine Einigkeit etwa über den Schutz der menschlichen Würde besteht (vgl. *Graf Vitzthum*, in: Graf Vitzthum (Hrsg.), Völkerrecht (2. Aufl.), 1. Abschnitt, Rdnr. 143/Fn. 351).

allgemeine Rechtsgrundsätze gestützt wäre.[2027] In neuerer Zeit ist die praktische Bedeutung der allgemeinen Rechtsgrundsätze auf universaler Ebene[2028] noch weiter zurückgegangen.[2029] Ein Grund hierfür liegt darin, daß zahlreiche früher allenfalls als allgemeine Rechtsgrundsätze nachweisbare Regeln heute Bestandteil des Vertrags- oder des Gewohnheitsrechts sind.[2030] Während man hierin durchaus den Ausdruck einer gewissen Homogenität sehen kann, liegt der zweite Grund in einem gegenläufigen Trend. Dieser liegt in der auf universaler Ebene festzustellenden "Vielfalt der den nationalen Rechtsordnungen zugrundeliegenden Wertentscheidungen".[2031]

Wie bei den zuvor besprochenen Rechtserzeugungsmechanismen gibt es auch divergierende Erklärungsansätze zur Natur der aus den allgemeinen Rechtsgrundsätzen fließenden rechtlichen Bindungen, in denen sich das jeweilige Völkerrechtsverständnis ihrer Vertreter widerspiegelt. So sehen einige in den allgemeinen Rechtsgrundsätzen Sätze des Naturrechts, während andere auch für die Geltung der allgemeinen Rechtsgrundsätze auf das Konsensprinzip abstellen.[2032] Mit den differierenden Grundverständnissen korrespondieren unterschiedlich weite Auffassungen darüber, welche Prinzipien zu den allgemeinen Rechtsgrundsätzen zu zählen sind.

Einigkeit besteht darüber, daß zu den allgemeinen Rechtsgrundsätzen jedenfalls diejenigen Prinzipien gehören, die in den nationalen Rechtsordnungen übereinstimmend anerkannt sind.[2033] Hierauf wird der Bereich der allgemeinen Rechtsgrundsätze auch hier mit der wohl h.M.[2034] beschränkt, während die anderen

---

2027 *Weiß*, AVR 39 (2001), 394 (414).

2028 Eine die Regel bestätigende Ausnahme stellen hier wiederum die Europäischen Gemeinschaften dar (vgl. zu den allgemeinen Rechtsgrundsätzen im europäischen Gemeinschaftsrecht z.B. *Streinz*, Europarecht, Rdnr. 354 ff.). Die Rechtsprechung des EuGH in diesem Bereich hat ihre Grundlage darin, daß die europäischen Rechtsordnungen untereinander einen hohen Grad an Homogenität aufweisen.

2029 Vgl. *Ipsen*, Völkerrecht, § 17, Rdnr. 7 f. Praktisch relevant sind allgemeine Rechtsgrundsätze heute v.a. noch im Bereich von Konzessionsverträgen zwischen Staaten und Privaten, vgl. *Seidl-Hohenveldern/Stein*, Völkerrecht, Rdnr. 535 f.

2030 *Ipsen*, Völkerrecht, § 17, Rdnr. 8. Vgl. aber auch *Weiß*, AVR 39 (2001), 394 (415 f.), der angesichts der noch immer bestehenden Regelungslücken jedenfalls für die Zukunft ein erhebliches Anwendungspotential sieht.

2031 Vgl. *Ipsen*, Völkerrecht, § 17, Rdnr. 8.

2032 Vgl. zu den verschiedenen Ansichten *Charney*, AJIL 87 (1993), 529 (535 f.) m.N.

2033 Bei den allgemeinen Rechtsgrundsätzen handelt es sich demnach um auf innerstaatlicher Ebene geschaffene Normen, die auf das Völkerrecht übertragen werden. Vgl. etwa *Ipsen*, Völkerrecht, § 17, Rdnr. 3; *Graf Vitzthum*, in: Graf Vitzthum (Hrsg.), Völkerrecht (2. Aufl.), 1. Abschnitt, Rdnr. 142/Fn. 342. Beispiele sind die Regeln über die Verjährung von Forderungen, Treu und Glauben (bona fides), estoppel bzw. Verbot des venire contra factum proprium, ungerechtfertigte Bereicherung, Schadenersatz, Achtung wohlerworbener Rechte sowie bestimmte Grundsätze des gerichtlichen Verfahrens (vgl. etwa *Rotter*, Die allgemeinen Rechtsgrundsätze, ÖHbVR Bd. 1 (3. Aufl.), Rdnr. 463 ff.; *Mosler*, General Principles of Law, EPIL Bd. II, 511 (519 ff.); *Weiß*, AVR 39 (2001), 394 (398)).

2034 Vgl. Nachweise bei *Tomuschat*, RdC 241 (1993 IV), 209 (312); a.A. z.B. *Weiß*, AVR 39 (2001), 394 (403).

genannten Gruppen (es handelt sich dabei um die sog. allgemeinen Grundsätze des Völkerrechts, Prinzipien, die in jeder Rechtsordnung gelten, sowie Regeln der rechtlichen Logik)[2035] nicht den allgemeinen Rechtsgrundsätzen zugerechnet werden. Die allgemeinen Rechtsgrundsätze werden in Art. 38 Abs. 1 lit. c) IGH-Statut sowohl nach dessen Wortlaut als auch nach der Entstehungsgeschichte als eigenständige Quelle aufgefaßt.[2036] Daher kann nicht dazu zählen, was bereits aus den anderen beiden Quellen fließt.[2037] Weiterhin kann Art. 38 Abs. 1 lit. c) IGH-Statut nicht als Einfallstor für Naturrecht dienen.[2038]

Stellt man mit dem Wortlaut des 38 Abs. 1 lit. c) auf die Anerkennung der Rechtsgrundsätze ab, so stellt sich die Frage, ob ein allseitiger Konsens erforderlich ist oder ob die Anerkennung durch eine - noch näher zu umschreibende - Mehrheit der "Kulturstaaten" ausreicht, um einem Rechtsgrundsatz völkerrechtliche Geltung zu verschaffen. Die im hiesigen Zusammenhang interessierende Frage nach den Möglichkeiten einer Majorisierung einzelner Staaten wird in der Literatur vielfach nicht eingehend behandelt und meist dahingehend beantwortet, daß die Anerkennung durch "die meisten" Staaten genüge;[2039] üblicherweise wird dabei in Anlehnung an Art. 9 IGH-Statut auf die Verbreitung in den wichtigsten Rechtskreisen abgestellt.[2040] Auf der anderen Seiten sind deutliche Tendenzen sichtbar, im konkreten Fall jedenfalls eine Bindung eines Staates abzulehnen, in dessen Rechtsordnung der Rechtsgrundsatz nicht nachweisbar ist und der ihn auch nicht anderweitig anerkannt hat.[2041] Ausdrücklich wird eine Bindung einzelner Staaten ohne

---

[2035] Vgl. zu den insgesamt vier Gruppen von Prinzipien, von denen behauptet wird, es handele sich dabei um allgemeine Rechtsgrundsätze, die Übersicht bei *Mosler*, General Principles of Law, EPIL Bd. II, 511 (511 f.); vgl. auch die Erörterung bei *Weiß*, AVR 39 (2001), 394 (398 ff.).

[2036] Vgl. z.B. *Ipsen*, Völkerrecht, § 17, Rdnr. 5; insbes. zur im Detail oft schwierigen Abgrenzung ggü. dem Völkergewohnheitsrecht *Weiß*, AVR 39 (2001), 394 (396 ff.).

[2037] Vgl. hierzu überzeugend *Seidl-Hohenveldern/Stein*, Völkerrecht, Rdnr. 506 f. Sonach scheiden die erwähnten allgemeinen Grundsätze des Völkerrechts aus, da es sich bei ihnen um Grundsätze handelt, die durch Abstraktion aus dem bestehenden Vertrags- und Gewohnheitsrecht gewonnen werden. Ebenso können mit dieser Begründung alle Prinzipien ausgeschieden werden, die (angeblich) aus der Rechtsnatur des Völkerrechts fließen. Die "Gesetze der Logik" schließlich sind überhaupt keine Rechtssätze (vgl. *Mosler*, General Principles of Law, EPIL Bd. II, 511 (514)).

[2038] Man kann in dieser Vorschrift keine pauschale Anerkennung "des" Naturrechts sehen, vgl. auch *Charney*, AJIL 87 (1993), 529 (535). Auch deshalb können den allgemeinen Rechtsgrundsätzen nicht solche Prinzipien zugerechnet werden, von denen behauptet wird, sie seien dem Phänomen Recht an sich immanent. Diese Argumentationsfigur ermöglicht freie, von der Anerkennung durch die Staaten losgelöste, naturrechtliche Deduktionen (vgl. *Rotter*, Die allgemeinen Rechtsgrundsätze, ÖHbVR Bd. 1 (3. Aufl.), Rdnr. 452; *Schwarzenberger*, International Law I, 43).

[2039] Z.B. *Ipsen*, Völkerrecht, § 17, Rdnr. 8; *Mosler*, General Principles of Law, EPIL Bd. II, 511 (517).

[2040] Vgl. *Graf Vitzthum*, in: Graf Vitzthum (Hrsg.), Völkerrecht (2. Aufl.), 1. Abschnitt, Rdnr. 143; *Weiß*, AVR 39 (2001), 394 (408).

[2041] So soll es nach *Verdross/Simma*, Universelles Völkerrecht, § 620/Fn. 20 "besonders auf die Verankerung eines Rechtsgrundsatzes in den Rechtsordnungen der Streitparteien ankommen". Außerdem gehen sie davon aus, daß entsprechend zur persistent-objector-Regel auch die Bindung an einen von der Staatenmehrheit in das Völkerrecht übertragenen Rechtsgrundsatz durch beharrlichen Widerspruch verhindert werden kann (vgl. *Verdross/Simma*, Universelles

oder gegen ihren Willen aber beispielsweise von *Tomuschat* befürwortet. Er möchte die Formel, wonach es auf die Anerkennung durch die "civilized nations" ankommt, reaktivieren und die Rechtsordnung solcher Staaten unberücksichtigt lassen, die diesem Kriterium nicht entsprechen.[2042] Er befindet sich damit allerdings im Widerspruch zur noch immer ganz h.M., die jedenfalls die Mitgliedstaaten der Vereinten Nationen und damit praktisch alle Staaten für "zivilisiert" i.S.d. Art. 38 Abs. 1 lit. c) IGH-Statut hält.[2043]

Insgesamt betrachtet ist im Falle der allgemeinen Rechtsgrundsätze die Beziehung zum Rechtsbindungswillen der Staaten besonders schwach. Allgemeine Rechtsgrundsätze werden zunächst ohne einen völkerrechtlichen Rechtsbindungswillen erzeugt.[2044] Selbst wenn man im Primärkonsens, im Völkergewohnheitsrecht[2045] oder in Art. 38 Abs. 1 lit. c) IGH-Statut die konsensuale Grundlage für die Übertragung in das Völkerrecht sieht, so bleibt doch im Fall jedes einzelnen Grundsatzes fraglich, ob tatsächlich von einer Anerkennung durch den betroffenen Staat gesprochen werden kann. Nach der auf die hauptsächlichen Rechtssysteme der Welt abstellenden h.M. ist es durchaus denkbar, daß ein Rechtsgrundsatz auch einen Staat binden kann, der diesen nicht anerkannt hat. Selbst wenn man in dieser Situation ein Widerspruchsrecht des betroffenen Staates verneinen sollte, kann aus diesen - in der Praxis bisher soweit erkennbar nicht wirksam gewordenen[2046] – konstruktiven

Völkerrecht, § 558/Fn. 18; in die gleiche Richtung *Weiß*, AVR 39 (2001), 394 (430 f.)). - Die angesprochene Möglichkeit, eine Anerkennung eines Grundsatzes anders als durch die Anwendung in foro domestico zum Ausdruck zu bringen, sehen *Verdross/Simma*, Universelles Völkerrecht, § 606 darin, daß die Staaten sich durch einseitige Erklärungen oder formlosen Konsens zu neuen Rechtsgrundsätzen bekennen. In beiden Fällen beruht die Bindung offensichtlich auf dem Willen des betreffenden Staates.

2042 Vgl. *Tomuschat*, RdC 241 (1993 IV), 209 (318 f.); ähnlich *Doehring*, Völkerrecht, Rdnr. 413.

2043 Die Formulierung des Art. 38 Abs. 1 lit. c IGH-Statut, die auf Kulturvölker abstellt, gilt heute nach einhelliger Meinung als überholt, vgl. z.B. *Seidl-Hohenveldern/Stein*, Völkerrecht, Rdnr. 506; *Ipsen*, Völkerrecht, § 17, Rdnr. 2. Ausdrücklich gegen eine Einschränkung im Sinne *Tomuschats Graf Vitzthum*, in: Graf Vitzthum (Hrsg.), Völkerrecht (2. Aufl.), 1. Abschnitt, Rdnr. 143; vgl. auch *Weiß*, AVR 39 (2001), 394 (405 f.), der sich gegen den in die gleiche Richtung tendierenden Ansatz *Doehrings* (s. Fn. 2042) wendet.

2044 Dies gilt für die hier beschriebenen in foro domestico entwickelten Grundsätze (vgl. insofern *Rotter*, Die allgemeinen Rechtsgrundsätze, ÖHbVR Bd. 1 (3. Aufl.), Rdnr. 456). Bei den von *Verdross/Simma* erwähnten alternativen Anerkennungsvarianten (s.o. Fn. 2041) kommt der Wille zur völkerrechtlichen Gebundenheit hingegen klar zum Ausdruck.

2045 So *Berber*, Lehrbuch I, 66. Die Frage nach der alternativen Begründung der Geltung der in Art. 38 Abs. 1 lit. c) IGH-Statut formulierten Rechtsregel stellt sich auch heute noch außerhalb des Anwendungsbereichs dieser Vorschrift. Ob man insofern auf den formlosen Konsens im "Ur-Konsens" oder auf Gewohnheitsrecht abstellt, ist dabei im Ergebnis unerheblich.

2046 Wie so oft werden auch in diesem Zusammenhang fragwürdige Beispielsfälle angeführt. So sieht etwa *Tomuschat* (RdC 241 (1993 IV), 209 (322 f.)), in den Nürnberger Prozessen einen "unique historical test" für die Anwendung allgemeiner Rechtsgrundsätze auch ggü. opponierenden Staaten. Die Strafbarkeit der Führung eines Angriffskrieges sei dabei unmittelbar aus den "basic concepts" des Friedens und der Menschenrechte abgeleitet worden. Insofern ist zunächst zweifelhaft, ob man im Falle Deutschlands, das durch die Gerichtsstaaten selbst handlungsunfähig (und damit auch unfähig zuzustimmen oder zu opponieren) gemacht worden war, von einem "opposing state" sprechen kann. Zum anderen müßte man, wenn man innerhalb des durch Art. 38 Abs. 1 lit. c) IGH-Statut gesteckten Rahmens bleiben will, zumindest eine

Möglichkeiten nicht auf eine strukturelle Änderung des Völkerrechts geschlossen werden. Denn mit der Formulierung von Art. 38 Abs. I lit. c) des Statuts des StIGH, das später für den IGH übernommen wurde, sollte keine Innovation vorgenommen werden,[2047] sondern es wurde lediglich ein seit Jahrhunderten anerkannter Rechtszustand kodifiziert.[2048] Daher können die allgemeinen Rechtsgrundsätze als Kategorie[2049] nicht zur Stützung von Ansätzen dienen, die eine grundlegende Wandlung des Völkerrechts behaupten.

(c) Andere (neue) Rechtsbildungsmechanismen mit Mehrheitselementen?

Die Betrachtung der drei herkömmlichen völkerrechtlichen Rechtserzeugungsverfahren hat ergeben, daß in diesen nach wie vor das Konsensprinzip eine überragende Rolle spielt. Eine wesentliche Veränderung hin zu Mehrheitselementen konnte nicht festgestellt werden. Die bisher erörterten Rechtserzeugungsverfahren ermöglichen es nicht, (angebliche) Gemeinschaftsinteressen auch gegenüber Staaten rechtlich verpflichtend zu machen, die dem nicht zustimmen. Insofern überrascht es nicht, daß außerhalb der in Art. 38 IGH-Statut genannten Quellen nach Rechtserzeugungsmechanismen gesucht wurde, die eine Majorisierung von Staaten ermöglichen, welche sich der rechtlichen Umsetzung von Gemeinschaftsinteressen (wie sie von der Mehrheit definiert werden) widersetzen.

Ein umfassender, bereits bei *Alvarez* angelegter[2050], Ansatz zur Ermöglichung von mit Staatenmehrheit geschaffenem allgemeinverbindlichem Völkerrecht wurde darin gesehen, der Generalversammlung der Vereinten Nationen das Recht zuzusprechen, mit Mehrheit generelle Völkerrechtsnormen zu beschließen. Insbesondere in den 1960er und 1970er Jahren befürworteten zahlreichen Autoren (v.a. aus der Dritten Welt)[2051] und Staaten[2052] diese These, wonach bestimmte, oft als Deklarationen oder Charten bezeichnete Resolutionen der Generalversammlung alle Staaten rechtlich binden.

Hauptsiegermacht aus dem Kreis der Kulturvölker ausklammern, die die von *Tomuschat* genannten Prinzipien anerkannt haben sollen.

2047 Vgl. *Mosler*, General Principles of Law, EPIL Bd. II, 511 (516).

2048 Bereits seit dem 14. Jahrhundert sind schiedsgerichtliche Entscheidungen nachweisbar, die sich auf allgemeine Rechtsgrundsätze stützen. Vgl. hierzu *Verosta*, FS Verdross (1960), 1 (19); *Verdross/Simma*, Universelles Völkerrecht, §§ 598 f. Vgl. auch *Weiß*, AVR 39 (2001), 394 (412), der darauf hinweist, daß die Praxis auch zu Beginn des 20. Jahrhunderts - als in der Literatur der Quellenpurismus überwog, der nur Vertrags- und Gewohnheitsrecht als Völkerrecht anerkennen wollte - auf allgemeine Rechtsgrundsätze zurückgegriffen hat.

2049 Auch im Hinblick auf einzelne Prinzipien entfernen sich progressive Autoren häufig weit von der Realität. Vgl. zur "freimütigen Qualifikation völkerrechtlicher Normen als allgemeine Rechtsgrundsätze" *Graf Vitzthum*, in: Graf Vitzthum (Hrsg.), Völkerrecht (1. Aufl.), 1. Abschnitt, Rdnr. 143/Fn. 348.

2050 Vgl. *Alvarez*, Diss. Op. zu *Reservations to Genocide Convention*, ICJ Reports 1951, 49 (52).

2051 Nachweise bei *Verdross/Simma*, Universelles Völkerrecht, § 634.

2052 Nachweise bei *Verdross/Simma*, Universelles Völkerrecht, § 634.

Hintergrund dieser Vorstellungen war - jedenfalls solange es den eigenen Zielsetzungen förderlich war[2053] - das Leitbild einer paritätischen Staaten-Gemeinschaft, die mit Mehrheit, also "demokratisch"[2054] entscheidet. Dabei wurde in der Diskussion auch der Gedanke der Organisiertheit dieser Gemeinschaft[2055] bemüht, d.h. es wurde eine Analogie zwischen den Vereinten Nationen und einem Staat behauptet.[2056] Die Generalversammlung erschien dann als "Weltgesetzgeber", der in einem Verfahren des "diplomatischen Parlamentarismus" mit Mehrheit allgemeine Gesetze erläßt.[2057] Dabei zeigt sich auch in den Inhalten der Entschließungen, für die eine derartige Wirkung behauptet wurde, der Gemeinschaftsbezug des Konzepts. Es ging, jedenfalls in der Argumentation der jeweiligen Mehrheit, stets darum, Gemeinschaftswerte durchzusetzen. Die Debatte um "normative" Generalver-

2053 Die weitere Entwicklung hat gezeigt, daß auch die Dritte-Welt-Staaten das Demokratieideal nur dann argumentativ nutzen, sofern es den gerade verfolgten, oft egoistischen Interessen zu dienen geeignet ist. Wenn sie mit den Inhalten von mit Mehrheit beschlossenen Resolutionen nicht einverstanden sind, betonen auch Vertreter von Entwicklungsstaaten gern die Unverbindlichkeit von (fast) einstimmig angenommenen Resolutionen. So z.B. unter Hinweis auf das "Recht auf Entwicklung" im Falle der "Weltcharta für die Natur" vom 28.10.1982 (vgl. hierzu *Graf Vitzthum*, in: Graf Vitzthum (Hrsg.), Völkerrecht (2. Aufl.), 5. Abschnitt, Rdnr. 156). Auch auf aus dem Demokratieprinzip abgeleitete Forderungen, die sich auf die demokratische Ausgestaltung ihrer inneren Ordnung richten, reagieren die Staaten der Dritten Welt zurückhaltend (vgl. *Ginther*, Die "Dritte Welt" und das Völkerrecht, ÖHbVR Bd. 1 (3. Aufl.), Rdnr. 160).

2054 Freilich ist das hinter diesen Ansätzen stehende Demokratieverständis sehr fragwürdig. So ist die demokratische Legitimität der Beschlüsse der Generalversammlung - auch heute noch - erheblich dadurch vermindert, daß viele Delegierte totalitäre oder autoritäre Regime repräsentieren (vgl. *Schwarzenberger*, Civitas Maxima?, 36). Weiterhin ist keinerlei Minderheitenschutz vorgesehen (vgl. *Seidl-Hohenveldern/Stein*, Völkerrecht, Rdnr. 492). Ein weiterer Einwand besteht darin, daß die Staatengleichheit zu einer Majorisierung der Mehrheit führt, weil den relativ wenigen bevölkerungsreichen Industriestaaten die Mehrheit der Dritte-Welt-Staaten gegenübersteht, unter denen sich zahlreiche Zwergstaaten befinden (vgl. zur Problematik *Seidl-Hohenveldern/Stein*, Völkerrecht, Rdnr. 491). Um diesem Einwand zu begegnen wurde vorgeschlagen, auf den "consensus of all the main competing political and social systems of the world" abzustellen (so z.B. *McWhinney*, International Law and World Revolution, 80). Abgesehen von der unbeantworteten Frage, welche Staaten diese "Systeme" repräsentieren sollen (insbes. jetzt, wo der Ost-West-Gegensatz, in dessen Kontext *McWhinney* die zitierte Formel prägte, weggefallen ist), stellt sich das Problem, daß eine solche Auffassung mit Text und "Geist" der Satzung der Vereinten Nationen - die ja immerhin die "Verfassung der Weltgemeinschaft" sein soll - konfligiert, denn nach deren Präambel (Gleichberechtigung aller Nationen) und Art. 2 Ziff. 1 (Grundsatz der souveränen Gleichheit) kann es keinen Unterschied zwischen wichtigen und - auch nur im Einzelfall - unwichtigen bzw. übergehbaren Staaten (-gruppen) geben. Auch daran zeigt sich, daß der Analogieschluß von den innerstaatlichen Verhältnissen (einiger) Staaten auf die völkerrechtliche Ebene nicht sachgerecht ist.

2055 Siehe zu den Ansätzen, die sich auf die Organisiertheit der Staatengemeinschaft stützen und dazu tendieren, Einrichtungen des innerstaatlichen Rechts in die "Verfassung" der Staatengemeinschaft zu übertragen, oben B.X.2.b)bb), S. 90.

2056 Besonders deutlich kam dieser Gedanke etwa in der Argumentation der Kläger in den *South West Africa Cases* zum Ausdruck. Dieses Verfahren stellte zugleich einen Höhepunkt in der Diskussion um die Wirkungen von Generalversammlungs-Entschließungen dar, da hier die Kläger vom Gerichtshof mittelbar die Anerkennung des behaupteten neuen Rechtsbildungsmodus verlangten. Vgl. dazu zusammenfassend *Ginther*, FS Verdross (1971), 91 (106 ff.); vgl. auch schon *Alvarez*, Diss. Op. zu *Reservations to Genocide Convention*, ICJ Reports 1951, 49 (51).

sammlungsbeschlüsse kreiste neben Deklarationen, die im weitesten Sinne (kollektive) Menschenrechte zum Gegenstand hatten, namentlich auch um solche, die darauf abzielten, wirtschaftliche Gerechtigkeitsvorstellungen durchzusetzen.[2058]

Freilich konnte man sich dabei nicht auf die geschriebene oder sonst empirisch nachweisbare "Verfassung" dieser Gemeinschaft respektive der Vereinten Nationen berufen. Denn das positive Völkerrecht soweit es durch Art. 38 Abs. 1 IGH-Statut abgesteckt wird, enthält für die behauptete quasi-legislative Wirkung von Entschließungen der Generalversammlung keine Grundlage. Resolutionen stellen keine Verträge i.S.d. Art. 38 Abs. 1 lit. a) IGH-Statut dar.[2059] Auch als sekundäres Vertragsrecht können sie nicht die behauptete Bindungskraft entfalten, da der Text der Satzung der Vereinten Nationen der Generalversammlung eine entsprechende Zuständigkeit nicht zuweist[2060] und auch auf völkergewohnheitsrechtlichem oder einem sonstigen anerkannten Wege eine Abänderung dieser Regeln im Sinne einer Zuschreibung von Legislativgewalt nicht stattgefunden hat.[2061] Weiterhin stellen Resolutionen als solche weder Völkergewohnheitsrecht i.S.d. Art. 38 Abs. 1 lit. b) IGH-Statut[2062] noch allgemeine Rechtsgrundsätze i.S.d. Art. 38 Abs. 1 lit. c) IGH-Statut[2063] dar.

Die Begründung einer quasi-legislative Wirkung von Beschlüssen der Generalversammlung kann danach nur außerhalb der in Art. 38 Abs. 1 IGH-Statut genannten Rechtserzeugungsverfahren gefunden werden. Grundsätzlich sind neue Quellen des Völkerrechts durchaus denkbar. Die Aufzählung in Art. 38 Abs. 1 IGH-

2057 Die Parallele zu Abstimmungen in einzelstaatlichen parlamentarischen Demokratien hat in der Literatur besonders *Elias* bemüht (*Elias*, in: Friedmann (Hrsg.), Transnational Law in a Changing Society, 34 (45, 51).

2058 Eine Aufzählung von Beispielen findet sich bei *Verdross/Simma*, Universelles Völkerrecht, § 634. Vgl. zu Resolutionen, in denen die die Mehrheit bildenden Staaten der Dritten Welt ihre Vorstellungen von einer Neuen Weltwirtschaftsordnung formulierten bereits oben Fn. 716).

2059 Heute unstreitig, z.B. *Ballreich*, Treaties, Effect on Third States, EPIL Bd. IV, 945 (945).

2060 Nach Art. 11-14 SVN hat die Generalversammlung keine Rechtsetzungsmacht, sondern darf im organisationsexternen Bereich nur Empfehlungen abgeben. Vgl. *Graf Vitzthum*, in: Graf Vitzthum (Hrsg.), Völkerrecht (2. Aufl.), 1. Abschnitt, Rdnr. 150; *Klein*, in: Graf Vitzthum (Hrsg.), Völkerrecht (2. Aufl.), 4. Abschnitt, Rdnr. 138.

2061 Vgl. *Graf Vitzthum*, in: Graf Vitzthum (Hrsg.), Völkerrecht (2. Aufl.), 1. Abschnitt, Rdnr. 150; *Verdross/Simma*, Universelles Völkerrecht, § 635; *Seidl-Hohenveldern*, RdC 163 (1979 II), 173 (183 ff.).

2062 Vgl. schon oben E.II.1.b)dd)(4)(b)(bb), S. 289.

2063 Vgl. *Graf Vitzthum*, in: Graf Vitzthum (Hrsg.), Völkerrecht (2. Aufl.), 1. Abschnitt, Rdnr. 146; *Rotter*, Die allgemeinen Rechtsgrundsätze, ÖHbVR Bd. 1 (3. Aufl.), Rdnr. 450. Ausnahmsweise kann jedoch eine Resolution durchaus neue allgemeine Rechtsgrundsätze enthalten. Voraussetzung dafür ist jedoch das Vorliegen eines - in der Regel gerade wegen der sich aus der Satzung ergebenden Unverbindlichkeit der Beschlüsse nicht gegebenen - Rechtsfolgewillens. Als Rechtsquelle ist in dieser Konstellation jedoch nicht der Beschluß als solcher anzusehen, sondern der (ausnahmsweise) in ihm manifestierte formlose Konsens als ursprüngliche Völkerrechtsquelle (siehe dazu *Verdross/Simma*, Universelles Völkerrecht, § 606 sowie hier sogleich).

Statut ist nicht abschließend.[2064] Mit dem formlosen Konsens wurde bereits eine außerhalb der Quellentrias des Art. 38 Abs. 1 IGH-Statut stehende Rechtsquelle bejaht.[2065] Die Frage kann danach nicht sein, ob, sondern nur, unter welchen Voraussetzungen neue Arten von Rechtsquellen möglich sind.

Geht man wie hier mit *Verdross/Simma* davon aus, daß der bloße Konsens die ursprüngliche Quelle des Völkerrechts ist, die den formalisierten Rechtserzeugungsverfahren des Art. 38 Abs. 1 IGH-Statut nicht nur zugrundeliegt, sondern diese auch überlagert,[2066] so können die angesprochenen Resolutionen nur dann als Völkerrechtsquelle angesehen werden, wenn entweder eine einzelne Resolution selbst unmittelbar als Ausdruck eines "bloßen" zwischenstaatlichen Konsenses anzusehen ist[2067] oder wenn bestimmten Resolutionen generell eine bindende Wirkung zuerkannt worden wäre. Im Rahmen der hier befürworteten Völkerrechtskonzeption wäre die Einführung eines solchen neuen (formalisierten) Rechtserzeugungsmechanismus ebenfalls nur konsensual möglich, wobei hier, da die anderen Verfahren das gewünschte Ergebnis nicht hergeben, wiederum nur der formlose Konsens in Betracht kommt.[2068] Ohne einen solchen Konsens würden die Grenzen des bisherigen Völkerrechtssystems überschritten, es läge eine Revolution vor, von der zumindest zu verlangen wäre, daß sie sich durchgesetzt, das heißt eine neue effektive Rechtsordnung installiert hätte.

Bevor im folgenden die damit insgesamt drei Möglichkeiten, die zu einer Legislativgewalt der Generalversammlung führen könnten, kurz erörtert werden, ist zunächst noch eine Vorbemerkung zum Schlüssel-Begriff des Konsenses angebracht. Ohne auf die im einzelnen bestehenden Meinungsverschiedenheiten über die Voraussetzungen eines "bloßen" Konsenses einzugehen,[2069] kann festgehalten werden, daß Konsens im hier verwendeten Sinne nicht nur eine inhaltliche Übereinstimmung voraussetzt, sondern daß diese mit einem Bewußtsein der Rechtsverbindlichkeit zu-

---

2064 *Verdross/Simma*, Universelles Völkerrecht, § 518; *Graf Vitzthum*, in: Graf Vitzthum (Hrsg.), Völkerrecht (2. Aufl.), 1. Abschnitt, Rdnr. 148; auch *Schwarzenberger*, International Law I, 5, hält theoretisch weitere Rechtserzeugungsverfahren für möglich. A.A. *Seidl-Hohenveldern/Stein*, Völkerrecht, Rdnr. 173. - Eine andere, zu verneinende Frage ist, ob der IGH auf Quellen außerhalb des Art. 38 Abs. IGH-Statut zurückgreifen darf, vgl. hierzu *Verdross/Simma*, Universelles Völkerrecht, § 521.

2065 Den formlosen Konsens ebenfalls als Rechtsquelle anerkennend *Ipsen*, Völkerrecht, § 19, Rdnr. 1 ff.; zweifelnd, ob Art. 38 Abs. 1 lit. a) nicht alle denkbaren Fälle erfaßt *Graf Vitzthum*, in: Graf Vitzthum (Hrsg.), Völkerrecht (1. Aufl.), 1. Abschnitt, Rdnr. 151. Außerdem werden als weitere Rechtsquellen insbes. noch einseitige staatliche Akte sowie Akte internationaler Organisationen diskutiert, von denen hier nur auf die Resolutionen der Generalversammlung der Vereinten Nationen näher eingegangen wird. Vgl. allg. *Ipsen*, Völkerrecht, § 18; *Graf Vitzthum*, in: Graf Vitzthum (Hrsg.), Völkerrecht (2. Aufl.), 1. Abschnitt, Rdnr. 149 f.

2066 Vgl. nochmals *Verdross/Simma*, Universelles Völkerrecht, §§ 518 f.

2067 Vgl. zu dieser Möglichkeit *Verdross/Simma*, Universelles Völkerrecht, § 639.

2068 Vgl. zu dieser Möglichkeit *Verdross/Simma*, Universelles Völkerrecht, § 635. Im Erg. ebenso *Graf Vitzthum*, in: Graf Vitzthum (Hrsg.), Völkerrecht (2. Aufl.), 1. Abschnitt, Rdnr. 148, nach dem generell neue Arten von Rechtsquellen nur möglich sind, wenn über sie Einvernehmen besteht.

2069 Vgl. Übersicht bei *Ipsen*, Völkerrecht, § 19, Rdnr. 3.

sammentreffen muß.[2070] Schon im Hinblick auf das erste Kriterium (Übereinstimmung) unterscheidet sich der hier verwendete Konsens-Begriff von jenem "consensus", dessen Anerkennung als Völkerrechtsquelle die beiden Kläger Äthiopien und Liberia in den *South West Africa Cases* forderten und der in Wirklichkeit einen Dissens bezeichnet.[2071] Weiterhin ist der hier verwendete Konsensbegriff zu unterscheiden vom "consensus" als Beschlußverfahren.[2072]

Die Problematik des Konsensbegriffs zeigt sich deutlich anhand der ersten der drei angesprochenen Möglichkeiten, nach denen in Resolutionen enthaltene Inhalte völkerrechtlich bindend werden könnten. Theoretisch denkbar ist durchaus, daß in ihnen ein formloser Konsens zum Ausdruck kommt. Ist dies tatsächlich der Fall, entstehen zwischen den zustimmenden Staaten - und nur zwischen diesen - neue Völkerrechtssätze, was freilich den traditionellen Vorstellungen von der Abhängigkeit der völkerrechtlichen Bindung von der Zustimmung der betroffenen Staaten entspricht und insofern das genaue Gegenteil einer mit Mehrheit begründeten gemeinschaftlichen Rechtsbildung darstellt. Allerdings ist zu berücksichtigen, daß die Zustimmung zu einer Resolution nicht unbedingt auf einen für die Begründung einer völkerrechtlichen Bindung erforderlichen Rechtsfolgewillen schließen läßt. Das Fehlen eines solchen Willens ergibt sich häufig schon aus der Unverbindlichkeit der verwendeten Formulierungen[2073] und kann, nicht zuletzt wegen der satzungsmäßigen Unverbindlichkeit der Beschlüsse[2074], keinesfalls vermutet werden, sondern müßte im Einzelfall nachgewiesen werden.

2070 Vgl. *Verdross/Simma*, Universelles Völkerrecht, §§ 519 f.; *Ipsen*, Völkerrecht, § 19, Rdnr. 4.

2071 Unter "Consensus" verstanden die Kläger eine "overwhelming majority, a convergence of international opinion, a predominance of view ... considerably more than a simple majority but something less than unanimity." Vgl. hierzu hier nur *Verdross/Simma*, Universelles Völkerrecht, § 520.

2072 Vgl. dazu *Verdross/Simma*, Universelles Völkerrecht, § 520; *Suy*, Consensus, EPIL Bd. I, 759 ff.; *Seidl-Hohenveldern/Stein*, Völkerrecht, Rdnr. 492, der zu Recht darauf hinweist, daß sich bei im consensus-Verfahren angenommenen Beschlüssen häufig aus der Analyse der von den Staatenvertretern abgegebenen Erklärungen ergibt, daß gerade keine Willenseinigung besteht.

2073 Typisch ist die Formulierung "States should", vgl. *Graf Vitzthum*, in: Graf Vitzthum (Hrsg.), Völkerrecht (1. Aufl.), 1. Abschnitt, Rdnr. 147/Fn. 361 m.w.N. Hinzu kommt selbst bei rechtsatzmäßig formulierten Beschlüssen eine erhebliche inhaltliche Widersprüchlichkeit. Aus den Formelkompromissen ist ein eindeutiger Wille des "Gesetzgebers" bisweilen überhaupt nicht erkennbar.

2074 Viele zustimmende Voten beruhen gerade auf der rechtlichen Unverbindlichkeit der Beschlüsse (vgl. *Ginther*, FS Verdross (1971), 91 (114 f.)). In dieser Situation bestand besonders zu Zeiten des Wettbewerbs von USA und UdSSR um die Gunst der Dritte-Welt-Staaten kein Anlaß für die Mitglieder der beiden konkurrierenden Lager, es sich mit diesen Staaten durch ein ablehnendes Stimmverhalten zu "verscherzen" (*Ginther*, FS Verdross (1971), 91 (110)). Weiterhin spricht grundsätzlich gegen die Annahme eines Rechtsbindungswillens zum einen, daß damit erkennbar die bei Verträgen bestehenden Ratifikationsvorschriften des nationalen Rechts umgangen würden. Zum anderen ist zu bedenken, daß etwa im Bereich der Außenhandelspolitik die abstimmenden Vertreter der europäischen Nationalstaaten nach ihrem eigenen internen Staatengemeinschaftsrecht überhaupt nicht kompetent sind, völkerrechtliche Verpflichtungen einzugehen (so wäre etwa für die in Res. 3281 (XXIX) behandelten Fragen die EWG zuständig gewesen, vgl. *Seidl-Hohenveldern*, RdC 163 (1979 II), 173 (214 f.)).

Im Hinblick auf die zweite angesprochene Möglichkeit, nach der mit Mehrheit verabschiedete Resolutionen verbindlich sein könnten, ist bereits ausgeführt worden, daß im Rahmen der klassischen Völkerrechtsquellen eine entsprechende Zuweisung von Legislativgewalt nicht stattgefunden hat. Es ist daher hier nur noch zu ergänzen, daß auch ein dahingehender bloßer Konsens nicht feststellbar ist.[2075] Ein (angesichts des damit angeblich verbundenen menschheitsgeschichtlichen Durchbruchs merkwürdig unfeierlicher) "Vergemeinschaftungsbeschluß", mit dem sich alle Staaten einer Mehrheit unterworfen hätten, ist bisher nicht erfolgt.

Schließlich hat auch keine "Revolution" stattgefunden, durch die alle Staaten unter den Willen der Mehrheit in der Generalversammlung gebeugt worden wären. Eine effektive Durchsetzung von Mehrheitsbeschlüssen ist nicht erkennbar.

Nach alledem entfalten die in Frage stehenden Beschlüsse als solche keine Rechtsverbindlichkeit,[2076] weshalb man sie dem sog. soft law zurechnet.[2077] Dennoch sind sie keineswegs bedeutungslos. So haben sie zum einen eine erhebliche politische Bedeutung; insbesondere können sie rechtspolitische Trends anzeigen und verstärken.[2078] Zum anderen sind sie aber auch rechtlich nicht irrelevant.[2079] So können sie, worauf bereits hingewiesen wurde, die Bildung von Völkergewohnheitsrecht beschleunigen sowie unter Umständen einzelnen Staaten, die an ihrem Zustandekommen beteiligt waren, nach dem estoppel-Prinzip entgegengehalten werden[2080]. Diese Wirkungen treten jedoch nicht gegenüber überstimmten Staaten ein, so daß das Konsensprinzip hier unberührt bleibt.

(d) Ius cogens

Als ein wichtiger Beleg für eine grundlegende Veränderung des Völkerrechts wird vielfach das Aufkommen von ius cogens angeführt.[2081] Unter ius cogens kann man allgemein Normen verstehen, denen im Vergleich zu den Vorschriften des normalen Völkerrechts ein höherer Rang zugeschrieben wird.[2082] Eine eingehende Ausein-

---

2075 Vgl. *Verdross/Simma*, Universelles Völkerrecht, § 635.

2076 So die heute ganz h.M. Siehe neben den hier bereits zitierten Autoren auch das Urteil des IGH vom 27.6.1986 zu *Military and Paramilitary Activities*, ICJ Reports 1986, 14 (99 ff.), in dem der IGH die Zustimmung eines Staates zu verschiedenen Resolutionen u.ä. lediglich und "with all due caution" als eine "indication of [its] opinio iuris" betrachtete und ihr damit (nur) eine auch hier anerkannte unterstützende Rolle im Rahmen der Feststellung von Völkergewohnheitsrecht zuerkannte.

2077 So z.B. *Verdross/Simma*, Universelles Völkerrecht, § 654; *Graf Vitzthum*, in: Graf Vitzthum (Hrsg.), Völkerrecht (2. Aufl.), 1. Abschnitt, Rdnr. 68.

2078 Vgl. zur Rolle von Resolutionen als Indikator für von den Staaten angestrebte Rechtsänderungen *Seidl-Hohenveldern/Stein*, Völkerrecht, Rdnr. 490.

2079 *Ballreich*, Treaties, Effect on Third States, EPIL Bd. IV, 945 (949).

2080 Vgl. hierzu *Verdross/Simma*, Universelles Völkerrecht, § 635/Fn. 31; für "relativ abwegig" hält diese Ansicht *Dicke*, Intervention, 122 f.

2081 Z.B. *Charney*, AJIL 87 (1993), 529 (543); *Kreća*, FS Abendroth, 27 (28).

2082 *Schweitzer*, AVR 15 (1971/1972), 197 (217 f.); a.A. *Ipsen*, Völkerrecht, § 15, Rdnr. 45.

andersetzung mit den sehr verschiedenen hierzu vertretenen Ansätzen[2083] ist hier nicht möglich. Im Hinblick auf die Frage des Gemeinschaftscharakters der zwischenstaatlichen Beziehungen soll lediglich gefragt werden, inwiefern das jedenfalls in einem theoretischen Kernbereich anerkannte Phänomen des ius cogens als Ausdruck einer Vergemeinschaftungstendenz zu betrachten ist.

Insofern ist zwischen zwei Aspekten zu unterscheiden. Zum einen beruht die Idee von Regeln mit erhöhter Normativität an sich schon auf dem Konzept der Gemeinschaft. Ihr liegt die Vorstellung von gemeinsamen Werten einer homogenen Gesamtheit von Staaten zugrunde, deren Durchsetzung auch dann gewährleistet sein soll, wenn einzelne Staaten sich abweichend verhalten wollen.[2084] Wie schwer dieser Umstand im Rahmen der Einordnung der internationalen Beziehungen auf dem Gesellschafts-Gemeinschafts-Kontinuum wiegt, hängt vom Bestand an solchen Normen ab. Zum anderen ist im Hinblick auf die Erzeugung dieser besonderen Normen zu fragen, ob sie - abweichend von den Normen des übrigen positiven Völkerrechts - mit (bestimmten) Mehrheiten erzeugt werden können.

Ausgehend von dem im Rahmen dieser Untersuchung angewandten induktiv-positivistischen Grundverständnis ist zu untersuchen, ob und in welchem Umfang es ius cogens gibt. Damit werden im weiten Sinne naturrechtliche Vorstellungen ausgeschlossen, die sich zum Teil ausdrücklich auf den Gemeinschaftsgedanken berufen und aus den "Interessen der Gemeinschaft" bestimmte, unabhängig vom Willen der Staaten geltende Normen im Sinne eines ius necessarium ableiten.[2085] Es bleibt danach nur die Frage, ob und gegebenenfalls in welchen Verfahren in der Praxis Regeln mit erhöhter Normativität erzeugt werden. Dabei soll es hier primär um den "harten Kern" des Konzepts des ius cogens gehen, der das Vertragsrecht betrifft.[2086] Nach diesen Regeln, in deren Zentrum Art. 53 WVRK steht, ist die Vertragsfreiheit der Staaten durch zwingende Völkerrechtsnormen beschränkt, von denen sie auch bei zwischen ihnen bestehendem Konsens nicht abweichen können.

2083 Vgl. z.B. Übersicht bei *Ipsen*, Völkerrecht, § 15, Rdnr. 37 ff., sowie ausführlich *Kadelbach*, Zwingendes Völkerrecht, insbes. 130 ff.

2084 Vgl. *Weil*, RdC 237 (1992 VI), 25 (261, 266); auch *Ipsen*, Völkerrecht, § 15, Rdnr. 44.

2085 So z.B. *Egido*, Natural Law, EPIL Bd. III, 515 (518 f.).

2086 Vgl. zu diesem ursprünglichen Gebiet der Theorie und den später von ihr betroffenen Anwendungsgebieten *Weil*, RdC 237 (1992 VI), 25 (262 ff.). Über den Vertragsbereich hinaus werden in der Literatur auch ius-cogens-Sätze postuliert, die sich auf einseitiges Verhalten - rechtliches (einseitige Rechtsakte) wie tatsächliches (insbes. auch Unterlassen) - der Staaten beziehen sollen. In dieser Situation ist der Gedanke eines höherrangigen Rechts jedoch verfehlt, denn das Verhalten der Staaten muß sich stets an den geltenden Völkerrechtsnormen orientieren - auch einfaches Völkerrecht kann nicht einseitig derogiert werden (vgl. *Weil*, RdC 237 (1992 VI), 25 (281)). Das Problem liegt hier darin, daß eine entsprechende völkerrechtliche Norm (etwa zum Schutz der Umwelt) fehlt. Diese Lücke kann jedoch auch in als besonders dringlich empfundenen Fällen nicht dadurch geschlossen werden, daß man den Begriff des ius cogens als eine Art Zauberformel ins Feld führt, um auf normalem Wege nicht nachweisbare Normen herbeizukonstruieren. - Zu bisher noch nicht Bestandteil des Völkerrechts gewordenen Ansätzen insbes. der ILC, an die Verletzung von ius cogens im Rahmen der Staatenverantwortlichkeit besondere Konsequenzen zu ziehen kritisch *Weil*, RdC 237 (1992 VI), 25 (293 ff.).

Der umfangreichen Literatur zum ius cogens steht eine ausgesprochen spärliche Praxis[2087] gegenüber. Zwar ist das Konzept des ius cogens, soweit es in der WVRK niedergelegt ist, unbestreitbar Bestandteil des positiven Rechts. Abgesehen von diesem Vertragstext gibt es aber in der Staatenpraxis[2088] und in der Rechtsprechung[2089] kaum einen Beleg für die Anwendung des Konzepts. Der IGH scheint - im Gegensatz zu einigen seiner Richter - den Begriff regelrecht zu meiden.[2090] Andere internationale Rechtsprechungsorgane sind auf das ius cogens zwar eingegangen, sind dabei jedoch nicht vom Vorliegen einer Norm mit ius-cogens-Charakter ausgegangen[2091] oder haben im konkreten Fall die Norm für nicht anwendbar gehalten und daher ihre Entscheidung letztlich nicht auf das ius cogens gestützt.[2092]

2087 Vgl. hierzu *Weil*, RdC 237 (1992 VI), 25 (274); *Ipsen*, Völkerrecht, § 15, Rdnr. 53 ff.

2088 Soweit es um den hier näher betrachteten Bereich der Nichtigkeit von Verträgen geht, lassen sich einige der in Betracht kommenden Fälle durchaus über andere Regeln erklären (vgl. *Weil*, RdC 237 (1992 VI), 25 (274)). Umgekehrt hat es durchaus Fälle gegeben, in denen die Anwendung des Konzepts nahegelegen hätte, der betreffende Vertrag jedoch ungehindert durchgeführt wurde (so *Weil*, RdC 237 (1992 VI), 25 (273), unter Hinweis auf die 1992 zwischen dem Vereinigten Königreich und Vietnam geschlossene Vereinbarung über die zwangsweise Rückführung der boat people). Das überrascht nicht, denn es ist kaum zu erwarten, daß sich bei einem freiwillig abgeschlossenen Vertrag eine der beteiligten Seiten auf ihr moral- und rechtswidriges Verhalten berufen wird. Sofern der Vertrag auf Druck einer stärkeren Partei abgeschlossen wurde, ergibt sich für die schwächere Seite das Risiko, schon durch die Berufung auf die Nichtigkeit noch stärkeren Pressionen ausgesetzt zu sein. Im Falle der Feststellung der Nichtigkeit könnte ihre rechtliche und/oder tatsächliche Stellung zudem noch ungünstiger sein, als bei Durchführung des Vertrages.

2089 Vgl. zur Rolle des ius cogens in der internationalen Jurisdiktion *Weil*, RdC 237 (1992 VI), 25 (274 ff.).

2090 So vermeidet er es bspw. im *Nicaragua*-Fall, sich hinsichtlich des Gewaltverbotes des Art. 2 Ziff. 4 SVN festzulegen (vgl. IGH, Urteil vom 27.6.1986 zu *Military and Paramilitary Activities*, ICJ Reports 1986, 14 (100 f.)). Im Gutachten über *Threat or Use of Nuclear Weapons* stellte das Gericht - durchaus zutreffend, aber doch deutlich vom dahingehenden "Bekenntniseifer" mehrerer Richter (siehe zur Zuerkennung von Höherrangigkeit durch einzelne Richter *Thürer*, ZaöRV 60 (2000), 557 (595)) - fest, daß es einer Entscheidung über den *legal character* der in Frage stehenden Prinzipien des humanitären Völkerrechts nicht bedürfe (IGH, Gutachten vom 8.7.1996, ICJ Reports 1996 (I), 226 (258)).

2091 So hat das Schiedsgericht im Fall *Aminoil* das Vorliegen von ius cogens geprüft und die Behauptung zurückgewiesen, daß die permanente Souveränität über die natürlichen Ressourcen eine Regel des ius cogens sei, vgl. hierzu *Verdross/Simma*, Universelles Völkerrecht, § 1220/Fn. 19 m.w.N.

2092 Der Europäische Gerichtshof für Menschenrechte hat in seinem Urteil im Fall *Al-Adsani* (vgl. dazu bereits oben Fn. 1270) ausgehend von der Annahme, daß (nur) eine (wirksame) Norm des allgemeinen Völkerrechts, die die Immunität von Staaten in gegen sie gerichteten Schadenersatzklagen begründet, den in Art. 6 Abs. 1 EMRK grundsätzlich gewährleisteten Zugang zu den Zivilgerichten einschränken könne, geprüft, ob das Folterverbot Bestandteil des ius cogens ist und somit die bestehenden Regeln über die Immunität der Staaten überwinden kann (vgl. zum Prüfungsansatz des Gerichtshofes insbes. Tz. 53 ff. des Urteils). Während das Gericht unter Heranziehung von Vertragsrecht sowie von Entscheidungen des UN-Tribunals für Ex-Jugoslawien im Fall *Furundzija* und des House of Lords im Fall *Pinochet* (s. dazu oben B.XI, S. 104) den zwingenden Charakter des Folterverbotes bejahte (Tz. 59 ff. des Urteils), befand die freilich sehr knappe Mehrheit der Richter, daß sich Nachweise insofern nur im Hinblick auf Strafverfahren gegen Individuen, nicht aber im Hinblick auf Zivilklagen gegen Staaten finden lassen (Tz. 61 des Urteils). Der Gerichtshof gelangte danach zu dem Ergebnis, daß es keine völkerrechtliche Norm gibt, die der Einräumung von Immunität für Staaten, denen in einem Zivilverfahren ein Verstoß gegen das Folterverbot vorgeworfen wird, entgegensteht (Tz.

Die Zurückhaltung der Praxis deutet zum einen darauf hin, daß der Bestand an ius-cogens-Normen sehr beschränkt ist. Obwohl diverse Völkerrechtssätze hierfür vorgeschlagen wurden,[2093] ist es doch schwierig, überhaupt ius-cogens-Sätze zu benennen.[2094] Zum anderen läßt sie den Schluß zu, daß es außerhalb des Rahmens der WVRK kein zwingendes Recht gibt, so daß die hier anzustellenden Betrachtungen über die Entstehung von ius cogens auf deren Vorschriften beschränkt bleiben kann.[2095]

Obwohl die Einrichtung des ius cogens sicherlich in naturrechtlichem Gedankengut wurzelt,[2096] ist es nach der definierenden Vorschrift des Art. 53 WVRK von diesem insofern grundverschieden, als es zwar ebenfalls auf ethische Überlegungen zurückzuführen ist, es aber nicht Bestandteil einer vom Willen der Rechtssubjekte unabhängigen Wertordnung, sondern endogenes Element des positiven Völkerrechts

66 des Urteils) - Gegen diese Differenzierung wendet sich das von *Rozakis* und *Caflisch* verfaßte abweichende Votum, in dem an die Stelle der induktiv angelegten Prüfung der Verweis auf die "very essence of the operation of the jus cogens rules" (Tz. 4 der Diss. Op.) gesetzt wird. Dabei wird letztlich mit dem (an sich zutreffenden) Hinweis auf die Höherrangigkeit die von der Mehrheit aufgeworfene Frage nach dem Geltungsbereich des Folterverbotes als Norm des ius cogens übergangen. Diesen aber bestimmen richtigerweise diejenigen, die einer Norm ius-cogens-Charakter beilegen, was im folgenden näher dargelegt wird. Dies zugrunde gelegt überrascht es auch nicht, daß sich nicht induktiv nachweisen läßt, daß das Folterverbot in der vom Gerichtshof zu entscheidenden Konstellation die Normen über die Immunität der Staaten nichtig oder nicht-anwendbar machen würde. Freilich wäre das vom Gerichtshof aufgeworfene Problem möglicherweise auch ohne die Figur des ius cogens lösbar gewesen, da eine völkerrechtliche Norm, die die Inanspruchnahme von Staaten für bestimmte Verbrechen gestattet (oder sogar verlangt), neuer und auch spezieller wäre als das bestehende Immunitätsrecht. So wäre es schon auf der Grundlage der allgemeinen Konkurrenzregeln denkbar gewesen, die vom Gerichtshof erwogene Verdrängung der Zulässigkeit einer Berufung auf die Immunität im Wege der einfachen Derogation bzw. Einschränkung des Anwendungsbereichs der betroffenen Einzelnormen zu bejahen.

2093 Vgl. zu einigen in der Literatur dem ius cogens zugerechneten Regeln und Prinzipien *Ipsen*, Völkerrecht, § 15, Rdnr. 60; *Paulus*, Die internationale Gemeinschaft im Völkerrecht, 356 ff.; ausführlich und ius cogens-Normen in sehr weitem Umfang bejahend *Kadelbach*, Zwingendes Völkerrecht, 210 ff. Insbes. wurde auch behauptet, daß "das Souveränitätsprinzip" dem ius cogens zugehörig sei. Abgesehen davon, daß nicht das viel zu unbestimmte Prinzip, sondern allenfalls einzelne der zugrundeliegenden operablen Normen als ius cogens denkbar wären, gibt es in der Praxis keinen Anhaltspunkt für eine dahingehende Annahme. Vgl. hierzu unter Berufung auf das Urteil des StIGH im Fall der *Wimbledon Schwarzenberger*, Law and Order, 30, sowie *Wildhaber*, in: Macdonald/Johnston (Hrsg.), The Structure and Process of International Law, 425 (441 f.).

2094 Die Gesamtheit dieser Normen könnte man als ordre public bezeichnen (*Schwarzenberger*, International Law I, 425). Einige Autoren bezweifeln allerdings, daß es überhaupt Völkerrechtssätze gibt, die ius cogens darstellen, z.B. *Weil*, RdC 237 (1992 VI), 25 (271).

2095 Selbst wenn man, was angesichts der spärlichen Praxis wohl nur über die Konzeption des bloßen Konsenses möglich wäre, davon ausginge, daß die in der WVRK getroffenen Regeln auch für die Nichtvertragsparteien Geltung erlangt hätten, würde sich an den hier getroffenen Aussagen zu Inhalt und Entstehungsweise des ius cogens nichts ändern. In jedem Falle läßt die Praxis keinen Schluß dahingehend zu, daß ius cogens in Abweichung von der Regelung des Art. 53 WVRK außerhalb der herkömmlichen Rechtserzeugungsverfahren entstehen könnte.

2096 Vgl. zu der Verwandtschaft beider Konzepte, *Weil*, RdC 237 (1992 VI), 25 (266); *Paulus*, Die internationale Gemeinschaft im Völkerrecht, 331.

ist.[2097] Dabei sind nach Art. 53 WVRK zwingende Normen des allgemeinen Völkerrechts solche, die "von der internationalen Staatengemeinschaft[2098] in ihrer Gesamtheit angenommen und anerkannt" werden. Sie entstehen nach dieser mit einem voluntaristischen Völkerrechtskonzept[2099] ohne wieteres kompatiblen Formel[2100] also in einem Prozeß, der dem zur Erzeugung normaler Völkerrechtsnormen entspricht.[2101] Insofern kann das Konzept des ius cogens nicht als Beleg für eine grundlegend gewandelte Völkerrechtsordnung dienen.[2102]

Hinzuweisen ist noch darauf, daß auch die gelegentlich nicht klar von den Vorschriften des zwingenden Völkerrechts unterschiedenen erga-omnes-Normen[2103], denen ebenfalls die Idee der Gemeinschaft zugrundeliegt[2104], auf den normalen,

---

2097 Vgl. *Weil*, RdC 237 (1992 VI), 25 (267); *Ipsen*, Völkerrecht, § 15, Rdnr. 42. Dennoch birgt auch dieses Konzept des ius cogens einige typische Gefahren des Naturrechts, die sich insbes. daraus ergeben, daß es an klaren Kriterien zur Identifizierung der zwingenden Normen und an einer hierfür zuständigen neutralen, allgemein anerkannten Instanz fehlt. Vgl. zu den Risiken der Theorie *Schwarzenberger*, Civitas Maxima?, 34; *Weil*, RdC 237 (1992 VI), 25 (269 ff.).

2098 *Paulus,* Die internationale Gemeinschaft im Völkerrecht, 328 ff., sieht in dieser Formulierung die Anerkennung der internationalen Gemeinschaft als Rechtssubjekt. Dies erscheint insofern problematisch, als aus der Formulierung allein nicht auf die Existenz eines weiteren Rechtssubjekts geschlossen werden kann, weil der Terminus - entgegen *Paulus* - durchaus auch als Sammelbegriff für die Gesamtheit der Staaten interpretiert werden kann. Zur Normsetzung befugt wäre dann nicht ein neues Rechtssubjekt, sondern - wie bisher im Falle des universellen Völkergewohnheitsrechts auch - diese Gesamtmenge der Staaten.

2099 Im Sinne von konsensualistisch, vgl. zum Begriff des Voluntarismus oben Fn. 651.

2100 Vgl. *Weil*, RdC 237 (1992 VI), 25 (267); *Ipsen*, Völkerrecht, § 15, Rdnr. 42.

2101 *Weil*, RdC 237 (1992 VI), 25 (267); vgl. auch Diskussionsbeitrag von *Tomuschat*, in: Delbrück, Jost (Hrsg.), Allocation of Law Enforcement Authority in the International System, 159 (159). Der einzige Unterschied besteht darin, daß auch die Unabdingbarkeit anerkannt wird, *Ipsen*, Völkerrecht, § 15, Rdnr. 42. A.A. z.B. *Paulus,* Die internationale Gemeinschaft im Völkerrecht, 342 ff., wonach die Entstehung von ius cogens nur die Zustimmung der "essential components" der Staatengemeinschaft voraussetze und insbes. auch gegen einen persistent objector wirke. *Paulus* spricht dabei die hier bereits im Zusammenhang mit der angeblichen Rechtsetzung durch die Mehrheit der Generalversammlung erwähnte Problematik der Bestimmung der maßgeblichen Staatengruppen (s.o. Fn. 2054) an. Er verlangt zwar, daß die zur Rechtsetzung ermächtigte Staatengruppe nach allgemeinen Merkmalen bestimmbar sein müsse, bleibt bei der Konkretisierung dieser Formel jedoch (notwendigerweise) vage. Angesichts der enormen Sprengkraft, die die Postulierung einer ius-cogens Norm gegen einen nicht-konsentierenden Staat haben kann, ist die Auffassung, die möglichen Unklarheiten müßten in Kauf genommen werden, im Hinblick auf die Stabilität des internationalen Systems bedenklich.

2102 Diskussionsbeitrag von *Tomuschat*, in: Delbrück, Jost (Hrsg.), Allocation of Law Enforcement Authority in the International System, 159 (159).

2103 Seit der Entscheidung des IGH im Fall *Barcelona Traction* (Urteil vom 5.2.1970, ICJ Reports 1970, 3 (32)) ist die Existenz von erga-omnes-Normen allgemein anerkannt. Vgl. zu dieser Theorie, insbesondere auch zu den mit ihr verbundenen Gefahren für die Stabilität des internationalen Systems *Weil*, RdC 237 (1992 VI), 25 (282 ff.).

2104 Vgl. *Weil*, RdC 237 (1992 VI), 25 (283 f.). Durch die Gläubigerstellung auch solcher Staaten, die am konkreten Anwendungsfall nicht unmittelbar beteiligt sind, kommt zum Ausdruck, daß die betreffenden Normen grundlegende Werte und Interessen schützen, die allen Gemeinschaftsmitgliedern gemeinsam sind und die nicht nur zum Schutz des einzelnen Staates gewahrt werden müssen, sondern an deren Schutz und Durchsetzung die Gemeinschaft aller Staaten insgesamt ein besonderes Interesse hat.

vom Konsens-Prinzip beherrschten Wegen entstehen.[2105] Zwar liegt auch im Falle der erga-omnes-Normen in einer gewissen Weise der Gedanke der gesteigerten Normativität zu Grunde, sie haben aber rechtstechnisch keinen höheren Rang als normale Völkerrechtsnormen. Ihre Besonderheit liegt vielmehr in der Vielzahl ihrer Adressaten, die faktisch eine erhöhte Wirksamkeit zu vermitteln geeignet ist.

Nach alledem kann festgehalten werden, daß es im positiven Völkerrecht in beschränktem Umfang Normen mit höherem Rang beziehungsweise mit faktisch erhöhter Wirksamkeit gibt, was durchaus als gemeinschaftliches Element aufgefaßt werden kann. Die Struktur der Rechtserzeugung wurde durch diese Institute jedoch nicht verändert. Sowohl ius cogens als auch Normen erga omnes stellen keine eigenen, besonderen Mechanismen unterliegenden Rechtsquellen dar, sondern entstehen auf die gleiche Weise wie die normalen Völkerrechtsnormen auch.[2106]

(e) Fazit

Zusammenfassend läßt sich im Hinblick auf die Erzeugung völkerrechtlicher Normen sagen, daß eine grundlegende Änderung des Primärkonsenses im Sinne einer grundsätzlichen Anerkennung von Mehrheitselementen nicht stattgefunden hat. Nach wie vor wird die Rechtserzeugung - ebenso wie die Rechtsdurchsetzung im Wege der friedlichen Streitbeilegung[2107] - vom Konsensprinzip beherrscht.[2108] Zwar

2105 Vgl. *Weil*, RdC 237 (1992 VI), 25 (287 ff.). A.A. *Paulus,* Die internationale Gemeinschaft im Völkerrecht, 413 ff. (423), der ius cogens und Verpflichtungen erga omnes - unter Einschluß der "international crimes" - in eine Gesamtkonzeption des Rechts der nicht-organisierten internationalen Gemeinschaft zusammenführen will, wobei er auch hinsichtlich der erga-omnes-Normen die Staatengemeinschaft als eigenständiges Rechtsetzungsorgan betrachtet, die mit Zustimmung ihrer "essential components" für alle Staaten verbindliches Recht setzen könne, "sofern es sich um eine Kodifizierung grundlegender Normen und Werte von quasi-'verfassungsrechtlicher' Bedeutung" handele. Gleichzeitig ist die (freilich nur durch ihre Mitglieder handlungsfähige) internationale Gemeinschaft seiner Ansicht nach Gläubigerin der Verpflichtungen. Damit werden - letztlich gestützt nur auf den gemeinsamen Bezug auf das unbestimmte Konzept der intenationalen Gemeinschaft - die ohnehin problematischen Ergebnisse aus dem Bereich des ius cogens auf die erga-omnes-Normen übertragen mit der Folge, daß diese nicht nur als solche mit gegenüber "normalen" Völkerrechtssätzen zusätzlichen Gläubigern erscheinen, sondern nunmehr auch zusätzliche Verpflichtete erhalten.

2106 Diskussionsbeitrag von *Szaz*, in: Delbrück, Jost (Hrsg.), Allocation of Law Enforcement Authority in the International System, 162 (162 f.).

2107 Nach wie vor ist auch die Rechtsfeststellung und -durchsetzung durch internationale Gerichte, Schiedsgerichte, Vermittlungskommissionen etc., der eine entscheidende friedenserhaltende Funktion zukommt, von der Zustimmung der beteiligten Staaten abhängig (z.B. *Graf Vitzthum*, in: Graf Vitzthum (Hrsg.), Völkerrecht (2. Aufl.), 1. Abschnitt, Rdnr. 53/Fn. 121; IGH, Gutachten vom 11.4.1949 über *Reparations for Injuries Suffered in the Service of the United Nations*, ICJ Reports 1949, 174 (178)). Zwar wird es heute nicht mehr als prinzipiell mit dem Souveränitätsprinzip für unvereinbar gehalten, sich solchen Institutionen zu unterwerfen (vgl. *Arangio-Ruiz*, RdC 137 (1972 III), 431 (708)). Das Verhalten der Staaten zeigt jedoch, daß sie in ihrer "überwältigenden Mehrheit" nicht bereit sind (nicht einmal auf konsensualer Basis), sich dauerhaft einer umfassenden obligatorischen internationalen Gerichtsbarkeit zu unterwerfen. Siehe dazu näher unten E.III.3.a)aa), S. 325. Vielmehr entscheidet auch im Hinblick auf die Auswahl der Instrumente der Streitentscheidung die jeweilige Einschätzung, wie sich die eigenen Interessen am besten durchsetzen lassen. Gerade bei den schwerwiegenden Problemen setzen die Staaten tendenziell auf einen vorwiegend politischen Interessenausgleich auf dem Verhandlungsweg (*Wildhaber*, SchweizJIR 36 (1980), 75 (78)), und damit auf ein Verfahren, in dem

gibt es in der Theorie umfassende Versuche, Mehrheitselemente einzuführen, in der Praxis haben diese jedoch keinen maßgeblichen Widerhall gefunden. Es mag sein, daß man aus einigen Veränderungen im Bereich des Völkergewohnheitsrechts einen leichten Trend zu einer Rechtsetzung durch die Mehrheit sehen kann. Es bleibt aber dabei, daß keine Rechtsetzung gegen eine Minderheit möglich ist, wenn diese ihren abweichenden Willen deutlich artikuliert. Außerdem läßt sich durchaus auch ein Gegentrend beobachten, wonach "contemporary States are, if possible, more attached to voluntarism than they have ever been in the past."[2109] Nach alledem kann aus den Regeln über die Entstehung von Völkerrecht kein Indiz für eine signifikante Veränderung des internationalen Systems hin zu einer Gemeinschaft abgeleitet werden.

(5) *Zusammenfassende Bewertung*

Die Zusammenschau des hier zusammengestellten Materials ergibt, daß die Literatur mit der Behauptung gemeinschaftsrechtlicher Elemente in allen untersuchten Bereichen weit der Realität der internationalen Beziehungen und des sie regelnden Rechts voraus ist.

Im Völkerrecht gibt es nur sehr bescheidene Ansätze wirklicher Gemeinschaftlichkeit. Zwar gibt es heute in (etwas) größerem Umfange als im klassischen Völkerrecht[2110] wegen ihres Inhalts als gemeinschaftlich zu charakterisierende Regelungen. Aber den Gesamteindruck prägen diese nicht.[2111] Überwiegend geht es - oftmals unter dem Deckmantel einer vorgeblich gemeinschaftsorientierten Politik - um die Verfolgung individualistischer Ziele. Um die Erreichung dieser Ziele rechtlich zu fördern bzw. abzusichern, werden Regelungen getroffen, die entweder als Recht der (verschleierten) Macht oder als Recht der Gegenseitigkeit einzustufen sind.[2112] Die Abgrenzung zwischen diesen beiden Typen ist im Einzelfall schwierig. Festzuhalten bleibt jedenfalls, daß sich auch das Recht der Gegenseitigkeit deutlich von dem Recht einer echten Gemeinschaft unterscheidet. Denn hinter ihm steht das Motiv, Vorteile auszutauschen oder angedrohte Nachteile zu vermeiden, es liegt also das typisch gesellschaftliche *do ut des* zugrunde. Selbst wenn man also von

zweifelsohne Elementen der Macht eine wichtigere Rolle zukommt als rechtlichen oder ethischen Wertungen.

2108 *Graf Vitzthum*, in: Graf Vitzthum (Hrsg.), Völkerrecht (2. Aufl.), 1. Abschnitt, Rdnr. 45, der den Konsensualcharakter des Völkerrechts auch in Rdnr. 26 betont; *Ipsen*, Völkerrecht, § 1, Rdnr. 42 f.

2109 So *Arangio-Ruiz*, in: Cassese/Weiler (Hrsg.), Change and Stability in International Law-Making, 102 (102). Diese vor 1989 gemachte Aussage hat auch heute noch Bestand.

2110 Vgl. zur Rezeption von Gemeinschaftswerten im Völkerrecht der Zeit vor 1914 *Schwarzenberger*, Civitas Maxima?, 20 f.

2111 Ähnlich *Seidl-Hohenveldern/Stein*, Völkerrecht, Rdnr. 33. Auch *Paulus*, Die internationale Gemeinschaft im Völkerrecht, 426 f., der durch die Globalisierung die Voraussetzungen des Westfälischen Systems wesentlich verändert sieht, spricht zusammenfassend von einem "schwachen Pflänzlein des völkerrechtlichen 'Gemeinschaftsrechts'".

2112 Vgl. zu dieser Typologie oben E.II.1.b)aa)(1), 227.

einer Verschiebung hin zu auf Gegenseitigkeit beruhenden Regeln ausgehen wollte,[2113] kann doch von einem wirklichen Gemeinschaftsrecht nicht die Rede sein.

Dies wird sowohl durch die bevorzugten Rechtsformen als auch durch die Effektivität des Völkerrechts bestätigt. Die Regelungen, in denen das typisch gemeinschaftliche Streben nach gemeinsamen ethischen Zielen am deutlichsten zum Ausdruck kommt, beruhen vornehmlich auf dem typisch gesellschaftlichen Instrument des Vertrages. Ein Grund hierfür liegt darin, daß die Staaten im Wege des Gewohnheitsrechts überwiegend solche Regeln schaffen, die ihren vorwiegend individualistischen Interessen entgegenkommen; die Schaffung von am wohverstandenen Gemeininteresse orientierten Normen ist daher nur auf dem Vertragswege möglich,[2114] wobei meist eine leichte Lösungsmöglichkeit stipuliert wird. Auch die nach 1989 aufkeimende Hoffnung, von nun an werde - wenigstens das "alte" – Völkerrecht nach Geist und Buchstabe befolgt, hat sich nicht erfüllt: Auch nach 1989 ist das "goldene Zeitalter" des Völkerrechts nicht angebrochen.[2115] Die Krise des Völkerrechts ist keineswegs überwunden,[2116] und sie betrifft gerade auch einige Bereiche des Gemeinschaftsrechts.[2117]

Die Politik der Staaten ist noch immer dominiert von einem typisch gesellschaftlichen Verhalten. Dabei bedienen sich die Staaten gern einer gemeinschaftlichen Rhetorik, hinter der sie die Verfolgung eigener egoistischer Interessen verbergen.[2118] Auch sollte nicht übersehen werden, daß viele gemeinschaftsrechtliche Institutionen Reaktionen auf Verhaltensweisen sind, die technisch und/oder ideologisch erst in der Moderne möglich geworden sind. Das 20. Jahrhundert ist eben nicht nur das Zeitalter des völkerrechtlichen Menschenrechtsschutzes, sondern auch der systematischen Menschenrechtsverletzungen. Auch die Überwindung des Ost-West-Gegensatzes bedeutet nicht automatisch das Entstehen einer Weltgemeinschaft, sondern erscheint eher als eine Rückkehr zur Bejahung der anderen

---

2113 Die Beurteilung des im Völkerrecht hauptsächlich wirksamen Motivs fällt unterschiedlich aus. Während *Schwarzenberger* auch nach dem 2. Weltkrieg die (verschleierte) Machtpolitik als prägend ansah (z.B. *Schwarzenberger*, Civitas Maxima?, 11 ff.), sehen z.B. *Seidl-Hohenveldern/Stein*, Völkerrecht, Rdnr. 34, die Gegenseitigkeit als vorherrschendes soziologisches Motiv an. Beide sind allerdings der Meinung, daß keine wesentliche Veränderung stattgefunden habe.

2114 *Verdross/Simma*, Universelles Völkerrecht, § 594, die als Beispiel für individuellen Zielen dienendes neues Gewohnheitsrecht das auch hier angesprochene Festlandsockelregime nennen.

2115 *Weil*, RdC 237 (1992 VI), 25 (31 f., 32).

2116 *Weil*, RdC 237 (1992 VI), 25 (33).

2117 Bspw. ist der Schutz der Menschenrechte noch immer lückenhaft und selektiv, vgl. *Weil*, RdC 237 (1992 VI), 25 (32). Zu einigen gemeinschaftlichen Regelungen fehlt es bisher, sicher auch aus technischen Gründen, an jeglicher Praxis. So steht etwa dem Meeresbodenregime der Test, ob die in ihm enthaltenen gemeinschaftlichen Ideale auch in der Art und Weise der Durchführung zum Ausdruck kommen, erst noch bevor.

2118 Vgl. zu diesem verschleierten gesellschaftlichen Verhalten Diskussionsbeitrag von *Tomuschat*, in: Delbrück, Jost (Hrsg.), Allocation of Law Enforcement Authority in the International System, 159 (160).

Gesellungsmitglieder, das heißt der Verzicht auf die erst in der zweiten Hälfte des 20. Jahrhunderts entdeckte Möglichkeit, den Gegner tatsächlich auszulöschen.

Auch heute ist nach alledem die Behauptung, es bestehe bereits eine universelle[2119] internationale Gemeinschaft, unzutreffend.[2120]

c) Der normative Gehalt des Gemeinschaftsmodells

Bereits oben unter C.II.2.[2121] wurde die Frage aufgeworfen, ob dem ursprünglich der Deskription sozialer Beziehungen dienenden Konzept des Gegensatzes von Gemeinschaft und Gesellschaft ein normativer Gehalt zuerkannt werden kann beziehungsweise werden sollte. Diese Fragen würden sich dann stellen, wenn sich die hier gefundene Analyse, wonach gegenwärtig das Bestehen einer internationalen Gemeinschaft nicht festgestellt werden kann, als falsch erwiese oder in der Zukunft neue Tatsachen zu dem Ergebnis eines substantiellen Vergemeinschaftungstrends führen sollten.

In dem (engen) Rahmen des bisher zugrundegelegten völkerrechtlichen Grundverständnisses gibt es gemeinschaftliches Recht nur dort, wo es als positives, im Rahmen eines anerkannten Rechtserzeugungsverfahrens entstandenes Recht nachweisbar ist. In diesem Rahmen dient das umfassendere Konzept der Gemeinschaft lediglich der Beschreibung und Bewertung des geltenden Rechts sowie als Quelle für Vorschläge zu seiner Verbesserung. Hiervon ausgehend ist festgestellt worden, daß es gemeinschaftliches Recht bisher nur in eingeschränktem Umfang gibt. Insbesondere sind die die Grundstruktur des Völkerrechts und damit auch des Souveränitätsprinzips betreffenden Elemente des "droit international nouveau" und anderer gemeinschaftlicher Entwürfe nicht Bestandteil der geltenden völkerrechtlichen Ordnung geworden. Unkonsentierte völkerrechtliche Bindungen, eine gleichsam automatische Anpassung des Rechts an die Erfordernisse des internationalen Lebens oder die Souveränitätsschranke der "Interessen der Gemeinschaft" gibt es nicht.

Wie anderen Vertretern progressiver Thesen war auch *Alvarez* durchaus bewußt, daß sein "droit international nouveau" innerhalb der hergebrachten, auch hier befür-

---

2119 Ob die Europäischen Gemeinschaften, die sicher näher am Gemeinschaftsideal zu positionieren sind als die "Weltgemeinschaft", bereits eine wirkliche Gemeinschaft darstellen, kann hier nicht entschieden werden. Zu bedenken ist jedenfalls, daß nicht nur ihre Gründung der Verfolgung klar erkannter nationaler Interessen diente (vgl. etwa zu den wirtschaftlichen und machtpolitischen Interessen Frankreichs *Streinz*, Europarecht, Rdnr. 15). Auch bei der Durchführung der Verträge ist zu beobachten, daß nationalstaatlicher Egoismus nicht ein Phänomen der Vergangenheit ist. Man denke nur an die "Politik des leeren Stuhles", die alltägliche Verfolgung egoistischer Sonderinteressen sowie das von vielen als Rückfall in egoistische Verhaltensmuster empfundene Aushandeln des Vertrages von Nizza. Zuletzt hat Bundeskanzler *Schröder* mit seiner ungewohnt drastischen Formulierung industriepolitischer Interessen Deutschlands auf dem Gipfel in Barcelona die Partner irritiert (vgl. FAZ vom 18.3.2002 (Nr. 65), 2).

2120 *Weil*, RdC 237 (1992 VI), 25 (311 f.).

2121 S. 130.

worteten, strikt juristischen Konzeption des Völkerrechts nicht darstellbar ist. Zwar hat er auch durchaus innerhalb eines rein rechtlichen Rahmens argumentiert, jedoch vermögen diese Argumentationen, wie etwa die Berufung auf die Generalversammlungs-Resolution Nr. 171 zur Begründung einer Rechtsschöpfungsbefugnis des IGH[2122] oder die Leugnung der Grenze zwischen lex lata und lex ferenda[2123], nicht zu überzeugen. In ihnen äußert sich deutlich der Wunsch, die juristische Konstruktion den außerjuristischen Zielen anzupassen.[2124] Ähnliche "gewagte" Konstruktionen finden sich auch später bei Autoren, die gemeinschaftliche Rechtssätze trotz der ablehnenden Haltung der Staaten aufstellen wollen.[2125]

Der Kern des Gemeinschafts-Ansatzes geht bewußt über den engen juristischen Bereich hinaus.[2126] Nach *Alvarez* ist das "droit international nouveau" aus den "Realitäten des internationalen Lebens" und dem "Rechtsbewußtsein der Völker" entstanden.[2127] Das "droit international nouveau" wird damit, vermittelt durch eine entsprechend ausgestaltete "nouvelle conception ... du droit des gens",[2128] letztlich auf veränderte außerrechtliche Fakten und das Rechtsbewußtsein der Nationen gestützt. Danach erscheint der Ansatz durchaus als positivistisch, wobei die in An-

---

2122 Vgl. zur auf Res. 171 der Generalversammlung der Vereinten Nationen gestützten Argumentation *Alvarez*' oben B.X.2.b)aa), S. 90. Ganz abgesehen davon, daß Resolutionen der Generalversammlung der Vereinten Nationen keine unmittelbare normative Wirkung haben, geht *Alvarez*' Interpretation des Textes der Resolution weit über ihren tatsächlichen Inhalt hinaus. Zweck dieser Resolution war es nicht, den IGH zu ermuntern, das "droit international nouveau" anzuwenden, sondern die Mitglieder und Organe der Vereinten Nationen aufzufordern, von der Institution des IGH häufiger Gebrauch zu machen (vgl. *Schwarzenberger*, CLP 4 (1951), 1 (8)).

2123 Die Aussage, daß lex lata und lex ferenda zusammentreffen (*Alvarez*, Diss. Op. zu *Admission to the United Nations*, ICJ Reports 1950, 12 (13)) ist insofern durchaus zutreffend, als es im Einzelfall schwierig sein kann zu bestimmen, welcher der beiden Kategorien eine Norm zuzuordnen ist. Durch diese praktischen Schwierigkeiten wird jedoch nicht der theoretisch klare Unterschied beseitigt. Objektiv läßt sich die Unklarheit über die Rechtslage "immer zugunsten einer rational begründbaren Lösung beseitigen" (vgl. *Graf Vitzthum*, in: Graf Vitzthum (Hrsg.), Völkerrecht (2. Aufl.), 1. Abschnitt, Rdnr. 147/Fn. 362).

2124 Dementsprechend sieht auch *Verdross*, Völkerrecht (5. Aufl.), 105, das entscheidende Merkmal des von *Alvarez* vertretenen Ansatzes (als weitere Vertreter dieser Richtung nennt er *Lauterpacht* und *Wehberg*) darin, daß er unter Anknüpfung an die rationalistische Naturrechtslehre das positive Völkerrecht im Lichte einer vernünftigen lex ferenda auslege und weiterbilde. Dabei werden die Inhalte, die nicht aus der positiven lex lata herleitbar sind, aus dem Gemeinschaftskonzept gewonnen. Diese Herangehensweise ähnelt dem New Haven Approach (siehe dazu oben B.X.2.a)aa)(4), S. 78), geht aber weiter. Auch bei *McDougal* und *Lasswell* wird im Rahmen der "policy orientation" auf Wertungen, die außerhalb des positiven Rechts gewonnen werden, zurückgegriffen. Dabei beschränken sie sich aber auf den Bereich der Auslegung, während *Alvarez* offen und bewußt darüber hinausgeht und die positive lex lata anhand eines außerrechtlichen Entwurfs weiterzubilden versucht.

2125 Zu den Beispielsfällen der Konstruktionen von *Lücke*, AVR 35 (1997), 1 (16 ff.), und *Biermann*, AVR 34 (1996), 426 ff., siehe bereits oben C.IV.3.b)bb)(1)(b), S. 159. Ebenfalls sind in diesem Zusammenhang jene Autoren zu nennen, die in exzessiver Weise ius-cogens-Normen behaupten.

2126 Vgl. *Alvarez*, Ind. Op. zu *Article 4 of the Charter of the United Nations*, ICJ Reports 1947-1948, 67 (69).

2127 Alvarez, Ind. Op. zu *Article 4 of the Charter of the United Nations*, ICJ Reports 1947-1948, 67 (69).

spruch genommene Positivität nicht nur das Recht, sondern auch das soziale Umfeld umfaßt. Dabei bleibt freilich die entscheidende Frage unbeantwortet, wie genau sich der soziale Fortschritt auf das Völkerrecht auswirkt, mit anderen Worten wie aus der sich verändernden sozialen Basis unabhängig von anerkannten Rechtserzeugungsverfahren Recht wird.

Es fragt sich nun, ob diese Erweiterung des Blicks von einem auf das Recht beschränkten hin zu einem das gesamte soziologische Umfeld berücksichtigenden sinnvoll ist. Sollte eines Tages ein deutlicher Trend zu einem gemeinschaftlichen Denken feststellbar sein, so wäre zu entscheiden, welchen Einfluß dies auf die Beschreibung des (dann) geltenden Völkerrechts haben soll. Es geht dabei um die Frage, ob und gegebenenfalls durch wen ein den sozialen Realitäten (z.B. einer echten Interdependenz und einem wirklichen umfassenden Gemeinschaftsdenken) "hinterherhinkendes" Völkerrecht seiner ihm vorauseilenden sozialen Basis anzupassen wäre.[2129]

Gegen eine derartige Anpassung des völkerrechtlichen Weltbildes wegen einer im Entstehen begriffenen Gemeinschaft sprechen zunächst die schon bei der Analyse der sozialen Basis auftretenden Schwierigkeiten.[2130] Abgesehen davon sieht sich das vorgeschlagene Vorgehen den logischen Einwänden gegen Sein-Sollens-Schlüsse[2131] ausgesetzt. Weiterhin ist das Konzept der Gemeinschaft viel zu unbestimmt, um aus ihm konkrete Rechtssätze herzuleiten. Der Schluß von der sozialen Realität auf einzelne Normen ist ebenso zufällig wie andere deduktive Vorgehensweisen.[2132] In der "black box", die zwischen der gemeinschaftlichen Realität und dem gemeinschaftlichen Recht steht, sind wie bei allen im weiteren Sinne naturrechtlichen Ansätzen die subjektiven Wertungen des jeweiligen Autors enthalten. "Das" Gemeinschaftsrecht gibt es nicht.[2133]. Und selbst wenn es definierbar wäre, so

---

2128 Alvarez, Ind. Op. zu *Article 4 of the Charter of the United Nations*, ICJ Reports 1947-1948, 67 (69).

2129 Würde die "Vergemeinschaftung" in einem revolutionären Akt erfolgen, so würde auch das alte Rechtssystem mit einem Schlag durch das neue, wiederum (rechts-)positivistisch erkennbare ersetzt. Hier wird nur der interessantere (und wahrscheinlichere) Fall einer evolutiven Entwicklung betrachtet. Dies entspricht auch der Konzeption *Tönnies*', der davon ausging, daß mit dem Wechsel zwischen den Gesellungsformen eine allmähliche Verwandlung des Rechts in Inhalt und Formen einhergehe (vgl. *Tönnies*, Gemeinschaft und Gesellschaft, 244). Dabei stellt sich nun die Frage, ob man es bei der natürlichen Entwicklung, die wiederum zu einem mit dem vorhandenen Instrumentarium induktiv feststellbaren Recht führen würde, belassen soll oder ob der Entwicklungsprozeß in einem oder mehreren Schritten "beschleunigt" werden soll.

2130 Wie das Beispiel *Alvarez*' zeigt, besteht die Gefahr, daß man soziale Realitäten und Rechtsbewußtsein der Völker unzutreffend einschätzt. Hierzu trägt nicht zuletzt die Gewohnheit der Staaten bei, nur den Anschein einer Transformation der bestehenden Gesellschaft zu erzeugen, tatsächlich aber an der Grundstruktur ihres Verhältnisses nichts zu ändern (*Schwarzenberger*, RdC 87 (1955 I), 195 (278)).

2131 Vgl. dazu oben Fn. 1155.

2132 Der Erkenntniswert des Gegensatzes von Gesellschaft und Gemeinschaft beschränkt sich damit in der Beschreibung und Systematisierung von verschiedenen Gesellungen.

2133 Es gibt zwar typische Charakteristika eines gemeinschaftlichen Rechts, aber kein auf alle Gemeinschaften passendes Muster. Umgekehrt kann aber die Analyse der (effektiven) Rechtsstellte sich noch die Frage, an welchem Umschlags-Punkt[2134] auf dem Gesellschafts-Gemeinschafts-Kontinuum sich das Recht (plötzlich oder in - welchen? - Schritten) anpaßt und wer diese Anpassung(en) feststellen soll.

Ihre Werte und das sie verwirklichende Recht kann nur die Gemeinschaft selbst definieren. Sollte wirklich eine grundlegende Basis-Veränderung stattgefunden haben, so wird sie sich auf absehbare Zeit - gerade wegen der Realitätsnähe des Völkerrechts - auch im internationalen Recht niederschlagen. Zu diesem Zweck wird die Gemeinschaft dann auch entsprechende Institutionen zur Rechtsgestaltung und -feststellung etablieren.

Derzeit ist eine abschließende Erörterung der hier angeschnittenen Fragen nicht erforderlich. Das Konzept der Gemeinschaft wird derzeit primär dazu benutzt, gewünschtes Recht als bereits gültiges zu deklarieren, gleichsam im Vorgriff auf eine in der Zukunft erwartete Vergemeinschaftlichung.[2135] Damit handelt es sich im Ergebnis um eine neue Ausgestaltung einer im weiteren Sinne naturrechtlichen Argumentation[2136], die sich eines Griffs in den "soziologischen Begriffshimmel" bedient, um Ergebnisse zu erzielen, die rechtlich nicht darstellbar sind und auch der gegenwärtigen internationalen Situation nicht entsprechen.[2137]

---

ordnung einen wichtigen Beitrag im Rahmen der Beantwortung der Frage leisten, ob eine Gesellung als gemeinschaftlich zu bewerten ist.

2134 Obwohl die Veränderung der zwischenstaatlichen Beziehungen durchaus als Prozeß gesehen wird (vgl. z.B. *Alvarez*, Ind. Op. zu *Article 4 of the Charter of the United Nations*, ICJ Reports 1947-1948, 67 (67)), wird zu einem bestimmten Zeitpunkt eine grundlegende Strukturänderung behauptet. Völlig unbestimmt sind dabei die Kriterien zur Bestimmung des Punktes, an dem die quantitative Zunahme gemeinschaftlicher Elemente in Qualität umschlagen soll. Dabei gelangt *Alvarez* nur deshalb zur Feststellung des Umschlagens in eine *société international*, weil seiner - unbegründeten und unbegründbaren - Ansicht nach die *société international* (worunter er eine Gemeinschaft versteht, s.o. E.II.1., S. 226) im Gegensatz zu einer nationalen keine exekutiven, legislativen oder judikativen Befugnisse innehaben müsse (*Alvarez*, Ind. Op. zu *Article 4 of the Charter of the United Nations*, ICJ Reports 1947-1948, 67 (68)). Diese freie Typenbildung unterstreicht die Beliebigkeit "des" Konzepts der Gemeinschaft.

2135 Es wird also nicht "hinterherhinkendes", sondern "vorauseilendes" Völkerrecht postuliert. Dies ist schon insofern nicht mit dem soziologischen Konzept von Gesellschaft und Gemeinschaft kohärent, als sich danach jederzeit die Richtung der Entwicklung ändern kann.

2136 Ein wichtiger "Vorteil" des Gemeinschaftskonzepts liegt dabei in der in ihm enthaltenen Dynamik. Anders als das jedenfalls nach der ursprünglichen Konzeption statische Naturrecht i.e.S. paßt sich das Recht der Gemeinschaft stets den Notwendigkeiten des internationalen Lebens an und entwickelt sich mit ihm (so *Alvarez*, Ind. Op. zu *Article 4 of the Charter of the United Nations*, ICJ Reports 1947-1948, 67 (69 f.)).

2137 Die daraus resultierenden Gefahren betont zurecht *Weil*, RdC 237 (1992 VI), 25 (311 f.).

2. Völkerrecht als Verfassungsordnung

a) Aussage bezogen auf die Souveränität

Die hier als konstitutionalistisch bezeichneten Ansätze,[2138] die einen Übergang von der unorganisierten zur organisierten Staatengemeinschaft erörtern, gehen von der Existenz einer "organisierten internationalen Gemeinschaft" aus und ziehen daraus Schlüsse, die mit dem bisherigen völkerrechtlichen Grundverständnis unvereinbar sind. Diese betreffen die Struktur der Völkerrechtsordnung und namentlich die üblicherweise mit dem Adjektiv "souverän" bezeichnete Stellung der Staaten insofern, als von einer über den Staaten stehenden quasi-föderalen Superstruktur ausgegangen wird, innerhalb derer den Staaten nur eine untergeordnete Funktion zukommt. Damit wird das Element des "Zuhöchstseins" der Staaten bestritten. Es wird davon ausgegangen, daß die Struktur der Völkerrechtsordnung nicht mehr durch die Gleichordnung der den höchsten (im Sinne von gleich hohen) Rang einnehmenden Staaten geprägt sei, sondern von der Unterordnung aller Völkerrechtssubjekte unter eine ihnen übergeordnete Instanz.

b) Kritik

Zwar sind in der gegenwärtigen Völkerrechtsordnung durchaus - stets auf Konsens beruhende - subordinative Elemente zu beobachten. Zu denken ist insofern beispielsweise an die Anweisungsbefugnis gegenüber den Staaten, über die der Sicherheitsrat der Vereinten Nationen gem. Art. 25 SVN verfügt. Weiterhin haben sich die Staaten in vielen Bereichen vertraglich verpflichtet, Mehrheitsentscheidungen zu befolgen. Aus diesen Einzelregelungen kann aber nicht auf das Bestehen einer umfassenden Organisation der Staatengemeinschaft geschlossen werden, in deren Rahmen weitergehende "federal analogies" berechtigt sein könnten.

Zunächst einmal ist die Vorstellung von einer von den Vereinten Nationen verschiedenen "organisierten internationalen Gemeinschaft" zurückzuweisen. Ganz abgesehen von der Frage, ob es die internationale Gemeinschaft als "sociological reality"[2139] überhaupt gibt, kann ein solches außerhalb des Rechts stehendes Gebilde keine unmittelbare Bedeutung im Völkerrecht haben. Die Vorstellung einer solchen "community as a sort of permanent separate residual source or repository of powers and functions ... is quite illusory".[2140] Eine *International Community as such*

2138 Oben B.X.2.b)bb), S. 90. Die Konstitutionalisierungsthese hat durch das - wie sich zwischenzeitlich gezeigt hat nur partielle - Funktionieren des Sicherheitsrates nach Beendigung des Ost-West-Konfliktes erheblichen Auftrieb bekommen, vgl. *Paulus,* Die internationale Gemeinschaft im Völkerrecht, 298.

2139 So *Tanaka*, Diss. Op. zu *South West Africa Cases*, ICJ Reports 1966, 248 (270).

2140 *Fitzmaurice*, Diss. Op. zu *Namibia (S.W. Africa)*, ICJ Reports 1971, 208 (241 f.), der an dieser Stelle auch deutlich ausspricht, daß die Konstruktion der von Völkerbund und Vereinten Nationen verschiedenen, aber durch sie repräsentierten organisierten Weltgemeinschaft als "Notbeist ein "'mysterious subject of law' (*K. Marek*)[2141], une 'entité ... sans signification définie en droit positif' (*Ch. De Visscher*)[2142]."[2143]

Es bleibt danach nur die Möglichkeit, in den Vereinten Nationen selbst eine Verwirklichung der Ideen zu sehen, die seit jeher mit der Vorstellung einer internationalen Gemeinschaft mit eigener Rechtspersönlichkeit verbunden sind. Es stellt sich die Frage, ob im Zuge der Gründung dieser Organisation tatsächlich die seit 1648 in ihren Grundzügen festgeschriebene Stellung der Staaten in der von den Konstitutionalisten behaupteten Weise verändert wurde. Sie ist allein anhand der effektiven Verfassung[2144] der Vereinten Nationen zu beantworten. Dabei zeigen die vertraglichen Grundlagen ebenso wie die Praxis, daß die Vereinten Nationen nicht eine die Stellung der Staaten strukturell entscheidend verändernde Superstruktur sind.[2145] Die Vereinten Nationen sind weder Staat noch Überstaat, sondern ein "lockere[r] Bund" souveräner Staaten;[2146] sie beruhen damit auf "der traditionellen okzidentalen Idee einer losen Vereinigung souveräner Staaten."[2147]

Im Text der Satzung der Vereinten Nationen gibt es keine Anhaltspunkte dafür, daß der ursprünglich naturrechtliche Gedanke einer staatsähnlichen Weltgemeinschaft übernommen worden wäre.[2148] Die Satzung anerkennt ausdrücklich den Status der

---

helf" eingesetzt wurde, um ein Ergebnis zu erzielen, "that has no basis in concrete international law."

2141 Zit. nach *Weil*, RdC 237 (1992 VI), 25 (311).

2142 *De Visscher,* RGDIP 75 (1971), 5 (8).

2143 *Weil*, RdC 237 (1992 VI), 25 (311).

2144 Bereits im Zusammenhang mit dem westfälischen Frieden war von der "Verfassung der nichtorganisierten Staatengemeinschaft" die Rede (*Verdross/Simma,* Universelles Völkerrecht, §§ 75 ff., s. hierzu oben S. 145). Aus dem dieser Arbeit zugrundeliegenden induktiven Völkerrechtsverständnis folgt, daß aus diesem Begriff keine Rückschlüsse auf den Inhalt dieser Verfassung gezogen werden dürfen. Der hier verwendete Begriff der Verfassung ist - im Unterschied zu dem der "Konstitutionalisten" - gerade neutral im Hinblick auf die Frage der Angemessenheit von Analogien zum innerstaatlichen Verfassungsrecht. Vgl. zur parallelen Problematik von an den Verfassungsbegriff geknüpften "unzutreffenden etatistischen Deduktionen" im Bereich des Europarechts *Streinz*, Europarecht, Rdnr. 346.

2145 Ausführlich und auch polemisch hat sich *Arangio-Ruiz* mit den Entwürfen der Konstitutionalisten auseinandergesetzt. Er geht dabei ebenso wie diese von einem mit den Konzepten der society of men und der Staatsähnlichkeit der Vereinten Nationen aufgeladenen Verfassungsbegriff aus (siehe bereits oben Fn. 1154 und widerspricht richtigerweise Ansätzen, die nur "through the combined deforming lenses represented by the concept of international law as the public law of mankind and of the (UN-)Charter as a constitution" eine "organised legal community of mankind" ausmachen, um dann ausgehend von dieser Behauptung aber weitestgehend unabhängig von positiv-rechtlichen Grundlagen Schlüsse zu ziehen, wie etwa den, daß die Generalversammlung als Agent oder legislatives Organ dieser internationalen Gemeinschaft fähig sei, verbindliche Resolutionen zu beschließen (vgl. *Arangio-Ruiz*, RdC 137 (1972 III), 431 (440 f, 460 ff, 619, 629 ff.)).

2146 *Dahm/Delbrück/Wolfrum*, Völkerrecht I/1, 221.

2147 *Kunz*, Völkerrecht, allgemein, WVR III, 611 (620).

2148 Diese Aussage bezieht sich auf den strukturellen Aspekt. In inhaltlicher Hinsicht enthält die Charta, insbes. in der Präambel, durchaus gemeinschaftliches Gedankengut, daß eine "idealistische Vision" der Vereinten Nationen zu stützen vermag. Vgl. hierzu *Paulus,* Die internationale Gemeinschaft im Völkerrecht, 289 ff., der zutr. darauf hinweist, daß die praktische

staatlichen Souveränität (Art. 2 Ziff. 1 und Ziff. 7 SVN[2149]). Im übrigen erlaubt es das Austrittsrecht den Staaten, sich der Organisation wieder zu entziehen.

In der Praxis der internationalen Beziehungen sind noch immer die Staaten "maîtres du jeu".[2150] Sie sind es, die - vorzugsweise in gesellschaftlicher Manier - handeln (oder nicht handeln und sich dann rhetorisch hinter der angeblichen "Gemeinschaft" verstecken).[2151] Der Sicherheitsrat als stärkstes Organ der Vereinten Nationen ist dabei nicht nur bei der Fassung, sondern insbesondere auch bei der Durchsetzung seiner Beschlüsse von der Mitwirkung seiner Mitglieder (namentlich der ständigen) abhängig, so daß von einer effektiven Verfassungsordnung kaum gesprochen werden kann.[2152] Gerade in der jüngsten Vergangenheit haben zwei ständige Mitglieder die Bereitschaft gezeigt, die Institution des Sicherheitsrates zu umgehen, als das Gremium ihnen die Zustimmung zu einem Präventivkrieg gegen den Irak zu versagen drohte. Von weltstaatsähnlichen[2153] Szenarien gar, wie sie in den Bildern einer "Weltinnenpolitik"[2154] oder einer "planetarischen Ordnung" enthalten sind, sind die gegenwärtige internationale Ordnung und ihr Recht noch weit entfernt.[2155] Eine wirkliche Konstitutionalisierung des Völkerrechts, das dieses einer verfassungsmäßigen Ordnung strukturell annähern würde, ist bisher nicht eingetreten.[2156]

Schließlich kann die Lücke zwischen theoretischem Entwurf und Realität nicht mit dem Argument geschlossen werden, die Vereinten Nationen seien die Keimzelle einer universalen föderalen Struktur. Es mag zwar sein, daß die heutigen Vereinten Nationen in der rückschauenden Perspektive einmal als "Weltstaat im Werden"

Wirkung der Zielvorgaben der Präambel gering ist und daß ihnen in den konkreten Regelungen der Satzung Normen gegenüberstehen, die typische Staatsinteressen betonen.

2149 Vgl. zum Schutz der staatlichen Souveränität durch Art. 2 Ziff. 7 SVN *Meessen*, Souveränität, in: Wolfrum (Hrsg.), Handbuch der Vereinten Nationen, 788 (789 f.).

2150 *Weil*, RdC 237 (1992 VI), 25 (311) unter Hinweis auf die Entscheidungszentren im Vorfeld der alliierten Maßnahmen zur Befreiung Kuwaits im zweiten Golfkrieg. Der Kosovo-Krieg hat diese Einschätzung noch bestätigt, denn seine Vorbereitung und Durchführung fand unter einer regelrechten Umgehung der Institutionen der Vereinten Nationen statt.

2151 Vgl. *Weil*, RdC 237 (1992 VI), 25 (311).

2152 Vgl. *Paulus*, Die internationale Gemeinschaft im Völkerrecht, 301 ff., der in der Konstruktion des Sicherheitsrates "wohl ... das einzige wirkliche Indiz für eine (Teil-)Vergemeinschaftung" sieht (*Paulus*, a.a.O., 303).

2153 Daß die Vereinten Nationen kein (Weltbundes-)Staat sind, ist allgemein anerkannt. Bereits in seinem Gutachten im *Bernadotte*-Fall hat der IGH ausgesprochen, daß die Vereinten Nationen weder ein Staat noch "a super-State" seien (IGH, Gutachten vom 11.4.1949 über *Reparations for Injuries Suffered in the Service of the United Nations*, ICJ Reports 1949, 174 (179)). Den Vereinten Nationen fehlt es (jedenfalls) an der Personalhoheit über die Angehörigen ihrer Mitgliedstaaten, vgl. *Verdross/Simma*, Universelles Völkerrecht, § 99 m.w.N.

2154 Nachweise zur Debatte um diesen von *Carl Friedrich von Weizäcker* geprägten Begriff bei *Thürer*, ZaöRV 60 (2000), 557 (597), der ebenfalls von einer zunehmenden Staatsähnlichkeit der internationalen Ordnung und ihres Rechts ausgeht.

2155 Vgl. *Wildhaber*, SchweizJIR 36 (1980), 75 (85).

2156 *Hillgruber*, JZ 2002, 1072 (1076).

erscheinen. Derzeit ist aber weder tatsächlich[2157] noch rechtlich[2158] eine solche Entwicklung erkennbar.

Nach alledem sind die zentralen, die Souveränität der Staaten betreffenden Behauptungen der Konstitutionalisten zurückzuweisen. So ist es unzutreffend, daß der souveräne Status der Staaten von einer zentralen Autorität delegiert oder oktroyiert würde. Die Souveränität der Staaten ist nicht von einer organisierten Weltgemeinschaft abgeleitet und wird auch dem Inhalt und Umfang nach nicht von dieser bestimmt.[2159] Da die Staaten weiterhin weder rechtlich noch tatsächlich die Stellung von Organen einer über ihnen stehenden Gemeinschaft haben, sind auch die - bei näherer Betrachtung oft sehr fragwürdigen[2160] - Analogien aus dem innerstaatlichen Verfassungsrecht im Ansatz verfehlt. Ein (falsches) Bild der organisierten Gemeinschaft kann nicht die Begründung für Rechtssätze liefern, die im positiven Völkerrecht nicht enthalten sind.

3. Der Übergang vom Recht der Koexistenz zum Kooperationsrecht

a) Aussage bezogen auf die Souveränität

Ausgehend von der Beobachtung von Völkerrechtssätzen, die die Kooperation zwischen den Staaten regeln, haben auch Autoren, die das moderne Völkerrecht vom Prinzip der Kooperation beherrscht sehen, Schlüsse gezogen haben, die eine fundamentale Wandlung der Völkerrechtsordnung bedeuten würden.[2161] Diese Meinungen ähneln nicht nur im Hinblick auf ihre mit dem klassischen Souveränitätsverständnis unvereinbaren Konsequenzen (Zuweisung nur beschränkter Kompetenzen an die Staaten; Modifikation der Rechtserzeugung unter Abweichung vom Konsensprinzip) den bisher besprochenen Varianten eines gemeinschaftlichen Völkerrechtsverständnisses, sondern stehen auch im Ansatz mit ihnen in einem

---

2157 Über die fehlenden tatsächlichen Elemente könnte nur ein deterministisches Geschichtsverständnis hinweghelfen, wonach die Menschheit notwendig auf eine bestimmte Organisierungsform zusteuert.

2158 Es fehlt derzeit eine normative Verankerung des Gedankens, wonach den Vereinten Nationen ein Vorstaats- bzw. Übergangscharakter zukommt. Selbst wenn eine dahingehende Verzielung vorläge, wäre freilich fraglich, ob allein daraus die Übertragbarkeit bestimmter Institute des Ziel-Zustandes gerechtfertigt wäre.

2159 Vgl. *Schwarzenberger*, FS Verdross (1971), 461 (466); *Arangio-Ruiz*, RdC 137 (1972 III), 431 (701). Insbes. sind die legislativen, exekutiven und judikativen Funktionen des Staates nicht vom Völkerrecht abgeleitet (vgl. *Steinberger*, State Immunity, EPIL Bd. IV, 615 (615)).

2160 So ist die angebliche Analogie aus dem innerstaatlichen Verfassungsrecht mit der die normative Wirkung von Mehrheitsbeschlüssen der Generalversammlung begründet werden sollte, nur auf dem Hintergrund eines zweifelhaften Demokratieverständnisses möglich (vgl. oben Fn. 2054). Allgemein stellt sich das Problem, daß vielfach von einem viel zu optimistischen, meist durch die Verfassung des eigenen (westlichen) Landes geprägten, Vorverständnis über typische Verfassungsinhalte ausgegangen wird. Dabei wird übersehen, daß "die rechtliche Struktur der organisierten Staatengemeinschaft noch sehr weit von der eines modernen Rechtsstaates entfernt ist" (*Verdross/Simma*, Universelles Völkerrecht, § 272).

2161 Vgl. zu diesen Ansätzen oben B.X.2.b)cc), S. 94.

engen Zusammenhang.[2162] Denn in der Kooperation wird der Ausdruck eines gemeinschaftlichen Denkens gesehen, das die Staaten dazu veranlaßt, das Ziel einer sozialen und gerechten internationalen Ordnung zu verfolgen.[2163] Im Vergleich zu dem umfassenderen (und deshalb auch vageren) allgemeinen Gemeinschaftskonzept wird hier der Aspekt des solidarischen Zusammenwirkens der Staaten herausgegriffen.

b) Kritik

Schon im Hinblick auf die Analyse des positiven Rechts ist diesen Ansätzen entgegenzuhalten, daß ein Durchbruch zu einem auf Solidarität beruhenden Kooperationsrecht jedenfalls auf universeller Ebene[2164] nicht festgestellt werden kann. Zwar bestehen, insbesondere im Rahmen der Vereinten Nationen[2165], Kooperationspflichten, die zahlreiche Politikfelder betreffen.[2166] Häufig aber bleiben diese Verpflichtungen inhaltlich deutlich hinter den Ansprüchen zurück[2167] und werden gerade von denjenigen Staaten gar nicht erst eingegangen oder durch entsprechendes Abstimmungsverhalten unterlaufen, "deren Verhalten zuallererst dadurch erfaßt werden soll".[2168] Statt in verbindlichen Rechtsakten sind Regeln mit kooperativem Charakter häufig nur in Instrumenten des soft law "verankert", die vielfach durch wohlklingende Formulierungen die tatsächlich bestehenden Interessengegensätze verdecken. Zudem ist die Bereitschaft zur Eingehung von Kooperationspflichten gerade auf den Politikfeldern gering, auf denen die Staaten sich in wichtigen Interessen betroffen sehen.[2169] Insgesamt ist das Völkerrecht schwerpunktmäßig

---

2162 Vgl. etwa *Bleckmann*, Völkerrecht, 67, der im internationalen Bereich von der Bildung einer Gemeinschaft ausgeht, in der Fremdinteressen nicht nur um des damit verknüpften Eigeninteresses, sondern um ihrer selbst willen gefördert werden.

2163 Vgl. z.B. *Friedmann*, RdC 127 (1969 II), 47 (94), der den Umfang des Kooperationsrechts als proportional abhängig von der Übereinstimmung in Werten und Interessen sieht und - in Übereinstimmung mit den oben unter E.II.1.b)bb), S. 230, gefundenen Ergebnissen - feststellte, daß aufgrund des relativ niedrigen Niveaus an Gemeinschaftlichkeit auch das Koordinationsrecht auf universeller Ebene seinerzeit nur ein recht bescheidenes Ausmaß erreicht hatte.

2164 Auf bilateraler und regionaler Ebene sind umfassendere Kooperationsregeln feststellbar. Besonders weit fortgeschritten ist die Entwicklung in den Europäischen Gemeinschaften, vgl. *Wildhaber*, SchweizJIR 36 (1980), 75 (77).

2165 Vgl. zu den Erfolgen der Vereinten Nationen und ihrer Sonderorganisationen bei der Förderung der Kooperation z.B. *Berber*, Lehrbuch III, 253 f.

2166 Ein wichtiger Bereich, in dem kooperationsrechtliche Elemente zu beobachten sind, ist der (vertragliche) Umweltschutz (vgl. *Graf Vitzthum*, in: Graf Vitzthum (Hrsg.), Völkerrecht (2. Aufl.), 5. Abschnitt, Rdnr. 110). Daneben sind insbesondere die Bereiche der internationalen Wirtschafts-, Finanz- und Sozialbeziehungen, der Entwicklungshilfe sowie des Kulturgüterschutzes zu nennen (vgl. *Graf Vitzthum*, in: Graf Vitzthum (Hrsg.), Völkerrecht (2. Aufl.), 1. Abschnitt, Rdnr. 20).

2167 So ist bspw. im Umweltvölkerrecht der Trend zu einem auf Solidarität beruhenden kooperativen Völkerrecht noch schwach (*Graf Vitzthum*, in: Graf Vitzthum (Hrsg.), Völkerrecht (2. Aufl.), 5. Abschnitt, Rdnr. 162).

2168 *Wildhaber*, SchweizJIR 36 (1980), 75 (78).

2169 Am weitesten fortgeschritten ist das Recht der Zusammenarbeit in technisch geprägten Bereichen (vgl. schon *Friedmann*, RdC 127 (1969 II), 47 (94 f.)). Als Beispiel für eines der zentralen Probleme, auf dem von einer effizienten Zusammenarbeit bis heute nicht gesprochen

eine Koexistenzordnung geblieben und von dem Entwurf einer umfassenden Kooperations- oder gar Solidarordnung noch weit entfernt.[2170]

Aus struktureller Sicht ist darauf hinzuweisen, daß Kooperationsrecht nicht etwas qualitativ Neues ist, das dem klassischen Völkerrecht fremd gewesen wäre.[2171] Vielmehr erfüllt das Völkerrecht bereits seit seinen Anfängen die unter den Begriffen der Koexistenz und der Kooperation rubrizierten Funktionen.[2172] Der Unterschied zu früheren Epochen des Völkerrechts besteht sonach (nur) darin, daß Umfang und Bedeutung der Kooperationspflichten zugenommen haben. Bisher hat die Kooperation aber das Recht der Koexistenz nicht ersetzt,[2173] sondern beide stehen weiterhin nebeneinander,[2174] ohne daß dabei die Koordinationspflichten ein solches Gewicht erlangt hätten, daß man an ein Umschlagen von Quantität in Qualität denken könnte. Schon insofern kann von einer Veränderung der rechtlichen Grundstruktur nicht gesprochen werden.

Weiterhin zeigt gerade die jüngste Entwicklung im Zusammenhang mit dem Dritten Golfkrieg, daß die staatensoziologische Annahme, die insbesondere *Bleckmann* seinen Ausführungen über einen strukturellen Wandel zugrundelegt, durchaus zweifelhaft ist. Die Prozesse vor dem Krieg gegen den Irak lassen sich gerade als Beispiel für ein Verhaltensmuster auffassen, das der angeblich überwundenen Phase des Koexistenzvölkerrechts zuzuordnen sein soll, nämlich die Suche nach "Schutz in der eigenen Macht und in der Macht der Allianzen".[2175]

Im übrigen ist der Schluß von den Inhalten einer Normengruppe auf die rechtliche Struktur der völkerrechtlichen Gesamtordnung problematisch. Aus dem Umstand der Zunahme der Kooperation kann nicht auf die Etablierung einer Ordnung ge-

werden kann, sei die Bevölkerungspolitik genannt. Obwohl die Bevölkerungszunahme eine wesentliche Ursache für zahlreiche soziale und ökologische Probleme der Menschheit darstellt, ist eine Lösung des Problems nicht in Sicht (vgl. *Friedmann*, RdC 127 (1969 II), 47 (232); *Wildhaber*, SchweizJIR 36 (1980), 75 (77 f.)). Auch im Hinblick auf die Umweltpolitik bleibt - trotz der durchaus erzielten Fortschritte - die Feststellung richtig, daß diese "inadequate for the task at hand" ist (so *Friedmann*, The Changing Structure, 17).

2170 Vgl. *Graf Vitzthum*, in: Graf Vitzthum (Hrsg.), Völkerrecht (2. Aufl.), 1. Abschnitt, Rdnr. 87.

2171 Vgl. etwa zu der internationalen Kooperation, wie sie bereits in den Verwaltungsgemeinschaften des 19. Jahrhunderts praktiziert wurde, *Kunz*, Völkerrecht, allgemein, WVR III, 611 (619). Demgegenüber gehen *Kimminich*, History of the Law of Nations: Since World War II, EPIL Bd. II, 849 (850) und *Friedmann*, RdC 127 (1969 II), 47 (64), davon aus, daß das Völkerrecht bis zum 2. Weltkrieg ein reines Koexistenzrecht gewesen sei.

2172 Vgl. hierzu *Weil*, RdC 237 (1992 VI), 25 (34), der zurecht darauf hinweist, daß beide Funktionen bereits im Urteil des StIGH im Fall der *Lotus* (Urteil vom 7.9.1927, PCIJ Ser. A No. 10, 18) angesprochen werden. Daß es Kooperation im Völkerrecht immer gegeben hat, kommt auch bei *Bleckmann*, Völkerrecht, 237 ff., zum Ausdruck: Unmittelbar im Anschluß an den ersten Unterabschnitt des Dritten Teils seines Lehrbuchs, der allgemeine Ausführungen zum Wandel des Völkerrechts enthält (vgl. hierzu auch Fn. 795), folgt die Darstellung des Rechts der Diplomaten und Konsuln, d.h. eines Rechtsgebietes, das bereits am Beginn der Völkerrechtsgeschichte existierte.

2173 *Hillgruber*, JZ 2002, 1072 (1076).

2174 *Weil*, RdC 237 (1992 VI), 25 (38). *Weil* (a.a.O., 34) sieht gerade in der Beständigkeit der beiden Funktionen ein entscheidendes Element der Kontinuität.

2175 Vgl. *Bleckmann*, Völkerrecht, 240.

schlossen werden, die Koordination durch Subordination ersetzt. Insbesondere gelten für Kooperationspflichten die herkömmlichen Rechtserzeugungsregeln. Auch sie können nicht gegen den Willen eines Staates mit Mehrheit festgelegt[2176] oder gar aus einem obersten "Kooperationsgrundsatz" abgeleitet werden.

Nach alledem impliziert die Zunahme koordinativer Elemente im Völkerrecht keine grundlegenden Änderungen der rechtlichen Strukturen der Völkerrechtsordnung im Hinblick auf die Stellung der Staaten und insbesondere die Rechtserzeugung. Die Völkerrechtsordnung hat danach "ihren grundlegenden Charakter als multizentristische Konsensual- und Ausgleichsordnung"[2177] nicht eingebüßt.

4. Die interindividuelle Konzeption des Völkerrechts

a) Aussage bezogen auf die Souveränität

Abschließend ist noch auf den radikalsten Ansatz zur Neukonstruktion des Völkerrechts einzugehen, der den Staaten die Stellung als Basissubjekte abspricht und statt dessen die Einzelmenschen als Ausgangspunkt nimmt. Indem eine Rechtsgemeinschaft (oder -gesellschaft)[2178] der Individuen postuliert wird, wird die zentrale Stellung der Staaten als ursprüngliche und souveräne Subjekte des Völkerrechts bestritten: Mit der Verneinung des völkerrechtlichen Subjektcharakters der Staaten entfällt auch ihre Souveränität.

b) Kritik

Daß es eine internationale interindividuelle Gesellung, also Subjekt-Subjekt-Beziehungen über die Staatsgrenzen hinaus gibt (z.B. auf kulturellem und wirtschaftlichem Gebiet[2179]), ist trivial und nicht neu. Aber die interindividuelle Konstruktion

---

2176 Vgl. zur Geltung der allgemeinen, auf dem Konsensprinzip beruhenden Rechtserzeugungsverfahren *Wildhaber*, SchweizJIR 36 (1980), 75 (77).

2177 *Graf Vitzthum*, in: Graf Vitzthum (Hrsg.), Völkerrecht (1. Aufl.), 5. Abschnitt, Rdnr. 1. In der 2. Auflage fehlt dieser klärende Zusatz. Die nachfolgenden, ggü. der Vorauflage nur wenig veränderten, Ausführungen sprechen freilich eher dafür, daß *Graf Vitzthum* seine Position kaum grundlegend geändert haben dürfte.

2178 Obwohl die hier erörterten Ansätze mit den vorangegangenen Varianten des Gemeinschaftskonzepts eng verwandt sind und ebenso wie diese in der naturrechtlich-universalistischen Tradition der Völkerrechtsdoktrin verwurzelt sind, kommt es bei ihnen auf die Unterscheidung von Gesellschaft und Gemeinschaft nicht an, da der entscheidende Punkt die Definition der Basissubjekte des Völkerrechts ist und nicht die soziologische Natur der zwischen ihnen bestehenden Beziehungen. Dennoch ist das von den Vertretern dieser Ansicht gezeichnete Bild der interindividuellen Beziehungen stets so optimistisch, daß sie als gemeinschaftlich erscheinen. Insofern ist es durchaus zutreffend, wenn *Weil*, RdC 237 (1992 VI), 25 (29), in diesem Ansatz eine Variante der auf die Vergemeinschaftlichung des Völkerrechts zielenden Theorien sieht.

2179 Die heute meist unter dem Stichwort Globalisierung erörterte wirtschaftliche Verknüpfung ist zwar in ihrem Ausmaß, nicht aber in ihren Strukturelementen eine neue Entwicklung. So gab es gerade in Zeit vor dem Ersten Weltkrieg, also in der Phase, in der der Gedanke der zum absoluten tendierenden Staatensouveränität besonders wirksam war, bereits eine sehr umdes Völkerrechts kann auf diese Tatsachen nicht gestützt werden. Denn der Schluß vom Bestehen einer Gesellung auf deren rechtliche Geordnetheit ist nicht zwingend - nicht jede Gemeinschaft ist auch eine *Rechts*gemeinschaft.[2180]

Die geltende Völkerrechtsordnung kann nicht als rechtliche Ordnung inter-individueller Beziehungen gedeutet werden. Zwar haben nichtstaatliche Akteure, insbesondere Wirtschaftssubjekte und die Mitglieder der sog. Zivilgesellschaft im Rahmen des Globalisierungsprozesses an Einfluß auf die internationale Politik gewonnen,[2181] wobei allerdings das Ausmaß dieser Entwicklung, deren Beschreibung vielfach an einer empirisch nicht haltbaren Darstellung der Realität in früheren Zeiten leidet,[2182] bisher noch nicht abschließend bewertet werden kann.[2183] Hieraus folgt aber nicht zwingend eine Erlangung auch eines veränderten rechtlichen Status'.[2184] Die Weltgesellschaft hat sich jedenfalls bis heute nicht zu einer Rechtsgemeinschaft entwickelt.[2185] Vielmehr erscheinen nach wie vor die Staaten als die Einheiten, die die soziale Basis des Völkerrechts ausmachen.[2186] Gemeinsam mit den in ihrer Existenz von ihnen abhängigen sonstigen völkerrechtlichen Wirkungseinheiten bilden die Staaten das soziale Substrat der Völker-

fassende Weltwirtschaft mit grenzüberschreitenden Arbeitskräfte- und Kapitalströmen (vgl. *Cameron*, Weltwirtschaft II, 84). Erst geraume Zeit nach dem 2. Weltkrieg hat die Weltwirtschaft wieder einen so hohen Verflechtungsgrad erreicht wie zu Beginn des 20. Jahrhunderts (*Cameron*, Weltwirtschaft II, 97 f.).

2180 Hierzu *Kelsen*, Auseinandersetzungen, 28: "Gewiß: Ubi societas ibi ius; aber das bedeutet nicht, daß jede societas Rechtscharakter habe, daß societas und jus identisch seien."

2181 Vgl. hierzu *Hobe*, Der offene Verfassungsstaat, 309 ff.; zu verschiedenen in Politikwissenschaft, Soziologie und Ethik vertretenen Deutungen dieser Entwicklung *Paulus*, Die internationale Gemeinschaft im Völkerrecht, 97 ff. Als Beispielsfälle einer wirksamen Beeinflussung völkerrechtlicher Regelungen durch Nichtregierungsorganisationen können etwas das Verbot von Antipersonenminen sowie auch die Errichtung des Internationalen Strafgerichtshofes genannt werden, vgl. *Paulus*, Die internationale Gemeinschaft im Völkerrecht, 231.

2182 Pointiert hat etwa *Hillgruber*, JZ 2002, 1072 (1073), unter Hinweis auf *Max Weber* jene modernen Souveränitätsleugner kritisiert, die den heutigen Staat mit einem "verzerrenden Trugbild" der geschichtlichen Wirklichkeit konfrontieren und dabei übersehen, daß die (einzel-)staatliche Gestaltungskraft gegenüber den transnationalen Markkräften schon immer sehr beschränkt war.

2183 Es spricht allerdings vieles dafür, daß die radikale These von der "Entstaatlichung" auf absehbare Zeit nicht der Wirklichkeit entsprechen wird. Weder "die internationale Wirtschaft" noch die v.a. in den Nichtregierungsorganisationen organisierte Zivilgesellschaft sind derzeit in der Lage, ohne staatliche Institutionen die internationalen Prozesse umfassend zu steuern. Die (auch militärische) Staatsmacht wird nach wie vor benötigt, z.B. auch dann, wenn es um die Umsetzung zwischenmenschlicher Solidarität geht (etwa bei der Leistung von Katastrophenhilfe).

2184 *Paulus*, Die internationale Gemeinschaft im Völkerrecht, 225, der ebenfalls die Staaten als nach wie vor bestimmende Subjekte der Völkerrechtsordnung ansieht (a.a.O., 248 f.).

2185 *Arangio-Ruiz*, RdC 137 (1972 III), 431 (652 f.); *Verdross/Simma*, Universelles Völkerrecht, § 74.

2186 Vgl. *Arangio-Ruiz*, RdC 137 (1972 III), 431 (652); *Wildhaber*, SchweizJIR 36 (1980), 75 (84); *Mosler*, ZaöRV 36 (1976), 6 (16).

rechtsordnung.[2187] Das Völkerrecht regelt nicht interindividuelle Beziehungen, sondern primär "solche zwischen souveränen Mächtegruppen."[2188]

Diese strukturelle Aussage wird nicht zuletzt durch die rechtliche Regelung jenes Aktionsbereichs belegt, in der die intersubjektive Verknüpfung am weitesten fortgeschritten ist. Das Wirtschaftsvölkerrecht sieht nach wie vor die Staaten (bzw. Staatengruppen wie die Europäischen Gemeinschaften) als Träger der rechtlich geschützten und zugeordneten Interessen an.

Dies zeigt sich zum einen daran, daß wichtige Vorschriften des Welthandelsrechts nicht als self-executing angesehen werden. So betrachten etwa die Europäischen Gemeinschaften die WTO-Übereinkünfte[2189] als nicht unmittelbar anwendbar.[2190] Sie befindet sich in diesem Punkt in Übereinstimmung mit anderen wichtigen Handelsmächten.[2191]

Zum anderen wird die Zwischenstaatlichkeit auch des Wirtschaftsvölkerrechts besonders deutlich anhand des Sanktionssystems im Rahmen der WTO. Dieses dient offensichtlich nicht dem Schutz einzelwirtschaftlicher Interessen, sondern soll Nachteile auf gesamtwirtschaftlicher Ebene ausgleichen. Zwar haben die Regeln über die Streitbeilegung (DSU)[2192] nach ihrem Art. 3.7 zum Ziel, grundsätzlich die Rücknahme der betreffenden Maßnahme durchzusetzen. Als "vorübergehende" Maßnahmen, die möglichst zwischen den Parteien vereinbart werden sollen[2193] und

---

2187 *Graf Vitzthum*, in: Graf Vitzthum (Hrsg.), Völkerrecht (2. Aufl.), 1. Abschnitt, Rdnr. 55.

2188 *Verdross/Simma*, Universelles Völkerrecht, § 74; ähnlich *Wildhaber*, in: Macdonald/Johnston (Hrsg.), The Structure and Process of International Law, 425 (438), wonach das Völkerrecht "basically remained a state-centered law."

2189 BGBl. 1994 II, 1441 ff. bzw. ABlEG Nr. L 336/3 ff.

2190 Der Rat hat in seinem Beschluß 94/800/EG (ABlEG Nr. L 336/1 (2)) über den Abschluß der Übereinkünfte im Rahmen der Uruguay-Runde in der letzten Begründungserwägung festgehalten, daß das WTO-Abkommen "nicht so angelegt (sei), daß es unmittelbar vor den Rechtsprechungsorganen der Gemeinschaft und der Mitgliedstaaten angeführt werden kann." Der EuGH hat mit seinem Urteil vom 23.11.1999 in der Rs. C-146/96 (Portugal/Rat), Slg. 1999 I, 8395, seine bisherige Rechtsprechung zu den Vorschriften des GATT 1947 - grundlegend verb. Rs. 21-24/72 ("International Fruit Company), Slg. 1972, 1219, bestätigt z.B. in Rs. C-280/93 ("Bananen"), Slg. 1994 I, 4973 - fortgeschrieben und ausgesprochen, daß die WTO-Übereinkünfte grundsätzlich nicht zu den Vorschriften gehören, an denen er die Rechtmäßigkeit von Handlungen der Gemeinschaftsorgane messe, soweit die Gemeinschaft nicht eine bestimmte, im Rahmen der WTO übernommene Verpflichtung umsetze oder die Gemeinschaftshandlung ausdrücklich auf spezielle Bestimmungen der WTO-Übereinkünfte verweise. In seiner Beschlußentscheidung vom 2.5.2001 in der Rs. C-307/99 (OGT Fruchthandelsgesellschaft mbH/ Hauptzollamt Hamburg-St. Annen), EuZW 2001, 529, hat der EuGH unter Bezugnahme u.a. auf seine Entscheidung in der Rs. 146/96 bestätigt, daß auch das GATT 1994 für den Einzelnen keine Rechte begründet.

2191 So haben z.B. auch die USA, Kanada und Japan die unmittelbare Anwendbarkeit kategorisch ausgeschlossen (vgl. z.B. *Neugärtner/Puth*, JuS 2000, 640 (643), worauf auch der EuGH in Tz. 43 seines Urteils in der Rs. 146/96 (s.o. Fn. 2190) hingewiesen hat.

2192 Dispute Settlement Understanding/Vereinbarung über Regeln und Verfahren zur Beilegung von Streitigkeiten, BGBl. 1994 II, 1749 ff. Vgl. hierzu Überblick bei *Ritter*, EuZW 1997, 133 (135 f.).

2193 Die Betonung der konsensualen Streitbeilegung, die sich auch in Tz. 36 ff. des Urteils des EuGH in der Rs. 146/96 (s.o. Fn. 2190) wiederspiegelt, spricht deutlich gegen die Überlegung, in den Vorschriften der WTO-Übereinkünfte eine Berechtigung der Individuen bzw. Unterderen einseitige Verhängung nur als letztes Mittel von den Organen der WTO genehmigt werden soll, sind jedoch Ausgleichsmaßnahmen möglich.

Die Gleichgültigkeit gegenüber den angeblichen Subjekten der Völkerrechtsordnung zeigt sich in diesem Zusammenhang besonders deutlich in der Möglichkeit der sogenannten cross-retaliation gem. Art. 22.3. DSU, die es ermöglicht, die durch unrechtmäßige Handelspraktiken erlittenen Nachteile zu Lasten völlig unbeteiligter Wirtschaftssubjekte auszugleichen. Mit einer solchen Maßnahme waren etwa die Hersteller europäischer (Luxus-)Güter belastet, die von Sanktionen betroffen waren, welche die USA im Streit um die EG-Bananenmarkt-Verordnung[2194] verhängt hatten.[2195]

Im übrigen gibt es in der bisheriger Praxis Anzeichen dafür, daß die Mitgliedstaaten der WTO die neuen Streitbeilegungsmechanismen zwar nutzen, zumindest in für besonders wichtig erachteten Angelegenheiten aber nach wie vor[2196] zur endgültigen Regelung ihrer Streitigkeiten - die, allen freihändlerischen Beteuerungen zum Trotz, vielfach in der Verfolgung (oft fragwürdiger) eigener Interessen begründet liegen - eine vornehmlich politische Regelung bevorzugen, die sowohl das materielle Wirtschaftsvölkerrecht[2197] als auch die wirtschaftlichen Interessen der Einzelnen (unter Einschluß der eigenen Staatsangehörigen[2198]) allenfalls als

nehmen zu sehen. Die Staaten können - und sollen, Art. 3.7 Satz 3 DSU - jederzeit eine Vereinbarung treffen, die sowohl die Regeln der Verträge als auch die Interessen der Betroffenen übergehen kann. Im Rahmen solcher Verhandlungen, in dem das typisch gesellschaftliche Prinzip des do ut des herrscht - vom EuGH insbes. in Tz. 46 seines Urteils in der Rs. 146/96 (Fn. 2190) mit dem erforderlichen "Spielraum" angesprochen - haben die Staaten in der Vergangenheit zu Lösungen gefunden, die mit dem angeblichen gemeinsamen Wert des Freihandels (*Paulus,* Die internationale Gemeinschaft im Völkerrecht, 268) konfligieren und treffend wohl nur als Kuhhandel bezeichnet werden können. Einige Beispiele für eine "pragmatische" Klärung von Handelskonflikten finden sich bei *Ehrenhaft,* in: Allen/Ward (Hrsg.), The United States, Transnational Business, and the Law, 67 ff., der auf den besonders illustrativen Fall der Lösung eines Konflikts zwischen den USA und Spanien um Subventionen für spanische Olivenbauern hinweist. Nachdem Spanien für den Fall wirksamer amerikanischer Gegenmaßnahmen mit der Schließung einer NATO-Marinebasis gedroht hatte, wurde ein offensichtlich unerheblicher Strafzoll von 2 % erhoben (*Ehrenhaft*, a.a.O., 70).

2194 Verordnung (EWG) Nr. 404/93 des Rates vom 13.2.1993 über die gemeinsame Marktorganisation für Bananen (ABlEG Nr. L 47/1 ff.).

2195 Vgl. zu den "collateral damage(s)" des "Bananenkrieges" sowie auch der Auseinandersetzung um hormonbehandeltes Rindfleisch *Reinisch*, EuZW 2000, 42 (42 f.). Auch Ecuador ergriff im Bananen-Streit Sanktionsmaßnahmen, vgl. hierzu *Vranes*, EuZW 2001, 10 ff.

2196 Vgl. zur Aufweichung der Regelungen des GATT 1947 durch zwischenstaatliche Kompensationsvereinbarungen *Ritter*, EuZW 1997, 133 (138). Das Ergebnis dieser Abmachungen, z.B. von sog. Voluntary Export Restraints (VERs), waren aus ökonomischer Sicht allenfalls "viertbeste" Lösungen (vgl. *Jackson*, The World Trading System, 1 ff. (301); zur ökonomischen Bewertung s. näher *Markusen et al.*, International Trade, 271 ff. und 285 ff. mit einer Schätzung der Kosten einzelner VERs).

2197 Einen Beispielsfall hierfür stellt etwa die Haltung der EG im Hormonstreit dar, die sich juristisch kaum stützen läßt, vgl. *Ritter*, EuZW 1997, 133 (138). Auch im Fall der EG -Bananenmarktverordnung (s.o. Fn. 2194) kam die Entscheidung des Revisionspanels vom 8.9.1997 (abgedruckt in EuZW 1997, 722 ff.) nicht überraschend.

2198 Während im Hormon-Streit mit dem Gesichtspunkt des vorbeugenden Gesundheitsschutzes noch ein zwar im WTO-Übereinkommen über die Anwendung gesundheitspolizeilicher und pflanzenschutzrechtlicher Maßnahmen von 1994 (SPS-Übereinkommen, ABlEG Nr. L 336/40 ff.) in

Kriterien für die Findung einer Lösung berücksichtigt. Insbesondere die transatlantischen Handelsauseinandersetzungen, die mit dem neuerlichen Stahlstreit möglicherweise auf einen neuen Höhepunkt zustreben,[2199] lassen fraglich erscheinen, ob die im Rahmen des alten GATT diskutierte Alternative zwischen dem pragmatisch-diplomatischen und dem "legalistischen" Ansatz[2200] tatsächlich im Sinne einer "rule of law" entschieden ist. Der Umstand, daß einzelne Entscheidungen, die auch von den Beteiligten als besonders wichtig angesehen werden, nur sehr zögerlich[2201] oder überhaupt nicht[2202] befolgt werden, legt jedenfalls nahe, daß wichtige WTO-Mitglieder im Zweifel politischen Erwägungen den Vorrang geben.[2203]

An der Feststellung der nach wie vor auf Staaten aufbauenden Grundstruktur des Völkerrechts ändern auch neuere Rechtsentwicklungen nichts, die die Stellung des Individuums im Völkerrecht stärken, teilweise aber auch nur zu stärken scheinen. So berührt zum einen die (noch immer sehr beschränkte) Völkerrechtssubjektstellung, die Individuen im Bereich des Menschenrechtsschutzes[2204] erlangt haben,[2205] die

Form des Vorsorgegrundsatzes verankerter, in der konkreten Fallgestaltung jedoch nicht erheblicher, jedenfalls aber doch politisch-ethisch beachtlicher Beweggrund für das Verhalten der EG vorhanden war, ist ihre Haltung in der Bananen-Frage nur noch mit den verschlungenen Mechanismen des innergemeinschaftlichen Schutzes von Interessengruppen zu begründen. Die Verhinderung der Einfuhr von insbes. mittelamerikanischen Bananen ist gesamtwirtschaftlich schädlich - sie trifft v.a. auch die Verbraucher in der Gemeinschaft - und läßt auch von Solidarität mit den betroffenen Entwicklungsländern wenig erkennen.

2199 Vgl. zum bisherigen Verlauf dieser Auseinandersetzung, an der auch Japan beteiligt ist, *Senti,* Intereconomics 2002, 124 ff. Die in den letzten Jahren immer wieder beschworene Gefahr eines transatlantischen Handelskrieges (Stichwörter sind außer den bereits angesprochenen Hormonen und Bananen noch FSC, Boeing und General Electric) besteht dabei weniger in dem jeweiligen Anlaß, sondern darin, daß es in einem größeren Umfang zu "tit-for-tat"-Gegenmaßnahmen kommen könnte, vgl. *Ischinger,* Intereconomics 2002, 135, (137).

2200 Vgl. hierzu *Barfield,* Intereconomics 2002, 131 (132).

2201 So ist der Bananenstreit - der Gesamtkonflikt zog sich über 8 Jahre hin, die Revisionsentscheidung datiert vom 8.9.1997 (s.o. Fn. 2197) - ein Beispiel für die beschränkte Effektivität auch des neuen Streitbeilegungsmechanismus. Die EG hielt in der Sache zunächst an ihrer Politik fest, so daß es am 12.4.1999 zu einer weiteren panel-Entscheidung kam, mit der auch das zwischenzeitlich durch Verordnung (EG) 1637/98 (ABlEG Nr. L 210/28 ff.) revidierte Bananenregime für rechtswidrig erklärt wurde. Erst im Jahre 2001 kam es dann - sicherlich befördert durch die angesprochenen Sanktionen - zu einer Einigung mit den USA und Ecuador (vgl. EuZW 2001, 322).

2202 So (bisher) im Hormonstreit, in dem die EG - d.h. im Endeffekt die Unionsbürger bzw. die europäischen Unternehmen - es gegenüber einer Befolgung der "Entscheidung" vorzieht, über 100 Millionen Dollar an Kompensationsmaßnahmen zu zahlen, vgl. *Barfield,* Intereconomics 2002, 131 (133).

2203 Es läge damit eine Situation vor, in der das Recht weiter entwickelt wäre, als es den realen politischen Möglichkeiten entspricht. In der Konsequenz dieser Situation liegt es, daß *Barfield,* Intereconomics 2002, 131 (133 f.), eine Reform des DSU vorschlägt, die einige Elemente der Streitbeilegung nach den alten GATT-Vorschriften wieder einführen und damit politische Lösungen erleichtern würde.

2204 Zur Verpflichtung des Einzelnen vgl. *Paulus,* Die internationale Gemeinschaft im Völkerrecht, 234 ff.

2205 Im einzelnen ist vielfach umstritten, ob bzw. inwieweit einzelne Regelungen den Einzelnen vom bloßen Objekt zu einem Subjekt des Völkerrechts erheben. So sieht etwa die h.M. den Flüchtling nicht als Inhaber von Rechten, sondern nur als durch einen Rechtsreflex Bestaaten-orientierte Grundstruktur des Völkerrechts nicht.[2206] Denn selbst in den Fällen, in denen die für das klassische Völkerrecht typische Mediatisierung des Individuums durchbrochen wird,[2207] ist die dem Einzelnen eingeräumte Subjektseigenschaft stets derivativer Natur. Zum anderen kann auch der "Siegeszug" des Konzepts des gemeinsamen Menschheitserbes nicht als Beleg für eine fundamentale Wandlung der sozialen Basis des Völkerrechts angesehen werden.[2208] Denn in seiner positiv-rechtlichen Ausgestaltung unterscheiden sich die auf das Menschheitserbe berufenden Regelungen letztlich nicht von solchen, die die Staaten als solche berechtigen und verpflichten würden.[2209] Im übrigen ist bis heute ein allgemeines Rechtsprinzip, wonach "das" Menschheitserbeprinzip die Nutzung aller Staatengemeinschaftsräume - oder gar aller wichtigen Ressourcen auch innerhalb von Hoheitsgebieten[2210] - bestimmen würde, nicht etabliert.[2211]

III. Die Substanz der Veränderungen

1. Rechtserzeugung ohne Zustimmung des Betroffenen?

Die Analyse der Regeln des heutigen Völkerrechts über die Erzeugung rechtlich bindender Normen hat ergeben, daß das Völkerrecht nach wie vor von den Staaten geschöpft wird. Eine wesentliche Veränderung der Kernaussage des Lotus-Urteils,

günstigten (vgl. *Kimminich*, History of the Law of Nations: Since World War II, EPIL Bd. II, 849 (857)). Weitere Abkommen, die lediglich die Vertragsparteien berechtigen und verpflichten, nennt *Seidel*, AVR 38 (2000), 23 (33).

2206 Vgl. *Mosler*, ZaöRV 36 (1976), 6 (30 f.).

2207 Vgl. zum Grundsatz der Mediatisierung des Einzelmenschen mit Beispielen zu seiner Auflockerung z.B. *Verdross/Simma*, Universelles Völkerrecht, §§ 47 f.; *Seidel*, AVR 38 (2000), 23 (33 f.).

2208 Freilich ist nach dem Menschheitserbe-Ansatz der Einzelne nur ein Basis-Subjekt im soziologischen, nicht aber im rechtlichen Sinn. Denn anders als die menschenrechtliche Konzeption gewährt das gemeinsame Erbe der Menschheit dem Einzelnen keine Rechte, sondern mediatisiert ihn in der Gemeinschaft aller.

2209 So stellt insbes. die bedeutendste Regelung des Art. 137 SRÜ im Ergebnis eine neue Form einer Internationalisierung dar (vgl. bei E.II.1.b)dd)(3)(a)(bb), S. 262). An anderer Stelle stellt übrigens auch das Seerechtsübereinkommen - abweichend von früheren naturrechtlichen Konzeptionen - die Staaten nicht nur als entscheidende Akteure, sondern auch als Rechtsinhaber heraus. Während etwa *Grotius* noch die Menschheit als Summe der Einzelmenschen als Berechtigte der Meeresfreiheit ansah (vgl. *Hafner*, seerechtliche Verteilung, 148 f.), kam es in der Folgezeit zu einer "Verstaatlichung" der Freiheitsrechte (vgl. *Hafner*, a.a.O., 164 ff.), die auch Art. 87 SRÜ bestätigt, wonach die Hohe See allen *Staaten* offensteht.

2210 Als Beispiel für weit über das geltende Recht und das derzeit politisch Erreichbare hinausgehende Entwürfe sei hier die u.a. an *Vitoria* anknüpfende und ausdrücklich als "Utopie" bezeichnete Anregung *Bedjaouis* erwähnt, die weltweiten Ressourcen an Grundnahrungsmitteln zum Gemeinsamen Erbe der Menschheit zu erklären (*Bedjaoui*, in: UNESCO (Hrsg.), Le droit international: Bilan et perspectives, Bd. 2, 1247 (1268)).

2211 Vgl. *Graf Vitzthum*, in: Graf Vitzthum (Hrsg.), Völkerrecht (2. Aufl.), 5. Abschnitt, Rdnr. 72.

wonach die Entstehung neuen Völkerrechts auf dem Willen der betroffenen Staaten beruht, ist nicht festzustellen.[2212]

2. Rechtsinhalte: Zunehmende Regelungsbreite und -tiefe sowie geänderte Regelungstendenz

Im modernen Völkerrecht können alle Aspekte staatlichen Handelns Gegenstand völkerrechtlicher Regelungen sein. Auch in solchen Bereichen, die früher jedenfalls von Teilen der Doktrin als im "Wesen" der Souveränität begründet angesehen wurden und daher für eine völkerrechtliche Normierung tabu sein sollten, existieren heute zum Teil sehr weitreichende Regelungen, die die Handlungsfreiheit der Staaten einschränken.

Dies gilt in besonderem Maße für das vielfach als Kernbestand der Souveränität betrachtete sogenannte freie Kriegsführungsrecht. Es wurde durch Art. 2 Ziff. 4 SVN sowie durch inhaltlich gleichlautendes Gewohnheitsrecht für alle Staaten beseitigt. Nur in den - seit dem Kosovo-Krieg erneut unklar gewordenen - Ausnahmefällen, in denen die Satzung der Vereinten Nationen die Anwendung von Gewalt in den internationalen Beziehungen zuläßt, dürfen die Staaten noch kriegerische und sonstige Gewalt einsetzen. Sieht man einmal von dem Aspekt der nicht-kriegerischen Gewalt[2213] ab, so entspricht damit der heute für alle Staaten verbindliche Rechtszustand jenem, der im 19. Jahrhundert für die neutralisierten Staaten galt. Die im Hinblick auf die Souveränität jedenfalls im dichotomischen Sinne[2214] schon im klassischen Völkerrecht für unschädlich gehaltene Ausnahme ist also im modernen Völkerrecht zur allgemeingültigen Regel geworden. Angesichts des Umstandes, daß es auch im klassische Völkerrecht bereits Einschränkungen des ius ad bellum

---

2212 Zum Teil wird das *Nuklearwaffen*-Gutachten des IGH (s.o. Fn. 2015) als Ausdruck einer wesentlichen Veränderung der Grundstruktur des Völkerrechtssystems gesehen, da danach anders als in der früheren "Lotus-Welt" es nicht mehr einer *ausdrücklichen* Regel des Völkerrechts bedürfe, um eine Beschränkung der Handlungsfreiheit der Staaten annehmen zu können (so z.B. *Thürer*, ZaöRV 60 (2000), 557 (590 ff.)). Diese weitgehende Interpretation der hochpolitischen Entscheidung des Gerichts ist zweifelhaft und scheint auf einer Überzeichnung des klassischen Rechtszustandes zu beruhen. Es ist durchaus fraglich, ob die von *Thürer* so genannte "Lotus-Doktrin" wirklich über ihren ursprünglichen Bezug (die Abgrenzung des territorialen Hoheitsbereichs) hinaus als allgemeingültige Strukturaussage aufzufassen war (gegen die Übertragbarkeit insbes. hinsichtlich des humanitären Völkerrechts Diss. Op. *Weeramantry*, ICJ Reports 1996 (I), 429 (495 f.)). Jedenfalls für den Bereich des ius in bello, auf den sich die Argumentation des Atomwaffen-Gutachtens schwerpunktmäßig bezieht, war bereits im klassischen Völkerrecht mit der heute in Art. 1 Abs. 2 des 1. Zusatzprotokolls zu den Genfer Abkommen vom 8.6.1977 (BGBl. 1990 II, 1551) enthaltenen *Martens*'schen Klausel (vgl. dazu *Ipsen*, Völkerrecht, § 68, Rdnr. 12; *Strebel*, Martens' Clause, EPIL Bd. III, 326 f.) prinzipiell anerkannt, daß auch der Einsatz von Kriegsmitteln, die nicht ausdrücklich verboten waren, völkerrechtswidrig sein kann (vgl. Diss. Op. *Weeramantry*, ICJ Reports 1996 (I), 429 (492 f.)). Durchaus erwägenswert erscheint es, nicht nach einer generellen Formel zu suchen, sondern jeweils spezifisch für bestimmte Regelungsbereiche anhand der Regelungstendenz des induktiv feststellbaren normativen Umfelds zu fragen, ob und inwieweit Vermutungen für oder gegen die Handlungsfreihet der Staaten bestehen.

2213 Vgl. zu den sogenannten "measures short of war" z.B. *Ipsen*, Völkerrecht, § 59, Rdnr. 11.

2214 Zum Begriff vgl. oben S. 192.

gab[2215] erscheint die Aussage, die heutigen Staaten seien "[r]echtlich gesehen ... nicht mehr souverän im Sinne des klassischen Völkerrechts, vor allem deshalb, weil sie nicht mehr das Recht zum Kriege besitzen"[2216], zu weitgehend.

Neben dem Entzug des *ius ad bellum* ist auch im Hinblick auf andere Regelungsgegenstände, die früher zum Teil für souveränitäts-wesentlich gehalten wurden, eine signifikante Zunahme an rechtlicher Regelung festzustellen. So ist insbesondere die Beziehung des Staates zu den seiner Hoheit unterstehenden Personen durch den modernen völkerrechtlichen Menschenrechtsschutz erheblich stärker normiert, als dies im klassischen Völkerrecht üblich war. Jener geht nicht nur inhaltlich über den fremdenrechtlichen Mindeststandard hinaus, sondern erfaßt namentlich auch das Verhalten von Staaten gegenüber den eigenen Staatsangehörigen sowie Staatenlosen. In dieser Ausdehnung des persönlichen Anwendungsbereichs liegt eine wesentliche Neuerung gegenüber dem klassischen Völkerrecht.[2217]

Auch in den Bereichen, in denen seit jeher völkerrechtliche Regelungen existierten, ist eine höhere Regelungsintensität feststellbar. Das moderne Völkerrecht ist in inhaltlicher Hinsicht nicht nur breiter als das klassische, sondern auch tiefer. Zwar gibt es auch gegenläufige Tendenzen, insgesamt aber läßt sich deutlich eine Grundtendenz der fortschreitenden Relativierung der negativen Souveränität, die mit einer Zunahme an positiver Souveränität einhergeht, beobachten.

Schließlich enthält das moderne Völkerrecht in größerem Umfang Regelungen mit einer kooperativen Tendenz.[2218]

3. Rechtsstrukturen

Jede völkerrechtliche Ordnung setzt eine Unterordnung der Staaten unter "das Recht" voraus, sonst besteht in Wirklichkeit ein anarchisches System.[2219] Diese Unterordnung kann jedoch sehr unterschiedlich ausgestaltet sein. Unter I.3.[2220] wurde festgestellt, daß es im klassischen Völkerrecht deutliche Vorbehalte gegenüber Regelungen gab, die über diese rechtssystematisch notwendige Unterordnung hinausgehen und die Staaten anderen Institutionen dergestalt unterordnen, daß - wenn auch nur in einem beschränkten Umfang - ein hierarchisches Verhältnis besteht. Im folgenden wird untersucht, inwiefern derartige Unterordnungsverhältnisse im modernen Völkerrecht zugenommen haben.

2215 Vgl. oben E.I.2.a)aa), S. 213.

2216 *Kimminich*, in: Kroker/Veiter (Hrsg.), Rechtspositivismus, Menschenrechte und Souveränitätslehre in verschiedenen Rechtskreisen, 97 (105).

2217 Vgl. *Verdross/Simma*, Universelles Völkerrecht, § 1208.

2218 S. oben E.II.3., S. 314, insbesondere auch dazu, daß hieraus nicht auf einen strukturellen Wandel der völkerrechtlichen Ordnung geschlossen werden kann.

2219 Vgl. oben D.II.1, S. 172.

2220 S. 216.

a) Unterwerfung unter einzelstaatlich nicht blockierbare Entscheidungen

In der Entwicklung nach dem Ersten Weltkrieg haben subordinative Elemente im Völkerrecht zugenommen. Insbesondere im Rahmen von internationalen Organisationen, deren Bedeutung vor allem nach dem Zweiten Weltkrieg erheblich gestiegen ist, haben sich die Staaten - aufgrund und im Rahmen ihres Konsenses - umfassender als in der klassischen Periode üblich einem Willen, der nicht mit ihrem eigenen identisch ist, untergeordnet.

aa) Internationale Gerichtsbarkeit

Im Vergleich der hier betrachteten Formen der Unterordnung ist die Bereitschaft der Staaten, auf hergebrachte souveräne Positionen zu verzichten, im Bereich der internationalen Gerichtsbarkeit am geringsten ausgeprägt. Zwar wurde 1920 mit dem Ständigen Internationalen Gerichtshof auf der Grundlage von Art. 14 VBS erstmals ein ständiges und potentiell weltweit zuständiges Gericht zur Entscheidung völkerrechtlicher Streitigkeiten errichtet.[2221] Dieses Gericht blieb aber, ebenso wie seine Nachfolgeinstitution, der Internationale Gerichtshof, in seiner Rechtsprechungsbefugnis von der Zustimmung der Parteien abhängig.

Insofern ist nach wie vor eine große Zurückhaltung der Staaten gegeben. Insbesondere wenn es um die Entscheidung wichtiger Fragen geht, sind sie nur selten bereit, sich der Gerichtsbarkeit des IGH zu unterwerfen.[2222] Die Einführung einer wirklich obligatorischen Gerichtsbarkeit ist auf universeller Ebene[2223] bisher nicht gelungen. Von einer obligatorischen Gerichtsbarkeit spricht man, wenn ein Staat einseitig die betreffende Rechtsprechungsinstitution anrufen kann und diese zuständig ist, ohne daß der verklagte Staat dem noch in einer besonderen Abrede, dem sogenannten Kompromiß, zustimmen muß.[2224]

Die Widerstände gegen eine solche zwingende Zuständigkeit haben sich ebenso wie bei der Schaffung des StIGH[2225] auch nach dem Zweiten Weltkrieg durchgesetzt. Die "Souveränitätsverhaftetheit der Staaten" stand einer entsprechenden

---

2221 Vgl. hierzu *Ziegler*, Völkerrechtsgeschichte, § 46 II 4; *Schücking/Wehberg*, Satzung des Völkerbundes, 562 ff.

2222 Vgl. *Ziegler*, Völkerrechtsgeschichte, § 50 IV 5 sowie oben Fn. 2107.

2223 Über eine obligatorische Gerichtsbarkeit verfügt auf regionaler Ebene der EuGH, vgl. *Tomuschat*, in: Dolzer/Vogel (Hrsg.), Bonner Kommentar, Art. 24, Rdnr. 203. - Weiterhin gibt es auf einzelnen Gebieten Regime, die in ihren Wirkungen einer obligatorischen Gerichtsbarkeit nahekommen. So ist zwar das WTO-Streitbeilegungsverfahren insofern nicht obligatorisch, als es an den willentlichen Beitritt zur WTO anknüpft. Allerdings ist nach vollzogenem Beitritt das Beschreiten dieses Weges nicht von einer Zustimmung des Verfahrensgegners abhängig. Dabei ist wegen des single-package-Ansatzes in der WTO die Anbringung von Vorbehalten hinsichtlich der Streitbeilegung nicht ohne weiteres möglich.

2224 Vgl. zum Begriff der obligatorischen (Schieds-)Gerichtsbarkeit *Streinz*, in: Sachs (Hrsg.), Grundgesetz, Art. 24, Rdnr. 84, sowie oben Fn. 429.

2225 Vgl. zur Streichung der auf die obligatorische Natur des Gerichtshofes bezogenen Passagen im Entwurf der Juristenkommission durch den Rat des Völkerbundes *Schücking/Wehberg*, Satzung des Völkerbundes, 563.

Regelung der Zuständigkeit des IGH entgegen.[2226] Nach Art. 36 des IGH-Statuts setzt die Zuständigkeit des IGH eine besondere Unterwerfungserklärung voraus, zu deren Abgabe die Vertragsstaaten nicht verpflichtet sind.[2227] Diese zusätzliche Unterwerfung kann entweder vertraglich erfolgen (Art. 36 Abs. 1 IGH-Statut) oder mittels einseitiger Erklärung ausgesprochen werden (Art. 36 Abs. 2 IGH-Statut). Danach bleibt es auch im modernen Völkerrecht bei dem Grundsatz, daß jeder souveräne Staat auch über das Recht der Selbstbeurteilung seiner Rechte verfügt.[2228]

Dennoch läßt sich aus den Regelungen über die Zuständigkeit des IGH auf eine gewisse Änderung der Einstellung zu den Auswirkungen der dauerhaften Unterwerfung unter die Rechtsprechung internationaler Institutionen schließen. Bis zum Beginn des 20. Jahrhunderts hatte jede schiedsgerichtliche Streitbeilegung zur Voraussetzung, daß für den jeweiligen einzelnen Fall ein Kompromiß abgeschlossen wurde.[2229] Zwar gab es in der Endphase der klassischen Epoche Ansätze, auf die jeweilige Einigung der Streitenden, das heißt ihren aktuellen Konsens, zu verzichten; diese vermochten sich jedoch in der Praxis nicht durchzusetzen.[2230] Demgegenüber ist mit Art. 36 Abs. 2 IGH-Statut im modernen Völkerrecht eine Regelung enthalten, die eine *potentielle* Grundlage für die Einführung einer obligatorischen[2231] Gerichtsbarkeit des IGH auch für künftige Streitigkeiten darstellt.[2232] Machten alle Staaten von der in Art. 36 Abs. 2 IGH-Statut vorgesehenen Möglichkeit Gebrauch, die Rechtsprechung des Gerichtshofs unter Beachtung der Gegenseitigkeit als obligatorisch anzuerkennen, so würde dies eine wesentliche Veränderung der Struktur der Staatengemeinschaft bedeuten, da dadurch "[d]as Prinzip souveräner Gleichheit ... durch hierarchische Unterordnung unter eine organisierte Gemeinschaftsgewalt ersetzt" würde.[2233]

Diese durch Art. 36 Abs. 2 IGH-Statut eröffnete Möglichkeit ist jedoch bisher nicht umfassend genutzt worden. Nur wenige Staaten haben überhaupt Unterwerfungserklärungen nach Art. Art. 36 Abs. 2 IGH-Statut abgegeben.[2234] Sie haben dabei überwiegend von der in Art. 36 Abs. 3 IGH-Statut ausdrücklich vorgesehenen

---

2226 *Graf Vitzthum*, in: Graf Vitzthum (Hrsg.), Völkerrecht (2. Aufl.), 1. Abschnitt, Rdnr. 53/Fn. 121; vgl. zum nicht-obligatorischen Charakter der Gerichtsbarkeit des IGH z.B. auch *Streinz*, in: Sachs (Hrsg.), Grundgesetz, Art. 24, Rdnr. 87 m.w.N.

2227 *Mosler*, Internationale Streitschlichtung, HStR VII, § 179 Rdnr. 32.

2228 Vgl. *Kunz*, Völkerrecht, allgemein, WVR III, 611 (613).

2229 *Ulshöfer*, Kompromiß, WVR II, 261 (263).

2230 Vgl. zum sogenannten Zwangskompromiß gem. Art. 53 des Haager Abkommens zur friedlichen Erledigung internationaler Streitfälle von 1907 *Ulshöfer*, Kompromiß, WVR II, 261 (263 f.).

2231 Zur Abweichung der "obligatorischen" Zuständigkeit des IGH nach Art. 36 Abs. 2 IGH-Statut von dem vom Grundgesetz vorausgesetzten Begriff des Obligatorium, die sich aus den Einschränkungsmöglichkeiten nach Art. 36 Abs. 3 IGH-Statut ergibt, vgl. *Tomuschat*, in: Dolzer/Vogel (Hrsg.), Bonner Kommentar, Art. 24, Rdnr. 204, 208.

2232 *Randelzhofer*, in: Maunz/Dürig, Grundgesetz, Art. 24 Abs. III, Rdnr. 18.

2233 *Tomuschat*, in: Dolzer/Vogel (Hrsg.), Bonner Kommentar, Art. 24, Rdnr. 205.

2234 Vgl. *Ipsen*, Völkerrecht, § 62, Rdnr. 45.

Möglichkeit, die Erklärung mit Kündigungsklauseln und inhaltlichen Vorbehalten zu versehen, Gebrauch gemacht.[2235] Dies geschah zum Teil in einer Weise, die die Unterwerfung unter die Gerichtsbarkeit des IGH als "Farce" erscheinen läßt.[2236]

Von einer allgemeinen Unterordnung unter die Rechtsprechung des IGH, der bisher nur auf dem Papier ein "Hauptrechtsprechungsorgan" ist,[2237] kann sonach keine Rede sein.[2238] Solange sich die Praxis des (Nicht-)Gebrauchs von der Möglichkeit des Art. 36 Abs. 2 IGH-Statut nicht grundlegend ändert, bleibt es dabei, daß die Entscheidung über die Art und Weise der Streitbeilegung bei den Staaten liegt.[2239] Der Internationale Gerichtshof steht bisher nicht in dem Sinne über den Staaten, daß sie ohne ihre Zustimmung seiner Rechtsprechung unterworfen wären.[2240]

Klargestellt ist durch die Regelung in Art. 36 Abs. 2 IGH-Statut aber, daß nach dem dem modernen Völkerrecht inhärenten Souveränitätsverständnis neben der von einem aktuellen Konsens getragenen Unterwerfung auch die Anerkennung einer internationalen Gerichtsbarkeit im Hinblick auf künftige Streitigkeiten mit dem souveränen Status der Staaten vereinbar ist.[2241] Damit ist die früher vertretene These, wonach jede nicht vom aktuellen Konsens abhängige Unterwerfung unter die Entscheidung von Schiedsgerichten oder Gerichten die Souveränität im dichotomischen Sinne[2242] einschränkt[2243], überholt.[2244]

2235 *Randelzhofer*, in: Maunz/Dürig, Grundgesetz, Art. 24 Abs. III, Rdnr. 18.

2236 *Randelzhofer*, in: Maunz/Dürig, Grundgesetz, Art. 24 Abs. III, Rdnr. 18. Vgl. insbes. zu den durch die Rücknahme der Unterwerfung mittlerweile hinfälligen Vorbehalten der USA *Ipsen*, Völkerrecht, § 62, Rdnr. 44 f.

2237 Vgl. zur Nichterfüllung der in Art. 92 SVN zum Ausdruck kommenden Zielvorstellung *Schlochauer*, Internationale Gerichtsbarkeit, WVR II, 56 (62).

2238 Neben dem Fehlen einer verbreiteten Bereitschaft, substanzielle Erklärungen nach Art. 36 Abs. 2 IGH-Statut abzugeben ist die Rolle des IGH dadurch beschränkt, daß generell, das heißt auch im Rahmen der ad-hoc-Unterwerfung nach Art. 36 Abs. 1 1. Alt., nur eine geringe Neigung der Staaten besteht, dem Gericht bedeutende Streitigkeiten zu unterbreiten (vgl. dazu bereits oben Fn. 2107). Hinzu kommt, daß biswielen eine Mißachtung der Entscheidungen des IGH seine Autorität schwächt. Vgl. hierzu unter Hinweis auf die Nichtbefolgung einer einstweiligen Anordnung durch Island im *Fischereistreit* mit Deutschland und Großbritannien *Ziegler*, Völkerrechtsgeschichte, § 50 VI 5; als weiteres Beispiel kann in diesem Zusammenhang das Verhalten der USA im Fall *LaGrand* genannt werden - vgl. hierzu *Hillgruber,* JZ 2002, 94 ff., der in seiner Urteilsanmerkung auch dem IGH die Verantwortung für den Ungehorsam der USA zuweist, da das Gericht "sich mit dynamischer Auslegung bewußt vom maßgeblichen, normsetzenden Willen der Staaten entfernt" habe (*Hillgruber,* a.a.O, 99).

2239 Vgl. *Tomuschat*, in: Dolzer/Vogel (Hrsg.), Bonner Kommentar, Art. 24, Rdnr. 205.

2240 Vgl. *Schlochauer*, Internationale Gerichtsbarkeit, WVR II, 56 (56 f.).

2241 Dies bringt auch die Friendly-Relations-Deklaration der Generalversammlung der Vereinten Nationen vom 24.10.1970 in ihrem 2. Grundsatz zum Ausdruck. Der Umstand, daß man es für erforderlich gehalten hat, ausdrücklich festzustellen, daß "[d]ie Inanspruchnahme oder Annahme eines Beilegungsverfahrens, auf das sich die Staaten im Hinblick auf bestehende oder zukünftige Streitigkeiten ... frei geeinigt haben, ... nicht mit der souveränen Gleichheit unvereinbar" ist, ist dabei weniger Anzeichen für den Fortschrittsdrang der Staaten als vielmehr für die bereits angesprochene "Souveränitätsverhaftetheit" (vgl. in diesem Zusammenhang auch *Arangio-Ruiz*, RdC 137 (1972 III), 431 (546, 708)).

2242 Zum Begriff s. oben S. 192.

bb) Mehrheitsentscheidungen

Wie bereits mehrfach angesprochen, hat das Mehrheitsprinzip im modernen Völkerrecht weite Verbreitung gefunden. Die insbesondere in der Epoche nach dem Zweiten Weltkrieg häufige Abweichung vom zuvor vorherrschenden Einstimmigkeitsprinzip[2245] stellt jedoch als solche keine strukturelle Neuerung dar. Bereits in der klassischen Epoche gab es völkerrechtliche Instrumente, die eine Fassung verbindlicher Beschlüsse durch Mehrheiten vorsahen.[2246] Dabei setzt eine Abweichung von der Einstimmigkeitsregel auch im modernen Völkerrecht voraus, daß die betroffenen Staaten zuvor die Bindungswirkung von Mehrheitsentscheidungen akzeptiert haben.[2247] Auch im modernen Völkerrecht folgt aus der Zahl der Staaten, die eine bestimmte Norm wünschen, nicht, daß diese auch für andere Völkerrechtssubjekte verbindlich ist.

cc) Internationale Organisationen

Im System des modernen Völkerrechts stellen internationale Organisationen einen bedeutsamen Faktor da. Insbesondere nach dem Zweiten Weltkrieg nahm ihre Zahl ebenso wie ihre funktionale Bedeutung zu. In der heutigen Doktrin ist dabei allgemein anerkannt, daß die Mitgliedschaft in diesen Staatenverbindungen und die damit verbundenen Verpflichtungen die Souveränität im dichotomischen Sinne, das heißt den Status souveräner Staatlichkeit, weder beseitigen noch vermindern.[2248] Diese Auffassung wurde zwar in der klassischen Epoche nicht allgemein geteilt, sie entspricht jedoch auch dem damaligen tatsächlichen Rechtszustand. Internationale Organisationen stellen keine strukturelle Neuerung des modernen Völkerrechts dar, es gab entsprechende Vereinigungen bereits in den letzten Jahrzehnten der klassischen Epoche.[2249]

2243 Sieht man mit der hier befürworteten Ansicht in der Eingehung einer jeden völkerrechtlichen Verpflichtung eine Relativierung der Souveränität, so wird die äußere rechtliche negative Souveränität graduell durch jede Unterwerfung unter einen (schieds-)gerichtlichen Spruch eingeschränkt. Dabei entspricht dieser Einbuße ein Zugewinn an positiver Souveränität in Form des Anspruchs auf rechtsförmige Streitentscheidung, wie ihn *Lauterpacht*, Development, 332 f., umschreibt: Der sich unterwerfende Staat "acquires the right to a decision of its contested rights on the basis of law as distinguished from a clear and outright denial of a legal remedy or, what is the same, a denial clad in the transparent garb of a legal argument conclusively asserted by the interested state."

2244 Vgl. hierzu *Arangio-Ruiz*, RdC 137 (1972 III), 431 (708).

2245 Vgl. etwa zur Abweichung vom Einstimmigkeitsprinzip im Rahmen der Vereinten Nationen *Oppenheim/Lauterpacht*, International Law I (8. Aufl.), § 168k. Weitere Beispiele bei *Skubiszewski*, International Legislation, EPIL Bd. II, 1255 (1256 ff.).

2246 S.o. E.I.3.a)bb), S. 217.

2247 Vgl. *Leibholz*, Gleichheit der Staaten, WVR I, 694 (695 f.).

2248 Vgl. z.B. *Steinberger*, Sovereignty, EPIL Bd. IV, 500 (517).

2249 S.o. E.I.3.a)cc), S. 218.

b) Ungleichheit der rechtlichen Stellung

Abweichungen vom Prinzip der formalen Gleichheit der Staaten gab es zwar bereits im klassischen Völkerrecht. Im modernen Völkerrecht, insbesondere in der Epoche nach dem Zweiten Weltkrieg, ist jedoch eine Tendenz erkennbar, in größerem Umfang als zuvor die rechtliche Stellung der Staaten unterschiedlich auszugestalten. Dabei beruhen die Unterschiede in der rechtlichen Stellung ebenso wie alle anderen in diesem Abschnitt behandelten Veränderungen stets auf Konsens und werden als für den Status der souveränen Gleichheit unschädlich angesehen.

Besonders deutlich wird von hergebrachten Mustern im Rahmen der Vereinten Nationen abgewichen. Diese beruhen zwar gemäß Art. 2 Ziff. 1 ihrer Satzung auf dem Grundsatz der souveränen Gleichheit aller Mitglieder. Deren (rechtliche) Stellung in der Organisation ist jedoch in einem früher nicht bekannten Maße ungleich geregelt.[2250] Besonders auffällig ist, daß die Vorrangstellung der Großmächte nicht mehr nur auf ihrem (macht-)politischen Übergewicht beruht; vielmehr wurde ihnen durch die Einräumung eines ständigen Sitzes sowie des Vetorechts im Sicherheitsrat (Art. 27 Abs. 3 SVN) als dem zentralen Organ der Organisation eine auch rechtlich privilegierte Stellung eingeräumt.[2251] Auch andere Vorschriften der Satzung wie z.B. Art. 108 SVN räumen den Siegermächten des Zweiten Weltkrieges in Durchbrechung des Prinzips Staatengleichheit eine bevorzugte Stellung ein.[2252]

Zwar gab es Abweichungen von der Gleichheit der Berechtigung, insbesondere auch in Bezug auf die Willensbildung, bereits in den Verwaltungsgemeinschaften der klassischen Epoche.[2253] Eine qualitative Neuerung ist jedoch darin zu erkennen, daß durch das Vetorecht die Möglichkeiten der Durchsetzung des Völkerrechts gegenüber den ständigen Sicherheitsratsmitgliedern nicht nur politisch, sondern auch rechtlich eingeschränkt ist.[2254]

Sofern sie auf freier Zustimmung der Beteiligten beruhen, werden unterschiedliche rechtliche Stellungen von Mitgliedern in internationalen Organisationen nicht als Verletzung des Gleichheitsprinzips angesehen[2255] und berühren daher den souveränen Status der Staaten nicht. Das gleiche gilt hinsichtlich solcher Abweichungen

---

2250 Vgl. z.B. *Oppenheim/Lauterpacht*, International Law I (8. Aufl.), § 116b, wonach "[t]he Charter of the United Nations ... constitutes a significant landmark in the gradual modification of the traditional doctrine of equality of States."

2251 Vgl. *Mosler*, ZaöRV 14 (1951/52), 1 (29); *Oppenheim/Lauterpacht*, International Law I (8. Aufl.), § 116b.

2252 Vgl. *Oppenheim/Lauterpacht*, International Law I (8. Aufl.), § 168e.

2253 Vgl. insbes. zur unterschiedlichen Stimmengewichtung oben E.I.3.b), S. 219.

2254 Diesen Umstand heben *Oppenheim/Lauterpacht*, International Law I (8. Aufl.), § 168e als entscheidende Abweichung vom Prinzip der Gleichheit vor dem Recht hervor. Sie gehen dabei freilich mit ihrer Formulierung zu weit. Es trifft nicht zu, daß das Recht gegen Sicherheitsratsmitglieder nicht durchgesetzt werden könnte. Lediglich der Einsatz von Gewalt bleibt auf die Fälle des Art. 51 SVN beschränkt (sofern man nicht auch Rechtfertigungsgründe für den Gewalteinsatz außerhalb der Systematik der Satzung der Vereinten Nationen anerkennt).

2255 *Steinberger*, Sovereignty, EPIL Bd. IV, 500 (515); *Graf Vitzthum*, Begriff, Geschichte und Quellen des Völkerrechts, in: Graf Vitzthum (Hrsg.), Völkerrecht (2. Aufl.), Rdnr. 74.

vom Gleichheitsgrundsatz, die sachlich bereits in der klassischen Epoche bekannt waren. So sehen einige Gründungsverträge von internationalen Organisationen eine Gewichtung von Stimmen bei Organbeschlüssen vor.[2256] Weiterhin gibt es Verträge, die wie schon die "unequal treaties" in früheren Epochen unterschiedliche Rechte und Pflichten der Parteien begründen. Ein besonders auffälliges Beispiel eines derartigen Abkommens stellt etwa der Vertrag über die Nichtverbreitung von Kernwaffen[2257] dar.[2258] Weiterhin können hier die mittlerweile sehr zahlreichen Verträge, die den Entwicklungsländern Präferenzen einräumen, genannt werden.

c) Die Öffnung des "Souveränitätspanzers"

In den vergangenen Jahrzehnten haben die Staaten in großem Umfang auf ihre Impermeabilität gegenüber dem Völkerrecht verzichtet. Am weitesten ist diese Entwicklung in der Europäischen Union fortgeschritten. Die Europäischen Gemeinschaften üben mittlerweile in den Mitgliedstaaten in erheblichem Umfang Hoheitsgewalt aus.

Betrachtet man diesen Prozeß in völkerrechtsstruktureller Perspektive, so stellt das Phänomen der Öffnung des innerstaatlichen Rechtsraumes für fremde Hoheitsakte an sich keine Neuheit dar. Selbst in der Endphase der klassischen Periode war die Maxime der völligen Undurchdringlichkeit des staatlichen Rechtsraumes in der Rechtspraxis nicht vollständig verwirklicht.[2259]

Die Neuerung liegt vielmehr auf staatsrechtlichem Gebiet.[2260] In den Verfassungen zahlreicher Staaten schlägt sich die Abkehr vom Paradigma der geschlossenen Staatlichkeit und der Übergang zur "offenen Staatlichkeit"[2261] in Vorschriften nieder, die ausdrücklich Durchbrechungen des Souveränitätspanzers vorsehen. So können etwa nach Art. 23 Abs. 1 und Art. 24 Abs. 1 des deutschen Grundgesetzes Hoheits-

2256 Siehe hierzu *Schermers*, Weighted Voting, EPIL Bd. IV, 1446 (1446 f.); *Berber*, Lehrbuch I, 218 f.

2257 Vertrag über die Nichtverbreitung von Kernwaffen von London, Moskau und Washington vom 1.7.1968, BGBl. 1974 II, 786 ff.

2258 *Steinberger*, Sovereignty, EPIL Bd. IV, 500 (515).

2259 S.o. E.I.3.c), S. 220.

2260 Vgl. *Kimminich*, in: Kroker/Veiter (Hrsg.), Rechtspositivismus, Menschenrechte und Souveränitätslehre in verschiedenen Rechtskreisen, 97 (103).

2261 Siehe zum Prinzip offener Staatlichkeit, wie es etwa in Art. 24 GG zum Ausdruck kommt, *Vogel*, Verfassungsentscheidung, insbes. 33; *Hobe*, Der offene Verfassungsstaat (1998); *Ipsen*, Europäisches Gemeinschaftsrecht, 52 f.; *Randelzhofer*, in: Maunz/Dürig, Grundgesetz, Art. 24 allg., Rdnr. 2. Umfassend zu Art. 23 Abs. 1 und Art. 24 Abs. 1 *König*, Übertragung von Hoheitsrechten (2000). Speziell zur europäischen Integration s. *Schmitz*, Integration in der supranationalen Union (2001). Zur Frage, welche Schlußfolgerungen sich aus der Öffnung der Staaten nach außen sowie auch nach innen für die Staatstheorie ergeben, *Di Fabio*, Das Recht offener Staaten (1998). Zu den Auswirkungen der europäischen Integration auf das Konzept der Verfassung vgl. Beiträge von *Pernice, Huber, Lübbe-Wolff* und *Grabenwarter* in VVdStRL 60, 148 ff.

rechte auf die Europäische Union und andere zwischenstaatliche Einrichtungen übertragen[2262] werden.[2263]

Indem sie von der völkerrechtlich seit jeher eröffneten Möglichkeit, fremde Hoheitsakte in ihr Gebiet einfließen zu lassen, verstärkt Gebrauch gemacht haben, haben die Staaten - vor allem die Mitglieder der EU und des EWR - in einem erheblichen Ausmaß auf ihre innere Souveränität und damit einhergehend auf Unabhängigkeit nach außen (negative äußere rechtliche Souveränität) verzichtet.[2264] Die quantitative Ausdehnung dieses Phänomens, das sich bisher weitgehend auf Westeuropa beschränkt, hat jedoch bisher nicht dazu geführt, daß die Völkerrechtsordnung den sich fremden Hoheitsakten unterwerfenden Staaten den Status souveräner Staatlichkeit absprechen würde.

d) Ius cogens

Die Existenz von ius cogens, oder wenigstens die konstruktive Möglichkeit der Geltung von völkerrechtlichen Normen zwingenden Charakters, ist in der modernen Literatur spätestens seit der Debatte anläßlich der Schaffung der dieses Konzept regelnden Vorschriften der Wiener Vertragsrechtskonvention von 1969[2265] weitestgehend anerkannt.[2266] Dabei wird überwiegend angenommen, daß es sich beim ius cogens um ein Phänomen handele, das dem klassischen Völkerrecht fremd gewesen sei,[2267] wobei meist davon ausgegangen wird, daß das ius cogens nach dem

---

2262 Umstritten ist die Konstruktion dieser "Übertragung". Während eine m.M. in Anknüpfung an den Wortlaut der Vorschriften in der Hoheitsrechtsübertragung einen gleichsam dinglichen Verzicht sieht, erkennt die h.M. (auch) in der von Art. 23 f. GG erfaßten qualifizierten Form völkerrechtlicher Bindung lediglich eine Übertragung der Ausübung staatlicher Hoheitsgewalt. Vgl. hierzu *Randelzhofer*, in: Maunz/Dürig, Grundgesetz, Art. 24 Abs. I, Rdnr. 55 ff.; *Streinz*, in: Sachs (Hrsg.), Grundgesetz, Art. 23, Rdnr. 57 ff.; *König*, Übertragung von Hoheitsrechten, 59 ff. Zur praktischen Kernfrage nach der Befugnis zur Entscheidung über die Einhaltung der Grenzen der Übertragung ausführlich *Meyer*, Kompetenzüberschreitung und Letztentscheidung, insbes. 67 ff.

2263 Vgl. zur Neuartigkeit der Vorschrift des Art. 24 Abs. 1 GG in der deutschen Verfassungsgeschichte sowie zu Parallelvorschriften in den Verfassungen anderer (europäischer) Staaten *Streinz*, in: Sachs (Hrsg.), Grundgesetz, Art. 24, Rdnr. 1; *Randelzhofer*, in: Maunz/Dürig, Grundgesetz, Art. 24 allg., Rdnr. 1. - Zu Art. 9 Abs. 2 der Österreichischen Bundesverfassung *Schreuer*, ZaöRV 42 (1982), 93 ff. Zur Kooperationsöffnung weiterer Verfassungsstaaten vgl. *Hobe*, Der offene Verfassungsstaat, 164 ff.

2264 Vgl. *Kimminich*, in: Kroker/Veiter (Hrsg.), Rechtspositivismus, Menschenrechte und Souveränitätslehre in verschiedenen Rechtskreisen, 97 (103).

2265 Wiener Konvention über das Vertragsrecht vom 23.5.1969, BGBl. 1985 II, 927 ff. Zur Entstehungsgeschichte s. *Kadelbach*, Zwingendes Völkerrecht, 36 ff.; *Paulus*, Die internationale Gemeinschaft im Völkerrecht, 331 ff.

2266 Vgl. *Verdross/Simma*, Universelles Völkerrecht, § 525 m.N.; ausführliche Nachweise zu Befürwortern und Leugnern völkerrechtlichen ius cogens bei *Schweitzer*, AVR 15 (1971/1972), 197 (197 ff.). Zur Frage, inwieweit sich die Idee des ius cogens bereits vor Inkrafttreten der WVRK nachweisen läßt ausführlich *Kadelbach*, Zwingendes Völkerrecht, 69 ff.

2267 Der Ansicht, daß das gesamte klassische Völkerrecht dispositiver Natur gewesen sei, folgen z.B. *Kreća*, FS Abendroth, 27 (35) und *Schwarzenberger*, Law and Order, 48, 54 f.

Zweiten Weltkrieg aufgekommen sei.[2268] Einzelne Autoren sind allerdings auch der Ansicht, daß es auch im (spät-)klassischen[2269] Völkerrecht bereits zwingende Normen gegeben habe.[2270]

Richtigerweise ist mit *Crawford* davon auszugehen, daß ein Hierarchie von Normen auch dem klassischen Völkerrecht bereits innewohnte.[2271] So ist beispielsweise das gesamte Vertragsrecht ohne die Geltung des Satzes pacta sunt servanda nicht denkbar. Weiterhin wäre ein auf die Abschaffung der Staaten gerichteter Vertrag im Rahmen der bestehenden Rechtsordnung bedeutungslos gewesen, weil der diese begründende Grundkonsens Staaten als Hauptträger der rechtlichen Beziehungen voraussetzt. Aus diesen Überlegungen folgt zweierlei: Zum einen stellt ius cogens nicht schon deshalb ein Novum dar, weil es einer höheren Kategorie von Recht angehört. Es kann allein darum gehen, daß die heute unter dem Begriff des ius cogens erörterten Normen "substantive, not ... structural" sind.[2272] Zum anderen kann (auch) das ius cogens nicht als Beleg für die Überwindung einer absoluten Souveränität im Sinne absoluter Handlungsfreiheit beim Abschluß völkerrechtlicher Verträge herangezogen werden.

Im Hinblick auf das Souveränitätsprinzip liegt die Bedeutung des ius cogens in einer Einschränkung der Vertragsfreiheit der Staaten.[2273] Zwar war diese auch im allgemeinen klassischen Völkerrecht wie gesehen nicht absolut; darüberhinaus gab es auch durchaus "substantielle" spezielle völkerrechtliche Regeln zur Beschränkung der Vertragsfreiheit, von denen jedenfalls einige nicht als mit dem Status souveräner Staatlichkeit für unvereinbar gehalten wurden.[2274] Zu denken ist dabei an das Verbot eines zu Neutralität oder Wahrung der Unabhängigkeit verpflichteten Staates, keine seinem Status zuwiderlaufenden Verträge abzuschließen. Der Unterschied zum modernen Konzept des ius cogens liegt darin, daß diesem widersprechende Verträge nichtig sind.[2275]

2268 Z.B. *Frowein*, Jus cogens, EPIL Bd. III, 65 (66); *Charney*, AJIL 87 (1993), 529 (543).

2269 Während der vorangegangenen Phasen war die Vorstellung eines zwingenden Rechts, von dem die Staaten unter keinen Umständen abweichen könnten, jedenfalls in der Theorie überwiegend anerkannt (vgl. etwa zu den Ansätzen der spanischen Scholastiker und *Grotius' Frowein*, Jus cogens, EPIL Bd. III, 65 (66)).

2270 So *Verdross*, AJIL 60 (1966), 55 (61).

2271 Zum Ganzen *Crawford*, BYIL 48 (1976/77), 93 (146).

2272 Insofern ähnlich *Weil*, RdC 237 (1992 VI), 25 (264), der die Neuerung der modernen Theorie des ius cogens darin sieht, daß die Unwirksamkeit eines Abkommens aus der "illicéité de l'objet" begründet wird.

2273 Zur Zugehörigkeit der Fähigkeit, "Verträge nach ... Belieben zu schließen" zum "Wesen der Souveränität" z.B. *Dahm*, Völkerrecht III, 57.

2274 Vgl. dazu *Dahm*, Völkerrecht III, 57 f.

2275 Dies war jedenfalls nach h.M. in den vorgenannten Fällen nicht der Fall, vgl. z.B. *Dahm*, Völkerrecht III, 58. Sofern man die umstrittene Frage, inwieweit auch von souveränen Staaten abgeschlossene Verträge, die ihrer Verpflichtung auf Neutralität oder Wahrung der Unabhängigkeit zuwiderlaufen, als nichtig anzusehen sind, entgegen *Dahm*, der an dieser Stelle nur aus dem Begriff der Souveränität argumentiert, (auch) für das klassische Völkerrecht von der Nichtigkeit ausginge, läge damit ein Beispiel für eine Konstellation vor, in denen einzelne

Nachdem im Rahmen der vorangegangenen Betrachtungen festgestellt wurde, daß auch das ius cogens kein objektiv geltendes "ius necessarium" ist, sondern ebenso wie das sonstige Völkerrecht in den vom Konsensprinzip geprägten üblichen Erzeugungsmechanismen entsteht,[2276] ist seine Besonderheit nach alledem allein in seiner besonderen Geltungskraft zu sehen. Ius cogens stellt eine Kategorie höheren Rechts dar, von dem die Parteien eines völkerrechtlichen Vertrages nicht wirksam abweichen können. Dabei beruht die derogierende Kraft des ius cogens auf einer Zuschreibung des höheren Ranges, die - in Übereinstimmung mit den unter 1. dargestellten Prinzipien der Rechtserzeugung im modernen Völkerrecht - auch die Akzeptanz (d.h. einen Akt des Konsenses i.w.S.) der Betroffenen voraussetzt.[2277] In der Begründung einer Bindung an ius cogens liegt der Verzicht auf die Möglichkeit, gemeinsam mit einzelnen der anderen an den jeweiligen zwingenden Rechtssatz gebundenen Staaten abweichendes Völkerrecht zu schaffen.

Eine Gruppe von Staaten, die kleiner ist als die Gesamtheit der Staaten, die eine entgegenstehende Norm des ius cogens erzeugt hat, kann einen diese zwingende Norm verletzenden Vertrag nicht wirksam abschließen. Dies bedeutet im Falle des universellen ius cogens[2278], daß die rechtswirksame Betätigung des Willens einzelner Staaten von dem Willen der "Staatengemeinschaft in ihrer Gesamtheit" (Art. 53 WVRK) abhängig ist, weil nur diese das entgegenstehende ius cogens beseitigen kann. Damit ist das bereits erwähnte Kriterium der Rückholbarkeit[2279] angesprochen, auf das sogleich einzugehen ist: Die Mitglieder der Staatengruppe, die kleiner ist als jene, die die Norm des ius cogens erzeugt hat, können auch konsensual die aufgegebene Vertragsfreiheit nicht ohne die Zustimmung der anderen wiedererlangen. Anders gewendet könnte man davon sprechen, daß diese Gruppe ihren aktuellen Staatswillen einem früheren Willensakt einer größeren Gesamtheit von Staaten unterordnen muß. So betrachtet entspricht der Hierarchie der Normen auch eine rechtsstrukturelle Hierarchie.

Staaten Normen eines "substantial" ius cogens im Sinne *Crawfords* unterworfen gewesen wären, ohne daß dies ihren Status voller souveräner Staatlichkeit beeinträchtigt haben würde.

2276 Zum konsensualen Ursprung (auch) des ius cogens oben E.II.1.b)dd)(4)(d), S. 303.

2277 Vgl. zum Beruhen der besonderen Eigenschaften des ius cogens auf dem Willen der Parteien *Ipsen*, Völkerrecht, § 1, Rdnr. 46; *Schwarzenberger*, Law and Order, 32. Zu den bereits angesprochenen Möglichkeiten, auch ohne ausdrückliche Zustimmung an völkerrechtliche Normen gebunden zu sein, die auch hinsichtlich des ius cogens gelten, vgl. *Schwarzenberger,* a.a.O., 31.

2278 Auf die Frage, ob es auch partielles ius cogens gibt, kann nicht näher eingegangen werden. Wenig sinnvoll erscheint die Konzeption eines bilateralen ius cogens (dafür aber z.B. *Schwarzenberger*, Law and Order, 31), da die Parteien sich darüber später jederzeit in Ausübung ihres aktuellen Konsenses wieder hinwegsetzen können (zutreffend *Verdross*, AJIL 60 (1966), 55 (61); *Kreća*, FS Abendroth, 27 (32 f.)). Es fehlt hier also an der strukturellen Erschwerung der freien Vertragsgestaltung, die das entscheidende Charakteristikum des ius cogens darstellt. Demgegenüber bestehen derartige Bedenken nicht im Hinblick auf regionales oder sonstiges multilaterales ius cogens (für die Möglichkeit multilateralen ius cogens' z.B. *Schwarzenberger*, Law and Order, 31, und *Verdross/Simma*, Universelles Völkerrecht, § 531; dagegen etwa *Kreća*, FS Abendroth, 27 (33)).

2279 S. oben D.II.3.c)bb)(3), S. 203.

4. Möglichkeiten zur Beendigung rechtlicher Bindungen

a) Lösungsmöglichkeit und Souveränität in der modernen Doktrin

Die Frage nach der Möglichkeit, völkerrechtliche Bindungen durch einseitiges Verhalten zu beenden, wurde bereits als mögliches Kriterium für die Beurteilung und Gewichtung der Auswirkungen völkerrechtlicher Bindungen auf den Status souveräner Staatlichkeit angesprochen. Sie stellt sich nicht nur im soeben behandelten Bereich des ius cogens, sondern prinzipiell im Hinblick auf jede völkerrechtliche Verpflichtung.

In der Literatur stellen einige Autoren explizit auf die Möglichkeit zur einseitigen "Rückholung" von staatlichen Befugnissen ab. (Nur) in der dauerhaften Bindung wird eine Aufgabe von Souveränität gesehen. So sieht etwa *van Kleffens* in der "irrevocability" das entscheidende Kriterium für die Bezeichnung solcher Akte, durch die "sovereignty may be seriously and permanently impaired."[2280] Ähnlich argumentieren *Oppenheim/Lauterpacht*, wonach eine "irrevocable acceptance" der Mitgliedschaft in den Vereinten Nationen eine substantielle Beschränkung der Souveränität bedeutet hätte.[2281] Auch in der internationalen Praxis spielt das Rückholbarkeitskriterium nachweislich eine Rolle. So wurde es im Rahmen des Verfahrens zur Aufnahme Liechtensteins in den Europarat als wesentlich angesehen, daß Liechtenstein ohne weiteres von den Vereinbarungen mit der Schweiz zurücktreten könne.[2282]

Die Unterscheidung zwischen rücknehmbaren und nichtrücknehmbaren Verpflichtungen steht - vielfach unausgesprochen - auch hinter der hier abgelehnten Differenzierung zwischen Substanz und Ausübung der Souveränität.[2283] Die Bedeutung der einseitigen Rückholmöglichkeit wird etwa in der von *Verdross/Simma* und anderen verwendeten Formel zur Abgrenzung von Instrumenten, die die rechtliche Souveränität beeinträchtigen, von solchen, die lediglich ihre Ausübung be-

---

2280 So in Bezug auf vertragliche Bindungen *van Kleffens*, RdC 82 (1953 I), 5 (88). Auf S. 117 ff. (120) nennt er die (Nicht-)Rücknehmbarkeit als ein Kriterium zur Abgrenzung zwischen Beschränkung (decrease) und Vernichtung (extinction) der Souveränität bei der Integration in internationale Organisationen. Dementsprechend stellt bei ihm der Umstand, daß der Vertrag über die Gründung der Europäischen Gemeinschaft für Kohle und Stahl gem. seinem Art. 97 befristet ist, das entscheidende Argument für die Ansicht dar, daß dieser Vertag die Souveränität der Mitgliedstaaten nicht beseitige (S. 125).

2281 Vgl. *Oppenheim/Lauterpacht*, International Law I (8. Aufl.), § 168d, die ähnlich wie *van Kleffens* (vgl. oben Fn. 1470) auch das Kriterium des Umfangs des Tätigkeitsbereiches der Organisation heranziehen). Zur Möglichkeit eines Austritts aus den Vereinten Nationen s.o. Fn. 1980.

2282 Vgl. *Darsow*, Wandel des Staatsbegriffs, 223 f.

2283 Vgl. *Wagner*, Beschlußrecht, 61. Zur Kritik an dieser u.a. im *Wimbledon*-Urteil des StIGH enthaltenen Unterscheidung oben D.II.3.c)bb), S. 192. Im Rahmen der hier bevorzugten dogmatischen Erfassung völkerrechtlicher Bindungen bedeutet jede Verpflichtung eine Relativierung der rechtlichen Souveränität. Die Frage der Rückholbarkeit ist danach relevant für die Gewichtung dieser Beschränkung, insbesondere im Hinblick auf die Frage, ob die Verminderung der Souveränität im graduellen Sinne auf die Souveränität im dichotomischen Sinne, d.h. auf die Beurteilung der souveränen Staatlichkeit der betroffenen Staaten, durchschlägt.

ziehungsweise die politische Souveränität betreffen, deutlich. Danach kommt es maßgeblich darauf an, ob der gebundene Staat seine Bindungen aufgrund des Völkerrechts einseitig (z.B. durch Kündigung oder aufgrund der clausula rebus sic stantibus) wieder lösen kann.[2284]

Hinter diesen Formulierungen des Rückholbarkeitskriteriums steht eine Konzeption, die man als "potentielle absolute Souveränität" bezeichnen könnte. Solange eine von einer rechtlichen Bindung betroffene Berechtigung auf rechtlich zulässigem Wege wiedererlangt werden kann, wird sie weiterhin dem betroffenen Staat zugerechnet, so daß von vornherein keine Beeinträchtigung seines rechtlichen Status vorliegt. Dabei wird weder nach den konkreten Tatbestandsvoraussetzungen der Lösungsmöglichkeit, die sehr unterschiedlich ausgestaltet sein können,[2285] noch nach der tatsächlichen Möglichkeit zur Ausübung der bestehenden rechtlichen Lösungsmöglichkeiten[2286] differenziert. Hervorzuheben ist, daß die Vorstellung von einer Aktualisierbarkeit eines Zustandes absoluter Souveränität stets nur auf einzelne (vertragliche) Verpflichtungen bezogen wird, während die Gebundenheit an sonstiges Völkerrecht vorausgesetzt bleibt. Andernfalls gelangte man letztlich zu einer Leugnung des Völkerrechts.

Eine in diese Richtung gehende Tendenz haben allerdings diejenigen Ansätze, die abwiechend von den bisher genannten Autoren nicht auf die *rechtlichen* Möglichkeiten zur Beendigung völkerrechtlicher Verpflichtungen abstellen, sondern unter Berufung auf "die faktische Komponente der Souveränität" auf die faktische Beendigungsmöglichkeit.[2287] Abgesehen davon, daß diese Ansicht die Frage nach dem Status eines Verbandes einer spekulativen Prognose überläßt, stellt sie den Rechtsbegriff der Souveränität und den Rechtscharakter des Völkerrechts in Frage. Denn wenn es für den völkerrechtlich zu bestimmenden Status eines Staates darauf ankommt, daß er - wohlmöglich unter Einsatz völkerrechtlich verbotener Mittel wie militärischer Gewalt - in der Lage ist, dieses Völkerrecht zu brechen,[2288] dann wird letztlich die Macht über das Recht gestellt und der Souveränitätsbegriff auf seine faktische Komponente reduziert.

2284 Siehe zu der von *Verdross/Simma* verwendeten sowie zu ähnlichen Formulierungen oben D.II.3.c)aa)(1), S. 189.

2285 Es soll eine irgendwie geartete Lösungsmöglichkeit genügen. Dadurch werden Lösungstatbestände, die allein durch einen autonomen Willensakt erfüllt werden können (z.B. Kündigung oder Rücktritt bei Verträgen, die den Vertragsparteien ein solches Recht einräumen) mit solchen gleichgesetzt, deren Eintritt unwahrscheinlich ist und nicht vom betroffenen Staat herbeigeführt werden kann (z.B. Berufung auf die clausula rebus sic stantibus).

2286 Neben den rechtlichen Beschränkungen der Lösungsmöglichkeiten bleiben auch die tatsächlichen Einschränkungen unberücksichtigt, wie sie sich namentlich aus der (Inter-)dependenz der Staaten ergeben können. Die Abhängigkeit von dem Vertragspartner und den von ihm beispielsweise in einem Vertrag gewährten Rechten kann es politisch praktisch unmöglich machen, den Vertrag zu kündigen.

2287 Z.B. *Randelzhofer*, Staatsgewalt und Souveränität, HStR I, § 15 Rdnr. 34; vgl. auch BVerfGE 89, 155 (204).

2288 Auf die Fähigkeit zum Rechtsbruch abstellend z.B. auch *Seidl-Hohenveldern/Stein*, Völkerrecht, Rdnr. 638.

b) Die Möglichkeit zur Lösung von Verpflichtungen im positiven Völkerrecht

Insgesamt ist im modernen Völkerrecht eine Tendenz zur (weiteren) Beschränkung der Freiheit der Staaten, sich durch eigenen Willensentschluß einem Zustand absoluter rechtlicher Souveränität zu nähern, festzustellen.

aa) Gewohnheitsrecht

Am geringsten sind die Veränderungen der rechtlichen Lösungsmöglichkeiten im Bereich des Völkergewohnheitsrechts.[2289] Wie schon in der klassischen Periode ist auch heute anerkannt, daß ein Staat seine Gebundenheit an Gewohnheitsrecht nicht einseitig beenden kann.[2290] Hieraus wird auch verständlich, daß die Ausführungen über die Bedeutung der Rückholbarkeit üblicherweise in vertragsrechtlichem Kontext zu finden sind.[2291]

bb) Recht der Verträge

Zwar haben Staatenvertreter in der klassischen Epoche bisweilen eine absolute Freiheit der jederzeitigen einseitigen Vertragsbeendigung behauptet, die jedenfalls in dieser Deutlichkeit heute nicht mehr opportun wäre.[2292] Rechtlich bestand eine völlig freie Auflösbarkeit aber nicht.[2293] Vielmehr war die Beendigung von Verträgen an überwiegend gewohnheitsrechtlich ausgestaltete Regeln gebunden, die die

---

2289 Vgl. dazu auch im Hinblick auf die heutige Rechtslage bereits oben E.I.4.b), S. 224. Entsprechendes gilt für die allgemeinen Rechtsgrundsätze.

2290 Zwar können einzelne Staaten (sofern die betreffende gewohnheitsrechtliche Norm nicht iuscogens-Charakter hat) - vertraglich abweichende Regelungen schaffen, sie bleiben aber wegen der Geltung der pacta-tertiis-Regel gegenüber den anderen Staaten sowie nach der Beendigung des Vertrages auch gegenüber ihren Vertragspartnern an das Gewohnheitsrecht gebunden.

2291 Dies gilt etwa für die oben unter E.III.4.a), S. 334, zitierten Äußerungen von *van Kleffens* und *Oppenheim/Lauterpacht*.

2292 Vgl. etwa die bei *Berber*, Lehrbuch I, 484, wiedergegebene Auffassung der russischen Delegation auf der ersten Haager Friedenskonferenz von 1899 über die Abhängigkeit der Vertragsgeltung von den "politischen Bedingungen." - Die Änderung der Begründungen bei einer Lossagung von vertraglichen Bindungen läßt nicht eindeutig den Schluß auf eine etwa gestiegene Rechtstreue zu. Insofern ist zum einen darauf hinzuweisen, daß es gerade im Falle politisch motivierter Lossagungen in der klassischen Epoche wiederholt Reaktionen der anderen Staaten gab, die die Bindungswirkung von Verträgen stark betonten, indem Sie - insofern jedenfalls über den heutigen Rechtszustand hinausgehend - die These aufstellten, ein Vertrag könne nur mit dem Einverständnis sämtlicher Vertragspartner beendet werden (vgl. *Berber*, Lehrbuch I, 486). Zum anderen kann eine juristische(re) Argumentation lediglich eine Verschleierung von tatsächlich verfolgten politischen Motiven darstellen. Schließlich gibt es auch in der modernen Epoche Beispielsfälle, in denen Staaten sich aus Gründen der Staatsraison bzw. des nationalen Interesses für berechtigt gehalten haben, sich über geltendes Völkerrecht hinwegzusetzen und dies auch recht deutlich bekundeten (vgl. zur dahingehenden Praxis einiger westlicher Staaten *Friedmann*, The Changing Structure, 302 f., unter Hinweis u.a. auf die Suez-Krise 1956 und das Landungsunternehmen in der Schweinebucht 1961; *Friedmann*, a.a.O., 303, gelangt zu der Schlußfolgerung, daß "state practice continues to assert the ultimate supremacy of national sovereignty over the binding force of international law").

2293 S.o. E.I.4.a), S. 223.

Lösungsmöglichkeiten einschränkten. In einigen Fällen wurden sogar "ewige" Verträge geschlossen,[2294] ohne daß dies den souveränen Status der Beteiligten beeinträchtigt hätte.

Das moderne Völkerrecht knüpft hinsichtlich der Regelungen über die Beendigung von Verträgen prinzipiell an das klassische Recht an. Allerdings enthält die Wiener Vertragsrechtskonvention, die mittlerweile auch Rückwirkungen auf die Entwicklung des Gewohnheitsrechts entfaltet hat,[2295] gewisse Fortbildungen des hergebrachten Rechts.[2296]

Insgesamt lassen sich im heutigen Recht Tendenzen zu einer Erhöhung der Hürden für eine Lösung von vertraglichen Bindungen feststellen. So hat etwa der Ausbruch eines Krieges, der nach klassischem Völkerrecht jedenfalls bilaterale vertragliche Bindungen sehr weitgehend beendete, nach heute überwiegender Ansicht grundsätzlich nur noch eine Suspendierung dieser Beziehungen zur Folge.[2297] Weiterhin haben die in Art. 65-68 WVRK enthaltenen Verfahrensvorschriften, die eindeutig über den gegenwärtigen Stand des Gewohnheitsrechts hinausgehen, im Ergebnis eine vertragsstabilisierende Wirkung.[2298] Auf der anderen Seite wurde in der Folge der geänderten Einstellung zum Einsatz (militärischer) Gewalt in den internationalen Beziehungen mit Art. 52 WVRK ein neuer Nichtigkeitsgrund geschaffen.[2299]

Freilich stellen die angesprochenen Erschwerungen bei der Beendigung von Verträgen in der Realität keine schwerwiegende Beeinträchtigung der rechtlichen Handlungsmöglichkeiten der Staaten dar. Denn diese haben es beim Abschluß von Verträgen selbst in der Hand, sich durch die Vereinbarung von Austritts-, Kündigungs- oder Rücktrittsmöglichkeiten eine (rechtlich) ungehinderte Lösungsmöglichkeit zu verschaffen. Diese Möglichkeit wird heute, ebenso wie in der klassischen Epoche, beim Abschluß zahlreicher Verträge genutzt.

2294 Beispiele hierfür bei *Berber*, Lehrbuch I, 484/Fn. 170.

2295 Vgl. zum wachsenden Einfluß auf die Staatenpraxis, der früher oder später auch zu entsprechenden Verschiebungen der gewohnheitsrechtlichen Regeln führen wird, *Ipsen*, Völkerrecht, § 15, Rdnr. 3.

2296 In welchem Ausmaß die Wiener Konvention im Hinblick auf die Vertragsbeendigung vom geltenden Gewohnheitsrecht abweicht, wird durchaus unterschiedlich beurteilt. Vgl. einerseits etwa *Akehurst*, Treaties, Termination, EPIL Bd. IV, 987 (987), andererseits *Ipsen*, Völkerrecht, § 15, Rdnr. 3.

2297 Über die in Art. 73 WVRK ausgeklammerte Frage der Auswirkungen des Ausbruchs von Feindseligkeiten zwischen Staaten auf zwischen ihnen bestehende Verträge herrscht bis heute keine Klarheit. Vgl. zum Meinungsstand *Seidl-Hohenveldern/Stein*, Völkerrecht, Rdnr. 431 f.; *Delbrück*, War, Effect on Treaties, EPIL Bd. IV, 1367 (1369 ff.).

2298 Vgl. *Schröder*, Treaties, Validity, EPIL Bd. IV, 992 (993).

2299 Vgl. dazu z.B. *Seidl-Hohenveldern/Stein*, Völkerrecht, Rdnr. 376 ff.; *Verdross/Simma*, Universelles Völkerrecht, § 749 f., die letztlich basierend auf der Annahme einer Geltung des Konzepts des bellum iustum auch im (spät-)klassischen Völkerrecht (vgl. dagegen oben B.VIII.1., S. 52) meinen, die frühere Ansicht, die Zwang gegen einen Staat im Hinblick auf die Wirksamkeit des Vertrages für unerheblich hielt, sei unzutreffend gewesen.

cc) Besonderheiten in Gründungsverträgen internationaler Organisationen

Andererseits bietet das Völkerrecht auch die Möglichkeit zur Begründung auf Dauer angelegter Bindungen. Hiervon haben die Staaten insbesondere nach dem Zweiten Weltkrieg unter anderem bei der Gründung einiger internationaler Organisationen Gebrauch gemacht. So sind etwa die Verträge zur Gründung der Europäischen Gemeinschaft und der Europäischen Atomgemeinschaft auf unbegrenzte Zeit geschlossen.[2300] Auch die Organisation der Vereinten Nationen ist, obwohl sich in der Satzung keine dahingehende ausdrückliche Regelung findet, auf unbegrenzte Dauer angelegt.[2301]

Dennoch besteht auch bei diesen Organisationen ein - freilich im Falle der Europäischen Gemeinschaften stark eingeschränktes - Recht auch zur einseitigen Lösung.[2302] Während dies im Hinblick auf die Vereinten Nationen weitgehend unbestritten ist, wurde eine Möglichkeit zur Lösung aus den beiden oben genannten Europäischen Gemeinschaften sowie der Europäischen Union von Teilen der Literatur völlig verneint. Zum Teil wurde dabei sogar eine "Ewigkeit" der Verträge in dem Sinne angenommen, das auch eine einverständliche Auflösung durch die Mitgliedstaaten ausgeschlossen sei.[2303] Dagegen ist nach überwiegender Meinung eine Aufhebung der Gemeinschaft durch contrarius actus der Mitgliedstaaten als "Herren der Verträge" möglich.[2304] Darüber hinaus ist, soweit die Verträge nicht vorrangige (Notstands-)klauseln enthalten, nach zutreffender Ansicht auch ein Austritt einzelner Mitgliedstaaten nach den völkerrechtlichen Regeln über die clausula rebus sic stantibus möglich.[2305]

2300 Art. 312 EGV, Art. 208 EAGV. Art. 51 EUV enthält eine wortgleiche Regelung. Demgegenüber ist die Montanunion - und damit die "Säule" der Europäischen Union, bei der die Supranationalität am ausgeprägtesten ist - gem. Art. 97 EGKSV auf 50 Jahre befristet.

2301 Vgl. *Schweitzer*, in: Grabitz/Hilf (Hrsg.), EUV/EGV (Amsterdamer Fassung), Art. 312 EGV, Rdnr. 2, der auch einige Beispiele für Organisationen nennt, deren Gründungsverträge nicht eine unbegrenzte Geltungsdauer vorsehen.

2302 Auf die erheblichen tatsächlichen Schwierigkeiten eines Austritts, die sich durch den Eintritt der dritten Stufe der Wirtschafts- und Währungsunion am 1.1.1999 noch erhöht haben (vgl. dazu *Schweitzer*, in: Grabitz/Hilf (Hrsg.), EUV/EGV (Amsterdamer Fassung), Art. 312 EGV, Rdnr. 6), kann hier nur hingewiesen werden.

2303 So z.B. *Ipsen*, Europäisches Gemeinschaftsrecht, 211; wohl auch *Hobe,* Der offene Verfassungsstaat, 354 f., der die Zulässigkeit einer Auflösung der Gemeinschaft durch übereinstimmenden Beschluß der Mitgliedstaaten für "zunehmend fraglich" hält. - Gegen die Annahme einer Unauflöslichkeit spricht insbes. die historische Auslegung, vgl. *Schweitzer*, in: Grabitz/Hilf (Hrsg.), EUV/EGV (Amsterdamer Fassung), Art. 312 EGV, Rdnr. 4; *Röttinger*, in: Lenz (Hrsg.), EG-Vertrag, Art. 312, Rdnr. 1.

2304 Z.B. *Streinz*, Europarecht, Rdnr. 91; *Schmalenbach*, in: Calliess/Ruffert, EUV/EGV, Art. 312 EGV, Rdnr. 2; *Hillgruber*, JZ 2002, 1072 (1078); BVerfGE 89, 155 (190).

2305 Vgl. Nachweise hierzu bereits oben Fn. 1982. Die Gegenansicht beruht auf dem vagen Konzept, wonach das Europäische Gemeinschaftsrecht eine "Rechtsordnung sui generis" darstellt (vgl. z.B. *Röttinger*, in: Lenz (Hrsg.), EG-Vertrag, Art. 312, Rdnr. 4 ff.), was letztlich eine nicht näher begründete Übertragung staatsrechtlicher Vorstellungen ermöglicht. Die diesem Ansatz zugrundeliegende Behauptung einer Loslösung des Europäischen Gemeinschaftsrechts von seiner völkerrechtlichen Basis ist jedoch unzutreffend (vgl. zur Ablehnung des Standpunktes der "Autonomisten" *Streinz*, Europarecht, Rdnr. 109 ff.). Über die hier vertretene Meinung hinausgehend postuliert *Schmitz,* Integration in der Supranationalen Union, 264 ff. (273), unter

In der Staatenpraxis gibt es bisher keine Anzeichen dafür, daß die Einbindung in die Europäischen Gemeinschaften den souveränen Status ihrer Mitgliedstaaten beseitigt oder vermindert hätte. Freilich stellt sich angesichts der engen Voraussetzungen einer Beendigung der Mitgliedschaft einerseits und dem Umfang und der Bedeutung der von den Gemeinschaftsverträgen betroffenen Materien andererseits die Frage, ob das Kriterium der Rücknehmbarkeit in der von der h.M. eingesetzten Form hierfür eine plausible Erklärung liefert: Ist die rechtliche Einschränkung der Handlungsfreiheit der Mitgliedstaaten, die durch die umfangreiche unmittelbare Rechtswirkung von Gemeinschaftsakten in den Mitgliedstaaten noch verstärkt wird, von vornherein als unerheblich zu behandeln, nur weil in einigen sehr eng gefaßten Situationen mit Ausnahmecharakter eine einseitige Beendigung möglich ist?

Gerade am Beispiel der europäischen Integration zeigen sich nochmals die Vorteile der hier befürworteten Souveränitätskonzeption. Sie kann den Wandel des völkerrechtlichen Begriffs der Souveränität im dichotomischen Sinne, der in der Akzeptanz von Souveränitätsbeschränkungen im graduellen Sinne liegt, die nach ihrem Umfang, ihrer Intensität und ihrer Dauerhaftigkeit, schon gar in der Kombination dieser Merkmale, in klassischer Zeit undenkbar gewesen wären, treffender umschreiben. Nach ihr ist nicht auf ein abstraktes, zeitlos gültiges Kriterium abzustellen, das die Problematik vorschnell in den Bereich der Souveränitätsausübung bzw. der politischen Souveränität verschiebt. Stattdessen kann nach ihr die Rückholbarkeit zusammen mit anderen Aspekten in eine Gesamtschau der Souveränitätsrelativierungen einstellt werden, um dann anhand des gewandelten Maßstabs die Staatsqualität der Mitgliedstaaten zu erklären.

dd) Ius cogens

Abschließend ist im Zusammenhang der Einschränkungen der Lösungsmöglichkeit erneut auf das ius cogens hinzuweisen. Auch dieses stellt zwar nach Art. 53 S. 2 WVRK keine Form "ewigen" Rechts dar.[2306] Eine Beseitigung von Normen des ius cogens und damit die Wiedererlangung einer umfassenderen Vertragsfreiheit ist aber einem einzelnen Staat und sogar mehreren Staaten gemeinsam rechtlich nicht möglich.[2307] Sowohl der Abschluß eines den Inhalt des ius cogens ändernden Vertrages als auch die gewohnheitsrechtliche Änderung setzt die Mitwirkung der Gesamtheit der an die jeweilige Norm gebundenen Staaten voraus.

Berufung auf Art. 56 Abs. 1 lit. b) WVRK ein "freies Kündigungsrecht" der Mitgliedstaaten, wobei er sich zur Begründung letztlich einerseits auf "die Zielrichtung der Integration" (a.a.O., 264), andererseits auf "die Rechtsfigur der Souveränität", mit der eine "unentrinnbare Totaleinbindung des Staates" unvereinbar sei (a.a.O., 266), stützt. Eine Anwendbarkeit von Art. 56 Abs. 1 lit. b) WVRK befürwortet auch *König,* Übertragung von Hoheitsrechten, 264, die allerdings von einer anderen Interpretation dieser Vorschrift auszugehen scheint.

2306 Von der Wandelbarkeit des ius cogens wurde auch während der Vorarbeiten zur Wiener Vertragsrechtskonvention und auf der Wiener Konferenz ausdrücklich ausgegangen, vgl. *Kadelbach*, Zwingendes Völkerrecht, 206.

2307 S. dazu bereits oben E.III.3.d), S. 331.

IV. Zusammenfassende Bewertung der Veränderungen

Die vorangegangene Betrachtung einzelner Aspekte des Souveränitätsbegriffs bestätigt den bei der Erörterung der großangelegten Reformentwürfe entstandenen Eindruck zur Frage des Wandels des Völkerrechts. Es hat in dessen Entwicklung weder 1914, noch 1945 oder 1989 ein qualitativer Sprung stattgefunden, vielmehr hat es sich fortentwickelt.[2308] Unbestreitbar ist, daß im Rahmen dieses Entwicklungsprozesses auch ein Wandel des vorherrschenden Souveränitätsverständnisses stattgefunden hat.[2309] Dieser läßt sich jedoch nur schwer festmachen, weil das dem klassischen Völkerrecht zugrundeliegende Souveränitätskonzept erheblich flexibler war, als es die damalige und vielfach auch die spätere Literatur, insbesondere die auf den Nachweis (oder die Herbeiführung) von Reformen oder gar Umbrüchen zielende, unterstellt hat. So gab es im klassischen Völkerrecht weder eine "absolute Souveränität"[2310] noch war diese Ordnung ausnahmslos rein koordinativer Natur.

Von einem Umbruch kann man am ehesten im Hinblick auf einige Rechtsinhalte sprechen, die früher als Attribute eines souveränen Staates galten. Der frühere Ausnahmefall der Beschränkung des rechtlichen Freiraumes zum Einsatz militärischer Gewalt ist zur allgemeinen Regel geworden. Insgesamt wurde der Bereich der negativen äußeren rechtlichen Souveränität durch die Ausdehnung des völkerrechtlichen Normenbestandes erheblich eingeschränkt. Im Zuge dieser Entwicklung wurde auch das im Rahmen der Qualifizierung eines Staates als souverän im dichotomischen Sinne heranzuziehende Normalmaß rechtlicher Handlungsfreiheit reduziert. Gleichzeitig bewirkten die inhaltlichen Veränderungen, daß bestimmte Berechtigungen, die früher standardmäßig zu den Konsequenzen souveräner Staatlichkeit gezählt werden konnten, heute als solche nicht mehr existieren.

Schwieriger fällt die Bewertung im Hinblick auf die rechtliche Struktur der Völkerrechtsordnung. Hier ist in vielerlei Hinsicht eine quantitative Veränderung unübersehbar. Ob und ab welchem Punkt man aber von einem Umschlagen von Quantität in Qualität ausgehen kann, bleibt zweifelhaft. Und auch da, wo wirkliche Neuerungen vorliegen, ist fraglich, ob sie einen qualitativen Sprung darstellen, der die Behauptung eines fundamentalen Wandels des Völkerrechts und des Souveränitätsprinzips zu stützen vermag.

Der graduelle Charakter der Veränderungen wird deutlich, wenn man beispielsweise jene strukturellen Merkmale betrachtet, die üblicherweise als Kriterien von Supra-

---

2308 Die Jahre 1914 und 1945 lassen sich, ebenso wie möglicherweise 1989, mit *Kunz*, Völkerrecht, allgemein, WVR III, 611 (620), als "Wendepunkte" bezeichnen, an denen Schritte einer Entwicklung deutlich wurden, die insgesamt aber keinen "Bruch in der Geschichte des Völkerrechts dar[stellt]".

2309 Ebenso z.B. *Streinz*, Grundrechtsschutz, 105; *Kimminich*, in: Kroker/Veiter (Hrsg.), Rechtspositivismus, Menschenrechte und Souveränitätslehre in verschiedenen Rechtskreisen, 97 (106).

2310 Dazu, daß auch das klassische Völkerrecht bereits eine wirkliche Rechtsordnung war, was nur im Rahmen einer relativen Souveränitätskonzeption möglich ist, s.o. D.II.1, S. 172. Hieraus ergibt sich zugleich, daß das Bestehen rechtlicher Verpflichtungen überhaupt weder als Neuerung noch als Überwindung der Souveränität der Staaten interpretiert werden kann.

nationalität genannt werden. Schon der Begriff zeigt an, daß sie mit einem auf völlige "Herrschaftsfreiheit" angelegten, rein koordinativen Souveränitäts- und Völkerrechtssystem nicht vereinbar sind. Unabhängig von der Frage, ob es ein solches rein koordinatives Rechtssystem rechtslogisch überhaupt geben kann, ist festzuhalten, daß das klassische Völkerrecht - jedenfalls in seiner Endphase, die üblicherweise als diejenige der vollsten Ausbildung und Übersteigerung des Souveränitätsdenkens bezeichnet wird - diesem Idealtypus nicht entsprach.[2311]

So gab es bereits, wenn auch als Ausnahme, internationale Organisationen, Mehrheitsentscheidungen und Hoheitsrechtsübertragungen. Einzig das Bestehen einer obligatorischen Gerichtsbarkeit scheint ein wirkliches Novum im modernen Völkerrecht zu sein. Gerade sie gibt es jedoch auch heute nur als (regionale) Ausnahme. Auf universeller Ebene eröffnet Art. 38 Abs. 2 IGH-Statut zu ihrer Einführung zwar nun ausdrücklich eine Möglichkeit (die abstrakt schon immer bestand), die Staaten beharren aber ganz überwiegend auf hergebrachten Vorstellungen und haben die Kontrolle über die Auswahl der Methoden der Streitentscheidung insbesondere hinsichtlich der von ihnen als wichtig erachteten Streitigkeiten nicht aus der Hand gegeben.

Ein ähnliches Bild zeigt sich auch bei den anderen behandelten Aspekten. So wurde der Grundsatz der formalen rechtlichen Gleichheit der Staaten weiter aufgeweicht. Weiterhin liegt im Hinblick auf die Möglichkeit zur Lösung völkerrechtlicher Pflichten eine gewisse Veränderung darin, daß beispielsweise mit den europäischen Integrationsverträgen auch im Bereich des Vertragsrechts Bindungen errichtet wurden, deren einseitige Beendigung rechtlich jedenfalls nur sehr eingeschränkt möglich ist. Einseitig nicht lösbare Normen sind im Völkerrecht, wie die Betrachtung des Gewohnheitsrechts zeigte, jedoch als solches nichts Neues. Nur wegen der - auch nicht präzedenzlosen - Übertragung der "irrevocability" auf Instrumente aus einer anderen Rechtsquelle von einer neuen Grundstruktur zu sprechen, erscheint wenig überzeugend. Eine solche wäre zweifelsohne dann erreicht, wenn die Auflösung von Bindungen auch in Übereinstimmung derjenigen, die sie erzeugt haben, nicht mehr möglich wären. Denn dann läge eindeutig ein über den Staaten stehende Ordnung vor, der sie gemeinsam untergeordnet wären. Ein solcher Zustand ist bisher, auch in der Europäischen Union, nicht erreicht. Bis zur Erreichung einer solchen Situation sind die Übergänge fließend.

Schließlich ist auch die Bedeutung der Neuerung, die in der Einführung des Konzepts des "substantiellen" ius cogens liegt, nicht überzubewerten. Soweit es um dessen Unabänderlichkeit für einzelne Staaten(-gruppen) geht, gilt das gleiche wie bei den (fast) nicht-rücknehmbaren vertraglichen Verpflichtungen mit normalem Rang. Aus der auf den einzelnen Staat abstellenden Perspektive der Souveränität stellt es keine wesentliche Veränderung dar, daß er auch im Verbund mit anderen

---

[2311] Vgl. zu verschiedenen Formen der Unterordnung im klassischen Völkerrecht oben E.I.3, S. 216. Nachweise zu Autoren, die bereits vor dem Ersten Weltkrieg den Widerspruch zwischen herrschender Souveränitätstheorie und völkerrechtlicher Realität thematisierten bei *Wagner*, Beschlußrecht, 56/Fn. 26.

eine Beendigung der Normbindung nicht herbeiführen kann. Die eigentliche Neuerung liegt in der Anordnung der Nichtigkeit von dem zwingenden Recht widersprechenden Verträgen. Das Gewicht dieser Neuerung ist aber praktisch nach wie vor gering; auch hier ist bisher im wesentlichen die Anerkennung einer Möglichkeit erfolgt, nicht ihre Ausschöpfung.

Unverändert geblieben ist hingegen das Konstruktionsprinzip des Völkerrechts. Nach wie vor wird es in vom Konsensprinzip[2312] beherrschten Rechtsetzungsverfahren erzeugt. Dieser Punkt erscheint als der ausschlaggebende. Noch immer bestimmen die Staaten darüber, inwiefern sie ihre rechtliche Souveränität relativieren wollen. Das Völkerrecht ist den Staaten nicht vorgegeben, sondern wird von ihnen im Konsens erzeugt. Sie sind nach wie vor die "Herren des Völkerrechts" und unterstehen keiner von ihrem Willen unabhängigen Ordnung. Auch alle neuen und alten Formen der "Herrschaft" über Staaten beruhen auf ihrer Zustimmung. Trotz aller inhaltlichen und strukturellen Änderungen ist das heutige Völkerrecht insofern immer noch das der "Lotus-Welt". Eine grundlegende Veränderung, die mit dem auch in der Organisation der Vereinten Nationen gewahrten Konzept "einer losen Vereinigung souveräner Staaten"[2313] brechen würde, ist bisher unterblieben und auch zukünftig im Rahmen der bestehenden rechtlichen Ordnung nur durch einen Willensakt der Staaten möglich.

2312 Siehe zur fortwährenden Gültigkeit des Konsensprinzips oben E.II.1.b)dd)(4)(e), S. 304, sowie *Weil*, RdC 237 (1992 VI), 25 (27), der in diesem Zusammenhang darauf hinweist, daß im modernen Völkerrecht die (nichtkonsensuale) Möglichkeit, das Völkerrecht durch Krieg zu ändern, nicht mehr besteht.

2313 *Kunz*, Völkerrecht, allgemein, WVR III, 611 (626).

F. AUSBLICK

Die im Rahmen dieser Untersuchung erörterten umfassenden Konzepte eines "Neuen Völkerrechts" entsprechen nicht der Realität des heute geltenden positiven Rechts. Zwar ist dieses das Ergebnis eines über Jahrzehnte abgelaufenen Prozesses, in dem sich sowohl die internationalen Beziehungen als auch das sie betreffende Recht verändert haben. Das Völkerrecht ist eine dynamische Rechtsordnung;[2314] Wandel ist ihm keineswegs fremd, sondern seit jeher wesenseigen.[2315] Entgegen den Annahmen der auf eine fundamentale Reform der hergebrachten Völkerrechtskonzeption zielenden Ansätze haben diese Veränderungen die Grundstruktur des Völkerrechts jedoch nicht wesentlich verändert.

Noch immer ist die Feststellung des amerikanischen Restatements von 1987 zutreffend, daß die "basic concepts and general outlines" der Völkerrechtsordnung seit dem Westfälischen Frieden im wesentlichen unverändert geblieben sind.[2316] Zwar hat es inhaltliche Änderungen gegeben und auch neue Strukturen. Die konstruktive Basis des Völkerrechts ist aber immer noch der Konsens der souveränen Staaten.

Der Wandel im Völkerrecht ist nicht fundamental, sondern erfolgt in - bisweilen auch sehr kleinen - Schritten. Gerade bei strukturellen Neuerungen zeigen sich deutliche Widerstände auf Seiten der Staaten. Sie verhindern manche Entwicklungen völlig oder belassen es im wesentlichen bei der Feststellung von Potentialen, wie dies etwa hinsichtlich der Etablierung einer umfassenden obligatorischen Gerichtsbarkeit und auch eines effektiven ius cogens der Fall ist.

Jede - schrittweise oder grundlegende - Weiterentwicklung des Völkerrechts ist nach wie vor rechtlich von einer Willensbetätigung der Staaten abhängig. Ob ein entsprechender Staatenkonsens zustande kommt, ist von außerrechtlichen Faktoren abhängig. Die sozialen Grundlagen, die für die Ausgestaltung der internationalen Rechtsordnung maßgeblich sind, können mit Hilfe des Gesellschafts-Gemeinschafts-Kontinuums erfaßt werden. Es ist durchaus möglich, daß zukünftig eine Veränderung in der sozialen Basis auch zu einer Veränderung hin zu einem gemeinschaftlicheren Recht führt, das die Souveränität im heutigen Sinne einschränkt oder sogar überwindet.

Im Rahmen der bestehenden Rechtsordnung, in der die Rechtsunterworfenen mit den Rechtsetzern identisch sind, ist dies jedoch derzeit wenig wahrscheinlich. Von einer signifikanten Veränderung der sozialen Basis, dem Durchbruch einer "Neuen Weltordnung", kann nicht ausgegangen werden. Die Erörterung der in dem variantenreichen Konzept der Gemeinschaft wurzelnden Ansätze zu einem grundlegend gewandelten Völkerrecht hat nicht nur gezeigt, daß die in ihnen enthaltenen souveränitätsrelevanten Aussagen dem positiven Völkerrecht weit voraus sind,

2314 Vgl. *Schweitzer/Hummer*, Europarecht, Rdnr. 81.

2315 Vgl. *Weil*, RdC 237 (1992 VI), 25 (26 ff.) m.w.N.

2316 *Weil*, RdC 237 (1992 VI), 25 (33) m.N.

sondern auch, daß die von ihnen zugrunde gelegten soziologischen Beobachtungen nicht der Wirklichkeit der internationalen Beziehungen entsprechen. Dies liegt daran, daß sie diese teils selektiv wahrnehmen und insgesamt zu optimistisch bewerten.

In der Vergangenheit mußte die Ausrufung eines neuen, besseren Zeitalters und des entsprechenden neuen Rechts mehrfach widerrufen werden.[2317] Die Behauptung, die internationalen Beziehungen und damit (insofern wird ein selten erläuterter Automatismus angenommen) auch ihre (rechtlichen) Grundlagen - einschließlich des Souveränitätsprinzips - hätten sich grundlegend gewandelt, taucht in der Völkerrechtsdogmatik des 20. Jahrhunderts in drei Wellen auf, nämlich jeweils nach den beiden Weltkriegen und nach 1989. Es liegt in der Natur der Sache, daß die Bewertung in diesem Bereich um so schwieriger wird, je mehr sich die betrachtete Epoche der Gegenwart nähert. Zwar kann die Entwicklung der internationalen Beziehungen nach 1989 noch nicht abschließend bewertet werden. Es gibt jedoch deutliche Anzeichen dafür, daß die Euphorie der frühen 90er Jahre voreilig war, und daß sich zwar die Felder, auf denen die Staaten konkurrieren, nicht aber die Struktur der Staatengesellschaft verändert haben. Dem entspricht es, daß auch die Veränderungen im Völkerrecht bisher bescheiden geblieben sind und sich auch kaum Anhaltspunkte für einen epochalen Durchbruch ausmachen lassen. Mit *Graf Vitzthum* läßt sich zusammenfassen: "Die Epochenwende von 1989/90 brachte im Völkerrecht lediglich Ansätze zu einer Flurbereinigung. Ein neues ... Völkerrecht ist nicht in Sicht."[2318]

Angesichts dieser realen Situation der internationalen Beziehungen und des Völkerrechts sprechen gegen die hier erörterten Ansätze und ihr Souveränitätsverständnis nicht nur methodische Einwände, sondern auch pragmatische. Allzu fortschrittliche Theorien bedeuten eine Gefahr nicht nur für die Glaubwürdigkeit der Völkerrechtslehre, sondern auch für die Glaubwürdigkeit des Völkerrechts, und damit für die Stabilität der internationalen Beziehungen. Die Errichtung von normativen Systemen, die der sozialen und rechtlichen Realität nicht entsprechen, ist - wenn sie nicht eindeutig als Entwurf de lege ferenda gekennzeichnet sind - kein Beitrag zum Fortschritt. Im Gegenteil drohen von "infantiler Paradiessehnsucht"[2319] und un-

---

2317 Vgl. zu dem von *van Vollenhoven* beschriebenen Muster der "Hopes Raised and Hopes Dashed" *Schwarzenberger*, CLP 9 (1956), 235 (235). Ganz diesem Muster entsprechend folgte auch dem Enthusiasmus der Jahre nach dem 2. Weltkrieg später eine Welle der Ernüchterung, die zur Rückkehr zu einem "certain néoclassicisme" führte (vgl. *Weil*, RdC 237 (1992 VI), 25 (29 f.).

2318 So *Graf Vitzthum*, in: Graf Vitzthum (Hrsg.), Völkerrecht, 1. Abschnitt, Rdnr. 107 in der 1997 erschienen 1. Auflage. In der 2. Aufl. ist die Formulierung insofern abgemildert, als nunmehr "Ansätze zu einer Klärung und Stärkung" festgestellt werden. An der Richtigkeit des Grundtenors der Aussage ändert diese Änderung nichts: Es bleibt dabei, daß auch nach 1989 die Entwicklung in kleinen Schritten erfolgte, wobei die neuen rechtlichen Instrumente und Strukturen bisher keinesfalls "unumkehrbar" sind.

2319 *Von Simson*, zit. nach *Graf Vitzthum*, in: Häberle et al., Die überstaatliche Bedingtheit des Staates, 19 (29).

realistischen Gemeinschaftsvisionen[2320] geleitete Theorien die bestehende internationale Gesellschaft und ihr Recht zu überfordern, und gefährden dadurch die universelle Geltung des Völkerrechts.[2321]

2320 *Weil*, RdC 237 (1992 VI), 25 (312).

2321 Vgl. *Weil*, RdC 237 (1992 VI), 25 (311 f.); *Graf Vitzthum*, in: Häberle et al., Die überstaatliche Bedingtheit des Staates, 19 (28).

G. ZUSAMMENFASSUNG

Die Untersuchung über "Souveränitätskonzepte im geltenden Völkerrecht" versucht, Standort und Bedeutung des Souveränitätsprinzips im heutigen Völkerrecht zu bestimmen und einzuordnen.

Im vergangenen Jahrhundert, zuletzt in den Jahren nach 1989, ist immer wieder eine grundlegende Wandlung der internationalen Beziehungen und des sie regelnden Rechts behauptet worden. Auf der Grundlage einer Analyse des historischen Entwicklungsprozesses von Völkerrecht und Souveränitätskonzept wird anhand einiger auf dem soziologischen Konzept der Gemeinschaft beruhenden Theorien, die ein grundlegend verändertes, neues Völkerrecht behaupten, der Frage nachgegangen, ob und inwieweit sich das moderne Völkerrecht von dem der bis zum Ersten Weltkrieg andauernden klassischen Periode unterscheidet.

Während sich das Grund-Phänomen der Souveränität, die gleichberechtigte Koexistenz sozialer Großverbände, bis in die Anfänge der Menschheitsgeschichte zurückverfolgen läßt, hat sich eine Theorie der Souveränität erst im Zuge der Etablierung eines Systems unabhängiger Staaten im Europa des 13. Jahrhunderts ausgebildet. Diese Theorie, deren Wurzeln bis in die klassische Antike zurück reichen und deren Ausbildung im europäischen Mittelalter ihren Anfang nahm, findet ihre erste umfassende Formulierung bei *Bodin*.

Bereits vor *Bodin* begann die Instrumentalisierung des Begriffs für spezifische (macht-)politische Zwecke. Die Theorie beschränkte sich keineswegs auf die bloße nachvollziehende Beschreibung der Ereignisse, sondern suchte diese aktiv zu beeinflussen. Der Begriff der Souveränität ist schon seinem Ursprung nach ein Kampfbegriff. Nachdem in der Frühphase die Abwehr fremder Herrschaftsansprüche im Vordergrund gestanden hatte (negativer Aspekt), rückte später bei *Bodin* und *Hobbes* die Frage nach den Machtbefugnissen eines "Souveräns" in den Mittelpunkt (positiver Aspekt). Noch später wurde der Souveränitätsbegriff bei *Hegel* und den auf ihn Folgenden zur Verabsolutierung des Staates und seiner Handlungsfreiheit eingesetzt. In der Gegenreaktion hierauf wiederum wurde Souveränität als "Anti-Begriff" abgelehnt und bekämpft (etwa von *Politis* und *Alvarez*).

Dabei ist der Einsatz deduktiver Argumentationsformen typisch, wobei der Begriff der Souveränität als solcher seit *Bodin* in den meisten Fällen nicht Ausgangspunkt von bestimmten Schlußfolgerungen ist, sondern ein Zwischenglied, um aus (noch) abstrakteren Zwecküberlegungen konkrete Forderungen herzuleiten.

Jede Analyse des Völkerrechts und seiner Grundprinzipien setzt eine Festlegung auf die anzuwendende Methode voraus, was wiederum eine Entscheidung zwischen der positivistischen und der naturrechtlichen Grundposition bedingt. Auch vor dem Hintergrund der historischen Begriffsentwicklung erfolgt hier, unter Abwägung der Auswirkungen beider Ansätze auf einzelne Aspekte des Gerechtigkeitsbegriffs, eine Beschränkung auf die Beschreibung des positiven Rechts, das nach der induktiven

Methode zu ermitteln ist. Im Rahmen dieser juristischen Weltsicht kommt dem Begriff der Souveränität keine eigenständige Bedeutung zu; er ist ein "hohler" Begriff, aus dem sich operable Völkerrechtssätze nicht ableiten lassen.

Der komplexe Begriff der Souveränität kann unter Verwendung des phänomenologischen Ansatzes in verschiedene Dimensionen zerlegt werden. Für die Betrachtung der Stellung der Staaten im Völkerrecht sind acht Bedeutungsebenen relevant, die anhand der Begriffspaare absolute und relative Souveränität, positive und negative Souveränität, innere und äußere Souveränität, sowie schließlich politische und rechtliche Souveränität erläutert werden können.

Ansatzpunkt für völkerrechtliche Fragestellungen ist dabei die äußere Souveränität, also die Souveränität eines Staates gegenüber anderen Völkerrechtssubjekten. Wegen der das Völkerrecht begründenden gegenseitigen Anerkennung der Staaten als rechtsgleiche Subjekte ist die äußere Souveränität notwendig eine relative. Diese Aussage gilt nicht nur für den rechtlichen Aspekt der äußeren Souveränität, sondern auch für den politischen. Auf der Grundlage der sog. bundle of rights-conception des Begriffs der (rechtlichen) Souveränität kann jede völkerrechtliche Regelung als souveränitätsrelativierend erfaßt werden. Durch die Ausweitung völkerrechtlicher Regelungen entfernen sich die Staaten weiter von ihrem hypothetischen Ausgangszustand relativer äußerer negativer Souveränität, da der Bereich autonomer Entscheidungsfreiheit abnimmt und - als Gegenleistung - positive Souveränität, das heißt Entscheidungsgewalt gegenüber anderen, begründet wird. Die Eingehung rechtlicher Bindungen hat im Regelfall keine Auswirkungen auf den dichotomischen Aspekt der äußeren rechtlichen Souveränität, das heißt, sie führt nicht zu einem Verlust des Status' souveräner Staatlichkeit.

Eine Skizze des klassischen Souveränitätsverständnisses, wie es sich aus der völkerrechtlichen Praxis des ausgehenden 19. Jahrhunderts ableiten läßt, ergibt, daß dieses durchaus flexibel war und den zum Teil kategorischen Formulierungen eines absoluten Souveränitätsanspruchs in der Literatur nicht entsprach. So wurden sowohl hinsichtlich der für essentiell gehaltenen Rechtsinhalte (insbesondere beim "ius ad bellum") als auch hinsichtlich struktureller Aspekte (z.B. Einstimmigkeitsprinzip) beschränkte Ausnahmen zugelassen.

Die Analyse einzelner Bereiche des geltenden positiven Völkerrechts, die den Reformansätzen folgend den engen Bereich des rein Rechtlichen überschreitet und auch den soziologischen Rahmen mit einbezieht, führt zu dem Ergebnis, daß es entgegen den im Verlauf des 20. Jahrhunderts immer wieder aufgekommenen Stimmungen in der Völkerrechtsliteratur, die ein neues Völkerrecht zu erkennen glaubten, bis heute nicht zu einer Revolution der internationalen Beziehungen und des sie regelnden Rechts gekommen ist. Sowohl die Veränderungen im sozialen Substrat der Beziehungen zwischen den Staaten als auch die Grundlinien des Völkerrechts haben sich nur graduell verändert.

Die Beziehungen zwischen den Staaten sind schwerpunktmäßig nach wie vor gesellschaftlicher Natur. Auf dem zentralen Gebiet der Friedenssicherung kann von einem Ende der Machtpolitik nicht gesprochen werden. Selbst in dem Bereich des internationalen Umweltrechts, in dem der Gemeinschaftsgedanke vergleichsweise stark ausgeprägt ist, steht die Verfolgung (wirtschaftlicher) Eigeninteressen der Vereinbarung effektiver und auf Dauer angelegter Maßnahmen vielfach entgegen. Im Seerecht stehen der insbesondere im Regime über den Meeresboden zum Ausdruck kommenden Gemeinschaftstendenz Entwicklungen gegenüber, durch die sich die Küstenstaaten exklusive Befugnisse an großen Bereichen des Meeres gesichert haben. Schließlich ist die Rechtsetzung im Völkerrecht noch immer vom Konsensprinzip beherrscht; das Konstruktionsprinzip des Völkerrechts hat sich mithin nicht verändert.

Die von den progressiven Ansätzen behauptete Gemeinschaftlichkeit ist in der rechtlichen und sozialen Realität der Beziehungen zwischen den Staaten nicht prägend. Daher sind Vorstellungen von einem gemeinschaftlichen "Neuen Völkerrecht" zurückzuweisen. Dies gilt sowohl hinsichtlich genereller Ansätze eines zwischenstaatlichen Gemeinschaftsrechts, wie ihn etwa *Alvarez* vertreten hat, als auch hinsichtlich jener Varianten, die einzelne Aspekte wie die angeblich verfassungsmäßige Organisiertheit der Staatengemeinschaft oder die kooperationsrechtliche Natur der völkerrechtlichen Normen betonen. Schließlich findet auch die interindividuelle Konzeption des Völkerrechts in der Realität keine Stütze.

Die erörterten Theorien widersprechen nicht nur der in dieser Untersuchung befürworteten juristischen Weltsicht. Bei einer realistischen Betrachtung der internationalen Wirklichkeit beruhen sie auch nach ihren eigenen Grundlagen auf einer zu optimistischen Sicht, die einige ihrer Vertreter zu Rechtsbehauptungen gelangen läßt, die im gegebenen sozialen Umfeld unangemessen und sogar friedensgefährdend sind, weil sie die Akteure überfordern und damit die Stabilität der internationalen Beziehungen gefährden.

Literaturverzeichnis

Adamovich, Ludwig: Reine Rechtslehre und katholische Naturrechtslehre - Überwindliche und unüberwindliche Gegensätze, in: Marcic, René et al. (Hrsg.), Internationale Festschrift für Alfred Verdross zum 80. Geburtstag, München/Salzburg 1971, 9.

Aicher, Otl et al.: Wilhelm von Ockham - Das Risiko modern zu denken, München 1986.

Andrassy, Juraj: Die Wandlungen des Völkerrechts und das Meer, in: Marcic, René et al. (Hrsg.), Internationale Festschrift für Alfred Verdross zum 80. Geburtstag, München/Salzburg 1971, 31.

Angermann, Norbert et al. (Hrsg.): Lexikon des Mittelalters, Bd. VI, München/Zürich 1993.

Annan, Kofi: Unser gemeinsames Schicksal, in: FAZ vom 24.12.1999 (Nr. 300), 12.

Aquin, Thomas von: De regimine principum, hier verwendet: deutsche Übersetzung, Stuttgart 1971.

Aquin, Thomas von: Summa theologica, hier verwendet: lateinisch-englische Ausgabe, Bd. 28, London/New York 1966.

Arangio-Ruiz, Gaetano: The Normative Role of the General Assembly of the United Nations and the Declaration of Principles of Friendly Relations - with an Appendix on the Concept of International Law and the Theory of International Organisation, in: RdC 137 (1972 III), 431.

Arangio-Ruiz, Gaetano: Voluntarism versus Majority Rule, in: Cassese, Antonio/Weiler, Joseph H. H. (Hrsg.), Change and Stability in International Law-Making, Berlin/New York 1988, 102.

Baldus, Manfred: Zur Relevanz des Souveränitätsproblems für die Wissenschaft vom öffentlichen Recht, in: Der Staat 36 (1997), 381.

Barfield, Claude: The WTO Dispute Settlement System in Need of Change, in: Intereconomics 2002, 131.

Barry, John/Thomas, Evan: The Kosovo Cover-Up, in: Newsweek vom 15.5.2000, 23.

Beckerath, Erwin von et al. (Hrsg.): Handwörterbuch der Sozialwissenschaften, Stuttgart u.a. 1956 ff.

Bedjaoui, Mohammed: Le droit au développement, in: UNESCO, sous la direction de M. Bedjaoui, (Hrsg.), Le droit international: Bilan et perspectives, Bd. 2, Paris 1991, 1247.

Bedjaoui, Mohammed: Remanences de théories sur la "souveraineté limitiée" sur les ressources naturelles, in: Girardot, Rafael G. et al. (Hrsg.), New Directions in International Law - Essays in Honour of Wolfgang Abendroth - Festschrift zu seinem 75. Geburtstag, Frankfurt/New York 1982, 63.

Bentham, Jeremy: An Introduction to the Principles of Morals and Legislation, erstmals veröffentlicht 1789, hier verwendete Ausgabe: New York 1980 (The Hafner Library of Classics 6).

Berber, Friedrich: Lehrbuch des Völkerrechts, 3 Bände, 2. Aufl. München 1969 ff.

Bernhard, Rudolf (Hrsg.): Encyclopedia of Public International Law, Amsterdam u.a. 1992 ff.

Berstermann, Jost: Das Einmischungsverbot im Völkerrecht, Frankfurt u.a. 1991.

Biermann, Frank: "Common Concern of Humankind": The Emergence of a New Concept of International Environmental Law, in: AVR 34 (1996), 426.

Bindschedler, Rudolf L.: Zum Problem der Grundnorm, in: von der Heydte, Friedrich A. Freiherr et al. (Hrsg.), Völkerrecht und Rechtliches Weltbild - Festschrift für Alfred Verdross, Wien 1960, 67.

Birnie, Patricia W./Boyle, Alan E.: International Law and the Environment, Oxford 1993.

Blanke, Hermann-Josef: Der Unionsvertrag von Maastricht - Ein Schritt auf dem Weg zu einem europäischen Bundesstaat?, in: DÖV 1993, 412.

Bleckmann, Albert: Das Souveränitätsprinzip im Völkerrecht, in: AVR 23 (1985), 450.

Bleckman, Albert: Grundprobleme und Methoden des Völkerrechts, Freiburg/München 1982.

Bleckmann, Albert: Völkerrecht, Baden-Baden, 2001.

Bleckmann, Albert: Zur Funktion des Art. 24 Grundgesetz, in: Hailbronner, Kay et al. (Hrsg.), Staat und Völkerrechtsordnung - Festschrift für Karl Doehring, Berlin u.a. 1989, 63.

Bluntschli, Johann C.: Das moderne Völkerrecht der civilisierten Staaten als Rechtsbuch dargestellt, 2. Aufl., Nördlingen 1872.

Bockslaff, Klaus: Das völkerrechtliche Interventionsverbot als Schranke außenpolitisch motivierter Handelsbeschränkungen, Berlin 1987.

Bodin, Jean: De Republica Libri Sex, Frankfurt 1591.

Bodin, Jean: Les Six Livres de la République, hier verwendet: Bd. 1 der Ausgabe hrsg. von Christiane Frémont, Paris 1986.

Bothe, Michael/Martenczuk, Bernd: Die NATO und die Vereinten Nationen nach dem Kosovo-Konflikt - Eine Standortbestimmung, in: VN 47 (1999), 125.

Bryde, Brun-Otto: Die Intervention mit wirtschaftlichen Mitteln, in: von Münch, Ingo (Hrsg.), Staatsrecht-Völkerrecht-Europarecht, Festschrift für Hans-Jürgen Schlochauer zum 75. Geburtstag am 28. März 1981, Berlin/New York 1981, 227.

Cahier, Philippe: Effets des traités à l'égard des etats tiers, in: RdC 143 (1974 III), 595.

Calasso, Francesco: I glossatori e la teoria della sovranità, 3. Aufl., Mailand 1957.

Calliess, Christian/Ruffert, Matthias: Kommentar zu EU-Vertrag und EG-Vertrag, Neuwied 1999.

Cameron, Rondo: Geschichte der Weltwirtschaft, 2 Bände, Stuttgart 1991/92.

Charney, Jonathan I.: Universal International Law, in: AJIL 87 (1993), 529.

Cheng, Bin: General Principles of Law as applied by International Courts and Tribunals, Cambridge 1987.

Cohen, Rosalyn: The Concept of Statehood in United Nations Practice, in: UPLR 109 (1960/61), 1127.

Crawford, James: The Criteria for Statehood in International Law, in: BYIL 48 (1976/77), 93.

Creifelds, Carl/Weber, Klaus (Hrsg.): Rechtswörterbuch, 16. Aufl., München 2000.

D'Amato, Anthony: Trashing Customary International Law (Anmerkungen zum Nicaragua-Urteil des IGH), in: AJIL 81 (1987), 101.

Dahm, Georg/Delbrück, Jost/Wolfrum, Rüdiger: Völkerrecht, Bd. I/1, 2. Aufl., Berlin/ New York 1989.

Dahm, Georg: Völkerrecht, 3 Bände, Stuttgart 1958/61.

Darsow, Thomas: Zum Wandel des Staatsbegriffs, Frankfurt a.M. u.a. 1984.

De Visscher, Charles: Positivisme et "jus cogens", in: RGDIP 75 (1971), 5.

De Visscher, Charles: Theory and realitiy in public international law, revised edition, Princeton 1968.

De Vries, Josef: Vorwort des Herausgebers, in: de Vries, Josef (Hrsg.), Francisco Suárez, Ausgewählte Texte zum Völkerrecht, Tübingen 1965, V-VIII.

De Zayas, Alfred M.: Nemesis at Potsdam, 3. Aufl., Lincoln/London 1989.

Del Vecchio, Giorgio: Das Naturrecht als Basis für eine Theorie der Weltgesellschaft, in: ARSP 48 (1962), 289.

Delbrück, Jost: Allocation of International Law Enforcement Authority, in: Delbrück, Jost (Hrsg.), Allocation of Law Enforcement Authority in the International System, Berlin 1995, 135.

Delbrück, Jost: Effektivität des UN-Gewaltverbotes - Bedarf es einer Modifikation der Reichweite des Art. 2 (4) UN-Charta?, in: Die Friedenswarte 74 (1999), 139.

Derpa, Rolf M.: Das Gewaltverbot der Satzung der Vereinten Nationen und die Anwendung nichtmilitärischer Gewalt, Bad Homburg 1970.

Di Fabio, Udo: Das Recht offener Staaten, Tübingen 1998.

Dicke, Detlev C.: Die Intervention mit wirtschaftlichen Mitteln im Völkerrecht, Baden-Baden 1978.

Deiserroth, Dieter: "Humanitäre Intervention" und Völkerrecht, in: NJW 1999, 3084.

Dock, Adolf: Der Suveränitätsbegriff, hier verwendet: Neudruck der Ausgabe Strassburg 1897, Aalen 1972.

Doehring, Karl: Internationale Organisationen und staatliche Souveränität, in: Doehring, Karl (Hrsg.), Festgabe für Ernst Forsthoff zum 65. Geburtstag, München 1967, 105.

Doehring, Karl: Staat und Verfassung in einem zusammenwachsenden Europa, in: ZRP 1993, 98.

Doehring, Karl: Völkerrecht, Heidelberg 1999.

Dolzer, Rudolf: Nationale Konzepte oder internationales Verfahren?, in: NJW 2000, 1700.

Dolzer, Rudolf/Volgel, Klaus (Hrsg.): Bonner Kommentar zum Grundgesetz, Loseblatt, Stand: 94. Lfg. (November 2000), Heidelberg.

Doxey, Margaret P.: Economic Sanctions and international Enforcement, 2. Aufl., London u.a. 1980.

Duguit, Léon: Le droit social le droit individuel et la transformation de l'État, 2. Aufl., Paris 1908.

Dupuis, Charles: Le droit des gens et les rapports des grandes puissances avec les autres états avant le pacte de la Société des Nations, Paris 1921.

Durner, Wolfgang: Common Goods - Statusprinzipien von Umweltgütern im Völkerrecht, Baden-Baden 2000.

Ebock, Kerstin: Der Schutz grundlegender Menschenrechte durch kollektive Zwangsmaßnahmen - Vom Interventionsverbot zur Pflicht zur humanitären Intervention?, Frankfurt a.M. u.a. 2000.

Eitel, Tono: Eine Konvention zur friedlichen Nutzung der Meere - das Seerechtsübereinkommen der Vereinten Nationen, in: EA 1994/1, 701.

Elias, Taslim. O.: Modern Sources of International Law, in: Friedmann, Wolfgang et al. (Hrsg.), Transnational Law in a Changing Society - Essays in Honor of Philip C. Jessup, New York 1972, 34.

Erler, Adalbert/Kaufmann, Ekkehard (Hrsg.): Handwörterbuch zur deutschen Rechtsgeschichte, Berlin 1971 ff.

Ermacora, Felix: Geiselbefreiung als humanitäre Intervention im Lichte der UN-Charta, in: Kipp, Heinrich et al. (Hrsg.), Um Recht und Freiheit - Festschrift für Friedrich August Freiherr von der Heydte zur Vollendung des 70. Lebensjahres, Berlin 1977, 147.

Ermacora, Felix: Weltstaat eine Staatsutopie?, in: Marcic, René et al. (Hrsg.), Internationale Festschrift für Alfred Verdross zum 80. Geburtstag, München/Salzburg 1971, 85.

Esser, Josef: Vorverständnis und Methodenwahl in der Rechtsfindung, 2. Aufl., Frankfurt a.M. 1972.

Fichte, Johann Gottlieb: Der geschlossne Handelsstaat (1800), hier verwendet: Neudruck hrsg. von Heinrich Waeting (Sammlung sozialwissenschaftlicher Meister Bd. 21), Jena 1920.

Fink, Udo: Der Konflikt zwischen den USA und Kuwait und die internationale Friedensordnung, in: AVR 29 (1991), 452.

Fink, Udo: Verfassungsrechtliche und verfassungsprozessrechtliche Fragen im Zusammenhang mit dem Kosovo-Einsatz der Bundeswehr, in: JZ 1999, 1016.

Franck, Thomas M.: Who killed Article 2 (4)? or: Changing Norms Governing the Use of Force by States, in: AJIL 64 (1970), 809.

Friedmann, Wolfgang: General Course in Public International Law, in: RdC 127 (1969 II), 47.

Friedmann, Wolfgang: The Changing Structure of International Law, 2. Aufl., New York 1966.

Fuß, Ernst-Werner: Souveränitätsdenken als Fessel des Integrationsfortschritts - Die Judikatur des französischen Verfassungsrats zur europäischen Einigung, in: DVBl. 1980, 98.

Garner, James W.: Limitations on National Sovereignty in International Relations, in: APSR 19 (1925), 1.

Gerlach, Axel: Die Intervention, Hamburg 1967.

Gillessen, Günther: Schmutzige Hände - Die Genfer Konventionen und der Kosovo-Krieg: eine Nachlese, in: FAZ vom 27.9.1999 (Nr. 234), 16.

Ginther, Konrad: Die Verfassung der Völkerrechtsgemeinschaft im Lichte der Entscheidungen des Internationalen Gerichtshofes im sogenannten Südwest-Afrika-Streit, in: Marcic, René et al. (Hrsg.), Internationale Festschrift für Alfred Verdross zum 80. Geburtstag, München/Salzburg 1971, 91.

Glismann, Hans H. et al.: Weltwirtschaftslehre, Band II.: Entwicklungs- und Beschäftigungspolitik, 3. Aufl., München u.a. 1987.

Goring, Gilbert: Immunität von Staatsoberhäuptern, in: Ipsen, Jörn/Schmidt-Jortzig, Edzard (Hrsg.), Recht-Staat-Gemeinwohl, Festschrift für Dieter Rauschning, Köln u.a. 2001, 457.

Görres-Gesellschaft (Hrsg.): Staatslexikon, 7. Aufl., Freiburg u.a. 1985 ff.

Grabitz, Eberhard/Hilf, Meinhard (Hrsg.): Das Recht der Europäischen Union - Kommentar, Loseblatt, Stand: 15. Lfg. (Januar 2000), München.

Green, Leslie C.: The Gulf 'War'. the UN and the Law of Armed Conflict, in: AVR 28 (1990), 369.

Grewe, Wilhelm G.: Epochen der Völkerrechtsgeschichte, Baden-Baden 1984.

Grewe, Wilhelm G.: Was ist "klassisches, was ist "modernes" Völkerrecht, in: Böhm, Alexander et al. (Hrsg.), Idee und Realität des Rechts in der Entwicklung internationaler Beziehungen - Festgabe für Wolfgang Preiser, Baden-Baden 1983, 111.

Gross, Leo: Expenses of the United Nations for Peace-Keeping Operations, in: Gross, Leo, Essays on International Law and Organization, Bd. 2, New York u.a. 1984, 753.

Grotius, Hugo: De Iure Belli ac Pacis Libri Tres, hier verwendet: Ausgabe hrsg. von Francis von Kesey, Oxford/London 1913/1925 (Nr. 3 der von James B. Scott hrsg. Classics of International Law).

Gunst, Dietrich W.: Der Begriff der Souveränität im modernen Völkerrecht, Berlin 1953.

Häberle, Peter: Zur gegenwärtigen Diskussion um das Problem der Souveränität, in: AöR 92 (1967), 259.

Hafner, Gerhard: Die seerechtliche Verteilung von Nutzungsrechten, Wien/New York 1987.

Hakenberg, Michael: Die Iran-Sanktionen der USA während der Teheraner Geiselaffäre aus völkerrechtlicher Sicht, Frankfurt a.M. u.a. 1988.

Hanle, Adolf et al. (Hrsg.): Brockhaus-Enzyklopädie, 19. Aufl., Mannheim 1986 ff.

Hartmann, Adolph: Institutionen des praktischen Völkerrechts in Friedenszeiten, Hannover 1874.

Hegel, Georg Wilhelm Friedrich: Grundlinien der Philosophie des Rechts, hrsg. von Johannes Hoffmeister, 5. Aufl., Hamburg 1995.

Heller, Hermann: Die Souveränität - Ein Beitrag zur Theorie des Staats- und Völkerrechts, Berlin/Leipzig 1927.

Henkin, Louis: General Course on Public International Law, in: RdC 216 (1989 IV), 19.

Henkin, Louis: Kosovo and the Law of "Humanitarian Intervention" (editorial comment), in: AJIL 93 (1999), 824.

Herdegen, Matthias: Völkerrecht, München 2000.

Heydte, Friedrich A. Freiherr von der: Das Prinzip der guten Nachbarschaft im Völkerrecht, in: Heydte, Friedrich A. Freiherr von der et al. (Hrsg.), Völkerrecht und Rechtliches Weltbild - Festschrift für Alfred Verdross, Wien 1960, 133.

Hillgruber, Christian: Souveränität - Verteidigung eines Rechtsbegriffs, in: JZ 2002, 1072.

Hillgruber, Christian: Verletzung völkerrechtlicher Verpflichtungen durch die USA - Fall LaGrand (Urteilsanmerkung), in: JZ 2002, 94.

Hippler Bello, Judith: The WTO Dispute Settlement Understanding: Less is More, in: AJIL 90 (1996), 416.

Hobbes, Thomas: Leviathan, hier verwendet: Ausgabe New York/London 1950.

Hobe, Stephan: Der offene Verfassungsstaat zwischen Souveränität und Interdependenz - Eine Studie zur Wandlung des Staatsbegriffs der deutschsprachigen Staatslehre im Kontext internationaler institutionalisierter Kooperation, Berlin 1998.

Hoffmann, Bernd von: Internationales Privatrecht, 7. Aufl., München 2002.

Hubel, Helmut: Der Zweite Golfkrieg in der internationalen Politik, Bonn 1991 (Bd. 62 der von dem Forschungsinstitut der Deutschen Gesellschaft für Auswärtige Politik e.V. hrsg. Arbeitspapiere zur Internationalen Politik).

Huber, Peter M.: Maastricht - ein Staatsstreich?, Stuttgart u.a. 1993.

Hudson, Manley O.: The Twenty-eigth Year of the World Court, in: AJIL 44 (1950), 1.

Hume, David: A Treatise of Human Nature, hier verwendet: Nachdruck der 2. Aufl., Oxford 1978.

Hummer, Waldemar/Mayr-Singer, Jalka: Der Kosovo-Krieg vor dem Internationalen Gerichtshof, in: NJ 2000, 113.

Ipsen, Hans Peter: Europäisches Gemeinschaftsrecht, Tübingen 1972.

Ipsen, Knut et al.: Völkerrecht, 4. Aufl., München 1999.

Ipsen, Knut: Der Kosovo-Einsatz - Illegal? Gerechtfertigt? Entschuldigt?, in: Die Friedenswarte 74 (1999), 19.

Ischinger, Wolfgang: We Have Little to Gain from Trade Disputes, but Very Much to Lose, in: Intereconomics 2002, 135.

Isensee, Josef/Kirchhof, Paul (Hrsg.): Handbuch des Staatsrechts der Bundesrepublik Deutschland, Heidelberg 1987 ff.

Jackson, John H.: The World Trading System - Law and Policy of International Economic Relations, Cambridge/London 1990.

Jellinek, Georg: Allgemeine Staatslehre, 6. Neudruck der 3. Aufl., Darmstadt 1959.

Jellinek, Georg: Die rechtliche Natur der Staatenverträge - ein Beitrag zur Construktion des Völkerrechts, hier verwendet: Nachdruck der Ausgabe Wien 1880, Frankfurt a.M. 1968.

Jenisch, Uwe: Zum Stande der Seerechtsverhandlungen, in: Alfons Lemper (Hrsg.), Die III. UN-Seerechtskonferenz - Stand der Diskussion nach der 5. Session, München 1977, 12.

Jenks, Clarence W.: The prospects of international Adjudication, London 1994.

Kadelbach, Stefan: Zwingendes Völkerrecht, Berlin 1992.

Kant, Immanuel: Grundlegung zur Metaphysik der Sitten, hier verwendet: Ausgabe hrsg. von Karl Vorländer (Bd. 41 der Philosophischen Bibliothek), unveränderter Nachdruck der 3. Aufl., Leipzig 1965.

Kaufmann, Arthur: Problemgeschichte der Rechtsphilosophie, in: Kaufmann, Arthur/Hassemer, Winfried, Einführung in Rechtsphilosophie und Rechtstheorie der Gegenwart, 6. Aufl., Heidelberg 1994, 30.

Kaufmann, Arthur: Über Gerechtigkeit - Dreißig Kapitel praxisorientierter Rechtsphilosophie, Köln u.a. 1993.

Kelsen, Hans: Auseinandersetzungen zur Reinen Rechtslehre - Kritische Bemerkungen zu Georges Scelle und Michel Virally, aus dem Nachlaß hrsg. von Kurt Ringhofer und Robert Walter, Wien/New York 1987 (ÖZöRV Supplementum 9).

Kelsen, Hans: Das Problem der Souveränität, 2. Aufl., Tübingen 1928.

Kelsen, Hans: Vom Geltungsgrund des Rechts, in: Heydte, Friedrich A. Freiherr von der et al. (Hrsg.), Völkerrecht und Rechtliches Weltbild - Festschrift für Alfred Verdross, Wien 1960, 157.

Kewenig, Wilhelm A.: Common heritage of mankind - politischer Slogan oder völkerrechtlicher Schlüsselbegriff?, in: Münch, Ingo von (Hrsg.), Staatsrecht-Völkerrecht-Europarecht - Festschrift für Hans-Jürgen Schlochauer zum 75. Geburtstag, Berlin/New York 1981, 385.

Kewenig, Wilhelm A.: Menschheitserbe, Konsens und Völkerrechtsordnung, in: EA 1981/1, 1.

Kimminich, Otto/Hobe, Stephan: Einführung in das Völkerrecht, 7. Aufl., Tübingen/ Basel 2000.

Kimminich, Otto: Die Souveränität der Bundesrepublik Deutschland, Hamburg 1970.

Kimminich, Otto: Gegenwärtiger Stand und Entwicklungstendenzen der Souveränitätslehre und Souveränitätspraxis, in: Kroker, Eduard/Veiter, Theodor (Hrsg.), Rechtspositivismus, Menschenrechte und Souveränitätslehre in verschiedenen Rechtskreisen, Wien/Stuttgart 1976, 97.

Kiss, Alexandre: Droit international de l'environnement, Paris 1989.

Kissinger, Henry A.: The Long Shadow of Vietnam, in: Newsweek vom 1.5.2000, 45.

Kleffens, Eelco N. van: Sovereignty in International Law, in: RdC 82 (1953 I), 5.

Klein, Eckart: Statusverträge im Völkerrecht, Berlin u.a. 1980.

Kleinert, Hubert/Mosdorf, Siegmar: Die Renaissance der Politik - Wege ins 21. Jahrhundert, Berlin 1998.

Köck, Heribert F./Fischer, Peter: Das Recht der Internationalen Organisationen, 3. Aufl., Wien 1997.

Köhler, Axel: Die Seerechtskonferenz - Eine Problemanalyse, Köln 1981 (Beiträge zur Wirtschafts- und Sozialpolitik, hrsg. vom Institut der deutschen Wirtschaft, Bd. 91 (4/1981)).

Kolbassow, Oleg: Umweltschutz nach Völkerrecht, Moskau 1985.

König, Doris: Die Übertragung von Hoheitsrechten im Rahmen des europäischen Integrationsprozesses - Anwendungsbereich und Schranken des Art. 23 des Grundgesetzes, Berlin 2000.

König, Doris: Durchsetzung internationaler Bestands- und Umweltschutzvorschriften auf Hoher See im Interesse der Staatengemeinschaft, Berlin 1990.

Koskenniemi, Martti: From Apology to Utopia - The Structure of International Law Argument, Helsinki 1989.

Krampe, Christoph: Proculi Epistulae, Karlsruhe 1970.

Kreća, Milenko: Some Reflections on Main Features of Ius Cogens as Notion of International Public Law, in: Girardot, Rafael G. et al. (Hrsg.), New Directions in International Law - Essays in Honour of Wolfgang Abendroth - Festschrift zu seinem 75. Geburtstag, Frankfurt/New York 1982, 27.

Krüger, Herbert: Allgemeine Staatslehre, 2. Aufl., Stuttgart u.a. 1966.

Krusewitz, Knut: Umweltkrieg - ökologische und humanitäre Folgen, in: Albrecht, Ulrich/Schäfer, Paul (Hrsg.), Der Kosovo-Krieg, Köln 1999, 142.

Kunst, Hermann et al. (Hrsg.): Evangelisches Staatslexikon, 2. Aufl., Stuttgart/Berlin 1975.

Kunst, Hermann et al. (Hrsg.): Evangelisches Staatslexikon, 3. Aufl., Stuttgart 1987.

Lapradelle, Albert de: Introduction zu Emer de Vattel, Le Droit de Gens, in: Scott, James B. (Gesamthrsg.), The Classics of International Law, Vol. III: Slatkine, Michel E./ Toman, Jiri (Hrsg.), Emer de Vattel, Le Droit des Gens (nähere Ausgabenangaben s. dort), Bd. 3, Genf 1983, i-lv.

Lasson, Adolf: Princip und Zukunft des Völkerrechts, Berlin 1871.

Lasson, Adolf: System der Rechtsphilosophie, hier verwendet: Nachdruck der Ausgabe Berlin 1882, Berlin 1967.

Lauterpacht, Hersch: The Development of International Law by the International Court, London 1958 (hier verwendet: Reprint Cambridge 1982).

Le Fur, Louis: La Théorie du Droit Naturel depuis le XVIIe Siècle et la Doctrine moderne, in: RdC 18 (1927 III), 263.

Lenz, Carl O.: EG-Vertrag - Kommentar zu dem Vertrag zur Gründung der Europäischen Gemeinschaften, 2. Aufl., Köln u.a. 1999.

Leser, Norbert: Der Konflikt zwischen Recht und Gerechtigkeit in der modernen Rechts- und Staatsphilosophie, in: Marcic, René et al. (Hrsg.), Internationale Festschrift für Alfred Verdross zum 80. Geburtstag, München/Salzburg 1971, 197.

Link, Christoph: Hugo Grotius als Staatsdenker, Tübingen 1983 (Recht und Staat in Geschichte und Gegenwart, Bd. 512).

Link, Werner: Der Interventionsbegriff aus politikwissenschaftlicher Sicht, in: Czempiel, Ernst-Otto/Link, Werner (Hrsg.), Interventionsproblematik aus politikwissenschaftlicher, völkerrechtlicher und wirtschaftswissenschaftlicher Sicht, Kehl am Rhein/Straßburg 1984, 21.

Liszt, Franz von/Fleischmann, Max: Das Völkerrecht, 12. Aufl., Berlin 1925.

Lücke, Jörg: Universales Verfassungsrecht, Völkerrecht und Schutz der Umwelt - Von der nationalen Daseinsvorsorge zur internationalen Zukunftsvorsorge am Beispiel des Klimaschutzes, in: AVR 35 (1997), 1.

Markusen, James R. et al.: International Trade - theory and evidence, New York u.a. 1995.

Maunz, Theodor/Dürig, Günter et al.: Grundgesetz - Kommentar, Loseblatt, Stand: 37. Lfg. (August 2000), München.

McWhinney, Edward: International Law and World Revolution, Leyden 1967.

Menzel, Adolf: Beiträge zur Geschichte der Staatslehre, Wien/Leipzig 1929 (Sitzungsberichte der Akademie der Wissenschaften in Wien, Philosophisch-historische Klasse, Bd. 210).

Merkel, Reinhard: Das Elend der Beschützten - Über die Grundlagen der Legitimität sog. humanitärer Interventionen und die Verwerflichkeit der Nato-Aktion im Kosovo-Krieg, in: KJ 1999, 526 ff.

Meyer, Franz C.: Kompetenzüberschreitung und Letztentscheidung - Das Maastricht-Urteil des Bundesverfassungsgerichts und die Letztentscheidung über Ultra vires-Akte in Mehrebenensystemen, München 2000.

Mitteis, Heinrich: Politische Verträge im Mittelalter, in: Mitteis, Heinrich, Die Rechtsidee in der Geschichte - Gesammelte Abhandlungen und Vorträge, Weimar 1957, 567.

Mosler, Hermann: Der Vertrag über die Europäische Gemeinschaft für Kohle und Stahl - Entstehung und Qualifizierung, in: ZaöRV 14 (1951/52), 1.

Mosler, Hermann: Völkerrecht als Rechtsordnung, in: ZaöRV 36 (1976), 6.

Mullerson, Rein A.: Sources of International Law: New Tendencies in Soviet Thinking, in: AJIL 83 (1989), 494.

Münch, Ingo von (Hrsg.): Grundgesetz-Kommentar, Bd. 2, 2. Aufl., München 1983.

Münch, Ingo von/Kunig, Philip (Hrsg.): Grundgesetz-Kommentar, Bd. 2, 5. Aufl. München 2001.

Murswiek, Dietrich: Maastricht und der Pouvoir Constituant - Zur Bedeutung der verfassungsgebenden Gewalt im Prozeß der europäischen Integration, in: Der Staat 32 (1993), 161.

Mussolini, Benito: Der Geist des Faschismus, hrsg. von Horst Wagenführ, München 1940.

Neugärtner, Ilka/Puth, Sebastian: Die Wirkung der WTO-Übereinkommen im Gemeinschaftsrecht - EuGH, EuZW 2000, 276, in: JuS 2000, 640.

Neuhold, Hanspeter et al. (Hrsg.): Österreichisches Handbuch des Völkerrechts, 3. Aufl., Wien 1997.

Neuhold, Hanspeter et al. (Hrsg.): Österreichisches Handbuch des Völkerrechts, 2. Aufl., Wien 1991.

Neuhold, Hanspeter: Die Intervention aus völkerrechtlicher Sicht, in: Czempiel, Ernst-Otto/Link, Werner (Hrsg.), Interventionsproblematik aus politikwissenschaftlicher, völkerrechtlicher und wirtschaftswissenschaftlicher Sicht, Kehl am Rhein/Straßburg 1984, 33.

Nordquist, Myron S. (Hrsg.): United Nations Convention on the Law of the Sea - A Commentary, Dordrecht u.a. 1985 ff.

Nussbaum, Arthur: Geschichte des Völkerrechts in gedrängter Darstellung, München/Berlin 1960.

Ockham, Wilhelm von: Breviloquium de principatu tyrannico, hier verwendet: Text in Scholz, Richard, Wilhelm von Ockham als politischer Denker und sein Breviloquium de principatu tyrannico, Leipzig 1944.

O'Connell, Daniel P.: The International Law of the Sea, hrsg. von I. A. Shearer, Oxford 1982/84.

Odendahl, Kerstin: Die Umweltpflichtigkeit der Souveränität - Reichweite und Schranken territorialer Souveränitätsrechte über die Umwelt und die Notwendigkeit eines veränderten Verständnisses staatlicher Souveränität, Berlin 1998.

Ophüls, Carl F.: Staatshoheit und Gemeinschaftshoheit - Wandlungen des Souveränitätsbegriffs, in: Ule, Carl H. et al. (Hrsg.), Recht im Wandel, Beiträge zu Strömungen und Fragen im heutigen Recht - Festschrift hundertfünfzig Jahre Carl Heymanns Verlag KG, Köln u.a. 1965, 519.

Oppenheim, Lassa F. L.: International Law - A Treatise, Vol. I (Peace), hrsg. von Hersch Lauterpacht, 8. Aufl., London u.a. 1955.

Oppenheim, Lassa F. L.: International Law - A Treatise, Vol. I (Peace), hrsg. von Ronald F. Roxburgh, 3. Aufl., London u.a. 1920.

Oppenheim, Lassa F. L.: International Law - A Treatise, Vol. I (Peace), hrsg. von Arnold D. McNair, 4. Aufl., London u.a. 1928.

Oppenheim, Lassa F. L.: The Science of International Law: Its Tasks and Method, in: AJIL 2 (1908), 313.

Paulus, Andreas L.: Die internationale Gemeinschaft im Völkerrecht - Eine Untersuchung zur Entwicklung des Völkerrechts im Zeitalter der Globalisierung, München 2001.

Pernice, Ingolf: Maastricht, Staat und Demokratie, in: Die Verwaltung 26 (1993), 449.

Pleuger, Gunter: Die Staatslehre Wilhelms von Ockham, Köln 1966.

Politis, Nicolas-Socrate: Le problème des Limitations de la souveraineté et la théorie de l'Abus des droits dans les rapports internationaux, in: RdC 6 (1925 I), 5.

Preiser, Wolfgang: Die Epochen der antiken Völkerrechtsgeschichte, in: JZ 1956, 737.

Preiser, Wolfgang: Frühe völkerrechtliche Ordnungen der außereuropäischen Welt - Ein Beitrag zur Geschichte des Völkerrechts, Wiesbaden 1976 (Sitzungsberichte der Wissenschaftlichen Gesellschaft an der Johann Wolfgang Goethe-Universität Frankfurt am Main, Bd. IV Nr. 5).

Preiser, Wolfgang: Zum Völkerrecht der vorklassischen Antike, in: AVR 4 (1953/1954), 257.

Pufendorf, Samuel Freiherr von: Acht Bücher vom Natur- und Völkerrecht, hier verwendet: Nachdruck der Ausgabe Frankfurt am Main 1711, Hildesheim u.a. 1988.

Quaritsch, Helmut: Staat und Souveränität, Frankfurt a.M. 1970.

Randelzhofer, Albrecht: Neue Weltordnung durch Intervention?, in: Badura, Peter/ Scholz, Rupert (Hrsg.), Wege und Verfahren des Verfassungslebens - Festschrift für Peter Lerche zum 65. Geburtstag, München 1993, 51.

Reibstein, Ernst: Pufendorfs Völkerrechtslehre, in: ÖZöffR N.F. 7 (1956), 43.

Reibstein, Ernst: Völkerrecht - Eine Geschichte seiner Ideen in Lehre und Praxis, Freiburg/München 1958/63.

Reinisch, August: Entschädigung für die unbeteiligten "Opfer" des Hormon- und Bananenstreits nach Art. 288 II EG?, in: EuZW 2000, 42.

Reißmüller, Johann G.: Die bosnische Tragödie, Stuttgart 1993.

Ritter, Markus: Das WTO-Übereinkommen und seine Auswirkungen auf das Deutsche und Europäische Lebensmittelrecht - Hormonrückstände als künftiger Standard?, in: EuZW 1997, 133.

Ritterband, Charles E.: Universeller Menschenrechtsschutz und völkerrechtliches Interventionsverbot, Bern/Stuttgart 1982.

Rousseau, Charles: L'indépendance de l'état dans l'ordre international, in: RdC 73 (1948 II), 171.

Ruffert, Matthias: Pinochet Follow up: The end of sovereign Immunity?, in: NILR 48 (2001), 171.

Sachs, Michael (Hrsg.): Grundgesetz - Kommentar, 2. Aufl., München 1999.

Scelle, Georges: Précis de droit des gens - Principes et systématique, Bd. 1, Paris 1932.

Scelle, Georges: Règles Générales du Droit de la Paix, in: RdC 46 (1933 IV), 331.

Schaumann, Wilfried: Die Gleichheit der Staaten - Ein Beitrag zu den Grundprinzipien des Völkerrechts, Wien 1957.

Schecher, Ludwig: Deutsches Außenstaatsrecht, Berlin 1933.

Scheuner, Ulrich: 50 Jahre Völkerrecht, in: JIR 12 (1965), 11.

Scheuner, Ulrich: Die Rechtsetzungsbefugnis internationaler Gemeinschaften, in: von der Heydte, Friedrich A. Freiherr et al. (Hrsg.), Völkerrecht und Rechtliches Weltbild - Festschrift für Alfred Verdross, Wien 1960, 229.

Schilling, Otto: Die Staats- und Soziallehre des Heiligen Thomas von Aquin, 2. Aufl., München 1930.

Schmitt, Carl: Politische Theologie, 3. Aufl., Berlin 1979.

Schmitt, Carl: Völkerrechtliche Großraumordnung mit Interventionsverbot für raumfremde Mächte - Ein Beitrag zum Reichsbegriff im Völkerrecht, 3. Aufl., Berlin u.a. 1941.

Schmitz, Thomas: Integration in der Supranationalen Union - Das europäische Organisationsmodell einer prozeßhaften geo-regionalen Integration und seine rechtstheoretischen Implikationen, Baden-Baden 2001.

Schöllgen, Gregor: Vertrauen ist gut, Kontrolle ist besser - Idee und Wirklichkeit kollektiver Sicherheit in der neueren europäischen Geschichte, in: FAZ vom 18.4.2001 (Nr. 90), 12.

Schreuer, Christoph: Der neue Art. 9 Abs. 2 der Österreichischen Bundesverfassung: Übertragung von Hoheitsrechten auf internationale und ausländische Organe, in: ZaöRV 42 (1982), 93.

Schreuer, Christoph: New Haven Approach und Völkerrecht, in: Schreuer, Christoph (Hrsg.), Autorität und internationale Ordnung, Berlin 1979, 63.

Schücking, Walther/Wehberg, Hans: Die Satzung des Völkerbundes, 2. Aufl., Berlin 1924.

Schuller, Wolfgang: Griechische Geschichte, 3. Aufl., München 1991.

Schütz, Ludwig: Thomas-Lexikon, unveränderter Nachdruck der 2. Aufl. (1895), Stuttgart 1958.

Schwarz, Hans Peter: Entscheidung für den Westen - Freiheit Wiederaufbau, Souveränität, Sicherheit und Wiedervereinigung als Strukturelemente westdeutscher Außenpolitik 1949-1955, in: Funke, Manfred (Hrsg.), Entscheidung für den Westen - Vom Besatzungsstatut zur Souveränität der Bundesrepublik 1949-1955, Bonn 1988, 9.

Schwarze, Jürgen: Die Überstaatliche Bedingtheit des Staates - Bemerkungen zu Grundpositionen Werner von Simsons auf dem Gebiete des Europarechts, in: Häberle, Peter et al., Die überstaatliche Bedingtheit des Staates (Europarecht Beiheft 1/1993), Baden-Baden 1993, 39.

Schwarzenberger, Georg: Civitas Maxima?, Tübingen 1973 (Recht und Staat in Geschichte und Gegenwart, Bd. 413/414).

Schwarzenberger, Georg: International Law and Order, London 1971.

Schwarzenberger, Georg: International Law, Bd. 1, 3. Aufl., London 1957.

Schwarzenberger, Georg: Machtpolitik - Eine Studie über die internationale Gesellschaft, Tübingen 1955.

Schwarzenberger, Georg: The Forms of Sovereignty, in: CLP 10 (1957), 264.

Schwarzenberger, Georg: The Fundamental Principles of International Law, in: RdC 87 (1955 I), 195.

Schwarzenberger, Georg: The Inductive Approach to International Law, London 1965.

Schwarzenberger, Georg: The Province of the Doctrine of International Law, in: CLP 9 (1956), 235.

Schwarzenberger, Georg: Trends in the Practice of the World Court, in: CLP 4 (1951), 1.

Schwarzenberger, Georg: World Law and World Order, in: Marcic, René et al. (Hrsg.), Internationale Festschrift für Alfred Verdross zum 80. Geburtstag, München/Salzburg 1971, 461.

Schweitzer, Michael/Hummer, Waldemar: Europarecht, 5. Aufl., Neuwied u.a. 1996.

Schweitzer, Michael: Ius cogens im Völkerrecht, in: AVR 15 (1971/1972), 197.

Schweitzer, Michael: Staatsrecht III, 7. Aufl., Heidelberg 2000.

Seidel, Gerd: Die Völkerrechtsordnung an der Schwelle zum 21. Jahrhundert, in: AVR 38 (2000), 23.

Seidl-Hohenveldern, Ignaz/Loibl, Gerhard: Das Recht der Internationalen Organisationen einschließlich der Supranationalen Gemeinschaften, 7. Aufl., Köln u.a. 2000.

Seidl-Hohenveldern, Ignaz/Stein, Torsten: Völkerrecht, 10. Aufl., Köln u.a. 2000.

Seidl-Hohenveldern, Ignaz: International Economic "Soft Law", in: RdC 163 (1979 II), 173.

Senti, Richard: A New Transatlantic Trade War? Issues Surrounding the US-EU Steel Conflict, in: Intereconomics 2002, 124 ff.

Sills, David L. (Hrsg.): International Encyclopedia of the Social Sciences, reprint edition, New York/London 1972.

Simma, Bruno (Hrsg.): Charta der Vereinten Nationen, Kommentar, München 1991.

Simma, Bruno: NATO, the UN and the Use of Force: Legal Aspects, in: EJIL 10 (1999), 1.

Simson, Werner von: Die Souveränität im rechtlichen Verständnis der Gegenwart, Berlin 1965.

Soder, Josef: Franz Suárez und sein Werk, in: de Vries, Josef (Hrsg.), Francisco Suárez, Ausgewählte Texte zum Völkerrecht, Tübingen 1965, 1.

Starck, Christian (Hrsg.): Das Bonner Grundgesetz (v. Mangoldt/Klein), Kommentar, 4. Aufl., München 1999 ff.

Steinle, Stephanie: Völkerrecht und Machtpolitik - Georg Schwarzenberger (1908-1991), Baden-Baden 2002.

Streinz, Rudolf: Auswirkungen des Rechts auf "Sustainable Development" - Stütze oder Hemmschuh?, in: Die Verwaltung 31 (1998), 449.

Streinz, Rudolf: Bundesverfassungsgerichtlicher Grundrechtsschutz und Europäisches Gemeinschaftsrecht, Baden-Baden 1989.

Streinz, Rudolf: Europarecht, 5. Aufl., Heidelberg 2001.

Strupp, Karl/Schlochauer, Hans-Jürgen (Hrsg.): Wörterbuch des Völkerrechts, Berlin 1960 ff.

Suárez, Francisco: Defensio fidei catholicae et apostolicae adversus Anglicanae sectae errores, hier verwendet: Textauszug in de Vries, Josef (Hrsg.), Francisco Suárez, Ausgewählte Texte zum Völkerrecht, Tübingen 1965.

Suárez, Francisco: Tractatus de Legibus ac de Deo Legislatore, hier verwendet: Textauszug in de Vries, Josef (Hrsg.), Francisco Suárez, Ausgewählte Texte zum Völkerrecht, Tübingen 1965.

Tetzlaff, Rainer: Der Wegfall effektiver Staatsgewalt in den Staaten Afrikas, in: Die Friedenswarte 74 (1999), 307.

Thürer, Daniel: Der Kosovo-Konflikt im Lichte des Völkerrechts: Von drei - echten und scheinbaren - Dilemmata, in: AVR 38 (2000), 1.

Thürer, Daniel: Modernes Völkerrecht: Ein System im Wandel und Wachstum - Gerechtigkeitsgedanke als Kraft der Veränderung?, in: ZaöRV 60 (2000), 557.

Tilch, Horst (Hrsg.): Deutsches Rechtslexikon, 2. Aufl., München 1992.

Tomuschat, Christian: Die internationale Gemeinschaft, in: AVR 33 (1995), 1.

Tomuschat, Christian: Obligations arising for States without or against their will, in: RdC 241 (1993 IV), 209.

Tomuschat, Christian: Völkerrechtliche Aspekte des Kosovo-Konflikts, in: Die Friedenswarte 74 (1999), 33.

Tönnies, Ferdinand: Gemeinschaft und Gesellschaft - Grundbegriffe der reinen Soziologie, 8. Aufl., Leipzig 1935.

Triepel, Heinrich: Völkerrecht und Landesrecht, hier verwendet: unveränderter Nachdruck der Ausgabe Leipzig 1899, Aalen 1958.

Truyol y Serra, Antonio: Staatsräson und Völkerrecht in der Zeit Karls V., in: Heydte, Friedrich A. Freiherr von der et al. (Hrsg.), Völkerrecht und Rechtliches Weltbild - Festschrift für Alfred Verdross, Wien 1960, 273.

Uibopuu, Henn-Jüri: Gedanken zum völkerrechtlichen Staatsbegriff, in: Schreuer, Christoph (Hrsg.), Autorität und internationale Ordnung, Berlin 1979, 87.

Vagts, Detlev F.: International Law in the Third Reich, in: AJIL 84 (1990), 661.

Vattel, Emer de: Le Droit des Gens ou Principes de la Loi Naturelle, appliqués à la conduite et aux Affaires des Nations et des Souverains, hier verwendet: Ausgabe hrsg. von Michel E. Slatkine und Jiri Toman, Genf 1983 (Nachdruck der von James B. Scott in der Reihe Classics of International Law hrsg. Ausgabe Washington 1916).

Verdross, Alfred/Simma, Bruno: Universelles Völkerrecht, 3. Aufl., Berlin 1984.

Verdross, Alfred: Abendländische Rechtsphilosophie - Ihre Grundlagen und Hauptprobleme in geschichtlicher Schau, 2. Aufl., Wien 1963.

Verdross, Alfred: Die Verfassung der Völkerrechtsgemeinschaft, Wien 1926.

Verdross, Alfred: Jus dispositivum and jus cogens in International Law, in: AJIL 60 (1966), 55.

Verdross, Alfred: Völkerrecht, 1. Aufl., Berlin 1937.

Verdross, Alfred: Völkerrecht, 5. Aufl., Wien 1964.

Verosta, Stephan: Alfred Verdross-Leben und Werk, in: Heydte, Friedrich A. Freiherr von der et al. (Hrsg.), Völkerrecht und Rechtliches Weltbild - Festschrift für Alfred Verdross, Wien 1960, 1.

Vitoria, Franciscus de: De Indis recenter inventis et de jure belli Hispanorum in Barbaros Relectiones, hier verwendet : Ausgabe hrsg. von Walter Schätzel, Tübingen 1952.

Vitzthum, Wolfgang Graf (Hrsg.): Völkerrecht, 1. Aufl., Berlin/New York 1997.

Vitzthum, Wolfgang Graf (Hrsg.): Völkerrecht, 2. Aufl., Berlin/New York 2001.

Vitzthum, Wolfgang Graf: Neue Weltwirtschaftsordnung und neue Weltmeeresordnung - Innere Widersprüche bei zwei Ansätzen zu sektoralen Weltordnungen, in: EA 1978/1, 455.

Vitzthum, Wolfgang Graf: Werner von Simsons Fragestellung: Ein friedenstaugliches Ordnungsprinzip in einer Welt unversöhnlicher Grundüberzeugungen?, in: Häberle, Peter et al., Die überstaatliche Bedingtheit des Staates (Europarecht Beiheft 1/1993), Baden-Baden 1993, 19.

Vogel, Klaus: Die Verfassungsentscheidung des Grundgesetzes für eine internationale Zusammenarbeit - Ein Diskussionsbeitrag zu einer Frage der Staatstheorie sowie des geltenden deutschen Staatsrechts, Tübingen 1964 (Recht und Staat in Geschichte und Gegenwart, Bd. 292/293).

Vranes, Erich: Principles and Emerging Problems of WTO Cross Retaliation, in: EuZW 2001, 10.

Wagner, Heinz: Grundbegriffe des Beschlussrechts der Europäischen Gemeinschaften, Köln u.a. 1965.

Waldock, Humphrey: General Course on Public International Law, in: RdC 106 (1962 II), 5.

Wassermann, Rudolf (Gesamthrsg.): Kommentar zum Grundgesetz für die Bundesrepublik Deutschland (Reihe Alternativkommentare), 2. Aufl., Neuwied/Frankfurt 1989.

Wehberg, Hans: Der Grundsatz der Vertragstreue, in: Heydte, Friedrich A. Freiherr von der et al. (Hrsg.), Völkerrecht und Rechtliches Weltbild - Festschrift für Alfred Verdross, Wien 1960, 307.

Weil, Prosper: Le droit international en quête de son identité - Cours général de droit international public, in: RdC 237 (1992 VI), 25.

Weiß, Wolfgang: Allgemeine Rechtsgrundsätze des Völkerrechts, in: AVR 39 (2001), 394.

Weiß, Wolfgang: Völkerstrafrecht zwischen Weltprinzip und Immunität, in: JZ 2002, 696.

Wernham, Richard B. (Hrsg.): The New Cambridge Modern History, Bd. III: The Counter Reformation and Price-Revolution 1559-1610, Cambridge 1968.

Wieacker, Franz: Privatrechtsgeschichte der Neuzeit, 2. Aufl., Göttingen 1967.

Wildhaber, Luzius: Wildhaber, Sovereignty in International Law, in: Macdonald, Ronald St. J./Johnston, Douglas M. (Hrsg.), The Structure and Process of International Law, Den Haag u.a. 1983, 425.

Wildhaber, Luzius: Wo steht das Völkerrecht heute? - Versuch einer Standortbestimmung, in: SchweizJIR 36 (1980), 75.

Williams, Benjamin H.: The Coming of Economic Sanctions into American Practice, in: AJIL 37 (1943), 386.

Wilms, Heinrich: Der Kosovo-Einsatz und das Völkerrecht, in: ZRP 1999, 227.

Winkler, Rainer/Mühlbauer, Edith (Redaktion): Ergänzbares Lexikon des Rechts, Loseblatt, Stand: 114. Lfg. (Juni 2001), Neuwied u.a.

Wolff, Christian Freiherr von: Grundsätze des Natur- und Völkerrechts, worin alle Verbindlichkeiten und alle Rechte aus der Natur des Menschen in einem beständigen Zusammenhange hergeleitet werden, hier verwendet: Nachdruck der Ausgabe Halle 1754, hrsg. von Jörn Garber, Königstein 1980.

Wolff, Christian Freiherr von: Institutiones Juris Naturae et Gentium, in quibus ex ipsa hominis natura continuo nexu omnes obligationes et jura omnia deducuntur, Halle 1750.

Wolfrum, Rüdiger (Hrsg.): Handbuch der Vereinten Nationen, 2. Aufl., München 1991.

Wolfrum, Rüdiger (Hrsg.): United Nations: Law, Policies and Practice, München u.a. 1995.

Ziegler, Karl-Heinz: Völkerrechtsgeschichte, München 1994.

Zuck, Rüdiger: Der Krieg gegen Jugoslawien, in: ZRP 1999, 225.

Studien und Materialien zum Öffentlichen Recht

Herausgegeben von Herbert Bethge

Band 1 Hans-Georg Kamann: Die Mitwirkung der Parlamente der Mitgliedstaaten an der europäischen Gesetzgebung. National-parlamentarische Beeinflussung und Kontrolle der Regierungsvertreter im Rat der Europäischen Union im Spannungsfeld von Demokratie und Funktionsfähigkeit des gemeinschaftlichen Entscheidungsverfahrens. 1997.

Band 2 Gerhard Spieß: Der Grundrechtsverzicht. 1997.

Band 3 Stefan Hepach: Der Grundrechtsstatus der Landesmedienanstalten. 1997.

Band 4 Michael Fraas: Sicherheitsrat der Vereinten Nationen und Internationaler Gerichtshof. Die Rechtmäßigkeitsprüfung von Beschlüssen des Sicherheitsrats der Vereinten Nationen im Rahmen des VII. Kapitels der Charta durch den Internationalen Gerichtshof. 1998.

Band 5 Friedrich Loschelder: Die Durchsetzbarkeit von Weisungen in der Bundesauftragsverwaltung. 1998.

Band 6 Gunila Dieterich: Rechtsschutz der deutschen Bundesländer vor dem Bundesverfassungsgericht in Angelegenheiten der Europäischen Union. 1998.

Band 7 Wolfgang Weiß: Die Personenverkehrsfreiheiten von Staatsangehörigen assoziierter Staaten in der EU. Eine vergleichende Analyse der Assoziationsabkommen. 1998.

Band 8 Christian Bamberger: Verfassungswerte als Schranken vorbehaltloser Freiheitsgrundrechte. Vom Verfassungs- zum Gegenseitigkeitsvorbehalt. 1999.

Band 9 Andreas Rohde: Freier Kapitalverkehr in der Europäischen Gemeinschaft. 1999.

Band 10 Herbert Bethge: Rechtsberatung im privaten Rundfunk. Rechtsgutachten, erstattet auf Ansuchen von SAT 1, unter Mitwirkung von Christian von Coelln. 2000.

Band 11 Marcel Vachek: Das Religionsrecht der Europäischen Union im Spannungsfeld zwischen mitgliedstaatlichen Kompetenzreservaten und Art. 9 EMRK. 2000.

Band 12 Kerstin Ebock: Der Schutz grundlegender Menschenrechte durch kollektive Zwangsmaßnahmen der Staatengemeinschaft. Vom Interventionsverbot zur Pflicht zur humanitären Intervention? 2000.

Band 13 Christiane Gucht: Das Zensurverbot im Gefüge der grundrechtlichen Eingriffskautelen. 2000.

Band 14 Markus Ruttig: Der Einfluß des EG-Beihilferechts auf die Gebührenfinanzierung der öffentlich-rechtlichen Rundfunkanstalten. 2001.

Band 15 Jochen Murach: Die Haftung der öffentlichen Hand im Verwaltungsschuldrecht. 2002.

Band 16 Holger Schäfer: Die ungeschriebenen Freiheitsrechte in der schweizerischen Bundesverfassung von 1874 im Vergleich mit dem Grundgesetz. 2002.

Band 17 Alexander Glos: Die deutsche Berufsfreiheit und die europäischen Grundfreiheiten. Ein Strukturvergleich. 2003.

Band 18 Georg Blasberg: Verfassungsgerichte als Ersatzgesetzgeber. Entscheidungsaussprüche bei Normenkontrollen von Bundesverfassungsgericht und Corte Costituzionale. 2003.

Band 19 Artur Müller-Wewel: Souveränitätskonzepte im geltenden Völkerrecht. 2003.

Hélène Lepoivre

Staatlichkeit und Souveränität in der Europäischen Union am Beispiel Frankreichs

Frankfurt/M., Berlin, Bern, Bruxelles, New York, Oxford, Wien, 2003. 398 S.
Europäische Hochschulschriften: Reihe 2, Rechtswissenschaft. Bd. 3600
ISBN 3-631-50268-0 · br. € 50.10*

Die Dissertation von Hélène Lepoivre betrachtet die aktiven Aspekte von Staatlichkeit und Souveränität aus französischer Sicht und setzt sich mit dem klassischen Begriff des „Etat-nation" auseinander. Ferner führt die Autorin eine Analyse der Funktion der Souveränität beziehungsweise des Prinzips der nationalen Souveränität aus. Im Hinblick auf die Europäische Union befindet sich die nationale Souveränität Frankreichs unter dem Dach Europas. Um seine Funktionen noch erfüllen zu können, muss sie als teilbar konzipiert werden.

Aus dem Inhalt: Verfassungsbegriff · Nationsbegriff · Staatsbegriff · Souveränitätsbegriff · Prinzip der nationalen Souveränität · Teilbarkeit der Souveränität · Rechtsnatur der Europäische Union

FSC
www.fsc.org
MIX
Papier | Fördert gute Waldnutzung
FSC® C083411

Kolibri 360 GmbH
Ferdinand-Jühlke-Straße 7
99095 Erfurt, Deutschland
produktsicherheit@kolibri360.de

Druck:
CPI Druckdienstleistungen GmbH
im Auftrag der
Kolibri 360 GmbH
Ferdinand-Jühlke-Str. 7
99095 Erfurt